東方学術翻訳叢書

道教と科学技術

姜生

三浦國雄◆訳

東方書店

日本語版への序

姜生

〈科学〉とは何か？　この問いは、近代以降、中国のみならず、東方の思想界全体を悩ませてきた。西方的な意味での〈科学〉は、すでに東方諸国に受容され利用されているとはいえ、〈科学〉と中国および東方文化との融和という問題は、今に至ってもなお、よき答えと解決を得てはいない。ここでの鍵は、科学と文化との関係にある。

近代欧州の反宗教思潮に遡ると、そこでは、宗教は科学の対立的存在と見なされていたようである。科学は、それ自身以外、外部にいかなる根拠も持たず、生まれつき純潔なものであるのに対して、宗教は無知蒙昧で汚濁にまみれたもの、と考えられていた。このような観念の流行は、東方文明の歴史に対する誤った認識を激化させ、一部の東方人による、自己の伝統文化に対する憎悪と破壊さえ引き起こした。

本書が生まれたきっかけは、私が道教を研究している時の反省と自問に始まる。中国の伝統文化には結局のところ〈科学〉は存在しなかったのか？さらに云えば、道教と旧時代の科学技術との関係はどうであったのか？

西方文化の論理によって構築された近代〈科学〉の定義とそれに対応する観念は、人々の心深く浸透している。それは単に中国人の〈科学〉に対する判断基準となっているだけでなく、確実に〈現代中国〉を造り上げ、〈病弱の人〉（近代中国はそう呼ばれていた）から脱出する運命的な力となったと云い得る。だが、中国ないし東方の文化的伝統中には〈科学〉という要素は欠乏または存在しないという声は、思想界と知識社会においてずっと主導的な旋律であり続けてきた。この声は我々をして一種厄介な選択に直面させ、我々を悩ませる。すなわち、自己の文化的伝統を棄て、西方の科学と技術の胸に抱かれるのか？　それとも、西方の科学技術を拒否し、自己の伝統文化のや

り方を固守するのか？　前者は、自分自身の文化的アイデンティティを失い、さらに真正の西方化は無理だから、結局、他人（西方人）の付属物になってしまう懼れがある。後者は、停滞して前進せず、何時までも前近代の段階に留まり続けてしまうかもしれないところに危険性がある。

　当然のことながら、中国であれ日本であれ、実際にはこのような両極端の道を歩むことはあり得ない。事実としてこの東方の両国は、一貫して西方の科学技術を真摯に学習し、導入し発展させて、瞠目すべき成果を獲得してきた。しかし、比較して云えば、伝統文化と現代科学との間に生じる矛盾や衝突は、中国の方がより複雑かつ広範で尖鋭なように見受けられる。というのも、中国は歴史的上、長期にわたって文化において先進的な地位にあり、その文化的な主導意識は深く強固であり、西方の科学技術は〈用〉（はたらき）でしかなく、中国の〈体(たい)〉（本質）は変えることはできないとさえ考えられていたからである。

　そういうわけで、今日または将来の中国社会に関して、その発展に影響を与える最も重要な問題のひとつは、中国の伝統文化の主要な仕組みを離れないで、結局のところどうすれば科学の発展に適合する有益な仕組みを開放的に構築しうるのか、という問題である。この問題に答えを与えることこそ、本書が編纂された深層の意図なのである。しかし、これは疑いもなく困難な仕事である。

　まず第一に、〈科学〉というこの概念に対して理論的な反省を加える必要がある。本書の序説において私は、よりマクロで本質的な観点から〈科学〉概念の理解を拡張しようと試みた。そのために私は、〈文化の攫能性(かくのうせい)〉という概念を提起した（本書102頁以下参照）。要約して云えば、〈科学〉の実質は人間がその生存環境に向き合った際に、実践的認識と思考を通して一歩々々形成されるところの、外部世界の認識と攫能効果を絶えず高めてゆくひとそろいの文化体系のことである。認識と攫能効率の向上に努力することこそ〈科学〉の根本的な使命であり、本質的な性質なのである。この意味において、いかなる文明体系もすべてこの認識と攫能衝動を持ち、またそれぞれ異

なった形態の〈科学〉を具えており、その表現方法に違いがあるに過ぎない。いわゆる〈攫能〉——人間以外の生命体の〈噬能〉(シーノン)(消費)過程とは異なる——とは、決して人間が外部世界から〈能〉(エネルギー)を〈攫(つか)みとる〉ことを意味するだけでなく、自己と外部(特定文化の生存空間も含む)に対する認識能力を包括した広く緩やかな概念である。

　第二点として、探求し確認しておかねばならないことがある。すなわち、旧時代の中国文化のなかで〈科学〉を支えた思想的担体(キャリア)は主にどこに存在するのか、という問題である。その答えは、道教である。幾人かの西方のシノロジストは、道教と科学との論理的な関係性を否定しているが、しかしそれを肯定する学者も居ないわけではない。私のさらに一歩進めた考えはこうである。中国の〈科学〉の発展は、根本的には道教が提供した〈科学〉に適合する文化的な仕組みによって決定されたのである。しかしそれと同時に、異なった歴史の段階ではこの仕組みは中国科学の発展を促進した一方で、ある方面での〈突破〉(劇的飛躍)を抑制した事実も認めねばならない。それゆえ、〈科学〉が中国の文化体系において獲得した生存と発展の空間は、実は〈道教〉というこの文化実体の精神とその価値取向の変遷に基づいている。この点を認識すれば、中国文化における科学の発展の秘められた鍵を掌握したことになる。

　最後に、〈道教〉が中国の主導的な文化担体であることを真正に証明するためには、大量の史実に基づいた実証とサポートが必要であるが、このこともまた、本書の主要な作業内容になっている。その中身は、道教の科学思想、道教の煉丹術と化学、鉱物学、医学、養生学、数学、天文学、地学、物理学、技術、建築、生物学などの多くの学問領域と関わっている。

　以上の三層の研究に基づいて、私が手に入れたいと願った答えはこうである。中国において、特に道教が支えた文化体系のなかには歴史上、まぎれもなく科学の発展を推進させた適合的な仕組みと合理的な要素が存在していた。いっそう重要なことは、道教のこのような適合的な仕組みが現代の調整と変換を経て、現代の人類社会とその科学発展のためにより高明な智慧と合

理的な発展の筋道を提供できることである。これが私の学術的思考のあり場所であり、また私の学術的理想のひとつになっている。荘子はこう云った、「人は一（道）を知ることができれば、万事終わる」（天地篇）と。ここには、宇宙を把握し生命の本体を認識する思想が包含する全体的な科学思惟と、人文精神に対する深い関心が表明されており、我々はこれに依拠して西方科学または現代科学の弊を補正し、さらにいっそう人間性にフイットした、人類の発展に有益な科学技術形態の新しい〈道〉を育成することができるかもしれない。

現在の時点では、「中国道教科学技術史」というこの雄大な研究工程は、すでに2巻の完成を見（漢魏両晋巻、南北朝隋唐巻）、第3巻（宋元明清巻）は2018年に完成する予定である。全工作期間は、ざっと計算して20年は越える。この巨大な任務を完成させるには、当然私ひとりの力では無理である。我々の研究チームは、科学技術史、医学養生史と道教との交差研究領域の最前線で活躍する国内外の20余人の研究者を結集している。彼らの努力工作と傑出した成果は、このプロジェクト研究が成功するための前提条件を保障するものであり、我々はこのチームの個々のメンバーに敬意を捧げねばならない。

最後になったが、翻訳者の三浦國雄氏（氏との成都での共同工作は終生忘れ難いものになった）と、出版を引き受けてくださった東方書店社長・山田真史氏に衷心より感謝の意を表したい。本書の日本語版が学界の同学にいささかの収穫をもたらすことを願うとともに、読者諸賢から御支持と御叱正を賜るよう希望している。

2016 年 8 月 30 日
四川成都にて

『道教と科学技術』解説

三　浦　國　雄

　中国の科学技術史については、イギリスの科学史家ジョセフ・ニーダム（1900〜1995）の記念碑的な業績 "Science and Civilisation in China" が巨大な山塊さながらにそそり立っている。全体の構想は 7 大巻、52 章、総 35 冊と云われているが（潘吉星『中外科学技術交流史論』832 頁）、1954 年にケンブリッジ大学出版部から出版が開始されたものの、まだ全巻の刊行は完結していない。著者の没後も後継者たちによって営々と編集および刊行が続行されているさまは、どこか、かの建築家ガウディのサグラダ・ファミリア（聖家族）を思わせる。邦訳は『中国の科学と文明』と題されて、第Ⅰ期全 11 巻が思索社から 1974 年〜1981 年に刊行されたが、当初企画されていた第Ⅱ期以降は未刊のままになっている。

　本書序説の冒頭でも紹介されているように、中国は科学においては停滞し続けて西欧の後塵を拝さざるを得なかったという見方が長年にわたり西欧世界を中心に広がっていた。これはニーダム自身も引用している事実であるが、実は当の中国においても、傑出した中国哲学史家・馮友蘭（1895〜1990）は、中国には科学は存在しなかったという前提に立ち、むしろそれを逆手にとって、「中国の価値基準によれば、科学を少しも必要としなかったからだ」とさえ述べている（ニーダム著、橋本敬造訳『文明の滴定』124 頁、馮友蘭『中国哲学史補』9 頁以下）。ついでに云うと、馮友蘭は儒教は宗教ではないとし、中国人は哲学と倫理を重視してそれらで自足していたので、現世を超える宗教的なものを求めたりはしなかったという意味のことを誇らしげに述べている（"A Short history of Chinese Philosophy" PP.3〜4）。馮友蘭がこのように云う時、彼が前提にしているのは西欧的な概念としての〈科学〉であり

v

〈宗教〉であった事実に留意が必要であろう。そのことはともかく、こうした根強い〈偏見〉と云ってもよい観点を、おびただしい事実を実証的に提示することで根底から覆したのがニーダムの本書であった。

しかしながら、誤解のないように注意を喚起しておきたいが、〈近代科学〉という土俵を設定した場合、ニーダムとても中国の落後は認めざるを得なかった。少し長い引用を許されたい。

> 1938年頃、中国文化圏における科学、科学思想、および技術について、体系的・客観的、かつ信頼性のある論文を書こうとはじめて思いたったとき、本質的な問題は、なぜ近代科学が中国（あるいはインド）文明においては発達せず、ヨーロッパにおいてのみ発達したのかという問題であると、わたしは考えた。年月がたち、わたしが中国科学技術についてついに若干のものを見いだし始めるにつれて、少なくともこれと同じくらい重要な問題、すなわち、なぜ紀元前1世紀から15世紀までのあいだは、中国文明が西洋文明よりも、人類の自然についての知識を実用的な人類の諸要求に適用する上で、いっそう有効であったのかという問題があることを、認識するようになった。　　　　　（前掲『文明の滴定』221頁）

ここでニーダムはふたつの問題を提起しているが、このような問題意識が彼の中国科学技術研究を貫いていると云いうる。このふたつを総合して云えば、15世紀（ルネサンス末期）まで有用な科学技術の発明・発見を誇っていた中国文明が、なぜ近代科学のイニシアチブを西欧に譲ってしまったのか、という問題に帰着する。これは世に〈ニーダムの命題〉とか〈ニーダム・パラドックス〉などと呼ばれているものである。前者の "Needham thesis" は、英国人バイナム（W. F. Bynun）他編の科学史辞典（"*Dictionary of the history of science*"、1981年刊）にその項目が立てられているそうである（前掲潘吉星832頁）。ニーダムはさまざまな角度からこの難題にアプローチしているが、以下、前掲の『文明の滴定』から引用しよう。

ニーダムはその理由として「地理的、水利的、社会的、および経済的要因」の4つを挙げ、最後の「経済的要因」については、中国の場合は「重商主義的な資本主義ではなく、アジア的な官僚制度、あるいは官僚制的な封建制度」が近代科学発達の阻害要因になったとしている（167頁）。また別の箇所ではより内在的に分析して、「数学的仮説を自然に応用すること、実験的方法を十分に理解して使用すること、一次資料と二次資料とを区別すること、空間を幾何学的に測定すること、機械的な具体モデルを容認する」ことが近代科学発達の条件であるのに対して、中国にはそれらが欠如していた、とする（3～4頁）。さらに大局的に、「天上の最高位にある理性をもった創造の神が、鉱物・結晶体・植物・動物、および運行を行なう星が従わなければならない一連の法則を定めた」という思考が「ルネサンスにおける近代科学の発達と密接に結びついていた」のに対して、中国にはそのような考え方は存在しなかったとする（29、43頁）。これと関連して、西欧において自然科学の発達を助けた〈自然法〉の概念は中国では〈理〉がそれに相当するが、この〈理〉は人間社会の外、すなわち自然界には適用できないとしている（364～365頁）。なお、このような〈理〉の捉え方は大局的には正しいにせよ、「自然界には適用できない」と断言しうるのかどうか、若干の保留は必要ではないかと思う。少し余談めくが、訳者の若い頃、『中国の科学と文明』思想史・下巻が出る前に、ニーダムは〈理〉をパターンと捉えていると教えて下さったのは山田慶兒さんで、それを伺った時、〈理〉にまつわる迷妄の霧が霽れたように感じたことをいま思い出している。

　ニーダムは結局、その解答を断定的に提出しなかった。彼の本領はもとより、埋もれたままになっていた中国の科学技術を発掘した『中国の科学と文明』にある。本書は世界に衝撃を与えたが、当然のことながら最も痛烈なショックに見舞われたのが当の中国であった。本書の漢訳版（もとより全巻の全訳ではないが）は、まず1971年に台湾商務印書館から『中国之科学与文明』のタイトルで、1975年に北京の科学出版社から『中国科学技術史』のタイトルでそれぞれ刊行が始まった。むろん中国では、すでに1949年の解

放後から中国科学史に関する研究が進められ、すぐれた成果も少なからず刊行されていたが、しかし中国全土で満ち潮のように研究が高揚してくるのはニーダム書の漢訳版が出版されてからと考えて大過はないと思う。実際、1982年に杜石然氏らによる『中国科学技術史稿』が出たあと、中国の科学技術を見直す研究書が陸続と現れている。

　このたび本邦に紹介することになった本書もその潮流に棹さすものであり、見られるとおり、しばしばニーダムが肯定的に引用される。しかし、本書はニーダム書の枠内でその補充を企てたものではなく、後述するように独自の見解を展開し、ニーダムを乗り超えようとする意欲が感じられる。また、本書編纂の原動力のすべてをニーダム書の出現に帰着させるのは、あまりにも単純な見方だと云わねばならない。前景にニーダムの巨著が屹立しているのは事実であるが、遠景に現代中国社会の〈科技信仰〉が横たわっているというのが訳者の観測である。中国では通常、科学技術を〈科技〉と2字で表現するが、訳者の見るところ、〈科技〉は一種の国是と云ってよく、社会のあらゆる局面においてすべての問題を解決してくれる手段といった、聖なる万能薬のように崇められている。これは訳者の個人的な印象になるが、科学技術の負の側面に対する顧慮があるのかどうか疑問に思うこともあり、また〈人間〉が置き去りにされはしないかという不安を感じることもある。そのことはともかく、こうした国家的な要請が本書の成立を促した遠因になっているにちがいない。本書の企画が国家の重点項目（重点プロジェクト）に選ばれたのも、編者に対する高い評価と同時に、そういう国家的・社会的な価値観（編者が多用する語で云えば〈価値取向〉）によって押し上げられたのではないだろうか。

　さて本書は、中国で刊行された従前の科学技術史の類書とは異なった顕著な特徴を幾つか持っている。ひとつは、群を抜いた巨冊という点である。既刊は「漢魏両晋巻」（2002年刊）と「南北朝隋唐五代巻」（2010年刊）の2冊であるが（「宋元明清巻」は現在編集中）、前者（すなわち当翻訳の原本）は総862

頁、後者は 1207 頁にも達している。いずれも北京の科学出版社刊で、姜生・湯偉俠編集のもと、第一線の中国の専門家が分担して執筆に当たっている。

　もう一点は、タイトルに示されているように道教に限定したところである。道教と科学技術の関係については、ニーダムもつとに言及している。たとえば、以下の一文はしばしば引用される有名なものである。思索社版の邦語訳によって示そう。

　　道教の哲学は、以上の分析において考察してきたように、政治的集産主義と宗教的神秘主義との諸要素と、肉体的不死を得んがための個人の訓練とを含んでいるにしても、科学的態度の最も重要な特徴の多くを発展させたのであり、それゆえ中国の歴史にとって根本的に重要なのである。そのうえ、道家は彼らの主義に従って行動した。それがわれわれが東アジアにおける化学、鉱物学、植物学、動物学および薬学の起こりを道家に負っている理由なのである。……道家は変化と変形が普遍的なものであることに深く気づいていた——これが彼らの最も深い科学的洞察の一つであった。
　　（『中国の科学と文明』、日本語版第 2 巻　思想史・上、196 頁、ケンブリッジ版、1956 年刊、volume2, 161 〜 162 頁）

　ここで用語法について注意を喚起しておきたい。我々日本の学界では、〈道家〉と〈道教〉とは異なったものとして用語も使い分けられている。簡単に云えば、〈道家〉は老子や荘子に代表される老荘思想（家）またはその後継思想（家）を指し、〈道教〉はその老荘思想を核心的な思想基盤として、神仙思想・民間信仰・中国医学、それに仏教などを吸収して成立した中国土着の宗教である。要するに、初出の哲学としての〈道家〉、後出の宗教としての〈道教〉とを用語上で使い分けているのであるが、欧米での用語法では両者の連続性に重きを置いてどちらも Taoism（Tao は〈道〉の音訳）あるい

はTaoistと呼んで強いて区別しない。上引の訳文では「道教」と「道家」の語が使われ、ニーダムにおいては両者は用語上でも区別されているように見えるが、上文中の「道教の哲学」の原文は"The philosophy of Taoism"であり、そのあと3回使われている「道家」の原文は"the Taoists"であって（正確には2回目のものは"them"）、実際には用語上、使い分けられているわけではない。"Taoist"には「道教徒」の意味もある。上文の「……化学、鉱物学、植物学、動物学および薬学の起こりを道家に負っている」の「道家」を、我々の用語法に従って老荘系の思想に限定してしまうと、ニーダムの意図と歴史的事実に反してしまうことになる。

　この両者の用語上の区別は大陸でも同様であって、本書の原題は「中国道教科学技術史」となっているが、ここで云う「道教」はもとより宗教としてのそれである。タイトルに謳われているように本書のメインテーマは〈道教〉であるが、しかし見られるように、本書では道家思想も扱われており、『老子』以外では『淮南子』が重視されているのが目を引く。これは「漢魏両晋巻」という本書の時代的な限定にもその原因があるはずである。

　なお、そもそも「道教」とはなんぞや、という説明が必要であろうが、このモノは単純といえば単純、複雑といえば複雑きわまりなくて、ここでお座なりの定義は避けたいという気持ちが強い。本書を読んでいってもらえば、おのずから本書の云う「道教」なるものを理解してもらえるという思いもある（たとえば、159頁所引の胡孚琛氏の定義などを参照されたい）。それより、本書に頻出する「初期道教」について訳者として断り書きが必要と考える。本書の原書では「原始道教」「早期道教」「前期道教」「初期道教」「古代道教」等々、「○○道教」という表現が頻出する。圧倒的に多いのが「原始道教」であるが、実はこれらは同じものを指している。原書は多くの専門家の寄稿から成り立っていることもあって用語の不統一がそのまま容認されているわけである。しかし、これらをそのまま翻訳すると日本の読者の混乱を招きかねないと考え、姜生氏とも相談の上、「初期道教」に統一することにした。本訳書で云う「初期道教」とは、後漢末に〈張道陵〉（張陵とも称す）なる人

物が創始した五斗米道という新興宗教を中心とする、その前後——前漢から魏晋に至る——の関係する宗教運動を指している。これが六朝時代に入って、劉宋の陸修静（三洞説の提唱者）、北魏の寇謙之（新天師道の創始者）、梁の陶弘景（上清派の大成者）などによって改革され（原書の表現で云えば理性化、自力救済化され）、「正統道教」へと成長を遂げる。『抱朴子』の作者・葛洪はその過渡的人物として位置づけられる。この間の事情は、原書のⅡ「漢魏両晋の道教」に詳述されているが、本書ではその章は訳出していない。

　用語法の問題についてはこれ以上深入りできないが、ニーダムの本は道家・道教に限定されておらず、中国文化の全域に亘っていることを改めて強調しておきたい。ひるがえって本書は、道教（および道家）に的を絞っているところにニーダムの大作とは異なった独自性がある。

　そもそも、従来の見方からすれば、宗教としての道教は〈科学〉から最も遠いところに位置していた。呪いや祈禱を主とする道教は、〈宗教〉としても低級なものと見なされ、まともな研究対象になったのはそう古いことではない（たとえば、日本の道教学会の成立は漸く1950年のことであった）。ところが、その道教こそが最も科学的遺産に富む、というのが本書の立場であり、ここに大いなるパラドックスが存在する。

　このパラドックスは、実は二重構造になっていることに注意せねばならない。ひとつは〈宗教〉と〈科学〉との関係に係わっている。西欧の歴史に馴染んだ我々には、ガリレイの例を持ち出すまでもなく、〈宗教〉と〈科学〉とは本質的に対立するもの、という先入観がある。しかし中国の場合、西欧のように科学と宗教（キリスト教）とを対立的に捉える枠組みを解体する必要がある、というのが本書の基本的スタンスである。道教は自力救済の宗教であり、そこでの主体は絶対者としての神ではなく、不老不死を自力で求める人間であるから、ここでは宗教と科学とが目的達成のための〈駆動力〉を共有することになって、西欧のような対立構造は存在しない、とされる。とはいうものの、本書は手放しで道教と科学の親密さを讃美するわけではなく、科学の発展に対する道教の〈功〉と同時に〈罪〉も冷静に記述されてい

る。編者はその根本的な原因を、道教の核心的思想としての〈道〉と〈道への復帰〉に求めるのであるが、この問題については、本書「序説」第三章「道教と科学技術の同根性」の第三節「魚を得て筌(せん)を忘る」、第四節「アキレスの腱の発見」に、なるほどと唸りたくなる分析がなされている。

二重のパラドックスと述べたもうひとつは、道教の性格と係わっている。上に触れたように道教は、呪いや法術（超自然的世界を動かす術）や祈禱を重んじる神秘主義的な性格を濃厚に具えており、それは本来、〈科学〉とは相容れないものであるはずである。さまざまな神像が香煙の立ち込める薄暗い空間に居並ぶ道教寺院は〈科学〉と最も遠いところにあると感じるのが常識というものであろう。ところが本書は、道教の一切経である『道蔵』を丹念に読み込んで、具体的、実証的に、宗教と科学技術との協調関係を明らかにしたのである。総論に当たる「序説」に対して「煉丹術と化学」篇以下の各論は原書全体の8割近くを占めており、道教というものをいわゆる〈宗教〉的観点からのみ眺めてきた人は、このような道教の捉え方があるのか、『道蔵』にはかくまでに科学技術資料が豊富に埋蔵されていたのかと、驚きを覚えずにはおれないはずである。

もう一点指摘しておきたいことがある。姜生・湯偉俠編の本書は、ニーダム的パラドックスから距離を置いている——というより、ニーダム的呪縛から自由を確保しようとしている。編者達（実質的には姜生氏）は明確なニーダム批判を展開しているわけではないが、本書で主張される〈科学〉や〈宗教〉の特有の定義——それらは人類文明の根源にまで遡って再定義される——から、ニーダムが云うそれらの概念把握はあくまでも西欧の歴史的・文化的土壌に限定されたもの、という批判が透けて見えてくる。編者の姜生氏は云う、普遍性と固有性の両面から〈科学〉を把握する必要があり、外的世界に対する人間の〈攫能(かくのう)〉というものが〈科学〉の普遍的な原点であるが、特定の地理的、文化的環境の影響を受けて、それぞれの地域で異なった固有の〈科学気質〉が形成されるのだ、と（本書「序説」6頁ほか）。

この本書のキーワードとしての〈攫能〉(ジュエノン)という中国語であるが、物理学に生物文化学（culturobiology）の考えを加味した姜生氏の新造語のようで（攫は奪い取る、能は能量、つまりエネルギーの意）、簡単に云えば、その生存を維持するために人間が外部世界からエネルギー奪い取ってくる能力（energy-grabbability）の謂で、日本語に置き換えるのが難しいので本書では原語のままにしてあるが、たとえば次のような文脈で使われる。「実質上、科学は人類が幾千幾百年の探求と実践を経て形成された、自己の能力を有効に延伸させ増強させる知識のシステムであり、それ（科学）は人類が自然界という生存環境に向き合った時に、その価値取向に合致する攫能効率（原文：符合其価値取向的攫能効率）を人類に準備する」（同上、6～7頁）。

　かくして〈科学〉は普遍化されるのであるが、同様に〈宗教〉も以下のように再定義される。「宗教と科学は、人類文化の異なった段階ではなく、異なった方式であり、人間の自己生存と発展に対する渇望、未知の世界に対する渇望、さらに、自己を強化して世界を把握することに対する渇望の現れである。……宗教と科学を含む人類文化は、究極的にすべて人間の攫能システムの異なった表現と保存形式にすぎない」（同上、114～115頁）。

　なお、道教と科学技術との関係に関する研究史については、姜生・韓吉紹「科技類道経説略」（朱越利編『道蔵説略』下冊）がいい俯瞰図を与えてくれる。

　姜生氏との議論で一点心残りなことがある。氏が執筆した第Ⅰ部序説は、〈内丹〉（化学物質を一切使わない内的煉丹術）の歴史上の役割に言及し、「突破」（劇的変革）という語を使ってやや遠慮がちに否定的評価を下すことで終わっている。〈外丹〉（金丹道、いわゆる煉丹、煉金術）から〈内丹〉への転変については第Ⅰ部第四・五章で詳述されており、中国の科学技術の発展にとって〈内丹〉の否定的な役割が断案されているのであるが、訳者が訊きたいと思っていたのはその一歩先、「もしも宋代以降、道教内部で内丹というものが生まれなかったなら、道教を中心とする中国の科学技術は〈近代科学〉、もしくは〈近代科学〉に代わる別の〈科学〉を生み出し得たのかどうか」という問いである。これは仮定だし、中国の科学技術について訳者自身

未熟なところもあるので、尋ねる勇気を持てないまま上梓にまで来てしまったが、そのうち真意を伺いたいと思っている。

　本書は上に言及したように、『中国科学技術史　漢魏両晋巻』(2002 年、科学出版社刊) の翻訳であるが、全訳ではなく、抄訳——というより編訳になっている。全書を逐字的に翻訳するとなると、厖大なボリュームになってとても 1 冊の本には収まり切れず、そういう本を出版して下さる奇特な出版社は現今の日本にありそうにもないし、それに個人訳では何年もかかってしまう。そういうことを考えると、エッセンスの部分を抽出した、あたう限りコンパクトな本にせねばならない。そういうわけで、翻訳に選んだ章・節でも、立論の根拠として原文が複数引用されている場合には 1 例に留めざるを得なかったし、また、場合によっては、長い説明を訳者が著者の意を汲んで手短にまとめた箇所もある。なお、翻訳部分の取捨選択は訳者自身の判断による。原著と本邦訳版との字数の差を正確に数えたわけではないが、ざっとした感触では原著の 7 割方は翻訳し得ており、原著のエッセンスは十分訳出し得たと自負するところもある。なお、中国を代表する著名な科学史家・席沢宗氏 (2008 年逝世) が本書に寄せた序文のなかで、相前後して同じ科学出版社から刊行されたニーダム『中国の科学と文明』漢訳版、盧嘉錫編『中国科学技術史』に本書を並べて、「三箭斉発」(三本の矢が一斉に放たれた) と慶賀していることを付け加えておきたい。

　原書の構成は以下のようになっている。

Ⅰ　導論 (総論、全 6 章)
Ⅱ　漢魏両晋の道教 (道教成立史論、全 3 章)
Ⅲ　科学思想篇 (道教の科学思想論、全 3 章)
Ⅳ　煉丹と化学篇 (煉丹術の化学性、全 3 章、以下各論)
Ⅴ　医学篇 (道教医学、全 4 章)

Ⅵ　養生学篇（健康保健衛生法、全5章）
Ⅶ　天学と地学篇（天文学、地理学、全4章）
Ⅷ　物理と技術篇（力学、熱学、光学、声学、建築、航空工学、全7章）

　本編訳書の本文の構成と原書との関係、および執筆者は以下の通り。

第Ⅰ部　序説（上記Ⅰ導論の訳。姜生）
第Ⅱ部　煉丹術と化学（Ⅳの訳。原書第十四章「漢魏両晋の主要煉丹家と煉丹の著作」は訳さず。第十五章「漢魏両晋道教煉丹術主要薬物およびその化学成果」は本書では第三章「煉丹術の主要薬物とその化学的成果」と題して訳出したが、ミョウバンや硝石、五毒を論じた節はあまりに専門的なのでカットした。本書第一章：一、二、蒙紹栄、三、姜生、第二章：蒙紹栄、第三章：容志毅）
第Ⅲ部　医学と養生学（Ⅴ、Ⅵの訳。Ⅴは原書第十七章「漢代道家医学思想と方士医学」はカット。ただし、第三節「方士医学の道士医学への転変」のみ、「方士医学から道教医学へ」と題して訳出し、第一章第三節に編入（王家葵）。第一章、第二章：王家葵、第三章：盖建民。Ⅵの「養生学篇」は第四章として原書の第二十章「道教と養生」のみ訳出、楊玉輝。原書第二十一章「道教養生学の発生」、第二十二章「『太平経』の養生思想」は訳さず）
第Ⅳ部　天文学と地理学（Ⅶの訳。原書第二十七章「星象、暦法と天文観測」は訳さず。第一章、第二章はともに賀聖迪と石云里（改訂）、第三章は馮広宏、李遠国（改訂））
第Ⅴ部　物理学と技術（第一章～第三章：胡化凱、第四章第一節：張秉倫、楊竹英、張志輝、第二節：胡化凱、張秉倫、楊竹英、張志輝、第三・第四節：胡化凱、第五章第一節：胡化凱、第二節：張秉倫、楊竹英、張志輝、第三・第四節：胡化凱、第六章：姜生、第七章：湯偉俠、姜生）

　なお、凡例的なことを云っておけば、引用の原典の数字（巻数・頁数）はもとから原書に記されているもので、訳者が補ったものではない。これは実

事求是に忠実であろうとする本書のスタンスの一端を表している。『道蔵』からの引用にも原書の段階から冊数、頁数が記され、本訳書はそれに従ったにすぎない。底本は1996年、文物出版社、上海書店、天津文物古籍出版社影印版である。『道蔵』に次いでよく引用される道典として、『抱朴子』と『太平経』があるが、そこにもとから明示されている数字は、それぞれ王明の『抱朴子内篇校釈（増訂本）』、おなじく王明『太平経合校』本の巻数・頁数である。翻訳に当たって、能う限り原典に当たるように心掛けたが、諸般の事情で出典のすべてを確認し得たわけではない。特に、中国の雑誌（たとえば『自然科学史研究』とか）はお手上げであった。

　最後になったが、本書の実質的な編者・姜生氏の略歴を記しておきたい。1964年、河北省昌黎生まれ。学歴は、山東大学・歴史学学士（1987年）、復旦大学・歴史学修士（1990年）、四川大学・宗教研究所哲学博士（1995年）。職歴は、2002年、山東大学・宗教、科学と社会問題研究所所長、同博士生指導教授、2013年、新設された四川大学・文化科技協同創新研発中心(センター)所長、同・歴史文化学院・長江学者特聘教授を兼任して現在に至っている。専門は考古学、歴史学、道教学、宗教学、宗教と科学との交差研究、図像学等々、多方面にわたっているが、ここ数年、氏の身近に居た者としては、氏の漢代に対する憧憬ないし渇仰が深く印象に残っている。中国文化の原像と精華は漢代にこそあると考えておられる節があり、未公開の図像資料も駆使しつつ漢代人の精神世界を解明した近著『漢帝国の遺産：漢鬼考』はその意味でも注目される（2016年、科学出版社刊、総590頁）。若い頃から頭角を現し、著書・論文も数多く、国家的褒賞は数知れず、国家重点項目にもしばしば選ばれている。先述したように本書はその成果にほかならない。国際派という呼称は氏にこそふさわしく、ハーバード大学をはじめ欧米の大学の客員教授も務められ、英語もお世辞抜きで堪能である。氏が執筆した本書序説の文体が漢学風と云うより欧米風なのはそのせいかもしれない。日本の中国学に対する評価も高く、何度も訪日して資料収集に従事するほか、積極的に研究者と

の交流に当たられている。日本道教学会の比較的古い会員であり、道教学会誌『東方宗教』や『東方学』などに力作を発表されている。

　本書は全訳ではないにせよ、翻訳書としては国外最初の刊行になることに対して、翻訳者として面はゆさを伴いつつ、ひそかに栄誉とも感じている。同時にまた、本書が呼び水となって続編の南北朝隋唐五代巻、やがて刊行されるはずの宋元明清巻の日本語訳が現れることを切望している。

『道教と科学技術』目　次

日本語版への序（姜生）……………………………………………… i
解説（三浦國雄）……………………………………………………… v

第Ⅰ部　序説 …………………………………………………………… 1

第一章　道教と科学の関係 ……………………………………… 3
 第一節　中国の科学に関する若干の疑問 ……………………… 3
 第二節　道教と科学の関係の問題 ……………………………… 8

第二章　科学の発展に対する道教の貢献 …………………… 23
 第一節　「その母に復帰する」思想の駆動力 ………………… 24
 第二節　煉丹活動と天文学 …………………………………… 26
 第三節　医薬学と生命科学への寄与 ………………………… 35

第三章　道教と科学技術の同根性 …………………………… 42
 第一節　信仰が探究の車輪を推す …………………………… 42
 第二節　促進要素の桎梏への転化 …………………………… 53
 第三節　「魚を得て筌を忘る」：
    道具の価値の矮小化・相対化 ………………………… 58
 第四節　アキレスの腱の発見 ………………………………… 65

第四章　道教科学思想の変容：外丹から内丹へ …………… 70
 第一節　外丹から内丹への交代の深層 ……………………… 70
 第二節　「重玄学」と「道性論」……………………………… 75

第五章　内在化の進展：全真教から宋明理学へ …………… 88
 第一節　全真教の勃興 ………………………………………… 88
 第二節　道教の内在化と宋明理学 …………………………… 92
 第三節　格物致知の変容 ……………………………………… 98

第六章　文化の〈擢能性〉の問題：若干の理論的思考 …… 104
　　　第一節　天-人間の張力の構築と文明の内発力 ………… 104
　　　第二節　文明とその進化の文化生物学的基礎 ………… 111
　　　第三節　宗教-科学の張力モデルと擢能性進化の方向 … 118
第Ⅱ部　煉丹術と化学 …………………………………………… 127
　第一章　初期道教の煉丹術の起源と推移 ………………… 129
　　第一節　物質変化観の発展 ………………………………… 130
　　第二節　冶金技術の発展と観念の分化および煉丹術の誕生・133
　　　一　青銅の冶鋳技術 ……………………………………… 134
　　　二　冶鉄技術 ……………………………………………… 137
　　　三　「冶は天と通ず」——煉丹術の勃興 ……………… 139
　　　　（一）プロセスの類比 ………………………………… 141
　　　　（二）性質の類比 ……………………………………… 142
　　第三節　医術の進歩と「外物を借りて自己を堅固にする」観念の形成 ……………………………………………… 144
　　第四節　初期煉丹活動の開始 …………………………… 149
　　　一　仙薬の採取から丹薬の煉製へ …………………… 149
　　　二　煉丹術の畸形的発展 ……………………………… 155
　　第五節　煉丹術と道教の相互依存 ……………………… 158
　　第六節　道教煉丹術の基本的特徴 ……………………… 162
　　　一　神秘性と実験性 …………………………………… 162
　　　二　偏執性と推理性 …………………………………… 163
　第二章　魏晋思潮と煉丹・服薬 …………………………… 165
　　第一節　死生観の変化 …………………………………… 165
　　第二節　天道自然思想と博物学の勃興 ………………… 168

第三節　煉丹術の復興 …………………………………… 173
第四節　帝王の服丹 ……………………………………… 176
第五節　名士の服薬 ……………………………………… 178
第六節　名士の服薬の原因と影響 ……………………… 183
　一　名士の服薬の社会的原因 ………………………… 183
　二　名士の服薬の個人的要因 ………………………… 185
　三　名士の服薬と符籙派・丹鼎派との関係 ………… 187
第七節　五石散の成分と効能 …………………………… 189
第三章　煉丹術の主要薬物とその化学的成果 ………… 194
第一節　水銀の化学 ……………………………………… 194
　一　丹砂の考察 ………………………………………… 194
　二　丹砂から水銀の煉製 ……………………………… 201
　　（一）水銀の発展の歴史的経過 …………………… 202
　　（二）「抽砂煉汞」法の進展 ……………………… 204
　三　水銀化合物 ………………………………………… 206
　　（一）酸化水銀 ……………………………………… 206
　　（二）水銀の塩化化合物 …………………………… 214
　　　（1）塩化第一水銀 ………………………………… 214
　　　（2）塩化第二水銀 ………………………………… 215
　　（三）硫化水銀 ……………………………………… 216
　　（四）硫酸水銀 ……………………………………… 220
　　（五）汞斉合金 ……………………………………… 221
第二節　鉛の化学 ………………………………………… 222
　一　鉛とその化合物 …………………………………… 222
　二　鉛ガラス …………………………………………… 226

第三節　砒素の化学……………………………………… 228
　　　一　砒素および砒素と医薬との関係 ……………………… 229
　　第四節　黄金と薬金に関する化学成果 …………………… 232
　　　一　黄金に対する認識と迷信 ……………………………… 232
　　　二　薬金の製造 ……………………………………………… 234
第Ⅲ部　医学と養生学 ……………………………………………… 237
　第一章　医・道同源：道家・道教と中医薬学 ………………… 239
　　第一節　道教医学の源流 …………………………………… 239
　　　一　道教と医学の起源上の同一性 ………………………… 239
　　　　（一）道教と医学の共通の哲学基礎
　　　　　　　――黄老思想と陰陽五行学説 ……………………… 240
　　　　（二）生命の永遠性への渇仰 …………………………… 241
　　　　（三）巫鬼信仰の役割 …………………………………… 241
　　　二　秦漢方士と中医学の発展 ……………………………… 244
　　　　（一）神仙方士の生命観 ………………………………… 245
　　　　（二）神仙方士の長生術 ………………………………… 246
　　　　（三）秦漢の方士と医家 ………………………………… 250
　　　三　魏晋以後の道教と医学の関係 ………………………… 252
　　　　（一）目録学の角度から見た魏晋以降の
　　　　　　　医・道関係の複雑さ ……………………………… 252
　　　　（二）道教が医薬を重視した理由 ……………………… 254
　　　　（三）医薬学に対する道教の貢献 ……………………… 256
　　　四　小結 ……………………………………………………… 258
　　第二節　シャーマニズム医学：宗教医学の萌芽 ………… 260
　　　一　シャーマニズム医学現象の源流 ……………………… 260

（一）シャーマニズム医学の誕生 ……………………… 261
　　　（二）「巫彭が医療を行なった」理由 ……………………… 262
　　　（三）巫医の治療方法 ……………………………………… 263
　　　（四）巫医の貢献 ………………………………………… 265
　二　巫医の衰退とその原因 ……………………………………… 266
　　　（一）巫の医からの分化と衰退 ……………………………… 266
　　　（二）巫医衰退の原因 ……………………………………… 266
　　　（三）巫医法術の露見と批判 ……………………………… 269
　三　巫医の生き残り ……………………………………………… 270
　　　（一）中医学中の巫医現象 ……………………………… 270
　　　（二）中医学中の交感巫術 ……………………………… 272
　　　（三）道教と巫医 ………………………………………… 275
　四　小結 ………………………………………………………… 278
第三節　方士医学から道教医学へ …………………………………… 280
　一　方士医家の基本的特徴 ……………………………………… 281
　　　（一）方士医家の多元性 ………………………………… 281
　　　　【事例1：華陀】 ……………………………………… 281
　　　　【事例2：別種の方士医家】 ………………………… 283
　　　（二）学術伝承の秘密性 ………………………………… 285
　　　（三）医家の事跡の伝奇性 ……………………………… 288
　二　方士医学の成果 ……………………………………………… 290
　　　（一）養生医学の最盛期 ………………………………… 290
　　　（二）臨床医学の輝かしい成果 ………………………… 295
　三　方士医学の進展 ……………………………………………… 298
　　　（一）正統中国医学の発展に向けて ……………………… 298

（二）道教医学への進展 …………………………………… 301
　四　小結 …………………………………………………………… 305
第四節　道家思想の影響下における中国医学理論 ……………… 306
　一　黄老思想の医学領域における発現と発展 ………………… 307
　　　（一）精気論の基盤上に構築された生命観 ………………… 308
　　　（二）清虚無為の養生論 ……………………………………… 310
　　　（三）病を治すは国を治めるが如し ………………………… 312
　二　陰陽五行論による生命現象の解釈 ………………………… 315
　　　（一）陰陽学説 ………………………………………………… 316
　　　（二）五行論 …………………………………………………… 318
　三　天人関係 ……………………………………………………… 320
　　　（一）人と天地の相互関係 …………………………………… 321
　　　（二）順天の道 ………………………………………………… 323

第二章　『太平経』：道教医学の綱領 …………………………… 326
　第一節　宗教医学体系の構築 …………………………………… 328
　　一　三合相通の生命理論 ……………………………………… 328
　　二　人体と天地のアナロジー ………………………………… 330
　　三　宗教的病因論 ……………………………………………… 333
　第二節　治病方 …………………………………………………… 336
　　一　薬物療法 …………………………………………………… 337
　　二　鍼灸治療 …………………………………………………… 339
　　三　咒禁療方 …………………………………………………… 340
　　四　小結 ………………………………………………………… 342

第三章　両晋の道教医学 …………………………………………… 347
　第一節　両晋の道教医家たち …………………………………… 348

一　道士医家 ·· 349
　　二　その他の道士医家 ······································ 353
　　三　『劉涓子鬼遺方』とその外科の成果 ················ 356
　第二節　葛洪の医学上の成果 ································ 359
　　一　葛洪の医薬思想 ·· 360
　　　（一）人体観 ·· 360
　　　（二）病因論 ·· 362
　　　（三）疾病予防論 ··· 363
　　　（四）医療観 ·· 366
　　二　葛洪の医薬領域における具体的な成果 ············ 369
　　　（一）化学製薬 ··· 369
　　　（二）生薬学 ·· 371
　　　（三）鍼灸学 ·· 372
　　　（四）疾病学 ·· 373

第四章　道教と養生 ··· 381
　第一節　道教の養生概念 ······································ 381
　　一　養生概念 ·· 381
　　二　道教の神仙追求と養生 ································ 383
　　三　道教における養生学の位置 ························· 385
　第二節　道教養生学の創出とその発展 ···················· 387
　　一　萌芽段階 ·· 387
　　二　形成段階 ·· 388
　　三　成熟段階 ·· 389
　　四　発展段階 ·· 389
　第三節　道教養生学の体系的構造 ·························· 390

一　基礎理論 ……………………………………………… 391
　　二　養生理論 ……………………………………………… 393
　　三　養生の方法 …………………………………………… 394

第Ⅳ部　天文学と地理学 …………………………………… 397

　小序 ………………………………………………………… 399

　第一章　宇宙進化論 ……………………………………… 403
　　第一節　先秦道家の観点 ………………………………… 403
　　第二節　天地の起源に対する『淮南子』の体系性 …… 406
　　第三節　『列子』の天地生成と天地崩壊説 …………… 410
　　第四節　張衡『霊憲』：道家の宇宙進化論の影響 …… 414

　第二章　天地の構造説と天人感応論 …………………… 416
　　第一節　『淮南子』と蓋天説 …………………………… 416
　　第二節　渾天説と道家思想の源流 ……………………… 419
　　第三節　葛洪の弁護と渾天説の発展 …………………… 422
　　第四節　「天人感応」論の天文学的認識 ……………… 426

　第三章　漢晋道教の地理学研究 ………………………… 430
　　第一節　開教と修道の過程における地理活動 ………… 431
　　第二節　洞天福地とその地理学的考察 ………………… 439
　　第三節　最古の等高線地図：
　　　　　　『五岳真形図』とその地理学上の価値 ……… 448
　　第四節　漢晋の道教地学思想と学術の成果 …………… 455

第Ⅴ部　物理学と技術 ……………………………………… 465

　小序 ………………………………………………………… 467

　第一章　時間と空間に対する認識 ……………………… 471
　　第一節　時間と空間の定義 ……………………………… 471

第二節　時空の無限性 …………………………………… 473
　　第三節　時間の流動性に対する認識 …………………… 475
　　第四節　時間の計測法の改革 …………………………… 476
　第二章　力学知識 ……………………………………………… 480
　　第一節　物体の運動現象に対する認識 ………………… 480
　　第二節　力と運動 ………………………………………… 483
　　第三節　浮力現象の認識 ………………………………… 485
　　第四節　テコの原理の応用と大気中の湿度の測量 …… 486
　　第五節　ロボットの構想 ………………………………… 489
　第三章　熱学知識 ……………………………………………… 491
　　第一節　熱現象に対する認識 …………………………… 491
　　第二節　水の沸騰と製氷 ………………………………… 494
　　第三節　原始的「熱気球」の実験 ……………………… 496
　第四章　光学知識 ……………………………………………… 499
　　第一節　光の性質の観察と探究 ………………………… 499
　　第二節　陽燧の焦点距離に対する初歩的認識 ………… 500
　　第三節　鏡面研磨技術の最早期の記載 ………………… 502
　　第四節　氷鏡の取火：凸レンズの光学的特性の探究 … 503
　　第五節　平面鏡の成像技術の応用 ……………………… 505
　第五章　音響学と磁気学の認識 ……………………………… 509
　　第一節　音声の共振現象に対する認識 ………………… 509
　　第二節　声律学：中国の平均律の先駆 ………………… 513
　　第三節　磁石の指向性と指南針の発明 ………………… 517
　　第四節　磁性の吸引と反発現象の応用 ………………… 518
　第六章　初期道教と建築 ……………………………………… 521

『道教と科学技術』目　次

小序 ……………………………………………………………… 521
　第一節　道教建築の思想的淵源 …………………………… 526
　　一　道教建築の哲学的基礎 ……………………………… 526
　　二　神仙伝説の仙境構想 ………………………………… 530
　　三　宮闕台観の歴史的源流 ……………………………… 532
　　四　「仙人は楼居を好む」：慕仙時代の象徴的な建築 … 534
　第二節　初期道教建築と建築思想 ………………………… 539
　　一　初期道教の環境倫理観の建築に対する影響 ……… 539
　　二　山中の洞室の探求 …………………………………… 543
　　三　『太平経』の「太平来善の家」という妙案 ……… 553
　　四　初期道教の具体的な建築形式 ……………………… 555
　　　（一）「治」と「靖室」（浄室）………………………… 555
　　　（二）「茅屋」……………………………………………… 558
　　　（三）「天倉」……………………………………………… 559
　　　（四）「義舎」……………………………………………… 559
　　　（五）「神壇」……………………………………………… 560
　　　（六）「道観」……………………………………………… 562
　結語　道教建築の自己規定性 ……………………………… 564
　〔附録1〕「道法自然」：都江堰の水利工事と道家哲学 …… 566
　〔附録2〕道教の地母崇拝と「生地」観念：
　　　　　　〈子宮コンプレックス〉………………………… 568

第七章　初期道教の飛行構想 ………………………………… 573
　第一節　道教飛行観念の起源 ……………………………… 574
　　一　古代神話伝説中にみえる飛行の夢想 ……………… 574
　　二　両漢時代の飛行夢想と王充の理性的批判 ………… 575

xxvii

第二節　道家と神仙家の探究 …………………………… 577
　　　一　道家の「待つ所なし」の境地の追求 …………… 577
　　　二　昇仙飛行の手段 …………………………………… 580
　　　三　「身に羽翼が生え、飛んで相い往来す」………… 581
　　第三節　初期道教の飛行構想 …………………………… 584
　　　一　翼なくして飛ぶ …………………………………… 584
　　　二　天空を疾走 ………………………………………… 586
　　第四節　道教と最速の飛行器構想 ……………………… 586
　　　一　プロペラ式飛行器 ………………………………… 586
　　　二　宇宙航行 …………………………………………… 588
　　　三　「仙槎(せんさ)」：最古の宇宙飛行器 ………………………… 588
　〔附録1〕水中を潜航行する「淪波(りんは)の舟」……………… 591
　〔附録2〕飛行と捜索目的の「曳影(えいえい)の剣」 ……………… 592
　訳者あとがき（三浦國雄）………………………………… 593

第Ⅰ部

序説

乗雲駕龍図

第一章　道教と科学の関係

第一節　中国の科学に関する若干の疑問

　19世紀、西洋文化が世界的規模で支配的な地位を獲得した時、中国文化は衰退期に入っていた。かつてマルコ・ポーロが書き留めた東方の聖地は、多くのヨーロッパの文人墨客と一攫千金を夢見る者の憧憬を掻き立てたものであった。ゲーテは云う、「あそこでは、ここよりすべてが一層明朗で純真で、道徳に合致している。……さらにまた、多くの典故がすべて道徳と礼儀に関わっている。このような、あらゆる面で厳格に保持されている節度が、中国を千年の長きにわたって維持させ、かつ今後も永続せしめる当のものなのだ」(『エッカーマンとの対話』、漢訳版、112頁)。しかし、近代科学技術によって装備された西洋人がこの東方の古い国に入って来た時、豊富な資源と君主の手中に蓄積された金銀財宝は別にして、そこには近代文化と接続するものは何もないらしいことを彼らはいち早く発見したのである。

　西洋文化の支配的地位は、思想家の心中においては西洋文明の優越論に転化し、その優越論は、西洋人が成し遂げた近代世界の歴史のための注釈となった。20世紀初、西洋がグローバルな成功を獲得した際、ドイツの社会科学者マックス・ウェーバーはこのような考えを提起した。

> なぜ資本主義の利益がインドになく、中国においても同様なのか。科学、芸術、政治、経済の発展がインドや中国にないのに、なぜ彼らは、現今の西洋に固有の理性化の道を歩むのだろうか。
>
> 　　　　　　　　　(『プロテスタントの倫理と資本主義の精神』、漢訳版、15頁)

　そうしてウェーバーは、プロテスタントの倫理を使って近代資本主義が起こった文化的原動力を説明し、こう断言する。「道教は一種の絶対的に反理

性的なものであり、簡単に云ってしまえば、一種の低級なシャーマニスティックな長生術、治病学、消災術である」。かくしてウェーバーは、その注意力を道教の「間接的、消極的な影響」という問題上に置く（『儒教と道教』、漢訳版、222 頁）。

ヨーロッパの中国学者デ・ホロートは、その著作のなかでこう書いている。「（中国人は）人類の総数のなかでかくも多数の比率を占めているが、……意外にも、自然の法則に対してまだ基本的な理解に達し得ていない状況下で成長」し、そのうえ「中国人は今に至るまで、古い規則と神秘的な図表の基礎の上に良好な判断体系を樹立し得ていない」し、彼らが保有していたこの体系は、「かくも非科学的でかくも幼稚で未成熟なものであり、果てはただ我々の笑いを誘うるだけのものにすぎない」（de. Groot, *The Religious System of China*, Vol.3, p.1050）。こういった見方は当時の西洋の学術界では少なくなく、英国の哲学者ホワイトヘッドはこう述べる。「個々の中国人には科学的探求を遂行する根本的な能力がない、などと疑う理由は何もないが、しかし中国の科学は事実、無視してもいい、取るに足りないものだ。もしこのまま放置しておけば、中国は永遠にいかなる科学の進歩も生み出し得ないであろう」（A. N. Whitehead, *Science and the Modern World, Lowell Lectures*, p.6）。彼の学生であった英国の哲学者ラッセルも同じように考えていて、「不幸なことに、中国文化には科学が欠如しているという弱点がある」と述べている（『中国問題』、漢訳版、39 頁）。

20 世紀中葉、英国の中国学者ジョセフ・ニーダムは、中国で発見した古代の科学技術の宝庫を称揚したが、同時にこういう考えを提起した。

> （中国は過去において、科学、数学、技術の領域であのような多くの偉大な成果を挙げたのに）近代科学は西洋に発生し、なぜ東アジア文明で発生しなかったのか。（『四海の内―東方と西方の対話』、漢訳版、80 頁、邦訳版『文明の滴定』、5 頁）

第Ⅰ部　序説　第一章　道教と科学の関係

　このように諸家の説は一様ではなく、我々を困惑せしめる。ともにひとつの中国文化なのに、相異なる観察者の面前に、何故このような相異なる結論が提出され得るのか。これは、観察者が自分の文化的背景に基づいて問題を見ているからそうなるのではあるが、しかし中国の科学技術自体にもそれ相応の特殊性はある。かくして、主・客の双方において基本的な事柄が苦境に陥り、相互理解が難しくなるのである。

　これは主として、西洋の文化的背景に由来する問題である。まず第一に、中世ヨーロッパのキリスト教と科学探究との衝突、とりわけ教会の科学者に対する迫害があって、両者の間に和解しがたい敵対関係が造成され、西洋の宗教観に深甚な影響をもたらしたという事実がある。第二点はこういう問題である。近代以来の思想領域における宗教と科学との衝突は、近現代科学が飛躍的発展を遂げるに及んで、さらに一歩進んで両者の間にいよいよ深い溝を形成するに至った。中国科学研究において、中国思想の構造と概念システムの独自性は、西洋人がすでに所有している解釈システムによってこの文明における知識体系を解析するのを困難にしている。こうした困難を造成する要素のなかで、〈道〉や〈気〉といった本体論の問題は核心的なものである。20世紀の中頃に至ってようやく刊行されたニーダムの『中国科学技術史』（科学出版社・上海古籍出版社刊の漢訳版。邦訳題は『中国の科学と文明』）の第2巻『科学思想史』を繙けば、当時の多くの人々が道教と科学との関係について懐疑したり否定したりしていたことを容易に見て取ることができる。「道教思想はほとんどすでにヨーロッパの翻訳者や作者に全面的に誤解されて」おり、「純粋な宗教神秘主義であり迷信だと解釈されて」いて、道教内部の科学ないし前科学的方面は、ほとんどすべて無視されていた（邦訳版第2巻『思想史　上』41頁）。

　事実上、世を挙げて公認されたような科学学界の説も存在せず、ただあるのは、一種の近代西洋の科学体系に則って形成された概念だけであった。しかし、ひとたび中国の伝統科学と対面した時、この概念はまたしてもたびたび多くの問題に遭遇することになる。かくして研究者は、自分の文化的背景

に基づいた概念体系によって研究対象を計量し解剖するのであるが、まさしくひとりの西洋の学者が明確に指摘したように、「科学は、我々自身の固有の文化から突如出現した一種の特別な知識にほかならない」のである。

この問題に対しては、我々はニーダムの以下のような議論に耳を傾けるべきであろう。

> このようなパラドックスは、おそらく部分的には〈科学〉というタームの意味の混乱に由来するはずである。もしも科学というものを近代科学にのみ限定したならば、それは16、7世紀のルネサンス末期に西洋に発祥し、ガリレイが生きていた時代はその転換点として特徴づけられる。しかしそれは、ひとつの全体的な科学というものと同じではない。というのも、古代と中世において、世界の異なった民族はみなこの偉大な建築の基盤を築いていたからである。我々が近代科学はガリレイの時代に西欧で発達し得たと云った時、私が思うに、我々の大部分は、発達の結果、ただあそこでのみ数学の仮説が自然界に応用され、問題を推論する時に数学が応用された——つまり、数学と実験とが結合された、と考える。しかし我々がもし、ルネサンス期の科学が発見した方法は彼ら自身によって発見されたのだという考えに賛同するなら、我々はこのような突破がやってくる以前になお数百年の努力があったことを覚えておく必要がある。何故このような突破がヨーロッパにのみ発生したのかは、やはりひとつの社会学的に探求するに値する課題である。
>
> （*"The Grand Titration"*, pp.116～117, 日本語訳『文明の滴定』125頁）

科学の普遍性という特徴を把握してこそ、中国と西洋の科学を比較する合理的な枠組みを建立しうる。実質上、科学は人類の幾千幾百年の探求と実践を経て形成された、自己の能力を有効に延伸させ増強させる知識のシステムであり、それは人類が自然界という生存環境に向き合った時に、その〈価値取向〉（価値観の傾向性・選択性）に合致する〈攫能効率〉（かくのう）というもの（後述）

を人類に準備する。ここで我々は「その価値取向に合致する攫能効率」という云い方をしたが、その目的のひとつは、人類の倫理思想と科学間の長きにわたって存在するある種の矛盾関係に思い至るためであり、いまひとつは、この考えを東方の伝統的科学の問題を考察するのに使いたいと願ってのことである。このことは以下のことを意味している。すなわち、科学が人類固有のものとなった理由、とりわけ、東方伝統科学がある種の独特な特質を深く包含している理由は、それが創造されてゆく過程においてある程度、特定の倫理と文化環境の影響を受け、また同時に、特定の地理環境による長期の賦型（賦与形態）と修正の作用を受けた結果、異なった科学同士の間で異なった科学気質を形成したからではないだろうか。

　道家文化とその変化形態は、このように中国古代科学に特殊な気質を具有せしめた伝統文化にほかならない。ニーダムは、道教文化は中国科学の発展において重要な役割を果たした、その精髄の部分だと強調した。道家と道教思想、およびその思考法は、中国古代科学技術発展の基礎であり、今に至ってもなお研究し総括するに値する特別な思想的財産である。しかし、道家と道教の思想気質は同時にまた、中国伝統科学がその思惟の拘束から離れ去ろうとしてもそれを許さない元凶だということも指摘しておかねばならない。

　道教の長生願望は、道家思想の基盤の上に建立されたものであり、道家思想は十分突出した特徴を持っている。この思想は、特有の〈道〉を万物の本根とし、「反（復帰）は道の動、弱は道の用」という思想、およびこれによって形成された「柔を守る」「雌としての節を守る」の精神によって特徴づけられる。彼らは、「柔弱は剛強に勝」ち、「無為にして為さざる無」きことを信じていた。この思想は、それ自身の歴史的合理性を持っており、中華民族がその生活した地理環境のなかで形成された、特有の生活方式と智慧の結晶であり、その環境としての農業文明時代の相対的に閉鎖的な社会体系に適応していた。

　しかるに一方、近代の初期以来、西洋文明は機械と経験的理性、および剛強さの尊重をその特徴としており、長期にわたって〈攫能効率〉の追求をそ

の指針としてきた。これに基づけば当然、中国のこのような柔弱を尊ぶ気質は理解しがたいものであった。これもまた本来、格別どうということはない問題ではある。しかしながら、この両者が遭遇した際に生み出される衝突は悲劇であり、その上、このような衝突過程自体が近代資本主義の利潤中心観念の煽動を受けることになったのである。

　近代がすでに過去のものになった現在、我々の任務は理性への配慮を抱いて、あらためて我々の文化を注視し解剖することである。そのようにするのは、過去を理解するためだけでなく、さらにより良き未来のためであり、個々の文明圏の限界を超えた福祉を人類にもたらすからである。それと同時に我々は、ヨーロッパ中世と同時期の中国科学と社会発展観念の論理を整理しうることを希望している。それは単に中国古代の科学技術と文化発展の糸口を認識するだけに止まらず、中国文明が17世紀以降、次第に世界文化の発展の歩みから遅れていった糸口を認識することにもなる。道家と道教の文化のなかに、我々は中国文化の命運という問題を解読する暗号を探し出すことができるであろう。

第二節　道教と科学の関係の問題

　道教徒は全能の至上神を造り上げず、キリスト教徒のように神による救済を期待しなかった。彼らは自分を頼りとして自分を救済しようとしたのである。彼らは、特定の手段によって死すべき生命を転化させ、永遠に不死の神仙になりうるのだと信じていた。

　では、道教と科学の間にどのような関係が存在しているのか。この問題を解明するのは容易ではない。ある欧米の研究者は、「西欧人の目には、両者の間に一貫して友好関係があったとは見えない」と述べている（J.J.Clarke, "The Tao of the West", p.74）。そのような中にあって比較的目立った見解を提出したのがアメリカの中国科学史家セビンである。彼の研究視角は挑戦的であるだけでなく、深遠な啓発性を具えている。彼の〈科学〉概念は、近代以

降の西欧科学の理解上に造り上げられている。我々が本書のなかで採用した〈科学〉概念は、より広い一種外延的な理解であったが、もし彼の理解に従って厳格に道教文化、ないしは中国伝統文化を考察したなら、そのなかの〈科学〉とされた非常に多くのものが新たなチェックをへて〈科学〉の栄冠を失うことになるだろう。

　そして、〈道教〉概念もセビンによってその外延を大幅に縮小されることになる。彼の道教概念に従えば、歴史上、道教と自称したり道教のなかに編入された人物、典籍およびその成果などは新たに仕分けされねばならない。彼の道教の定義というのは事実上、道教の理想的モデルを持ってきて道教か否かを判別するもので、理論的に云えばこの選別法には価値があると云わざるをえない。しかしながら、セビンにとって不幸なことに、老子によってつとに一種の伏線が張られてしまっている。「道の道とすべきは常の道にあらず。名の名とすべきは常の名にあらず」(『老子道徳経』第1章)がそれである。道教は歴史的な存在であり、中国特有の文化である。これは何を意味するのか。もしもある特定の理想モデルを使って「いずれが是でいずれが非か」を判定する試みは、あの本来、百川を差別なく受け容れる海のような包容力と思想的ダイナミズム、そして「雑にして多端」と云われ、次々とさまざまな姿を2千年の長きにわたって呈し続けてきた道教から云えば、その現実的な有効性はなお証明を待たねばならない(これは道教だけでなく、中国文化についてもまた然りである。というのも、まぎれもなく道家と道教はこのような文化精神を理解するための重要な基盤を提供し、このようなダイナミズムが中国文化に特有の生存能力を賦与したからである)。

　セビンの見解が呼び起こした波紋は研究者の注目するところとなった。たとえば祝亜平はこう述べている。「ニーダムに対するセビンの批判にはもとより一定の道理がある。しかし彼は、自分が規定した概念を基準としてその規定を受け入れない学者の観点を批判するのは偏狭の謗りを免れない。……中国科学史においては、誰それは道家、誰それは道士あるいは方士などと完全に区別することは難しい。もし「哲学としての道家」と「宗教としての道

教」を区別の基準としたならば、たとえ葛洪、陶弘景、孫思邈などの科学史上、最も代表的な〈道家〉の人物であっても、その両者の間に彼らの位置を定めることはできない。だとすれば、このような〈人で規定する〉やり方に何の意味があるのだろうか。多くの科学技術上の発明や創造は、道家の哲学者や道教の信者が成就したものではなく、道家、道士、方士という3種の身分の人々の貢献によっている。彼らには思想上の共通点があり、ニーダムはそれを道家文化の核心としての〈自然主義の伝統〉と呼んでいる。……道家文化は中国の古代科学に影響を与えた主流であり、道家思想は中国科学思想がそこに集約されているポイントなのである」（祝亜平『道家文化与科学』、450〜454頁）。歴史上、道教文化はキリスト教文化のような安定したモデルを形成せず、渦巻き式の吸収と融合の過程を長期にわたって歩んできただけでなく（後文に引用するW. Holmesの見解も参照）、自己の文化の純粋で強烈な意志を形成してそれを維持することもなかった。一方、キリスト教はそのために宗教裁判所さえ設立し、残酷な宗教的迫害によってその文化の独立性と正統的地位を保持し、異文化的要素を排斥したのである。

　同時に、道教の形成と発展の過程において、道家思想が核心的な役割を果たしたことは指摘しておかねばならない。歴史上、多くの道教信者は『老子』や『荘子』などの道家の著作に注釈を付す過程で、おびただしい道教経典と煉丹理論書を生み出した。それらの著述は単純かつ表面的に老子などをなぞったものでは決してなく、深く理解されており、修仙と煉丹の活動のなかで運用された。道教の科学観は中国の科学観と同様に、〈反〉や〈復〉という回帰式の思考方法にその根を下ろしている。これは〈真知〉に向かう思考方式であって、西欧の分析的なそれとは方向が逆である。道に復帰するとは、〈真人〉となって〈真知〉を獲得することを意味している。道教の信者が何故〈道〉を自己の信仰の規範とし、それを最高の境地としたのか、その答えがここにある。〈道〉は一切の存在の本体であり、もとより人間の生命の根本である。それゆえ『太平経』は、「道を好む者は長寿」と述べたのである（王明合校本、456頁）。

実際にはその神仙の理想というレベルから見ると、ある意味において道教は科学技術を利用してその理想を実現しようと試みたとも云えるのであるが、彼らの理想とした人物とは黄帝のような民族英雄であった。道教においては、黄帝は中華文明の創始者であるだけでなく、最も偉大な発明家なのである。『史記』の黄帝本紀や道教の典籍など多くの古代史料は、彼が多くの発明と創造を成しとげたことを記述している。『史記』封禅書には「黄帝は戦いつつ仙を学んだ」と記す一方、「黄帝は首山の銅を採掘し、荊山のふもとで鼎を鋳造した」と述べる。鼎が完成すると龍が迎えに下りてきて、黄帝は天に昇って仙となった。『史記』黄帝本紀には、黄帝は「五穀を植え……百穀と草木の種をまいた」とある。各種の典籍には黄帝の名のもとに多くの発明や創造が挙げられている。曰く、蚕糸、衣服、履き物、臼と杵、鋳造法、鍋と炉、車、舟、牛馬の利用法、都市、指南車、穀物・豆などの栽培法等々。また、医薬と衛生の分野でも、『内外経』『素書上下経』『素問』『内経』『針経』『明堂図灸』等々、重要な経典の作者とされている。また、文字、暦法、陰陽五行、礼儀、音楽、結婚、葬送、兵法・兵器なども黄帝の発明と創造ということになっている。こうしたものをすべて古代の先王の業績に帰すのは、民族精神においては妥当としても、史実としてはあり得ない話である。しかしながらそこに、祝亜平も指摘するように、発明・創造を尊崇すべき美徳とする道教文化の精神構造を容易に見て取ることができる（祝・前掲書、430、432頁）。まさしくそれ故に、「漢以来、方士の道術と一切の占卜・星占の法はみな道教のなかに編入され、『道蔵』中の書物は極めて多いけれども、その雑駁さたるや比類がない」のである（曲継皋『道蔵考略』、727頁）。

　歴史上、中国の科学技術は源泉としての道家と道教思想から豊富な科学思想を汲み上げただけでなく、実質的には道教がその後押しをして発展できたのであった。では、道教と科学は何故このような関係を構築し得たのだろうか。

　その理由は、まさしく科学が立ち止まった当の場所で宗教がその羽を広げ

たからである。このような特殊な関係について金正耀はこう述べている。「それは道教の独特の教義の故なのである。長生の追求は同時に科学の一貫した目標のひとつであるが、しかし科学は不死成仙を追究しない。長生から不死まではたった一歩の隔たりであるが、それは超えるすべのない一歩である。理性がどんなに執着しようと、ここで科学は足を止めねばならない。かくして人々は、（科学から離れて）虚幻と想像のなかで飛躍することによって自己満足するほかはない。こうして理性の執着は、宗教感情の迷妄のなかに惑溺してしまうのである」（金正耀『道教与科学』、221〜222頁）。実際には事情はもっと複雑であったはずである。歴代の道教徒が、普通の生存状態よりいっそう高度な神仙の境涯を獲得するために衰老死亡の神と格闘してきた道程は、また同時に、自然を認識し征服し、より多くの知識とより高い能力を絶えず獲得するよう自己を勉励してきた道程でもあった。この道程は簡単に一場の痴夢、または虚幻の方法を使った自己満足だと片付けられるべきではない。道教は普通の生命観念を超え、さらには普通の医学的努力を超え、道教自体に中国医学と科学技術を推進させ鼓舞するはたらきとメカニズムを具備させたのであった。前引の曲継皋はこう極言している。「『道蔵』中の焼鉛や煉汞（こう）（水銀）といった医薬技術のどれを取っても科学でないものはない。過去の方士が弄んできたあれらの一連の〈からくり〉が次第に科学によって証明されてきたのである」（『道蔵考略』、725〜726頁）。

　道教と旧時代の中国科学との関係については、次のようなニーダムの有名な概括がある。

　　タオイズム（道家・道教の総称）の哲学には政治集団主義、宗教神秘主義、そして個人の修煉成仙主義といった各種の要素が含まれているが、しかし科学的姿勢に貫かれた多くの極めて重要な特質を発展させてきた。それゆえ中国の科学史に対しては特筆すべき重要性を持っている。このほか、タオイストは彼らの原理に基づいて行動するので、東アジアの化学、鉱物学、植物学、動物学、そして薬物学はすべてそこから発祥

し、ギリシャの前ソクラテス派とエピクロス派の哲学者と似たところが非常に多い。……彼らは変化と転化の普遍性を深く認識していたが、これは彼らの最も深い科学的洞察のひとつである。

（漢訳版、175〜176 頁、邦訳版、第 2 巻 196 頁）

　林語堂も「道教は中国人が極力自然の奥秘を見つけようとした試みである」と、短いながら核心を衝いた指摘をしている（『中国人』漢訳版、130 頁）。先に引いたように、セビンは道家・道教と中国の伝統的科学との関係については懐疑的であり、ニーダムの見解に対してはそれを「客観的科学の発展における道家・道教中心論」と呼んで批判した（"The central role of 'The Taoist' in the development of objective science"、1989 年の国際会議における発表）。彼のこの批判には合理的な一面はあるけれども、判定基準上に問題がある。

　セビンが提起した道家・道教と中国科学無関係論については、アレクセイ・ヴォルコフの見解がある。「かりに甄鸞の数学著作に関して、その理想を実現するために解決を要する問題と道教との間にどういう関係が存在したのかを説明できなかったとしたなら、セビンのそのような観点は成立しうるかもしれない。しかしながら、あるいくつかの理由が表明しているように状況はそれと相反している。……我々は、道教と仏教との宇宙構造のパラメーターに対する討論の奥深い面白さについて語ることができる。そこから我々は、中国にはかつて一種の学術の伝統——仏教と道教の宇宙論における一般時空概念と数学天文学の基本結果とを結合させてひとつにしたもの——が存在したことを示唆することができる。……甄鸞のこの例証を挙げた目的はニーダムの論題のところへ戻るためではない。そうではなくて、たとえニーダムの論点に対するセビンの注意深い反論が非常に多くの点において正しいとしても、セビンにはタオイズムと科学の間にどういう関係があるのかについて結論を欠き、また、必要な根拠の提示がないから、大いに疑わしいとせねばならないし、甄鸞の例はほかの例証と同じく、〈科学〉の知識というものは各種各様の社会構造のなかから生まれ蓄積され、多様な経路を通じて伝

播されるものであって、時には国家の援助と指導の構造が大いに異なっている——ということを示したかったからである」(Alexei Volkov, *Science and Daoism: An introduction, In Taiwanese Journal for Philosophy and History of Science,* No.8, p.29)。

　道教徒間のこの種の知識と技術の伝播は、彼ら共有の宗教理想に依拠し奉仕するものであり、この種の知識に対する渇望と探究、そして受容に関しては、特定の宗教目的とそこから生み出される宗教的パッションの影響を受けた。数学者にして天文学者であった全真道士・趙友欽はその典型例であり、かつまた重要な科学的成果を挙げた人物であった。彼の『革象新書』はその天文学の成果の記録である。彼の宇宙論の認識論的構造は道教内丹学がその基礎になっていて、彼が探究した数学と天文学の問題と、全真教の修道の理想と証道のモデルとの間には、時にはその晦渋な数学や天文学の論証のなかから直接的な両者の関係は見出しがたいものの、内在的な理論のつながりが存在している。事実はこういうことなのである。

　　科学と、それよりさらに普遍的な社会背景・知識背景との関係は、ニーダムとセビンが想像したものよりいっそう微妙で複雑なものであって、そのうえ不幸なことに、それらの現存する希少な資料のなかにあるものは、我々が見たいと願うものよりいっそう晦渋なのである。

　　　　　　　　　　　　　　　　　　　　　　　　（ヴォルコフ前掲書、p.30）

　まさしくここに問題の困難さが存在している。ニーダムとセビンの見解が指向しているふたつの歴史の姿は、中国には存在しないものである。ニーダムが常々中国科学技術史を説明する際に使用する、あの拡大された道家（および道教）文化集団という観念と、セビンが提出を要求する、一種の純粋道家・道教という意味上での中国科学に対する具体的な影響とは、道士たちの神仙の理想と同様、証拠を探せない現実のなかには存在しないものなのである。我々がいつも注意して自分に言い聞かせておく必要があるのは、我々の

研究対象は一種社会的、歴史的存在であって、そうである以上、相互に影響し合う複雑なものであり、自然科学が向きあう具体的な物質のような、それ自体が具有し賦与されている明確な境界があるわけではなく、簡略化できるものではないという事実である。

実際、道家精神それ自体、中国文化精神の核心的構成要素のひとつであり、中国というこの特定の地理環境下に生きる中国人が道家思想を用いて自分たちの精神気質(エートス)を表明し顕現させた、と云うべきであって、道家思想が中国人に影響を与えた、などと云うべきではない。儒家思想の方は、社会組織を構築し人倫を規範化した。しかし、ひとりの人間の思考方法がもし近代科学観念の支配を受けなかったら極めて想像しがたいことなのであるが、社会的な存在は結局のところどの程度まで精確に境界を定めて、純粋にある種の特別な属性を具えたものだとしうるのか、はなはだ疑わしいのである。まして、属性の規範とされるものそれ自体が完全に固定した確定性を具えていないからなおさらである。道家と道教それ自体は、一貫して一種歴史的な、平板でもなく固定的でもない思想体系であって、それは、全体の文化環境の血肉が互いに繋がっているダイナミックな状態で存在していた。事実、たとえ多くの儒家学説や儒家学者の成果の中からでも道家的要素は容易に探し出すことができる。その逆もまた然りであるが。これは中国文化自身の特徴によって決定されることだと思い至る必要がある。

もしもいっそう遙かな文化の起源にまで遡及することが許されるなら、儒家と道家とは当初は古い〈易〉に対する異なった解釈から出発したにすぎないことに人々は驚きをもって気付くはずである。すなわち、道家はなによりもまず坤卦(こんか)(坤＝地＝陰＝女性)の意を重んじたので、柔を尊び「雌(メス)を守る」ことを主張した。これはおそらく、〈周易〉より早期の、坤卦を冒頭に置く〈帰蔵易〉の解明と尊崇から始まるはずである。とりわけ、以下の資料に徴すればいっそうそれが首肯されよう。『玉海』に引用される『山海経(せんがいきょう)』の、「黄帝は河図(かと)(神秘的な図表)を得、殷人はこれにちなんで〈帰蔵〉と呼んだ」、また、『周礼』春官・大卜の鄭玄注の、「〈帰蔵〉というのは、万物がみ

なそこへ帰ってそのなかに蔵されるからである」、およびその箇所の孫詒譲『周礼正義』に引く、「杜子春は〈帰蔵〉は黄帝の易と云う」等々の言説がそれである。ちなみに云えば、このことは別の側面から、なぜ古来〈黄老〉として黄帝と老子は一家とされ、道家学説は儒家より早いと称されるのか、孔子が礼を老子に尋ねたという説がなぜ存在するのか、という問題に解答を与えうるかもしれない。なお、1993年、湖北省江陵県荊州の秦墓から出土した〈易〉の占簡（約4千余字）は、多くの研究者によって〈帰蔵〉だと認定されている。

一方、儒家は剛健さや「自強して息まず」（『易』乾卦の語）を尊崇し、のちの乾卦を冒頭に置く〈周易〉の解明者であり尊崇者であった。たとえ儒家学説の形成が道家よりやや遅れるかもしれないにしても、儒家が後世一貫して保存し、受容し、思想的正統と見なしたのは〈周易〉であった。本題と離れたこの議論はここで打ち切ることにしよう。ただ、中国科学は複雑な思想の統合の過程で生み出されたものであり、決してある思想や亜文化形態（サブカルチャー）が単独で孕んで生み出し得ないことだけは、はっきりさせておきたい。道教徒の科学技術思想とその探究のなかに、儒家やその他の学説の影響はたっぷり含まれているし、彼らが実行する道家、道教の思想モデルや、彼らの思想と行動の構造のなかに儒家やその他の学説の支配が見られるのは事実である。道家・道教に限らず、こうした相互の影響関係は、いかなる学派やいかなる個人であっても超越しうるものではない。

道教は一種の「雑にして多端」（『文献通考』巻225、経籍考52）な文化の複合体であるが、ここで云う「雑」は決して「消極的」ないし思想的混乱・無秩序を意味しない。彼らのあらゆる思想と行動は、人はいかにして自然と社会の限界と束縛を超越するか、というテーマから離れることはない。これこそ、千数百年来、一代また一代と道教信者を駆りたて、繰り返し探究させてきた核心的な原動力なのである。そのために使われる手段はすべてこの最終目標に収斂する。現代の物理学者カプラはこう指摘している。「道家は直感的な智慧にして非理性的な知識に興味を抱く。彼らは理性の思惟の有限性と

相対性を認識しているが、それは基本的な意味において現実世界から解脱して自由を獲得する一筋の道である。……彼らは現実世界に興味を覚えず、そのすべての注意力を自然の観察に投入して、〈道性〉（道の本性）なるものを解明しようとする。それゆえ彼らは、科学の本質を具えた姿勢を発展させたが、彼らのあのような分析的方法に対する懐疑は、適切な科学理論の構築を妨げた当のものであった。しかしながら、自然に対する詳細な観察は強烈な神秘的直観と結合して、道家の聖哲たちに極めて深い洞察と卓見を獲得せしめたことは、現代科学によって立証されている」（Fritjof Capra, *The Tao of Physics*. pp.113〜114頁）。

　道教徒がその宗教的理想を実現するために行なった探究活動と多くの科学的発見は、社会や文化という有機体との関係において、ニーダムやセビンが見たものよりはるかに複雑で絡まり合っている。厖大な道教経典と旧中国の各種の関係文献中に、人は容易に大量の科学技術の成果を見出すことができるが、道教は科学技術を吸収し保存し発展させただけでなく、神仙の理想のための実践にとって好都合なように改造を加えた。このような姿勢から出発して道教徒は、その信仰と思想に基づいて多くの創造的な発明を造り出した。それらは道教の独自性を具えた、特有の信仰と思想文化の産物であった。

　馮友蘭はかつてこう指摘した。「道教には自然を征服する科学精神がある。中国科学史に興味のある人は、道士の著作から多くの資料を見つけることができる」と（『中国哲学簡史』、6頁）。西欧中世と同時期の中国の思想文化を深く観察したなら、この説の正しさが理解できる。道家と道教の関係と比較に関して、馮友蘭はまたこう述べている。

　　道家はひとつの哲学の学派であって、道教に至ってようやく宗教と云いうる。これが両者の区別である。道家と道教の教義は異なっているだけでなく、相反しているところもある。道家は自然に順うように教えるが、道教は自然に逆らうように教える。たとえば老子や荘子は、生まれ

て死ぬのは自然のプロセスだから、人は平静にこの自然のプロセスに順うべきだと云う。しかし道教の主要な教義は、どのようにすれば死から免れるかの原理と方術であって、これは明らかに自然に逆らってなされるものである。　　　　　　　　　　　　　　　　（同上５〜６頁）

　道家と道教を区別するのは理にかなっていて、両者には違った主張がある。しかし、ここで、道家と道教の自然観の理解に基づいて生まれる概念の論理上の問題を慎重に考える必要がある。道家の〈自然〉概念は、馮友蘭が分析の際に用いたそれとは異なった内実がある。道家の云う〈自然〉は、万物の最も理想的な本体の状態であって、たとえば老子の云う「無極」「嬰児」「樸」、あるいは荘子の云う「渾沌」状態は、馮友蘭が解釈したような「自然のプロセス」ではない。道家は現代人が使うような〈自然〉という概念で現実世界を解釈しなかった。老子は、万物には生死があって長久たりえないと解釈する場合には天、地、人という概念を使う（『老子』第23章、「天地すらなお久しきこと能わず、而るを況んや人においてをや」）。実際上、道家は〈自然〉への復帰を求めるが（「反は道の動」）、それは「自然に順う」ことではない。（もしも必ず「自然に順う」という表現を使いたいのであれば、正しくは「万物の誕生と発展の論理に順って逆向きにその本体に復帰する」と云うか、あるいは「道家はその自然に順うとは述べず、世界の発生の順序に逆らって復帰する、または自然に帰ることを求める、と述べた」とすべきであろう）。道家の云う〈自然〉は、万物の「本然」（本来のあり方）と「全然」（完全なあり方）であり、分析されることもなく、自分からも否定せず外からも否定されない、渾然とした円融の状態なのである。馮友蘭の云う「道教は自然に逆らうように教える」の〈自然〉と道家の〈自然〉とは同じものではなく、道教の云うそれは、今日的な意味での現実のなかの自然（なあり方）なのである。道教は道家の自然論を継承し発展させたが、道教は道家の〈自然〉への復帰という思想方法に依拠し、修道を通じて〈道〉と一体の状態に帰るように求めた。表現を換えると、道教は道家の〈自然〉を用いて現実の〈自然〉と戦うように教えた、と

云ってもよい。つまり道教は、事物の消散と変化という流れと戦うように求め、本源の状態に立ち返るように求めた。そこに到れば、〈道〉と合一して真人になる。

　その次は、道家と道教の関係の問題である。この点に関しては、馮友蘭の見解は半面正しい。道家と道教は思想上異なっているだけでなく、相反しているところもあるというのはすでに述べたように自然観上にあるのではなく、その生命哲学と社会的主張にある。道教は道家思想を吸収したが、生命と社会問題では異なった考えを持っていた。それを決定づけたのは道教の長生成仙の理想とその社会性であった。老子は「長生久視（不老長寿）の道」に論及したことはあったが、しかし道家の生命哲学は決して現実の人間の生命が長久となり神仙に到ると考えるものではなかった。老子ははっきりと述べている。「天地すらなお久しきこと能わず、而（しか）るを況（いわ）んや人においてをや」（『老子』第23章）。荘子も、「生をもって附贅縣疣（ふぜいけんゆう）（コブやイボがくっついている）と為し、死をもって決疿潰癰（けつかんかいよう）（カサやデキモノが消える）と為す」（『荘子』大宗師篇）と述べ、斉物論は「死生を斉（ひと）しくす」る思想を論述する。葛洪はと云えば、「（荘子の）存活をもって徭役（生は労役）と為し、殂歿（そぼつ）をもって休息（死はやすらい）と為すはその神仙を去ること、すでに千億里なり」と批判する（『抱朴子』釈滞篇、151頁）。また、五斗米道を奉じる家の出身である王羲之も、「死生を一にするは虚誕、彭殤（ほうしょう）（長寿者と夭折者）を斉しくするは妄作」と荘子に手厳しい（「蘭亭集序」）。

　老子と荘子は相前後して「小国寡民」に代表される社会統治の理想を語りはしたが、しかし現実世界に生きる道教の思想家は、「民は死に至るまで（隣国と）往来せず」（『老子』第80章）などというのは、論じるのは簡単だが実行は難しいと、批判的であった（『抱朴子』外篇・用刑篇、外篇校箋本、363頁）。しかし、上引以外の自然観や認識論、それに方法論など多くの面で道教は道家思想を継承し、また、理論的道家を道教のなかで実践的道家に変容させた。

　道教が多くの科学技術の成果を吸収し、また生み出し得た理由を探究する

場合、道家思想が道教のなかでその成果をバックアップしたはたらきをしっかりと掘り起こす必要がある。道教の形成は、漢以来の黄老道家を尊崇した社会的背景と神仙の理想を追求した思潮との共同のはたらきがまずあって、道家学説が次第に宗教化し諸家の学説を吸収するという経緯を経た結果なのである。この問題に関して李豊楙はこう云っている。「道家が道教に転変した最も大きなポイントは、その思想的本質から云うと、道教徒が自然を観察することから自然を役立てることに変わった点である。このような態度は、宗教と神話の精神的なリードと巫術と技術の物質的な経験を融合し、神秘的な上着を着つつも実際の操作を具えた経験科学を形作った。それはまた、ニーダムの云う〈疑似科学〉が化学の萌芽と成長に至る苦難の過程でもあった」（李豊楙『探究不死』、122頁）。そこにおいては、道教の有機体論と全体論の思考方法が非常に重要な要素となっており、これを中世から近代に至るヨーロッパの機械論的・分離的科学観と比較しさえすれば、この道教思想の独自性を容易に見出すことができる。

　道教の神仙信仰は信者の究極的な関心を反映している。そのすべての情熱は生命の継続に傾注された。ただ、結局のところどのような方法を採用し、どのような道筋をたどってこの目的を実現しようとしたのか、まだ定論を見ていない。初期道教においては、修仙方法の違いから多くの道派が形成され、それぞれその異なった方法を信じていた。『老子想爾注』に多くの「邪文」批判が見える事実は、当時間違いなく道派が林立していたことの証明になっている。歴史が語るように道教思想は雑駁多端であって、ヨーロッパ中世のキリスト教のような思想上の高度な統一には到達し得なかった。これは中国の伝統文化の背景がしからしめたものであって、中国人の放任主義的な宗教観念と一致しており、すべての人が信仰し、唯一神を崇拝して異端を排斥するヨーロッパ中世のキリスト教とはまったく異なっている。そういうわけで我々は、キリスト教文化の宗教観から道教を考えてはならないのである。 40年前にW.ホームズが提出した観点はいまなお説得力を失ってはいない。彼は、道教運動は一貫して一種の混合物であり、この混合物は一種の

化合物に変化することはなかったと述べ、さらにこう云っている。

> 道士たちは結局のところ実験の道を歩んだ。染料、合金、磁器、薬物、指南針、そして火薬の発展に対して貢献したのは彼らだった。もしも中国のこうした優良な思想が正統的儒家の排斥に遭わなかったなら、それらはもっと発展したはずである。儒家——とりわけ宋代以降の儒家は、手を使って調薬したり生薬を採集したりすることを、知識人たる者のなすべからざる賤しいこととして蔑視した。
> 　　　　　　（Welch Holmes: *Taoism: The Parting of the Way"*, pp.134～135）

　道教研究および道教と科学との関係を研究する際、道教に対してある種の分別方式でそれを行ない、ただ道教文化の基本的特徴を捉えることで能事畢<ruby>畢<rt>おわ</rt></ruby>れり、とすることは避けねばならない。そういう態度は、文献学上のみならず歴史学としても非現実的である。道教自体は巨大でダイナミックな包容力を具えていて、この特質はその長期にわたる歴史的連続性と結合している。こういうところは、欧州中世の教会の機械的なコントロール下に置かれたキリスト教とは大きく異なっている。このような教義に対して、文献的ないし思想的なスタティックな分析と、その本質はしかじかと結論づける定性的方法で臨んだなら、道教は解きがたい難題になってしまうだろう。

　概念の問題は、複雑ではあっても避けては通れない。我々が中国と西洋との文化的背景における宗教概念の違いに留意する必要があるのは、それを避けると混乱や疑義を招くからである。シュウオルツはこう述べている。「宗教というこの言葉は西洋に起源をもっているので、議論をする際には語義の境界というものを考慮せざるを得ない」（B. I. Schwartz: *The World of thought in Ancient China*, P.19）。このような慎重な姿勢は必要だし、また有益である。道教はヨーロッパ文化とは大いに異なった中国文化の産物であり、それは中国文化の包容性を体現している。その発生と形成、そしてその変化の過程には内在的な連続性があり、それは周辺の文化環境とたえず交流し、影響を与

えあって発展してきた。道教文化は一個の巨大でダイナミックな思想的倉庫として、悠久の歴史のなかで多様な文化的要素を広く吸収し、改造し、発展させてきたが、その本体は道家思想を反映させたものであった（老子は云っている、「天下の谷」「百谷の王」と）。道家哲学のこの基礎がなければ、道教哲学とその科学的成果も成就されなかったであろう。

第二章　科学の発展に対する道教の貢献

　歴史上、科学技術的手段と道徳的修行とは、道士たちの登仙するための双翼であった。そのため科学技術方面においては、成仙に転化しうると見なされた手段は、何であれすべて道教中で運用され吸収され、そこから応用、探究、発展への道が拓かれた。道教における科学技術は少なくとも3層の内容を持っている。第1は、旧時代の道教信徒が修道の末に仙人となるという理想の支配下で、自然界や人間自体、それに人間社会の存在と運動変化の法則に対して成し遂げた素朴な観察と探究の合理的な成果であり、それは同時に道教信徒が創造した科学技術の成果でもあった。第2は、道教徒が修錬やその他の宗教活動中に吸収し改造し発展させてきた、既存の科学技術成果、または、伝統的な科学技術の影響を受けた道教科学技術の成果である。第3として、道教文献や史料中に吸収され保存されてきた旧時代の科学技術の成果がある。

　実際上、道教は終始、我々が科学と呼ぶあれらのものを、一種の宗教の目的に附属し奉仕する手段と見なしたが、両者の間には欧州のキリスト教のような、科学との間の分離は発生しなかった。科学は道教のなかで排斥や迫害という目に遭わず、それは人間の能力を拡大させる道具として道教とともに中国人の精神と現実生活に奉仕した。両者の間には、分け隔てられた内在的ないし外在的な原動力は存在しなかった。それどころか両者は、先に述べた2方面の理由から長期にわたる歴史において緊密に結合していた。これは道教という宗教の理想的な仕組みが招いたものである。シッペールは次のように云う。「中国の煉丹術は、世界における最も古いものと見なされている。……中国の煉丹術は、守一の法（一種の精神集中法）およびその思想的基礎との間に根本的にはいかなる不一致も存在しない。より適切に云うならば、実験室での実験で時間を再創造し、生命の秘密を発見することによって中国の煉丹術は、そのような思想を物理学の分野において不朽性を獲得させた。3

世紀から11世紀の中国で煉丹術はかなり流行し、ある種の特別な技術的発展をもたらした。その実験活動から生み出された発見や発明、たとえば火薬の発明などは中国の薬物学に対して重大な貢献を成し遂げた」(Kristofer Schipper: *The Taoist body,* 英訳版 174～175 頁)。

　では、どのような意味において、どのような方式を通じて、道教と科学技術は有機的な結合を構成したのか。道家思想の目標は「道に同化する」ことであった。それは道教においては「道の獲得」の追求として表現されるが、実践レベルで道と一体化した状態に入ることが求められた。このような理想は信徒をしてかかる状態に到達するための方法を探究し思考させた。

第一節 「その母に復帰する」思想の駆動力

　道教の千年にわたる夢は、宇宙の生成の順序を逆転させて仙人となることであった。母胎と一体化した原初の状態に復帰することは、道家から道教に至るまで一貫した思想であった。道家においては、これは宇宙万物の根本を認識し把握するための方法と目標であり、道教においては、それは認識と把握の方法であっただけでなく、道を得て仙となるための理想であり方法とされていた。

　道家は、万物はすべて道から生まれ出て、ただ道に復帰し母胎と一体化することによってのみ永遠性を獲得する、と考える。このような考えに基づき、修道の方法と目標として「抱一」「抱樸」を提起し(『老子』第10、19、22章)、また「嬰児に復帰し……無極に復帰する」ことを主張する(『老子』第28章)。「嬰児」とは母胎と一体化した状態であり、「無極」とは「一」であり、「樸」とは道との一体化、すなわち『荘子』応帝王篇に云う「七竅(きょう)」がまだ穿たれていない状態下の「渾沌」のことである。同じ思想はほかにも、「天下に始めあり、以て天下の母と為す。……またその母を守らば、身を没するまで殆(あや)うからず」(同・52章)、「谷神は死せず、これを玄牝(げんぴん)という。玄牝の門、これを天地の根と謂う」(同・6章)などと見えている。

道家はここで、理想的な状態を述べている。人間は自分が来た道を逆に辿って母胎と一体化した状態に復帰する——それは永遠を意味している。この「母胎」とは何か。道家思想においてはそれは〈道〉にほかならない。「道」は宇宙万物の本体であるので、「道は一を生じ、一は二を生じ、二は三を生じ、三は万物を生ず……」（『老子』42章）と云う。この一文は、〈道〉に復帰しようと思えば、「道を知る」、すなわち万象が錯綜する宇宙の中からその本体を把握すればよい、ということを暗示している。では、どのようにすればこの目標に到達しうるのか。その方法は同じように〈反〉の論理に基づくものである。

　漢晋時代になっても、新道家はこうした思想を継承しただけでなく、多くの領域でいっそう具体的な検討を進めていった。『淮南子』から『陰符経』に至るまで、宇宙を認識し天機（宇宙のメカニズム）を把握することによって〈道〉を捉えることは、次第に道家の探究活動における重要な表現となった。この発展過程において、道家思想は徐々にその科学的内実を開示していったが、『淮南子』天文訓は、〈道〉から万物に至る宇宙発展理論を提起した。すなわち云う、「道は虚霩（きょかく）（大虚空）に始まり、虚霩は宇宙を生じ、宇宙は気を生じたが、気に境目ができ、清陽な気は薄くたなびいて天となり、重濁な気は凝結して動かず地となった。……天と地は精気を合わせて陰陽を造り、陰陽は精気を集約させて四季を生み、四季は精気を拡散させて万物を造った」。『陰符経』はかく云う、「宇宙は手に在り、万般の変化は身から生まれる。天の本性は人間であり、人間の心は機（からくり、仕掛け）である。天の道を立てて人間のあり方を決定する」。天の道を知る目的は人間自身の問題を解決するところにあると云うのである。

　自然の母胎に復帰するというこのような「恋母の情」は、古い文明中に保存されてきた、人類の精神文化の悠久の伝統である。エリアーデは云う、「それは紀元4千年前から3千年に至る間、東地中海とメソポタミアからインド、アジア、アフリカに至る大文明が残した遺産のひとつで」あって、「「母牛」と「子宮」、そして「壺」は常にその象徴的符号であった」（Mircea

Eliade: *Rites and Symbols of Initiation: The Mystery of Birth and Rebiyth,* p.57)。中国文化においても、この文化は同じような存在として残され、道教の宗教的理想となった。道教ではこの「母胎」はやはり〈道〉であるが、道家と比較するといっそう具体化されている。たとえば、初期道教の地母崇拝では大地は母胎にほかならないし、男女の合気術（性の技法）においては女性は母胎の象徴である。ほかに、道教では壺、瓢箪、洞天、丹炉、そして重視され探し求められた「宝地」（これについては本書第Ⅴ部第六章、道教建築の章を参照）などはみな母胎の象徴符号なのである。これらの実現の仕方はそれぞれ異なるにせよ、しかしすべて人が復帰して道と合体する手段であった。修行者が天地の学を研究するその目的は、天門と地戸の開閉のからくりを把握して天門金闕(きんけつ)（天上の高殿）に飛翔して仙となることにあった。そのために道士たちは飛翔する方法を考察し、多くの天才的な宇宙飛行理論や道具のアイデアを提起したのである（本書Ⅴ部第七章、飛行構想の章参照）。

我々は次に、道教と天文学・医薬学との関係という角度から、さらに分析と考察を加えてみよう。

第二節　煉丹活動と天文学

本質的に云って、煉丹の過程は一種の厳格な通過儀礼であり、〈丹〉の価値は何度も煉り上げてゆくこの過程のなかに存在する。時間と空間が結合した要素としてのこの過程は〈丹〉に特定の価値を与えるのである。一旦、さらに煉りあげられた物質は、特定の方式によって、正しく、規範通りに時空が結合した炉火の条件をクリアすると〈丹〉、すなわち〈道〉の化身に変成し、これを得たものは仙となる。まさしくこのような形式化された儀礼の過程は、時空という要素に対して極めて高度な要求を提出し、またその上、懐疑を抱くことの許されない、変更のできないモデルでもある。ここから分かることは、道教の煉丹術は外丹であれ内丹であれ、すべて時空条件と火候（火加減）条件に対して高度な要求を提出し、それと対応して天文学と計時技

術に対する要求を提出し、これと関係する多くの科学技術の問題を人々に探究するよう促したのであった。

　道教の発祥段階に書かれた神仙伝に、すでに炉火というこの通過儀礼の核心的要素を見出すことができる。たとえば『列仙伝』には、五色の煙を出すことができた甯武子や、火中に身を投じ「煙気に随って上下」して骨を残したその弟子・封子の話を記載している。また、鍛冶師の陶安公は数万人に見送られ、赤龍に乗って天に昇って行ったという（同上）。

　こうした神仙伝説がすべて古代の冶金活動と関わっているのは偶然ではない。まずもって煉丹術は、古代の冶金技術の発展とその観念の分化の産物なのである。さらに冶金の過程自体、炉火の焼煉過程であり、そこから分化して出てきた煉丹術は、実質的に炉火の焼煉過程とその産物に対して行なわれた観察と超理性的思考の結果であった。冶金の実践における鉱物を〈丹〉の材料に置き換えると、疑いもなく炉火は時空ともに、実質的に全体の過程のキーポイントとなり、〈丹〉の材料を転化させて宇宙間に分散している〈道〉を再凝集した物に変えるのである。遠古の時代から火は、各々の文明において宗教儀礼の重要な部分を構成し、各種の通過儀礼の核心的要素であったが、道教の丹薬の焼煉過程においても、火は同時に転化と浄化のはたらきを具えていた。宗教学者はつとにこの火の役割に注目していた。

　　浄化儀礼と祭祀における燃焼とは、同一系列で、広範に伝播した影響力の大きな思想と関わっている。そのなかで、最も簡単で、同様に非常に複雑なものは、原始人が更新と古いものを除去するために用いた儀礼である。新しい火の燃焼は、魔物の駆除と古い火の消滅を意味していた。このような変換と更新の事例中にも、我々は多くの通過儀礼における関鍵を見いだすことができる。つまり、火はそこでは、多かれ少なかれ字義通りの非象徴的な役割を演じている。……こうした観念とその了悟は、イアンブリコス（Iamblichus）が行なった精密な哲学化へと発展していった。彼は云う、火はあらゆる朽ちるべき部分を焼却して不朽なも

のを残す。このことは、死者を焼く行動とそれと関わる祭礼の品(供物)を焼却する原則へと発展するまでわずかな距離しかない、と。
(A. E. Crawley, *"Fire, Fire-god"*, in Encyclopaedia of Religion and Ethics, Vol. Ⅳ p.28)

　ただし、著者がここで云う「字義通りの非象徴的な役割を演じている」という見解はいささか妥当性を欠く。火は、たとえば道教の煉丹のプロセスがそうであるように、通過儀礼の構成要素として象徴的な意味を担っていた。

　ところで、初期の煉丹のテキスト『周易参同契』に、「炉火のことにはまぎれもなく根拠がある」と見えている(『道蔵』20-93)。また、南朝の著名な道士・陶弘景が理論的に総括して、「仙は煉丹の極致、そこには感変の道理が通じている」(「答朝士訪仙仏両法体相書」、『道蔵』23-537)と述べるのは、天機を喝破したと云うべきである。ここで彼が「感変」と云ったのは、彼が実質上、煉丹の過程を、〈丹〉をその結晶とする天・地・人の感応としての過程と見なしていたからである。そしてこの「感変」の過程それ自体、実質的には一種の通過儀礼にほかならない。このことは炉火の制御技術に人々の関心を向かわせただけでなく、同時にまた、時空理論およびそれと関係する科学の探求にも向かわせ(もちろん、神秘的な符呪や宗教儀式が、欠くことのできない構成要素としてその過程全般について回ったことを無視することはできないが)。

　煉丹の過程は、通過儀礼の観点から分析すると分かり易い。道教経典の要求に誤たずに従ってその宗教儀礼を遂行するために、道教徒は必ず一定の天文学の知識を習得してそれを修煉と金丹の還丹過程に使う必要があった。道教と天文学の間に有機的な関係が存在していたことは、たとえば『周易参同契』において見て取ることができる。朱熹は『周易参同契考異』の巻頭で、著者魏伯陽は決して『周易』の解釈を意図したのではなく、彼はただ、虞翻(ぐほん)(164～233)が『周易』注で提出した納甲法(干支と卦を結合させて時を記す法)を利用して、自分がそれぞれ異なったタイミングに試薬を投入し、出来上がった丹を取り出したりすることの指針とするだけであった、と述べている

（黄端節附録）。また彼は、六十四卦のなかで、乾・坤の二卦は炉やカマドを表し、坎・離の二卦は丹薬を表し、その余の六十卦はすべて火候と関係し、また、操作を進める時間も提示するとする（上篇「月節有五六」注）。この説は正しい。ここでは、還煉の対象、時空環境、それに煉丹を行なう人との3者が分けることのできない有機的な統一体を構成していて、天文に対する観察と把握はその関鍵になっている（『自然科学史研究』19巻、332～336頁も参照のこと）。

中国古代の天体理論として蓋天説、宣夜説そして渾天説と、多くの説があった。『晋書』天文志はこれらを総括し、渾天説が最も理にかなっているとした。そこで渾天説理論をまとめた代表的人物として挙げられているのが、まさに道教の思想家・葛洪なのである。

『晋書』天文志は、葛洪を「知言の選（エリート）」として賞讃したあと、彼の言説を次のように引用している。

> 丹陽の葛洪は解説して云う、「『渾天儀注』によれば、天は鶏卵のごとく、地は卵黄のごとく、天の内部にポツンと存在している。天は大きく地は小さい。天の内外には水があり、天地はそれぞれ気に乗って存立し、水に載って運行している。周天は365度4分の1で、これを真ん中で分けると、半分は地の上を覆い、半分は地の下を巡っている。それゆえ、二十八宿の半分は見えて半分は隠れている。天が転じるさまは車の轂（こしき）に似ている。……」。

ここで引かれている葛洪の渾天説解釈は、清代に文廷式によって「渾天論」と題して『補晋書天文志』に収められた。葛洪のこの重要な理論は『雲笈七籤』巻1にも記載されているが、「渾天論」は葛洪が天文学理論の領域において深い造詣があったことと、彼自身の晩年における道教の「極限の根」の探求と道教の宇宙理論の発展に対して浅からぬ影響を与えたことを表している。

天文学は、道教の修煉および儀礼行為に密接に関わっていただけでなく、しばしば道教から分離できないその有機的な構成要素と見なされてきた。『真誥(しんこう)』のなかにこのような例を見い出すことができる。『飛歩経』をどのように把握するかについてこう述べるのである。「経典(『飛歩経』)に『修錬する際には北を向いて隠書を手に持って行なう』とあるのは、初学者には玄妙のことはまだ分からず、星の位置や北斗の柄がどこを向いているのかも知らないので、とにかく北を向いて書を手に持ち、順次求めて行くべしと云うのである。もしすでに書の意味が理解でき、星の回転のタイミングが分かってきたなら、斗の指す方角に向かって存思(瞑想法の一種)し歩行すればよい。そうであるから、いつも一定不変の方角があるわけでもなく、常に北に向かって行なうわけでもないのだ。北に向かうのは初心者のための方便にすぎない」。また、こうも云う、「五星図は常に南に向けて広げ、太白星は西に、歳星は東に位置するようにする。というのも、五星(歳星、熒惑星(けいわくせい)、鎮星、太白星、辰星)はいつも隠れていてその動きも一定せず、北斗星のように不変の形があるわけではない。星の居場所に応じて変えることはできないので、常に五方の位置を固定させておくのだ」(以上、協昌期第1、『道蔵』20-573)。

　この道教という宗教に動かされて、道士たちは天文の観察と研究に多大の精力を費やした。たとえば南朝の道士・陶弘景もそのような人であった。彼は『帝代年暦』を著し、そのなかで漢の暦が天の運行より2日12刻遅れていることを計算によって証明した(『南史』隠逸伝)。また、彼の造った渾天象は、高さ3尺ほどで、地は中央にあり、天は回転するも地は動かず、二十八宿の度数、七曜の軌道、南中する星の時刻などは現実の天の動きと符合していたという。そして彼は云う、「これは修道上必要なものであり、史官が使うものではない」。さらに、流水を利用し自然の漏刻を造って12時中回転循環させ、見回る必要がないように企てたが、山中の水は苔が生じやすく、正確な計時を保証しがたかったので実行に移さなかった(以上は『雲笈七籤』巻107、「華陽陶隠居先生本起録」による)。

　また、北魏の道士・李蘭が発明した「秤漏(しょうろう)」は、その後400年間にわたっ

て中国漏刻の計時技術に大きな影響を及ぼした（李志超『水運儀象志―中国古代天文鐘的歴史』、14頁ほか）。

　『金碧古文龍虎上経』という道典を見ると、『陰符経』にいう「天の道を観る」ことや天の機を把握することが道士たちの修錬と還丹過程にとって不可欠の構成部分であることが理解できる。本書中の「火候の図」や「生薬の図」には月の運行と満ち欠けが描かれているが、『授時暦要法』には「日食月食時候吉凶歌」「時刻約法図」「四海測験」などがが掲載され、そこに各地の主要都市と山岳の緯度が記載されている（『蔵外道書』第9冊、161～162、319～321頁）。こうした天文学あるいはそれと密接に結合した文献では、天地と人間とが一個の巨大な有機体として構想されている。明らかに煉丹の過程は、このような巨大かつ極めて厳格に方式化されたシステムのなかで行なわれてこそ、〈丹〉は神秘的で人間を不朽ならしめる価値を賦与され得るのである。

　まさしくこのゆえに、のちの全真教の内丹修錬法における天文学の知識と計時技術は、西欧におけるような教会や神職者の媒介なしにずっと高度なレベルを維持し続けた。たとえば、天文学者にして全真教の道士であった趙友欽はその典型的な例証である。彼の『革象新書』は、天地、日月、五星、四季の変化の法則を探求したもので、宇宙理論、暦法、気象、地理などを包括する道教の天文学と地理学を継続して発展させた。のみならず、多くの他派の見解も吸収し、各派の暦法を総括し、さらに自己の実験による検証によって過去の訛誤を訂正し、新知見を提起した。彼が行なった大規模な科学実験は、幾何光学などの基本的な問題を扱っていて、光の直進、小さな孔が像を結ぶ現象や照度などに関して正しい結論を引き出した。彼が得た「照度は、光源の強度の増強にしたがって増強され、像の隔たりが増大するにつれて減少する」という、大雑把ではあるが定性照度の不変の原理は、1760年、ドイツの科学者ランベルトによる「照度は距離の長さに反比例する」という原理の発見より400年も先んじていた。そして、大規模な実験方法を採用して自然界の法則を探求するという彼の科学実験は世界の物理科学史上初めての

試みであって、イタリアの物理学者ガリレオの科学実践に比べて2世紀も早い。こうした物理光学実験は、実際には天文物理学の目的成就のためになされたものである。全真道では内錬による成仙を目指しており、彼らが天文物理学の探求に従事したのは疑いもなく、全真教の内錬活動では天地の運行の法則を把握し、天門・地戸の開閉のからくりを知る必要があったからである。

　実際の宗教生活において、このような天地の時機の把握はさらに拡大されて計時器の需要に行き着いた。関連する道典からはっきり分かることであるが、正確な漏刻設備によって天地のタイミングを把握することは、修錬において極めて重要な意味を持っていた。『還丹秘訣養赤子神方』は、「漏刻は修真の要妙」だと強調している（『道蔵』4-332）。また、『抱一函三秘訣』は、漏刻は十二時および二十四節気、そして天地に法って修煉する過程を把握することの重要性をこう述べる。「修真の士は、日に甲辰2時に天地発生の霊気を奪取する。これを采薬と云う。けだしこの2時は月の上弦・下弦に応じ、陰が陽に、陽が陰に転化する時候であり、1年の春分・秋分だからである」（『道蔵』10-697）。こうした記述から、道士たちがなぜ多大の精力を投入して天文観測と技術の開発や改造に従事したかが理解できる。

　かくして全真教では、道士たちが周遊の際にも天地と符合する修錬のタイミングと内錬の火候を把握するのに便利なように、携帯式の漏刻を発明した。全真教の道典『全真挫鉢捷法』には、その携帯式の漏刻の珍しい技術資料が保存されている。制作者本人にしか書けない詳細な作り方がそこに記されているが、簡単に云うと、大小二個の銅製の鉢状のものを用意し、小さな方の底に針ほどの穴を空け、水を張った大きなものの上に浮かべる。すると下から水が上の鉢に逆流し、一杯になると小さな鉢は沈む。その沈むタイミングが日没時になるように水の量を調節しておけば、時刻が計測できるわけである。テクストはこれを「滴漏循環の法」と呼んでいる（『道蔵』32-127）。

　このほか、天人感応論に基づいた道教の内・外丹の修錬には多くのタブーがあり、そこには気象上の禁忌も含まれている。たとえば、雷電・大風・氷

雹などの異常天候の際には他の禁忌とともにしばしば「不宜」と記され、修錬や還丹を行なうよき環境にはないとして注意が喚起される。不測の天気によってもたらされる損失を防止ないし減少させるために、このほか道士たちは天気の観測と予測を行ない、豊富な天気予報の経験を蓄積していった。たとえば『雨陽気候親機』によれば、「日の出前、東方の太陽が昇ってくるあたりを観察して、そこの黒雲が鶏卵、霊芝、牡丹……などの形をしておれば、その日の未申の時刻には雷雨があるだろう……」（『道蔵』32-597）、また、「月の色が赤いと翌日は大雷雨となる。……」（『道蔵』32-600）等々。さらに道士たちは雨が降る理由を議論して、彼らの高度な科学的知識を次のように明確に披露している。「地気が天に上昇すると3日後に雨が降り、天気が下降すると4時間後雨になる。地気が天に至らないと雨にならず、天気が地に降りてこないと干ばつがやってくる」（『道蔵』32-602）。彼らは、地上の水蒸気（地気）が上昇して天に至ると凝結して雨になって降ってくると考えており、これを科学的認識と云わずして何であろうか。彼らはまた、動物の異常行動の観察を通して天気の予報を行なった。「ムカデが昼間路上を歩くと、明朝雷雨となり、未申の刻に雷鳴がある……」（『道蔵』32-602）。

　このような科学的成果は、修錬して成仙を目指す理想と実践の証明になっている。この理想と実践は旧時代の道教信仰者を科学研究活動に邁進させ、現代人をも驚かせる成果を挙げさせた。

　実際、清朝に至るまで道教徒は天文学研究に従事した。たとえば、広州龍王廟の道士・李明徹（道号は青来）は中国と西欧の天文学研究に没頭したが、清朝の大学者・阮元は彼の著述を「泰西の陽瑪諾（Emanuel Dias）『天問略』の例に倣<ruby>な<rt>なら</rt></ruby>い、著して一書をなし」たとして『圜天図説』<ruby>えんてん<rt></rt></ruby>と命名して序文を寄せた（『蔵外道書』第24冊、627～628頁）。この序文の日付は「嘉慶己卯（1819年）」になっているから、本書が完成したのはそれより早いはずであるが、刊行は1819年のことであった。本書には以下のような盧元偉の序も付いていて、そこでは過去の中国天文学の問題などが論じられており、本書の背景資料として読むことができる。

天地は日々変化していて窮め尽くせないが、その大体は〈理〉（理論）と〈数〉（数値）の二者につきる。しかし〈理〉を云う者は常に〈数〉に粗略である。……時に廟中に李道人（李明徹）がその座にあってこう云った、「西洋の方式では星月は別に運行の軌道があって明確であり、古人のように九道云々に囚われることがない」と。そこで図を描いてその説を開陳して云う、「これはみな、西洋人から聴いたことで、口述されただけで文章化されていない」と。さらに云う、「西洋人の学問は実証第一であり、計測された数値は多く自分の目で見たものである。故にその学は〈数〉に詳しく〈理〉に簡略である。自分が思うに、宇宙間の一切の事物に関して、〈数〉は〈理〉より大きい。時が行き物が生まれ、日々に変化しても、すべてこの宇宙間 365 度の範囲内に生起する。〈理〉はもとより〈数〉の支配下にある」と。（『蔵外道書』第 24 冊、629-630 頁）

著者の道士は閉鎖的でない客観的な科学思想の持ち主であり、彼は中国天文学の問題点を看破できただけでなく、中国天文学の基礎に立って渾天説を継承し、虚心に西洋天文学の新しい成果を学ぶことができた。彼の机上には『幾何篇』1 冊のほかは何もなく（黄榁坪序）、「格物窮理してその明達の量を求」めたという（青来道人自序）。彼にはほかに『圜天図説続編』2 巻があって伝存しており、当時の学術界で極めて重んぜられた。この時期には中国の知識界はまだ冷静平心に先進的な外来文化を学び、それを吸収して中国文明と融合させようと試みることができていた。この過程において道教は、そこに元来具わっていた文化的な寛容さによって西洋科学の長所を摂取し、18 世紀の中国科学の発展のために貢献を果たした。しかし、19 世紀中葉には中国民族は生存の危機に直面し、清朝の統治の没落に伴って民間宗教が相継いで崛起したことで、清朝の皇帝は道教に対する排斥を日増しに露わにし、その結果、中国科学の発展は次第に衰退し、民間化が加速された。

　道教の科学的成就は、宗教への志向が同時に科学的追求のための推進力になることを明確に表している。その関鍵は、この宗教の最終的な価値の目指

すところが人間自身になければならないとしているところ——換言すれば、道教が一種人間本位の宗教であるところに存在している。

第三節　医薬学と生命科学への寄与

　『陰符経』の「天を観る道」の目的は、実際上、「天の行ないを執る」ことにあった。宇宙と自然万物の機（メカニズム）を把握するのは、道の機を把握するためであり、修道の前提と目的はすべて生命を健康で長寿たらしめ、そのまま成仙不死に至ることにあった。もし基本的な健康さえ保証できないとなれば、何によって「真を証す」ことができるだろうか。したがって道教は、信者に「天の道を観る」ことを求めると同時に、必ず医術も兼修することを要求した。それでこそ本当に「天の行ないを執る」目的が実現され得るのである。その上、煉丹家は人々に長生不老薬を服することを勧める場合、明らかな効用がなければ人々から信用されがたい。道教側からすれば、医薬の効験が信仰を獲得する元手となるのである（張子高『中国化学稿（古代之部）』、86頁）。まさしく葛洪が次のように云うとおりである。「小さな験を調べたら、大きな効果が分かる。已然を見たら、未然が分かる」（『抱朴子』塞難篇、140頁）。このことは、歴代の道士が医学と養生学に対して多くの深くて独創的な研究を成し遂げてきたことと密接に関わっている。薬物（特に道士たちが夢寐にも求めた天然の仙薬）の採取、弁別、炮製（薬材の加工処理）等々の営為を通して、程度の差こそあれ、道教の信徒を薬物学およびそれと関わる地理学、地質学、鉱物学、動植物学といった諸分野に向かわせることになった。

　道教がつとに医薬学を修道求仙のための重要な技量と見なしていたことは、『太平経』において「これ（医薬学）は死生を救う術であるから、詳細に研究する必要がある」（『太平経』合校本、173頁）といった記述が繰り返して現れることから窺い得る。葛洪も、「むかしの初めて道をおさめた人は医術も兼修し、自分自身の病気という近い災難を取り除いた。凡庸の道士はこの

道理を知らず、自分の耳学問を頼りにして、病気治療に手を染めようとしない」（『抱朴子』雑応篇、271～272 頁）と述べ、修道しているのに身の保養に暗く、術を知らずに医薬を拒む連中を攻撃している。彼はまたこうも云っている。「かの仙人のごとき存在は、薬物で身を養い、方術で命を延ばして、自分の体内から病気が生まれず、外からも病害が入らないようにしているので、そのままの体で不老不死に到達する」（塞難篇、14～15 頁）。

　道教の神仙信仰によれば、もし身体が存在していなければ、仙はくっつきようがないと考える。そういうわけで、歴代の多くの道士は医をもって道を証し、生を養って延命をはかった。医薬を拒否したのは少数の迷信の徒だけである。すでに『老子想爾注』に、迷信的「邪文」に対する少なからざる批判が表明されている（『老子想爾注校証』、23～24 頁）。『真誥』ははっきりこう提起している。「生を学ぶ道は治病を先にし、虚邪、血少、脳減（脳に貯蔵されているエネルギーの減少）、津液の穢滞（汚れと滞り）などがないような体の状態にすべきである。治病を先にしないと、服食や行炁（炁＝気、体内に気を巡らせる法）をしても体に益がない。……必ず心を平淡にして精神を養い、薬を服して病を治し、脳官を気で一杯にしておき、玄精を失わないようにしておいてから、存思し、霞（朝焼け夕焼けの赤い気）を服し、日月の気を呼吸すべきだ」（協昌期篇第 2、『道蔵』20-551）。要するに、修仙しようと思えば、疾病に悩まされず、健康を保持することが先決というのである。このような要求は、道教の修仙者のなかから多くの著名な医薬家や養生家を輩出し、貴重な医学的成果を挙げただけでなく、衛生保健観念を向上させることに寄与した。

　まさにこのような原動力のもと、道士たちは中国の医薬学書の整理と完成のために、また、薬物学の発展のために消し去ることのできない業績を残した。南朝の道士・陶弘景は『本草経集注』を著して医薬学典籍の注釈と増補の先駆けとなり、薬物学、植物学、昆虫学など、多方面にわたる重要な貢献を成し遂げた。そのなかには彼が新たに増補した 365 種もの薬物が含まれており、中国の生物学の内容を豊かにした。とりわけ、彼の注釈中に含まれて

いる多くの独創的な見解は、科学は発展するということの証拠になっている。『本草経集注』は、唐の高宗の960年になって初めて修訂されたが（『旧唐書』呂才伝）、この事実は、該書が長期間にわたって指導的な役割を果たしたことを物語っている。

　上清派は内修（内面の修錬）を重視した一派であるが、その主要な方法として内視と存思がある。多くの上清派の経典には〈五臓神〉の図像が保存されていて、修錬時の自己暗示として使われたが、この方法は道士たちに人体内部の構造と働きを重視させることになった。初期の上清経道典『黄庭経』中にいう「目を凝らして内視すれば真なるものがすべて把握できる」という説は、人々が修煉を通して人体内部に集神成真（精神を集中させて真人となる）の証拠を発見しようとしたものではあったが、やがて内丹学時代の到来とともに人間自身の内部の情景を把握することが最も重要な前提のひとつになってゆき、さらにまた、道士たちを鼓舞して人体解剖に従事させる強大な原動力にもなっていった。このように考えると、科学技術としての医学の重要な標識である解剖学がなぜ道教において重要な成果を挙げ得たのか、その理由が理解しやすくなってくる。唐代の有名な道士・司馬承禎は人体五臓の〈内景〉を次のように描写している。

　　肺は五臓の華蓋第一とする。肺は心の上に居り、胸に対して6葉があり、色はしろぎぬが紅に映えているよう。肺脈は少陽より出る。
　　心は肺の下、肝の上に居り、鳩尾の下1寸に対している。色はしろぎぬが紅に映えているよう。心脈は中沖より出る。（以下略）

　　　　　　　　　　　　　　　　　　　　　　　（『服気精義論』、『道蔵』18-448）

　司馬承禎のこの人体の内臓の描写は、明らかに道士が観察から得たものである。というのも、肺6葉の説は医書にはなく、肝7葉の説（右4葉、左3葉）も彼以前の医書には見当たらないからである。ある研究者が発見したのであるが、唐代の道書中に道士が行なった人体解剖とその観察の生彩ある資

料が保存されていた（『黄庭遁甲縁身経』、『道蔵』18-707、また祝亜平『道家文化与科学』、315～316頁）。文中に「死人を直接見てその死臭を嫌う人がいるが、その悪臭は損壊された刑人の死体だから臭うのであって、ちゃんとした死体を見れば、臭気も悪臭でなくなり、香ばしさささえそこに漂う」という記述がある。ここから察するに、道士たちが疑いもなく死体の悪臭を避けず、人体を解剖して得られたデータと結論がそこに開陳されているはずである。周知のように、道教は死者を隔離し、死体を見ないように信徒に求め、また、死体に接近したり見たりすることは修道上マイナスになると戒めている（『抱朴子』に記述がある）。上文から、道士たちが解剖の成果を得るために、自分の心理のバランスを取ったり慰撫している情景を容易に見て取ることができる。ここには、科学に固執する道士たちの精神が明確に表現されている。

　10世紀の中頃（五代末期）の道書『煙蘿子体殻歌』（えんらし）（『蔵外道書』第9冊、373～387頁、『道蔵』にも所収）中の最も早い人体解剖図は、このような科学的実践精神に依拠して生み出されたものである。また、『金丹大要』には、ニーダムによって人体の血液循環図と見なされた「元炁体象図」（き）が収められている（『蔵外道書』第9冊、104頁、『道蔵』にも所収）。李時珍はその著『奇経八脈考』のなかで、「内景の隧道（トンネル）は、ただ返観（内視）する者のみ能くこれを照察す」と明確に指摘している。つまり、内丹の修錬者は内視を通して、経絡系統に対する新しい発見を獲得する、というのである。

　これと同時に、体内の寄生虫の認識と制御の問題も道教の修仙活動の産物であった。初期の道書から体内の「三尸」（さんし）について議論があったが、次第に体内の具体的な寄生虫に対する制御へと展開していった。ここで取り上げるに値するのは、葛洪の『肘後備急方』中の記述である。そこに初めて青蒿（せいこう）（和名：カワラニンジン）によって瘧（おこり）（マラリア）を治療する方法が記載されており、これにはかなり高い臨床応用の価値がある。20世紀70年代に中国の科学者がこの記載に基づいて、菊科の黄花蒿（Artemisia annua L., 和名：クソニンジン）から青蒿素（artemisinin）の抽出に成功した。これは抗瘧薬物史

上、キノリン類以来の重大な成果であり、国際医学会を困惑させてきた抗クロロキン瘧原虫に対する治療という難題を解決するものであった（第Ⅲ部医学と養生学、379～380頁参照）。

また、『神異経』に、西北荒中に小人の国があり、そこの人々は腹中の三虫を殺し、それを仙薬として食べると書かれている。またそこに、こういう記事も見える。南方の山に甘藷（さつまいも）の林があり、その樹は高さ百丈、直径が3尺8分、節と節との間隔が短く、水気が多くて人々の渇きを潤し、腹中の回虫を調節する。回虫はミミズのようで、穀物を消化するが、多いと人体を損ない、少ないと消化不良になる。この甘藷は回虫の数をほどよく調整してくれる——。道典『金笥玄玄』には、寄生虫学分野での道教の探究成果が残されている。そこには「九虫総目」「伏虫図」「回虫図」「寸白虫図」「肉虫図」「肺虫図」「胃虫図」「赤虫図」「鬲虫図」「蛸虫図」「伊羊虫図」「傅胎知命虫図」などと、「附伝尸虫形」として「第一代」から「第六代」に至る図形が掲載されている（『蔵外道書』第9冊、789～795頁）。本書は道教寄生虫学の重要な著作といえる。

道士たちの誇る表現の一つに、「老いても容貌は若い」というものがあり、修道して養生法をマスターすることで得られるメリットの証明になっている。そういうわけで六朝の道典『真誥』には、初期道教の多くの養生美容法が残されている。たとえば『太素丹景経』を引用し、両手を摩擦して熱くし、それでもって顔を満遍なく按摩すれば、顔にツヤが生じ、しわやアザができない、と述べ、結論としてこう云う、「これを行なうこと5年、色は少女のごとし。いわゆる山川は気を通じ、常に満ちて無くならない」（協昌期第1、『道蔵』20-537）。顔面のマッサージをすれば、新陳代謝が促進されるので、弾力性や潤いや生気が生まれるというのである。

人間自身のなかに仙薬を求める過程において、道教は生化学の分野で需要な貢献をしたことも注目されねばならない。そのような特殊な薬物として、尿を原料とする〈秋石〉がある。道典『霊宝衆真丹経』（『道蔵』所収）には、皂莢仁（そうきょうじん）、鍾乳、地黄、牛黄ほか、多様な薬材を使って精製する水煉秋石法

が詳述されている。1963年、ニーダムと魯桂珍は英国の雑誌『ネイチャー』に "Medieval Preparations of Urinary Steroid Hormones" と題された論文を発表し、「中国の医薬化学者は大量の尿液中から、かなり純度の高い男性ホルモンと女性ホルモン剤の精製に成功し、性機能衰弱の治療に使われた」と述べ、さらにこれを賞賛してかく云う、「それは明確な生物学上の活性を具備し、高い治療効果を持つ濃縮されたホルモン物質である。……旧時代の中国の医者は病人に秋石を服用させて二重の効験を得た。すなわち、外源性のステロイドホルモンを補充するだけでなく、患者自身にさらに多くの内源性ステロイドホルモンを分泌するよう促進させるはたらきがあった」と。彼らはその後に発表した別の2篇の論文において、中国旧時代の秋石方には皂角（サイカチ）汁を使って沈殿させた尿液から性ホルモンを採取する方法があり、これは西方の傑出した生化学者（ドイツのラインホルト・ヴィンダウス）が20世紀初頭に開発した、地菱（植物名）と皂寧（同）を使ってステロール化合物を沈殿させるやり方より数百年も先んじていた、と論じている。彼らのこの論文は、国際生化学学界と科学技術学界で一大センセーションを巻き起こし、秋石の化学成分に関してニーダムとは異なった観点も提出され、また模擬実験が相継いで行なわれた。

　結局のところ〈秋石〉はステロイドホルモンの一種なのかどうか、現在でもまだ決着がついていない。ただ、伝統的な漢方薬として〈秋石〉は長期間用いられたのは事実である。後漢時代の修道者もやはり小便を飲んで養生していた。甘始、東郭延年、封君達の三人の方士たちは、容成御婦人の術（房中術）を行ない、小便を飲み、逆さ吊りをし、じっと見つめたり大きな声を出したりしないようにして精気を出し惜しんだという（『後漢書』方術伝）。『周易参同契』にも云う、「淮南は秋石を煉り、王陽は黄芽を加う」と（水火情性章、『道蔵』20-143）。のちの薬学文献に見える秋石を煉る営為は、やはり人尿中からある種の成分を採取し、養生延年の薬とするものであった。初期修道者が小便を飲んだことや上述の「淮南は秋石を煉る」という記述から後世の秋石を煉る文献に至る、この全体の歴史的文脈から推せば、漢代の修道

者はすでに人尿中に人体に有益な成分が含まれているかもしれないと認識しており、小便を飲む養生と人尿中から長生薬を煉成する活動を開始したのではないかと推測しうる。

　道教徒による医薬学の探究は、神仙の夢想を実現できなかったにせよ、一般的な医薬学の基礎の上に立って中国医薬学説を大きく前進させた。外丹信仰であれ内丹信仰であれ、あるいはその他の道教流派であれ、すべて神仙になるという理想の実現を究極の目標としないものはなかったが、その対象は最終的には人間自身に対する操作というレベルに落ち着くことになった。そういうわけで、神仙の理想の実質は、人間の生命の存在状態を高めその存在条件を改善するということになる。

　天文学と医薬学が道教信仰と内在的に契合しているという上述の分析のなかから、道教の宗教思想はその構造としておのずから科学技術に対する必要性を含有しており、科学技術はといえば、道教哲学と神仙信仰、およびその実践において獲得された存在発展のための条件でありその思想的基礎であったことを、我々は理解することができる。これこそが歴史上、道教と科学とを分けられない根本的な理由なのである。

第三章　道教と科学技術の同根性

　ウェーバーやニーダムが提起した問題には深く考え込まされるものがある。この問題については、中国における科学技術の内在的構造とその発展の原動力の問題を検討しなければならない。事実上、ニーダムの研究結果のなかにすでにその答案が隠されている。周知のようにニーダムは、道教文化の中国科学技術上における位置とはたらきについて高い評価を与え、「道家思想は中国の科学と技術の根本」だとした（『中国科学技術史』第2巻『科学思想史』、167頁、邦訳版第2巻、161頁）。実際、道教は科学発展のための適切な条件として中国科技史上、重要なはたらきをしたが、まさにそれ故に、中国の科学気質は道教の価値観、審美観、倫理、それにその思考方式の賦型（賦与形態）と限界を受け入れ、それらに決定づけられることになった。換言すると、もし道家と道教とが中国の伝統科学技術の発展に重大な影響を与えたと云うのであれば、その影響を二つの面から把握する必要性が生じてくる。すなわち、その積極的作用と、この作用が中国科技思想にもたらした自分では克服しようのない問題のゆえに、結局のところ弱体化し、前進せずに二の足を踏んでいる現実を見なければならない。特に我々が西方の科学を参照枠とするならば、中国の伝統的科学技術とそれが依拠して発展してきた文化環境にはある種の弱点が存在すると云わざるを得ない。それ故、西方との競争でまだ勝利を収めることができておらず、近代化の道を歩むことができないでいるのは、まさしくそれ自身の内部構造によって決定づけられたある種の文化的宿命なのである。

第一節　信仰が探究の車輪を推す

　道典に云う、「長生は道であるが、死滅は道ではない。死せる王は生きたネズミに及ばない」（『三天内解経』、『道蔵』28-416）。道教は長生不死を追求し

たが、これは明らかに実現しがたい美しい夢にすぎない。しかし、歴代の道教信仰者はこの夢のために無限の探究を惜しまず、多くの積極的、合理的な成果を挙げたのであった。時には「決意できないとしても、延命ができ仙人になれるのであれば、どうして試してみるのを惜しむのか」という言説さえ現れた（『抱朴子』金丹篇、73頁）。道士たちは「天地の機を測り、造化の本を暁らかにする」（『鬼谷子天髄霊文』上、『道蔵』18-671）という積極的な思想を抱き、自然万物と人間自身の生命を観察し認識する過程で、以下のような考えを深く体得するに至った。人間の生存と発展とは人間自身の能力によって相当高い程度まで解決でき、天地の鬼神に祈求するのは解決にはならず、人間の主観的能動性はその生存と発展にとって最も重要な条件だと信じる、と。かくして人々は、神仙信仰と道教科学思想の支援のもと、道家思想の境域をも突破し、さらに進んで運命と闘い、天地の造化の功を奪おうと企てた。老子は云う、「天地すらなお久しきこと能わず、而るを況んや人においてをや」（第23章）。老子はここで、〈道〉こそが唯一、長久なる存在であり、人間は自分自身の限界性を超越すべきであるだけでなく、天地の限界性をも乗り越え、〈道〉を最終的な帰着とすべきだと説いている。だから老子は続けて云う、「故に道に従事する者は道に同じくし、徳は徳に同じくし、失は失に同じくす。道に同じくする者は、道もまたこれを得るを楽しみ、徳に同じくする者は、徳もこれを得るを楽しみ、失に同じくする者は、失もまたこれを得るを楽しむ」（同上）。道教は肉体も含めた人間の生命の不朽を追求し、各種の方法に基づく修錬養生理論を発展させ、一代さらに一代と間断なく人間の長生不死の方法を求め続けた。

　道教神仙思想の主要な意識は丹薬の価値観上に表現されている。すなわち、人造の金丹大薬は天然の金よりはるかに優れた霊性を具えているとするのである。事実、葛洪が重んじたのは仙薬の〈黄金〉であって（『抱朴子』仙薬篇、204頁）、『玉経』でいう真の黄金ではなく、焼煉された〈薬金〉であった。何故なら、「化作の金は諸薬の精であり、自然に勝る」からである（同・黄白篇、286頁）。さらに葛洪は云う、「呼吸導引し、草木の薬を服すれ

ば延年できるけれども死は免れない。神丹を服すれば、人の寿命を天地と同じく無窮にし、雲に乗り龍に駕し、太清を升降できる」（同・金丹篇、74頁）。極めてはっきりしていることに、人工によって煉製された薬金は、その中に含まれる「諸薬の精」を一回で摂取しうるが、天然の真金はただ一種類の精気を汲みうるだけであるから、薬金の効果はもとよりはるかに「自然に勝る」のである。

　千百年にわたる神仙の探究において、道教が模索し人々に理解させようとしたことは、生存のために適応するか、適応するために生存するかの二者択一しかなかった。これらはすべて、後文で論述する文化の〈攫能性（かくのうせい）〉の問題に帰着する。

　こうした探究が宗教者の理性的実践となることができたのは、まったくその独特の宗教的理想に起因している。不死の追求を実践しようとすれば、必然的に医学との密接な関係が生じてくるし、さらに薬物の弁別と煉製、人体科学、天文学、地理学、そして博物学といった多分野でも探究を進めねばならない。不死という目的は達成され得ないにしても、その方法の多くは積極的、合理的、科学的なものであった。不死の理想のために、道士たちは常人を超えた敬虔さと真剣さで取り組んだ。その結果、道教という宗教をして科学技術と密接な関係を結ばしめたのであるが、これは世界の宗教史上、極めて特色のあることであった。

　道士たちが努力して探究する際、彼らを突き動かせる精神が間違いなく存在したはずである。その精神はこのように表現することができる。世界の一切の事物はすべて把握しうる、というのも、すべては〈道〉から出てきたものであるから、〈道〉を修める努力をすれば、ひとりの人間は、全能にしてすべてを知る真人となることができる──。このような意識は、朦朧として道理のない宗教のたわ言ではない。まず第一点として、彼らは道家哲学をその思想の基盤としていて、宇宙万物はすべて〈道〉から生まれたが、ただその存在形態がそれぞれ異なり、また変化もするにすぎない、と信じていたことを挙げうる。この思考は、不変観念に拘泥する儒家思想と鮮やかな対比を

なしている。たとえば、桓譚は『新論』のなかで煉丹術を批判して、「その本性を変改し、異道を修めることを求め、その惑いが解けないもの」と述べている。第二点として、道教は、人間も〈道〉から生まれた極めて貴重な万物の霊長であり、ただ修道を堅持してゆけば、事物を認識し、万物の〈根〉を把握する能力が具わる、と考えていた。これらの点に関して、ここで『抱朴子』黄白篇から引用したい。

> そもそも変化の術は何でもできる。人間のからだは顕在しているが、それを隠す方法がある。鬼神は本来隠れているが、それを見る方法がある。水と火は天にあるが、それを取るには方諸（月下で水を取る器）や陽燧（凹面鏡）がある。鉛の性質は白いが、これを赤くすると丹になる。丹の性質は赤いが、これを白くすると鉛になる。……高山が淵になり、深い谷が丘になるのは、大きな物の変化である。変化というのは天地の自然なあり方なのだ。どうして金銀が別の物になるのを疑うのか。たとえば、陽燧が得た火や方諸が得た水は普通の水火とどこが違うのか。……その根本的な理由はすべて感応によって自然になされるというところにある。理と性を窮める者でなければその帰着を認識できないし、始めと終わりを追究する者でなければその有様を把握し得ない。近視眼的な見方でいると、小さな巣穴に囚われることになる。不測の世界に深妙なものを探り、虚誕の彼方に神秘な変化を推測することは、周公や孔子が口にせず、まっとうな古典には記載されていない。だからと云って、そういうことを否定するのは愚かなことではないのか。　　　（284頁）

ここには、道教の科学思想の特質が開示されており、儒家思想の狭隘な保守性が批判され、思想空間の開拓が求められている。上に云う「不測の世界に深妙なものを探り、虚誕の彼方に神秘な変化を推測する」というのは、人間の思惟は、常識的な観念を超えてはるかに遠大で広い世界を駆け巡ってもいいのだと云っているのである。このような広闊な科学観念は、たとえ今日

の世界にあっても非常に貴重なものである。

　まさしくこのような想像力は、道教において十二分に発展した。なんと道教は天空の飛行に関する多くの天才的なアイデアを生み出したし、天空飛行の動力学についても驚嘆すべき記述を残している。道典には、天空飛行と昇天技術に関する着想だけでなく、現代のロケット発射技術と不思議に符合する記述を見い出すこともできる。このことについては、本書の「第Ⅴ部　物理学と技術」篇で検討することになる。

　このような豊かな想像力と堅持された神仙信仰のもとに、道士たちは「1万2千の物」（『太平経』の語）がそこに溢れかえる大千世界を探究しつつ、そこから〈道〉の奥秘を探し出し、そこから万物がやってきた路を辿り、〈道〉と一体化した原初の状態——すなわち永遠に不死の状態に復帰しようと試みた。彼らが探し求め、また還煉した内丹と外丹の仙薬にはそのような効能があり、ひとたび獲得すれば、人を転化させて天地父母の懐に回帰すると考えられていた。そういうわけで、初期道教の思想家たちは得意気に、「天地に金あり、我能くこれを作る、二黄一赤、立ちどころに成って疑わず」（『抱朴子』黄白篇、287頁）と語ったのである。

　すべての「有道」ないし「載道」（道を載せている）と認められたものは、道士たちに見出されて成仙不死の最終目的のために奉仕させられた。彼らは、自分の命は〈道〉からやって来たもので、「長生の道は道の至り」（『抱朴子』黄白篇、288頁）であるから、一切の努力は〈道〉に回帰する手段の探索のためにある、と信じていた。天・地から人間自身に至るまで、人々は〈道〉を観察し思索し、〈道〉を把握する方法を探究した。まことに「道教徒はひたすら死に抗い、常人が出来ないことをしようとしたが、その理由は簡単である。彼らは、生命は自分の手の中に握られていると考えていたからである」と云われる通りである（祝亜平『道家文化と科学』、306〜307頁）。道教徒は神仙修錬の生活のなかでこのような観念を抱いていただけでなく、人々が道教の方術と信仰を受け入れるように説得を試みた際に、同じようにこう云った、ひとりの人間の生命はその人間自身によって握られているから、も

しも生命力を高め、生命を神仙不死に向かわせるとされる方法を獲得しなければ、その人間は救いようがない、と。

　これは、道教の伝統を構成してきた非常に貴重な思想的要素である。道教は人間自身を生命の主宰者として位置づけ、生命のプロセスにおける人間の主体性を強調した。初期道教経典である『亀甲文』と『玉牒記』にこう云う、「我が命は我にありて天にあらず、還丹成金　億万年（の命）」「天下悠々、みな長生しうる。心配してぐずぐずするから成功しないだけだ」（以上『抱朴子』黄白篇所引、287頁）。人間の生命は人間自身の手中に握られていて、自分のコントロールによって長生も可能という考えは、葛洪（『抱朴子』論仙篇ほか）も主張しているし、陶弘景『養生延命録』にもこう述べられている。「我が命は我にあって天にはない。……人が生まれて生命に長短があるのは自然ではなく、みな身を慎まないからその寿命を全うできないのだ。……人事によって心を煩わさせず、宮仕えをせず淡然と無為にしておれば、神気が自然に満ち、それが不死の薬となる」（巻上、教誡篇第1、『道蔵』17-477）。『西昇経』もこう主張する、「我が命は我にあって天地のものではない。……我は天地と一気を分有してそれを自分で治め、自分で根本を守る」（巻下、我命章、『道蔵』11-507）。『太平経鈔』庚部にもかく云う。

　　人の命は近く汝の身にあるのに、なぜ胸を叩き仰いで天を呼ぶのか。自分の身を自分で清くしないで誰を清くするのか。自分の身を自分で愛さないで誰を愛するのか。自分の身を自分で成さないで誰を成すのか。自分の身を自分で思わないで誰を思うのか。自分の身を自分で責めないで誰を責めるのか。　　　　　　　　　　　　　　　　　（『合校本』527頁）

　別の道典『真気還元銘』（『道蔵』4-880）は「我が命は我にあり」に注を与えて次のように云う。

　　人間の生命・生死はその人自身に由るということだ。人がもし自然の道

を知り、元和の気を動かし、外には日月の気を呑み、内には五芽を服し、百霊を制御し、五臓を安静に保つことができれば、寒暑や飢渇も犯すことができないし、五種の武器や白刃も近づくことができない。生死は手のなかにあり、変化は心次第で、地も埋めることができず、天も殺すことができない。これが「我が命は我にあり」ということなのだ。

　このような思想は道教文化体系中の理性的、科学的思想要素を代表するものであり、明らかに多くの宗教が堅持する宿命論や決定論と大きな隔たりがある。
　「我が命は我にあり」の思想的基盤に立って道教は、神仙は学んでなりうると考えた。葛洪は、人間は自分自身による修煉を通じて不死を実現し、巨大な徳能を具備した神仙になりうる、したがって、神仙は自然に生まれるものではなく、自分の修煉の結果だとしてこう述べている。「元君は老子の師である。……彼は大神仙で、陰陽を調和させ、鬼神を使役し風雨を操ることができ、9匹の龍と12頭の白虎に引かせた車に駕乗し、天下の多くの仙人を隷属させている。それでも彼は、道を学び丹を服したからこうなったのであって、これは自然ではない、凡人だって修道すればなれるのだ、と語っている」（『抱朴子』金丹篇、76頁）。「長生は学んで得べきもの」（黄白篇、287頁）、「仙は学んで致すべし」（勤求篇、260頁）というのも彼のことばである。初期道典『黄庭経』にも、「仙人道士は神あるにあらず、精を積み気を累ねてすなわち真を成す」とあり（『道蔵』6-510）、『胎息経』の注にも、「我が命は我にありて天にあらず。問題は人がその道を知らず、また知っていても実行しないところにある。心を虚しくし思慮を絶ち、気を保ち精を養い、外界の愛欲に引き回されず、恬淡として神気を養うことができれば、長生の道は卒業だ」（『雲笈七籤』巻60、『道蔵』22-427）。こうした叙述のなかに、医学や養生学以外の宗教的要素を見出すのは困難である。唐代の道士・呉筠(こいん)はその『神仙可学論』のなかで、7種の仙道から遠い思想と行為、7種のその逆のことを挙げて分析し、人間は完全に学ぶことで仙になり得る、ただ、非常に多

くの人は信じない、修行しない、あるいは誤った修行をしていることが原因で仙になり得ないだけだと述べている。このような論述はひとしく、人間とその主体的行為を生命を制御する力と見なしており、生命の決定力を超越的世界の権威に委ねていない。これは中国道教に由来する最も尊ぶべき思想的遺産のひとつであり、道教が長期にわたって中国の科学文明の発展を推進してきた哲学的基礎である。

　人間を主体とする思想の基盤上に立って道教は、生命主体の内部には形（身体）と神(しん)（精神）とが相俟って生命を構成している、と考える。このような思考は、世界のほかの宗教理論には存在しないものである。初期キリスト教の禁欲を尊崇する修行モデルでは、極力人間の肉体の価値を貶め、それはやがて死敗するものだから頼るべきでなく、そこにはサタンの領土がある、とする。故に、人は努力して肉体の一切の欲望を克服し、つとめて純潔に保ち、肉体を「聖霊の殿堂」にせねばならない。『聖書』ははっきりこう述べている。

　　血肉のからだは、神の国を受け止めることができない。それは必ず朽ちて壊れるものであるから、朽ちず壊れないものを受け止められない。
　　　　　　　　　　　　　（『新約聖書』コリント前書、第15章・第50節）
　　キリストヤソに属する人は、肉体と肉体の邪悪な私欲ともども、すでに十字架上に釘で打ち付け終わっている。
　　　　　　　　　　　　　　（『新約聖書』コリント書、第5章・第24節）

かくして以下のように告誡する。

　　生命のために憂慮してはいけない。
　　　　　　　　　　　　　　（『新約聖書』マタイ福音、第6章・第25節）

　伝統的仏教は、この方面ではさらに進んで肉体の価値を否定し、人間が人

間として生まれ得たことを六道輪廻中の一形態と見なし、人間の肉体と一切の社会的・自然的運命、貧富禍福、喜怒哀楽はすべて苦しみであって、輪廻の苦しみの異なった現れでしかないと考える。修行の目的は、この輪廻の境涯から抜け出し、六道の痛苦の循環から脱出し、大徹大悟して真正の解脱を実現するところにある。これらの思想の共通点は、徹底的に純粋な精神に帰依し、それと対応して肉体を蔑視することを人々に求めるところである。

　初期道教では、精神と肉体とは同じく重要な地位にあり、人間の生命は肉体と精神の両者の結合によって構成されていると考える。いくつかの道教側の見解を見てみよう。

　　そもそも有は無に因って生じ、形は神(しん)を恃んで存立する。有は無の宮、形は神の家である。堤防に喩えれば、堤防が壊れたら水を留めておけない。蠟燭に喩えれば、蠟がなくなれば、火は消えるほかはない。身を労すると神は散失し、気が尽きると生命は終わる。
　　　　　　　　　　　　　　　　　　　　　（『抱朴子』至理篇、110頁）
　　人間を生かすのは神である。神が身を預けるのは形である。神・形が離れると人は死ぬ。死者は生き返らないし、離れたものはもはや元に戻らない。　　　　　　　　　　　　　　　　　　（『養性延命録』、『道蔵』18-476）

　道教の形神関係論には、科学的な一面があることを否定できない。人間の生命の構成要素には外在的な〈形〉と内在的な〈神〉とがあり、それぞれ独立して存在できず、相互に依存し合っていることを道教は正しく認識している。もう一例、引いておこう。「神は形を生み、形は神を成す。形は神がなければ自力では生まれ得ず、神は形がなければ自力では成し得ない。形・神が一体化して互いを生み、互いを成す」（『雲笈七籤』巻35、雑修撰・至言総養生篇、『道蔵』22-249）。この問題に関してフランスの道教学者アンリ・マスペロ（1883～1945）は次のように述べている。

道教は信者を「永遠の生（Vie Eternelle）」に導こうとする救済の宗教である。ところで、道士たちは、「長生（Longue-Vie）」を求める場合、それを精神の不死としてでなく、肉体そのものの物質的な不死と考えた。それは、来世における不死の問題について、種々の可能な解決法のなかから、考えた上でこれを選択したというものではない。それは、かれらにとって可能なただ一つの方法だったからである。ギリシャ・ローマ世界においては、早くから精神と物質を対立させることが習慣となっており、それは宗教的概念において、唯一の精神的な霊魂と、物質的な肉体との対立となってあらわれた。ところが、精神と物質とを分けたことのない中国人、世界とは空虚な状態から物質的なものへと中断なく移りゆく一つの連続体であるとする中国人にとって、霊魂は、目に見える物質的な肉体に対して、目に見えない精神的な対立者である、という役割を演じなかった。おまけに、それぞれの人間には霊魂がたくさんありすぎて、どの霊魂も肉体に匹敵できるものはなかった。人間はみな二種類の霊魂をもっている。すなわち、高級な三つの霊魂——これを「魂」という——と、低級な七つの霊魂——これを「魄」という——とである。この二種類の霊魂があの世でどうなるかということに関して、さまざまの信仰があったにしても、死とともに霊魂が解体することを認める点では、すべて一致していた。生存中でも死んでからでも、この多数の霊魂はいとも不確かで、あいまいで、かつ力の弱いものであった。死後、この影のうすい精霊の小さな群れがちりぢりになってしまえば、どうしてそれを再び集めて、もう一度統一を実現することができるであろうか。これに反して、肉体はただ一つであり、あらゆる霊魂やその他の精霊の住みかという役をする。したがって、生あるものの人格的な統一——つまり、生あるものの断片がバラバラに存在して数個の人格に分かれるのではなく、真に統一ある人格——をもちつづけて不死を得る、という可能性が考えられたのは、ただ一つの肉体のなかにおいてしかなかった。

（『道教』川勝義雄訳による。平凡社ライブラリー版23〜24頁）

六朝期以前の道教に関しては、この見解は比較的妥当である。生命とその主体との関係に対する道教のこのような認識は、肉体の成仙を追求し、人間を死の恐怖や威嚇から救い出し、生命の永遠の自由を獲得するという理想の出発点であった。

　まことに歴史上、道士たちの一切の思考と探究活動はすべてこの長生不死という目標を巡りつつ、豊富な科学と医薬学の成果を挙げてきた。しかしながら、指摘しておかねばならないが、宗教的動機の狭隘さから昇仙の一途に固執し、千年にわたって多くの道士たちが数限りない実験活動を行なってその一生を終えた。その実験は多くは簡単で繰り返してなされ、彼らが払った高額な代価は、それが生み出した科学的成果と高い反比例関係を形成している。このことは人をして溜め息をつかせたが、同時にまた人々は、道教に対して苛酷な要求をするすべもなかった。道教の唯一のつっかい棒は成仙の肯定にあったが、それだけでなく、道教はさらに社会が抱く疑問に答え得て、人々の成仙に対する懐疑を取り除かねばならなかった。

　道教の発生と発展の基礎は、人間の生命に対する顧慮という面にあり、それが多くの敬虔な信者を獲得した根本的な理由であり、また、道教が科学の発展を受容し推進させた理由でもあった。外丹に対する信仰の歴史的段階において、この特徴ゆえに道教は、医薬学、化学、養生学、天文学、地学、物理学、数学、心理学、さらに軍事学や技術と科学思想などの多くの領域で豊かな成果を挙げ得たのであった。それと同時に、外丹の信徒が最終的な局面に向かって歩んでいる時、後文で指摘するように、同じく長生成仙を宗旨とする道教内丹学説が、生命学説とそれと関連する多くの科学的領域を自己の基礎や必要なものとしたために、外丹から内丹へ、道教は一貫して中国の伝統科学のある重要な領域を受け入れ発展させ続けることになった。

　我々が科学に対して道教が果たしたはたらきを検討する際、宗教信仰と科学実践とを一身に体現する、道士の人格の二重性に留意する必要がある。彼らは宗教の理想によって科学探究の車輪を動かし、科学の手段を通してその宗教の理想を実現しようと企てたのである。彼らの信仰と神仙の理想は、人

間の生命のあり方のより高次の可能性であった。道教の信徒は、人間は努力を通して常識を超えたことを獲得しうると固く信じており、世人からしばしばその信仰行為は荒唐無稽だと攻撃され、葛洪自身も「（自分の興味のために）天下の通ずべからざるものを強いて通ぜんと欲す」(『抱朴子』黄白篇、283頁）と指弾されたが、しかし神仙の理想という人間の本性にズバリと来るこの宗教的動機は、道教徒を自然と生命の探究活動に向かわせ、常識を超えた原動力を生み出した。その上、まさにその目的と結果の不一致によって、道教信仰者に尋常ならざる努力を払わせ、その努力が多くの独自な科学知識の成果に変わったのである。

　しかしながら、こうした原動力は宗教信仰の構造のなかから生まれたものである以上、先天的に宗教目的を核心としてこの原動力を動かせ、その向かうべき方向を導くことが決定づけられていた。そのなかに含まれる科学的内容は、疑いもなくこの宗教思想の構造に制約を受けており、そこから独立して不断に深化し、自分自身の力量で累加させてゆくような発展は獲得できなかった。換言すれば、発見を目的とする、近代科学の探究の道へと向かうことはできなかったのである。

第二節　促進要素の桎梏への転化

　ニーダムは、近代科学が中国に生まれ得なかった理由を論証して、「障害要素」(inhibitive factor) という観点を提起した。この観点は、科学技術の発展は文化要素によって異なるという仮説であり、研究者に科学技術の発展にとってマイナス要因となる文化要素を探索するよう促した。これは間違いなく検討に値する重要な見解であるが、ただ同時に、ある学者が提起したように、科学技術の発展は常にひとつの文化の多様な要素のダイナミックな相互作用と関わっており、しかもしばしば、相反する要素が相互に作用しあう。障害要素という観点は、決して科学技術の発展にとって欠乏していた、ひとつの妥当な出発点を分析することではない。この点に関して、ある研究者は

次のように指摘している。

「障害要素」によって科学技術の発展に欠乏していた別の方面の問題を分析するということは、どのようにして障害要素を識別するか、識別のあと、どのようにしてその影響を見積もるか、ということである。20世紀の初頭、中国の国際的評価が低落期に入っていた頃、中国語学であれ儒家哲学であれ、中国の文化的特徴を具えたどの要素もすべて中国の科学技術の立ち遅れの原因と見なされていた。このようなせっかちな結論は、国を強くしたいという動機から出たものであるにしても、中国文化の基本的智慧に対して潜在的な破壊要素を注入してしまうことになり、科学技術の発展を推進する上で何の役にも立たない。……実際、いかなる学者であれ、一個の文化の低落期にその当の文化を分析する場合、特に慎重に該文化の本質とその他の内在的、外在的動態の影響とをはっきり見分けるべきであって、その時期に最先端をゆく文化を唯一の基準として該文化を評定すべきではないのである。　　　　　（程貞一「李約瑟(ニーダム)在中国科学技術史研究上的一些観点与成就」『自然史研究』19、319頁）

たとえばニーダムは、近代科学が中国で生まれ得ていない理由のひとつとして、理論の欠乏を挙げ、こう述べた。「ちょうどその他の科学の学科の情況と同じく、声学においても、中国と欧州では方法上、非常に大きな違いがある。古代ギリシャが分析的であるのに対して、古代中国は関係的である」（ケンブリッジ版『中国の科学と文明』Vol.4、128頁、邦訳版第7巻物理学、164頁）。しかし、漢代道家の巨著『淮南子』には声律学の研究成果が披露されていて、そのなかにはかなり正確な音階の推算法が含まれている。明代の十二平均律の発明者・朱載堉は考証を経て、中国の律学史上、伝統的な「三分損益」の体系内には「新法と頗る同」じ計算方法が存在しており、平均律思想は「昔から無かったのではなく、あったけれどもおそらく失われたのだろう」と考えた。彼の云う通りであれば、『淮南子』中の楽律学はわが国平均

律思想の先駆と見なすべきであり、このような平均律は相当厳密な数学演算の基礎上に樹立されたに相違ない（本書のV．物理学篇、第五章参照）。まして中国においては、天文学、医学、煉丹術はすべて合理的な理論的基盤をもっている。もしそうでなければ、このような巨大な成果は挙げ得なかったはずである。ただこうした理論は、西方の思考方式・言語と大きな違いがあったため、長期にわたって西方世界に中国のこの巨大な成果を識別しにくくさせていたにすぎない。したがって、理論欠乏説は成立しがたい。

　事実上、道教とその科学技術要素の興隆と衰退は同じ根を共有している。ひとつの注目に値する歴史法則が道教の科学技術発展史のなかから現れ出ている。すなわち、特定の科学技術発展にとっての促進要素が、まさしく当の科学技術がそのなかに沈没してそこから脱出しがたい思想的桎梏となる可能性がある、という法則である。

　前述したように、道教のなかの科学技術の発展と衰退は同じ根から出ている。つまり、その科学探究は始めから終わりまで自分の生命の不死が中心になっている。科学は道教に使われ、絶えず道教によって改造される。科学技術はその宗教的価値と思惟傾向に依拠して再構築され、それによって導かれる。科学技術自体、道教に依託され、それに包まれ養育されていて、両者はしばしば緊密に結合していて見分けが付きにくい。これはやはり道教中の科学技術の発展に適した要素である。一方、西方の科学技術は宗教の矛盾のなかに存在し発展し、最終的にはその宗教の胞衣を突き破り、宗教解釈の外側に独立した別の解釈体系を作り、宗教の解釈系統に身を預けない、みずからが体系を作った文化系統を形成した。中国の多くの科学技術の発明は、ニーダムが道家は中国の科学技術の根本と云ったように、道家思想と繋がっている。しかしこのことは同時に、両者の結合関係によって、中国科学は道家と道教思想の構造とその発展モデルの制約を受けるということを意味している。道士たちが成仙にとってほかの手段がいっそう有効かもしれないと考えた時、彼らはいささかもためらわずに前の方法と思考を放棄し、新しい探究法に転向する。この種の転変は往々にして激烈な変革の上に樹立されるので

はなく、以前の学説に対する新たな発掘と再解釈を通じてなされるので、宗教的神仙理想の全体は打撃を受けない。外丹から内丹への転変は、科学的思惟の変化に基づいて現れた、このような探究活動の重大な変化であった。これについては、次章（第四章）で考察する。

このような変化は外部世界に対する探究を弱めたにせよ、道教は終始「我が命は我にあり」を堅く信じており、その上、内丹の段階の道教に含まれていた科学技術の成果から見て、人間自身に対する認識はいっそう重視されており、それゆえ自然と生命科学の必要な知識は、依然として道教において重要な位置を占めており、関係する科学的成果にも見るべきものがあった。

今日の科学技術研究から云えば、道教の外丹説や内丹説は大して重要ではなく、重要なのはそれらが内蔵していた科学精神と、その精神にいかにして深層の変化が生じたかという問題である。外丹と内丹はどちらも人間自身を主体にし、人間に高度で能動的な地位を与え、そして最終的な関心の対象はやはり人間自身であったから、それは前提として生命科学と関係領域の存在と発展にとってふさわしい環境を提供したと云うことができる。この適切な前提条件は人間の知恵を充分に運用させ、人間の生命の永続と不朽にとっていささかでも有益であればその方法を探究させた。そのため、科学的手段を援用すると同時に、道士たちは各種の神秘的な方術をそこに導入し、時には両者を雑揉し一緒くたに扱いさえした。こうして彼らは、ある種、宇宙の問題をすべて解き明かしたかのようなものを手に入れ、もしもこれで登仙できなければ、それは修行者個人に問題があるからだというような云い方をした。

上に述べたことを前提にして、議論をもう一歩進めてみよう。先に繰り返し強調したように、外丹の修煉活動の背後に重要な科学的精神がある。すなわち、人間は外部世界からある種の形態をとったエネルギーを攫取する（奪い取る）ことを通して自分に不可思議な能力を賦与し、肉体の不朽と長生を実現させる、というものである。問題は以下のところにある。この外丹信仰が凋落した時、内丹はその外丹の思想経路を襲用し、その理論を自己のもの

に転化させた。このことは、外丹時代の科学哲学はその内実が置換され、自然もまたその精神を置換されたことを意味している。つまり、過去のあの積極的で執拗な自然観察、肉体の生命に対する熱愛、それと対応する、いかなる手段を使ってでも擁護するという人間の生命に対する渇望と大胆な探究は、ここに至って空無化され、肉体内部に転向した。人々が追求した生命はその肉体の外殻が取り去られ、ただ誇大化された虚霊だけが残されることになった。それは肉体のなかで繰り返し資源を探索し、成真の暁にそこから脱出するのを待ち続ける。かつての多くの方技の術は、次第に肉身の神聖さと運命を共にして、宋明理学（朱子学と陽明学）をはじめとする心性論の精神潮流によって洗い流され、神秘の色彩を褪色させていった。

　前述したように、内丹の段階になると、医学分野においては確実に少なからざる貴重な成果が挙げられ、科学的に意義のある人体解剖図が世に現れるなど、解剖学も含めて徐々に発展していった。しかし、これらはすべて上述の目的のために奉仕するものであり、人間に内在する我が肉体のなかで成長し、最終的に肉体の殻から抜け出るのを助けるだけであった。これは初期道教の〈尸解〉信仰とまったく異なっている。〈尸解〉の場合、あとに残されるのはしばしば一剣、一杖、一履（はきもの）のたぐいの外物であり、肉体の外殻ではない。内丹の証真モデルは、次第に外物の存在に対する追求を放棄し、それに代えて内在する自我ないし心性の解脱を追求する。むろん、ここには明らかに仏教の影響がある。

　内丹学説は順調に外丹に取って代わり、極めて大きな発展を遂げてゆき、継続して道教がサポートするある種の科学領域の発展に対して適切な条件を与えただけでなく、実質的にも、科学的思惟の支柱であった思想内容を外から内に置換させ、その内部構造を虚化（鉛汞を体内の気に変換させることなど）させることに成功した。人々は引き続いて、道教が提供する内丹という証真の成仙の術に満足し、その歩みに付き従い、内在的な「玄のまた玄」の奥深い精神世界に入っていった。

　ここでは、あらゆる外部的な価値は決して否定されず、内在化されて吸収

されていった。それは人々を導いて自我から出発し、また自我に戻り、最後には自我の解放を宣言した。外丹時代の外向型の攫能傾向は、すでに精神世界に引き戻された。これは疑いもなく精神レベルにおいて自然界に対する攻撃性の弱体化であり、矛先を自分自身に向けるものであった。後期道教の段階になると、人々はただ道徳的戒律に従って行ない、心性の真によって仙は虚でないことを証明することができるだけであった。道教は、科学が内包する構造に対して、結局一種の柔らかい桎梏となっていったのである。

第三節　「魚を得て筌(せん)を忘る」：
　　　道具の価値の矮小化・相対化

　道教の一切の探究活動は、人間の不朽という宗旨を巡って展開された。道士たちは「我が命は我にあり」を信じ、神(かみ)の力それ自体は決してその最終的な崇拝の対象とはならず、逆に「我が命は……」によって使役されるものであった。彼らは各種の科学技術の方法と宗教法術とを結合させて不朽を追求した。そこにしょっちゅう現れる天と命を争うとか、時と功績を奪い合うという精神は感服に値する。そうではあるにしても、道教文化の精神が中国の科学文化の発展に対して及ぼした作用は利害相半ばする、と云わざるを得ない。我々は道教の肯定的な影響だけでなく、その負の作用にも留意する必要がある。この両面に対する客観的な認識があってこそ、道教と中国文化の発展にとって実際と符合した思想のフィードバックが可能になる。その肯定的なはたらきについてニーダムはこう述べている。「中国人の性格中の多くの魅力的な要素はすべて道家思想に由来している。もし中国に道家思想がなかったならば、中国はその根がすでに腐敗している大樹のようになっていただろう」(漢訳版『中国科学技術史』第2巻『科学思想史』、178頁、邦訳版第2巻、199頁)。農業文明について云えば、道家思想はたしかに深い影響を及ぼしていて、ニーダムの著述中には多くの肯定的な評価が見られる。しかしそのマイナスのはたらきについても、同様に掘り下げるべき複雑な問題が存在して

いる。

　知識と道具は人類の文明の主要な標識であり、科学技術を発明・発展させ、人類の文明の進歩を推進させた重要な要素である。しかし、道家から道教に至るまで、いずれも本質的に一般の知識や理性には懐疑的であり（というのも求〈知〉は、いっそう博大で究極的価値を具えている求〈道〉には及ばないからである）、道具の価値取向には低い評価しか与えなかった。このような思想傾向は、道教においては異なった形式で表現された。そのなかで、知識と道具に対する態度や表現は特にはっきりしている。しかしこのことは、人々が知識と道具に対する探究を放棄したり、それらの価値を否定するということを意味しない。逆に、人々は同じように真剣に知識と科学的手段を探究したが、ただ、知識と道具はそれを借用して「道を知る」一時的な手段にすぎず、それ自身に価値を与えるべきでなく、そうしないと外物に煩わされ、または物質世界の奴隷になる、と考えられていた。

　道家はとりわけ〈無の用〉を重視した。これは、〈有〉という現実存在に対する道家思想の本質的な軽視をはっきり表している。老子の「無為にして為さざるなし」という思想の伝統は、「三十輻（車輪のスポーク）は一轂(こく)（車輪の中心にある円い木の枠）を共にす、その無に当たりて車の用あり……」（『老子』第11章）に示されているように、哲学的意義においてはシステム論的価値を具えている。つまり、相対的な条件のなかで道具の存在を見ているのである。しかし現実には、人々はしばしばそれを使って、人間は事物とその発展におけるはたらきによってコントロールされているのではと疑っている。類似の議論はほかにも、「常に民をして無知無欲ならしめ、かの智者をして敢えて為さざらしむ。無為を為さば則ち治まらざるはなし」（第3章）とか、「智慧出でて大偽あり」（第18章）、「聖を絶ち智を捨つれば、民の利百倍す」（第19章）などと見えている。老子は理論的に無為の治のあるべき社会状態を、「什伯(じゅうはく)の器（便利な道具）あるも用いざらしめ、民をして死を重んじて遠く徙(うつ)らざらしむ。舟輿(しゅうよ)（乗り物）ありと雖(いえど)も、これに乗るところなし……」（第80章）などと描写している。ここでは、知識それ自体の価値が懐

疑されており、知識の掘り下げや累加、それに道具の革新は一定の抑制を受けている。

　道具に対する扱いという面では、多くの歴史事象が表わしているように、道教においては、科学が存在しても、それは科学的迷信となり、さらに幾重にも重なり、千年間一貫した神秘主義の泡によってその美しい長生の理想のなかに窒息させられた。たとえば『五岳真形図』の機能の転換という問題がある。現代の地理学から見ると、これは初期形態の等高線地図であり、約2000年前にこのような地図を描き得たことそれ自体、極めて得がたいことであった。図は異なった色で山の背、谷、渓流、洞穴を表示し、山の姿を描き出している。『洞玄霊宝五岳古本真形図』に云う、「黒は山形、赤は水源、白は洞口である。小さく描いているのは低い丘陵、大きく描いているのは壮大な山容を表している。葛洪は云う、高下は図形を見ればわかり、長短もその姿を写しており、原画に神草や石室のある場所は、のちの仙人たちが図示したところである、と」(『道蔵』6-740)。文字と異なった色彩で示された標識によって、登山路や山中の水流、泉、各種の仙薬の分布と位置、宮室や洞穴のあり場所、そして山岳の高さ、広さ、境域などを知ることができる。疑いもなくここには実用的価値があり、世に出た当初は、道士が山中の地理を把握し、大きな山に出入りする場合の実用的な道具であったはずである。しかし事実が証明しているように、それは無限に膨張する宗教神秘主義のなかに埋没してしまった。そこに沈没した合理的科学的要素は、道士たちが山中であらたに獲得した経験を通してより完全なものへと発展することはなく、それに代わって現れたのは、幾重にも積み重なった根拠のない妄言であった。

　火薬の発明の問題がある。道士たちの煉丹活動を記録した文献には一度ならず、ある原料を加えて還丹を行なった時、丹炉中に強烈な燃焼現象が発生して人を傷つけたとか、爆発事件が起こって「立ちどころに禍事が出来した」などという記述が見える。しかしながら人々は、このような出来事を通してその原理やその禍の避け方を探究するのではなく、火加減の調整法を考

案したり、還丹のモデルを改変したりはしても、設定された目標外の諸現象を探究する情熱はついに生まれなかった。

これは、本来科学的意義を具えた知識と成果は道士の手に握られていたが、同時にそれは何の根拠もない神学的解釈の泡沫によって籠絡され窒息させられていたことを意味している。道教の煉丹過程における儀式性の本質は、過程それ自体の真の構造に対して専門的な観察と研究を彼らに軽視させたところにある。

実際、老子の云う「樸散じて器となる」（原木が加工されて器になる）や、「樸」または「無極」に「復帰」することを帰着点とする修道の論理、そして荘子の「魚を得れば筌を忘る」（魚が捕れたらもう漁具は不要）で云う「外物」としての道具観は、早くから上述の道教の思想構造のための哲学的な拠り所となっていた。

『荘子』外物篇に云う、「知恵には行き詰まりがあり、霊妙な精神のはたらきにも届かないものがある」という議論も、人々に道具を軽視する態度を取らせることを教えた。これは漁師に捕獲され、占いのために体中穴を孔けられることになった白い神亀の知を笑う話で、「小知を去りて大知明けし」という孔子の言葉で結ばれている。ここでいう「小知」とは具体的な事物に対する認識であり、「大知」は宇宙の本体、すなわち〈道〉の把握を意味している。しかし、「大知」の把握に至るには、無数の道具的な「小知」によって構成される認識の蓄積過程を経ねばならない。これは人間の知識が発展してゆく一般的な特徴である。大知を致す工具としての小知を軽視して、どのようにして大知を実現し得るというのか。荘子によれば、この大知は本来観察や学習によって得られるものではない。道は「致すべからず、聞くべからず、見るべからず、言うべからず」（知北遊篇）、ただある種の直覚的な認識方法によって全体的に体悟するほかはないものであり、具体的で分裂した「小知」はその手段として使うことはできない。

荘子はまた、はっきりと「なんじの内を慎み、なんじの外を閉ざせ。多く知れば敗らる」（在宥篇）と要求し、「人みな有用の用を知るも、無用の用を

知るなし」（人間世篇）と述べた。このような思想は道教の思想家に摂取され、歴代の道教徒の世に処す方式のなかに突出して表現された。葛洪も「有用は人の用、無用は我の用」と述べている（『抱朴子』外篇・博喩篇）。道教は知識と道具それ自体を目的として追求することを拒んだだけでなく、人間それ自体とそれが掌握した知識を社会的道具として役立てることにも反対した（ただし善行を積み重ねるための自主的な行為は除く）。そのために人々は隠逸を好んで山林に逃れた。しかし、人間は現実的、経験的存在であり、その一切の知識と精神はすべて一定の現実的基盤を持っており（歪曲された基盤も含めて）、物の用を知ってはじめてその無用を知ることができる。これは荘子が提起した結論と正反対であるが、何も奇妙なことはなく、事実としてこれが東方の思想の共通性なのである。

　いさかかの疑問もないが、荘子の云う「筌」（魚捕りの道具）、「蹄」（兎を捕るワナ）、「言」（意を表現するための手段）——人間の知識と智慧の表現であり、それを使って外部世界を攫取する道具——は、すべて相対的かつ条件的なものであって、その点を荘子は「待つところある（何かに依存して存在する）」として懐疑したのである（大宗師篇）。彼はその文脈のなかで「真人ありてしかる後に真知あり」と云ったが、どうすれば真人となれるのか。必要なのは道であって知ではない。知識は途中のつなぎとして、道を得る過程のなかで徐々に超越され、外の殻と同じようにひと皮ずつ脱ぎ捨てられてゆく。老子の云う「学を為さば日に益し、道を為さば日に損る。これを損らしまた損らし、もって無為に至り、無為にして為さざるなし」（48章）である。それ故、道家と道教は欧州中世のキリスト教のように科学に反対はしなかったものの、知識と科学の探究は決して彼らの目的ではなく、過程的で一時的な仲介手段にすぎなかった。「知る者は博からず、博き者は知らず、聖人は積まず」というのは老子の語である（81章）。つまり、〈知〉は必ずしも博学に由来するのではなく、博学は〈知〉と同義ではないし、聖人は知識の累積の果てに成就されたものではなく、「天の道」を得た存在だというのである。知識を明らかにして応用するのは〈道〉を把握するためであって、〈道〉と

一体化した理想的状態に至れば、知識は捨てられる。

　そういうわけで、『悟玄篇』はこう云う、「道は本来無言であるが、言によってその道を明らかにする。法は本来無象であるが、象によってその理を得る。象を得て言を忘れ、兎を得てワナを忘れるのは何故か。河を渡るのに筏を使うが、岸に着けば舟は要らないからだ」(『道蔵』23-613)。また、褚伯秀『南華真経義海纂微』巻9に『荘子』外物篇を総括して云う、「この篇の主題は、内と外との軽重、物と我との親疎である。外にあるのは物であり、必須とすべきものではない。内にあるものは我によって求めれば得られる。しかし、世間の人々は外に求めることが多く、求めて得られなければ怨念が生じる。故に荘子はその惑いを破るべく建言している。……ここから次のことが分かる。性命の内は道でないものはなく、これを悟れば完全である。性命の外は物でないものはなく、それを必須とすれば失う。……かの白い神亀は夢で自分の行く末を知ることができたのに漁師の網から逃れられなかった。つまり、本当の神は自分が神だとは思っていないし、神を神としない神があることも知らない。この寓話は、知を頼みとして災難を脱することは、知を忘れることの無害さには及ばないことを喩えている。その次の主題は、無用なことを知ってこそ言の用が生まれるということである。この両主題の義は互いに発明しあっている。……学人は外物の累を超え、虚通の境地に達し、神は融け意は通じて、どこへでも行けるようになれば、道に近い」(『道蔵』15-610、611)。これらはいずれも実践面で解釈しているが、理を重んじ物を軽んじる結論を導き出している。

　実際、宗教の出世間性は知識と道具の軽視ないし否定を構成しており、このことはどの宗教でも共通している。中世のキリスト教が科学を排斥した以外、仏教でもこの点は同じである。たとえば『金剛経』はかく云う。

　　この故に法を取るべきでなく、また非法も取るべきではない。この意味において、如来は常にかく説かれる、「汝ら僧たちよ、我が説法は筏のようなものだ。法は捨てるべきであり、法でないものはなおさらそう

だ」。　　　　　　　　　　　　（『大正新脩大蔵経』第 8 巻-749 頁 b）

　知識と道具の否定において仏教がキリスト教以上なのは、現実の人生全体を六道輪廻のひとつとさえ見なし、ただちに超越を実践し、世を捨て家を出ることを求めるからである。このような思想は道教に深い影響を与えた。全真教の形成がそれを証明している。

　道具が道教の思想のなかで連続的な価値を獲得できなかったのは、その宗教的理想によって決定されたからである。道教では「得道成仙」という実質以外に、一切の形式は価値を持たなかった。仏教用語を借用すれば、すべて「権法」（一時的便法）とされる。認識論的方法論としては、徐々に認識対象の本質に迫ってゆく過程において、このような思考方法はたしかに価値がある。しかし問題は、このような方法論は往々にして実践レベルに落ち着き、宗教がそれを使って理を重んじ物を軽んじる出世間を表明するための特徴的な方法になってしまったところにある。相対的に云えば、道教では明らかに過程の価値が軽視された。それというのも、金丹の価値は実質上、決して実際に生み出された過程によって獲得された効能で決定されるのではなく、信仰内容としての過程の儀礼の内実によって賦与されるからである（その上、還丹を行なう者の個人的要素がしばしばそのなかに包含される）。それ故にこそ人々は、巨大な代価を惜しまず、同じような還煉活動を繰り返し行なうのである。したがって、問題の根源は最終的には道教が従事する根本的な目的──長生成仙というこの原点に存在する。

　我々はいっそう大きな視点から観察してもよい。道教の全体的な歴史において、中国科学に対して比較的大きな貢献をした外丹技術それ自体、同じように価値の連続性を獲得しなかった。その現れの一つとして以下がある。煉丹活動はしばしば経典に記述されている方法と目標に従ってなされたので、絶えず繰り返し行なわれ、その目的は発見にはなく合成にあり、また、想像中の薬物を合成しようとしたのであって、ある本質的な存在を発見しようとしたのではない。人々は信じていたが、還丹は〈道〉の凝縮過程であり、金

丹の還煉過程には人間の及ばない大知が関与し、人間の知識と能力で把握し理解しうる範囲を超えていたから、金丹大薬はただ特定の方程式に従って冥々のうちに完成される。したがって、現代科学のように、実験過程中に遭遇したある現象に対してさらに一歩進めた探究を行ない、科学の深度と広度を不断に推進させる、というようなことは起こり得なかった。旧時代の中国にはかなり発達した数学があり、趙友欽などがそうであるように道士それ自身が優秀な数学者であることもあった。しかし、数学の方法は特定の範囲内で使われ、煉丹術に導入されて精密化されるということは一貫して起こらず、数学の使われ方は自体、道教煉丹術の儀礼性の本質によって決められた。そこでは数学による分析を必要としなかっただけでなく、さらにまた、神秘性の消失を意味していたから、事実上、人々はそのような分析を拒否した。

　第二の現れは以下である。唐末五代以降、外丹が成仙をもたらすことを人々が疑って内丹に転向した時、外丹理論と方法はその内実を置換され、過去の外丹の実践と探索活動は、継続して発展して十全なものになる道を絶たれた。これは完全に、宗教的な目的を中心に据え、信仰のなかの認識論と方法論を転移させたが故のことであった。

第四節　アキレスの腱の発見

　マックス・ウェーバーはこう指摘している。「ただ西方においてのみ、科学はこのような発展の段階に身を置いた。これは今日、人々が一致して合法的で有効だと認めている」。そしてまた、こう述べる、「一種理性的な科学は、西方以外のいかなる文化地域においてもずっと欠如したままであった」。さらに、「西方文化に特有の理性主義の問題」とか、「理性化された経済生活、理性化された技術、軍事訓練、法律と行政機関」などと述べている（漢訳『新教倫理与資本主義精神』、7頁）。ウェーバーの議論には合理的な一面があるが、しかし中・西文化の基本的な差異のなかから答えを探し出そうとして

いることに注意しなければならない。これに対してシビンはより突っ込んだ見解を提出している。

> 煉丹術と現代化学は、数字を理論に奉仕させる方式においては違いが存在し、また同様に、理論とその基礎としての観察との関係においても違いが存在する。化学理論が依拠する基盤は実質上、数学であるが、中国の煉丹理論の場合は算命術（運勢占断）の論理である。後者は数字を運用するが、それによって計測するわけではなく、それによって現象をある種の順序配列に基づいてその性質を導き出すための手段であって、このような順序に反映されているのはそれらの主観的価値である。
> (*"Chinese Alchemy and the Manipulation of Time"*, in N.Sivn (editor) : *"Science and Technoloy in East Asia"*, p.117)

シビンのこの見解は極めて妥当である。これは中・西科学の間の基本的な相違のひとつであって、道教だけがそうなのではない。このような違いが生まれ出た根源は、両者の科学哲学の非常に大きな差異に求められる。中国科学の特徴は、道家の「反」（復帰する）を核心とする科学的思考方式のなかにその根源を探し出すことができる。近代西方科学の発展は分析をその志向として絶えず「進」（前進する）の科学思考方式であり、その結果、必然的に数学が道具の理性としてほとんど一切の科学領域に関与することになる。ところが道家と道教のやり方は、絶えず自然の過程を模擬して再創造することであった。彼らはこう考える。もしも過度に事物を解剖すれば、認識の過程において事物の本質的把握が失われる、何故なら、宇宙万物はすべて繋がりあった統一体であり、どの事物も孤立して存在しないからである。したがって、外部世界に対する最も完備した認識活動は、絶えず宇宙の生成過程に逆らって〈道〉に回帰し、宇宙の認識に対して自己を母胎と一体化していた最初の状態に戻すことである。そうしてこそ老子の云う「微妙玄通」（15章）の最高の認識境界に到達し、最高最大の〈知〉を獲得しうる。これは人間と

自然の間の認識の張力が解除されることを意味する——。これこそ、道家と道教が一緒になって推奨した「一を知れば万事、おわる」という思考方式にほかならない。『荘子』はこう云っている。

> 小さな茎と大きな柱、癩病人と美人の西施といった取り合わせは奇異な印象を与えようが、道はそれらを一つにする。分散は成就であり、成就は毀滅である。物には成就もなく毀滅もなく、通じて一つなのである。ただ道に到達した者だけが通じて一であることを知っていて、そのため自分で判断しないで庸なるものに委ねる。庸とは用であり、用は通であり、通は得である。たまたま得たものこそ理想に近い。ひたすら因る（身を任せる）だけであり、それがそうであるのを知らない。それを道という。　　　　　　　　　　　　　　　　　　　　　　（斉物論）

また、『太平経』はこう云う。

> 守一の法によって万端を知ることができる。万端は一を知ることができない。……一が本となって、万事がすべて進行する。私は一を知り、万事は終わる。　　　　　　　　　　　　　　　　　（逸文、合校本743頁）

葛洪の議論を見てみよう。

> 人は一を知ることができれば、万事は終わる。一を知る者は、どんなことでも知っている。一を知らない者は、何も知らない。……老君が云う、忽たり恍たり（ボンヤリ）、そのなかに象（似すがた）あり。恍たり惚たり、そのなかに物あり、と。これは一のことを云っているのだ。　　　　　　　　　　　　　　　　　　　　　　（『抱朴子』地真篇、313頁）

こうした総合論的な科学思想に導かれたなら、道具のはたらきは必然的に

超越され、回帰式の思考傾向のなかに埋没させられる。宇宙万物を探究するのは宇宙の母に回帰するためであるのであれば、世界を認識する方向は万物一体の必然性を認識するところにあり、そのための方途を探すのであって、精密に事物の内部の情景を把握することでないのは疑問の余地がない。その主要なはたらきが万物の解析にある道具は、当然その存在意義を失う。ここでは、数学はある直接必要な領域、たとえば音楽や天文学などで応用されるだけであって、万物を分析する道具的理性となり、あらゆる科学探究の過程に関わって、その探究を数字化された論理的思考や設計行為たらしめる、というようなことは起こりようがない。

では、何故このような価値取向が現れたのか。それは道家思想の必然的な結果であった。これまでしばしば強調してきたように、道家思想の最も代表的な内実は、「反は道の動」「嬰児に復帰」「無極に復帰」「樸に復帰」などを包括し、「無状の状、無物の象」である「惚恍」状態を理想的境地としていた。それ故、その価値判断が依拠するのは「明道は昧きがごとく、道に進むは退くがごとし」（41章）、「学をなさば日に益え、道をなさば日に損る。これを損らしまた損らし、もって無為に至る」（48章）という姿勢であった。

しかしながら、M.トマセロが人類文化の進化に関して爪車（ラチェット、逆転しない歯車）効果理論で表明しているように、人類文化の進化の特徴は累積し、絶えず進取してゆくところにあり、これこそが人類が複雑な文化的成果を獲得し、文化を前進させ進化させたメカニズムだというのである（*"The Cultural Origins of Human Cognition"*, p.5）。道教は老子の「反は道の動」的思想に従って、これとは正反対の価値を追求し、逆向きに事物を把握することを要求した。「物はあるいはこれを損らせば益え、あるいはこれを益やさば損る」（42章）という通りである。これはまた、前述した荘子が外物篇で伝えようとした思想でもある。一切の外在するものはすべて手段であり、流れ去る過程であるから、「執着しない」ことを宗とすべきである。まして、人間の生命が束の間であることに鑑み、束の間の人生によって無窮の宇宙に応対すべきではないと荘子は主張する（盗跖篇など）。

こうした外物の価値観は、人間の〈攖能性〉を弱体化させ、万物の母に回帰するために宇宙万物の奥秘を探究して生きる人間の求知の触角、およびそれが獲得した知性の力とを帳消しにしてしまい、それらによって蓄積され漸進してゆくはずの分析科学精神を形成することができなかった。まことに、〈道〉で得て〈道〉で失ったと云うほかはない。
　古代ギリシャ神話中の勇者であるアキレスは生誕後、母親に両手でそのかかとを摑まれ、逆さにされて冥界の河アケロンの水に浸された。刀や矢が入らない不死身の身体にしようとしてのことであったが、母親の手に摑まれたかかとだけは冥河の水に濡れなかった。アキレスは無数の戦勝ののち、敵の放った矢でかかとを射られ、一矢で死んだ。ここから生まれた「アキレスの腱」の語は、彼を強化したその当のものが同時に彼の致命的な弱点であることを寓意するようになった。この話は、道教にも適用しうるのではないだろうか。

第四章　道教科学思想の変容：外丹から内丹へ

第一節　外丹から内丹への交代の深層

　歴史上、道教は三たび重大な変革を経験した。第一回目は魏晋から六朝に至る際、初期道教から正統道教に向かって理性化の転変を遂げた時である。第二回は、唐末五代、丹道の支配的な学説が外丹（いわゆる煉丹、煉金術）から内丹（内的煉丹術）へと転変した時である。第三回は、金元の際の全真教の誕生である。ここでは、この第二回目の転変について述べたい。唐末五代を画期として、生命の究極の存在状態を無二の問題とする道教の丹道理論は、ここを境にふたつに分かつことができる。これ以前が外丹信仰で、そこで主導的な位置を占めるのは人間と外部の自然との間の〈張力〉であり、外部世界の探索を核心とする自然科学はそれによって推進される。これ以降の内丹信仰においては、人間とその自我意識との間の〈張力〉が主導的な位置を占め、人間の生命内部の構造と現象に対する観察と思考が継続して発展してゆく。しかしそれと同時に、精神領域の問題、心・身関係の問題がますます重視され、さらに朱子学の心性論、道徳決定論を吸収し、神仙修錬学説はいよいよ深く主観的世界に回帰していった。

　内在化の趨勢は、初期の段階からその基礎はあったとはいえ、「即身成仙」の理想への強い渇望が招いた外丹による成仙の追求によって、内在化への過程は抑制され、その状態は唐代まで続いた。道教科学技術の基本的な特徴は、すべて外部世界に対する情熱によって表現され、外部世界のある種玄妙な〈物〉（丹薬）を「求めることに借」り、それによって「みずからを堅固にする」ことを企図する。こういう姿勢が道教信仰者たちの自然科学と技術の探究を推進したのであった。

　外丹の衰退と内丹の興隆の理由に関して、何人かの研究者は、唐代に丹薬による中毒死事件が頻発したので一時期流行した外丹術は頓挫し、好道の士

は次第に自分の身体内で修錬する内丹を重視するようになった、と考えている。これは一種の原因外在説である。

　道教の歴史を考察すると、唐以前の長期にわたる道士の煉丹服食の歴史において、つとに外丹薬物の毒性に対する明確な記述と警告が存在した。たとえば、漢末魏初の『古詩十九首』のなかにこういう詩句が残されている。「服食して神仙を求むるも、多く薬の誤るところとなる。如かず　美酒を飲み、白い練り絹を被服せんには」。しかしこの詩は逆に、これ以前は外丹薬物がまだ排斥されていなかった有力な根拠になる。葛洪の『神仙伝』は、魏伯陽が丹の完成後、その弟子に試した伝説によって、毒性のゆえに外丹服用による成仙の可能性を懐疑する人々に反論している。それと同時に、伏煉技術に対して研究を進めた丹薬煉製法が次第に成熟してゆき、その成果は、中国医薬学の発展に対して大きな貢献を果たした。陳国符はこう指摘している。「外丹と医術は、当初は区別がなかった。両者の分派は宋金時代からのことかもしれない」（『道蔵源流考』下冊、297頁）。何故その時代に始まったのかといえば、道教丹道学説が外丹から内丹へと転変する過程とぴったり合っていて、これは偶然のことではない。唐末五代以後の道士たちは内丹術を高く買った結果、まことに『列子』説符篇にいう「その内を見てその外を忘る」や、『淮南子』精神訓にいう「これを外に求むる者はこれを内に失い、これを内に守る者はこれを外に失う」とある通りになったのは興味深い。成仙の手段とそれに対応する興趣が移動したのに伴い、道士たちの外丹を煉成する需要も衰退し、かつて錦の囊に秘蔵されていた術は、次々と民間に流出していった。

　もしも外丹の衰落は丹毒が招いたとするのであれば、漢唐の数百年にわたる丹薬服食の歴史は、どのように理解すべきなのか。また、唐宋以後、明清時代に至るまで、道教外丹の焼煉活動は一貫して消滅することはなく、『庚辛玉冊』のような最後の輝きも生み出されさえした。これはどのように理解すべきなのか。

　唐代以降、道教外丹術から内丹術へ転変したのは、道教科学哲学と科学思

想の変化にその根本的な理由がある。先述したように、道教外丹の還煉過程自体は実質上、一種の〈通過儀礼〉であった。外丹から内丹への過程において、この儀礼の構造中のあらゆる構成要素としての象徴記号は、炉火、鉛汞（えんこう）であれ、時空条件、薬性、それに人に成仙をもたらす大薬等々、ひとしなみに内丹システムのなかに平行移動した。この転変は、外丹の毒性によるその成仙効能の完全否定を意味するのではなく、外丹薬物の限界を超えようとする企てであった。事実として、後期道教に至るまで内外二薬を併せて重視する思想がなお見られる。たとえば、『性命圭旨』内外二薬説に次のように云う。

> そもそも修錬者は先に外薬を修め、そのあと内薬を修める。上級の士であれば、つとに霊根が具わっているから、外薬を煉らずにただちに内薬を煉る。内薬は無為にして為さざるなきものであるが、外薬は有為にして為すところがある。内薬は無形・無質だが実有であるのに対して、外薬は体あり用ありだが実無である。外薬は病を治し、不老不死をもたらすが、内薬は超越でき、有を出て無に入ることができる。外薬は外なる陰・陽が往来するが、内薬は内なる坎（かん）・離（り）がそこに集まる。外薬の観点から云えば、交感の精は、先に漏らしてはいけない。呼吸の気は、いっそう微かでなけれならない。思慮の神（しん）は、安静であることを尊ぶ。内薬の観点から云えば、精を煉るものは元精を煉り、坎（☵）中の元陽を抽き出す。元精が固まれば、交感の精はおのずから漏洩されない。気を煉るものは元気を煉り、離（☲）中の元陰を補う。元気が留まれば、呼吸の気はおのずから出入りしない。神を煉るものは元神を煉る。そうすれば、坎・離が合体し、乾元に復帰する。元神が凝れば、思慮の神も自然に泰然とする。ここに内外が兼修されて、成仙は必定となる。

ここでは、外薬が最終的に「実無」に落着するとされているが、これは煉丹過程が通過儀礼であることの証であり、丹薬の重要性が内在化された証で

ある。そして、ここで「坎・離が合体し、乾元に復帰する」という内煉の構造とその目指すところは、実際には宇宙から〈道〉を凝集させるものとしての外丹の燃焼過程と完全に一致する。すべて薬物の「返還」結合過程であり、外丹はそれを外に現し、内丹は内に秘めるだけにすぎない。

　道教の自然法則に対する認識の深化は、道教科学哲学の内在化という変化をもたらした。このような内在化は、丹薬の性質に対する認識の深まりとして現れただけでなく、人体自身に対する認識が長足の発展を遂げたことにも表現されており、人間自身の存在とその内部法則に向けられた探究能力と情熱は過去に比して遙かに増強された。たとえば解剖図の大きな成果はその一つの重要な例証である。前述したように、医学史における最初の解剖図は、五代の道士・煙蘿子の「煙蘿子体殻図」（既出）のなかに残されている。道士たちによる人体内部の景観の把握は、すでに未曾有のレベルに達しており、たとえ今日の医学から見ても、なお一定の科学的価値を具えている。このような歴史条件のもとで、人間自身の生命の究極的自由を理想とする道教科学の発展は、おのずとこの一方向へ奥深く発展していった。これもまた、張伯端等を代表とする宋代以後の内丹学説が凄まじい勢いで発展していった哲学的根源である。

　内丹学説の礎石は、道教がその宇宙と人間自身に対する系統だった観察と把握に基づいて樹立した、独特の科学精神に富む認識論の体系であった。この体系の支えがなければ、道教内丹学はその存在と発展、そして解釈の根拠を失ったはずである。

　その上、常になおざりにされてきた論理的な問題がある。もしも外丹の衰落が単に薬物の毒性にのみ起因して、丹薬に対する人々の恐怖と排斥を招いたとするのであれば、これは当然道教の神仙理想の破綻を意味し、その後、人々の信頼を失っていったはずである。しかし、実際にはそうならず、周知のように外丹の理想と理論は破棄されなかった。その主要な内容は次第に変換されて内丹学説に取り込まれ、引き続いて道教の神仙理想の系統的な支柱となっていった。道教の信徒は徐々に外丹を放棄すると同時に、外丹学説の

体系中の、外物を借りて人間を変化させようとする観念を継承し揚棄し、人間自身の内部に回帰して生命の持続と不死を探究してゆき、外丹時代に具備されていた思想との連続性と、新しい創造性とを具えた解釈システムを樹立した。そこでは、科学思想はさらに精緻の度を増して内在化された転変へと向かい、主体（我が命は我に在りの我）は、修道証真の過程におけるはたらきにおいてさらに一歩進んで強調された。これが（外丹から内丹への転変）の極めて重要な理由である。この点を無視すると、外丹から内丹へという、道教史上第二次の重大な変革の転変過程を正しく理解し解釈するのが困難になる。

　歴史発展の論理から分析すると、隋唐時代は道教の丹道理論が危機に陥り、新しい理論が胎動する時期であった。危機という刺激と道教内部の神仙理論上の再建を経て、この危機はよき解決を得ただけでなく、このあとの道教神仙思想の成熟と大発展のための堅固な基盤となった。総括して云えば、唐末五代以後、道教外丹学の主導的な地位は次第に内丹に取って代わられ、非常に強い心理的制御を具えた内丹理論がこのあと、歴史の進行のなかで急速に発展してゆく。

　ある研究者はこのように指摘している。「古代インドに由来する自然観は、最後には頓悟成仏を声高く叫ぶ宗教教義のなかに埋没してしまった。歴史という角度から見れば、インドの自然観は決して中国科学の発展過程において多大の作用を果たしたわけではない。したがって、仏教文化の中国に対する影響は、科学上より文学芸術上での現れの方が著しい」（祝亜平『道教文化と科学』、427～428頁）。この見解は得失相半ばしている。仏教との論争過程で形成された道教の科学的思考法の内在化は、儒・道の伝統を継承したことを除けば、とりわけ仏教の心性論の影響を深く受けている。それゆえ、こう云うべきであろう。「仏教文化の中国に対する影響は、文学芸術上より科学上での現れの方が著しい」と。というのも、中国に伝来された仏教は中国の伝統的認識論の方向を改造し、中国人を最後には内部世界に向かわせ、そこに耽溺させたからである。この過程の最も明確な起点は唐代にある。この時代

に道教は崇高な社会的、政治的地位を獲得したのである。唐代において道教は王朝の強力な承認と支援を得、教団の規模であれ思想理論であれ、急速な発展を遂げた。そしてこの時代には相当高い水準の道士が出現し、道教の思想理論の発展過程において、明らかに仏教思想から智慧を拝借している。唐代以前の仏・道論争において、すでに仏教側から充分、分析と思考法の提供を受け、唐代での吸収の基礎が築かれていた。この時期の道教の思想家たちが行なった〈道性〉や〈重玄〉などに関する哲学的論述は、外丹が衰退して内丹が興隆し、道教の証仙方法が外から内に転換される理論的な基礎となった。

第二節　「重玄学」と「道性論」

　隋唐以降、「重玄学」と「道性論」などの学説が現れて発展してゆくに伴い、道教の神仙丹道は理論化、さらには心性化の角度からふたたび拡大し、道教の神仙学説は重大な発展の局面を迎えた。「重玄学」は、道教内丹学が隠から顕へと発展する上で強力な形而上的認識哲学のバックアップをした。「道性論」は、万物に〈道性〉が賦与されているとするその理論によって、〈道〉の認識に対して新しい展開をもたらす可能性を孕んでいた。煉丹の過程とは、宇宙に発散している〈道〉を凝聚させる過程であるが、今やこの過程が人間の内部世界において実現することが可能になってきたので、人間の内部に成仙の丹薬を探すことができ、仙薬の性質と形態に変化が生じる可能性が生じてきた。これは、大きくなってゆく危機に直面していた丹道理論が新たに強力な回生のチャンスを得たことを意味している。神仙理論を先導していたのは、以前は外丹学でありそれ以後は内丹学であるが、時間的に両者の間に挟まる「重玄学」は、前を承け後ろへ繋ぐ橋梁の役割を果たした。ただ、その価値観の志向が内なる世界を目指していたことに留意が必要である。

　つとに六朝時代、茅山派の領袖・陶弘景は、「世のなかに白昼、天に昇る

人がいるのだろうか」と疑念を抱き、それゆえ「（外丹を）やらなかった」という（『華陽陶隠居内伝』巻中、『道蔵』5-508）。隋唐時代には、外丹に対する懐疑と否定は大きく膨らみ、『太玄真一本際妙経』には、「導引と丹薬」は「小乗」であり（巻3、大淵忍爾『敦煌遺経』309-1頁下段）、「兼忘重玄の道」こそ道の「大乗」を得ていると述べられている（巻2、同301-1頁下段）。唐代の道教思想家は、伝統的な「滋味によって生を益し、薬石によって生を補う」法は「流俗有為の徒」のやり方であるとし、「事が積もれば心を乱し、味が多ければ口を誤らせ、慎重に生きて長生を保つことはできない。……生を有と見なし、厚く養って度が過ぎると生を損なう結果を招く」と主張している（李栄の語。盧国龍『中国重玄学』、269頁）。また、「炉火（煉丹）に汲々とし、草木（薬）に孜々として励む」のは「仙道から遠い」ことだとも述べられている（『宗玄先生文集』神仙可学論、『道蔵』23-660）。さらに唐末五代になると、「金石を食べてその毒に中(あ)る。……本来は生を願っているのに逆に死ぬ」という結論が下される（『道徳真経広聖義』巻48、『道蔵』14-555）。

　その結合部分では、内・外丹は併存して対立していない。呉筠(ごいん)は云う、「炁(き)（気）を服する者（内丹）は、陰陽が分かれる前の状態と、綿々として存するがごとき胎息の妙を知っている。かくして三尸は除かれ、修養の日が満ちると、玄中の至高に上昇する。丹薬を合成する者（外丹）は、鉛を煉って金を取り出し、石を変化させて水とし、黄芽と河車（いずれも鉛のこと）を神室（上下合わさった釜）に封じ込め、水銀を制御して金丹を造り、スプーンで口に入れると、天地と寿を同じくするのは、分かっている者には明らかなことである」（『宗玄先生文集』形神可固論、『道蔵』23-663）。また、譚峭(たんしょう)は云う、「太虚は茫々として涯があり、太上には広々として家がある。天地の綱を手に入れ、陰陽の房を知り、精神の蔵を見れば、数も奪うことができ、命も活かすことができ、天地もひっくり返すことができる。……人がよく有無、死生、情性、内外を一つにすることができれば、五行を脱ぎ捨て、日月星の三光から脱出できる」（『化書』転丹、『道蔵』23-594）。のちの「内丹いまだ成らず、もし外丹を供給できなければ、外丹を服用している者は多く死ぬ」とい

う言説は、外丹から内丹へ転変する際に両者の思想が連続していたことを表明している（兪琰『炉火鑑戒録』、3頁、『道蔵精華録』上所収）。

　つとに呉筠は、たとえば「陽が勝てば仙となる」のような内煉を支持する内容の理論を主張していた。彼は云う、「陰と陽が一体になって人は生まれる。魂は陽の神、魄は陰の霊だ。胎を結び気を運らせ、体を育て形を造る。しかし陰と陽とは、勢いとして双方ともに万全ということはあり得ない。万全であろうとすれば、それが顕現する以前に戻るしかない。ゆえに陰が勝てば陽は尽きて死に、陽が勝てば陰は消えて仙となる。柔和、慈善、貞節、清廉は陽である。剛狠(ごうこん)、嫉悪、淫濁は陰である。心が淡泊で虚であれば、陽の和がやって来る。意が躁で欲があれば、陰の気が侵入してくる。この両者を制するのは自分自身であり、陽が勝って陰が伏すのは長生の始まりだ。ここから道に昇り、不死の階段を上がってゆく」（『宗玄先生玄綱論』陽勝則仙章第12、『道蔵』23-677）。彼はさらに一歩進めて、「陽によって陰を煉る」「形は動いて心は静か」「神(しん)は清く意は平らか」「形は清く心は貞(ただ)しい」、そして「有を以て無に契(ちぎ)る」といった方法論を提起してこう述べる。「陽は火、陰は水。氷炭は相容れず、勝敗には帰着するところがある。道と俗とはその情が逆さまであり、それぞれ煉るものが異なっている。俗人は陰によって陽を煉るが、道人は陽をもって陰を煉る。陰で陽を煉る者は、壮年から老化が始まり、老年になると衰弱し、衰弱から耄碌(もうろく)に至り、耄碌から病気を得て、病気から死に至る。一方、陽で陰を煉る者は、老人から嬰児に返り、濁から清に返り、衰から盛に返り、粗から精に返り、病から和に返り、夭折から長寿に返り、かくして次第に真道に合致してついに仙となる。それ故に、ごくわずかの陽でも残存している者は死に至ることはなく、逆に、ごくわずかな陰でも滅尽していない者は仙にはなれない。仙者は至陽を超えて真と契合し、死者は太陰に沈んで鬼(き)となる。これを、それぞれその類に従うというのである」（同上）。

　呉筠はさらに、伝統的な「仙貴有形」信仰が「有をもって無に契る」という内在化へ転変する趨勢に対する疑念に答えてこう述べている。「ある人が

質問してきた。『道は本来、象がないが、仙貴には形がある。有をもって無に契ったなら、道理として長久は得がたい。それより、性を得て形を忘れる妙には及ばないのでは』と。私はそれに答えてこう云った、『いったい道は虚の極致で、神を含んで気を運らせ、無から有を生じる。故に、はるかで冥い空洞は大道の無形の形であり、天地日月は大道の有形の形なのだ。無をもって有を繋ぎ、有をもって無に合す。故に、乾坤（天地）は永久に存在し、仙聖は滅びない。故に生は天地の大徳であり、宇宙六合の広大さと三光（日月星）の明るさを見うるのは、我々に形があるからである。その形がもしひとたび消滅してしまえば、天地万物はすべてわが有ではなくなる。死とは人倫の毒である。そういうわけで凡を煉って仙に至り、仙を煉って真に至り、真を煉って妙に合し、妙に合して神に同化し、神が道と合したなら、道は我が身となる。かくして玉京（天上の仙界）に昇り、金闕（天上の黄金の宮殿）に遊び、有であって無であることができ、終わらず没しない。どうして道理として長久は得がたいことなどあろうか。性を得ることを妙となし、形を煉ることが要諦であることを知らない者は、清霊善爽の鬼にすぎず、高仙とは比較にもならない』と」（『宗玄先生玄綱論』、『道蔵』23-681、682）。この見解は、内丹へと転変する上で重要な認識論的基礎を賦与した。

　外丹理論の揚棄に関しては、最終的に有形の肉体的価値に対する否定に落ち着いた。唐代の道士・成玄英は仏教の因縁仮合説（形あるものは縁による仮りの結合）を借用し、車を身に喩えて、一切の有形のものは虚幻だとしてこう述べた。「車は仮の名、所縁が和合してこの車ができた。細かく分析してゆくと、車のすべてが虚幻である。まして一切の諸法もまたかくの如くである」（蒙文通輯本『道徳経義疏』巻1）。五代の道士・杜光庭も「志を安定させて身を観じるべきだ。そうすれば身はすべて虚仮だとわかる」と主張している（『道徳真経広聖義』巻13、『道蔵』14-376）。それと同時に、隋唐五代の道教の思想家たちは、人間に内在する〈道性〉や〈心神〉などを極力尊崇し、新しい成仙理論を樹立して新しい成仙の道を拓こうと試み、それによって〈心性論〉哲学の構築が促された。このことは、生命の価値観念に内在的な変化

が生じ、かつての鉛を焼き汞(水銀)を煉ることがすでに「明心見性」の内修法に取って代わられたこと意味している。

〈道〉は万物に内在する属性ということに関して、すでに『荘子』には、〈道〉は至るところに存在し、螻蟻(小さな虫けら)にも稊稗(まずい穀物)にも瓦壁にも、さらには屎溺(糞尿)中にもある、と述べられている(知北遊篇)。また、唐代の孟安排『道教義枢』には、「道性は清虚自然を体としていて、一切の意識あるものや畜生・植物・石に至るまでみな道性を持っている」とあり(『道蔵』24-831、832)、この〈性〉を了悟すれば直ちに解脱できるとする。さらに、潘師正が唐の高宗に答えたことばのなかにも、「一切の形あるものはみな道性を内蔵している」とある(『道門経法相承次序』、『道蔵』24-785、786)。このような思想は、道教が広範な局面でその神仙学説を実践し、推し広げてゆくうえで理論的な基礎を提供し、以前の高価格で方術家が秘蔵していた外丹の丹薬はその神秘的な魅力を失っていった。

万物がみな〈道性〉を内蔵するのであれば、人間自身ももちろん〈道性〉を保有している。そうであれば、人間はもはや外界に対して、自分に〈道性〉をもたらすような物質的条件を求める必要はなくなり、自分自身の内部条件を整理して自己を強化する修行に集中し、自己の内部に〈道〉が凝縮して形になった大丹を造り出せばいいことになってくる。かくして、道教の生命価値に対する関心は伝統的な肉体重視から脱離し、精神世界を志向するようになった。そして、外から内に転じて内証を求める修行方法のためにその理論的基礎を提供し、その結果、道教の生命倫理における人間の行為規範は世俗生活の軌道を遙かに超越するものとなり、道教に禁欲主義倫理と遁世思想の発展をもたらすことになった。

道性論は外丹信仰に対して強大な衝撃を与え、外丹術の発展は危機的な道を歩むことになった。しかしながら、事物が発展中に遭遇する危機は同時に新生への胎動でもある。丹道理論の危機がもたらしたものは道教の丹学の失敗ではなく、主体化、内在化に向けての大いなる邁進であった。そこでは、外丹薬物の毒性に対する認識はただ人々を内丹術に向かわせる外的な推進力

になったにすぎず、その内部では一貫して得道成仙が追求されていた。それこそが道教煉丹術——外丹か内丹かを問わず——発展の真正の原動力であり、外丹から内丹に転換する最も重要な決定要因であり推進力であった。

科学思想の変化は科学の発展の基盤であるが、唐末五代以後の道教の認識論の発展は人間自身に対する認識の深化と心性論の高揚を意味した。「重玄学」「道体論」、そして「心性」思想の形成は、内在化の道を進む道教の発展にとって最も重要な思想的基盤を提供したのである。

いわゆる「重玄学」は、〈重玄〉を宗旨として道教教義を解釈する学説であるが、それは一種の思想ないし思考方法である。『老子道徳経』の「玄のまた玄」という語に基づいてはいるが、「重玄学」でいう〈玄〉は『道徳経』の「幽深」の意味ではなく、「滞らない」または「滞り」を除去する意であり、〈重玄〉は重(ふた)つながら「遣(わす)れる」(遣のまた遣)ことを意味している。たとえば重玄派の成玄英は、『道徳経』の「同、これを玄という」を解釈してこう述べる。「玄は深遠の意、また滞らないの義である。……深遠の玄は、理として滞らないことに帰着し、有に滞らず、また無にも滞らず、二者に滞らないので玄と云うのだ」。さらに「玄のまた玄」を解釈してこう云う、「有欲の人はただ有に滞り、無欲の人は無に滞る。故に云う、一玄によって二つの執着を遣(わす)れると。また、行なう者がこの玄に滞ることを恐れて、いま〈また玄〉といってその病を除去するのである。〈滞る〉ことに滞らないだけでなく、〈滞らない〉ことにも滞らないのだ。かくして、〈遣のまた遣〉となるから、〈玄のまた玄〉と云うのである」(『道徳真経注疏』巻1、『道蔵』13-276)。このような思考方法は、有と無の「妄執」を破る仏教の思考法と軌を一にするものであり、天台宗の「中道正観」とすこぶる類似している(『修習止観坐禅法要』証果第10、『仏教経籍選編』、183頁)。

このような思想は、隋唐の道教思想界では普遍的に尊崇されており、〈重玄〉を宗旨とする道教学者や著作は非常に多かった。著名な道士としては、成玄英、李栄、王玄覧、司馬承禎、呉筠などがおり、著作としては『道教義枢』『道体論』『三論元旨』をはじめ、老荘の注釈書はみなこの流れに属して

いたので、学界ではこれを「重玄学」または「重玄学派」と呼んでいる。この思想はまさしく、外丹から内丹に至る過渡期における認識論上の橋梁の役割を果たした。

　重玄学の着地点は、すべて「道を得」て仙となるの一事にあり、その「道を得」て仙となるための理論と方法において伝統的な道教と相違があるだけであった。〈重玄〉を宗旨とする『太玄真一本際妙経』は衆生の本性を三種類に区別し、修仙の法門を三乗に分けて以下のように云う。伝統的な道教の「導引と丹薬は、延年して地仙となる道を見出す」ものであり、低級の本性を持つ人が修める「小乗」法門であって、おのれを忘れわが身を度外視し、どちらにも滞らない「重玄にして兼忘、平等なる正法」であってこそ、「清道に登上す」る「大乗」法門なのである——。このような見解は実質的に、丹薬を服食してこの肉体の成仙を求めても「ついに効験の無」い道教にとっては都合の悪い情況に焦点を合わせて生み出されたものであり、伝統道教の丹薬の服食が「ついに効験の無」き否定しがたい事実を認めた上での立論であった。そして同時に、巧妙に人々の道教の成仙信仰に対する難詰を避け、人々の求仙が歴代「ついに効験の無」かったのは「大乗」法門を把握していなかったからにすぎない、としたのである。

　では、どのようにして「大乗」の法に参与するのか。『太玄真一本際妙経』によれば、その要点は「兼忘重玄の道」にあるとする。いわゆる「兼忘」とは、「先に諸有を空として有に執着せず、次に空を遣れたなら、空心もまた清浄となる」。いわゆる「重玄」とは、「空にも有無にも滞って執着しないことを玄と名付けるが、さらにこの玄を遣れ、得ることがまったくないことを云う」（盧国龍『中国重玄学』、231頁参照）。このようであれば、「道の根源を洞徹するから〈得道〉と名付け、身が道と一つになるから〈道身〉と名付ける」と云うところの、「得道」と「道身」を実現しうる。ここから分かることは、『本際妙経』は伝統的道教の「導引丹薬」などの「小乗」道術を退けて、「得道」や「身が道と一つになる」ことを追求したとはいえ、実際には別途成仙の道を開拓したにすぎない。そこで云う「兼忘重玄の道」を明らか

にすることの核心は、「空心もまた清浄」と「得ることがまったくない」ところにある。この説はのちに唐初の道士・成玄英によって大いに発展させられ、甚大な影響力を発揮した。

　成玄英は「重玄の道」を深化させた、唐初道教の重玄学を代表する人物である。先学が成氏の「重玄の道」を研究する際、多くの場合、その思弁性に注目するものの、彼の「修道」して長生を追究する企図は論じない。実際には、成玄英は「重玄の道」をもって「修道」して長生を求める方法としたのである。彼は『道徳真経注疏』冒頭において、〈道〉と〈衆生〉とを緊密に結合させて議論を展開し、「いわゆる無極大道は衆生の正性である」と述べている（『道蔵』13-274）。また巻4では、〈道〉を人間の生死存亡と関連させて、「一切万物は一を得て生きる。もし道を失い真に背けば、ただちに死滅する」と云い（同・314）、巻6ではさらにこう述べる。「一切衆生はみな自然の正性を稟受しているのに、妄疾に迷って道を失い真に背いている。いま聖人は学ばざるを学ぶ方法を保持し、彼らを導いて根源に復帰させる」（同・341）。

　では、どのようにして「修道」するのか。成玄英は、その要点は「重玄の心」（すなわち主体的意識）を確立するところにあり、この〈心〉によって一切の事柄に対応し処置するとしてこう云う、「この非有で非無なる行ないと、不常不断の心とを修道の肝要な方法とすれば、それほど辛苦せずとも真なるものに契合する」（『道徳経義疏』巻1、蒙文通輯本）。具体的に云えば、「修道」は「重玄の心」によって「二辺をともに遣れ、一道に妙合すれば、物と我との差別は消え、境と智はともに忘却される」（『道徳真経注疏』、『道蔵』13-279）。心のレベルで一切の対立や矛盾は消え、一切の執着は放棄されるというのである。

　成玄英はそれをまた「中を守る」と呼び、『道徳経』の「これを損してまた損し、以て無為に至る」の句を解釈して、「学をなす人は有欲に執着し、道をなす人は無為に滞る。……いまこの二つの執着を除去するから、『損してまた損す』という。はじめの損は有を損し、あとの損は無を損する。二つ

ともに損して、一中の無為に至るのである」(同・13-322)。さらにこう云う、「善・悪をともに忘れ、形・名（実態と名目）を二つながら遺(わす)れるから、一中の無為に従い、真常の徳に居り、虚心となって物と逆らわず、世間と歩調を合わせて推移してゆく。養生の妙はここにある」(成玄英『南華真経注疏』養生主篇、郭慶藩『荘子集釈』117頁所引)。

この「中を守る」を「修道」の要点とする認識方法論の着地点は、明らかに依然として長生成仙の追求にある。ただ、濃密な「重玄学」の哲理性と思弁性によって成仙の過程に対する新たな成果を提起し、葛洪の云う「九丹」による成仙の証明に取って代わったのである。そういうわけで、これは成玄英による伝統的道教の服薬求仙説に対する革新の結果であり、道教の成仙証真学説変容の一形態であったが、伝統的道教の金丹焼煉による成仙術や即身成仙説にとっては大いなる衝撃であった。それ故、孟安排は総括的に、「重玄の心すでに明らかになり、万変の道がここに完成された」と述べたのである（『道教義枢』七部義、『道蔵』24-815）。任継愈編『中国道教史』に以下のように述べるのは、はなはだ妥当である。「いわゆる重玄は、宗教神秘主義の域内に進入しているが、その実質は、宗教的な心のコントロールを通して、主体が〈妙本〉を体認し、〈重玄に契入〉することで〈道との一体化〉という信仰の目標に到達する、とするところにある」(256頁)。

〈道性〉説の目的は、修道求仙における主客対立の矛盾を解除するところにあるが、この説は隋唐の重玄派が『荘子』と六朝道教の〈道〉は一切のものに遍在するとする思想、それに、仏教の天台宗、三論宗などの仏性論を摂取して提起したもので、衆生は〈道〉あるいは〈道〉と同一の不変の性を賦与されているとし、その〈道性〉を人間が修行して〈道〉を得ることができる根本的な拠り所とするものである。道性論は、〈道〉を外在するものから人間に内在するものへと転換させることで、修道求仙の過程における主客対立の矛盾を解決した。

このことは、内在化された修道法が主体と目的との間の張力を除去することを意味しており、これこそ道教が実現しようとした目標であった。このよ

うな思想は、外丹信仰の段階に比べて大いに異なっている。かつては人々は外在する丹薬を手に入れ、何回も試みたけれども、それ自身の論理に合致する結果は得られなかった。というのも、人々が服薬後に見た現象（中毒死であれ自然死であれ、要するに肉体が死亡するという現象）は、予測した即身成仙という目標とは符合しなかったからである。葛洪のような昔の道教思想家が何はばかることなく論証した、服薬後の結果（成仙）と現象（死亡）とは異なるという説き方は懐疑をもって迎えられた。そして内在化による証道法は、まさしく人々の疑問に答えるものであり、方法から現象と結果に至る系統的な解答を提供したのである。そのなかのキーポイントの一つは、すでに言及した日増しに明確になってゆく肉身に対する否定的な潮流であった。これは、物質的な肉体現象に対する執着の放棄を求められることを前提にした上で、人々にその結果を検討し認容させることになった。このことは、肉体の内部には、物質的な存在よりもいっそう本質的なある存在が含まれていることを人々が信じていたことを意味している。そのものは自我を最終的に規定するものであり、すべての〈究極の関心〉(ultimate concern) の引受人と見なし得るものである。これは精神の絶対的〈我〉を物性の相対的な〈我〉のなかから解放し、〈仙〉の主体にして引受人とならせた。このような内在化された神仙信仰は外丹の薬物の必要性を消去したけれども、しかしかえって人体そのものと心の世界に対する情熱を掻き立てることになった。唐・五代以後の道典には、解剖行為に基づいて獲得された人体の構造に対する理解と研究が明確に示されるようになり、ますます合理的で科学的価値を具えたものに向かい、心─身関係に対する探究もまた豊富な成果を挙げるようになった。

　重玄学と道性論は、道教的な心性論哲学の勃興を促し、内丹修錬の興起と霊魂成仙説確立のための理論的基礎を築いた。〈心〉〈性〉〈神〉は人体に内在するものであり、かつまた〈道〉と一体のものなので、心性論哲学の指揮下に進められる修錬の功夫(トレーニング)は必然的に外から内へ証徴を求めることになる。このような内向的修錬法の興起は、宋・金以降一世を風靡した内丹方術の発

展を大いに推進した。もしも隋・唐・五代において道教思想家たちの上述した営々たる試みがなければ、そして、もしも心性論哲学が基礎理論を提供しなかったなら、道教の内丹修錬学説は宋・金以降、あのように迅速に発展せず、また、あのように迅速に道教発展の方向を主導するのは困難であっただろう。この点に関して、任継愈はつとに以下のような透徹した見解を披瀝している。

　　内丹説は、実際には心性の学が道教理論上に発現し、時代思潮に適合して生まれたものであって、内丹説の勃興は、外丹の強烈な毒性によって服用者の多くが突然死に見舞われたので内丹に転向したことによる、などと単純に決めつけることはできない。　　　　（『中国道教史』序、5頁）

　外丹の内丹への転変は、自然という「大宇宙」から人体という「小宇宙」への系統だった研究と認識の転変であり、かつまた、外丹学の思考方法、概念、思想構造などを内丹学へ転用したものであるが、いずれも外部世界に対する道教の探求の情熱が衰微したことを表している。人間自身の内部構造と法則に対する内丹学の認識は、一種独特の認識方法論に基づいている。道教は人体という「小宇宙」と外部世界という「大宇宙」とを互いに対応させ、しばしば人体に対する認識の成果に基づいて外部世界を取り扱おうとする。道教からすれば、自分自身に内在する法則に対する認識から得られる成果は、それを外部世界に対する認識から得られるものと比べたらいっそう信頼でき、いっそう実質性を具えているからである。それ故、『天隠子』存想論にこうある。「存とはわが神(しん)を存すること、想とはわが身を想すること。目を閉じると自分の目が見える。心をわが内に収めると自分の心が見える。心と目とわが身から離さず、わが神(しん)を傷なわないと、存想が進行してゆく。人は終日他人を見ているから心も外を追いかける。終日ほかの用事に関わっているから目も外ばかり見ている。あたふたと視線を泳がせて自分の内部を見ることがない。そんなことでは、病気になって若死にしないですむだろう

か。だから『道徳経』に『根に帰るを静と云い、静を復命と云う』とある。誠性存存こそ衆妙の門なのだ」(『道蔵』21-700)。

　道教からすれば、もし外部と内部をランクづけるとすれば、人間自身に対する認識は外部世界の認識よりいっそう重要な目標ということになる。つとに荘子はこう述べている。「道の真で身を治め、その余りで国を治め、さらにそのカスで天下を治める。そういうわけで、帝王の功績は聖人の余事にすぎず、身を全うして生を養うこととは関係がない」(譲王篇)。もし人間が最終的に自分自身に関する種々の現象や法則を把握できたなら、外部世界の把握も難事ではなくなってくる。これこそ道教が怠ることなく長生不死を追求してきた根本的な要因なのである。道教の科学技術の発展法則とその成果を決定づけたのも、この「内より外へ」という認識の道であった。

　しかしながら、旧時代の科学が〈分析〉という現代科学の核心的形態へと発展するためには不利な要素も、一貫してそのなかに存在していた。それはこの内部に収斂するタイプの修道方法によって決定されたものである。たとえば、唐代の道教思想家・張果は『陰符経』の「天の道を観る」という一句に対して、「これを観るに目を用いず、心で観る」と注している (『道蔵』2-755)。客観的に現象を観察して事物に接し、自然から学んできた宗教にとって、このように外部を観察する双眼が眩(くら)まされるということは何を意味するのか。

　すでに言及したように、このような内面化された認識論の主張は、自然を探究するという道教の主張とこれまでずっと併存して背反することはなかった。しかし宋代以降、次第に優勢になり、内丹学説の認識論の基礎となっていった。しかし、〈心〉はどうすれば頼りにすることができるのか。そのためには〈心〉に修錬を加える必要がある。そこで重玄学説は、方法論のレベルでこの問題を解決し、哲学上の成果を挙げようとした。しかしのちには結局、道教の神仙学説の理論的支柱となり、「外から内へ」転じて心性論に向かい、さらに道徳決定論の軌道を歩んで神仙の精神的特徴が日増しに目立つようになって、客観世界に対する探究の情熱は弱体化していった。

かつてはあれほど躍動的で、外丹の還丹とつながっていた思考と探究活動は次第に停滞し、丹を煉るカマドの火は消えて、体内の精神世界に引き込まれていった。かくして成仙への筋道を追求する際、まずすべきことは自己心中の意馬心猿（暴れる馬や猿のように制御しがたい心）のコントロールであり、過去のような薬物の制御ではなくなったのである。

　こうした道教における外から内への転換は、西欧の宗教と科学の歴史的展開過程と正反対になっている。ヨーロッパ中世においては、宗教は文化の主導的地位を占めており、彼らが熱心に探究したのは霊魂の問題であり、科学の発展は掣肘を受けていた。しかし、中世後期には懐疑論的な外向きの道を歩み始め、宗教的認識論はこのような発展の要求を満足させることができず、近代の機械論的な科学思想体系に取って代わられたのである。(A.C.Crombie, *Medieval and Early Modern Science,* pp.60～61 参照)。

第五章　内在化の進展：全真教から宋明理学へ

第一節　全真教の勃興

　道教の認識論は、道性論や重玄学などの洗練を受け、急速に内在化の道へと進展していって内丹学と心性論の修錬法のための哲学的基盤が築かれ、さらに歴史的には道教内部から全真教が勃興してくる論理的前提となった。全真教は伝統的な儒教と仏教と同様、やがて宋明理学の思想体系によって批判的に摂取され、その心性論哲学は陽明心学の構造と内容に対して深い影響を与えた。このようなある種開放的な理学（朱子学）の発展過程のなかで、理学の隆盛と仏・道衰退の趨勢が形成されていった。宋明の理学者には道教経典を学ぶ風潮があり、さらに進んで思想上、それを吸収し借用した。理学は道教に対して、ひとまずバラしてこれを使い、やがてそれを自己薬籠中のものにするという展開の筋道がみられる。かくして道教の内在化の過程は、全真教によるさらなる心性化を経て、さらに理学に継承され発展していった。

　道教と理学の認識論における、このような極めて深い内在化の思潮は、中国科学思想史上、最も重要な転変の一つと見なすことができる。理学が及ぼした、道教科学と中国の伝統科学全体の発展に対する重大な影響は、研究の深化と再認識に値するテーマである。

　歴史の展開過程において、とりわけ仏教倫理の衝撃には強烈なものがあった。伝統的な人生観の社会的基盤と文化的基盤はその衝撃によって次第に崩壊に向かっていった。しかし同時に仏教もまた、中国の伝統思想の包囲と影響を受け、長い中国化の過程を辿っていったのであるが。中国の文化と倫理はすでに自己の伝統的な思想陣営を固く守る力がなく、さらに新文化の哲学と倫理観念の衝撃から逃れることができず、第三の道を探るしか手がなかった。あるいは、道教徒が人道と仙道とを調和させ、聖と俗とを融合させることから始めて、仏教に倣って世を捨てて出家し、じかに仙道を求めるに至っ

第Ⅰ部　序説　第五章　内在化の進展：全真教から宋明理学へ

たという、この重大な歴史の展開過程の根本的理由はそこにあったのかもしれない。歴史の展開過程の結果として、一つは道教の心性化という変化が発生し、いま一つは、儒・仏・道が互いに影響を与え合うことと内面化への道とによって「三教合一」の局面が形成された。

　全真教は金・元時代に形成されたが、これは伝統的な道教思想と修行モデル、それに生活方式を突き破る重大な変革をもたらし、道教の認識論の内在化過程をさらに進展させた。全真教は思想的には仏教の思考方法を借用しただけでなく、生活方式と叢林制度（寺院の運営と組織）においても仏教に範を仰いでいる。全真教は信者に出家することを要求し、俗念を放棄して禁欲主義的な宗教生活方式を保持し、物質的満足は最低限度に抑制するように求め、これらを修仙のための必要な過程とした。睡眠という人間の基本的需要を魔物による悪さとして貶めさえしている。『丹陽真人語録』にはこのように述べられている。「よき衣服を着るな。おいしいご飯を食べるな。歌をうたったりして娯楽に興じるな。……飢えたら一鉢のおかゆを食べ、眠くなればひとつかみの草を敷き、ボロを身にまとって朝夕暮らす。これが道人たるものの活計だ」（『道蔵』23-704 〜 705）。

　全真教の著名な七人の宗教者（七真）とその弟子たちはみな、苦行と禁欲を固く守ったことで賞讃されている。全真教では物欲は修道生活の妨げでしかなかった。そこでは「陰魔を煉る」として睡眠も禁止された。これについては元好問の「紫虚大師于公墓碑」（『遺山集』巻31）を参照されたい。馬鈺は禁欲生活を励行し、破れ屋に住んで朝はおかゆ一椀、昼は麺一杯を食べ、それ以降は何も口にしなかった。また終生、裸足で暮らし、冬は火を遠ざけ、夏は飲み物を飲まず、教徒にも質朴な生活と苦行を要求した（『丹陽真人語録』、『道蔵』23-702）。全真教では、禁欲を修心と内煉の第一段階と制定していた。王重陽は馬鈺にこう云った、「人が道を行なう場合、まず『断酒色財気、攀縁愛念、憂愁思慮』（酒色財気、攀縁愛念、憂愁思慮を断つ）の十二文字に依拠すべきだ」（『重陽教化集』巻2、「化丹陽」）。邱処機は隠棲して修行すること13年に及び、その間、苦行を怠らず、最低の食餌で飢えをしのぎ、

夜は常に眠らなかった。王処一は鉄査山で辛苦の修行をしただけでなく、「かつて沙石上に跪坐して起きず、その膝は擦り剥けて骨が露出していた。山にはとがった石やトゲのある木が多かったが、彼はそこを裸足で往来したので、『鉄脚』と呼ばれつつ、そのような暮らしを３年続けた」（『北遊語録』巻3、『道蔵』33-172)。彼らの価値観は明らかに遁世を志向しており、この世の生活の否定が基盤にあり、肉体と物質世界に対する否定を通して、内在する心性の価値を高めそれに明確な形を与えようとするものであった。

　全真教のいう〈仙〉は、もはや伝統的な道教の肉体の昇天ではなく、「真身」（霊魂）を肉体から脱離させて天界に飛昇させようとするものであった。その修錬法は「仮（身）を借りて真（性）を修める」ものであり、内丹の修錬によって「三丹して結ばれ、天地の殻を出、肉体を脱ぎ捨て、身外の真身を顕現させる」（劉処玄『黄帝陰符経註』神仙抱一演道章、『道蔵』2-819)。王重陽は開宗の当初、「性は真、身は仮」（『重陽全真集』、『道蔵』25-762）とか、「人々はみな生を求める。死を求めるのは気狂いだけだ。生は捕らえどころがないが、死にははっきりした場所がある。皮や肉や脂、骨や筋や髄を恋しがらない。髪や眉、舌や歯が何だというのか」（『道蔵』25-763）などと述べた。長生不死というのは肉体の長存を指すのではなく、「この真性が乱されず、万縁に束縛されず、去ることもなく来ることもない」（『重陽授丹陽二十四訣』、『道蔵』25-807）ことを意味するというのである。そして得道成仙とは、「神（精神）は仙聖の郷、性は玉清の境に居る」（『重陽立教十五論』、『道蔵』32-154）ことであった。邱処機は一層明確に、「神こそ真の自己、肉体は幻のもの」、「幻身は偽物、旅籠(はたご)としての幻身に恋々としないで抜け出ることだ。真身が飛昇すれば、自由に変化して何だってできる」（『玄風慶会録』、『道蔵』3-390）と云った。これは、「自分から願った、ずっと不変の、少なくとも部分的に系統立った自律的な、自己否定の生活プログラムである。このような生活方式は現実の感覚的な、あるいは冒瀆的な満足とは絶縁しており、より高い霊性状態または神聖世界に対する一層徹底した傾倒」である（W.O.Kaelber, *"Asceticism"*, in *The Encyclopedia of Religion,* editd by M.Eliade,1: 441)。彼らに対

しては"Asceticism"（宗教禁欲主義）というよりむしろ〈苦行〉と呼ぶべきであるが、それは疑いもなく、人々の肉体や物質的存在または利益に対する衝動を低下させ、人間と現実世界との間の張力を弱める一方、人間と彼岸の世界との間の張力を一層強化させる。まさしく原始キリスト教思想と同じく、その結果として必然的に自然、さらには科学的探究に対する衝動を抑制した。

いわゆる「全真」には、おおよそ二義が含まれている。一つは諸子百家の弊害を洗浄し、老子の無為学説の〈真〉を〈全〉うする意である。いま一つは、種々の幻妄を破棄し、人体の生命の〈真〉を〈全〉うするという意である（姜生、郭武『明清道教倫理及其歴史流変』、86頁）。劉孝友は『重陽教化集』の序文において、「全真」を「性命の真を全うする」と解釈してこう述べる。「生あるもののなかで最も霊なる存在は人間であり、人間の生において極めて重大なものは命である。性命の真を担えないで、人間であることがどうして保全できようか」と（『道蔵』25-770）。また、こういう語もある。「その教えを名づけて全真という。幻妄を除去してその真を全うする者が神仙である」（『甘水仙源録』巻1所収「終南山神仙重陽真人全真教祖碑」、『道蔵』19-723）。いわゆる「性命の真」とは「霊魂」にほかならず、それは人間が〈道〉から賦与された生命の根源であり、「至って純粋であり、時を超えて常に存在しているもの」である（范懌「重陽全真集序」、『道蔵』25-689）。したがって「性命の真を全うする」とは、霊魂を「保全」して仙となることを図ることにほかならない。

実践のレベルでは、その要点は内丹の修錬としての「性命双修」にある。「南宗」（張伯端を開祖とする内丹の一派）と異なり、全真教の修行法は比較的〈性〉を重視し、「根は性、命はヘタである」とか、「客は命、主人は性」とか云われ、そこから「諸君は先に心（性）を明らかにする」よう求められた（『重陽授丹陽二十四訣』、『道蔵』25-809）。とはいえ、全真教もまた〈命〉（肉体的なもの）の修行は排除せず、「性がもし命と見えれば、鳥が風を得たように軽々と上昇でき、さほど労力を費やさないで成功する」と云われており

(『重陽立教十五論』、『道蔵』32-154)、王重陽の『重陽真人金関玉鎖訣』や邱処機の『大丹直指』などは「命功」を解明した著作である。このような内丹の修錬（性命双修）を通して霊魂の成仙を求める教義は、全真教の理論的成熟と組織的発展に伴って道教における主導的な地位を獲得し、伝統的な外丹焼煉と肉体成仙説に取って代わっていった。

　全真教の信徒たちの霊魂成仙説は、肉体成仙説の排斥を基盤として打ち立てられたものであった。その主たる排斥は、肉体の生命と現世の生の価値に対する蔑視として表された。彼らの現世や肉体に対する排撃は、南宗に比べて一層激烈で徹底したものであり、王重陽は「火風地水が合わさって肉体ができるが、それだけでは愚昧な〈走骨尸〉（魂のない歩く死人）にすぎない」と云っている（『重陽教化集』巻2、『道蔵』25-782)。肉体でなく、〈性〉や〈神〉、〈真霊〉や〈真身〉、それに〈本初の真面目〉などが成仙を担う主体であり、それがまた「金丹」の異名であった。たとえば、王重陽は、「本来の真性を金丹と呼ぶ。四大（地水火風）が仮合した身体が炉となって丸い丹を煉る。そのものは染まらず思わず、妄想が除かれ、自然に勢いよく仙壇を出入りする」とか（『重陽全真集』巻2、『道蔵』25-701)、「四大の仮合は最後は土に帰るが、一個の真霊はまっすぐ天に昇る。それは不生不滅、無為無漏となり超越して大羅天に到る」などと歌っている（『重陽教化集』巻1、『道蔵』25-775)。伝統的な外丹信仰が破棄されただけでなく、人間の肉体もまたイボのような余計なものとなり、あらゆる価値がすべて精神に帰着する。このことは、内在化された道教の認識論が全真教において極限状態にまで発展したことを如実に示すものである。

第二節　道教の内在化と宋明理学

　六朝から唐代に至るまで儒教は低迷していたが、道教はその間、中国思想文化において重要な役割を演じていた。道教は一面で中国文化を代表して西来の仏教とあい拮抗し、中国の伝統倫理、価値観念を保持しようと努力し、

また一面で道士たちは、金丹による成仙信仰の追求によって自然科学と医薬養生などの多領域で重要な成果を挙げ、中国科学と人々の生活の向上に対して大きく貢献した。唐末・五代以降、道教が外丹信仰から内丹信仰に転じたのに伴い、その宗教思想の領域で多くの新しい進展を見、さらに全真教の勃興によって理論性と哲学的思弁を高めたが、これらはみな歴史的に宋代理学が興起する文化的基盤になった。理学者たちは、道教のなかから彼らにとって必要な思想的資源を発見し吸収しただけでなく、その上に立ってさらに一層の内在化を推進した。このような歴史的背景を考慮すると、多くの宋明の大儒たちが道教経典を研究したり注釈を加えたりした理由が分かりやすくなってくる。朱熹は「鄒訢(すうきん)」という名前で『周易参同契考異』を著し、この経典が「奥雅にして通じ難」きことを承知しながら研究に耽った。また、王陽明はかつて30年も道門に出入りしており、『伝習録』ではこの経歴の価値は幾度となく否定はされているものの、実際上そこから得たものは少なくなかった。『伝習録』にこういう記載がある。「蕭恵は仙道や仏教を好んだので、先生は戒めて云われた、『わしも幼少の頃から仙・仏に強く惹かれていて、ここから得られるものがあり、儒教は学ぶに足りないと思っていた。その後、夷狄の地に3年居り、聖人の学問がとても簡易にして広大なことが分かって、はじめて30年間道を間違えて気力を費やしていたことを後悔した。仙・仏の学問の妙味は聖人のそれとごくわずかな違いしかないが、君がいま学んでいるのはそのカスにすぎないのに、こんなにも信じてこんなにも好んでいるのは、フクロウが腐ったネズミを盗んでいるようなものだ』。蕭恵が仙・仏の妙味を尋ねると、先生が云われた、『いましがた君に聖人の学問がとても簡易で広大だと云ったのに、君はわしが悟ったことを訊かないで後悔したことを尋ねるのか』」(『伝習録』上、上海古籍出版社版『王陽明全集』上冊、36～37頁)。実際上、仏教の心性論と禅学の悟りとは、程度の違いこそあれ理学家に継承され変容を加えられたのである。道教も含めてこれらの思想は、ともに理学の認識論の発展と転変の思想的源泉になったのである。

　理学による道教思想の吸収と改造は、信仰に対する懐疑的思潮と対応して

おり、一定程度、落ちぶれてゆく封建的意識形態の要求を満足させるものであった。道教はこの時、もはや理学に対抗しうる力量はなく、昔日の仙術や丹術は人々から信頼されず、その神秘の上着は無くなっていて、教化の方便も霊験を失っていた。あたかもこのとき理学が現れ、封建的意識形態が長期にわたって直面していた問題を解決し、その思想と社会生活とに密接に繋がり、社会性を具えた時代思潮となって、仏教・道教が持っていたある種の機能の代替作用を果たしたのであった。

　王陽明はある詩のなかでこう書いている。「腹がへれば飯を食い眠くなれば眠る、この修行は玄のまた玄、世人に云ってもみな信じないで、身外に神仙を求めている」（巻20、「答人問道」、上海古籍版『全集』上冊、791頁）。彼はまた「長生」という詩を作り、いわゆる「九転の丹」は我が内にあり、「良知こそ我が師」と謳った（巻20、同『全集』上冊、796頁）。こうした作品では、自己の内面の修行において自己と宇宙の真知を追求すべきだと主張しており、その思想方法の内在化的傾向は明白である。彼はその「人の神仙を問うに答える」のなかで、自分は30年間神仙を学んだので人は私のことを道を得たと思い込んでいるが実際はそうではないと述べたあと、次のように云う、「我が儒教のなかにもおのずから神仙の道がある。顔回は32歳で世を去ったが、今に至ってもまだ生きている。足下はこのことを信じうるだろうか。後世、上陽子のやからなどは方外の技能の士であったが、道を修めたと云うことはできない。達磨や六祖慧能などは道に近づこうと願ったが、しかしそれを成就したとは単純に云えない。足下がもしその言葉を聞きたいと思うなら、世俗を去って山林に30年間暮らし、耳目を研ぎ澄まして心を集中させ、胸中の汚れをすべて洗い流してはじめて、仙道はなお遠方にある、ということができるのです」（巻21、同『全集』上冊、805〜806頁）。また彼は、王嘉秀が以下のように述べて師の意見を徴したことに対して「おおむねその通りだ」と肯定している。「仙道と仏教は究極のところまで行きましたが、この点は儒教と同じです。……彼らは心が清くて欲は少なく、俗世の外に超然としていて、逆に儒教徒の及ばないところがあります。いま学ぶ者は仙・

仏を排斥する必要はなく、聖人の学に篤く志せばよいのです。聖人の学が明らかになれば、仙・仏は自然に消え去るでしょう」（『伝習録』上、同『全集』上冊、18頁）。これらは理学を道教に取って代わらせようと企てる時代の趨勢をよく示している。このような理学の全面的な発展の勢いは、道・仏二教が次第に衰退していった原因のひとつであった。

全真教の修行法は最初に心性から着手する。王重陽は、修行の問題は錬心（心の修錬）に帰結するとして、『重陽授丹陽二十四訣』のなかでこう述べている。「そもそも出家して名利を破棄し、情欲を忘却したなら、心が虚になる。心が虚だと気が体内に留まり、気が留まると神が澄み、神が澄むと徳が合体して道が生じる。道典に云う、心の外に道はなく、道の外に心はない、と」（『道蔵』25-808）。そういうわけで全真教の龍門派は、「道は本来無為、ただその心を了悟するだけである。その心を治めて平常の状態に至れば、道はおのずから生じる」（『北遊語録』巻2、『道蔵』33-157）と考えていた。こうした心性の修行は、結局のところ精神を浄化する道徳的なものに帰着する。

王陽明の心学において、全真教のこの「真功」を内丹の錬心過程とする修道が〈致良知〉の〈格物〉認識過程に変換された。王陽明は、〈良知〉というこの主体道徳意識を本体論の高みにまで引き上げたのである。ここでは〈良知〉は心の本体であり、宇宙万物の本体である。「先生が云われた、良知は造化の精霊である。この精霊は天を生み地を生み、鬼となり上帝となり、それと対をなすものは存在しない」（『伝習録』下、同『全集』上冊、104頁）。このような発言はただちに、宇宙万物の本体としての〈道〉を述べる『荘子』大宗師篇の言葉を想起させる。「道は自分以外にその本となり根となるものはなく、天地が生まれる以前からちゃんと存在し、鬼を神にし上帝を神にして、天を生み地を生む……」。

このような〈道〉は『老子』においても宇宙の始祖とされている。「道は一を生み、一は二を生み、二は三を生み、三は万物を生む」（第42章）。王陽明の心学の体系においては、本来は主体道徳意識としての〈良知〉が道家と道教の神秘的で最高の〈知〉、至高無上の宇宙本体〈道〉に置き換えられ、

〈真功〉の修行過程が〈致良知〉の道徳修養過程に置き換えられた。

　王陽明にあっては、理学の認識論が次第に究極にまで至り、倫理と審美と致知とが統一される局面を迎えている。彼は云う、「万象が森然と満ち溢れている時、同時に空寂として気配もない（程子の語、『程氏遺書』第15）。空寂として気配もないのが即万象が森然と満ち溢れている状態である。空寂として気配もないのは、一なるものの父、万象が森然としているのは精の母。一のなかに精があり、精のなかに一がある」（『伝習録』上、同『全集』上冊、24頁）。ここには明瞭に道家・道教思想の影響が見て取れる。後期道教の「神仙」が「聖人」として解釈されているにすぎない。「凡人でも学問をしてこの心を天理に純化すれば、聖人になることができる。……学ぶ者が聖人を学ぶというのは、人欲を去って天理を存することにすぎず、たとえば金を煉って十全な黄金の輝きを追求するようなものだ」（同上、同『全集』上冊、28頁）。ここでは、道教の修身成仙論の構造が儒学者によって換骨奪胎されている。修身の問題では、王陽明は明らかに老子の思想を吸収している。カラダとしての自己と真の自己を巡る門生との問答のなかで、王陽明は「『きれいな色は人間の目を見えなくし、美しい声は耳を聞こえなくし、おいしい味は口から味覚を奪い、狩りは心を狂わせる』というが、これらは君の耳、口、鼻、手足を害するものであって、耳、口、鼻、手足そのものではない……」（同上、同『全集』上冊、35頁）と述べているが、『　』の部分は『老子』第12章からの引用である。

　王陽明は道教の神仙信仰に対する信念を喪失したとはいえ、そのために道教の思考法を全面的に排斥したりはせず、それを改変して利用した。この一点に関しては、彼の著述のなかに明確に見出すことができる。たとえば、「この世界の一日の間に古今の世界が経過している。それは人の目には見えないだけだ。夜気の清澄な時は、見えるものも聞こえるものもなく、思うことも作為することもなく、淡然として平寂。これが伏羲の世界だ。明け方は、神が清らかで気が晴れやか、世界は穏やかで和んでいる。これが堯舜の世界。太陽が南中する前、人々は礼儀で交わり、社会の姿も秩序が取れてい

る。これが夏・殷・周の三代の世界。太陽が南中して以降、神も気も次第に衰え、人々は行ったり来たりして騒がしく落ち着かない。これが春秋戦国時代。次第に夜となり、万物は休息し、風景も寂寞としたものになる。これが人も物も消滅した世界。学ぶ者は良知を信じ切り、気によって乱されなければ、常に伏羲以前の人でいられる」(『伝習録』下、同『全集』上冊、115〜116頁)。また、「陸原静に答える書」のなかで、「〈精一〉という場合の〈精〉は理の観点から云い、〈精神〉の〈精〉は気の観点から云う。理は気の筋道、気は理の運用。筋道がなければ運用もできず、運用がなければその筋道を見ることができない」(『伝習録』中、同『全集』上冊、62頁)。彼が云う気は道教の気論を借用したものであることは見やすく、どちらも人と天地万物が共有し、万物を創造し動かす存在であり、王陽明は道教の気論の神秘的な要素を削除したにすぎない。

　道教が尊ぶ老子の「道は自然に法る(のっと)」という考え方は、陽明心学中にも同じように体現されている。「先生の学問は〈自然〉を本旨とし、〈自得〉に帰着するものであった。……道は本来、自然に基づいており、人間は智力によって関与できず、自然になろうとすれば却って不自然になってしまう。故に『それができれば生き生きピチピチ、できなければペテンにすぎない』と云う」(『明儒学案』師説、陳献章)。このような思想は、道教の修行構造と極めてよく似ている。王陽明は云う、「諸君が道なるものを実見しようと思えば、外に求めず自己の心上で体認すべきだ」(『伝習録』上、同『全集』上冊、21頁)。

　理学の認識論が明清思想全体に与えた影響を低く見積もるべきではない。積極的で現実精神に満ちた思想家でさえ、理学の思想と方法を深く受け入れている。その結果、彼らが主張する内部世界に対する関心と制御が、外部世界を認識し改造する衝動に対して厳重な抑制と束縛を加えるという事態を招くことになった。たとえば、社会改革を唱えた進歩的思想家・黄宗羲は、認識論では「自分と天地万物との間には一気が流通していて、なんの障碍もない。だから、人心の理は天地万物の理にほかならないのだ」(『明儒学案』巻

22、胡廬山学案）とか、「理を窮めるとはその心を尽くすことである」（『孟子師説』巻7、尽其心章、『黄宗羲全集』第1冊、148頁）などと述べて、伝統的な内在化の思考方式を遵守している。

第三節　格物致知の変容

　中国の伝統的な認識論の重要な命題である〈格物致知〉は、理学が最も多く論じたテーマであった。これは本来、事物の原理を探究して知識を獲得することを意味していた。〈格物致知〉とは結局何を〈格〉すのか。『礼記』大学篇に「その意を誠にせんと欲する者は先ずその知を致す。知を致すは格物に在り……」とある。この句を含む「大学の道は明徳を明らかにするに在り」から「国治まりて而る後に天下平らかなり」に至る一節には、何という現実性を帯びた認識論の景観が展開されていることであろうか。そのなかの〈格物致知〉は非常に重要な思想的かなめであり、「修身・斉家・治国・平天下」の中心的な結節点になっている。原始儒家はこの思想構造のただ中で、疑いもなく現実攫能性を具えた認識活動を行なうことができたのであり、これは一種積極的な実学思想であった。

　理学が形成されるに及んで、儒・仏・道の三教における内在化された認識論と価値観が継承され絶対化されて、外部世界に対する探究の情熱は衰退していった。しかし宋代においては、朱熹の思想はまだ後期理学家のような徹底的な内在化には至っていない。彼は云う。

　　格物致知をするなら、はっきりと知らねばならない。誠意、正心、修身をするなら、はっきりと行なわねばならない。もし格物致知に不徹底なところがあれば、この明徳を知ることに曖昧さが残ることになる。
　　　　　　　　　　　　　　　　　　（『朱子語類』巻14、理学叢書本264頁）

　このような〈知〉と〈行〉を二つに分ける議論は、王陽明によって痛烈に

批判された。王陽明は〈知行合一〉の筋道に従ってこそ格物致知の目的が達成されるとする。彼は若い頃、書斎を出て7日間も庭の竹を〈格〉（観察）したが、風邪を引いたほかは何の収穫もなかった。そのあと、内面世界に自分の求めるすべてのことが存在することに気づく。そのいわゆる「龍場の大悟」を回想して門生に云う。

> それからわしは夷狄の地（貴州）に居ること3年、その間に天下の物には本来、格すべきものはなく、格物の修行はただ自分の身心上でなすべきことに気がつき、人は誰でも聖人になりうるから、自分もそれを引き受けようと決然と思い立ったのだ。（『伝習録』下、上海古籍出版社版『全集』上冊、120頁）

　王陽明の竹の格物は有名な故事であるが、30年間道家を学んだ影響の深さがここに露呈されている。儒教徒に転向する時、かつて学んだ思想を変換する苦しみを味わわねばならなかったのである。王陽明が思い描いていた格物致知は、さらにまた、朱熹のモデルに存在していた現実のプロセスと経験に対する依存をごっそり除去し、完全に内面世界に回帰して道教の内錬モデルのようにする必要があった。

　「心中の賊」（陽明云う、「山中の賊を破るは易く、心中の賊を破るは難し」）を治めることから生まれた配慮として、王陽明においては格物致知は強烈に道徳化されていた。「『大学』の誠意の修行は格物致知をすることにほかならない」（『伝習録』上、同『全集』上冊、38頁）と彼は云う。彼が得た「心即理」、「心外に理なく、心外に事なし」（『伝習録』上、同『全集』上冊、15頁）、「心は自然に知りうる」（『伝習録』上、同『全集』上冊、6頁）などという結論は、理学家たちが追求して到達した認識論の境地でもあった。これは陸象山の云う「宇宙はすなわちわが心、わが心はすなわち宇宙」（『陸九淵集』巻22、雑説）、禅宗で云う「万法はすべてわが心にある。どうしてわが心から真如の本性を現出させないのか」（敦煌本『壇経』）などと完全に一致する。問題は以下に

ある。

> （理学家）はずっと「格物」の方法に関する精確な考えを表明しなかった。ただ特別な方法によって普遍的な対象を把握しようと試みただけなので、その原理は帰納的と云うことができる。同じように、その目的は自己の修養にあり、科学知識の修得にはなかった。彼らは、それが正式のものであって、実践によって証明する必要はないと主張した。まさにそれ故に、彼らの「格物」は科学の方法論の基礎とはなり得なかった。一層重要なことは、そのような「格物」さえ後期心学では否定され、聖人に至る道ではないと認識されたことである。彼らは、外部の現象は探究する必要はないと云った。聖人はまぎれもなく天地万物と一体になっているが、この事実に対する認識はただその直感のはたらきに依るのであって、「事物の探究」とは関係がない。
>
> （W.Willetts, *Foundations of Chinese Art,* p.316）

　理学は、儒・仏・道思想に対して吸収し統合するという態度を取った。こうして唐宋以後、道教の科技観念、仏教の出世思想、儒教の倫理的伝統は、途中、理学による吸収と融合を経て、中国文化の正統として、中国科学技術の思考法と科学活動が内在化され虚化されてゆくことに影響を及ぼした。理学は、これら三教の内在化された認識論と価値観の継承とその絶対化、および外部世界に対する情熱の冷却という点に関しては突出した教義であった。

　本来物質レベルに属する現実問題を解決する理学の方法には、肉体上の物理的な問題を精神や霊魂のレベルに置き換えるという、宗教禁欲主義が主張する解決方式のようなところがあった。禁欲主義はしばしば、肉体と霊魂、自己と外部世界とが矛盾を呈した時、人を肉体と物質および欲望の否定に向かわせ、さらに問題の根源を探る際に、しばしば人生に対する懐疑へと導く。理学のこのような思想的な特徴は、中国文化の攫能性が改変され弱体化した内在的原因のひとつであろう。

第Ⅰ部　序説　第五章　内在化の進展：全真教から宋明理学へ

　医学においても、理学は深甚な影響をもたらした。たとえば清の余国佩は、病因学の研究を内在的な心性問題上に導き、医学を虚無的、非実証的な心因論という世界に向かわせた。彼はこう云っている、「内傷性の病気には種々の名称が付けられているが、〈精〉〈気〉〈神〉の三字で括ってもなお多すぎ、〈心〉の一字で充分こと足りる」（余国佩『医心論』）。こうした考え方は後期中国哲学中に存在する問題をひとつの側面から表したものであるが、これこそ中国科学思想と技術を内面化ないし虚無化させた当のものであった。これを退化とする説もある。この問題は専門家にはすでに気付かれていた。

　　理学は人間の理性のはたらきを強調しすぎて、中国医学の構造分析思想の発展を阻害した。……そして「心を尽くして性を明らかにす」ることを盲目的に誇大化し、それを医学研究の主導的な地位に据えてしまった。その結果、中国医学界は人体構造の分析に対して極めて冷淡になり、解剖思想が消えてしまった。わが国の宋以後の実験医学は理学の風潮に深く影響され、大きな発展がほとんど見られず、理論上の幾つかの問題を大ざっぱに見て研究を進めるか、あるいは個人が幾つかの見解を発表するといった範囲内に停滞した。かの名高い金元四大家もこのような状態を出るものではなかった。
　　　　　　　　　　　　　　（李良松、郭洪濤『中国伝統文化与医学』、27頁）

　まさしく内在化の進行によって中国の科学技術は、征服力、攻撃性という面においてそれ以前と以後ではまるきり変わってしまったし、西洋との間にも重大な差異が生じてしまった。「儒家がモゴモゴと『天命は違うべからず』と呟いている時、仏家は『一切の有為法は幻夢泡影のごとし』とピーチクパーチクさえずっていたが、道家は朗々と『我が命は我にありて天にあらず』と唱えていた」のである（祝亜平『道家文化与科学』、307〜308頁）。まことに歴史上、三教にはこのような違いがあった。しかし事実としては、三教

101

はつとに歴史的矛盾、衝突、そして発展の過程において、互いに切磋琢磨し合い、吸収し合って、いわゆる「三教合一」に向かっていった。そこでは儒・仏・道に何の相違が存在するだろうか。まさにある道典が次のように云う通りなのである。「三教の聖人は教化の仕方は異なってはいたが、互いに誹り合わず、人の心を開き、政道に寄与し、ともに善に帰着しただけである」（『南華真経義海纂微』巻90、『道蔵』15-611）。

　宋明理学家は道教思想の成分を吸収し改造して自分たちの所用に供し、宋明時代に儒家学説を新しい高みへと押し上げた。宋代の程子・朱子から陸象山を経て王陽明に至り、認識論上の心性化と価値観は明らかに内面化への志向を表明している。このような相違が形成された根源については、儒家自身の学説の異なった解釈と解明のほかに、儒教内部の両派（朱熹の理学と王陽明の心学的理学）による道教思想の吸収とその処置の仕方がその思想構造に及ぼした影響も見なければならない。

　三教合一の人間性に対する抑圧は、清代の道教思想にも反映されている。たとえば劉一明は、修行者たるもの「世事はすべて虚、この身も虚なることを知らねばならない」（『神室八法』柔、『蔵外道書』8-520〜521）とか、「柔をもって事に当たれ。……行ないは処女の如く、挙措は死人の如くあれ」（同上）などと主張した。後期道教に現れたこのような倫理的・審美的傾向は、これを中国封建社会の最盛期（世俗倫理と道教倫理も含む）における積極的に倫理・審美を進取する態度に比べると、その観念の老朽と没落ぶりが一目瞭然である。それは衰微した封建社会と同じくすでにその病状は重く、その上、自分の内部からこのような自分自身の状態に恋々とする気持ちが湧き出ている。こうした文化精神は、進取的な西洋の資本主義形成と何という強烈な対照をなしていることだろう。

　人間の思想文化の最終的なはたらきは、その攫能過程をサポートすることである。この攫能過程は、思想文化とその同類が存在し発展するための基本的な前提である。封建社会の後期に至って、西洋人がすでに大規

第Ⅰ部　序説　第五章　内在化の進展：全真教から宋明理学へ

模に工商業を発展させ、一層レベルが高く強固な攫能効率を具えた機器を絶えず発明し改造し、勢いよく外部世界へ踏み出している時に、中国人は中世の封建思想と方法のなかに沈没して浮き上がることができないでいただけでなく、日増しに内面の探求に向かっていたのである。この二大文化圏は本来、攫能の目的、方法、そして価値観などの方面では相違があり、さらにルネッサンス時期以降、西洋文化は不断に世俗化と現実主義化を進行させた。これらすべてのことは、のちの東西の発展の不均衡、および東方を侵略し略奪する西洋文化の根源のひとつだと云わざるを得ない。　　　　　　（姜生、郭武『明清道教倫理及其歴史流変』、142頁）

理学の思想と方法は、もはや自然と宇宙万物を認識の対象とはしなくなり、徹頭徹尾、主体自身を志向した。王陽明の「四句教」、すなわち「無善無悪は是れ心の体、有善有悪は是れ意の動、善を知り悪を知るは是れ良知、善を為し悪を去るは是れ格物」（『伝習録』下、同『全集』上冊、117～118頁）という思想の宗旨や、「誠意の工夫、実に下手の処は格物に在り」（同『全集』上冊、120頁）などを見れば、中国の認識論が、理学中に定位された道徳理性を核心とする心性論を志向していたことが分かる。朱熹が提起した「飲食は天理、美味を求めるのは人欲」（『朱子語類』巻13、理学叢書本224頁）という価値観がここに体現され貫徹され、王陽明の「格物とは独りを慎むこと、すなわち戒しめ惧れること」（『伝習録』下、同『全集』上冊、121頁）という言葉では、主体の心性を修養する認識論の意義がそれ以上加えるものがない位置にまで持ち上げられている。かくして、人間の自己生存を全うすることを目標にした外部世界に対する探究と攫取の精神は、ついに封印されてしまった。このことは、「自己を認識する」というこの哲学的支点（アルキメデスの支点）から出発した認識の過程は、結局、それを基点にして外部世界に対する人間の攫能性を拡大し強化されることなく、もっぱら内在する自己実現と自己超越に引き込まれてしまったことを意味している。外部世界は、外部世界に対する攻撃性もろとも投げ捨てられたのである。

第六章　文化の〈擾能性〉の問題：若干の理論的思考

第一節　天‐人間の張力の構築と文明の内発力

　自我意識が生まれる前には、主体意識を具えた一種「記号的動物」としての人間はまだ現れていなかった（E.Cassirer, *An Essay on Man: An Introduction to a Philosophy of Human Culture.* 漢訳『人論』、34頁）。のちに出現した記号を意識した人間と比べたなら、それはひとつの混沌状態であった。このプロセスは『旧約聖書』創世記第2章の天地創造の神話——神が万物を創造したあと、人間を造ってエデンの園に住まわせた——を借用して描くこともできる。この時、万物はすべて創造されていたが、人間の自我意識はまだ現れてはいなかった。アダムとイブが自分たちが裸でいることを恥ずかしいとは思わなかったのは、前意識段階の人間の心智状態を振り返った叙述とも見ることができる。最初、彼らが神の云いつけを聴いて従っていたのは、実質的には自然の命令に服従していたことを意味するだろう。

　人が人となる第一のしるしは、彼が混沌から分離されて出てきて、自分と物とを区別しはじめることである。『聖書』では引き続いてひとつの晦渋な話を通して、人間の自我意識が人間を自然から冷酷に切り離すさまを描写する。人類の祖先であるアダムとイブは神の云いつけに背き、蛇の誘惑を受け入れ、エデンの園の「善悪を見分ける樹」（生命の樹とも云われる）の禁断の木の実を盗み食いし、その結果、智慧と羞恥が生まれ、善悪の区別を知るようになる。かくして、二人は楽園から追い出され、彼らの子孫である人間はこのことによって〈原罪〉を背負い、とこしえに神の罰を受けることになった。

　このような理解によれば、人間の始祖をそそのかした蛇は事実上、人間最初の一点の智慧の霊性——すなわち自我意識の化身になってくる。〈誘惑〉は存在せず、実際に存在したのは人間の意識の〈創始〉であった。エデンの

神話では人間最初の理智と知識を「野に存在する一切の生き物のなかで最も狡猾な」蛇のたたりとしているが、本質的なレベルで云えば、自我意識がここで最初に出現し、自己と自然に対する認識過程の始まりとなって、無知蒙昧な混沌から抜け出て理性の段階が創出されたのである。

　これは以下のことを意味するだろう。億万年間孕まれたのち、人間と天地万物との間に初めて差異が生じ、人間は一種の意識のサポートのもとで思考する存在として生み出され、人間と自然との間の〈張力〉（tension、たとえば弓と挽かれた弓弦のような緊張関係）がついに混沌の海から出現した——。

　ピューリタンの史詩「失楽園」のなかでミルトンは、このプロセスを最も生彩ある筆致で歌い上げている。そして全詩の結びにおいて詩人は、知識を獲得し、善悪を知った人類の始祖が知もなく憂いもないエデンの楽園を出ざるを得ず、天使に導かれて孤独な現実生活へと歩み出すさま描写している。

　こうして人間は歩き始めたが、エデンの神話はそれだけでなく、以下のことも暗示している。自我意識が生まれたあと、人間は別の永遠に変えることのできない結末——死すべき存在という現実に直面することになった。正確に云えば、死に対する意識と恐怖も一緒に人間の自我意識に侵入し、もはや意識以前の知もなく憂いもない原初の状態への復帰を望めなくなったのである。

　宗教家の云い方に従えば、人間はこうして堕落したことになる。本来純潔無辜で自然と一体であった状態（キリスト教流に云えば神と仲良く共に居た状態）から、有限で孤立した、呪詛と死のある境涯への転落である。実際、人間がエデンの園を出る過程は、同時に無知から抜け出る過程、すなわち理性と知識が生み出される過程であって、当然、おのずから意識と判断が具わり、それ故に苦痛のある段階へと歩み出たことを意味している。

　エデンの神話は、人間の自我意識が生まれる長久の歴程を描写した一個のテクストである。人間は自在（あるがままにある）から自為（自力で処置する）に至って自我意識と知識が生まれたあと、次第に自然状態から脱離し、あわせて観念の記号と象徴システムを造り上げ、自分の行為を描写し評価するよ

うになった。これによって人間は、自分で自分を裁くことの苦痛を引き受けることが運命づけられたが、しかし反面、自然との張力関係のなかから絶えず文明を生み出す原動力を手に入れることになった。

　中国神話のなかにも、その意味が晦渋でそれと分かりづらいものの、人間と自然との関係に関する似たようなテクストが保存されている。「地天の通を絶つ」という神話もそのひとつである。

　古代神話によれば、最初天と地は、その間に「天梯」(てんてい)(かけはし)が介在していて通じ合っていた。「人類の原初、天は下に通じ、人間は上に通じていた。人間はあさ天に昇り、夕べにも天に昇って、天と人とは朝にも夕べにも語り合った」(『定庵続集』巻2、「壬癸之際胎観第1」)。その当時、天と地はすでに分かれていたとはいえ、各地にある「天梯」によって往来していた。「天梯」は神人、仙人、シャーマンなどのために設けられていたが、地上の多くの人々も勇気と智慧を頼りに天庭に登っていた。だから楚の昭王は大夫の観射父にこう訊いたのである。「『周書』に云うように、重・黎(ちょう・れい)が天と地を通じなくさせたのは何故なのか。もしそうしなかったなら、民は天に登れたのか」(『国語』楚語下)。天地間に「天梯」が介在しているというのは、地上の人が直接天界と交流する機会と権利を持っていて、人間と神との間の境界はそれほど厳格には守られておらず、両者には朝夕の往来があり、言葉も通じていた、ということを意味している。このような「自由」な情況は、悪神が邪魔したために神によって禁絶されてしまう。

　伝説によれば、黄帝の時、天上に「蚩尤」(しゆう)という悪神が現れ、その「天梯」を利用してこっそり地上に降り、自分と一緒になって黄帝に背くように煽動し、従わない者には残酷な刑罰で脅した。その結果、地上の「苗民」は彼に従って大反乱を起こし、地上の人々に限りない災難をもたらした。この時、多くの罪なくして殺された人々の冤魂が天庭に昇って黄帝に訴えたので、黄帝は天将と天兵を派遣して下界で「天討」を展開し、蚩尤を殺害し苗民を掃討(せんょく)して反乱を平定した。ついで顓頊(せんぎょく)が黄帝の位を継承したあと、この反乱を回顧して、その根源は「天梯」による天地間の交流にあり、人は機に

第Ⅰ部　序説　第六章　文化の〈攫能性〉の問題：若干の理論的思考

乗じてそれを使って天に至り上帝に敵対するのだ、と考えた。そこで顓頊はその子孫である大神の「重」と大神の「黎」に命じて天と地の通路を遮断させ、「重」には天を「黎」には地をそれぞれ司らせて、天地の間にはもはや直接通じる道はなくなり、これ以降、天と地は別物となり、神と人とは隔たってしまった。このことは『尚書』呂刑篇やその孔安国の注にも述べられている。

　この「地天の通を絶つ」という神話は、人間と神と間の秩序が確立したことのメルクマールになっている。こうして神は民の上に存在し、それに通じうる者はただ巫覡(シャーマン)（男を覡、女を巫という）だけとなった（『国語』楚語下）。このように巫覡は通天の権限を独占したが、彼らと同じく重要な神学的地位についたのは「天道を知る者」（『国語』周語下）としての「史」であった。彼らの立場は人間と天神との交流の仲介者であるが、本質上、人間の力の代言人であった。

　「失楽園」神話と「地天の通を絶つ」神話は、実質的に人間の自我意識が立ち上がる過程の歴史的反映であった。自我意識の上昇と人間の判断能力の成長につれて、人類の文化は次第に成立してゆき、人間の自然に対する主宰観念もそれにつれて上昇し、自己の意志によって自然を支配し征服しようとする時代が始まった。后羿(こうげい)と夸父(こほ)の神話が示しているのは、このような一篇の叙事詩としての英雄時代であり、彼らの結末はこのような時代の結末を暗示している。

　后羿は元来、ひとりの仁にして勇、人間に幸せをもたらす神であった。『楚辞』天問篇に「天帝は夷羿（后羿のこと）を地上に降し、夏の民の災いを除かせた」とあるように、もとは天の神であり、天帝の命によって地上の人間の災厄を除去するために降ってきたのである。古代の神話伝説によれば、堯の時代に10個の太陽が一度に現れて大地が焼き焦げた際、彼は9個の太陽を射落としたほか、人々に害を与える怪物を次々に退治した。この10個の太陽は天帝俊の妻・羲和(ぎか)が産んだ10子であり、后羿がその9日を射落としたというのは、天帝俊の9子を殺害したということも意味する。それだけ

107

でなく、后羿はまだほかにも罪過を犯している。彼は河伯神の左目を射抜いた上、その妻・雒嬪(らくひん)(洛水の女神)を奪った(『楚辞』天問篇)。結局、彼は帝后と天帝から見放されて反逆の神になる。天から玉玦(ぎょくけつ)(ドーナツ状の佩玉)を賜りながら福を禍に転じてしまうのである(『太平御覧』巻805所引「随巣子」)。さらに多くの不幸が彼を襲う。彼は不死の薬を西王母からもらうが、その妻・嫦娥(じょうが)がそれを盗んで月に逃亡する。反逆の神は結局救われない。最後は、その最愛の弟子である逢蒙(ほうもう)の桃木の杖に斃れる。逢蒙は后羿に射の道を学んだあと、師を殺せば自分が天下第一となると考えたからである(『孟子』離婁下)。羿は英雄であり同時に反逆神であったが、これは矛盾しない。というのもこれは、早期の人間の意志と自然の意志とが互いに影響を与え合って生み出された歴史のパラドックスを反映しているからである。彼の死は、早期の人間の自然界を対象化する意識(自己を万物の主とする意識)と、自然を制御しようとする企てが失敗に終わったこととを象徴している。

　夸父は、中国古代神話中の天の神で、炎帝の子孫とされる。伝説によれば、彼は太陽を追いかけようと決心したが、その道中渇きのために死に、捨てた杖が鄧林(とうりん)となった。一説では、蚩尤を助けて黄帝族と戦い、黄帝配下の応龍に殺されたという(『山海経』大荒北経、海外北経、『列子』湯問篇等)。

　彼は自分の力を過信したために結局、大自然の偉力によって殺された。彼が道中渇き死んだことは、中国早期の歴史上、自然を征服する欲望が否定されたことを象徴している。

　后羿と夸父の話は、最初の人類が自然を征服し、自然の秩序を改変し、そして自然を人間の意志に聴き従わせようと試みた、一種ロマンチックな神話であり、最初の民が自分の力量をやみくもに信じていたことを表している。そして、逢蒙が自分の師を殺し夸父が渇き死んだという部分は、本質的に人間が自然を目の前にして自分の力に懐疑的であったことを表している。総じてこの神話は、人間が天地を征服しようとした英雄時代が終わり、新文明が始まることの表現であった。

　こうした雄大で悲劇的色調に富む古代神話は、人間の意識が形成されたあ

とに現れた世界の対象化、唯我独尊の心情を示しているだけでなく、さらにその文化気質中の極端な要素は必ず除去され、温和恭謹さと秩序がそれに取って代わり、そうしてこそ、ようやく生存と発展が保証されることを示している。神話のこのような変容の過程は、華夏（中国）精神気質の変容と形成の過程にほかならない。自分の力量を知らない向こう見ずの英雄に対する崇拝から、自然万物を征服しようとする人間の意志とその活動の儀礼化に至ったのは、ちょうどこうした神話が象徴する時代の後期のことであった。そのあと、秩序を提唱し天命に服従する聖人に対する崇拝へと移行し、このあとに形成された宗教（上天崇拝、祖先崇拝を主とする古代宗教）に至って、民衆を導いて神（自然の力の象徴）の面前に跪き、ただ祈りを捧げるだけで征服などは念頭にないようになる。「宇宙論から人生論へ、その第一歩は天人関係論であった」（張岱年『中国哲学大綱』、181 頁）と云われるように、ここから天・人関係を理解しようとする過程が始まる。

　この天・人の間の分離が一層進むことによって、神・人の関係もさらに一層整理された。それと対応する宗教対巫術（シャーマニズム）、そしてのちの哲学による宗教の超克は、すべて文明の発展の反映である。ここで筆者は、フレイザーの云う巫術から宗教へという宗教史観が正しいと云っているのではない（Frazer, "Golden Bough"、漢訳版『金枝』は 1987 年刊行）。彼の問題点は、巫術と宗教とを截然と分けて歴史の前後の 2 段階とするところにある。宗教が巫術に取って代わるというのは証明しがたく、実際には、両者は密接に絡み合っていて分離するのが困難な関係にある。宗教はただ、人間の心智の発展過程における巫術に対する理智だと見なされるべきであって、巫術に取って代わるものではない。巫術の多くの遺産は宗教に継承されたのは事実であるにしても、宗教の出現によって完全にその痕跡が消え去ったわけではないのである（フレイザーのこの宗教史観に関しては、前掲カッシーラー、漢訳『人論』117 〜 121 頁の批判も参照されたい）。

　文化は、人間と自然、人間と自我との間の互いに影響を与え合い、勝ったり負けたりする「すごろく」過程の産物である。この長期にわたる複雑な

「すごろく」過程において、人間の心智は次第に上昇し、文明が徐々に進歩し、社会秩序や人−神秩序における倫理のはたらきが向上して、神話のテクストが次第に思想へと昇華される。人間の力量——それが表現されて文化（すなわち人間がそれを使って自然にはたらきかける力を仲介するもの）となる——の代表としては、初めは叙事詩時代の天地を征服する英雄（社会的力量の象徴記号）であり、ついで儀礼によって万物を制御する巫覡（シャーマン）を経て、そして「軸の時代」（ヤスパースが唱えた概念。紀元前800年〜紀元前200年の間に中国・インド・西洋において文明史的転換となる革新が並行して行なわれたとされる）に入って、ようやく自己を知ることを極力主張する聖人へと昇華される。

歴史上、孔子が『詩経』を刪（けず）り『書経』を定め、『礼書』を論じ『楽経』を正したという説がある。文化というこの自我の昇華過程は実際にはかなり長期にわたるものであり、それがこうした孔子の刪定（さんてい）過程に帰納されるというのは、象徴的な言葉を使ってこの長期の過程を簡略化して表現したとものと云うべきであって、必ずしも孔子が行なったとはかぎらない。しかし、文化精神と〈価値取向〉への流れは、たしかに主として「軸の時代」に形成され、そのメルクマールは〈軸〉の文明の哲学と宗教の誕生、それと「おのれを知る」という哲学の「アルキメデスの支点」の確立であった。人間自身がさらに高度な、さらに重要なレベルにおいて思考と征服の対象となったのである。あるいは、自己を認識し自己を把握することが外部世界を征服する前提になった、と云ってもよい。春秋戦国時代の百家争鳴は、すべて「おのれを知る」という前提下に各自の主張が提起され、中国文化のためにその精神的基礎を築いた。この歴史過程において東西の聖人たちは外部世界に対する攻撃性をどのように分析し、このような力量を有効的に人間の自分自身に対する反省に振り向けようとしたのか、これは意義深くかつ影響の深甚な問題である。

先賢たちの人間性に対するこのような〈脱構築〉は、別の〈構造〉を創出することを通して実現される。まず巫術が、叙事詩時代の英雄によって象徴される人間の自然に対する攻撃に取って代わり、次いで聖人が、思想によっ

て人間を教戒し制御することによって儀礼で自然に指令を出す巫覡に取って代わった。巫覡が英雄に取って代わったのは、人間の自然に対する征服行為である儀礼化を通して実現された。聖人が巫覡に取って代わったのは、原始巫術に対して昇華と思想化方式を進めることによって達成された。上古の賢人たちは人類文明の開闢と発展の歴史を顧みて、外部世界に対する人間の攻撃と征服、そして攫取活動の限界が人間性自身に淵源することを発見した。たとえば、老子を代表とする初期道家学説などは、人間性のなかに存在する問題が人間の行動を制約して限界性の内部的な根本的原因となっているとする。また、孔孟の儒家思想と墨家思想などは、人間の集団にはある種の協調と適切な割り振りが必要で、それらがあってこそ社会のシステムが成り立ち、そのなかに内蔵されている社会的エネルギーを発揮させることができるとする。ここに、一系列の思想が求められる。それによって社会内部のエネルギーを制御して導き、社会にある種の方向性（すなわち攫能性）を得させ、それを基盤としてこそ社会は、外部からエネルギーを攫能できるし、さらにまた、内部においてもこれらのエネルギーを分配し、集団の生存と発展の保証が得られるとする。法家思想などがそれである。

第二節　文明とその進化の文化生物学的基礎

　一個の文明史は、人類が生存と発展を追求してきた歴史である。このことは見やすく周知の道理であろう。しかしもし、文明の動力は何かと問うたなら、答えはさまざまに分岐するはずである。カッシーラーは、「一個の全体的人類の文化は、人間がたえず自我解放の歴程を辿ってきたもの」と述べている（前掲漢訳『人論』、288頁）。人類の科学技術が発達しえたのは、長期にわたる複雑な自己の転変過程を経て人間性が進歩し、自分自身の生存とその福祉に対する人間の追求が一貫して原初的な原動力になってきたからである。

　地球上で最も攻撃的なものは人間であり、獰猛な虎や豹でも人間にはかな

わない。社会組織や知識・科学は、人間だけが保有する自己保護能力であり有効な攻撃力である。文化生物学（culturobiology）上の意味において、人間性の表現としての人類文化の真正の本質は、厖大な自我の累進した攫能システムなのである。この攫能システムは本質上、自我意識の支配下にある人間性の外化と拡張にほかならない。進化論の角度から見れば、この攫能システムの形成と進化の重要な道のひとつとして、トマセロが云うように人間だけにしかない累積式の文化伝達がある（The Calutural Origins of Human Cognition, pp.4〜5）。それは、一代から次の一代へと長期にわたって伝達され保存され、また各種異なった修正や改造も行なわれて再度伝達された複雑な結果である。この過程において、人間は絶えず「爪車（逆回りしない歯車、ラチェット）効果」（トマセロの語）を複製し、人類文化の成果を前へ前へと伝達し蓄積していった。

　科学は、このような文化の進化過程のなかで次第に進展し蓄積された知識のシステムである。科学はそのほかの文化形態と同じく、実質的に人間の外部世界に対する行為を伝達する媒介である。その使命は、要約して云えば、いかにすれば人間はより高いレベルで生存し発展しうるのかという問題（いかにすれば絶えず攫能効率を向上させうるのかという問題）を解決するものであり、これはまさしく、古代文明の多くの非理性的な文化形態が科学的理性と合致するものを大量に含んでいる理由である。技術は、こうした理性的要素と実験経験に基づいて次第に形成された、現実問題を解決する方法とモデルである。そして宗教は、異なった方式を通して人間の外部世界に対する関係をコントロールし調節するものである。特定の宗教が持っているこのコントロールと調節の基準自体、しばしば人々の外部世界の価値に対する特有の理解や、人間の行為の構造に対する定義を決定づける。

　この過程に随伴して巫術と宗教は、長いが合理化に向かう道を経て発展していった。そのうち古代巫術は、早期の段階ではのちの宗教の役割を演じ、さらに進んだ段階では科学が演じた役割を演じた。そして巫術は、宗教によって次第に乗り超えられていった。この意味において「宗教は巫術に対す

る理智」なのである（姜生『宗教与人類自我控制』、17頁）。この歴史の進展の本質は、人間が彼と外部環境との相互交渉に基づいて徐々に自己を調整し、絶えず向上する攪能効率を自己に習得させたことにある。ピアジェは云う、「認識は自我意識をもつ主体から生まれるわけではないし、すでに形成され、自己が刻印されている主体上の客体から生まれるわけでもなく、主・客間の相互作用に起因するのである」（『発生認識論原理』、17頁）。このような「すごろく」方式の適応過程において、人間は外部世界に対して観察方法と能力を絶えず発展させただけでなく、一層注目に値し、一層人間性を代表するものは、人間は絶えず内部世界に対しても同様のものを発展させ、さらに後者を前者の基盤にしようと企てたところである。カッシーラーはこの問題に関して、次のように述べている。

　　もしも周囲の環境に絶えず自己を適用させることができなければ、人間は生存してゆくことができなかったはずである。理智と文化生活に向かう最初の歩みには、直接的環境に対する、ある種の心理的適応行為も含まれていたと云うことができる。……人間の意識が最初に萌した時から、一種の生活の内向的観察が随伴してあの外向的観察を補充していた。のちに人類の文化が発展すればするほど、この内向的観察は一層顕著になっていった。……宇宙に対する最古の神話学解釈には、原始的人類学と原始的宇宙論が肩を並べて存在している。世界の起源の問題と人間の起源の問題とが分かちがたく一緒に織り込まれているのである。宗教はこのような最古の神話学解釈を除去しなかったばかりか、その両者を保存してそれらに新しい形と深さを与えた。これ以降、おのれを知ることは単純な理論的興味とは見なされなくなった。それは単に好奇心や思弁の問題ではなく、人間の基本的な責務と公言された。偉大な宗教思想家たちは、このような道徳的要求を早くから繰り返し説いた。宗教生活のなかの比較的高度な形式中にあって、「なんじ自身を知れ」という格言は一個の絶対命令、一個の最高の道徳と宗教法則と見なされた。

我々は、この命令のなかに人間の先天的な求知本能の突然の逆回転を見る——一切の価値の別の一種の評価を見たような思いに囚われる。世界上のすべての宗教——ユダヤ教、仏教、儒教、そしてキリスト教——の歴史のなかに、我々はそれぞれがこのような発展の歩みを辿ってきたことを見出し得る。　　　　　　　　　　　　　（前掲『人論』、5～6頁）

　このような発展過程に含まれる人類学の要素とは、まさしく「自己を知る」という哲学と倫理学の核心を成すものであった。また、そこに含まれる宇宙論の要素とは、人間が自然環境での地位を開拓することを目的とした、技術と科学の原点のことである。初期道教では外部世界から金丹大薬を獲得することが試みられたが、これは本質的に一種の自然に対する攫取（かくしゅ）である。後期内丹信仰では、人々を導いて自分の内部にそれを求めさせた。元来は自然界を指向する攻撃性が主体自身の内部世界に転調されたのである。このような攫能性の方向転換は、一個の文化システムから云えば最も重大な転変であった。そのことはどうであれ、攻撃性の衰退を意味したことは間違いないし、また文明精神の衰変を表している。

　宗教と科学は、人類文化の異なった段階ではなく、異なった方式であり、人間の自己生存と発展に対する渇望、未知の世界に対する渇望、さらに、自己を強化して世界を把握することに対する渇望の現れである。長大な歴史過程を経て、異なった文化圏内に異なった生活方式が形成され、異なった世界観と認識方法論が成立した。しかしながら、本質的な意義において、「文化世界や人類の文明世界は、多くはない幾つかの普遍的原因に還元しうるが、こうした原因は物理的現象といわゆる精神的現象のいずれにも同じように適用できる」（前掲『人論』、27頁）。そうして、「複雑な人間生活を動かす装置のなかで、我々の全体的な思想と意志機関を起動させる隠された伝動力を探し出さねばならない。……ニーチェは公然と権力への意志を称讃し、フロイトは性本能を強調し、マルクスは経済本能を尊崇した。どの理論もみな、プロクルステスのベッド（ベッドの長さに合わせて客の脚を切ったギリシャ神話の

話）にすぎず、そこでは経験的事実は足を削って靴に合わせるように、先に考えられたモデルに無理矢理に押し込まれる」（同上『人論』、28頁）。こうした異なったモデルが把握しようと試みたのはすべて同じ対象、すなわち文明の原動力であった。

　人間の生命は本質的に一種の攫能システムである。人間が創造したすべての人類文明を取り囲んでいるのは、すべてこのシステムの表現形式、またはこのシステムに属する道具である。上部構造の角度から見ると、宗教と科学を含む人類文化は、究極的にすべて人間の攫能システムの異なった表現と保存形式にすぎない。人間は異なった環境下において、異なった思考法と方式により世界に対する知識を獲得し、さらには、こうした知識を活用して自分を強化し、自然を認識し制御しようと企てる。そうすることによって彼が必要とする資源を獲得し、人間性の延伸と外化（たとえば道具の使用）を可能にし絶えずその保障を手に入れる。人類学、社会学、社会生物学、そして歴史学による分析のなかに、このような観点の支柱を探し出すのは難しくはない。

　ただ、ウィルソンは「文化の上部構造はすでに増殖し拡散して、その真正な内実ほとんど失われている」と述べる（E.O.Wilson, *On Human Nature*, P.93）。一方でハリスは、多種の文化のすでに消滅した本来の意味を再び提示する。彼は一連の奇異な例証を通してこのように説明するのである。永続する食肉の欠乏は各種の宗教の形成に影響を与えた。この食肉の欠乏の結果、古代アステカ文明では人間を生け贄にして祭祀をする現象が現れた。犠牲の人間の心臓をえぐり出したあと、貴族とその家臣、および兵士たちがその身体を分けて食らうのである。また、古代インド文明から宗教改革が出現し、非バラモン教である仏教やジャイナ教では殺生と肉食を禁じ、牛を神聖視するようになった（詳細はM.Harris, *Cannibals and Kings*, 1977参照）。

　このように人間を駆り立てるものは何なのか。明らかにそれは、人間自身に帰属する特有のものである。というのも、人間という高度な霊長類だけが文明を生み出し、宗教を含む複雑な精神生活を生み出したからである。それ

は人間性固有の展開であった。ここにおいて、ヴェブレンがかつて使った〈本能〉(instincts) という概念が人を深い思いに誘う。彼は、20世紀初頭のアメリカ初期社会思想家のひとりであり、〈本能〉は彼が技術社会学の分析をしている時に使った、最も基本的な理論仮説である。彼によれば、この本能は「人間に先天的に内在して永続する傾向があ」って、人類の制度文化の精髄としての風俗習慣を造り上げたという。彼は、歴史を二種の本能——略奪的本能 (the predatory instinct) または運動家精神 (sportsmanship) と、創造的本能 (the creative instinct) または技芸 (workmanship)——の間の偉大な弁証法として捉える (E.T.Layton,Jr, Engineers in Revolt, in *Technology and social Change in America*, pp.147〜155)。疑いもなくこのような〈本能〉は動物とは異なった、人間の思想と行動を支配している根本的な要素である。

ここで我々は、「社会生物学理論の基盤上に立って、人間の行為の四つの基本類型——攻撃性、性、利他主義、そして宗教——をふたたび考える」というウィルソンの提言を顧みたなら、そのような根本的要素を見出すのは難しくはない。彼は社会生物学研究に基づいてこの四分説を提起したが、我々から見れば、攻撃性は動物にも存在するものの、動物のそれは功能上、限界があり、捕食と群れの制御を満足させるためだけのものであって、そこには本能の功能性や目的性を超えた延長部分は現れていない。一方、人類文化においては、まさにその攻撃性が人々を駆使し、その人間性の外化と発展から科学技術を生み出させた。その攻撃性は人間の生存の要求を満足させただけでなく、人間に大規模かつ組織的に自然資源を攫取し使用させた。このことは人間に地球上、最も優越的な生活条件を具有させ、豊富多彩な文化体系を形成させたに留まらず、絶えず自己の勢力範囲を拡大させ、地球上における真の「万物の霊長」たらしめた。

基本類型中の〈性〉というのは、生命が自己の延続と拡大を追求する、天然かつ単純な攫能方式であり、人類がその文化と種族を延続させ拡大させる基本的条件である。〈利他主義〉と〈宗教〉は、自己適応という特徴をもつ人間の社会を組織させ、自己制御システムを形成させ、同時にこのシステム

を通じて人間の生存を保証し、さらに発展したダイナミックかつ時空の限定を超えた保護を獲得させる。

　文明の歴史は、ただ人間だけがその知恵を運用して、その攻撃性を組織し強化し、または転化させることができたことを証明している。人間はその指向性を目的と一致させ、それによって多くの文化と補助手段を発明し、絶えず社会と文化の構造を最適化し、そのエネルギーを可能な限り高い効率でその目的に奉仕させた。技術は、人間の攻撃性経験と手段累積性の進化、それに錬磨の結果である。この攻撃性は、自然界及びそのほかの人（群れ）などの外部対象に対する人間の進撃と攫取を含んでいる。人間の知識と科学技術は、人間に最も強大で最も有効な攻撃性を獲得させる。利他主義を基盤とする社会制御システムは、特定の地理と気候などの外部条件に対応する習俗の形成と、社会構造方式とそれと対応する資源の分配観念とを支配している。

　ウィルソンは、「文化は、儀礼と宗教という一層輝かしいその表現も含めて、環境追跡手段の階層化されたシステムだと説明しうる。……すべての生物反応は、ミリ秒単位の生化反応から何世代にもわたる遺伝子交換に至るまで、すべてこのようなシステムとして描写できる」（E.O.Wilson, *Sociobiology: The New Synthesis,* P.560）と云い、さらにこう述べる。「あらゆる生物の種が具えている社会的特性は、いかなる時でも快速の進化を始め得ることを明瞭に示しており、この快速の進化の総数は注目に値する」（同上 p.145）。さらに彼は一歩進めて云う、「人類学と歴史学はますます成熟するベテランのような存在ではあるが、それらは依然としてマックス・ウェーバーの結論を疑っていない。すなわち、原始宗教であればあるほど、たとえば長寿、豊かな土地と食物、災難を逃れ敵に勝つといった純粋な世俗的な報いのために超自然的な力を追求する。……それゆえ宗教は、人類のほかの制度や文化と同様、常に信徒の福祉の方向に向かって進化していった、と」（前掲 *On Human Nature,* pp.174～175）。このように彼は、人類文化の生物学的特性を指摘し、文明の背後に隠されている生物学的原動力を明らかにした。

　巫術の没落を指標として、巫術よりも一層理性精神に富み、一層明晰に自

然現象と人間社会、およびこの二者の関係を認識し整理する、宗教と科学が順次勃興してくる。これは人類の文明史上、なんという壮観な絵巻であることだろうか。ここからキリスト教を産んだ西洋思想の伝統のなかに、地球は完全に人間の目的に奉仕するために設計され、人間は自己の意志に従ってそれを制御し使用し改造することができる、という観念が発展する。このような観念は長く影響を与え続け、西洋文化の一個の思想的な起点となった（この問題の詳細は以下を参照。C.J.Glacken, *Nature and Culture in Western Thought,* in Technology and Change, pp.121～125, また、W.Rice, 漢訳『自然的控制』、26～27頁も参照）。しかしながら、「現代では自然を制御するという観念は、宗教の基本的観点にはあった、支配と従属の対立する場で形成されたあの緊張感が失われ、世界における人間の力を拡大するという一種単純な観点が採用されている」（前掲『自然的控制』、30～31頁）。そのことはともかく、宗教と科学は、認識の領域であれ行動の領域であれ、あい前後して人間が世界を認識し解釈し、攫能効率を高めるという方式となったのである。

第三節　宗教−科学の張力モデルと攫能性進化の方向

　歴史上、宗教と科学には区別がある一方、宇宙や世界の〈説明〉というはたらきには共通性があり、両者はそれぞれ異なったやり方で思想的エネルギーを蓄積し、それによってある種量子力学でいう〈ポテンシャル障壁〉に似た二つの大陣地を築き、ある種の張力を生み出してきた。

　このような張力は、中国と西洋という両種の文化においては異なった〈突破〉（劇的変革）方式を持っている。ヨーロッパ中世の歴史にあっては、教会は科学に対して〈撃穿〉式（位置エネルギーを超えた運動エネルギーによって壁を乗り超えるやり方）の攻撃を加え、宗教と科学間の〈ポテンシャル障壁〉やその張力を〈突破〉した。しかし、文芸復興期以降は、科学が次第に主導的立場を獲得していったので、今度は科学が宗教に対して〈撃穿〉式の突破を採用した。近世ヨーロッパでは宗教と科学の関係史上、3つの歴史的エポッ

第Ⅰ部　序説　第六章　文化の〈攫能性〉の問題：若干の理論的思考

クがあった。中世末期の宗教と科学の尖鋭な衝突から文芸復興期の宗教改革へ、啓蒙運動から工業革命へ、神の創造論から進化論へ、というのがそれである。その際に〈撃穿〉式の突破が生じたのである。

　一方道教の場合、科学が一定段階にまで発展した時に、両者間に〈トンネル効果〉（壁を乗り超えるのではなく、両者を隔てる壁を互いに量子的に透過する）に似た現象が生じた。

　ある見方によれば、科学の目的は理解（認識）にあるという。「絶対多数の基礎科学者から云えば、彼らの天職の最終目的は、彼らの世界の周囲を理解すること、その運行を説明することである」（R.G.Newton, *The Truth of Science: Physical Theories and Reality*, p.45）。その文化的本質において、宗教の功能も同様に説明することにあるが、科学と宗教との間にはその説明において往々にして巨大な相違が存在する。ある人はこう指摘している。「それ自身から云えば、理解してそれを精しく説明することを強調するのは科学の主たる目標であって、これは誇張した云い方ではない。ほかにも、類似の目的を持った人間の活動がある。……多くの文化や歴史の諸時期において、神話伝説はかつて自然の深奥を精しく説明するはたらきを果した。同様に、我々の文化においてもある種の説明――最も突出しているのが宗教から来る説明である――は、科学からはるかに隔たっている。まさに科学と宗教とのこの部分の共通性こそ、衝突と争論を招いた当のものであった。こうした衝突と争論は、理解を通して、科学者は何を云っているのかをはっきりさせない限り解決には至らない。……科学と宗教との間において、衝突は根本的に不可避なのである」（R.G.Newton 前掲書 p.46）。

　ヨーロッパの歴史における宗教と科学との間の、忘れがたい長期にわたる矛盾と衝突に基づいて、こうした西洋の学者たちは同時にこう指摘する。世界に対する宗教の説明には、「科学が過去400年間発展させて来たあれらの重要な特質が欠けている」、つまり、「科学の説明は、最終的には客観的、普遍的証拠によって検証された知識構造中の一部であらねばならない。ここで云う客観的、普遍的証拠というのは、自然に対する観察と経験に由来するも

ので、神々の啓示や経典、または個人的経験や権威に由来するものではない」(R.G.Newton 前掲書 pp.46 〜 47)。

　しかしながら、ヨーロッパ中世における宗教と科学との長く激烈な対立を、世界の歴史上のあらゆる宗教と科学との関係に持ち込むことはできない。のみならず、科学の定義を単に〈説明〉という機能の範囲内に限定すると、なぜ科学があれほどの長期間、持続して大規模な発展を遂げたのかが説明できない。留意する必要があるのは、説明機能はただ科学の機能の基本部分を構成しているにすぎないという事実である。より上層にあるものは、科学が具備している、現実的かつ有効的に人間の擢能効率を高めるという機能なのである。しかし、科学はこれまで、人間を引き連れて人間性の十全なる完成——人間の自己実現と究極的な自由の獲得——へと向かうことは承諾してこなかった。道教が科学の機能と不朽の理想を一つに結合させ、それを一手に引き受けて〈承諾〉したのはまさにこの点においてなのである。それと同時に、ここでも同じように宗教と科学における説明機能上の共通点が存在し、両者はその一致点を探し求めた。この一致点は、科学と宗教が歴史的に排斥されたり包容されたり、あるいはまた、科学が最終的に宗教のなかから分化してきたり宗教のなかに埋没したりした論理的前提であった。

　この科学と宗教が共有する世界を説明するという部分的な共通点において、長生成仙という理想の現実的意義によって、道教内部では多くの伝統科学と一致する文化的要素が発展したが、一層重要なことに、道教はさらに一歩進めて、科学のより大きな可能性を探究した。キリスト教自身の内部にはこのような要素は存在しなかっただけでなく、極端な手段によって世俗文化のなかの世界に対する非宗教的解釈を抑圧した。同じく宗教でありながら、一方は順応し支援し、一方は衝突し排斥した。一方は繰り返し自然を観察しみずから実験を行なったが、一方は自然の観察と検証行為およびそれを行なう人とを繰り返し残酷な手段で孤立させた。後者の文化環境では、いったん科学が一定の段階まで発展すると、科学の結論と宗教的伝統に基づいて形成された人間の自尊心とが衝突するという事態が発生し、科学の原理は多くの

人には受け入れ難いものになった。19世紀にダーウィンが『種の起源』を発表した時、当時そこに存在していた反宗教性の故に神を汚す説だとして攻撃を受けた（詳細は以下の書を参照。A.Whitehouse, *Creation, Science, and Theology: Essays in Respnse to Karl Barth,* pp.178, 179）。進化論と神の創造論を巡る有名な論争は、今なお人々の記憶に新しい。

　キリスト教の〈原罪〉説によれば、人類の始祖は自分たちの純潔さを失う代償として知識を手に入れた。神は人類の始祖が神の訓告に聴き従わず、知識の樹の禁断の果実を盗んだのでエデンの園から追放し、人間に永劫の懲罰を与えた。かくて後裔たちは〈原罪〉を背負い、その人生の一切の活動は罪の償いをすることが目的になった。このことは、キリスト教では知識の獲得は人間を堕落させ、善から悪に到るとされていることを意味している。キリスト教はこの〈原罪〉説を通して、どの人間も具えている神性の可能性を除去し、人間を堕落させた産物として知識を排斥したのである。これは人間の側から云えば、人間は罪を背負いつつ、彼が獲得した知識の禁断の実を手放さずにそこから利益を得ていることになり、その心は矛盾に満ちている。この点もまた西洋文化の思想的起点となり、内心に矛盾を抱きつつ知識を追求する時に一種の暗示を受け取ることになった。すなわち、知識（および科学）は神との不和から生まれ出てきた人間の利益であり、人間は神が自分たちに科学を啓示してくれることを期待できず、ただひたすら自分の智慧を頼りに探究するほかはなく、神の意志と衝突するのはおそらく避けがたかろう、と。中世の教会と科学との関係史は、以上のことを証明している。

　キリスト教の伝統と異なり、道家と道教は、知識を獲得しそれを高めて運用することをもって救済を得る手段と考えていた。道教の思想論理によれば、人間が救われたり神仙になったりできるのは、真知を運用して自分を解放できるからである。荘子の次の議論はそれを代表している。

　　道の真で身を治め、その余りで国家を治め、そのカスで天下を治める。

（譲王篇）

道教では、あらゆる神はキリスト教で描かれるヤハウェのような全知全能であるし、修道修仙は、ひとりの人間が知識と智慧を運用して自由を獲得することを意味している。また道教では、人間は自主的な学習と修錬を通して不死に到り、巨大な徳と能力を具えた神仙となると考えられていた。『抱朴子』が次のように云う通りである。「仙は、穀物の種を蒔けば収穫が得られるように、学ぶことで成ることができるのは明白な道理だ。逆に云えば、耕作しないと稔りは獲られないし、努力して修行しないと長生不死は獲得できない」（勤求篇、260頁）。神仙と自由を得るには学ばねばならないし、自然の深奥（道教で云う〈機〉）を探究せねばならない。このような大知を得ることは、仙の国に入る鍵を手に握ることを意味していた。

　ここから、宗教としての道教と科学との関係が西洋とはまったく異なっていることが分かるはずである。道教においは、知識と理想との間（または方法と救済の獲得との間）の緊張した対峙関係は、キリスト教ほど強烈ではない。ここでは、宗教と科学との間の張力の蓄積は、両者間の〈位置エネルギー〉の集積が臨界点に達した時、先述の西洋で発生した突破性変革（撃穿現象）のようなことを引き起こさず、両者間にはある種の新しい交流が発生した。その理由は少なくとも３つある。第１点：これは道家の伝統中に存在するものであるが、強い力に頼って生活したり発展したりすることに反対し、柔弱なること水のごとき精神で一切に対応することの主張である。というのも、道家から見れば、これは「長久」（『老子』第44章）のための存在哲学だからである。第２点：道教は道家思想を継承すると同時に、人々が自然の奥秘を探究し発見し、自然の〈機〉を探し出すことを許し、またそうするように鼓舞した（『陰符経』神仙抱一演道、『道蔵』1-821）。その目的は、この〈天機〉に依拠して、自然または道と一体化した宇宙の原始状態への回帰を実現することにあった。そこでは、生命はふたたび永遠で不朽なる境界に回帰（獲得ではない）する。第３点：「魚を獲れば魚を捕る道具のことを忘れる」（『荘子』の語）という知識に対する価値観は、それを援用して自己の生存と発展に奉仕させてきたあらゆる道具から、その連続的価値をすべてを奪

い去るものであり、かくして漸進的発展中のステップ間の張力が失われた。その結果、道教が人々に教示した修錬と救済の方法のなかには、非常に高い程度で実用的な現実知（および現実に依拠した知識）の特徴が具備されるようになり、道教はそうした知識の蓄積、学習、創造を利用して人間の最終的な存在の問題を解決しようと試みた。

　しかしながら、キリスト教神学によれば、救済は決して現実的世俗的知識に基づくものではなく、神に対する信仰に基づいている。現実的知識は、キリスト教のなかでは人々を助けて救済させる機能を持っておらず、まぎれもなく長きにわたって呪詛され抑圧を受けてきた。これこそが中世欧州の思想文化と科学観念の基盤なのである。我々がこの一点を認識すれば、ヨーロッパの神学者の以下のような名言をいぶかることはあるまい。テルツリアヌスは云った、「まさにその荒唐無稽さ故に信仰する（credo quia inpossibile）」、アンセルムスは云った、「知を求めるために信仰する（credo ut intelligam）」（W.C.Dampier、漢訳『科学史及其与哲学和宗教的関係』、133頁）。ここでアンセルムスの云う「求知」の〈知〉は、後世のいわゆる〈知〉ではなく、在らざるところなく、知らざるものなく、不可能はないという神の威力に対する認識、及び〈原罪〉に対する認識を指している。ここでは、人間の外部世界に向かう探究と攫取の意志がねじ曲げられ改造されて内部世界を指向しており、それに従うことが最終目的に到る近道とされている。このような中世紀精神の要求に従って、「我々の徹底した情熱は、優雅な神聖の秩序に捧げられねばならない。サタンが出没する世界ではアダムとイブの最初の好奇心を信じてはいけないと、パウロとアウグスチヌスは絶えず我々に警告した」。こう述べたあと、R. シャタックは続けて云う、「人文学者の B. ウィリーは17 世紀のこうした観念をよく観察し、『世俗の知識と自然哲学は、真正なる霊性生活から来た一種の娯楽または誘惑を代表し、……自然を探索することはアダムとイブの原罪を重ねることを意味している』と述べた」（R.Shattuck, *Forbidden Knowledge: From Promethesus to Pornograpyy*, p.30）。

　道教科学の発展の歴史は、科学発展の気質というものが中世期、中国と西

洋では相反した方向へ発展していったことを示しているが、このような相違の核心的な特徴は攫能性の指向の違いにある。中世期の中国文化において道教は、長期にわたり科学の発展にとってふさわしい環境として伝統科学を育み発展させ、多くの理にかなった成果を挙げ、ある種の成果は数百年間、評判を独り占めさえしてきた。しかしながら、道教科学の発展の歴史は、このような環境が同時に科学発展の桎梏ともなることを明らかにしている。というのも、このような環境としてのそれ自体の内的に規定される認識論、およびこれを基盤とする〈価値取向〉とは、常に科学そのものの発展目標や法則と一致するとは限らなかったからである。科学の思想と文化の拠り所としての、このような環境中の認識論と〈価値取向〉が内在化または外在化へと変化する際、科学発展における攫能指向の変化をもたらした。先述したようにおおむね唐末・五代を境界線として、それ以前と以降の道教は攫能指向の面において外と内という明確な相違がある。16世紀（明代）になると、哲学・思想の領域においてこの分野が生み出した影響は空前の深さに到達した。外在する物性の世界を貶めて内在する霊性の世界を持ち上げることにより、内在性は中世から近世にかけて中国思想と精神の発展の主流となった。

　上述したようにヨーロッパは、中世期全体を通して内在化された信仰に沈潜したが、その結果、外部世界および人間が外部世界と遭遇して生まれた知識とはひとしく最低線まで貶められ、人間の認識能力は内省と原罪の認識に集中されることになった。これと同時期の中国文化の発展状態はちょうど相反している。中世のヨーロッパ文化は近世、とりわけ啓蒙時代に説かれるような暗黒だったのでないと現代の研究は表明しているけれども、しかし総括して云えば、中世欧州の科学文明の発展が中国より遅れていたことに疑問を挿む余地はいささかも無い。問題は、14世紀以後の文芸復興（ルネッサンス）、および16世紀に始まった宗教改革にある。これらはヨーロッパに澎湃とした生気を湧き起こし、その結果、欧州の社会と文化は内面世界に沈潜することを止め、巨大な力を爆発させ、外部世界を指向するようになり、世界歴史の車輪は急速に逆回転をし始めた。折りしも中国文化は奥深く内面世界に沈んでおり、そ

こから抜け出すことができないでいた。人類の智慧の攖能本質に従えば、内在化または内面化は決して攖能性の消滅ではなく、その育成であるべきはずである。問題のキーポイントは、道教とのちの理学が内在化という本来手段に属することを目的と同一視してしまい、それを絶対化して奥深く掘り下げてゆき、理性化から過度な超理性の境地につき進み、さらに仏教の思想方法に範を取って外在的価値を否定したところに存在する。文芸復興と近世以来の世界文明の進化史は、内在する智慧を外化させることでしか人間性の充分な進展はあり得ないことを明瞭に示している。理学と仏教は絶えず〈無執〉（執着しない）を求めたが、しかし実際にはそれらは内面世界に耽溺することに執着して、そこから外部世界に返ろうとはしなかった。このような思想の発展状態は、中国の科学哲学に長期にわたる内在化への改造を強いることになり、ただ虚幻のなかにのみ人間性は実現できると思い込ませた。しかしまた一方で、一定程度〈ポテンシャル障壁〉の張力を緩和させ、（たとえば革命のように）一方が決起してもう一方に取って代わる式の〈突破〉を実現するのを困難にさせたことも事実であった。

第Ⅱ部

煉丹術と化学

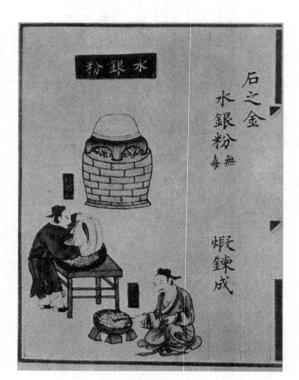

昇煉甘汞図

第一章　初期道教の煉丹術の起源と推移

　煉丹術は化学の初期形態であり、旧時代の化学の核心的内容を成している。煉丹術は最も早く中国で起こった。戦国時代に芽生え、秦漢時代に成立し、その後、道教に支持されそのなかに包摂されたことで日増しに発展し、その活動はほとんど中国全域に及んだ。生命を維持すること2千余年、豊富な化学知識と実践経験を蓄積することで、その発明と発見は、火薬、硫酸、亜鉛の精錬、湿式煉銅などを含む多くの重要な科学技術の成果に及び、またその総括として多くの有益な科学思想と科学方法論が生み出され、世界の科学技術の発展に対して重大な貢献を成し遂げたのであった。

　道教煉丹術はほとんど中国煉丹術の代名詞になっているが、煉丹術の思想的基盤は古代の神仙説であった。道教が樹立されたあと、神仙不死、羽化登仙の思想の刺激によって、煉丹と丹薬の服用とは、道士たちが認定した不死成仙の方途として極めて短時間に道教の核心的な修錬方術となっていった。のみならずそれは、道教の支持と包摂のもとで、宗教と科学技術が相互に浸透し合う歴史の流れとなって旧時代の中国の科学技術、経済、そして政治生活に至るまで深甚な影響を与えた。

　初期道教における煉丹術の形成と道教の起源とは同じものであり、多様な社会的要因の長期にわたるはたらきの総合的な結果であった。また同時に、不老不死を追究し、物質の変化を探求し、精神の憧憬に身を任せた、古代の方士たちの手になる一種の文明の姿であり、さらにはまた、古代の医薬技術、冶金技術などの物質的手段と、社会的要求、とりわけ統治者の需要とが結びついた産物であった。特定の思想文化、発達した技術という手段、そして畸形な社会的需要という3要素が互いにぶつかり合い、唯一無二の道教煉丹術が造成され、それが煉丹術を前へ前へと推進させたのであった。

　道教煉丹術は、その後の発展過程において、次第にふたつの流れに分化していった。ひとつは 外丹術、いまひとつは内丹術である。外丹術は、学問

的性格としては化学に、内丹術は人体科学に属していて、両者は1字の差ではあるが、実質的な中身は科学性とはかなり隔たっている。内丹術は人体を鼎炉（鍋と炉）と見なす一種の身心修錬術であり、その形成は外丹術より遅れる。一方の外丹術は、金石鉱物を本当の鼎炉に入れて焼煉させ、長生不死を獲得することを目指す、一種巫術と科学が混合した冶金術である。煉丹術という語が通常指し示すのは外丹術（黄白術も含む）であって、本書もこの説を採用する。

第一節　物質変化観の発展

　煉丹術の発生と物質変化観の進歩とは密接不可分の関係にある。〈変化〉は煉丹のプロセスを貫通する重要な指導的観念であり、煉丹術とは一個の〈物質変化〉の学問と技術なのである。もし物質が変化しなければ煉丹術は語りようがない。

　四季の転換、昼夜の交代、万物の生滅は、人類の歴史の早期から変化というものを人間に印象づけたが、火の発見以上に、変化の多様さと早さを最も強く感じさせたものは他にはない。火は原始人がその化学反応を広範囲に使うことができた最初の発見であった。火というものは、あっという間に木を灰に変え、生肉を熟肉に変え、軟らかい泥を硬い陶器に変え、ありふれた石ころを珍しい鋼鉄に変える。火の使用によって人々は製陶技術を発明し、製陶から酒の醸造と冶金へと進んでいった。

　万物は変化するという哲学は、中国ではごく早い時代に生み出されていた。老子の『道徳経』にはすでに高度な総括がなされている、「道は一を生み、一は二を生み、三は万物を生む」と。『周易』という書物にも変化の思想が貫かれている、「易は簡易であり変易である」、「卦は日月時刻に従って変化する」と。『周易』のテーマは、宇宙と人生の変化現象とその規則とを人々に洞察させ、万物の変化のなかから経験と教訓を摂取し、自然の変化の道理を把握して、国と家をよりよく治めて生を営ませようとするところに

あった。

　荘子は、寓言によって変化の哲学を明らかにして説き、天地を溶鉱炉に譬えて、人間と万物とはすべてこの溶鉱炉のなかで陶冶される、などと述べている。

　物の種(しゅ)の変化という観点とその事例についても記述がある。『夏小正』には動物の類の変化に関する記載がある。「鷹は鳩になり、モグラはウヅラに変化し、雀は海に入ってハマグリとなり、雉は淮水に入ってオオハマグリとなる」と。これらは事実と合わず、錯覚や誤解にすぎないのに、後世の多くの歴史書では、この『夏小正』の表現をそのまま引用しているのは、物の種は互いに変化しあうことがあり得るという考えが、すでに深く人々の心中に浸透していたからである。

　煉丹家をもっとも興奮せしめたものは、鉱物方面の変化であった。この方面についても多くの記述が残されている。たとえば、『管子』地数篇にこうある。「山の上に赤鉄鉱があれば、その下に鉄がある。上に鉛があれば、その下に銀がある。上に丹砂があれば、その下に黄金がある。上に磁鉄鉱があれば、その下にアカガネがある」と。

　『淮南子』は、こうした鉱物の変化を陰陽五行の理論中に組み込み、陰陽五行説を使って各種の卑金属が貴金属へ変化する、1枚の変化過程図のようなものを描いている。

> 　正土の気は埃天(あいてん)を御し、埃天は500年で缺(けつ)(雄黄)を生じ、缺は500年で黄埃を生じ、黄埃は500年で黄澒(こうこう)を生じ、黄澒は500年で黄金を生じる。
> 　偏土の気は青天を御し、青天は800年で青曽を生じ、青曽は800年で青澒を生じ、青澒は800年で青金(鉛錫)を生じる。
> 　牡土の気は赤天を御し、赤天は700年で赤丹を生じ、赤丹は700年で赤澒を生じ、赤澒は700年で赤金(銅)を生じる。
> 　弱土の気は白天を御し、白天は900年で白礜(はくよ)を生じ、白礜は900年で白

涜を生じ、白涜は900年で白金（銀）を生じる。
　牝土の気は玄天を御し、玄天は600年で玄砥(げんし)を生じ、玄砥は600年で玄涜を生じ、玄涜は600年で玄金（鉄）を生じる。　　　　　（『淮南子』地形訓）

　『管子』のいう「上に丹砂があれば、その下に黄金がある」と、『淮南子』のいう「黄埃は500年で黄涜を生じ、黄涜は500年で黄金を生じる」という認識は、煉丹術なるものは丹砂(たんしゃ)（硫化水銀の結晶、不老不死薬の製造に欠かせない鉱物、辰砂、朱砂ともいう。詳細は194頁以下参照）を主原料として始まったとする思想の源流のひとつになっている。上引のように5種の〈金〉がすべて5種の涜〈(汞＝水銀)〉から生成されるという『淮南子』地形訓の記述から見れば、当時、淮南王劉安（『淮南子』の編者）が召集した方士たちの煉丹術は、丹砂水銀を主とするものであったことが分かる。のみならず、『淮南子』地形訓では、さらに五行の相生と相剋の道理でもって世上の物質変化の多様性を説明し、農業、冶金、醸造、音楽といった各種の技術の可能性と必要性に説き及んでいる。

　『淮南子』の作者は、物質変化の思想を表明しただけでなく、その法則の基礎を把握することに基づく、人間の物質変化に対する主体的能動性を強調し、とりわけ物質を〈燃焼〉させる火のはたらきを強調した。これは疑いもなく、神仙方士が不老長生薬を製造するうえで一筋の大道を指し示すことになった。中国道教の煉丹術は始まるや否や火法を重視する煉丹となったが、これは古代人の〈燃焼〉のはたらきに対する深い認識と密接に関係している。

　物質変化の観念は、煉丹家の脳裏に到達するや、いっそう成熟し具体的になった。魏伯陽の『周易参同契』には「胡粉を火中に投じると、色が壊れてまた鉛に返る」（道蔵20-141）とか、狐剛子の『五金粉図訣』には「雄黄には鉄を変化させるはたらきががあり、雌黄には錫を変化させるはたらきがあり……」などと述べられている（『道蔵』19-387～388）。

　葛洪の物質変化観はさらに包括的で徹底している。彼は最終的に、物質変

化の思想とその変化における人間の積極的なはたらきに対して透徹した総括を行なった。

> そもそも変化の術にできないことがあろうか。……鉛の本性は白いが、これを赤くすると丹になる。丹の本性は赤いが、これを白くすると鉛になる。雲、雨、霜、雪はみな天地の気であるが、薬でそれらを作ると本物と変わらない。……高い山が淵となり深い谷が陵となるのは、これらもまた大きな物の変化である。変化というものは天地の自然であるのに、なぜ金銀は別の物で作ることができるのを疑ったりするのだろうか。
> 　　　　　　　　　　　　　　　　　　　　　　（『抱朴子』黄白篇、284頁）

　古代中国人は物質変化の普遍性と永劫性は明らかにしたが、その変化の有限性と条件性はなおざりにした。しかし総括していえば、その普遍性と永劫性の認識の上に立って、人間の能動性と主体性に関しては充分肯定的であった。こうした観念は道教煉丹術の発生と発展に重要な役割を果たした。この物質は変化可能とする思想は、道士の煉丹の探求と実践を啓発し、同時に煉丹の成功に対する信念を堅固なものにしたのである。

第二節　冶金技術の発展と観念の分化および煉丹術の誕生

　煉丹術は、その構成要素がかなり複雑で、体系も相当厳格な旧時代の実験科学であるが、その誕生には三つの基本条件が必要であった。すなわち、(1) 周到な説き方で深く人心をつかむ神秘主義学説、(2) 体系がよく整備され、思想的にも深い哲学理論、(3) すでに枠組みが出来上がっていて、水準が比較的高い冶金工芸の技術、である。これらのひとつが欠けても成立し得なかった。紀元前の世界において、中国だけがこの三条件を同時に具備していたのである。その他の国は、たとえばペルシャのように濃厚な神秘主義学説だけがあり、たとえばギリシャのように博大で深遠な哲学だけがあり、た

とえばエジプトのように発達した冶金工芸技術だけがあって、三者を同時に具備するのが困難であった。それゆえ煉丹術がまっ先に中国で誕生したのは偶然の出来事なのではなく、深い理由があったのである。神仙説が煉丹術に精神上の原動力を与え、物質変化観が理論上の希望を与えたあと、春秋戦国時代に発達した冶金技術がさらに物質手段上の経験を付与した。葛洪は云う。

> 泥土は消滅しやすいが、これを焼いて瓦にすれば、天地とともに長久となる。柞(ははそ)や楢(なら)の木は朽ちやすいが、これを焼いて炭にすれば、億年経っても腐敗しない。　　　　　　　　　　　　　　　（『抱朴子』至理篇、112頁）

冶金と陶磁器の焼製技術は煉丹術に物質手段を付与しただけでなく、さらに煉丹家に思想的な示唆を与え、大規模な冶煉活動は方士たちに〈鋳煉〉というものの巨大な威力を深く体験させることになった。

一　青銅の冶鋳技術

紀元前においてすでに中国古代の冶金（鉱物から金属の抽出と精製）技術は、多くの面で世界各国をリードしていたが、その高度な技術水準は、当時の中国経済によって強力な推進力を与えられ、また煉丹術の誕生によって十分な物質的条件が準備された。その際立った現れは、一つには完璧な青銅の冶鋳（加工）技術であり、いま一つは卓越した生鉄の冶鋳技術である。

いわゆる青銅とは、おもに銅、錫、鉛などの元素の合金をいう。それらは純銅に比べて熔点がやや低く、硬度が高くて堅牢であり、それゆえに比較的良好な鋳造の性能と機械の性能を具有していた。中国は最も早く青銅を発明した国ではなかったが、青銅の冶鋳技術はのちに先頭を走るようになり、殷代には世界各国をリードしていた。

殷代は中国の青銅技術の最盛期であり、青銅工芸家たちは分鋳法などの先進的技術に習熟していた。分鋳法とは、鋳る器物の各パーツを鋳接の方法に

第Ⅱ部　煉丹術と化学　第一章　初期道教の煉丹術の起源と推移

よって一つずつ鋳造してゆくもので、時には先に主要部分を鋳て、それからその上に付属部品を接鋳したり、また時には、先に付属部品を鋳て、泥土で作った鋳型に嵌め込んで主要部分と鋳接して一体化する方法である。これは中国民族固有の範鋳技術であった。

　殷代にはすでに、中原の各地にかなりの規模の青銅工房が出現していた。たとえば、河南省安陽殷墟の鋳銅工房の遺跡は、1万平方キロ以上の面積をもち、洛陽北郊、西周初期の鋳銅工房の遺跡面積は9万から12万平方キロもあったといわれている。当時の大型熔鉱炉は内径がすでに80センチ、炉の温度が1200度前後の高温に達していた。青銅の職人たちは、これらを使って精美で複雑な大型の青銅器を大量に制作したのである。たとえば有名な〈司母戊〉なる長方形の鼎は、重さ875キロ、耳までの高さ1.33メートル、横幅1.10メートル、縦幅0.78メートルもあった。

　春秋戦国時代になると、青銅の冶鋳は比較的単調な陶範（陶製の鋳型）鋳造から、渾鋳（銅器の全体を一気に鋳造する）、分鋳（銅器を各パーツに分けて鋳造）、失蠟法（蠟型法）、錫焊（錫によるパーツの溶接）、銅焊（銅によるパーツの溶接）、赤銅鑲嵌（象嵌）等を総合的に使用する多様な金属工芸に変化し、新しい器の形と装飾を創造して新しい技術水準に到達した。そして青銅器の種類と生産量も大幅に増加した。1978年、湖北省随県の曽侯乙墓から出土した大量の青銅器のサンプルは、春秋戦国時代の青銅冶鋳業の生産能力と技術水準を充分反映している。当時そんなに大きくもない一諸侯がこれほど大量の精緻で美しい鋳造物を製造した事実は、この時代の青銅冶鋳技術がすでに相当普及し、かつまた相当高い水準に達していたことを物語っている（杜石然他『中国科学技術史稿』上冊、40～49頁）。

　青銅は多様な成分の合金であって、その銅、錫、鉛の比率は、生産品の性能に対して決定的なはたらきをした。春秋時代に書かれた『考工記』に、すでにこの点に関する記述がある。

　　　金（青銅のこと）に六斉（6種の配分比）がある。金6錫1なら、これを

鍾鼎の斉という。金5錫1なら、これを斧斤の斉という。金4錫1なら、これを戈戟の斉という。金3錫1なら、これを大刃の斉という。金5錫2なら、これを削殺矢の斉という。金と錫が半々なら、これを鑑燧の斉という。

(『周礼』考工記・輈人)

これは、合金の配分に関しては世界で最も早い、経験に基づいた科学的総括である。現代の物理学と化学が分析して証明するところによれば、含錫量が17パーセント前後の青銅は、すなわち「その金を六分して錫がその一を占める」(金6錫1)の青銅であり、これはオレンジ色を呈し、非常に見た目に美しく、叩くと音もまた非常に心地よい。これはまさに、鍾鼎の類を鋳造する場合に必要な原料である。錫の含有量が増加するに従い、青銅の硬度が上昇する。だから、大刃や削殺矢などの武器は、含錫量が比較的高い青銅によって鋳造することが求められるのである。

『考工記』にはさらに、冶銅時の火炎を観察することによって冶煉のプロセスを判断する経験的記述がある。

そもそも冶金の際の火の状態は、青銅と錫による黒濁の気が尽きて無くなると、黄白色がこれに次ぎ、それが尽きると、青白色が次、それが尽きると青色を呈するが、こうなってはじめて鋳ることができる。

(同上・槖氏(リツ))

火炎の色から炉内の化学反応の進行状態を判断するのは、冶金作業の一大技術であり、この方法は今も使われている。金属は加熱すると、蒸発、分解、化合等のはたらきによって、異なった色の気体を生成する。加熱を始めた時、銅材に付着している炭化水素の燃焼によって黒濁した気体を生み、温度の上昇につれて、酸化物、硫化物とある種の金属とが揮発してきて、異なった色の気体を形成するのである。火炎の色が比較的ピュアな時は淡青色を呈するが、これは銅と錫中に含まれる雑成分が大部分除去された状態で、

精錬が成功し鋳型に流し込んで鋳造しうることを前もって示している。いま使われている〈炉火純青〉（学問や修行が高いレベルに達した譬え）という語はここに由来しており、青銅の冶鋳が当時、普遍性と重要性をもっていたことがここから理解できる（上掲、『中国科学技術史稿』上冊、44〜45頁）。

　青銅冶鋳の各種の技術――とりわけ、異なった合金の配分比率によって異なった金属を生み出す知識は、方士の煉丹実験に対して大きな助けになったことは疑う余地がない。

二　冶鉄技術

　鉄の熔解点は青銅に比べると一層高いので、冶鉄の発明は青銅の冶煉より少し遅れた。初期の冶鉄は炉火の温度が鉄の熔点に届かず、せいぜい千度前後であったので、雑物質の多い固体状態の鉄しか生み出せず、それに熱を加えて何度も鍛え打つことで渣滓（カスやオリ）を取り除き、ようやく鉄器を製作できたのである。中国の冶鉄技術は夏殷時代に遡りうるとはいえ、効率の低い「鉄の塊を鍛え打つ」技術は冶鉄の発展を制約したため、鉄器の生産量と質量は高くはなく、青銅技術に取って代わるには困難が伴った。

　春秋時代になると、世界で初めて生鉄（銑鉄）の冶鋳技術が開発された。この技術のキーポイントは炉火の温度の上昇で、銑鉄の熔点1150度に達したりそれを超えたりして、炭素含有量が比較的多い銑鉄を充分熔解させ、煉滓をしっかり分離し、液状の状態で炉外に流し出すことで直接鋳型に流し込んで鋳造しうるようになった。これにより鉄器の生産速度が飛躍的に速まって、冶鉄はまったく新しいステージへ跳躍し、一時代を画すことになった。欧州では紀元前千年前後に塊鉄を産出し得たが、鋳鉄を使用できるようになったのはようやく紀元後14世紀のことで、その間、長い長い発展への道を歩まねばならなかった。しかし中国は古代においては、比較的短時間で技術的難所を突破し、大量に銑鉄用具を生産し得たが、それも殷代の先進的な青銅冶煉技術に負うところが大きい（上掲、『中国科学技術史稿』、89、93頁）。

　銑鉄冶鋳技術の開発後、中国では春秋戦国時代にさらに鋳鉄柔化技術が発

展を遂げた。熱処理を経て銑鉄中の比較的多い炭素を除去することで、銑鉄の強度と粘りが明らかに増強され、銑鉄のもろくて断裂しやすい問題が有効に解決できた結果、銑鉄の耐用年限が大幅に延び、銑鉄製品の前に広範な用途が開け、生産工具を造ることも可能になった。かくして鉄器工具は青銅工具に取って代わり、中国古代封建社会もまた、いち早くそれによって鉄器時代へ踏み出したのである。

春秋時代には冶鉄業はいくつかの地域に集中していたが、戦国時代中期になると、冶鉄業は各地に拡大してゆき、当時の手工業の最重要部門となり、多くの著名なセンターが現れただけでなく、冶鉄で富を築いた大鉄商人も出現した。河北省石家荘の遺跡から出土した農具のうち、鉄製農具は65パーセント、遼寧省撫順の遺跡では85パーセントも占めているが、この時代に出土した鉄器は農具だけでなく、兵器、各種手工工具、それに生活用品と多彩であり、出土範囲も中国各地に及んでいる。

青銅や銑鉄の冶煉が進歩する過程で、中国の採鉱技術も長足の発展を遂げ、大量の採掘経験が蓄積された。前引『管子』の「山上に赤鉄鉱があればその下に鉄がある……」は、共同で採掘した経験の総括である。1974年、湖北省大冶銅緑山で発掘された、春秋戦国時代の古い銅鉱井戸は、当時の採掘技術がかなり進んでいたことを証明している。その井戸は深さが50メートルにも達し、縦井戸、斜巷、平巷などによって比較的合理的な鉱井のシステムが構築されていた（上掲、『中国科学技術史稿』、158～159頁）。

煉丹家に対する最大のヒントは、戦国時代後期の金属冶煉に助熔剤を使っていたことかもしれない。古滎鎮の冶鉄遺跡から発掘された炉の渣滓は、炉口がガラス状を呈しており明らかに充分熔化した痕跡を留めている。当時、意識的に投入されていたのはアルカリ性の石灰石であった（趙匡華ほか『中国科学技術史・化学巻』、158～159頁）。

ほかに、送風、煉炉、炉火などの技術が煉丹術の発展に大きな寄与をした。とりわけ、耐火泥を塗った坩堝煉炉は、煉丹初期にはずっと煉丹家に借用された。著名な科学史家ジョセフ・ニーダムは、初期道教が祭祀に使った

香炉と古代の冶金とを結びつけてこう述べている。

> 香炉は、煉丹炉の祖先のひとつと考えるべきである。……あらゆる寺院や廟のなかに置かれ、今に至るもなお目立った位置を占める香炉は、古代においては火を使って天然物質の驚異の変化を成し遂げようとする者に大いなる刺激を与え、次なるステップへの推進力となったが、そのはたらきは火を応用することで達成される。これが中国の火を使う哲学であった。香炉はこのように古代人に刺激を与えただけでなく、かりにもしこれを戦国、秦漢時代において、たとえば朱砂、硫黄、砒素硫化物などの半魔術的な物質を祭壇のその炉火の上に投じたなら、人を驚愕せしめる化学的、生理的な結果をもたらしたにちがいない。

(『中国の科学と文明』台湾版第14冊、238頁)

総じて云えば、燃焼反応を主要な手段とする冶金や製陶などの活動は、すべて煉丹術の発生と発展のために必要な物質的基礎を打ち固めたのである。

三 「冶は天と通ず」——煉丹術の勃興

冶金技術の発展につれ、冶金のプロセスの観察中に次第に観念が分化してゆく。人々は冶金のプロセスの観察と思考とを人間自身の生命存在の問題と結びつけるようになる。かくして、人間の肉体の性質および存在の問題と、金属のそれとが同じ思惟とロジックのなかで考察されるようになる。道教の煉丹家・陶弘景はこう述べたことがある。

> 仙は鋳煉の極まり、感じて通じるの道理であります。粘土をこねて器物を造った時、その器物は土ではあるが、もはや土とは異なったものです。乾かしただけで火を入れていないと、水気に遇えば壊れるし、火入れが不十分だと、程なくして割れます。しかし、火力が足りれば、表裏ともに堅固になり、山や河は尽きることがあっても、この形ある器は消

滅しないのです。

(陶弘景「朝士の仙仏両法の体相を訪うに答える書」『全梁文』巻 46)

　道教煉丹術と古代の冶金技術およびその観念の間には、密接かつ悠久にわたる関係が存在した。この関係はまず、神話思想のなかに表現された。「女媧　五石を煉って天を補う」という伝説中の「五石を煉る」から、ある種の堅強で頼れる材料の観念を引き出すことができる。指摘しておかねばならないが、この神話の本体にはある種の歴史的な軌跡――中国古代の冶金技術の長足の進歩――が内蔵されている。

　冶金技術は、製陶技術のなかから徐々に分離して生み出されてきた。シッペールはこう指摘している。

　　煉丹術の経験が発展する上で力になったもう一つの中国の伝統は、青銅と鉄の技術であった。青銅の熔化と鉄の鋳造は中国文明のなかで非常に高度な発展を遂げていた。　　(Kristofer Schipper, *The Taoist Body*, P.175)

　では、古代の高水準の冶金技術からどのようにして煉丹術が現れてきたのか。この問題のポイントは、冶金技術の発展過程中に出現した観念の突然変異にあり、そこから観念の分化が造成された。冶金技術の発達と人々の思考能力の進歩に伴って、冶金活動と冶金観念の志向するところが、天地間の物質から次第に人間自身へと転回し、類似の冶金方法を通して人間自身のことをもっとしっかり考える思想が現れてきたのである。そのことは古代の哲学と神話中に反映されている。

　荘子は「造化の営みを偉大なる冶金マイスターとし」た上で、人間はその大きな炉のなかで金属と同じく、自分の意志や希望を超えたところでその形態を目まぐるしく変えられる存在にすぎない、と述べている(『荘子』大宗師篇)。これは明らかに、冶金技術が観念の上で拡張し分化して生み出されたものである。

第Ⅱ部　煉丹術と化学　第一章　初期道教の煉丹術の起源と推移

　『列仙伝』の甯封子の話によれば、彼は火を使ってみずからを焼いたが、煙に従って上昇したり下降したりしたあと、灰と骨を残して姿を消したという。彼の成仙の方法は天地自然という大きな炉のなかで自分を焼き、自分の質を煉るものであった（「煙に従って上昇下降する」ところにそれが窺われる）（『道蔵』5-64）。また同じ『列仙伝』はこういう話を載せている。鍛冶師・陶安公の使った火があるとき、紫色になって天に昇っていったので、彼は炉の下で哀願したところ、朱雀が現れてこう云った、「安公、安公、おまえの冶金は天に通じたのだ。七月七日、おまえを迎えに赤龍がやって来る」。はたしてその日、大雨のなかを赤龍が降りてきて、衆人環視のなか、彼を乗せて昇天していったという（『道蔵』5-74）。

　煉丹術と冶金技術との関係に関して、こうした神話伝説の次に表現されているのは道家の自然認識の方式である。そのことはとりわけ、「比附」（本来同列に並べて比較できないものを強いて比較すること。類比、アナロジー）という科学的思考に表現されている。

　不死の追求という命題に対して、道教徒は多様な生命護持の方法を探求したが、その基礎は、古人の自然界の物質と現象およびそのプロセスに対する観察と認識活動の絶えざる深化と、道士の自己の力に対する意識の絶えざる向上とにあった。これらはすべて、比附（類比）型の科学的思考の形成と発展がその基礎をなしている。

（一）プロセスの類比

　前引『列仙伝』の陶安公の話は、冶鋳（冶金）技術と神仙方術とのつながりを見出したひとつの例証であった。技術レベルにおいては〈冶〉は質を煉ること、〈鋳〉は形を与えることであるが、いずれも特定の人為（人工）的プロセスが対象の形と質に変化を発生させ、いっそう高い価値を付与した。古人は冶金技術の過程のなかからある種の哲学を導き出し、人間の生命体を冶金の対象に比擬し（すなわち比附）、生命体もまた金石のように類似の転変過程を経、有限の自然性を超えて不朽を獲得できる、と考えたのである。

草木と丹砂が火中で燃煉される過程で得られた結果——ひとつは消滅（草木）し、ひとつは蘇る（丹砂）という異なった結果の観察を通して、道教徒は後者を使うことで人間の生命を延長して不死に至る可能性を認識するに至った。葛洪は「草木は焼くと燃え尽きるが、丹砂は焼くと水銀になり、また丹砂に還る。神仙だけがこの道理を看破する」と述べ（『抱朴子』金丹篇、72頁）、さらに、墓中に捨てられた4歳の少女が亀の呼吸を真似て三年間生き続けた話を引き、道士がこれに倣えば亀と同じ長命が得られる、と記している（同・対俗篇、48頁）。

(二) 性質の類比

　初期道教は、外物の属性は特定の方式と手段によって借用でき、それによって人は〈堅固〉さを獲得し、そうすることで病気を除去し、寿命を延ばし、はては不死に至ると考えた。『周易参同契』同類合体章に、「服食によって仙人になろうと思えば、同類の物を食べるべし」とあり、葛洪は『抱朴子』のなかで次のように述べている。

　　そもそも五穀でもなお人を活かすが、上品の霊薬は五穀の万倍の効能がある。金丹という物は、焼けば焼くほど変化が神妙になる。黄金は火中に投じても消滅しないし、埋めても朽ちない。この二物を服用すれば人の体を錬成し、不老不死に至らしめる。これは外物を借りてみずからを〈堅固〉にすることである。　　　　　　　　　　（金丹篇、71〜72頁）

　この記述は、冶金の技術が金丹術の方へ転向し、道教神仙思想に広大な探索空間を提供し始めたことをよく表している。人々は化合という方法を使い、自然界で物ができるよりはるかに速い速度でこのような金丹を煉制して生み出そうと企図した。『張真人金石霊沙論』には「黄金が成れば世を渡ることができるが、黄金が成らなければ、いたずらにみずからを誤る」とある（『道蔵』19-7）。かくして、「冶金家は人々に向かってこう揚言する、人間は

自然のプロセスを模倣でき、自然界に替わることができ、自然自体が必要とする時間よりはるかに効率よく自然の変化を成し遂げうる、と」（N. Sivin, *Chinese Alchemy and the Manipulation of Time*, 1977）。

　このようにして、同じく天地の創造物である人間それ自体も、次第に冶金技術思考の対象になっていった。冶金技術中の火に基づく変化の観念は深く道教の神仙思想に浸透してゆき、その類比によって人間が変化の対象となり、人間も同様の方法によって存在の形態と強度を変化させ、現実の肉身の限界を超越して不朽の状態に進みうると認識された。

　『列子』天瑞篇には、古代の冶金技術に対する道家の哲学的観察を述べたくだりがある。「生成するものと生成しないものがあり、変化するものと変化しないものがある。生成しないものはものを生成させることができ、変化しないものはものを変化させうる」と。

　黄金と丹砂とはひとしく上品の仙薬であるが、留意せねばならないのは、古人は一貫して黄金の「これを埋めても天地が終わるまで朽ちない」（葛洪の語）という特質から啓示を得、人間自身の生命力の維持と強化を思考している時に比附の思想を思い付き、人体にも黄金と同じ不朽の能力を具有させようと企図したという事実である（それゆえ道教徒は煉製した長生不死薬を〈金丹〉と呼んだ）。このような理想の実現の模索過程で人々は、ある異なった金属または鉱物を混合して燃焼させると、ある種の単質金属よりもいっそう耐久性のある金属が生まれることを把握した。こうして、多種類の物質を混合して燃焼させることで、そこから黄金と同じような不朽のもの、さらに進んで、人に服用させれば長生不死を得られる物質を手に入れようとしたのである（『抱朴子』では黄金は最もすぐれた服用すべき長生丹とされている）。このようにして煉丹術は、次第に冶煉技術から分離しはじめ、徐々に道教の長生不死術の核心的組成要素へと形成されていった。

第三節　医術の進歩と「外物を借りて自己を堅固にする」観念の形成

　葛洪は、煉丹の必要性に関して卓越した見解を表明している。「長生の道は、祭祀をして鬼神に仕えるところにはなく、導引（体操）と屈伸運動にもない。昇仙のポイントは神丹にある」（『抱朴子』金丹篇、77頁）。なぜかといえば、金丹と黄金は前引のように不朽であり、これらの外物を借りればみずからを〈堅固〉にできるからである。こうした煉丹術には前提となる観念がある。それは〈堅信〉（揺るぎなき信念）である。これがあってこそ、丹薬の服食によって長寿と長生が得られるのである。

　ところで、服薬による長生法は古いものではない。遠古の民は長生などは望まず、体の不具合は天命と考え、ただ鬼神の赦（ゆるし）と祖先の加護に頼るしかなかった。服薬長生の観念に到達するまで、少なくとも次の３段階を経たと考えられる。第１段階：祈禱、祭祀、占卜などによって邪を払い治病する。第２段階：自然界の薬物など人為的な医術に頼って治病と養生をはかる。第３段階：服食、特に煉製された丹薬を服することで、長寿ないし長生不死の達成を希求する。このうち、もし第２段階がなければ——すなわち、草木薬を服用して治病養生をはかることによって、祭祀鬼神に頼る〈唯心〉的方法を破棄することがなければ、第３段階のより大胆な思想と行動はあり得なかっただろう。したがって、煉丹術の発展の順序としては、巫術（シャーマニズム）から医術へ、そして医術から仙丹術へ、ということになる。古代医術の出現と進歩は、煉丹術の誕生にとっても不可欠な条件だったのである。

　夏殷時代には、すでに発達した素朴な医術は存在していたが、なお巫（シャーマン）と医とは分化しておらず、巫が支配的な状態だった。『山海経』大荒西経には、「大荒の中に豊沮玉山があって、日月がそこから出入りしている。また霊山があり、巫咸、巫即、巫盼、巫彭……等々、十の巫がそこから天界へ上り下りしていて、百薬もそこにある」と記されている。巫師たちはすでに「百薬」を使っており、これは殷墟の甲骨文字の記録と一致する

第Ⅱ部　煉丹術と化学　第一章　初期道教の煉丹術の起源と推移

が、まだ専門の医師は現れていなかった。西周になると、医薬知識は殷代より進歩し、医術も次第に重視されるようになって、医師は巫師の制御から脱しはじめ、巫と医は分離するに至る。『周礼』の記載によれば、当時「巫祝」は「春官大宗伯」の職官の系列中に並べられ、一方「医師」は「天官冢宰」部門の管轄下にあって、医と巫とは官職の分類上はすでに違った系統に属していた。さらに『周礼』は当時の医師を次の四種に分類している。1.〈食医〉（王室のための飲食衛生管理）、2.〈疾医〉（今の内科医に該当）、3.〈瘍医〉(外科医に該当)、4.〈獣医〉（家畜の疾病を担当）。『周礼』は医師の仕事に対して、医療管理と医療評価制度も設けていて、評価を通して彼らのランクと俸給を定めていた。『詩経』や『山海経』などの早期文献の記述から、周王朝では医療用の薬が百種あまりも使われており、それらは植物、動物、鉱物薬に三分類でき、使用方法も、口服、沐浴、佩帯（身に帯びる）、塗布などであったことがほぼ判明している。薬の反応についても記載があって、『尚書』説命には「もし薬を飲んで瞑眩（めまい）しなければその病気は治らない」とある。つまり、服用後、比較的強い反応がなければ、その薬では疾病治療の目的は達成されないというのである。

　春秋戦国時代になると、医薬の経験と知識がかなり蓄積され、医療技術も発達し、多くの病気が治療ないし制御できるようになってきた。この時代には唯物主義や無神論思潮が勃興し、人々は鬼神が病気を引き起こすという考えに懐疑を抱くようになり、医が巫に取って代わるに至った。たとえば、春秋時代、斉国の君主が病気になった時、巫医が例によって神霊に祈るように求めたのに対して、大臣の晏嬰は、国君の病は誤った生活が原因だと主張した。『春秋左氏伝』昭公元年にこういう話が記載されている。晋侯が病気になった時、占い師が二人の神の祟りですと云ったのに対して、子産は、疾病は「飲食哀楽」が原因で生じるものであって鬼神とは無関係だと述べた。その後、晋侯は秦国から当時の名医である医和を招かざるを得なくなったが、医和はそのとき有名な〈六気致病説〉を開陳した。つまり、自然界には、陰、陽、風、雨、晦、明の六気が巡っていて、そのバランスが崩れると人間

の身体の失調をもたらす、というのである。この理論はまだ原始的で粗雑ではあるが、病気の原因を鬼神ではなく自然界の要因に求めたところに画期的な意義がある。

　こうして人々は巫術を捨てて医術に向かうようになっていったが、名医扁鵲(へんじゃく)の超絶した医術は、新生の医術に対する人々の期待をいっそう高めるに充分であった。『春秋左氏伝』や『史記』などには大量の名医の事跡が記録されている。たとえば扁鵲は、望診と切診を得意としたが、ほかにも砭石(へんせき)(石ばり)、鍼灸、按摩、湯液(煎じ薬)、熨貼(うっちょう)(薬物の貼付)、手術、吹耳(耳から気を注入)、導引等々、多様な医術をマスターしていた。彼は、ある人物からもらった〈神薬〉を服用することによって病人の患部を透視できたという(『史記』扁鵲倉公列伝)。

　戦国時代末期には、初期の医師たちの大量の臨床実践と、『足臂十一脈灸経』『陰陽十一脈灸経』『五十二病方』などの医学書との基礎の上に立って、時代を画す医学理論の巨著、『黄帝内経』が出現した。その誕生は中国古代医学が全面的に確立したことを意味している。『黄帝内経』は『素問』と『霊枢』各九巻に分かれ、合計一五二篇、天地万物から人体生命、さらに医学理論、医療方法を論じ、深い理論を備えている上に方法も完備しており、中国医学の基礎を固めた著作である。

　『黄帝内経』は、陰陽五行理論を創造的に医学の領域に引き入れている。同書は陰陽五行思想を使って生理と病理の複雑な現象を統括し、中医理論の二大綱領を提示した。一つは、「人が生まれて形がある以上、陰陽から離れられない」とする統体的な生理観である。つまり、人体の上下左右、表裏腹背、五臓六腑をほぼ陰陽で区分けしたあと、五行の配合、対立の統一、全体の統合によって人体の生理構造を解きほぐし、さらにこの理論によって、健康の基礎は陰陽のバランス、全体の協調にあって、「陰陽を整え、四季と調和」してこそ病気に罹らないと述べるのである。二つ目は、「陰平陽秘、精神は治まる」(陰の気が平穏で陽の気が引き締まっていてこそ、体内のエネルギーは安定する)とする弁証治病観である。これは、陰陽の失調が発病の原因と考

え、陽気の過剰を「陽症」とし、陰気の過剰を「陰症」として、それに対応する薬物をその性質に従って陰薬と陽薬に分け、症状に応じて薬を投与して弁証施治する。つまり、「陽病には陰治し、陰病には陽治する。熱はこれを寒にし、寒はこれを熱にする」のである。

　陰陽総論の基礎上に『黄帝内経』はさらに五行説を用いて各種の病理と薬理を概括する。薬には五行があり、内臓にも五行がある。肝は木、心は火、脾は土、肺は金、腎は水にそれぞれ属している。五行が相生し相克するように、五臓もまた互いに制約しあう。たとえば肝病は単純に肝を治療するだけではだめで、まず腎を治療して腎を補う必要がある。腎の水によって肝の木を養うのである。というのも、水が足ると木はおのずから栄えるからである。また、五行相剋により、木はよく土を克するから、肝病は脾病を招く。そこで同時に脾気を充実させ、病巣の転移を防がねばならない。こうした学説は中医の統体観察と弁証治療に充分な論拠を与え、それによって中国伝統医学は一個の謹厳な学問になったのである。中国医学が成功裡に陰陽五行説を引き入れたことは、煉丹術も含めたその他の学問の発展に対して仰ぐべき手本となった。

　煉丹家に対して重大な影響を与えたもうひとつの医薬の専門書は、『神農本草経』である。同書は漢代に成立したが、その基本的な内容はすでに戦国時代に形成されていて、その中のいくつかの観点は神仙方士の総括に由来している。本書の収録薬物は合計365種であるが、植物薬がもっとも多くて252種にも達しており、動物薬は67種、鉱物薬は46種である。それらの薬物の性能と使用目的はもとより同じではなく、すべての薬物はまた上、中、下の三品に分けられている。上品の薬物は120種で、これは「主として命を養い天に応」じ、また人を長生不老にする仙薬で、服食によって長生を求める観点が反映されている。中品の薬物も120種あり、有毒と無毒が混じっているが、ともに疾病を治療し虚弱体質を補強するはたらきがある。下品の薬物は124種で、多くは有毒であるが、疾病の治療に専用される。

　『神農本草経』はどの薬に対しても比較的詳細に、薬物の主治（主要効能）、

性味（性質と味）、産地、採集時期、薬になる部分、異名などを記している。こうした薬物の性能とはたらきを記述すると同時に、本書は当時の薬物学の基本理論も概述している。たとえば、処方において主薬と補助薬との関係を表す〈君、臣、佐、使〉に関する理論がそうである。また、薬物の配剤の原則、たとえば、「薬には酸、咸（塩辛い）、甘、苦、辛の五味があるほか、寒、熱、温、涼の四気がある」とする「四気五味」に関する説、さらには、薬物の性能の相違に基づいて異なった配剤方を採用する学説などを明らかにしている。

　葛洪は『抱朴子』のなかで、「仙道の初心者は医術も兼修し、身近な禍を避けるべきだ」（雑応篇、271頁）、「服薬は長生の本とはいえ、兼ねて行気も修めたなら、効果はきわめて早く現れる」（至理篇、114頁）、「怒りを我慢して陰気を全うさせ、喜びを抑えて陽気を養う。そのあとで先ず草木薬を服用して欠けたるを補い、最後に金丹を服用して無窮の命を定める。長生の道理はここに尽きる」（極言篇、246頁）などと、しばしば医薬に言及している。また葛洪は『神仙伝』においても次のように云う、「仙道を修めるには服薬が大切だ。上薬としてはただ九転還丹と太乙金液があるのみで、これらを服用すればただちに昇天する。その次のランクの雲母や硫黄などは、人をして雲に乗り龍を御し、鬼神を使役し、変化して長生せしめる。草木の諸薬は、ただ百病を治し虚を補って老化を防ぎ、穀物を断って気を増やすだけで、人を不死に至らしめることはできない」（『神仙伝』巻8、劉根）。魏伯陽も『周易参同契』においてその医薬知識を披瀝している（『道蔵』20-88）。

　以上のことから、煉丹術と医術の密接な関係が了解できようが、煉丹術から見れば医術は煉丹術の基礎であり、その初歩段階ということもできる。『漢書』芸文志では、房中八家、神仙十家、医経七家、経方十一家を総合し、それらを統合して「方技三十六家」と呼び、「方技はすべて生を全うする手段」と解説している。『後漢書』方術伝で、煉丹方士の左慈や甘始などの人物と医家の華佗たちとを同列に並べているのは、『漢書』のその見解に従ったものである。著名な道教研究家・陳国符などは、「外丹（煉丹）と医術は

初めは区別がなかった。両者が分派するのは金宋時代になってからのことであろう」とさえ述べている（『道蔵源流考』下冊、297頁）。実際、晋や唐代に至るまで、葛洪、陶弘景、孫思邈などの人々は、丹を煉った上に医術も行なっていた。

　普通の薬物を服用すれば病気が治り寿命も延びるという事実に基づいて、煉丹家たちは次のように類推した。「凡薬でもすでに死んだ者を蘇生させることができるのであれば、かの上薬はどうして生者を不死にできないことがあろうか」（『抱朴子』至理篇、112頁）、そうであれば、「上品の神薬なら、人を益すること五穀の万倍にもなるはずだ」（同・金丹篇、71頁）。こうして、仙丹を煉って長生を求めようと決心したのである。それとは別に、人体や草木は軟らかくて朽ちやすいが、黄金や丹砂は堅強で長存するという見なれた現象や、丹砂や水銀が死体の腐敗を防止するので常にそれら使って葬った古人の行ないからもヒントを得たはずである。そこからまた、「金の性が体内に入れば金と同じ寿命を得る」「金の性は腐敗しないから万物の宝となる」という観点から、仙薬は腐敗しやすい草木からではなく、丹砂、水銀、黄金といった鉱物から造るべきだという類推が生まれてくる。ここに至れば、これは医術思想に由来するとはいっても、医術的観点とは異なった、「外物を借りて自己を堅固にする」ところの新しい煉丹思想なのである。

第四節　初期煉丹活動の開始

一　仙薬の採取から丹薬の煉製へ

　戦国時代、神仙説を信奉して積極的に成仙の方法を探し求めた方士たちは、寄り集まって神秘的で宗教的な性質を持つゆるやかな組織を形成した。世にこれを〈方仙道〉と呼んでいるが、当時これは以下の4大流派に分かれていた。1は、薬物を服用して長生不老を求める服食派。2は、主として房中による養生を成仙の方術とする房中派。3は、呼吸法と導引を重視してこれを長寿成仙の方術とする吐納導引派。4は、符（おふだ）を描き呪文を念

じて神霊の加護を祈願する方法によって成仙を求める符呪派。

これら方仙道中の服食派が煉丹術の先駆けである。彼らは長生不死薬は自然界の精華と考え、深山に入ったり遠海に赴いたりして想像中の不死の薬を求めた。戦国時代にできあがった『山海経』には多くの〈仙〉性を備えた薬物の記載がある。また、『列仙伝』には次のような人物が登場する。たとえば、「赤松子は神農時代の雨師で、水玉を服して神農に教え、火に入っても焼けなかった」、「赤将子輿（よ）は黄帝時代の人で、五穀を食べず、百草の花を食べ、風雨に従って天地間を上下した」、「偓佺（あくせん）は好んで松の実を食べ、空を飛べて走る馬を追いかけた」、任光は「丹砂を御飯代わりにしていた」、桂父は「いつも肉桂とヒマワリを食べ、亀の脳みそをそれらに和えていた」等々。

こうした服食派人士の長期にわたる試みと喧伝によって、いくつかの自然薬物は『神農本草経』に収録され、上品神薬に列せられた。たとえば、松脂は「長く服用すると身が軽くなり不老延年となる」、茯苓（ぶくりょう）は「長く服用すると魂が安らかになり精神が養われ、飢えずに寿命が延びる」、丹砂は「魑（ち）魅（み）魍（もうりょう）魎や悪鬼を殺し、長く服用すると神明に通じて老いない」等々。

採集された草木や鉱物の薬物は、延年の効能はあるにしても、長生不死の理想とは遠く隔たっていた。しばしば失敗し失望した方士たちは、新たな方途を考えねばならなかった。当時の神仙方士と医術方士は、墨家学派の侠士と密接なつながりがあった。彼らのなかには草薬を煎じる中医のやり方を真似、水で煎じて人工的に仙薬を造製しはじめる者もいたが（すなわち水法煉丹）、さらに多くの人々は、高水準の冶金技術をもつ墨家の百工の士たちに吸引された。方士から見れば、奇妙な炉火だけでなく、墨派特有の神秘的な秘密結社と鬼神思想は仙薬の煉製に有益であるように思われた。長生不死の目的を達成するために意気込み充分な方士は、あらゆる努力を惜しまず、大胆に試行し、旺盛に探求した。

採集から煉製への最初の飛躍は何時だったのか、また創始者は誰であったのか、正確なことはわからないが、ニーダムは、この植物長生薬から金属長生薬への転変の問題に関して、燕・斉の方士による原始的な化学と冶金の実

第Ⅱ部　煉丹術と化学　第一章　初期道教の煉丹術の起源と推移

験の影響を示唆している（『中国の科学と文明』台湾版、14冊-220頁）。

　今のところ最も早い煉丹の事跡ではないかと思われる記述が『史記』中に2カ所見つかっている。まずひとつ目は以下である。

　　（秦の始皇帝が）多数の文学と方術の士をすべて招いて、太平の世を興そうとした時、方士は〈練〉によって奇薬を求めようとした。

（始皇帝本紀）

　古代において〈練〉は〈煉〉に通じるので、ここから推測すると、秦の始皇帝時代に中国ではおそらくすでに火法煉丹が始まっていたと考えられる。

　もし上の話が簡略すぎて例証にならないと云うのであれば、次の第2の記載は煉丹術がすでに確実に発生していたことの明証になりうるはずである。

　　漢が興ってすでに60余年、天下は平安であった。……このとき李少君もカマドの祀り、穀断ち、それに却老の法によって武帝に見え、武帝に尊重された。少君は上奏して云う、「カマドを祀れば物（鬼神）を招くことができます。物を招き寄せられたら、丹砂を変化させて黄金に変えられます。黄金ができれば、それで飲食器を作ると長寿が得られます。寿命が増せば、大海中にある蓬莱の仙人に会うことができます。彼らに会った上で封禅の儀式を行なえば不死となります。黄帝はそのようにして不死を得たのです」。そこで武帝はみずからカマドを祀り、方士を海に派遣して蓬莱の類を捜させ、丹砂や諸薬を黄金に変化させる術を行なった。

（封禅書）

　こうして李少君は最初の煉丹家になったが、実際の煉丹術の発生はこの時期（紀元年135年前後）より遡るはずである。『神仙伝』によれば、李少君はかつて安期生に師事して「神丹炉火飛雪の法」を伝授されたという。『神仙伝』は道教徒の手になるもので、信頼しうる史書ではないが、参考にはなる

だろう。

　考古学の発見によって、漢代初期には仙丹が服薬されていたことが判明している。1973 年、かの長沙馬王堆の漢墓発掘後、研究者が第 1 号墓軚侯夫人のミイラを調べた結果、遺体の組織から、常人の数十倍から数百倍に達する大量の鉛と水銀が検出された。遺体組織内の鉛と水銀の化合物は、棺内の液体中の化合物とは異なっており、また、鉛と水銀の遺体各器官中の分布もきわめて不均衡という事実から鑑みて、研究者たちは体内の高濃度の鉛と水銀は棺内の液体から浸透したのではなく、遺体自体がその来源だと考えている（湖南医学院『長沙馬王堆一号漢墓・古尸研究』、224 頁）。墓主は前漢の文帝 12 年（B.C.168）に葬られているが、漢代初期にはすでに鉛と水銀から煉製した仙丹を服用する人が居たことになる。もし当時の人々が単独で鉛と水銀を服食せず、天然の硫化水銀を服食していたのであれば、体内の残留量は微々たるものであり、この夫人のように高濃度には達しなかったはずである。ここから察するに、彼女の仙丹は、当時広く煉製されていた Pb_3O_4（四酸化三鉛）と HgO（酸化水銀）であっただろう。そうであれば、煉丹術はもっと早い時期から始まっていたはずである。

　上引の『史記』の記述から李少君の方法は、丹砂を黄金に煉成したあと、この金属で飲食器を造り、飲食時にその食器中の不朽の要素を人体内に吸入して長寿と成仙をはかるというものであった。この記述から以下の 3 点が導き出せる。第 1 のポイントは、李の云う黄金は鉱石から析出するものではなく丹砂から変成したもので、この黄金はもっぱら飲食器を造るためのものであって、それを常用しておれば長寿となり〈仙〉に会える、という点である。したがってここでいう〈黄金〉は一般的な意味上のそれでなく、不死の〈金の性〉を具有した〈黄金〉であり、〈丹砂の精華〉であって、まさに葛洪の云う「変成して造られた金は諸薬の精髄であり自然に勝る」ものなのであった。

　窮極のところ〈黄金〉とは何であるか、科学技術史家たちの見解は分かれている。すこぶる論議を招いたのが水銀合金説である。丹砂中から水銀を煉

第Ⅱ部　煉丹術と化学　第一章　初期道教の煉丹術の起源と推移

化できるが、水銀はまた黄金や黄銅などの金属を熔化してそれらを〈汞斉〉（水銀合金）に変える。そのあと飲食器に塗ると、水銀が揮発後、黄金が塗られた器具が残る、というわけである。これを〈鎏金器〉という。李少君の煉法は表面的には〈煉金〉であるが、実質的には〈煉丹〉であった。

　第２のポイントは、李の煉法は丹砂を主原料とするものだから、それはすでに標準的な煉丹術であるという点である。〈丹〉の原義はおそらくは朱紅色の丹砂であろうが、方士たちが丹砂を使って仙薬を煉製してから〈丹〉の字はさらに〈仙薬〉ないし〈精煉された薬丸〉という意味に固定化されていった。

　第３のポイントは、丹砂は水に溶けにくく、たとえ熱水でも溶解は難しく、そのうえ熱水中でも何の明確な反応も現れない。しかし無水状態では、丹砂は火で燃焼させると、熱によってたやすく分解して水銀と硫黄になる。だから李少君の煉丹は中医の〈水煮〉の方法ではなく、すでに標準的意味での〈煉〉丹だったのである。

　丹砂が煉丹術の最初の常用薬物になった理由に関しては、以下の４点が考えられる。

　まず、丹砂が高貴な朱紅色を備えていたからである。人間をはじめ絶対多数の動物の血液は紅色である。それゆえ古代人は、天然の紅色の丹砂は天地の血気の変化したものであり、永遠の生命のしるしと考えた。はるか古代では、人々は紅色の鉱物を好んだ。山頂洞人の胸部には紅色の赤鉄鉱石が塗布されていた。甘粛省の石器時代の墓中から大量の紅色丹砂が出土している。古代祭祀活動の記録では、通常紅色の丹砂を使って甲骨などの表面を塗った。数千年前の広西省花山岸壁の画群中、1300余りの人物像はすべて紅色の鉱粉で描かれている。これらから、遠古の時代からすでに、紅色の鉱石はある種の不朽や永遠の観念と密接に結びつき始めていたことが分かる。

　第２点は、丹砂は良好な薬理作用を備えていたからである。遠古の時代、人々は丹砂を治病養生の薬物と見なしていて、方仙道の服食派でも多くの人が長期にわたって丹砂を服食しており、そこから丹砂には間違いなく体を補

153

益し病を治す良好な作用があることを発見した。『神農本草経』は丹砂を上品薬のトップに置いてさえしており、「身体の五臓の病気を治し、精力を養い魂魄を安んじ、気を増強して眼がはっきり見えるようにし、妖怪や邪鬼を殺し、長く服用すると神明に通じて老いない」と述べている。神仙家たちは丹砂の効能を過度に評価しているとはいえ、しかし中国医学の臨床実践は、天然の丹砂にはたしかに神気のエネルギーを増強し、眼がはっきり見えるようにし、肝をすっきりさせ、心を静め熱を下げ、肺を潤して渇きを止める医療効果があることを証明している。丹砂は現代に至ってもなお、中医の常用薬物であり、心虚遺精（心の気血が虚になって精液が漏出）を治し、慢性の精神疾患に効果があると云われている（『中国鉱物薬』）。

　第3点は、丹砂は加熱後、非常に奇妙な変化をするからである。紅色の丹砂が加熱によって白色の水銀になることは今日では科学の常識であるが、古代人にとっては不思議な現象であった。戦国時代、中国の民間には丹砂を水銀に昇煉する方法を把握していた人もおり、丹砂のこの奇妙な特性は人々に強烈な印象を与えていた。人々を驚かせたのは、紅色の丹砂を加熱すると白色の水銀になり、それをまた加熱するとふたたび紅色の丹砂（実際には酸化水銀 HgO）に戻り、この循環が止まない、という事実であった。古代の煉丹家は事物の象徴的な意味を重視したが、天然丹砂のこの循環のなかに、万物がそこから生まれてそこへ復帰する〈道〉を見出したのである。〈道〉は滅びない永遠の存在であり、万物が永存を求めるなら、その本体としての〈道〉に帰らねばならない。

　最後の第4点は、丹砂と黄金との密接な関係である。「上に丹砂があれば、下に黄金がある」（『管子』地数篇）と云われるように、つとに戦国時代から人々は両者の共生現象を観察していた。丹砂の比重は 8.0—8.2 であるが、自然砂金の比重は 15.6—19.3 に達するので、「上に丹砂があれば、下に黄金がある」ということになる。こうした状態から人々は、黄金は丹砂から変成したもの、と連想するようになった。だから『仙経』に「丹の精なるものは金を生む」というのである（『抱朴子』黄白篇、286頁）。

二　煉丹術の畸形的発展

　君主専制の封建社会にあっては、不老長生を追求する煉丹術は、創始されるやいなや、帝王や将軍高官の特別の愛顧を受け、統治者の恣意のままに畸形的発展をとげた。封建社会では、帝王や将軍高官、貴族豪族たちは奢侈を極めて節度なき荒淫の生活を送っていたから、彼らはそのような生活の永続を望み、たとえ不死はかなわずとも、可能な限り長寿を全うして富貴栄華を享受したいと願っていた。帝王を代表とする統治階層ほど求仙願望の切実な人々はほかに居ない。彼らは導引（体操）や吐故納新（呼吸法）といった〈ゆるやかな成仙法〉には飽き足りず、〈速効〉性の長生不死薬を熱烈に求めた。煉丹術が出現する以前には、戦国時代の斉の威王、宣王、燕の昭王などのように、権力と国費を惜しげもなく使って頻繁に求仙と求薬活動を行なった。秦代になると、始皇帝は徐市（徐福）や燕人盧生、韓衆などの方士を大海に派遣して仙人や不死薬を探させたが、巨費を蕩尽しただけであった。漢代になると、日増しに成熟に向かった煉丹術は帝王たちの旺盛な興味を引き、彼らの特殊な関心のもとに空前の発展をとげて、帝王将相たちが煉丹術のもっとも積極的な鼓吹者になった。そもそも煉丹術は、多大な資力と人力を消費するものであるが、帝王たちは支援を惜しまなかった。そして多くの煉丹術家は統治者の特殊な要求に迎合し、初心を忘れて誇大宣伝を繰り広げ、なかには、神懸かりの振りをしてたぶらかし、歪んだ畸形の煉丹術によって熱烈な求仙者である帝王たちをペテンにかける者さえ現れた。

　李少君は長らく宮中で丹を煉っていたが、のち中毒死した。『史記』封禅書には、「天子は李少君は仙去して不死を得たと思い、黄錘史と寛舒にその方を学ばせ、また、蓬萊の安期生を捜したが得られなかった。そういう天子の様子を見て、海沿いの燕と斉の方士たちがたくさんやってきて神懸かりなことを言上した」とある。たとえば斉の人、少翁もまた武帝に会見し、「鬼神方」という方術によって武帝の逝去した李夫人の魂魄とカマドの神を招き寄せられると云った。やらせてみると、幃を通して亡き李夫人の姿が望見で

きたので、武帝はおおいに悦び、少翁を文成将軍に任じ、計り知れない褒美を与えた。少翁はまた武帝に甘泉宮を建造し、そのなかに台室を設けて、天、地、太一などの神々を祀って天神を招くように勧めた。しかしペテンであることが暴露して、武帝は激怒して少翁を誅殺した。

　李少君のあと、なんども欺された武帝が信用して寵愛したのが煉丹術士の欒大(らんだい)であった。彼は言葉巧みに、自分はいつも大海を往来して安期生や羨門(せんもん)たちに会っていて、自分の師は黄金を造れるだけでなく、不死の薬も入手して仙人も招き得る、ただ、礼を厚くして鄭重に招かないと師は来てくれない、などと吹聴した。武帝は以前、李少君をひとりで〈仙去〉させたことを後悔していたので、欒大を五利将軍に任命し、衛長公主をめあわせ、臣下として扱わないなど、破格の待遇を与えた。一介の煉丹術士がかくの如き厚遇をもって迎えられたので、たちまち民間の煉丹熱が高潮してきて、斉人の〈神仙奇方〉をもって上奏する者が万単位で現れるありさまであった（以上『史記』封禅書）。

　かくして、皇族のなかには煉丹術をよくする方士を招く者が増加の一途をたどったが、その代表が有名な淮南王劉安（BC.179─BC.122）である。彼の父が文帝の弟であったから、劉安は武帝の叔父にあたる。彼は篤く儒・道を愛好し、財力と権勢を有していたうえ、仙人の事跡に心を奪われていた。そして、大勢の方士や煉丹術士を養っていただけでなく、みずから実践して深く煉丹仙術活動に関わっていた。『漢書』劉向伝によると、劉安が編纂した『枕中鴻宝苑秘書』は、劉向を通じて宣帝に献上された。そこでいう「金を作る術」とは「黄白の術」のことで、最終目的は「延命成仙」にあった。劉安が集めた方術の士は数千人もおり、そのなかには煉丹方士が数十人、または最大で百人に上ったとされるから、劉安の家は熱気に溢れた煉丹活動のセンターであった。彼がその賓客方士たちと一緒に20万字に達する神仙黄白術の書物を著したことは、漢代初期には中国の煉丹活動はかなりの規模であったことを証明している。ここから推論すれば、中国の煉丹術の開始は多分、秦始皇帝時代、すなわち紀元前220年前後より遅いことはないであろ

う。

　劉安の事跡については、『抱朴子』の論仙篇や遐覧篇のほかに、『黄帝九鼎神丹経訣』や『神仙伝』にも資料が残されている。それらによると、劉安は食客にしていた８人の煉丹名人の手ほどきを受けたという。彼らは、仙道を学ぶには神丹を作るのが先決で、それによって長生不死が得られる、自分たちは泥を金に変え、水銀から銀を造り出せると云っていた。彼らはのちに『五霊丹上経』と『三十六水法』を劉安に与え、劉安は壇に上って誓いを立て、謹んでその神丹の方を受けた。この二道典は、漢代後期にはすでに間違いなく民間に流布していた。魏晋時代初期、五霊丹は大量に煉製されていて、この服用は当時の士人の間で流行していた。『抱朴子』には、『五霊丹経』と『三十六水法』のほかに『八公黄白経』の名が見え、その中身が部分的に紹介されている。

　劉安はのちに、寄り集まって謀叛を密議しているとの誣告によって息子ともども自殺に追い込まれ、一家全員が捕らえられ、宮中に出入りしている方士たちも、不審な行ないをするとすぐ落命という危険にさらされた。宣帝の即位後、博士・劉向らに煉丹文献と煉丹方士を捜させ、彼らに丹を煉り黄金を造らせたが、失敗に終わり、劉向たちは獄に繋がれた。成帝、哀帝の時代になると、全国から方士を捜し出したりして、ふたたび神仙ブームが湧き起こった。そこで多くの天下の方士たちは上奏して「祭祀方術」のことを述べ、みな天子の御下問を待つようになった。

　時代は前後するが、元帝（宣帝の次、成、哀帝の前）時代以降、朝廷の儒臣たちはさかんに神仙方士を放逐し、方仙道を排除するよう求める上奏を行なった。たとえば谷永は、仙人や不死の薬などというものは、民を惑わし君を欺す、仁義の正道に背く妖術だと上書している（『漢書』郊祀志）。

　彼の上奏文から逆に、煉丹を主とする当時の神仙方術の流行ぶりがうかがわれる。煉丹術は帝王や大臣の寵愛を受けはしたが、しかし喜怒の感情の不安定な統治者に拘束されている以上、その前途は危険に満ちたものであった。前漢末期、朝廷の宗廟祭祀は儒臣によって主宰されるようになり、後漢

以降、皇族たちは西来の仏教に心を奪われ、神仙方術は宮廷では一時、冷遇の憂き目を甘受せなばならなかった。

第五節　煉丹術と道教の相互依存

　煉丹術の誕生は道教の創立より早いとはいえ、両者はその性格がぴったり一致していて機能も補完関係にあったので、煉丹術は当初から道教と切っても切れない縁で結ばれていた。煉丹術と道教はどちらも羽化登仙と長生不死信仰を核心的な思想としており、前者は後者の学説中の片言隻句を借用してその基本的な理論を表明した。道教の成立後、煉丹術はその組織を道教に委ね、道教の思想と信仰、倫理道徳を自己の行動規範とした。そして道教は、煉丹術をその不死希求の基本的な修練方術のひとつとし、一貫して煉丹術をもってその活動路線とし、煉丹術によって信徒を集め影響力を拡大していった。古代以来、煉丹家は往々にして道教徒であり、人々は煉丹術を口にすると、すぐ道教の話になり、道教というと、必ず煉丹に言及した。

　道典『仙伝拾遺』は、〈道〉と〈術〉との密接不離な関係について、「術と道はたがいに依存しあっている。道は術がなければ自己を実現できないし、術は道がなければ自己を発展させられない」と述べている。魏伯陽は煉丹術の誕生初期に『周易参同契』を著し、〈炉火〉（煉丹技術）、〈黄老〉（養生法）、〈大易〉（煉丹理論と記号）を結びつけ、この〈参〉者を〈同契〉することで煉丹の方法と成仙の道を把握しうるとした。

　煉丹術は一個の特殊な方術であり、そのひとつの顕著な特徴は宗教思想や宗教活動と結合しているところである。それは偶然の発明でもないし、生産的実践の必然の結果でもない。それは、神仙学説と道家思想の理論的導きのもとに、方仙道（のちに〈黄老道〉に変化）の信徒たちの飽くなき探求と規準化を経て生み出されたものである。しかし誕生後は、道を同じくする者同士の小さな世界での秘密伝授となり、伝授と操作のプロセスにおいて、たえず随伴し浸透したのは、血をすすって盟約したり、神霊を祀ったり、符を描き

呪文を念じるといった、神秘的ないし迷信的なやり方であった。これがその創始以来、煉丹術に濃厚な宗教的神秘色を帯びさせることになった。

煉丹術が一種特殊な産物であるのと同様、道教の誕生もその他の宗教とはおおいに異なっている。道教の誕生はゆるやかな発展過程をたどった。道教の発生およびその定義に関して、道教研究者・胡孚琛氏らは次のように述べている。

> 道教なるものは、中国の母系氏族社会の自発的展開としての、女性生殖崇拝を特徴とする原始宗教が転変過程において、古い巫史文化、鬼神信仰、民俗伝承、各種の方技術数、そして道家黄老の学を旗幟と理論的支柱として、道家、儒家、医家、陰陽家、神仙家など、諸家の学説中の修錬思想、功夫の境地、信仰成分、倫理観念などを包み込んで、世を救い人を済度し、長生して仙となり、さらに進んでは〈道〉を体現し〈真〉と合一する目的のもとに神学化、方術化された、重層的な宗教体系である。
> 　　　　　　　　　　　　　（胡孚琛ほか『道学通論』、254頁）

したがって、戦国と秦時代において神仙思想、道家学説、それに陰陽五行説を理論として、方術、巫術、医術を実践とした方仙道と黄老道は、実際上はすでに後漢の道教の先駆形態であったのである。当時の方仙道士は、秘密伝授の関係にあった煉丹方士を包括しており、実質上はすでに初期道教の基本集団であった。

煉丹術と道教の関係は密接であり、後漢末に張道陵や張角などの人物が道教の正式組織である天師道と太平道を別々に創建したのち、煉丹家は続々と道教門下に帰属した。道教の指導者である当の張道陵などは、じつは道教の創建前は煉丹の信徒であり、かつて煉丹家を師と仰いで煉丹を学んだことがあり、長期にわたって煉丹と符呪活動に従事していた。彼らは当然のことながら煉丹術を道教の核心的内容とし、それをもって信徒を招き寄せ、道教理論の宣揚につとめた。ただ、煉丹術は初期道教の内部ではそれほど発展せ

ず、少数の人士の間で行なわれていた。当時、天師道と太平道は民間的性格をもった道教であり、信徒はおもに社会の下層の出身であって、彼らがたやすく受け入れたのは、簡単で行ないやすい符籙（おふだのたぐい）、神水、祭祀などの神仙方術であった。

魏晋時代以後、道教はひとつの転変を経て、しだいに承認されるようになっていった。

道教の勢力が拡大するにつれて、社会の上層の知識人たちも相継いで道教の懐に身を投じるようになり、道教丹術もそれによって発展することができた。当時は軍閥間の混戦状態で政局は不安定、学問によって仕官することは空談に過ぎなくなっていた。晋朝の司馬氏が権力を掌握したあと、強きを恃んで弱きを挫き、明に暗に攻撃を仕掛けたので、多くの士族の家は没落した。希望を奪われた文人が空虚で無用な儒家学説を投げ捨てたあとに発見したのが、老荘の道家学説であった。かくして、王弼の『老子注』、郭象の『荘子注』が現れ、〈玄〉を談じ〈道〉を論じる〈正始の玄風〉が巻き起こり、「儒墨の跡が蔑視され、道家の言が隆盛し」て、一時期、「学問をする者は老荘をもって宗旨として儒教の六経を斥け、議論する者は虚薄をもって辯をなして規範を卑しむ」（干宝『晋紀総論』）に至ったのである。こうした士人は道教に対しても興趣を覚えたが、民間の道教は拒絶していた。しかし、彼らは民間の道教中にも採るべきものがあることに気付いた。それがすなわち煉丹術であった。門を閉ざして丹を煉れば長生不老薬を得られるし、そのうえまた煉丹術は、心を修め本性を養い〈道〉を悟るよき方法であり、自分の聡明才知を発揮すれば、延命して寿がわがものとなるのであれば、この楽しみをどうして捨てられよう――と彼らは考えたのである。生理上から心理上の要求に至るまで、煉丹術は没落した有閑階級の嗜好に充分合致していたのであった。

劉安が方士を集めて煉丹をしてから、煉丹方士は煉丹グループを結成するほどの数になっていた。彼らは初期の煉丹テクスト『黄帝九鼎神丹経』および『三十六水法』と、少し後れる魏伯陽の『周易参同契』とを煉丹の規範と

第Ⅱ部　煉丹術と化学　第一章　初期道教の煉丹術の起源と推移

し、煉丹を核心とする煉丹集団を形成した。魏晋期になると、服丹と煉丹の風気は何晏(かあん)によって創始されたあと、社会の士人たちが陸続とそれを真似し、服丹と煉丹をやっているかどうかで身分の高貴さを判定し、煉丹術と煉丹家に対して大っぴらに賞揚が行なわれるようになった。有名な書道家・王羲之は公然と許邁(きよまい)から煉丹を学び、「ともに服食を修め、薬石を採集するなら千里も厭わな」かった。東晋期には、こうした服食と煉丹の士人は元来の煉丹方士と有形無形に結合し、道教の新流派を結成した。歴史上、これを〈丹鼎派(たんていは)〉と呼び、符水や呪文で治病と消災を行なう民間道教を〈符籙派(ふろくは)〉と呼んでいる。

　上層社会に属する道教丹鼎派と下層社会に属する符籙派とは、最初のうちはおのおの別の道を歩んで馴染み合わず、時にはたがいに非難攻撃までした。こうした道教界の混乱した局面を目の当たりにして、豪族出身の寇謙之は宰相の崔浩の支持のもと、道教の改革に着手して、民間の符籙派を次第に上層社会に接近させ、丹鼎派とともに国家化、封建化、宗法化された、君主制度を具えた〈新天師道〉を創成した。こうして両派は一体化し、道教の勢力は日増しに強盛に向かっていった。

　煉丹、吐納、導引、行気、房中、符籙、辟穀(へきこく)（穀断ち）などの神仙方術は長年にわたる別々の流伝のあと、道教という大家族に帰着した——あるいは、共同でこの大家族を造りあげたというべきかもしれない。道教は多くの神仙方術に依拠して民衆を吸引し信徒を招き寄せることで誕生したあとも、一貫して神仙方術を修道の主要な手段とし、それらの方術は積極的に取り込んで全面的にサポートしてきた。神仙方術の側もまた、組織上の依存と人力・物力上の安定した支援を得て、多大な発展を獲得しえたのである。まことに「道は術によって存立し、術は道に従って興隆する」のであり、両者は相互依存、相互補完の関係にあった。

　宗教と科学の関係は本来、一方は神を探求し、もう一方は自然を探求するとはいえ、その誕生の初期には水と油のように混じり合わないものではなかった。というのも、世界というものは複雑で、相互に関連し合っているか

らである。中国道教はそれ自体の特徴として、科学にはかなり寛容な姿勢が見て取れる。道教には、道家哲学と神仙学説という二大思想がある。前者は自然の法則を尊崇し、後者は宇宙の神秘の探求を鼓舞した。それゆえニーダムはこう云った、「中国の文化と技術のなかに科学の萌芽を探し出したなら、どこであれそこに必ず道教の足跡がある」と（『中華文史論叢』1979-3）。

　歴史上煉丹術は、道教というこの特異な宗教組織のなかに自分に適合する土壌を探し当てたのである。煉丹は道教信仰とその思想的支持を得たので、煉丹活動は正当な修道活動と見なされた。道教の方も、多くの文人に煉丹に参与するよう促したが、これは煉丹術の発展にとって大きな推進力になった。仕官で苦しみ、人生不如意な文人儒生は道教に入信して煉丹活動に従事することになった。彼らはすでに〈実験者〉として実践を通して新しい煉丹の方法を探求したうえ、理論的にも結論をまとめて本を著して後学に伝授したので、煉丹術は長期にわたって発展し、技術水準も日ましに高まっていった。

第六節　道教煉丹術の基本的特徴

一　神秘性と実験性

　煉丹方士たちは神や仙の実在を信じ、天の定めや占筮を信じ、冥々のうちに物質の変化を支配するものの存在を信じ、そして、ある神秘的な方法を操作すればその神秘の目的に到達しうることも信じていた。そういうわけで、彼らは丹を煉る時、まことに畏れかしこまってカマドを祀り、神を祭り、占卜を行ない、仙人を求め、符を描き、呪文を唱えるなどし、その上、その術を隠して師弟間の秘訣の授受だけに限定し、壇に上って盟約をし、血を啜って黄金の前に跪き、隠語などを使う、といったやり方で煉丹の技術をばらばらにしたり秘匿したりした。また薬を調合する場合には他人の耳目を警戒し、深山森林に隠れ、居所を不定にし、挙措は時代離れしていた。こうしたことは煉丹術にこの上ない神秘性を与えた。

第Ⅱ部　煉丹術と化学　第一章　初期道教の煉丹術の起源と推移

しかし一方で彼らは、実地に選薬、合薬、攪拌、濾過、修炉、製鼎、封固（鼎の密閉）、火加減、火消しのタイミングなどの最良のやり方を繰り返し探求し、多方面から注意深く検証し、物質に対して綿密に対処すれば長生不老薬を煉製しうると考えていた。このようなことは、煉丹術に明確な実験精神を付与した。

二　偏執性と推理性

煉丹家たちは天人感応を信じ、丹が成れば昇天しうると信じていた。彼らから見れば、汞（水銀）は龍、鉛は虎であって、龍虎が配偶されたら陰陽は一体化する。また、火は太陽、水は月であり、日月の変化は『易経』の卦の規則に従うものであるから、火候（火加減）の強弱進退は『易経』の卦爻を見ればよく、炉内の実際の反応状態や現実世界の時節時間は関係がない。丹砂を焼いて水銀が得られたのを見届ければ、それが「鉄を点すれば（指させば）金に成る」ということなのである。薬を煎じたら病を治せるし、丹を煉れば必ず仙になれる。五行の配当がそろえば一なるもの（丹）に帰し、60干支の数が足りたら変化が現れる——それゆえ、金薬、石薬、泉水、木炭のほかに、さらになお黄土を採ってきて一緒に煉る必要がある。5金8石ではまだ足りず、28薬を集めて28宿に合わせ、煉丹は9転、すなわち99、81日煉ってようやく完成するのである。以上のようなことは、煉丹という営みにこの上ない偏執性をもたらした。

しかしながら、こうした荒唐無稽な行為は単なる思いつきから出て来たものではなく、そこには指導理念と仰ぐ多くの理論があり、規範とする多くの想像された法則があった。煉丹術は原始的な職人たちの冶金活動ではなく、一部の商人が金銀中から偽物を取り出して売る詐欺行為でもなかった。それは、天人感応説、陰陽五行論を指導理念とし、「道は万物を生む」とする道家哲学を理論的基礎として、さらに易卦象数、納甲火候（十干十二支・五行を易卦に納入する納甲法を火の操作に応用）、同類合体（同類のものは感応して合体するとする説）などの多くの操作理論があった。そういうものが煉丹術に厳格

な推理性を与え、煉丹家の信仰を支えて千年もの長きにわたり継続して奮闘させてきたのである。

現代の科学哲学者T.S.クーンは、それが正しいかどうかに関わりなく、自己の理論規範というものを樹立した時、その学問は科学となる、と述べているが、この見解には道理がある。もしその理論が完全無欠でなければ科学といえないというのであれば、今日の化学や物理も真正の科学ではなくなってくる。科学の別の特徴は実験を研究手段とすることであるから、煉丹術はこの条件にも適合している。

むろん総体的に見れば、道教煉丹術は近代科学技術と同列に論じることはできない。その目的も異なっている。一方は自然の認識とその改造であり、もう一方は道を得て仙人になることを目的としている。煉丹術と道教の目的は一致しているから、煉丹術は主観的には一種の宗教活動であるが、客観的には科学実験という特徴をもっている。かつて煉丹術を擬似科学と見なした人がいたが、これも煉丹術の本質に対する判定としては行き過ぎた、実際とは符合しない偏った認識であり、ものごとを真か偽かのどちらかに腑分けしたがる機械的で単純な判断にすぎない。道教煉丹術はかなり特殊な一種の古代科学技術であり、我々は先入観を捨て、研究と発掘を通して煉丹術を正当に認識する必要がある。

第二章　魏晋思潮と煉丹・服薬

　前漢末期、煉丹術とその他の神仙術は一度打撃を蒙ったが、彼らは民間に活路を探し求めた。後漢になって社会の各種要因が結びつき、民間方術を手段とした道教組織が創建されたが、魏晋時代に入ると政局が揺れ動き、社会の階層分化が進展して、統治者は一方で民間道教への締め付けを強めつつ、他方では民間道教とその方術を利用して自分たちに奉仕させようと図らざるを得なかった。強権的な統治階層から分化してきた士族階層は、官僚世界で没落して清談に転向したが、ここから玄学と博物学の気風が勃興し、ついで煉丹と服薬へと転回した。こうした風潮は客観的に煉丹術発展の追い風になった。

　煉丹術は当初、神仙説を借用して信仰とし、それによって誕生し発展することができたが、初期煉丹術の理論的基盤は脆弱だったので、漢代での発展過程中、讖緯説（予言と経書の神秘的な解釈）や占星術、それに原始的鬼神巫術の影響も受け、大量の怪異な理論の雑入を免れ得なかった。多くの儒臣の猛烈な攻撃を受けたのもそこに原因があった。すでにいささか名声を汚された煉丹術は後漢に入ると、新しい哲学理論を補充して指導理念とし、あらたに人々——とりわけ士人の信任を勝ち得ねばならなくなっていた。魏晋の玄学と博物学の思潮の興起は、煉丹術が求めていた新しい理論をうまい具合に提供することになり、それによって煉丹術は台頭し発展することができたのである。

第一節　死生観の変化

　魏晋初期、曹氏のグループと司馬氏のそれは、統治権を争って相当残忍な殺し合いを繰り広げた。そのため、そこに巻き込まれた魏晋の名士たちは非情な弾圧に遭遇し、かなり多くの士人が殺害され、そこから免れた士人たち

も門閥政治の下でさまざまな排斥に遇い、仕官の望みを断たれ、経済的にも行き詰まって寒門におちぶれた。その結果、前途の見通しが立たない魏晋の士人たちは、政治から遠く隔たった〈清談〉に転向して胸の思いを吐き出すしかなかったのである。現実にうとい儒者の経学はすでに廃棄され、うわべは仁義で内実は残酷な専制政治は人々の反感を買うばかりであった。かくして、「学問をする者は老荘をもって宗旨として儒教の六経を斥け、議論する者は虚薄をもって辯をなして規範を卑しみ、行なう者は放埒(ほうらつ)を通として節義を狭隘とする」(前掲、干宝『晋紀総論』)ようになり、かくして玄学がおおいに興った。

　玄学がまっ先に直面したのは生死の問題であった。すべてが動揺して不安な時代、もっとも人々に感慨を催させたものは生命の無常と人生の短さであった。頽廃的、悲観的、消極的な行為と嘆きのなかで、魏晋の人士の内面深く根を下ろしたのは、人生、生命、運命、生活などに対する強烈な欲求と愛着であった。というのも、生と死は、未曾有の対立と緊張をはらんで現前していたからである。統治者の残虐さ、戦乱の頻発と疫病の流行は、これまで経験したことのないような艱難な生と不測の死をもたらした。

　後漢安帝の元初６年(119)、会稽郡で疫病が爆発的に大流行して以来、疫病はその毒手から逃れられない悪魔のように、後漢王朝にしつこくまとわりついた。安帝の延光４年(125)、順帝の永建４年(129)、桓帝の建和３年(149)、元嘉元年(151)、延熹４年(161)、霊帝の建寧４年(171)、熹平２年(173)、光和２年(179)、５年(182)、中平２年(185)、そして献帝の建安12年(207)には、いずれも疫病が大流行し、都でも地方でも累々と死体がころがり(『後漢書』桓帝紀)、一家や一族が全滅したケースもあった(『後漢書』五行志)。疫病の頻発と大量死は人々を震撼させ、計り知れない恐怖に陥れた。

　さらに、霊帝の中平元年(184)に黄巾の乱が勃発して以来、大規模な戦争が波状的に間断なく発生した。生者にとって戦争の残酷さは、自然界の疫病よりもいっそう苛烈であった。後漢の統治者は黄巾の乱を鎮圧するために

無数の人々を殺した。史書には、「斬首数万級」（級は首を数える語）、「斬首七千余級」「斬首三万級、河に走って死ぬ者五万人ばかり」「首を獲ること十余万人、みやこの南郊に積み上げて武勲を誇示した」「斬首万余級」「また万余級を斬る」といった記述がひしめいている（『後漢書』皇甫嵩儁伝）。また、『後漢書』董卓伝によれば、董卓配下の将、李傕や郭汜などの率いる軍隊が通過したあとには、生きた人間がひとりも居なかったという。また、董卓に脅されて献帝が長安から脱出していた40日あまりの間に、強い者は四散し、弱い者はたがいに食い合って、2、3年で関中から人影が消えたという。建安七子のひとり王粲は、当時を回想した悲痛な詩を残している。「門を出て目に入るものは平野を覆う白骨ばかり。路に飢えた婦人がいて、彼女の乳飲み子は草むらに捨て置かれている。振り返ると号泣の声が聞こえるが、涙を拭って戻らない。わが身の死に場所さえ分からないのに、彼女らの面倒まで見れようか」（『文選』巻23「哀傷」）。無数の人を殺した曹操でさえ、「生き残った民は百人に一人、それを思えば腸が断ち切られる」と歌わざるを得なかった（『曹操集』蒿里）。

　伝統的な死生観はこの新しい時代には通用しにくいものになっていた。もっとも根強い死生観は、古代の鬼神信仰のもとに生まれた「人は死ぬと鬼（死霊、亡霊）になる」という考えであった。『礼記』祭義篇に、「衆生は必ず死ぬ、死ねば土に帰る。これを鬼という」とある。また、死後鬼となるが、鬼の世界でも前世の恩讐は継続するとも考えられていた。古代にさかんに行なわれた殉葬の風習は、その深層に死後も生前の生活が継続するという観念が横たわっている。このような古代的死生観からは生に対してそれほどの愛着や執着は生まれにくく、生と死との間に尖鋭な対立や断絶は存在せず、両者の間には連続性がある。しかし人は死後、鬼になるというのは結局のところペテンであり、後漢末に王充らによってその虚偽性が暴かれて以来、存立基盤を失った。王充は云う、「人が死んで鬼になるというのであれば、道路上は鬼だらけで、一歩あるけば鬼に当たることになる」（『論衡』論死篇）、楊泉は云う、「人は気を受けて生まれ、その気の精が尽きれば死ぬ。薪がなく

なれば火は消え、やがて残り火も光を失うようなもの。だから人の死後、魂が残ることはありえない」(『物理論』)。

　荘子の死生観もまた、時代の要求に対応し得なくなっていた。彼は自然論の観点から出発して死と生の問題を深く掘り下げたが、しかし死については消極的な対処法しか提起できなかった。彼においては、死はいまだかつて死なれていないし（『荘子』知北遊篇「死もまた生の始め」）、生もまたいまだかつて生きられていない（同上「生もまた死の仲間」）。有名な夢に胡蝶になった話（『荘子』斉物論）などが示すように、生と死の深奥に踏み込みうれば、平静に死と向き合い、死と生とを一筋の縄のように見なすこともできるだろう。しかし、このような人生に愛着や執着しない態度は実際には一種の自己欺瞞であり、魏晋人士の賛同は得難かったのである。

　荘子の死生観批判という基盤上に、魏晋の人士は新しい死生観を打ち立てて「死も生も大なるもの」と考え、荘子流の「死生一如」観に反対し（王羲之「蘭亭詩序」）、「天道は生を尊ぶ」（阮籍『達荘論』）として人生と長寿に対する熱烈な追求に共感を示した。葛洪も、荘子流の死生一如を談じる連中に限って、病気になれば鍼灸に頼るし、危険に遭遇すれば死におびえると皮肉っている（『抱朴子』勤求篇）。

　文学史家の王瑶も、「延年不死は当時の一般人共有の憧憬であり、魏晋の士人も、神仙不死の信不信に関係なく、死に対する見方は大同小異で、〈延年〉に対しては熱烈に希求していた」と述べている（『中古文学史論』、145頁）。

　このように普遍性があった延年不死を追求する死生観は、煉丹術の確立にとって充分な追い風になった。

第二節　天道自然思想と博物学の勃興

　魏晋の玄学で常に議論になったテーマは別にもうひとつあった。それは〈天道自然〉である。この思想は老子と荘子、それに『易経』に由来するが、

魏晋時代には新たな意味が付与された。『易経』中の〈天道自然〉の核心思想は〈天人感応〉に奉仕するもので、したがってかなりの程度〈唯心主義〉的要素が混じっている。そして老荘の〈天道自然〉もまた過度の消極性と麻痺性があり、一方的に〈無為〉と人間の自然に対する無条件の順従を強調している。こうした考え方は、思想的に成熟した魏晋士人にとっては単純に受け入れられるものではなかった。彼らは老荘哲学を信奉してはいたが、しかし自分たちの新しい観点を導入し、道家哲学を時代の要求に適合する新しい理論体系に改造しようとした。

　王弼(おうひつ)は玄学の創始者であるが、老子の基本思想を概括して、「存在の始源を論じて自然の本性を明らかにする」ことが一切の行為の基礎であり、この基礎上においてのみ「因循して自分では行なわない」ということが議論できるとした(『老子指略』)。彼はその『老子注』のなかで、「万物は自然を窮極の拠り所とする」「聖人は自然の性を洞察して、万物の情を実現させる。ゆえに因循して自分では行なわないし、順従して自分から手を下さない」などと述べている。万物は自然を自己の本性とするのであれば、老子の云う「道は自然に法る」は次のように体現されねばならない。

　　道は自然に違わないことで、はじめてその本性を我がものにしうる。「自然に法る」とは、四角のなかでは四角に法り、円のなかでは円に法るということで、それでこそ自然に違うことはないのだ。

(『老子注』第25章)

　ここで王弼は十二分に老子の「道は自然に法る」思想を表現している。〈道〉はもとより人間の一切の行為の規範であるが、ここでは万物にはすべて万物自身の本性というものがあり、この本性は彼ら各自の〈自然〉なのだとされている。事物が自己の本性に従って行動すること、これが彼らの自然を実現するということなのである。この一点は、たんに人々の一般の事物に対処する規範であるだけでなく、現実政治の実践における最高の原則でも

あった。「その自然を全うさせるには、その荒廃の除去を急務とせず、その荒廃の根本原因を除去することだ。上は天の命を受け、下は人民を安んじるのに、これ以上の方法はない」と王弼は述べている（『老子注』第59章）。

王弼と同時代に阮籍や嵆康などの人物もいた。嵆康はもっとラディカルで、「名教（儒教）を超えて自然に任せる」と云い放った（『嵆康集』釈私論）。阮籍はより穏健であったが、その彼でも「自然放任」を第一義と考えていた（阮籍『達荘論』）。

「万物の性はみな自然」という思想基盤の上に立って、向秀や郭象などは自己の新しい観点を表明したが、彼らの『荘子注』には道家哲学の継承とともに初期道家思想に対する批判がうかがわれる。天は万物の統合的な呼称であって、一個の独立した天という存在があるわけではなく、したがって万物を使役する主宰者もいない。万物はポトンと勝手に生まれる（塊然自生）。これが自然であり、天然であり、天道なのだ（郭象『荘子注』斉物論篇）。そして、個々の事物はその自然——個々の本性——に満足することによって「逍遥」の境地を獲得しうるのである（『荘子注』逍遥遊篇）。

郭象はそこから一歩進んで、人がその本性に順って自然界に対して作為することもまた「天道自然」であって、そうすることは荘子の云うような自然を破壊することにはならないと主張した。「人為」は道理に合うかどうかという問題について、「無為とは手を拱いて何もしないことではなく、そのおのずから為すに任せれば、性命は安らかになる」（『荘子注』在宥篇）と、郭象をはじめとする魏晋の思想家は、以前の権威ある思想家とは異なった観点を提起している。

荘子は「馬や牛が四本足なのを天（自然）といい、馬の首に綱をつけ、牛の鼻に穴を穿つのは人（為）だ」と述べ（『荘子』秋水篇）、天成のものでこそ自然であり、人為のことはすべて自然ではないとし、人為によって天然を破壊し、意図的に性命を損なってはいけないと考えていた。それに対して郭象は、牛や馬が穴を開けられ綱をつけられるのもまた牛馬の「天」であり、同時にまた牛馬の「自然本性」であって、人為としての牛馬の利用もやはり人

の「天」であり人の「自然本性」だと述べて、天・人ともに肯定した(『荘子注』秋水篇)。

　科学の発展にとって魏晋時代の天道自然思想は、漢代の天人感応観念に比べていっそう有利であった。漢代にあっては、天人感応観念の支配のもと、一切の天空の異常現象はすべて人間に対する天の反応と見なされた。暦法と天象(天空の現象)、丹法と物象(物質の反応)が一致しない時は、しばしば暦法と丹法の誤りと判断され、人間のある種の行為が天象と物象の異常を招いたのだと認識された。かくして天人感応という神学思想に妨害され、しばしばまっとうな改革の方法は採用されず、祭祀という方法によって上天を動かそうと企てられた。それに対して天道自然思想の立場は、一切の異常現象はすべて理にかなったものであり、人間は自分の考えに固執すべきではなく、こうした新しい現象(異常現象)に基づいて自分の観念と方法を改変すべきだというものであった。

　この天道自然思想から出発して、魏晋の人士はこの宇宙にはどんな不思議なことでもあり得るし起こり得ると考えた。ここから、不思議な事物・事象を博く探求する風潮が勃興し、すこぶる特色のある学問——博物学が誕生することになった。最初の著作として張華の『博物志』と郭璞の『山海経注』が書かれた。『山海経』が記しているあれらの事物については司馬遷は信じなかった。しかし晋の初め頃になると、張華や郭璞といった人々は信じるようになり、多くの新しい材料を増補した。

　博物学は確実に人々の限られた視野を拡げた。郭義恭の『広志』、嵆含の『南方草木状』、そして『竹譜』『禽経』、さらには後漢の桑欽の著とされる『水経』、歴史地理の書『華陽国志』に至るまで、今日から見てもこれらには相当科学的意義がある。なかには大量の貴重な古代科学の史料も含まれている。たとえば『博物志』巻一に、「山に暮らす人に腫れ物の病気が多いのは、淀んで流れない水を飲んでいるからである」などとあるのは、価値ある医学史料だし、巻四に、「白石を焼いて石灰を作り、それを積み上げ何日か冷やしたあと、雨に遭ったり水を掛けたりすると燃えだして煙と炎が発生する」

というのは、石灰の最も早い記述であり、描写も非常に細緻である。同じ記述はまた『洞冥記』にも見え、『四庫提要』は「すべて奇怪の談」と述べている。しかしそこには他に、以下のような記載がある。

　　石脈は脯東国から出る。その細いことは糸のようであるが、万斤の物をつるしても切れない。石のなかにあって石を破るとこの脈が得られる。これを石麻といい、布にもできる。

　これは石綿に関する認識と記載であるが、もし当時天道自然の信念がなければ「奇怪の談」と見なされ、記録されることはなかっただろう。干宝はその『捜神記』の序文のなかで、本書は読者の暇つぶしに提供するのではなく、「神の道が偽りでないことを明らかにする」ために書かれたのであり、「もし私が採集した近世の出来事で虚妄なものがあれば、過去の賢人と儒者とともにその誹りを分かち合いたい」と述べている。彼は『晋紀』の著書もある歴史家であり、このように神仙の話を信じ、自己の名声を担保してまで『捜神記』を著したのは、主として天道自然の観念がしからしめたのである。
　魯迅もこの点にいち早く注目し、『漢武故事』や『捜神記』などの志怪小説は、史部起居注か雑伝類に分類すべきだとして、「当時はまだ神仙や鬼神のことが信じられていて虚構とは思われていなかった。だから仙人や鬼神の世界のことが記述されていて、史書が扱うこの世の凡人とは異なってはいるが、これもまた歴史の一種なのである」と述べている（『魯迅全集』1980年版、6-322頁）。
　魏晋時期の天道自然観念と博物学の勃興は、負の側面の影響もありはしたが、しかし疑いもなく、自然に対する大胆な探求と未知の世界に対する熱烈な追求を促進した。これは葛洪の『抱朴子』の誕生と煉丹術の研究に対しても、鼓舞と推進の役割りを果たしたのであった。

第三節　煉丹術の復興

　漢末の文学作品から人々の仙薬に対する想像と憧憬を読み取ることができる。たとえば、漢代の楽府「長歌行」に次のように歌われている。

　　仙人は白い鹿に乗っている、髪は短く耳はなんと長いこと
　　私を連れて太華に昇り、霊芝を採って赤幢を得る
　　主人の門に着けば、主人は薬の入った玉の箱を捧げ持つ
　　主人はこの薬を飲み、体は日ましに健康になり
　　白い髪はまた黒い色に戻り、寿命も長く延びてゆく

　また、漢末魏初の『古詩十九首』にはこのような句がある。

　　服食して神仙になろうと求めても、薬の害にやられてしまう
　　美酒を飲み、白い練り絹の服を着て楽しむ方がいい

　これらの詩には「服食して神仙になろうと求め」た風潮の社会的拡がりが反映されている。ほかにも漢代の画像石中には、西王母、薬を搗く玉の兎、空を飛ぶ羽人、飼い慣らされた龍虎といった、神仙の話と関わるモチーフが次第に増えていった。

　魏晋初期には煉丹方士がふたたび社会に現れ、おおっぴらに活動しはじめた。曹操はその政権がまだ盤石でない時、天下に御触れを出し、著名な方士を捜し出して都に集め、「ペテンによって大衆を騙」させないように企てた（曹植『弁道論』）。曹植は父曹操のためにこのような御触れを書いたが、しかし方士を呼び出したのは、集団で曹氏の統治に奉仕させる意図があったことは否定できない。一代の梟雄・曹操は、その志は国家の建立にあったが、「養生法を好み、また薬の処方もできた」（『三国志』武帝紀）。彼は神仙思想の持ち主でもあり、詩を作って「天の門に昇って神の薬をいただく」（「気出

唱」）などと歌っている。曹植も同様で、人間は死を免れないと知りつつも、一方で神仙の話を好んだ。

帝王の愛好ぶりがこのようであったので、ほかの貴人たちも追随した。曹丕は「典論」のなかで、方士が集まった都の様子をこのように描いている。

　　はじめ、郤倹（げきけん）がやって来た時、茯苓（ぶくりょう）の値段が数倍に高騰し、そのあと甘始が来ると、人々は導引の真似事や呼吸法をやり出した。左慈が来た時もその補導の術（房中術）を授けてもらった。

そして曹丕は最後にこう嘆く、「人が名声を追いかけるのはこれほどなのか」と。しかし曹丕は、都の人々がそのようにしたのは、単純な有名人の追っかけではなく、服食と行気によって長生を求めたのだということに思い至らなかった。

葛洪の『神仙伝』には、曹操と方士左慈とのやりとりが記されている。神奇な話ではあるにしても、当時の方士の多様な技能と曹操たちの方術に対する濃厚な関心を側面から窺いうる。宮中に招かれた左慈は曹操の求めに応じて、宮殿に運ばせた銅製の鉢に水を満たし、そこに釣り糸を垂れて淞江の大きな鱸魚（ろぎょ）を釣り上げ、さらには、はるか蜀から生姜を即時に採ってきた、という。こうした術に危険性を感じた曹操は、左慈を捕まえて殺害しようとするが、左慈は羊の群の中に隠れたりして姿をくらましてしまう。のちに左慈は東呉に逃れ、煉丹術を弟子の葛玄に伝授し、霍山で九転の丹を合成して仙去したともいう。

曹操が天下の方士を身辺に置いたのは、彼らを監視することで謀叛の煽動を防ぐためといわれるが、しかしこの集中管理の目的はたんに彼らを軟禁状態に置いておくだけでなく、特技をそなえた道家方士の〈神話〉を利用して自己の統治を固め、さらには彼らの養生法や薬の処方を利用して自己の健康と長生不老に奉仕させる、という意図もあったのである。

江南の東呉では煉丹方士の活動がいっそう活発になり、東呉の朝廷からき

わめて重視された。はじめ孫策は怒りにまかせて于吉を殺したが、のちにその弟の孫権は道家方士を傍に置いた。ここに大きな転換がある。

于（干）吉は漢末呉初の太平道の道士で、東南地方への影響は非常に大きいものがあった。孫策は彼の人望を嫌って母親の反対に耳を貸さず、「この者は妖術を使って大衆を眩惑し、君臣の礼も執らない」といってこれを殺し、市場に首を曝した。しかし于吉に仕える者たちは、于吉は死んだのではなく尸解したのだと云って彼を祀った（『三国志』孫策伝）。『雲笈七籤』巻111にも于吉に関する記載があり、『太平青籙書』（太平清領書）という神書百巻を手に入れ、また孫策の将兵から崇拝されたことなどが記されている。于吉の事案から見れば、魏初の道教方術は社会に重大な影響を与えていたことがわかる。

孫策は建安5年（200）に死去して、その弟の孫権が位を継いだ。孫権は神仙方術と長生不死薬に多大な希望を抱き、将軍と武装兵士1万人を海上の亶洲（たんしゅう）と夷洲に派遣して仙薬を求めさせた。彼らは夷洲に行って数千の居留民を連れ帰っただけで、孫権の願いは泡と消えた。この二つの場所の比定には諸説があるが、一般には台湾とフィリピン一帯だとされている。

孫権は道家方士の術を信じていた。呂蒙が重い病に罹った時、孫権は親しく見舞い、道士に命じて星辰に救命を祈願させている（『三国志』呂蒙伝）。ここから、彼が星辰を信仰していたことがわかる。また『神仙伝』巻2によれば、孫権は会稽の方士・介象を尊崇していて彼から隠形の術を学び、宮殿を出入りする孫権の姿を見た者はいなかったという。孫権は葛玄との間にも神異的な伝説があって、彼が道士を尊び仙術や丹薬に恋い焦がれた心情がそこに反映されている。葛玄は江蘇省句容の人で、葛洪の従祖であり、左慈に師事して金丹の大法を授けられた人物である。孫権は天台山に桐柏観（観は道教寺院の称）を建立して葛玄を住まわせ、さらに富春には崇福観、建業（南京）には興国観、茅山には景陽観をそれぞれ造っている（杜光庭『歴代崇道記』）。葛玄は天台山で『霊宝経』を孫権に授与した。

東呉赤烏2年（239）、孫権は方山（南京の秦淮河東南）に洞玄観を建造し、

葛玄に金丹仙経に依拠して丹薬を煉製させた。彼はここで長時間煉丹の実践に従事し、新しい丹薬の煉製法を創出したが、それは『抱朴子』にすべて反映されている。孫権が葛玄の丹薬でどうなったか、史書は何も語らない。

　孫権の提唱のもと、江東一帯の神仙道教は急速に発展し、介象、左慈、葛玄のほかに多くの方士道家が全国から参集した。「牟子・序伝」によれば、呉の統治下の交州には北方の異人が多くやって来て神仙、辟穀、長生の術を学んだという。また、江東丹陽の茅山や会稽一帯は山水が秀麗かつ幽邃で、北方の道士でここで修錬した人もたくさんいた。建安初年、京兆のひと杜契は長江を渡って孫権のもとに身を寄せた。この人は会稽の方士・介琰に黄白の術を授けられ、のちに茅山で丹を煉った。

　道を修め丹を煉った李八百も、東呉に与えた影響は小さくない。『神仙伝』によれば、後漢から三国時代にかけて巴蜀地方には李姓の方士が多くいて、昌利治（今の四川省金堂県）は、李八百が修行して丹を煉り仙人になって飛昇したところで、平岡治（今の四川省新津県）は李阿が道を学んで仙人になったところという。李家道は漢末に蜀に流伝した方士集団である。『抱朴子』道意篇によれば、蜀のひと李寛が李家道を江東に伝え、上は公卿から下は役人・民衆に至るまで〈李八百〉の信徒となり、神薬を服して不死の法を求めたとあるから、当時不死の丹薬への希求はすでに東呉の孫権の宮中を超えて相当に広がっていた。

第四節　帝王の服丹

　両晋時代、統治階層は経済的な特権と政治上の専横をほしいままにし、奢侈荒淫の生活を送ったが、その精神は空虚で退屈なものであった。この腐敗した門閥専制の統治は、名門豪族を社会の寄生虫にしただけでなく、社会の風紀を損壊し、終わりの見えない不安を人々にもたらした。宮廷の政変、八王の乱、流民の一揆、五胡の挙兵などが次々と勃発し、最後に孫恩の叛乱によって、江左の片隅に建国された東晋という小さな王朝の命運は終わった。

第Ⅱ部　煉丹術と化学　第二章　魏晋思潮と煉丹・服薬

戦乱が頻発し、貧困と苦難と死の恐怖が充満したこの時代は、神仙方術を社会に蔓延させる温床となった。一般の人民がその傷ついた身と心を慰撫するために神仙宗教思想を求め、それを通して招福と消災を願い、貧困疾病からの脱出と太平の到来を渇望しただけでなく、統治階級にしても、激烈な内部闘争と殺し合いの渦中にいて、明日の保証は何もなく、非命に倒れるかもしれなかった。かくして、生別死別の憂患、享楽生活の永続への夢、精神の超越の追求、人生の運命の探索——といったテーマが士大夫階層のもっとも切実な問題になったのである。

　魏晋時代の人々が人生の短さと生命の無情を嘆く時、常に使われたのは「朝露」と「金石」というふたつの譬喩であった。「外物を借用して自己を堅固にする」という通り、金石が意味している長生の煉丹観念は、すでに人々の心の奥深くに浸透していた。服食して長生を求めるという場合、その服食とは金石で煉製してできた丹薬であり、煉丹術はこれによって大いなる発展を遂げることができたのであった。

　宮廷中の帝王はやはり服薬の先陣であった。はじめ彼らは煉丹方士が献上した「金屑酒」を服用した。これは黄金を削って粉末状にしたものに薬物を加えて酒中に入れ、かき混ぜて飲むもので、西晋の帝王たちは、これは安全無毒で長生が実現すると考えたが、あにはからん、この〈薬〉は恵賈皇后を毒死させることになってしまった。彼女は、大医令の程據らと関係をもつなど、そのやりたい放題の荒淫ぶりは当時知らぬものとてなかったが、彼女の死因はおそらく「金屑酒」の過度の摂取であろう（『晋書』后妃伝）。

　つづいて丹薬の服用で命を落としたのは東晋の哀帝であった。現存する史料からして、彼はおそらく中国史上「長生薬」によって命を奪われた最初の皇帝であった。彼は黄老を好み、穀断ちをして長生薬を服用したが、服食過多によって毒に中ったのである（『晋書』哀帝紀）。

　考古学の発見も晋朝の帝王たちの服薬を証明している。1965年、南京（往事の晋の都）郊外で東晋の王侯の墓がいくつか発見されたが、そのうちのひとつに王彬の長女・王丹虎の墓があった。発掘された墓誌銘によれば、彼女

177

は、升平3年（359）7月28日に年58でみまかり、9月30日に父の墓の右に埋葬された。その棺内の前方に、一部はすでに粉末化している朱紅色をした200余粒の物質が発見されたが、化学分析の結果、その主要成分は硫化水銀だと判明した。それを踏まえて考古学者は、「当時の薬物の服用状況と社会背景から判断して、これは丹砂、朱砂のたぐいの丸薬であろう」と述べている（『文物』1965年第10期）。『太平広記』に「魏の孝文帝の即位前、諸王や貴臣たちの多くは石薬を服用していた」（巻247所引『啓顔録』）とあるのは、当時の事実の描写だったのである。

第五節　名士の服薬

　魏晋の士人のなかでまっ先に服薬で名が出るのは、尚書の地位にもいたことのある「正始の名士」何晏(かあん)である。彼は体が弱かったので服薬せざるを得なかったのだが、彼の服用していたのは尋常の薬ではなく「五石散」と呼ばれた薬であった、と魯迅は記している（「魏晋の風度および文章と薬と酒の関係」）。隋の巣元方の医書『諸病源候総論』には、次のような晋代の名医・皇甫謐(こうほひつ)の言葉が引かれている。

　　近世の尚書何晏は音楽や女性に耽溺していたが、はじめてこの薬を服用
　　すると、心がいっそう晴々と朗らかになり、体力も増強した。それを聞
　　いて都の人々はわれもわれもと教え合い、長年の体調不良もあっという
　　間に治ってしまった。利があるものなら何でも喜ぶ人たちは、服用後の
　　心配など顧慮しなかった。何晏の死後も服用する者はいよいよ多くな
　　り、その風潮は止むことがなかった。

　『世説新語』に秦丞相の「寒食散論」が引用されているように（言語篇、劉孝標の注）、「五石散」はまたの名「寒食散」「五石湯」ともいうが、「五石散」は『世説新語』言語篇が初出である。その名は五種の鉱物成分に由来する。

すなわち、礜石、紫石英、白石英、赤石肪、そして石針乳によって組成されている。このうち「礜石」は、古書ではいつも「礬石」と混同されているが、このふたつの鉱物は実際にはその性質がまったく異なっている。前者の「礜石」は現代でいう砒素黄鉄鉱（FeAsS）、または毒砂と呼ばれる有毒鉱物であり、後者の「礬石」は一般には明礬[KAl$_3$(OH)$_6$(SO$_4$)$_2$]を指し、これは無毒である。「五石散」中のほかの4種の薬物にはみな明らかな毒性はなく、その人体に対する有害性はそこに含有されている砒素に由来する。『千金方』巻24の「解五石毒論」に、これは大猛毒の薬物だから、この処方箋を見つけたら直ちに焼却すべきだと書かれている。

何晏のあとの服薬名士は嵆康であった。彼は有名な「竹林の七賢」のひとりで、卓越した才能に恵まれ性格は孤高であったが、神仙学説や仙薬の誘惑には抗しきれず、五石散服用の隊列には加わった。彼は神仙の存在を信じていたが、しかし彼らは常人とは異なった気を自然から受けており、常人がいくら修行を積んでも成り得ないものと考えていた（嵆康「養生論」）。一方で彼は、煉丹道士・王烈に師事して一緒に山に分け入って採薬をし、理に適った養生をすれば千歳の長命でも可能だと信じていた（『晋書』嵆康伝、「養生論」）。この「養生論」がひとたび世に出ると熱烈な反響を呼び、彼は都ではいっとき「神人」と呼ばれた。

嵆康は「自然に任せる」「名教を超越する」という理念を自己の行動規範にし、「つねに湯王、武王を非とし、周公、孔子を軽んず」という道家の姿勢を尊崇していた。彼の長年の友人山濤（巨源）が断り切れず権勢の誘いに乗って司馬氏の朝廷の高官として出仕し、嵆康をも朝廷に引き込もうとした時、嵆康は憤って「山巨源に与えて絶交する手紙」を書き、世俗との対立を宣言した。彼はこの公開の書簡において、仕官に堪えられない理由を9条にわたって列挙している。そのなかの1条が、ふだん五石散を服食している関係上、体に蝨が多く、痒いので掻き続けているが、そのからだで礼服を着て上官に挨拶するのは堪えられない、というものであった。また文中、自分はただ、「服食導引し、山を歩き、魚や鳥や観賞し、一杯の濁酒を飲み、一曲

の琴を弾じ」たらそれで満たされる、と述べている。のちに彼は、司馬昭から故意に捏造された理由で死罪を言い渡された。名士たちは争って身代わりの服罪を申し出、3千人あまりの学生が上書して嵇康への師事を訴えたが、彼らの願いは届かなかった。このように当時影響力が強かった嵇康の服食求仙の行ないは、自然に広汎な人々の追慕するところとなった。

　「書聖」といわれた王羲之もまた、服石の愛好者であった。彼の祖先はすでに五斗米道（後漢末に成立した最初の道教教団）の信者であったが、彼自身も道士を師と仰ぎ、深山に入って採薬服食していた（『晋書』王羲之伝）。

　王羲之と交流のあった人物のなかで、謝安と許詢(きょじゅん)は有名な清談の名士、支遁は仏教の名僧、孫綽(そんしゃく)は士族の仏教信者であったが、王羲之本人は道教徒であった。彼らはたがいに誘いあって山林に隠遁し、服食して生命を養い清談するといった優雅で悠々とした生活を送り、王羲之はそのために官職を辞した。さらに彼は、煉丹道士・許邁を師と仰いだ。許邁は天師道（五斗米道のこと）を奉じた許氏一族の出身で、かつて南海太守・鮑靚(ほうせい)（葛洪の岳父）に師事して道を学び、のちに余杭の懸霤山に精舎を営んで茅山の洞窟の住まいと往来し、世俗の仕事を放擲して仙道を追求した人物である。許邁は山林に住んでいたので王羲之はしょっ中そこを訪れ、世俗を超越した交わりを結んだ（『晋書』王羲之伝）。のちに両人は一緒に服食に励み、どんな遠方でも採薬に出向いた。王羲之は、この許邁との採薬行と修錬は人生最大の喜びだと漏らしている（『晋書』王羲之伝）。

　ところで、王羲之には鵞鳥愛好癖があった。道士から道教経典の書写を頼まれると、彼はいつも白い鵞鳥と交換した。李白はこの王羲之の行ないを愛でて、「山陰（王羲之が住んでいた紹興のこと）の道士にもし相見ゆれば、まさに黄庭（道教経典『黄庭経』）を写して白鵞に換うべし」と歌っている。この愛好はじつは道教の服食養生と関係している。陳寅恪(ちんいんかく)は、鵞鳥には五臓の丹毒を分解する効能があり、道教の養生食譜では上品に位置づけられていて、丹石を服用する人にはふさわしい食だったと述べている（『金明館叢書初編』、38頁）。続けて陳寅恪は、「したがって山陰の道士の鵞鳥飼育と王羲之の鵞鳥

好みはぴったり符合し、王羲之が高逸で道士が卑俗、ということではない。道士にとっては道教経典は能書家に筆写してもらう必要があり、王羲之にとってもまた、鵞鳥を得て薬の補助とする必要があったのである」と述べている（同上）。

　こうして服石の風潮は日ましに盛んになり、王弼、裴秀（はいしゅう）、皇甫謐、張孝秀、房伯玉、王大、王述などの名流たちも愛好した。五石散は必ず温かい酒で服用し、そのあと冷たい食餌で落ち着かせる必要があり、これは当時常識になっていた。裴秀はそれを知らず、冷酒で服用したため若死にした（『晋書』裴秀伝）。房伯玉は五石散を10剤ばかり服したが効果がなく、いっそう悪寒がして、夏でも二重の服を着る始末。徐嗣伯が彼を診察して、からだに伏熱があって、水でどんどん発散させないといけないといった。雪の降る極寒の日、徐嗣伯の指図で、彼を裸にして石の上に坐らせ、頭から冷水をどんどん注いだところ、伯玉は気絶してしまった。家人が泣い訴えても徐嗣伯は耳を貸さず、さらにかけ続けたところ、伯玉のからだが少し動いて背中から湯気が立ち上り、突如起き坐り直してこう云った、「熱くてたまらん、冷や水をくれ」。一升の水を与えると一息に飲み干し、それで彼の病気はすべて治った。それ以来彼のからだはつねに熱く、冬でも肌着一枚で過ごし、肥えて強壮になった（『南史』徐嗣伯伝）。

　魏晋以来、名士の多くが袖の長い大きめの服を着、靴は脱いで下駄のようなものを履いていたのは、五石散服用後の発熱と皮膚が傷みやすかったからである。いつも発熱していたから体が汗で湿っており、皮膚が過敏ゆえに新しい服は敬遠され、そのためシラミが発生し、「蝨をひねって談じる」ことが当時の流行になった。

　魯迅は「魏晋の風度および文章と薬と酒の関係」と題された講演のなかで「何晏にはお金があり、彼が飲み始めると、みんなも続いて飲んだ。あの時代の五石散の流毒は清末のアヘンのそれと変わらない。薬が飲めるかどうかを見て金持ちかどうかを見分けたわけだ」（『而已集』所収）。たしかに当時服用した人の多くは貴族名流であって、一般人にはこんな高価な薬は飲めな

かった。しかし服石の風潮が流行しはじめると、多くの人々にもてはやされた。

　魯迅は続けていう、「散発（服薬後の熱気の発散）の時には腹をすかせておけないので冷たい物を食べる、それも早く食べないといけないので時間にかまっておれず、一日何回になるか一定していない。その影響で晋時代には〈居喪無礼〉（服喪の礼を守らない）になった。元来魏晋は父母に対する礼が非常に煩瑣な時代であった。晋の礼では、服喪の時には痩せないといけない、たくさん食べてはいけない、飲酒は禁止などと規定されていたが、服薬のあとは命にかかわるから、そんな多くの規定にかまっておれず、大食いするしかないのでいきおい〈居喪無礼〉になった。……晋朝人の多くは性格が悪く、高慢で、気がふれており、火のように乱暴だったのは、おおむね服薬が原因である」（同上）。

　魯迅はさらに、魏晋人士は服薬派と飲酒派に大別できることを発見している。正始の名士は服薬派、嵇康、阮籍を代表とする竹林の名士は飲酒派、ただし嵇康は服薬も兼ねた。結局、阮籍は天寿をまっとうし、嵇康は司馬氏の手にかかり、孔融、何晏とおなじく非業に倒れた。これはおおむね服薬と飲酒のちがいに由来する。服薬は仙人になることができる。仙人は俗人を蔑視するから敵をつくりやすい。飲酒では仙人になれないから、うまくうわべを取り繕って俗人に対応できる。以上が魯迅の見方である（同上）。

　このように服薬派と飲酒派に分かれたことについて、王瑶はさらに掘り下げている。酒を飲む人は必ずしも薬を必要としないし、終日酒浸りの人は、延年長寿や容姿の優美さなどを顧慮する暇もなく、自然に薬のことなど考えなくなる。一方、服薬の人は、熱い酒を飲む必要があるとはいってもそれは少量ですむことだし、実際服薬の人で酒に溺れたという話は伝わっていない。というのも、服薬の風潮はがんらい道教と密接な関係があって、これらの人々は必ずしも道教の戒律を厳格に守ってはいなかったにせよ、当時の道教と繋がりのある薬方は多飲をいましめているからである（王瑶『中古文学史論』、154頁）。してみれば、魏晋の服薬の風潮は医学から起こったのでなく、

道教の煉丹養生の広範な社会的流行なのである。要するに、道教的色彩をおびた服散（五石散の服用）・煉丹と当時の政治、文化とは、たがいに絡まり合いながら独特の魏晋の風気を形成したのであった。

第六節　名士の服薬の原因と影響

魏晋の名士の服薬にはもとより長生を追求するという一面があったが、しかし彼らの服薬は帝王のそれとは異なったところがあり、また煉丹道士のそれとも大きな相違があった。彼らの服薬は、複雑な社会的原因と個人的要素を帯びている。

一　名士の服薬の社会的原因

魏晋時代は非常に特殊な歴史の一時期であった。打ち続く戦争と災害と伝染病の大流行は、当時の人口を大幅に減少させ、生き残った者は10人に1人という記録もある（『三国志』張綉伝）。このような苛酷な運命は社会の各層を襲い、名士といえども免れがたかった。名士・馬融も飢餓に嘆息し、他人に屈従せざるを得なかった。伝染病はさらに怖ろしく、建安詩人の陳琳、徐干、応瑒などは相継いで世を去った。士人でさえこのようであったから、下層の人民の悲惨さは推して知るべしである。

特殊な社会環境は特殊な社会形態を生むもので、生存の渇望が魏晋士人の第一願望となった。生存の困難な状況から自分たちを脱出させてくれる方術と薬物は、どんなものであれ最大限の歓迎を受けた。服食の術やその他の方術は広汎な社会的基盤があったので、一旦出現すると、人々はきわめて早くそれを信じて習いはじめた。方士の甘始や左慈、符水や丹薬で病気治療をした于吉、李寛などのもとに、人々は雲の如く群がった。この当時、服食は成仙の術であるにとどまらず、一般の民衆にとっては生存するために必要なものであった。葛洪は、漢末の大乱時、山に逃れた人が飢えのために死にかけた際、ある人から山中に自生するオケラ（菊科の多年草）の食べ方を教えら

れ、おかげで数十年後、元気に故郷に帰れたという話を伝えている（『抱朴子』仙薬篇、207頁）。

　魏晋の名士は、民衆とおなじく災難や疫病の脅威を体験しただけでなく、頻発する政変と帝王の残忍さによってつねに殺害される危険に直面していた。後漢末の二度にわたる党錮の禁以降は特にそうであった。曹操はうわべは人才を愛惜するといいながら、実際には自分の意に逆らう者は殺した。直言した孔融も殺され、曹操に策略を授けた智謀の士・楊修も、あらぬ罪を着せられ殺された。こうした名士の誅殺は、人々に恐怖を与え、曹操の子の曹植ですら、内心不安におののいた。司馬氏が権力の座に登ると、ほしいままな名士の誅殺がひんぱんになった。司馬懿は政権奪取後、ただちに何晏らの名士を殺した。司馬昭は権力掌握後、目障りな嵆康、夏侯玄らを殺害した。その後、張華、潘岳、郭璞、劉琨、謝霊運、范曄らの文人も統治者の犠牲になった。このような血なまぐさい統治のもと、生き残った名士たちは恐れおののき、終日生きた心地がしなかった。かくして名士たちの心理と個性は歪められ畸型化していった。阮籍の「詠懐詩」中に「終身薄氷を履む、誰か我が心の焦を知らんや」という句がある。阮籍は朝廷にあること数十年、時事を論評せず、人物の善し悪しを口にせず、つねに病気を装ったり酒でごまかしたりして現実を逃避した。王述はすっぱり痴呆を装って平安を得た。

　こうした極度の精神的な重圧のなか、名士たちはアルコールや丹薬の助けを借りて神経を刺激し、心をコントロールし、精神の安定を図らざるを得なかった。五石散には丹砂や磁石などが含まれているが、丹砂には精神を養い、魂魄を安定させ、元気を増して視力を高める効能がある。それだけでなく五石散の服用には、薬による発作を口実にして官職を辞任し、客人の応対も忌避できるという「効能」のほか、虚偽にみちた礼教の束縛を打ち破ることもできた。いわゆる「喪に居て礼なし」や「行に定則なし」がそれである。

二　名士の服薬の個人的要因

　魏晋の名士が服薬を必要とした第一の理由は病気治療である。何晏の服散の目的のひとつは「面容蒼白」の病を治すことにあった。白粉を塗っているかと疑われた彼の美しい白面は、じつは病気の症状であった。中国医学には、顔色を観てその病気を診断する方法がある（『黄帝内経素問』脈要精微論篇）。方士の管輅(かんろ)は白面の何晏について、「魂はその住処におらず、血が華色（生命力のあるさま）でない。これを鬼幽（すでに死者の仲間）という」と診断している（『管輅別伝』）。この白面や「血が華色でない」という症状は、中国医学では「気血が衰えている症」と「虚寒の症」にあてはまる。加えて何晏は動乱の世に生き、いつも恐怖心に苛まれていた。晋の医学家・王叔和は、「人が恐怖心を抱くと、顔色は脱色して白くなる」と述べている（『脈望』）。したがって何晏が五石散を服用したのは、対症下薬（病状に応じた施薬）だったわけである。前述のように五石散中には、心を静め、動悸を抑え、呼吸を楽にする効能のある石薬が含まれていたし、虚寒の症を患う何晏には薬性が温熱の石薬は適切であった。その後、嵆康や王戎も病を得て五石散を服用し、当時の名医・皇甫謐でさえ五石散で自分のしつこい病気を治したいと願った。

　名士服薬の第二の目的は美容のためであった。王瑶は、服薬名士の共通点として容姿の美しさの追求を挙げ、これが服薬と不可分の関係にあったと云っている。当時の官吏選抜の規準として「人倫」というものがあったが、それは言行と挙止、容貌風采にあらわれると考えられていた。そこから魏晋の士人は外貌と挙措を重んじるようになり、この時代の気風になっていった（『世説新語』容止篇、賞誉篇）。蘇峻の乱のあと、陶侃(とうかん)は庾亮(ゆりょう)を殺そうと思っていたが、庾亮と面会してその風姿のすばらしさに打たれて考えをあらため、それ以降、かわいがって重用するようになった（『世説新語』容止篇）。五石散には砒素が含まれているが、少量の砒素は血液循環を促進し、神経を刺激し、顔色を紅潮させ、一時的に精神を奮起させるはたらきがある。それに

よって一時的に体面を保ち、官人や婦人の賞讃を勝ち得ることができたのである。

　名士服薬の別の目的として強精上の要請があった。砒素を含む五石散には、人体の性機能を刺激して強壮にする作用があった。『千金翼方』には、五石散は男性の「五労七傷」を癒すとある。蘇東坡も云う、「世間には鍾乳や烏喙（うかい）（または烏頭、猛毒）を食し、酒と女に耽溺して長命を求める者がいるが、その始まりはおそらく何晏からだろう。彼は若くして富貴であったから、寒食散を服用してその欲望を満たそうとしたのだ」（『東坡志林』巻5、『余嘉錫論学雑著』185頁）。何晏はたしかに好色の徒であった。彼は7才の時、母親に付き従って後宮に入り、奢侈と荒淫のなかで多くの女性たちに囲まれて生育し、大観園における賈宝玉（『紅楼夢』）と似たところがあった。のちに金郷公主を妻としたが、至るところで他の女性との快楽に耽った。金郷公主が何晏の母親の沛王太妃に、「晏のわるさは日ましに酷くなっていますが、あれで体がもつのでしょうか」というと、母親は「あんた、嫉妬はおやめ」と答えた（『三国志』曹爽伝注）。「体がもつのか」というのは、何晏の過度の貪淫による身体虚脱の婉曲的な表現であり、すでに何晏の肉体が相当衰弱していたことを表している。したがって、何晏の服散には確実に強精して欲望を遂げようという一面があった。史書には記されていないが、その他の名士や帝王のなかには何晏を手本とした者たちも少なくなかったはずである。

　服散は房中術とも密接な関係がある。魏晋時代、民間方士の活発な活動によってこの秘められた養生法はすでに宮廷の内外に拡散していた。葛洪も「服薬は長生の根本であるが、兼ねて行気（体内に気を巡らせる技法）を行ない、さらに房中の術も知らないといけない」といっている（『抱朴子』至理篇、114頁）。服散にはがんらい欲望亢進の効能があり、房中術をするために服散するというのは、養生長寿という表向きにも立派な理由がつけられるので、魏晋の名流はさかんに服散したのである。

　服散は、士人の暴君に対する抵抗の一手段となったことさえあった。暴君の専制下、士人は政治から逃れ、老荘思想や道家的人格を理想として追い求

めたが、現実からの完全な脱出は不可能だったので、その内面には焦燥と抑圧感と痛苦が充満していた。だから飲酒と服薬は、心中の煩悶と焦燥を紛らわせる手段であった。皇甫謐は生死の問題にも淡々と向き合い、服散の危険性も認識していたが、それでも寒食散（五石散のこと）の服用をやめられず、そういう自分との葛藤の果てに自殺を企てたこともあった（『晋書』皇甫謐伝）。このように服散は単純な長生願望だけはなく、内面の苦しみから脱出するために自分を痛めつけるやり方で精神的な焦燥感を紛らわせるケースもあったのである。また、たとえば賀循などは政局が揺れ動いている時、服散して半裸となり、自分が使い道のない人間であることをアピールし、政界の闘争から身をかわした（『晋書』賀循伝）。しばしば宦官の迫害を受けた宋の蘇東坡は、当時の士人にとっては暴君の刃の下に死ぬよりは五石散で命を失う方が幸運だったと、服散の流行に言及している（（『東坡志林』巻5、余嘉錫前引書185頁）。

三　名士の服薬と符籙派・丹鼎派との関係

　漢末魏初、民間の道教は符籙、巫祝などの方術によって活動を展開した。彼らは手に9こぶのある杖をもち、符を描き呪文を唱えて人々の病気を治した。一定の効果を収めることもあったが、なかにはなんの御利益もなく、ペテンを行なった者も少なくはなかった。しかし当時の文化水準もあって、符呪の方術の影響は非常に大きいものがあった。前引の于吉や李寛の事跡からうかがえるように、これらは当時の社会においてはすでに広範な流行の勢いを呈していた。

　符呪と煉丹はみな道教方術に属しているが、その本質からすれば、符呪は巫術に近く、煉丹は医術から生まれてきた。巫術と医術の争いはすでに春秋時代から激烈に展開され、医術は漢末になってもまだ全面的な勝利を収めていなかった。秦漢時代にはまだ依然として両者の対立は続いており、統治者は自分側の利益を重視したので、どちらかといえば天命やその他を信じて医術は信じなかった。漢の劉邦は戦場で矢がからだに命中した時、医者は治せ

ますといっているのに、「命は天にあり、扁鵲(へんじゃく)といったって何ができるのか」と云った（『史記』高祖本紀）。統治者がこのような有様だったから、医学技術の発展には難しいものがあった。漢の医者・郭玉は、尊貴な人の治療の難しさに関して次の4点を挙げている。1．自分の考えで判断して医者の意見を聴かない。2．自分のからだを大切にしない。3．骨格が頑強でないのに薬を使わせない。4．楽を好んで労を厭う（『後漢書』郭玉伝）。こうして神降ろしの巫祝と鬼神祭祀による病気治療は社会的に拡大し、後漢時代には最高潮に達した。

儒家の名士たちは後漢時代、こうした巫祝の行ないに対して猛烈な批判を開始した。たとえば王符は云う、「医薬を捨てて神に仕えたために死亡しても、巫に騙されたことも知らず、巫のもとに行くのが遅かったなどと思っている」（『潜夫論』浮侈篇）。また王充も巫祝と祭祀を痛烈に批判した。彼は災害や病気は人間の力で修復できると考え、「堯が洪水に遭遇した時、神に祈らず、政治も改めず、禹に治水を任せたので河はスムースに流れるようになった。堯が禹に治水させたのと、水腫病患者が医者を使うのとはパラレルだ」と述べている（『論衡』順鼓篇）。仲長統は端的に云う、「不幸にして病気になっても、針石と薬剤で治すことができる」（『昌言』）。

魏晋名士は道家の学説を尊んだが、しかし儒家の観点をまったく放棄して、符籙や巫祝などの行ないに屈服していたわけではない。彼らの服薬の風は、上述した思想家たちによる巫祝と祭祀批判の基盤上に立って、自分の服薬治病と養生の実践によって秦漢以来のあのような迷信行為と思想を否定し、魏晋一代の新しい風尚を創出したものであった。このことは、魏晋時代の医学尊重の風気をかなり普及させ、医学技術にはっきりした進歩が生まれた。医術の進歩は逆に煉丹術のレベルの高い発展を後押しし、その結果、丹鼎派の煉薬はいっそう広汎に重視されるようになり、煉丹術と医学の結合はより緊密になった。こうした状況は民間道教にも煉丹術を重視するように迫り、また、葛洪などのような人物が煉丹術に対して全体的な総括を行なうに至った。こうして道教丹鼎派の重要な地位が確立し、煉丹と服丹を使った行

動はさらに多くの士人を道教活動に引き込むことになり、道教と煉丹に大発展をもたらした。

第七節　五石散の成分と効能

　魏晋のあと南北朝時代になって、秦丞相の『寒食散論』と梁の徐叔和編集の『解寒食散方』13巻が出て、五石散の流行ぶりがうかがわれる。唐代になると、その『解寒食散方』が15巻に増補され、また孫思邈の『千金要方』などの書では、その薬方と改良点が記してあって、当時まだ多くの人が服用していたことを物語っている。余嘉錫は『寒食散考』を書き、五石散は張仲景の医方から出たとし、毒薬だと述べている。このように五石散に関する論考は多くの場合、医学的観点から出発していて、源流を煉丹術に求める観点や主張がないのには問題がある。というのも、その本源を追究すると、五石散はじつは煉丹家の手に出て、医学家の処方ではなかったことがわかる。

　漢代、煉丹に従事した神仙方士は一般に医療活動には関わらず、臨床の医者も多くは服石や煉丹を扱わなかった。後漢の医家・張仲景が服散を主張し、五石散は彼の「侯氏黒散」と「紫石英方」がルーツとする説もあるが、しかしこれは事実と符合しない。というのは、張仲景が服散を唱道したことはなく、その著『傷寒雑病論』中の鉱物薬は多くの場合、臨床治療に使われており、『金匱要略』血痺虚労篇には石薬で構成された処方はひとつもない。そういうわけで、魏晋の服散の風潮と張仲景は関係がない。この問題については、医学書にも精通していた葛洪が言及していないということも否定的な傍証になる。

　余嘉錫は巣元方の『諸病源候総論』に依拠して、五石散は張仲景の「侯氏黒散」と「紫石英方」に由来し、その主要成分は明礬、紫石英、白石英、赤石脂と鍾乳石だと考証し、魯迅もこの立場を取っている。この説は通説のようになっているが、基づくところは唐代の孫思邈『千金要方』の記述であって、それは隋唐以前の五石散の処方とは一致しない。

王奎克はこの問題を整理したが、その要点は以下である。上のような五種の鉱物はすべて無毒であり、そのような「五石」ではあれほど沸騰した「魏晋服薬の風潮」が生まれるはずがない。砒素こそが五石散の本質を成しており、それは偶然加えられたのではなく、はじめからその処方中に存在していた、という肝要の一点を余嘉錫は見落としている、と。王奎克が挙げる根拠は王羲之の一通の手紙である（『法書要録』巻10所引）。そのなかで王献之は、なかなか好転しない王羲之の身体の不調を「礜石」（砒素）のせいではないかと疑っているのである（王奎克「五石散新考」、趙匡華編『中国古代化学史研究』、80～87頁）。ただ陰陽五行論に基づいて「雄黄」（后土鎮星の精）と「礜石」（少陽太白の精）とを選別した煉丹家の五石散のみが、魏晋士人が好んだ「体の火照り」「血の華」（顔のつや？）、「欲望亢進」「精神的解放感」という服散後の初期効果をもたらし得るのである。そしてまた、砒素が含有されているがゆえの、「舌が萎縮して喉に入る」「でき物が背中に発症」「背中の肉が爛れて崩れる」という症状が服散の後期に現れ、服用者を悲嘆に暮れさせるのである。それゆえ、隋唐以前の服散は、主として道教煉丹家が世に出した五石散または五石丹を服用することであった。その毒性が猛烈で危害が拡大していったので、のちに孫思邈たちが毒性の非常に低い「五石更散」に改良したのである。

　雄黄（As_2S_2：硫化砒素）と礜石（$FeAsS$：一種の砒素黄鉄鉱石）は加熱すると、毒性がいっそう苛烈な三酸化砒素（As_2O_3）になる。五石散はまさに砒素を含有しているがゆえに、喜ばしくもまた怖ろしいという魅力を備え得たのである。三酸化砒素の類の砒素化合物には劇毒があるが、少量の砒素を含有した薬物には、消化の促進、血液の状態の改善、神経の強化といった効能があることを現代医学と薬物学は証明している。砒素は人体にとって必要な元素のひとつで、適量の砒素は神経を活性化し、造血や補血などのはたらきがあり、かつまた細胞の成長を促進する、というのが現代生理学が出した結論である。

　砒素化合物は、繰り返し煉製される過程でたえず揮発し損耗するので、五

石散が煉製されて丹薬となったあとの砒素含有量はけっして高くはない。粟粒大のものを丸剤とするから、砒素の量はごくわずかである。しかし微かな量でも、砒素は血液循環を促進させ気分をおおいに爽やかにしてくれるから、かの何晏は「こんなすごい効き目のある薬に出会ったのは初めてだ」と叫んだのである。これを服用するとからだも火照ってくるから、酒酔いと同じ気分になって「成仙」状態を味わいうる。ほかにこれは、人体を刺激して強壮にするはたらきがあるから、長生不老であれ、治病養生であれ、さらには放縦な生活を送るためであれ、五石散はすべて面倒を見てくれる。それゆえにこそ、当時の失意の士人の好むところに付け入ることができたのである。

　ニーダムはつとに道家仙薬の服用初期の薬理作用に注目しており、「最初の高揚」と題して論述し、焦点を丹薬中の砒素に絞っている。数世紀にわたって丹薬による中毒は引きも切らなかったのに、これに熱中する人が途絶えなかったのは、成分の砒素が暫時の安寧感を与えたからだ、と彼は云う（『中国の科学と文明』台湾版14-520〜521頁）。服散者は「甘い蜜」を嘗めると、しばしば盲目的に大量に服用するようになり、やがて砒素中毒がやってくる。最初、消化機能が減退し、胃が痛んで食べ物を受け付けなくなり、続いて皮膚が乾燥して発疹があらわれ、ひどい場合にはでき物ができてそれが爛れて崩れてくる。そのあと、神経系統がやられて知覚が異常になる。これらはすべて慢性砒素中毒の症状であるが、過度に服用した場合には急性中毒になる。中毒者は全身が麻痺して、嘔吐がやまず、意識を失って人事不省となり、最後は過度の衰弱と心筋の麻痺で死に至る。それゆえ皇甫謐(こうほひつ)は、みずからの体験を、「この薬は制御しがたく、耐えがたい苦しみに見舞われる」と嘆きをもって語ったのである。彼は医者であったが、五石散の適正な服用量を把握し得ず、多年の服用後、ついに毒に中ってしまい、晋の武帝が彼に登用の詔を下した際、彼は以下のように述べて辞退するしかなかったのである。

わたくしは限度を超えて寒食散を服用したため、苦しみに苛まれて七年になります。真冬でも上半身は肌脱ぎになって氷を食べ、夏は暑さにもだえ苦しみ、そのうえ咳が出て、その症状は温瘧（マラリアの類）や傷寒（急性熱性疾患）に類似し、体中に浮腫が生じ、手足はだるくて重く、今はほとほと困り果てております。　　　　　　　　　　（『晋書』皇甫謐伝）

　隋代の名医・巣元方はその著『諸病源候総論』において、五石散服用後の初期症状を次の５つにまとめている。1. 食欲が増進して大量に食べる。2. 気が下って表情はおだやかになり喜色が出る。3. 頭、顔、からだが痒くなる。4. ゾクゾクっと悪寒がする。5. ウトウトとして眠くなる。このうち１と２は良性の効能なので、もっと飲めばもっと効果が現れてもっと気持ちよくなる、と人に錯覚させやすい。その結果、急性ないし慢性の中毒患者があいついで現れる。たとえ暫時でもほかに比べようのないその快感は、そのあとに改善しようのない意気消沈現象が続くとしても、危険な深みにはまって行く人々を制止できないほどのものであった。この五石散の誘惑はニーダムが述べているとおりである（前掲書台湾版14-521頁）。魏晋から唐の天宝年間に至る500余年間、まだ服散する人は多く、かりに１年で数千人が死んだとすると、500余年では数百万人になる計算である。皇甫謐はその「寒食散論」において、自分の実見の範囲内でも数十年で８、９人は亡くなったのを見たと述べている。こういうところから推測するに、500年の間に五石散で落命した人は数千万人に上る可能性もある（『余嘉錫論学雑著』所収「寒食散考」、186頁）。

　ニーダムはまた別に、服薬の最後の効能としての「尸解(しかい)」についても注目している。つまり死後、死（尸）体が長時間腐乱しないのである。腐乱を防ぐには３種のやり方があるが、そのうちのひとつに砒素を使う方法がある。法医学者には周知のことながら、砒素は死体の腐乱を大きく抑制するはたらきがある。多分、砒素の毒性が細菌自体を殺滅するのであろう。道士はこれをもって自分たちの丹薬の化学的効能の一証拠とした（ニーダム前掲書548

頁)。道教徒は成仙を実現するためにあらゆる方法を考えたが、彼らが鼓吹した「黄金を人体に注入すれば、寿命は黄金と等しくなる」という発想も、あながち根拠がないとはいえない。ある種の丹薬を服食することで死体を長時間保存できるこの化学現象から、彼らは人の生命は必ず延長しうると推断し、この異常現象に「尸解」という美名を付けたのである。死体が長時間そのままの状態で留まっている以上、生命は新しい形式で長く存続してゆく、つまり「変仙昇天」するのだと考えた。後世の人がどう評価しようと、当時の道教の煉丹術にはそのようにした多くの理由があり、また偽りでない事実を根拠ともしていた。ただ、客観的認識上に限界があったことと、主観上、事実を過度に誇大化したこととによって、意のままに推論していった結果、錯誤を犯したのである。

第三章　煉丹術の主要薬物とその化学的成果

　煉丹術士は神仙金丹の服用で不老不死と成仙が実現すると喧伝したが、もとよりこれは実現不可能なものであった。しかし、このような活動は彼らに物質の変化は自然の普遍的法則なのだということを認識させ、ここから素朴な唯物論思想が生まれ、大量の物質の変化に関する経験と常識が蓄積されることになった。魏伯陽は、「煉丹は自然のなすところに順従すべきだ」といい（『周易参同契』、『道蔵』20-154）、葛洪も「変化は天地の自然である」と述べ（『抱朴子』黄白篇、284頁）、煉丹の実現可能性と合理性を論証した。煉丹術士が追究した本来の目的は荒唐無稽なものであったが、彼らが煉丹の実践中に発見した各種の物質の変化現象と化学の成果は、疑いもなく近代化学の先駆となった。

第一節　水銀の化学

一　丹砂の考察

　丹砂は丹ともいい、「煉丹術」中の「丹」は丹砂を意味する（陳国符『道蔵源流考』下冊）。丹砂の語のもっとも早い出現は戦国時代の『五十二病方』で、丹砂を使った皮膚治療の記載がある。陶弘景は『本草経集注』のなかで云う、「丹砂は武陵や西川（四川省西部）の諸蛮族（少数民族）から出るが、みな巴（四川省東部）の地に所属しているので巴砂という」と。葛洪は『抱朴子』において、これを28種の上品薬のトップに位置づけている。また後漢時代に成った『黄帝九鼎神丹経』巻1で列挙される9種の神丹中、6種までが丹砂を主要原料として煉製したものである（『道蔵』18-795以下）。「からだの百病に効能があり、精と神を養い、魂魄を安らかにし、気を増して目がはっきり見えるようにさせ……魔物や邪悪な鬼を殺し……長く服用すれば神明に通じて老いず……変化して水銀になりうる」というのは『神農本草経』

の記述で、ここでも上品薬のトップに列せられている。

　丹砂は、「巴砂」と呼ばれるもの以外は鮮紅色を呈しているので「朱砂」ともいう。唐代にはおもに湖南省の辰州で採れたので「辰砂」という場合もある。水銀と硫黄の天然化合物であり、一種朱色の固体鉱物であるが、主として2種類の形態がある。そのうちの1種は、結晶状になっており、その結晶の形は「三方晶形」に属し、つねに菱面または板状を呈している。中国の古典籍で「樗蒲子」「石榴子」「斧劈」「鏡面」などと呼ばれているのは、その形と色からの命名である。いまひとつは、つねに塊状であるが、しかし完全な解理（一定方向に断裂してその断裂平面が光沢を帯びる）ではなく、粒や粉末状を呈する場合もあり、質もやや劣っていて煉丹術では一般に用いない。優良な丹砂は並行する菱面が完全に解理し、鮮紅色のものはダイヤのような光沢を発し、暗紅色のものは金属の光沢に近く、透明から不透明なものまで、条痕の断面は鮮紅色を呈する。

　丹砂は汞（こう）、つまり水銀を煉製する主要な原料である。水銀は常温ではつねに白色の液体であるが、丹砂の鉱脈中にあっては酸化作用によって天然の「自然汞」が生成され、その比重が比較的高くまた流動性があるので、丹砂の晶簇（鉱物の隙間などに簇生する結晶）や塊の空隙に集まってくる。古人はそれを「丹の腹中から出る」と表現した。古代では自然汞のことを「水銀」と呼び、丹砂を昇煉して得られた水銀は「熟水銀」と呼んで区別した。陶弘景編纂の『名医別録』では、熟水銀は少し白濁していて、天然の物に遠く及ばないとある。

　歴代の道教煉丹術士たちは、丹砂に対して讃辞を惜しまなかった。葛洪しかり、唐代の道士兼煉丹家・陳少微しかり。陳少微は「丹砂は太陽熒惑（けいわく）（火星）のこの上もない精なるもの」と述べているが（『大洞煉真宝経修伏霊砂妙訣』、『道蔵』19-15）、この語は漢代の淮南王時代の「五石丹方」中の表現とまったく同一で（『太清石壁記』所収）、いずれも遠古の星辰崇拝と関わりがある。漢代成立の『太清金液神気経』には、「太玄清虚上皇太真玄丹」という丹方が記載されているが、そこで使われる28種の薬物は「二十八宿の霊符

に象(かたど)る」という。「太陽」は天上のもっとも重要な星で、丹砂が天の「太陽」と照応するというのは、一面からいえば、煉丹術士が丹砂を諸薬のトップに据えたその信仰上の根拠ともいいうる。

しかしながら、もし根源まで遡るならば、道教煉丹術士の丹砂崇拝は原始時代、人類の赤色の物体に対する信仰と関係がある。考古学上の発掘が証明しているように、原始時代から丹砂は、おそらくある種の永劫不朽の観念の発生とつながりがある。石器時代から何種類かの赤い鉱物は特別に重視されていた。たとえば、山頂洞人の遺跡から赤鉄鉱の粉末が発見され、その人骨化石の胸部から赤鉄鉱の塊が見つかっており、さらに赤鉄鉱の粉末を塗った煉瓦状の石灰岩の石ころも出土している（賈蘭坡『山頂洞人』）。人類学者の研究によれば、こうした赤色鉱物の使用は、原始人に霊魂不滅の観念が存在していたことを証明しているという。

丹砂に対する認識と利用は、つとに石器時代から始まっていた。甘粛省から出土した石器時代の墓葬中に丹砂があった。これは原始人が、動物や人間が血を失うと死に至ることの観察を通して、赤い血液が生命と密接に関係していると推測したのであろう。血を失うと生命は死亡するが、その逆だと死なないのだ、と。かくして、血と同じ色をしたすべての物が不死の象徴と見なされたが、とりわけ腐敗しない赤い鉱物がいっそう不死の神物と尊崇され崇拝されて、一種の信仰として後世に伝えられていったのであろう。たとえば、前漢の長沙馬王堆と江陵の鳳凰山墓の棺に残存していた液体から、赤色の丹砂鉱物が発見されている。またほかに、河南省偃師二里頭の殷初期の宮殿遺跡から発掘された玉器と銅器は、いずれも丹砂の堆積中にくるまれており、いくつかの穴の底には大量の丹砂が保存されていた。殷代の祭祀活動には丹砂を使って甲骨に字を書くこともあった（以上『考古』1975-5所載論文）。こうしたことはすべて、赤色によって代表される不死の信仰と一脈通じるものがある。

丹砂が生命と不死の信仰の象徴であったためであろう、丹砂中に含まれる水銀にも霊魂不朽の効能があると見なされ、墓葬品として丹砂と同じはたら

きを担うことになった。山東省臨淄県の南方に葬られた斉の桓公（B.C.642没）墓は晋人によって発掘された時、そこに「水銀池」があったという（唐・魏王李泰『括地志』）。呉王闔廬（こうりょ）（閭）は死ぬと虎丘に葬られたが、その周囲に直径60歩の池を堀ってそこに水銀を流し込んだという（『芸文類聚』山部下・虎丘）。秦の始皇帝が即位のはじめ酈山（りざん）に墓所を造営し、機械仕掛けで水銀が流れるミニ江河大海を造ったのは有名な話である（『史記』秦始皇本記）。中国ではすでに、春秋戦国時代から水銀の大量使用が始まっていて、それが荘重な尊貴性の顕示にもなっていたのである。これはまた実際上、丹砂の不死観念の延長であった。

　その後宋代に至るまで、皇帝が大臣の墓葬に水銀を下賜するのは一種の礼制になっていた（夏湘蓉『中国古代鉱業開発史』）。太師清河郡王の張俊が薨じた時、水銀200両と龍脳150両が下賜され、楊存中の場合もほぼ同様であったた（『宋史』礼志・詔葬）。水銀のほかに龍脳（龍脳香、すなわちボルネオールのことか）が加えられるのは、おそらく唐宋以降の医学の発展のゆえであろうが、その根底には不死観念が横たわっている。龍脳の効能は死体や霊魂の不死観念とは直接的な関係はないように思われるが（『本草綱目』巻43、鱗部1）、「龍骨」「龍角」「龍涎」などを採用せずに「龍脳」を選んだのは、おそらく脳が霊魂の宿る場所であり、龍が上昇して自在に天空を漫遊するとイメージされていたところから、霊魂の不死と肉体の昇仙を象徴させたのであろう。龍脳を水銀と一緒に供えたのは、不死昇仙の効果が増強されると考えられたからにすぎない。

　文献の記述から見ると、丹砂の発見と利用の方が水銀よりはるかに早い。晋の太康年間（280〜289）、戦国時代魏の安釐王墓から出土した『汲家周書』（きゅうちょう）には、「方人は孔鳥を以てし、卜人は丹砂を以てす」とある。この「卜人」は西南の異民族のことで、彼らが丹砂を周の成王に進貢したというのである。また、晋の太康2年（281）、魏の襄王墓から出て来た『穆天子伝』に「天子が朱丹70包を下賜した」とあることから推すに、おそくとも西周の前期にはすでに丹砂の採掘が始まっていたらしい。さらに『周礼』天官冢宰篇

には「でき物は五毒で治療する」という記述があり、この「五毒」の薬中には、石胆、丹砂、雄黄、礜石、慈石の五種の鉱物が含まれており、当時すでに丹砂が薬として使われていたことを示している（鄭康成の注）。

　後世の道教煉丹術士は、なぜ丹砂を服用すれば成仙するのかについてさまざまな説を立てたが、しかし最初はその鮮紅色から不死の象徴、つまりは霊魂の崇拝物となったにすぎない。

　その後、不死願望から服用されはじめ、崇拝物から次第に不死の成分を含有する仙薬となっていった。『抱朴子』を見ると、「劉元の丹法」から「李文の丹法」に至る間に、服後の成仙の速度が10年、3年、1年とだんだん短くなってきている（金丹篇、80頁以下）。崇拝物から仙薬に変化するについては当時の哲学思想——とりわけ易学陰陽五行説と漢代の感応論の影響を受けている。煉丹術士はそれらの学説と思想を丹薬の配合と焼煉の過程に導入したが、これがのちの道教煉丹術思想の一大特色になった。

　現代の薬理研究では、丹砂の長期服用は慢性中毒を招くとされる。これに対してニーダムは、わざわざ詳細な注解を施している。簡単にまとめれば、これは難溶性の物質なので、習慣的に大量に服用する以外、辰砂だけを食した場合には、消毒であれカビや化膿防止用であれ、腸や体液内の水銀含有量が増加しても安全であって、中古時代、医者がこれを使ったのは正しかった、と（『中国の科学と文明』台湾版15-52頁注1）。砒素の劇毒と比較すると、丹砂の毒性は相対的に弱い。そういうわけで、崇拝物から仙薬への変容過程には、外用薬から内服薬へ、長寿追求から不死追求へと次第に変化する過程も含まれている。実際、漢以前の丹砂は普通の薬にすぎず、わずかに外用の治療に使われただけであった。

　長沙馬王堆出土の『五十二病方』はその書写年代は秦漢であるにしても、その内容は戦国時代にまで遡ることができ、今まで発見された文献では中国最古の処方である。そこに記載された鉱物薬は、丹砂、水銀、消石、雄黄など21種あるが、それらは皮膚病などの外科の治療に使われた。丹砂が最初に内服薬として使用されたのは、おそらく煉丹術が成立してからのことであ

ろう。煉丹術士がこれを使ったのは霊魂不死の観念の影響であろうが、のちに煉丹経験の蓄積と総括によってその薬理作用が次第に発見されていった。この発見は逆に服食成仙者の新たな支持を獲得し、煉丹術におけるその地位はいっそう重要度を増していった。こうして、前漢末から後漢初にかけて丹砂は一躍〈神薬〉となり、後世の煉丹家が神丹大薬を焼煉する場合のトップ原料となったのである。

　物質の形態の変化は、現代では常識になっているが古代ではそうではなかった。赤い固体の丹砂が白い液体の水銀に変化しうるというのは、古代人だけでなく、魏晋時代になっても一般民衆はこの物質変化の観念は受け入れがたかった。葛洪はこう云っている、「世間の人は、丹砂はもともと赤いのにどういうわけで白い物になるのか、鉱物は焼くと灰になるのに、丹砂だけが何故灰にならずに別の物になるのか、といぶかる人が多い」(『抱朴子』金丹篇、72頁)。唐代の丹経『龍虎元旨』では魏伯陽のことばを引いて、「丹砂は火に入ると、水銀に変化する。重と軽、神と霊、黒と白、暗と明の間を自在に変化しうるのは、五行の性を具有しているからだ」と云っている(『道蔵』24-172)。このような形態と色彩の多変性は丹砂に神秘性を付与し、服丹して成仙を求める人々の豊かな想像力をかき立てたのであった。

　漢代の地質鉱物学の発展は、丹砂を煉丹術に応用することを促進したが、このことは黄金と関わっている。先述したように戦国時代の方士はすでに、「上に丹砂があれば下に黄金がある」(『管子』地数篇) という法則に気づいていた。この記述は、丹砂と黄金は砂鉱床(機器で砕きやすい鉱物が豊富に集まって鉱床を成しているもの)に共生するとする現代の地質鉱物学の研究に一致する。中国では先秦時代から河床で丹砂を掬い取っていた。『山海経』には10カ所の丹砂の産地を記しているが、そのうちの6カ所は水中である。現代の四川・貴州・湖南の水銀鉱の採掘地域には、河床または両岸の沖積砂礫中の重砂(密度が高く性質が安定している鉱物の顆粒が砂のように集合しているもの)に含まれている丹砂と自然金が非常に豊富に存在する。丹砂の比重は8.0〜8.2、一方自然金のそれは15.6〜19.3、前者は軽く後者は重い。それゆえこ

のような砂鉱床では、たしかに上に丹砂、下に黄金がある。また別に、黄金の原生鉱脈中、丹砂と黄金との共生関係が存在していなくとも、それらは時代が異なった地層中に附着していることもあり、また、丹砂が附着している地層は、ある特定の地域ではたしかに上層に存在するから、『管子』の記述には一定の道理がある。

　丹砂と黄金の自然の位置関係は、一歩進んでこの関係の性質を人々に推測させるきっかけになり、前漢初期、両者には一種の相生関係があるという考え方が出て来た。前に引用した『淮南子』地形訓の一節（131頁）は、そこでは金石類の鉱物薬が吸収した自然の精気として引用したのであるが、これはまた、金石類鉱物の相生関係を示す資料でもある。そこでいう「澒」とは汞、すなわち水銀のことであり、「青曽」は曽青、「青金」は鉛、「赤丹」は丹砂、「赤金」は赤銅、「玄金」は鉄、そして「玄砥」は慈石（磁石）と考証されている。これに対して、「鉱物学の経験的材料が五行学説によって加工される時、ある種のもっとも基本的な経験的事実は捨象されることはない。五汞が五金を生むというのは、丹砂が金を生むということの延長にほかならない」とする見方がある（金正耀『道教与科学』、166頁）。

　古人が黄金の生成を丹砂中の精華の凝集と捉えた時、もし人が丹砂を服食すれば黄金と同じ神奇なものを吸収することになり、かくして人体は黄金のような不朽不滅の効果を獲得することになる、と推論したのであろう。これはなんと魅惑的な推理であろうか。このような観念の形成は上古にまで遡りうる。殷代以前に中国には冶銅法があり、孔雀石という鉱石から銅を取り出す方法がわかっていたし、春秋戦国時代には冶鉄法が開発された。すべてのこうした経験は、古人にこう告げたはずである、腐った泥は焼煉を経て不朽の陶磁に変化し、砕けやすい石は焼煉を経て堅固な銅鉄に変化する、と。このような観念を論理的に延伸してゆくと、不死を象徴する赤色丹砂から焼煉されて生み出されたその精華（すなわち水銀）は、当然不死の効能を具有することになる。術士たちがこのような観念の導きに沿い、冶銅や冶鉄技術を長生を求める具体的な行動に接ぎ木した時、丹砂を使った不死の丹薬を焼煉

する煉丹術が生まれたのである。

二　丹砂から水銀の煉製

　煉丹術における丹砂の広汎な応用は、古代の冶金術の発達と密接に関連している。それは主に、丹砂と汞との関係の認識上に体現されている。当時の人々は冶煉過程中に、丹砂を加熱すると水銀が得られることを発見したが、これは実際には丹砂の分解であって、『神農本草経』に「（丹砂は）変化して汞になり得る」とあるのがそのもっとも早い記述である。常識から見て、諸文献の記載はそこに記されている技術の実際の発明年代よりは後れるのが普通であるから、文字がない時代もしくは文字の創建時代にはなおさらそうなる。というのも自然汞の産出量はきわめて少なく、採集も困難であったから、大量に得るには丹砂を分留するほかはなかったからである。中国はおそくとも秦代にはすでに広汎に丹砂から水銀を昇煉していたと云われるが（『自然科学史研究』1984-1所載趙匡華論文）、この年代確定はやや保守的である。実際には先秦時代の帝王の墓葬には大量に水銀が使われていたし、戦国時代の金メッキ技術の使用にもまた大量の水銀と黄金が必要であった。これほど多くの水銀はただ丹砂の煉製からしか得られない。したがって丹砂を抽出して水銀を煉製する技術は、たぶん戦国時代にはすでに開発されていたはずである。

　葛洪が云う「丹砂はこれを焼くと水銀になり、変化を重ねるとまた丹砂にもどる」（『抱朴子』金丹篇、72頁）という記述を、現代の学者は一般に次のような化学反応として認識している。

　　$HgS + O_2 \rightarrow Hg\ SO_2$

　　$2Hg + O_2 \rightarrow 2HgO$

　上の第一式は丹砂煉汞の反応で、水銀は摂氏285度で発生しはじめる。密閉した容器内で行なわないと、水銀は蒸発してほとんど失われてしまう。水銀の沸点は摂氏357度なので、温度は高すぎてはいけない。得られた水銀は引き続いて酸素と反応して赤い色の酸化水銀になる。これが第二式である。

『神農本草経』に、水銀は「また元にもどって丹になる」というのはこの第二式の反応である。中国煉丹術の初期の「還丹」の成分は、おもに酸化水銀であった。

(一) 水銀の発展の歴史的経過

　水銀は汞ともいうが、前漢時代にはつねに〈澒〉と呼ばれていた。「一丹砂の考察」のところで述べたように紀元前7世紀の春秋時代には、中国はすでに水銀を利用しはじめていた。戦国時代または秦末漢初には、神仙仙薬活動の興隆にともなって中国古代の煉丹術も発祥し、水銀は煉丹術士から成丹の重要原料と見なされた。前漢劉向の『列仙伝』には、術士・赤斧は「水澒煉丹」を造ることができ、硝石と一緒に服用し30年若返って童子のようになった、とある。『漢武帝外伝』にも、はじめ「黄連を服用すること50余年」、ついで「水銀を服用すること100余年」、30歳にもどった三国魏の方士・封衡のことが記載されている。これらは事実か虚構か不確かではあるが、水銀の尊崇と迷信のほどがうかがわれる。

　直接でなく、間接的な服用のケースもある。かの李少君が武帝に、「丹砂は黄金にでき、黄金ができれば、それで飲食器を造れば寿命が増します」と進言したことは先に引いたが、李少君のやり方は、さきに丹砂を昇煉して水銀を造り、そのあとで〈塗杖法〉を使って銅製の食器にメッキをすることであったらしい。〈塗杖法〉というのはいわゆる鎏金(りゅうきん)（金メッキ）技術のことで、汞、金の液状合金を銅や銀の器物の表面に塗布し、そのあと加熱して焼煉すると、そこに含有されている水銀が揮発して鎏金器となるのである。しかし鎏金技術の成立は現存する文献に拠るかぎり、葛洪の『抱朴子神仙金汋経』(『道蔵』19-204)まで待たねばならない。それによると、〈塗杖法〉はすなわち鎏金術のことになる。

　1981年、陝西省興平県茂陵東側の漢の武帝の墓中から確かにいくつかの鎏金器が発掘されたが、しかし李少君がこのような方法で造った「飲食器」を使用した漢の武帝が、そこから摂取したのは水銀性のものではなく、薬金

（黄金に似た黄銅）性のものであった。李少君はこの道理を理解していなかったようで、彼はそこから摂取されるのは水銀性のものだと考えていたらしい。

「飲食器」以外に、水銀を多量に使ったのは先述した皇帝の陵墓であろう。斉の桓公の「水銀池」から呉の闔廬（閭）の「池の広さ60歩」、さらには「水銀で百川・江河・大海を造った」秦の始皇帝に至るまで、墓葬における水銀の量はますます増加していった。しかしながら、文献上のこうした記載は究極のところ事実なのかどうか。この問題に対しては、史学界、考古学界そして科学史学界はひとしく重大な関心を払ってきたが、今に至るまで定論を見ておらず、陵墓を発掘するまで検証のしようがない、というのが一致した意見である。ただ、秦の始皇帝陵は保存状態も良好で、時代的にも最も早いもののひとつであり、さらに文献上比較的完好な記載も残されているので、この墓陵に対しては学界から一般人に至るまで幅広く注目されることになった。

1933年、曹元宇は、「文献上の記載は絶対的に信頼しうるとは云えない」と述べ（「中国古代金丹家的設備与方法」『科学』11-1）、朱晟は、「ありえないとは云えない。というのも、古代の統治者はつねに当時最大の人力と物力を収奪し、また、当時の最高の科学技術の成果を使ってその墳墓を造営したからである」と反論した（「中国人民用水銀的歴史」『化学通報』1957-1）。1981年、その筋の専門家が、地球化学中の水銀含有量を測定する技術を秦始皇陵に使って調査してはどうか、該墓の封土中の水銀含有量を測定することによって、直接的に『史記』の記述が正しいかどうかを検証しうるのではないかと提案した。かくして、1981年から1982年にかけ、専門家が秦始皇陵全域12万5900平方キロメートルの封土中の水銀含有量を測定したところ、陵墓内の中心部分の約1万2000平方キロメートルの範囲にわたって水銀値の異常な濃度が検出され、周囲の土との顕著な対比を示した。この調査は、古文献中の秦始皇帝に関する記述が信頼しうることを実証しただけでなく、秦代の水銀鉱の採掘規模と冶金水準および水銀の応用情況について科学的根拠を提

供した。

　ところで、これほど大量の水銀を2000年の昔にどのようにして獲得したのであろうか。この問題を解くには、ふたたび文献のなかに解答を求めるほかはない。陶弘景編纂の『名医別録』には「水銀は涪陵（四川）の平地から産出する」とあり、南宋の范成大『桂海虞衡志』には、「邕州（広西南寧）の丹砂が豊富にある場所では、そこを少し掘るだけで水銀が自然に流出してくる」という。とりわけ、南宋の周去非『嶺外代答』（1178年完成）には、邕州の丹穴から出る「真汞」（天然水銀）について詳細に記載されている。ほかに『清一統志』にも貴州の「自然汞」に関する記述がある。

　こうした文献の記載から、生水銀（自然汞）の産出量がごくわずかなものであったことがわかる。そういうわけで、古代の帝王陵墓に注がれた大量の水銀は、丹砂を焼煉して得られた熟水銀以外には考えられない。このような焼煉作業は、中国古代の「抽砂煉汞」法の絶えざる改良をおおいに促進させ、その結果、生産率は向上の一途を辿り、工程もしだいに能率化され、生産規模も日ましに拡大していった。こうした進化の過程を探究すれば、古代の煉丹の士がどのように考え、どのように水銀を利用しようとしたかについて一層明確な認識が得られる。

(二)「抽砂煉汞」法の進展

　趙匡華は丹砂から水銀を煉製する4段階の進展について考察しているが（『自然科学史研究』1984-1）、ここでは晋以降の2種の方法を紹介する。

　1. 低温焙焼。これは最初の方法で、丹砂を空気中で低温焙焼する。秦漢以前はおそらくこの方法で水銀を焼煉していたはずであるが、ただ文献には記載が少ない。西晋の張華（232—300）の『博物志』巻4に、「朱砂を焼いて水銀を造る」とあり、『抱朴子』金丹篇にも同じような記述があるが、いずれも焼煉の具体的な手順や設備には言及されていない。唐人が編纂した『黄帝九鼎神丹経訣』に至って、ようやく手短な描写が現れる。しかし、この方法には欠点が実に多い。丹砂の分解が緩慢で生産量が少なく、生成された水

銀が蒸発しやすい。ロスが多いだけでなく、煉丹を造る者は水銀の蒸気を吸入して毒に中りやすい。そういうわけで漢晋以降、しだいに淘汰されてゆき、密封して高温で丹砂を分解する水銀煉製法が開発された。

2. 下火上凝法。これは、密閉された鉄ないし陶質の上下の釜のなかで加熱して水銀を抽煉する方法である。下の釜には丹砂を入れ、上の釜は逆さにして下の釜にかぶせ、そのあと塩泥で上下の隙間を埋める。炭火で下釜を加熱すると、丹砂は熱によって分解し、水銀がしだいに昇華して上の釜の比較的冷たい内壁上に凝結する。この方法がもっとも早く記載されているのは、後漢時代の人と考証されている狐剛子の『五金粉図訣』である。狐剛子は水銀を、雄汞、雌汞、そして神飛汞の三種に分類するが、実際には昇煉に使う配合物が違うだけで、下火によって上に凝結させる装置を使う点は同じである（『道蔵』18-828）。この煉汞法は唐代までずっと用いられた。

唐代の道教煉丹の著作『太上衛霊神化九転丹砂法』中の「化丹砂成水銀法」には、この方法に関するいっそう明確な記述が見られる（『道蔵』19-27以下）。この方法の顕著な特徴は、昇煉が密閉した情況下で行なわれる点である。HgS（硫化水銀）は、密閉された容器内では加熱後、しだいに分解して水銀と硫黄になる。しかし昇煉装置の冷却部分では、水銀と硫黄の蒸気がさらに化合して再度 HgS を凝結させ、水銀が得られない。この反応はつまるところ可逆的なもので、$HgS \rightleftarrows Hg + S$ という化学式として表すことができる。漢代の煉丹家・狐剛子は大量の実験を経て、産物中に黄明礬 $KFe(SO_4)_2 \cdot 12H_2O$、あるいは黒明礬を加え、風化と酸化後に $Fe_2(SO_4)_3 \cdot 9H_2O$ を得、そこから可逆反応を起こさせ、上の化学式の左から右へ順調に進めて水銀を得ることができたわけである。現代の化学知識によって我々は、黄明礬は加熱した情況下では非常に容易に分解作用が生じることを知っている。狐剛子はそれを本当に理解してはいなかったが、しかし彼は前人の経験と自分の実践によって黄明礬の独特のはたらきを認識し、低温焙焼法の基礎の上に立ってさらなる一歩を進めたのである。

しかしながら、この方法にも欠陥がある。上釜の内壁に水銀が多量に凝結

すると、落下してふたたび下釜にもどってしまうのである。それゆえ、凝結した水銀が落下する前にたえず釜を開いて水銀を掃き取らねばならない。そうなると生産が中断され、生産率が低下してくる。唐代中葉以降、このふたつの方法がしだいに淘汰され、上火下凝法と蒸留法とを分離するように改良された。

三　水銀化合物

本章では、水銀を含む重要な物質である酸化水銀、硫化水銀、硫酸水銀、塩化水銀、そして水銀の合金などについて述べてみる。

（一）酸化水銀

酸化水銀を検討するまえに、まず〈還丹〉について言及する。しかし〈還丹〉を論じるためにはそもそも〈丹〉とはなにか、からはじめる必要がある。陳国符は、道教煉丹術における〈丹〉の基本義は〈丹砂〉、つまり天然の赤色硫化水銀を指すとしており、この説はまことに妥当である。しかし、道教煉丹術の成立にともなって〈丹〉の意味も変化していった。まず、道教煉丹術中における〈丹〉は、ある種の人工的な煉製物というのがその第一層の含義である。「九鼎神丹」「五石丹」「黄丹」「鉛丹」などはすべて人為的な加工を経ている。第二層の含義は、その色が必ず赤色か赤色系統の、オレンジ色、赤みを帯びたミカン色、紫紅色などを呈していることで、まさにいわゆる「丹とは赤色の名」なのである。煉丹術が発祥した時、煉丹の材料は比較的簡単なもので、そのうえ易学と陰陽思想の影響を受けて、普通はただ鉛と水銀を焼煉するだけであった。これが鉛汞派が道教煉丹術のもっとも主要な流派になった理由であるが、鉛と汞の２薬で煉丹するという条件下、得られた産物は酸化水銀（HgO）、酸化鉛（PbO）、四酸化三鉛（Pb_3O_4）、およびその他の鉛酸化物（Pb_2O、PbO_2、PbO_3）、そしてこうした鉛酸化物が混合した物質であり、これらはおおむね赤色とオレンジ色との間の色調を帯びていて、赤色系統の物質といって大過はない。のちにたとえば、「五石」「八石」

第Ⅱ部　煉丹術と化学　第三章　煉丹術の主要薬物とその化学的成果

「七十二石」などというように煉丹の原料が絶えず増加してゆき、この時にはその他の色の煉製物もまた〈丹〉といったけれども、しかし煉丹家が赤色の煉製物を〈丹〉とした限定を改変することはできなかった。

〈丹〉の最初の含義は天然丹砂であったが、ではそれは煉丹家の観念のなかでどのようにして〈丹〉に変わっていったのであろうか。その答えは文献資料のなかにある。おおよそ前漢末から後漢初にかけて出来上がった『神農本草経』に、「水銀は熔化してまた丹にもどる（還復）」とあり、『抱朴子』には、「丹砂はこれを焼くと水銀となり、水銀は何度も変化を重ねて（積変）また丹砂になる」（金丹篇、72頁）と云い、また、唐の『黄帝九鼎神丹経訣』には、「水銀は熔化してまた砂にもどる（還復）」と見える（巻11、『道蔵』18-827）。この３種の引用文では、「丹」「丹砂」「砂」と異なった語で表現されているが、水銀を使って直接焼煉しようと、丹砂を使って焼煉しようと、いずれも「還復」や「積変」としての最終の産物は赤色の酸化水銀であり、すべてひとつの共通の反応式を経て生成されている。すなわち、$2Hg + O_2 = 2HgO$（赤色）ということである。というのも、ただ酸化水銀だけが上の３種の引用文の内容ともっとも近いからであり、また、道教煉丹術の変化発展の歴史ともっともよく符合するからである。

古人は水銀との長期にわたる接触を通して大量の経験を蓄積し、水銀との関係が非常に密接な〈丹〉に対しても、水銀の焼煉後に得られる赤色の物質だと認識していた。また、自然界にはまさしく一種赤色の〈砂〉が存在し、それを焼煉すると水銀が得られ、そしてその水銀を継続して加熱してゆくと、また赤色の〈丹〉を得ることができることも知っていた。つまり、丹は砂から得られたものなので、この砂を〈丹砂〉と呼んだわけである。このように考えてゆくと、〈丹砂〉と〈丹〉とはふたつの異なったものになる。前者は天然の赤色の鉱物であり、〈丹砂〉と呼ばれはしても〈丹〉ではなく、焼煉すれば〈丹〉を生み出す赤色の天然鉱物にすぎない。一方後者は、水銀が焼煉されて得られた赤色の人工的産物である。しかし、焼煉によってできた赤色酸化水銀である〈丹〉は、色調が天然の丹砂と似ているので、当時の

科学的に限界のある条件のもとでは、もしも水銀の焼煉に対して豊富な経験があるのでなかったなら、一般の道士には両者を区別するのはきわめて困難なことであった。そういうわけで、両者の混同現象は恒常的に発生し、少なからざる道士たちは、相当長期間にわたって人工的に焼煉した酸化水銀を天然の丹砂（硫化水銀）と誤認したのである。葛洪と『黄帝九鼎神丹経訣』が〈丹〉を誤って〈丹砂〉や〈砂〉とした理由はそこに求められる。一方、『神農本草経』の作者は煉丹に対してそうとう豊富な実践経験があり、両者の違いを正しく弁別できていた。葛洪は著名な煉丹家であったが、丹を煉る資金がなかったので実践経験が欠けていた。彼の優れていたところは、煉丹資料の収集と整理、そして煉丹理論の総括と解明にあり、彼が正しく両者を区別できなかったのも理解できる。

　しかしながら、この誤解によって〈還丹〉という語が生まれ得た。はじめは〈丹〉の字の前に〈還〉はなく、のちに酸化水銀としての〈丹〉を硫化水銀としての〈丹砂〉と誤認するにおよんで、〈丹砂〉は焼くと水銀になり、水銀をまた焼くと〈丹砂〉になるという誤解が生じ、〈還〉の字がまさしくその想像裡の循環生成関係をイメージとして表現していると思われたのである。『抱朴子神仙金汋経』巻上には葛洪の説を集録しているが、以下の一文はその誤解の典型である。

　　水銀。本丹（HgS）は焼くと水銀になるが、その水銀を焼くと元に復帰
　　して還丹（HgS）となる。丹がその本体に復帰するので還丹というのだ。
　　　　　　　　　　　　　　　　　　　　　　　　　　（『道蔵』19-205）

　誤解によって〈丹〉が〈還丹〉と呼ばれるようになったことで、元来は単純な〈丹〉が突然少なからざる神奇的な効能を帯びることになり、また〈仙〉の文字とリンクすることにもなった。というのも、丹砂が還丹に変り、還丹がまた丹砂に変るという神奇的な変化はほかの物質にはあまりないことであり、さらにまた、伝説中の神仙の変化ともつながりが生まれることに

なった。神仙は不死であり、神仙と同じような変化の能力を備えた〈還丹〉は、当然のことながら人を不死にする。ゆえに葛洪はこう云った、「草木はこれを焼くと灰になるが、丹砂はこれを焼くと水銀となり、水銀は何度も変化を重ねてまた丹砂になり、草木とはおおいに異なっている。だから人を長生させるのだ」と（『抱朴子』金丹篇、72頁）。

〈還丹〉が不死の効能を付与されると、ただちに得道成仙と長生不死を宗旨とする道教煉丹家が力をこめて推奨するところとなり、「仙道の極み」（『抱朴子』金丹篇）として尊ばれた。〈丹〉は〈還丹〉の名を借りて一躍至宝の大薬となったが、それは誤解から始まったことで、まことに「けがの功名」といわねばならない。

〈還丹〉を焼煉する歴史の開幕とともに、まず登壇したのが〈丹〉の原義と密接にかかわる酸化水銀であり、かつまた単味水銀で煉製されたものであった。しかし自然界では、遊離状態で存在する水銀の量はごくわずかなので、初期の還丹を煉製する原料としての水銀は、多くの場合、すでに〈丹砂〉と呼ばれていた天然の硫化水銀から抽出されたものであった。その抽出の化学反応式は、HgS ＝ Hg ＋ S　となる。

水銀（Hg）と硫黄（S）との比重の違いを利用して、古人はいとも簡単に上の反応式の右側の水銀を分離した。水銀が分離されてくると、〈還丹〉の煉焼に原料ができたことになる（当然、天然水銀を〈還丹〉に焼煉するのを排除するわけではないが、その量はわずかであった）。たとえば『黄帝九鼎神丹経』中の「神丹符」は、水銀だけで焼煉した還丹である。この道典以外にも、それとほとんど同時期に世に現れた『太清丹経』に水銀1種で還丹を焼煉する丹方の記載がある。このことは、この種の水銀1種による〈還丹〉が道教煉丹術の発祥時にたしかに普遍的に存在したことを意味している。『抱朴子』金丹篇（77頁）には「九転神丹」（すなわち太清丹）の焼煉法の記述があり、そこから、『太清丹経』ではいかにして水銀一味（単味）によって「一転の丹」から「九転の丹」に至る〈還丹〉を煉製したかをうかがいうる。

問題となるのは〈九転〉の理解である。これに関しては諸説があって、趙

匡華は、水銀を上下の釜に入れ密閉して加熱するさい、まず下の釜を加熱して次に上の釜を加熱し、こうして反復加熱すること九回の意だとする（『中国科学技術史　化学巻』、380頁）。しかしこの説には検討の余地がある。というのも、水銀は液状なので流動しやすく、上釜を加熱するさい、その前に下釜で加熱された時に流動的な水銀は上釜の酸化水銀に飛着して凝固し、そこに吸収されてしまうおそれがあるからである。したがって、このようにして九回反復したとしても、純粋で混じり気のない酸化水銀の結晶は決して得られない。〈九転〉（転は還と同義）というのは、その内部に水銀を置いた「神鼎」（上下の釜を合わせたもの）を大きな炉内に入れ、昼夜加熱したあと一回冷却することを「一転」とし、こうして加熱と冷却を九回繰り返すことが「九転」なのである。実際には昇煉を九回行なうことになる。その回数が多ければ多いほど、鼎内の水銀の転換率（転換されて酸化水銀になる生産効率）はますます高くなり、産物として得られる酸化水銀（還丹）もいよいよその純度が高くなる。

　この場合、上下の釜で構成される鼎器は、水銀一斤を納めて少し空間ができるくらいの大きさで、その形態も鶏卵に似ているのがよい。それでこそ、炉内に置いて昇煉するのに適している。ある道典はこう述べている。

> 薬が鼎（反応器）中にあるさまは、鶏が卵を抱いたり、嬰児が母胎内に居たり、果実が樹に成っているのに似ている。気を充分に受けておれば、自然に成熟する。薬が中胎（反応器のなかの神室）のなかに入れば、厳密に密閉する必要がある。そうでないと真気を洩らしてしまう。また云う、中胎をしっかり閉じ込めて洩らさないように。変化は短時間のうちに発生する。中胎の造りは、形状を丸くし、天地がまだ未分状態の時、混沌として丸い鶏卵のようなものに模擬する。上部から中部にかけて起伏しているのは、蓬壺の形と同じである。開閉をデリケートにすれば、神気がその内部で運動する。

　　　　　　　　　（『金丹秘要参同録』所引『青霞子』、『道蔵』19-221）

また、同じ道典は次のようにも云う。これによって、上下の釜を合わせた鼎器を炉内に入れて昇煉することがわかる。

 鼎ができれば、次に炉を造るべきだ。炉は鼎の外枠である。鼎があって炉がなければ、住まいがあって外壁がないのと同じで、どうして安心して居れようか。だから炉で鼎を包み、そこに火の気を蔵するのだ。

単味水銀による〈還丹〉の焼煉は歴史が極めて長久だったので、その後世への影響も相対的に長く、唐代になってもまだその方法で還丹が焼かれていたが、ただその応用範囲がすでに医薬方面に傾斜していた。道士でありまた著名な医学者であった孫思邈(そんしばく)は、その著『太清丹経要訣』中の「七返霊砂法」において、その方法による還丹焼煉法について記している。

 水銀一斤を陶磁器中に置き、上下の陶磁器を合わせ、六一泥で固く密閉する。それが終われば弱火で熱を加え、六、七日経つと、今度は強火で一日加熱する。このようにすること七転(回)で服用できるようになる。火加減は、転じるたびに弱めてゆく。もしそうしなかったなら、薬はできないだろう。   (『道蔵』22-498)

この方法は前述の「九転丹法」と比べると、「転」の意味に変化はなく、同じように毎昼夜加熱と冷却を一回を一転としている(ただ二転分少ないが)。またこの法では、「神鼎」に使う材質が鉄質のものもあったのに対して、焼煉に使う鼎は陶磁器だと述べている。

ところで、ここでいう「六一泥」(原料が7物なので六と一に分けてかくいう)であるが、これは現代の鋼鉄を煉製する溶鉱炉で使う耐火材の前身であり、かつまた、現代の耐火材にはない優良な性質を備えている。たとえば、「六一泥」は加熱後、多くの空気を通す微孔が形成されるが、この微孔があるために焼煉過程中、酸素の供給が保証されるのである。そうでなければ〈還

丹〉は得ることができない。研究によれば、一斤の水銀をすべて酸化水銀に変成するためには、ほぼ三十升の酸素が必要だという。鼎をしょっ中取り出して冷却するさい、鼎内の気圧は大気圧より低くなっているので、鼎内には微孔を透過して空気が吸入され、水銀の酸化が継続して進行するのである。そのほか、上下二釜の接合部分の「六一泥」にもし微孔がなければ、鼎が熱を受けている時に鼎内の気体の膨張によって容器は密閉された高圧釜のようになり、つなぎ合わせられた上下の釜はその圧力によって破裂するだろう。

そのほか、孫思邈の「霊砂法」と比較すると、「九鼎神丹」法は火候（火加減）の応用に関する記述に遺漏がある。つまり、「火加減は、転じるたびに弱めてゆく」という火候運用の原則を落としているのである。この、原則は〈還丹〉の焼煉中、きわめて重要なもので、そこに火候の秘密が存在する。温度は燃焼と冷却の交替をコントロールすることを通して、一面で過度の高温による、産物としての酸化水銀 Hgo の分解（HgO は 400 度前後で分解をはじめる）を防ぎ、また一面で、鼎内の空気の数次にわたる吸入と排出を保つことができ、絶えず反応物から産物へという方向へ反応を進行させるので、「薬ができない」という事態の発生を避けることができる。

水銀1種で〈還丹〉を焼煉したあと、次なる第2段階で登壇するのは、鉛と水銀の2種の焼煉による、魏伯陽が「万物の宝」と呼んだ龍虎大還丹である。葛洪は〈還丹〉をもっとも重視したが、しかし神仙方術も兼修し、かつそれを保存することを排除しなかった人物である。それに対して魏伯陽は、ただ鉛と水銀で丹を煉ることを強調し、その他の神仙方術を排斥した。これは当時流行した陰陽思想と切り離して考えることができない。彼は鉛と水銀の2薬をそれぞれ陰と陽とに対応させたのである。唐の『周易参同契』無名氏注巻上に云う、

> 汞朱を単独で服用するのを孤陽といい、鉛花を単独で服用するのを孤陰という。鉛と汞はたがいに補完しあって丹ができるのである。
>
> （『道蔵』20-168）

『金丹龍虎経』(『諸家神品丹法』巻1所引) の一節を見てみよう。

> 人が一家を挙げて昇天したのを見なかったか。あれはすべて、大還丹の至宝・至貴・至妙・至玄の力なのだ。〈還〉とは復帰の意、〈丹〉は赤色の名である。丹砂を変化させて真汞を生み出し、汞は鉛を借り変化させて黄芽を造り出し、黄芽はまた変化させて丹砂を造り出し、丹砂は火の作用によって還丹に変化する。返還復帰のはたらきがあるから、老は壮にもどり、死者は復活し、枯れたものはまた花咲き、瓦礫を点じて至宝にできるのだ。その神聖なるはたらきはなんと偉大なることか。大還丹には3種ある。上品は九転金液琅玕(ろうかん)大還丹で、これは上天の宝であって下界には伝えない。中品は龍虎大丹。下品は八石変水銀。……真龍真虎の口訣(けつ)は以下である。真龍とは丹砂中の水銀のこと。太陽の日晶(精)が真気を下に洩らし、地に入って生じたもので、汞と名づける。真虎とは黒鉛中の白銀のこと。太陰の月華が真気を下に洩らし、地に入って生じたもので、鉛と名づける。このふたつの宝は、日精と月華の真気を稟受したので、鉛には気があり、汞には本来形がない。72石中で鉛と汞以上に尊貴なものはない。それゆえ龍虎大還丹が造れるのだ。
>
> (『道蔵』19-218 以下)

ここでいう「黄芽」とは玄黄ともいい、鉛丹 Pb_3O_4、密陀僧 PbO、そして酸化水銀 HgO の化合物である。熱せられると紫色を呈し、冷却後にはオレンジ色になる (『自然科学史研究』1989-4 所載趙匡華論文)。このような陰陽の交感思想を龍虎大還丹を焼煉する理論の基礎とした創始者は、おそらく後漢の魏伯陽であろう。彼より少し前の『黄帝九鼎神丹経』に、鉛汞で煉製する〈還丹〉のことは記載されてはいるが、魏伯陽のように意図的に陰陽五行思想の枠組みのなかに置いてはいない。

(二) 水銀の塩化化合物

　水銀にはなお2種類の塩化化合物がある。すなわち塩化第二水銀（$HgCl_2$）と塩化第一水銀（Hg_2Cl_2）で、前者は俗に昇汞といい、後者は俗に甘汞という。この両種の化合物はともに白色の結晶で、前者は水に溶けやすく劇毒があり、後者は水に溶けにくく無毒であるが、ひとしく薬として使われる。塩化水銀の合成は、化学に対する中国煉丹術と医学の重要な貢献と見なされている。化学史家の研究によれば、中国の煉丹術家は後漢時代にはすでに甘汞を合成し、もっとも初期には「朱砂霜」と呼ばれていた。のみならず煉丹家は、後漢から宋代に至る長期の実践中、しだいに黒明礬（または黄明礬）や胆礬などを利用して昇汞を促進させる生成法を探り当てていった。すなわち、塩化第二水銀を昇煉する作業中、無自覚のうちに塩化銅と三塩化二鉄を促進剤として使ったのである。これは現代の昇煉製備法を改良するうえで、なお参考にする価値があるほどである（趙匡華主編『中国古代化学史研究』、154〜169頁）。

(1) **塩化第一水銀**

　伝統的鉱物薬の甘汞 Hg_2Cl_2 のことで、湿法によって得られるので質量の重い結晶である。中国は多くの場合、昇華法によって塩化第一水銀を造ってきたので、それは雪の結晶の形をした軽い結晶体になっている。それゆえ、つねに「軽粉」と呼ばれた。その起源は民間伝説中に非常に早く現れた。有名な「蕭史煉丹」がそれである。秦の穆公の娘・弄玉が仙人の蕭史から水銀を焼いて造った粉を与えられて顔に塗った、という話である（後唐・馬縞『中華古今注』ほか）。李時珍は『本草綱目』中でこれを軽粉の始まりと述べているが、蕭史や穆公らは春秋時代の人で、その当時水銀はあったであろうが、煉丹術はまだ起こっていなかった。現存の資料を調べると、軽粉のもっとも早い煉製の記述は、おそらく前漢末から後漢初にかけてできた『太清金液神丹経』中の「霜雪を造る法」であろう。その「霜雪」がすなわち塩化第一水銀なのである。

　そこでは礜石（砒素を含有）という不必要な薬物を使っているため、産物

中に劇毒の砒霜 As_2O_3 を含有させることになった。その後、『太清石壁記』や『太清丹経要訣』などでは、礬石をはじめ、凝水石、代赭などが次第に淘汰されていっている。明の劉文泰編『本草品彙精要』中に塩化第一水銀の昇華図を掲載しており、後漢時代の甘汞昇煉法のおおよそをうかがいうる。

欧州17世紀の始め、オズワルド・クロール（Oswald Crollius）が著した『化学王典』（1607年刊）中に Hg_2Cl_2（軽粉）の製法の記載があり、$HgCl_2$ と Hg、および酸化鉄を昇華させて Hg_2Cl_2 を得たという。また、J. Le. モート（J. Le Mort）は1696年、はじめて水銀、食塩、それに硫酸塩を昇華させて Hg_2Cl_2 を生み出している。この調合法は中国の煉丹家のそれと類似しており、中国が Hg_2Cl_2 を製造した時期は、欧州より約1500年ほど早いことになる。

(2) 塩化第二水銀

伝統的鉱物薬中の粉霜である。合計十余りの別名をもっている（唐・梅彪『石薬爾雅』）。古代の丹道家はつねに酸化作用を利用して比較的強い薬物の昇煉を進行させたが、塩化第一水銀 Hg_2Cl_2 と塩化第二水銀 $HgCl_2$ との発見の先後問題については、現在のところまだ定論がない。現存する資料に拠るかぎり、比較的早く粉霜のことを提示したのはおそらくは晋代の葛洪であった（『本草綱目』巻9、粉霜の条）。別の確かな記載は、『神仙養生秘術』（東晋327～351年の間に完成）の第9「秤軽粉方」に見える。ここでは、粉霜と軽粉を同時に造っているが、当時すでに両者を区別する方法を把握していたことがそこから分かる。両者は外見上はかなりよく似ているので、もしもこれより前にすでに両者を造っていたのでなければ、両者の応用上の異なったはたらきと外見上の微妙な違いとはきわめて見分けにくかったはずである。それゆえ、粉霜の製造時期はこれより前のことになる。

ヨーロッパの化学史の著作では従来、塩化第二水銀 Hg_2Cl_2 の昇煉は8世紀アラブの煉金家ガーバー（Geber、702～765）の手になるとされてきたが、これは東晋の『神仙養生秘術』に比べると400年あまり遅れる。この問題に対して朱晟は、アラブのガーバーは実在せず、12～13世紀の別のガーバー

か、あるいは偽ガーバーに仮託したものだと述べている（『化学通報』1975-4、64～69頁）。この説で誤りがなければ、この昇煉に関してヨーロッパは中国より900年前後遅れることになる。

（三）硫化水銀

　赤色の硫化水銀には、天然ものと人工ものとの両種がある。天然ものは俗にいう〈丹砂〉のことで、これについてはすでにやや詳しく述べた。しかし、より重要なのは人造の硫化水銀の方で、これは「人類が最初に自分の労働によって獲得した、実質的に天然の産物と変わらない成果」なのである（張子高「煉丹術的発生与発展」『清華大学学報』1960-7-2）。そういうわけで、人工による硫化水銀合成の問題はおのずから現代の化学史家によって大きく取り上げられるところとなった。

　最初、比較的体系的にこの問題を論証した化学史家は張子高であった。彼は後漢・魏伯陽『周易参同契』中の「黄芽」は硫黄であることを明らかにした見解（上掲論文）を手掛かりに、後漢時代の煉丹家はすでに赤色の硫化水銀を合成できていたことを証明しようとした。曹元宇や袁翰青ほか、20世紀5、60年代の中国化学史家はほとんどが張子高と同じ見解であった。しかし孟乃昌などのように、魏伯陽のいう〈還丹〉は水銀と黒鉛を合煉して得られた鉛と水銀の混合した酸化物であり、鉛汞還丹であって、硫化水銀還丹ではない、とする研究家もいた（『化学通報』1958-7所載孟乃昌論文ほか）。その一方で、趙匡華をはじめ現代の化学史家の大多数は、『周易参同契』の〈還丹〉はじつは赤色をした酸化水銀の産物だと考えており（『自然科学史研究』1988-4所載趙匡華論文）、現在、この見解が科学技術史家の広汎な賛同を得ている。趙匡華は云う、中国煉丹術史上、人工による硫化水銀煉製のもっとも早期の確実な記載は、隋・蘇元朗の『太清石壁記』中の「小還丹方」がそれで、これこそ硫黄と水銀で合煉した真正の人造硫化水銀である、と。化学合成の角度から見ると、これは、『黄帝九鼎神丹経』にいう「丹華」中の半人工煉製の硫化水銀（天然丹砂を単独で採用して煉製したもの）よりは高度なもの

であり、理論的・実践的レベルにおいて違いがある。

　ただ、人工煉製の硫化水銀はいつから始まったかについては、現在まだ統一的な共通認識が形成されておらず、さらなる探求——とりわけ考古学上の実物の発掘や文献資料の発見が待たれる。現時点でのもっとも早い服食用の硫化水銀丸の実物は、東晋の王羲之の妹・王丹虎の墓中から発見されたそれである。

　1960年代初頭、考古学者が南京の北郊、象山で東晋の升平3年（359）に埋葬されたひとつの墓を発掘したところ、棺内の前部から、真珠、トルコ石珠、琥珀珠、瑠璃珠、銀の飾り、銀の鎖のほか、朱紅色で円形の丹薬200余粒が出てきた。1粒の平均重量は0.372グラムである。南京薬学院でその丹薬の成分の化学分析を行なったところ、それらの主成分は硫化水銀であるとの結論に達した。この発見は、医薬史、化学史に対して重要な意義をもっている。

　しかし、この出土した硫化水銀は結局のところ人工ものか天然ものか、にわかには断定できず、現時点では推理的考察をするほかはないのであるが、それが天然の硫化水銀で煉製されたと推測するのはあながち根拠のないことではない。というのも、早く『神農本草経』にはすでに丹砂を上品薬の第一にランクし、「長く服用すれば神明に通じて老いず」という効能を記し、またそれに「変化して水銀となることができる」という特性のあることが認識されていたからである。漢魏から唐宋に至る間、道家や医薬家は丹砂を使ってずっと長生の神丹大薬を造っており、唐では天然の上等の丹砂（玉座金砂、金座金砂）は仙丹の極上品であり、それを飲めば昇仙も可能だと考えられていた。要するに、丹砂は当時の煉丹家の心中においては、疑いもなく神丹を造るための筆頭の大薬であった。しかしだからといって、王丹虎のものを天然の硫化水銀と断定するのは、以下に述べるようにいくつかの疑問がある。

　（1）『五十二病方』などに見えるように、丹砂が一種の鉱物薬として戦国から近代に至るまで使用され続けてきたとしても、神丹大薬を造る過程においては、一般には単味あるいはその他の鉱物と一緒に丹鼎内に入れ昇煉して

神丹大薬を造っていた。というのも、煉丹家からすれば「化作（人造）の金は諸薬の精華にして、自然のものに勝る」（『抱朴子』黄白篇、286）ものである以上、思考の論理からすると「化作の丹」もまた同様に「諸薬の精華にして、自然のものに勝る」ものでなければならない。その上、実際の操作の過程においては、「化作の丹」は「化作の金」に比較していっそう得やすいであろう。また、事物と文明の発展の一般的法則に照らせば、そのプロセスは煩瑣から簡易へ、低級から高級へと進化してゆくものであるから、「化作の丹は自然のものに勝る」という認識もまた「化作の金は自然のものに勝る」の認識より前のことに――少なくとも同一時間内のレベルのことになるはずである。

　このように考えると、天然鉱物の丹砂はたとえ薬になった時期は非常に早く、その上等のものは煉丹家から仙品の極上で昇仙も可能と見なされていたとしても、こうした上等の丹砂の大部分は調節服用するものではなく、仙丹に昇煉する上等の原料として神丹に煉製してから服食したのである。もしも『神農本草経』的な思考がずっと継続していたなら、ただ天然の丹砂を服食するだけで羽化登仙し、煉丹家は生涯にわたる精力と財産を消耗していわゆる神丹を煉製する必要もなかったわけである。しかし実際には、漢代に始まって2千年間、丹砂を主要原料とする煉丹活動は途切れることがなかった。この事実は、「化作の丹……」の認識が間違いなく深く人々の心に浸透していたことを物語っている。少なくとも葛洪が生きていた晋代はそうであった。そうでなければ、「化作の丹……」のような言葉を彼は口にしなかったはずである。王丹虎もまさに葛洪と同時代人であり、彼女が人工的に煉製された丹砂を服食していたと見なすことは、情理にかなっている。

　(2) 中国古代の天然の丹砂に対する認識は、どんなにおそくとも戦国時代より下ることはありえず（「丹砂の考察」の章参照）、中国におけるもっとも早い文献上の記載は、ほぼ前漢時代に編纂された『淮南子』と『范子計然』である（『漢学研究』1995-6所載劉広定論文）。煉丹術がおそくとも前漢時代に生み出されたあと、煉丹家たちは理論的指導を欠いていたため、ずっと異なっ

第Ⅱ部　煉丹術と化学　第三章　煉丹術の主要薬物とその化学的成果

た配合法で各種の鉱物を丹鼎内に入れて焼煉を試みていた。普通の論理から推測すると、その場合、丹砂と硫黄とを一緒に丹鼎内に入れ密閉して焼煉していたことも充分あり得る。そうであれば、人造の硫化水銀を昇煉したことは確実になってくる。

（3）丹砂や硫黄などの鉱物に対して煉丹家たちは、それらは大量の天地自然の精気を含有していると同時に、伏火法（火による薬材の本性の改良）を使って除去する必要のある毒素も含んでいると認識していたが、このような伏火法は漢〜晋時代にはすでに広汎に応用されていた。それゆえ、漢〜晋時代に使われた火煉の方法はひとしく丹砂と硫黄を伏するものであったこともまた、理にも情にもかなっていると云わねばならない。

（4）丸薬が天然の丹砂であろうと煉製された丹砂であろうと、いずれにしても丸薬の成形問題と関わってくる。つまり、丸薬がなぜ千年の時間を経てもなお当時のままの形態を保持していたのか、という問題である。あの古墓の埋蔵環境が、絶対的な乾燥ないし空気と隔絶されたものではなかったことを知る必要がある。そうでなければ、王丹虎の遺体は腐爛してただ少しばかりの骨が残存しているだけ、ということにはならなかったであろう。もしも天然の丹砂の粉末を丸薬にしていたなら、搗き砕かれた顆粒は徹底的な粉末化には至りにくいものであるから、粘着効果も影響を受けるのを避けがたいだろうゆえ、そのような丸薬が千年にもわたって湿った環境下で原形を保持しつづけて解体しないというのは考えにくい。しかし、もしこれが丹鼎の上部に凝結した、人工的煉製の粉末状の丹砂を使って丸薬としたものだとしたなら、保存状態は面目を一新する。というのも、このようにして生成された丹砂の顆粒は非常に細小で、粘結後の顆粒間はかなり緊密に接近していて、そこから大いに粘着効果が高まり、千年を経てもなお原形を保持しつづけることができるでからである。

（5）文献資料によれば、もっとも早い人工硫化水銀の記載は『神仙養生秘術』（東晋咸和2年（327）から永和7年（351）の間に完成）に現れる。ここで「……水銀を硫黄のなかに入れ、一緒に炒すれば砂となる」とあって「炒」

219

という語が使われているが、水銀は高揮発性のものなので、ここでいう「炒」は当然密閉して焼煉されたはずであり、そうでなければふたたび「砂」にはなり得ないはずである。したがって、ここで「炒」成された「砂」は事実として人工の〈丹砂〉である。事物の発展法則からして、実物は記述が現れる以前にすでに得られているはずであるから、硫化水銀の昇煉は327年よりおくれることはあり得ない。ただ、道教煉丹術の全体的な変化発展から見れば、人工の丹砂の出現は漢代より早いということはあり得ないものの、晋代にはすでに人工の丹砂が出現していたのはまちがいない。

以上のような推測に基づけば、東晋の王丹虎の墓中から出土した丹砂丸薬は、おそらく人工煉製の硫化水銀であったであろう。まして東晋時代の丹砂煉製の手順は、『黄帝九鼎神丹経』の「丹華」にいう半人工硫化水銀および『太清金液神丹経』中の「霜雪を作る法」の、おそらくは昇煉された硫化水銀の手順とたがいに参考にし合ったはずだからなおさらそうである。当時すでに半人工、または高い確率で人工的昇煉の硫化水銀の丹砂が造られていたとすると、300年あまりの経験の蓄積があるわけだから、道士たちは簡単な硫化水銀は昇煉していたに違いない。しかしながら、このような硫化水銀の丸薬は結局のところ硫黄と水銀とを合煉して造られた丹砂であるのか、あるいは単独で天然丹砂を昇煉させた半人工の硫化水銀なのか、現段階ではそれを確定するのは困難で、結論は将来に持ち越すほかはない。

(四) 硫酸水銀

硫化水銀が「人類が最初に自分の労働によって獲得した、実質的に天然の産物と変わらない成果」であるとすれば、硫酸水銀の煉製は、人類が最初に自分の労働によって獲得した、自然界には存在しない化合物であり、その意義は人造の硫化水銀の上をゆくとさえいえる。後漢時代、「五毒丹」の煉製過程中におそらく硫酸水銀が得られたが、これは中国古代水銀化学における輝かしい成果の第1頁になった、というのは趙匡華の指摘である(『自然科学史研究』1985-4-3)。

いわゆる「五毒」は、後漢の経学者・鄭玄（127～200）の説に従えば、石胆（$CuSO_4$）、丹砂（HgS）、雄黄（As_2S_2）、礜石（$FeAsS$）、そして磁石（Fe_3O_4）という五種の鉱物薬を指す（『周礼注疏』巻5）。趙匡華は、このなかの丹砂と石胆を混合させて模擬実験を行なったところ、坩堝の内壁に白い結晶の昇華物が凝結したが、彼はこれを硫酸水銀とする。趙匡華はまた、両物質を混合させず、坩堝内に別置して昇煉したところ、得られた大量の産物中に硫酸水銀が認められたとしている（上掲論文）。

その他の水銀化合物、たとえばHgO、HgS、$HgCL_2$、Hg_2CL_2、それに汞斉合金（斉は混合調和の意、水銀合金のこと）などと比較すると、硫酸水銀の煉製はいっそう難しい。それゆえ趙匡華は、「この成功は化学史において突出した位置を占める」と述べたのである（上掲論文）。

（五）汞斉合金

水銀は多種類の金属と化合して汞斉合金を形成することができる。煉丹術士はこの特性を利用して金属の粉末を造った。狐剛子が考案した金銀粉末の製造法というのは、まず黄金または銀を使って液体の汞斉を造り、それから塩といっしょに磨りつぶして黄金や銀を分散させて塩粉の表面に附着させ、そのあと加熱して水銀を飛ばし、水で塩粉を溶かすと、ここにきわめて細かな金粉ないし銀粉が得られる。この金銀粉の製造法は、化学史上の一大創造であった。

紀元前3、4世紀の鍍金に「車馬飾器」の説というのがあったが、これは当時すでに汞斉合金による「鍍金法」が存在したことの証明になる。近年、漢代の鍍金器皿がたくさん出土しているが、大部分は小型のものである。しかし典籍の記述によると、漢末には大型の銅像に鍍金する方法が開発されていた。後漢の霊帝末年から献帝初年（紀元百年前後）にかけての記録に、銅で仏像を造り黄金で塗ったとあるのは（『三国志』呉志・劉繇伝）、汞斉合金による鍍金法であり、これは8世紀には日本に伝えられた（清水藤太郎『日本薬学史』）。

紀元1世紀、ローマ人プリニウス（Plinius、23～76）は、金を水銀に溶かして汞斉合金を造った。また3世紀、エジプト人が汞斉で鍍金したという記録がある（エジプトのライデンパピルス、オランダおよびスウェーデン博物館蔵）。

第二節　鉛の化学

　「鉛は五金の祖……だから金公（鉛のこと）はもっとも多く変化する。一変して胡粉となり、二変して黄丹となり、三変して密陀羅僧となり、四変して白霜なる」といわれるが（『本草綱目』所引土宿真君語）、中国では殷周時代、青銅器を製造していた時からすでに鉛を利用しはじめていた。漢代の『神農本草経』には鉛の化合物である胡粉と黄丹の記載がある。鉛は水銀に類似した化学変化を起こすので煉丹家に重視され、煉丹中の重要な原料になった。『周易参同契』に「胡粉を火中に投じると色が壊れて鉛に返る」とあるのは（『道蔵』20-141）、胡粉、つまり白色のアルカリ性炭酸鉛は、炭で燃焼させると分解して二酸化炭素と水蒸気を放出し、残りの酸化鉛は炭素か一酸化炭素と反応して金属の鉛に復帰することをいう。葛洪は胡粉と黄丹（四酸化三鉛）はすべて「鉛の変化したもの」として、「鉛の本性は白であるが、これを変化させると丹になる。丹の本性は赤いが、これを白くすると鉛になる」と述べている（『抱朴子』黄白篇、284頁）。これを現代の化学用語を使って説明すると、鉛は化学反応を経て白色のアルカリ性炭酸鉛へ変化し、再加熱すると各種の化学変化ののち、赤色の四酸化三鉛となり、それはまた化学反応を経、分解して白色の鉛を生み出す、ということになる。陶弘景はとくに黄丹については「鉛を煮るとできるもの」とし、胡粉は「鉛を変化させるとできるもの」と指摘しているが、これは両種の鉛化合物は天然の産物ではなく、人工の製造物であることの説明になっている。

一　鉛とその化合物

　鉛は中国古代の煉丹術において非常に重要な地位を占めていたが、その理

由はそれが〈丹〉と密接な関係があったことに起因している。戦国時代の『計倪子』に、「黒鉛の錯（醋）は変化して黄丹となり、丹はまた変化して水粉になる」とあるが、これは、鉛はまず酸化して鉛丹となり、それから醋（酸）と作用して鉛粉を得られることを述べている。『淮南子』人間訓にも、「鉛と丹はカテゴリも違うし色も異なっているが、鉛が丹になるのは道理上あり得ることだ」と記されている。

　鉛丹は先述したように一般に Pb_3O_4 を指し、黄丹は PbO のことであるが、古代の煉丹家はつねに両者を混同していたので、鉛丹は通常黄丹ともいわれていた。鉛丹は常温でオレンジ色か赤色を呈し、熱を受けている間は紫紅色となるが、黄丹はのちには多くの場合「密陀僧」と呼ばれた。鉛と水銀とはいずれも変化して〈丹〉になるので、古代の煉丹家の実践においては双方とも重視された。『周易参同契』は、鉛汞こそが金丹を焼煉する至宝の大薬だと主張したが、隋唐以降この説がおおいにもてはやされ、道教徒をしてつねに煉丹術を鉛汞術と呼ばせるまでになったほどである。

　鉛はごく普通の金属である。ただ、天然の金、天然の水銀、そして天然の銅などの埋蔵状態とは異なっていて、天然の鉛はめったにお目にかかれない。古代において使用する鉛は必ず熔煉された産物であった。鉛の本体は柔らかくて延展性があり、表面は光沢を失いやすい。多くの証拠が語っているのであるが、人類の冶金技術史は銅からではなく、鉛から始まっている（『金属雑誌』1980-7所載、W.クリスコ「冶金術の起源」、オーストラリア）。というのも、鉛の熔解温度が銅に比べて格段に低いことがおもな理由である。鉛の熔点が327度であるのに対して、孔雀石、藍銅鉱、それに黄銅鉱を熔煉して銅を取り出すためには1200度の高温が必要なのである。

　このように鉛は熔点が低いので冶煉法は比較的簡単であった。したがって、中国史における青銅時代には、鉛は飲酒器や明器（副葬品）のほか、さらに銅鉛合金や銅錫鉛の三元合金にも使われた。紀元前13世紀の殷中期に煉製されたあるふたつの青銅器は、化学分析の結果、鉛の含有量が24.5パーセントと21.76パーセントであることが判明したが、これは当時すで

に、初歩的ではあっても銅と鉛の配分比率が把握されていたことを物語っている。『周礼』考工記にいう「六斉」の法則がその証拠になる。紀元前11世紀から同8世紀の西周時代には、鉛の含有量が97.5パーセントに達する鉛戈（ほこ）が造られており、当時の冶鉛技術が一定の水準に到達していたことがわかる。紀元前8世紀から同5世紀の春秋時代に造られた銅器の銘文のなかには、鋳造時に使った金属名を刻むものがあり、「玄」なら鉛、「白」なら錫のことである（『化学通報』1983-4所載朱晟論文）。

　文献でいうと、春秋戦国時代に編まれた『管子』地数篇に、「上に陵石（炭酸亜鉛）あれば、下に鉛、銅、錫がある」と記されているのは、当時すでに初歩的ながら鉱物の共生関係が把握されていたことを意味している。漢代の『神農本草経』で鉛のことを「黒錫」と呼んでいるのは、鉛の酸化によって表面に灰褐色できめの細かい酸化鉛の層ができ、それによって内部の鉛の継続的酸化をよく防止しえた、そういう鉛の状態を述べており、このことを『周易参同契』は「鉛は外が黒く内に金華を抱く」と表現している（分章通真義本上-23章）。また、『神農本草経』では鉛を「粉錫」「解錫」とも呼んでいるが、漢代以前、白色の鉛粉と鮮紅色の鉛丹をすでに製造し得たことがそこからうかがえる。しかし、往々にして鉛と錫を区別しなかったので、「良質の錫を鉛という」という定義も生まれたのである（『爾雅』）。

　中国古代において最初に造られた鉛化合物は、おそらく鉛粉（胡粉、アルカリ性炭酸鉛）であろう（『中国科学史研究』1990-3所載趙匡華論文）。この鉛粉は唐代になっても「粉錫」とも呼ばれていたが、この白色できめ細かい粉末ははじめ化粧品として使われた。南北朝時代の劉義慶（403～444）の『幽明録』には、「胡粉を売る女子」の話を載せているが、これは当時化粧品として使われ、また商品化されていたことの証拠になる。鉛粉の起源であるが、殷代ではすでに製造が可能になっていたのは、出土物から判明している。

　戦国時代の楚の宋玉作「登徒子好色賦」に、「粉を付けてはなはだ白く、朱を施してはなはだ赤い」という美女を形容した記述がある。この「粉」は鉛粉、「朱」は丹砂粉を指している。そうすると、鉛粉は春秋戦国時代には

もう婦女常用の化粧品になっていたことになる。1983 年、李亜東はＸ線を使って、秦始皇帝陵出土の兵馬俑に残存している白色の顔料は鉛粉であることを突き止めた。彼はまた、北魏、唐、宋の三時代にわたる敦煌壁画の残片から鉛粉を検出している（『考古学彙編』1983-3 所載論文）。

鉛粉はまた、中国の医薬品の隊列に進出してきた最初の人工合成剤であった（『自然科学史研究』1990-4 所載趙匡華論文）。『神農本草経』がその隊列のなかに下品薬として位置づけているのは、おそらくその毒性が知られていたからであろう。前漢初年、中国煉丹術が不死願望の燃え上がった時に興起したあと、方士たちはすぐさま、化粧や絵画や医薬に使われていた鉛粉を煉丹の原料中に引き込んだが、使っているうちに次第にその化学的性質を認識するようになっていった。

鉛粉のほか、鉛の別種の産物としては鉛霜（酢酸鉛）というのもある。この登場時期や製造方法は鉛粉とほとんど同じであるが、初期丹経では「玄白」と呼ばれており、この語は『抱朴子』金丹篇（76 頁以下）にはじめて現れる。

道教煉丹術の重要な産物としては、ほかに鉛丹と密陀僧がある。鉛丹は、不死成仙の大薬以外に赤色の顔料として使われた。1983 年、前述した李亜東は、秦始皇帝陵の兵馬俑に残存する赤色顔料も調べて鉛丹であることを証明した（白色の顔料は鉛粉）。同年、徐位業たちがまた、敦煌莫高窟の壁画と彩色塑像の顔料成分を検査した結果、十六国、北魏、隋、唐、宋、元、清の各時代の赤色顔料中にはすべて鉛丹が含有されていることが判明した（『敦煌研究』創刊号所載徐位業論文）。ただ敦煌莫高窟の彩色画の場合、そこで使われている赤色顔料はすべて鉛丹というわけではなく、ほかに朱砂と土紅（Fe_2O_3）も含まれていた。もっとも、鉛丹（その他の鉛酸化物も包括）はサンプル分析の 97 パーセントを占めており、湿度が鉛丹の変色の主要な原因であることも解明された（『敦煌研究』1990-4 所載盛芬玲等論文）。

密陀僧（PbO）は、鉛の別種の酸化物である。これは、自然界には比較的希少な天然鉱物で方形の結晶になっており、色は黄色から橘紅色までの幅が

あるが、一般的には板状か鱗片状の鉛黄がそのへりを蝕変（熱などによって鉱物の一部が他の物質に変化）させているが、時には甲羅状を呈し、方鉛鉱などの含鉛鉱物と一緒に生じる。中国古代において天然の密陀僧を採掘したのかどうか、まだ定論を見ていない。人工の密陀僧は通常、煉銀の鉱滓中から取り出す。

密陀僧はオレンジ色なので、晋以前は黄丹と呼ばれることが多かったが、黄丹は鉛丹の呼称でもあったので、以後は密陀僧という名称が多く使われた。といっても道士たちは、この3つのネーミングをはっきり区別して使ったわけではない。もっとも早く密陀僧を取り上げたのは後漢の大煉丹家・狐剛子で、その『出金鉱図録』には密陀僧と朱砂、硫黄などで黄金を焼煉したとある。漢末から西晋にかけて、密陀僧は医薬の仲間入りをした。

しかし、実際に医薬品として使われた鉛化合物は、「鉛膏薬」と呼ばれた膏薬であり、これは鉛丹（Pb_3O_4）と植物油を煮て鹸化（油脂の加水分解）して造る。これが文献上もっとも早く現れるのは葛洪の『肘後備急方』であるが、この化学製剤はずっと清時代まで民間でしか広まらなかった。その主な理由は、当時使われた鉛丹の質が低劣であったからである。

日本の奈良の正倉院に現存する鉛丹は、鑑真が763年に持って行ったものであるが、これを分析した結果、その鉛丹中 Pb_3O_4 の含有量はわずか26パーセント前後であることが判明した。このような質の悪い鉛丹から、合格点に達する鉛膏薬を煉製するのはきわめて困難である。葛洪が成功したのは、おそらく彼が高品質の鉛丹の煉製法を把握していたからであろう。別の煉丹家の場合、その大部分は漢代以来の「煎鉛」（長時間かけて煮出す）工法を踏襲していた。

二　鉛ガラス

近代以来、中国ガラスの起源と発展の問題は、国内外の科学技術史界の広汎な関心を引いてきた。大多数の西欧の研究者は西方から伝来したと主張したが、1938年、ジョージ・サートン（G. Sarton）はそれまでの考えを翻し、

中国ガラスは中国製との見方を提起した。西周以降生産された伝統的な含鉛、含バリウムガラスが相継いで出土したからである。このあと、中国自力創造説は次第に根拠と承認を得ていった。1962年、ニーダムたちは当時のそれほど多くはない資料にもとづいて、中国の不透明ガラス珠は周代に造られたと述べたが（Science and Civilisation in China, V.4 (1)）、この見解はその後、大量に出土した中国古代ガラスと低温の陶釉化学分析資料の提出によって証明されていった。

　陝西省宝鶏茹家相荘の強伯夫婦墓中から約千点の深い色をしたガラス、ガラスの管、ガラス破片が出土した。これは西周時代、紀元前10世紀の昭王と穆王の交代期の実物であるが、化学分析の結果、鉛とバリウムを含有しており、ニーダムの結論と符合した。

　原始道士がガラスを煉製したもっとも早い記載は、後漢の王充『論衡』率性篇に見える。

　　道人は五石を溶解して五色の玉を造った。これを本物の玉と比べると、
　　光彩は変わらず、真珠のすばらしさも備えている。

また、こうも云う。

　　随侯は薬で珠を造ったが、微妙な輝きは本物と変わらない。

　1951年、河南省輝県の固囲村から戦国時代のガラス珠が出土した。円形のほかに六面体形、六面長管形、扁方円形などがあり、直径は1.3〜1.7センチ、彫刻は精巧で孔が空けられ、糸などを通せるようになっている。王充のいう「珠」は、戦国時代のものとつながりがあることになる。

　文献の傍証としては、『荘子』譲王篇（紀元前4世紀）と『淮南子』覧冥訓（紀元前2世紀）にしばしば「随侯の珠」に言及されているが、これらと前引『論衡』の記述は一致する。ただ、王充のいう「五石」とは何を指すのか。

万震の『南州異物志』（2世紀）の「琉璃の本来の質は石で、自然の灰で陶冶すると器になる」といった記述などから推測すると、炭酸ナトリウムのようであるが、『抱朴子』論仙篇にはガラスを造るには「五石」が必要とあるものの、それがどういう物質であるか明言していない。1983年、朱晟は出土した古代のガラスのサンプルを分析して、方鉛鉱、石灰石、陶土、炭酸ナトリウム、そして硝酸カリウムであると推測した。この説はまだ定論にはなっていないが、信憑性はかなり高い。

　道士が大丹黄白を焼煉した時、ガラス珠（人造の玉）も煉製したことは、「金を服用する者の寿命は金と等しく、玉を服用する者の寿命は玉に等しい」という観点と符合する。また、戦国時代、術士たちは、神仙が服食している霊薬のなかには「玉膏」の類が含まれていると想像したが、『孝経援神契』（前漢末～後漢初に成立）には「石の潤なるものは玉を包み、丹の精なるものは金を生む」という記述があって、前漢に至っても玉は尊貴なるものとして崇敬されていたから、この当時、道士たちが人造の玉としてのガラス珠を焼煉していたことは奇とするに足りない。

第三節　砒素の化学

　現代中国語の「砷」（発音はシェン、邦語の砒素）は、ギリシャ語のarsenikonとラテン語arsenicumの音訳である。しかしこの語は、古代ギリシャやローマでは砒素単体ではなく、砒素の黄色の硫化物である雌黄を意味していた。西欧の歴史家は一般に、もっとも早く砒素化合物から砒素単体を分離したのは13世紀ゲルマン人のアルベルトゥス・マグヌス（1207？～1280）であり、砒素が一種の半金属製元素であることが確認されたのは18世紀後半のことで、そのとき近代科学はすでにヨーロッパで誕生していた、と考えてきた。しかし中国では、砒素を含有する鉱物の研究と利用は非常に早くから着手され、近代科学が出現する以前にこの方面の実用的知識をかなり蓄積していた。遠く紀元4世紀の前半、砒素単体を煉製する方法がすでに存在してい

第Ⅱ部　煉丹術と化学　第三章　煉丹術の主要薬物とその化学的成果

たことは『抱朴子』からうかがい知れる（仙薬篇ほか）。また、唐の孫思邈『太清丹経要訣』の「赤雪流朱丹を造る法」には、『抱朴子』と同じような砒素単体の煉製法が記されており、これもマグヌスより500年早い。砒素の多様な化合物は、それを使ってつねに砒素銅合金などが造られたが、これも古代煉丹術の重要な内容のひとつであった。

一　砒素および砒素と医薬との関係

　一般的にいって、自然界において遊離状態で存在する砒素単体はきわめて少ないが、砒素を含有する鉱物はかなり多く、雄黄、雌黄、礜石、砒石などはよく目にしうる。吉田光邦によれば、殷周の青銅器から砒素が発見されており、殷代の銅戈には砒素の含有が4.27パーセントに達するものもあるという（吉田『中国科学技術史論集』、65頁）。当時、意識的にある種の砒素を含有する鉱物を加えて、その機器の性能を高めようとしたのであろう。古代の銅と砒素の合金や砒素と錫を含む青銅は、中央アジアとインドの河谷やヨーロッパのエーゲ海などで発見されているが、砒素の合金は、理由は不明ながらそれらの地域では継続して発展することがなかった。ところが中国では、砒素の合金や砒素単体の冶煉は一貫して続けられ、中断ということがなかった。煉丹術が興起したのとほとんど同じ時期の『淮南子』には、砒素と銅の合金で煉製された「丹陽の偽金」のことが記されている。こうして、中国独特の砒素合金冶煉技術が形成されていったのである。

　『周礼』考工記には、西周時代に中国はすでに雌黄を絹織物の染色画に使っていたことが記されているが、これは陝西省宝鶏の西周墓（ほぼ穆王の時期）から出土した絹織物の刺繡の絹糸によって裏付けられた。分析の結果、その絹糸の赤と黄色の色分けは、丹砂と雌黄によって塗り分けて染色されたことが判明した（『文物』1976-4所載李也貞論文）。ここから、おそくとも紀元前10世紀には、中国はすでに砒素を含有する鉱物である雌黄を顔料として使用していたことがわかる。

　戦国時代にできた『山海経』には、雄黄と青雄黄の多くの産地が記されて

おり、雄黄はこれが初出である。ほかに含砒鉱物として重要な礜石も、ネズミを毒殺しうる白い石としてここに登場する（西山経）。『説文』には「礜は毒石なり」とあり、『淮南子』説林訓にも、「人がこれを食べると死ぬが、蚕が食べると飢えない」という。のちに煉丹術が起こってくると、術士たちは自然に、大丹を焼煉する原料としてこの鉱物を使った。

　雄黄、雌黄、礜石、砒石は、古代の煉丹と医薬の両分野でかなり重要な位置を占め、秘密を保持したり神奇性を示すために多くの異名や秘密の名が作られた。雄黄を黄金石といい、雌黄を黄龍血といい、礜石を白虎などといい換えるのはその一例である。

　雄黄に関して葛洪は二度ほど言及しているが（『抱朴子』黄白篇288頁、仙薬篇203頁）、それによると、古代の雄黄は今の鶏冠石のことで、その化学組成は As_2S_3 である。雄黄が「黄金石」とも呼ばれたのは、その色から来たのではなく、煉丹家がつねに雄黄から偽黄金を造ったからである（『本草綱目』石部「雄黄」の条）。ただその別称は、古人が黄金は雄黄から生じたと考えていたことに由来する可能性もある。たとえば『丹房鏡源』（別名『丹房鑑源』）には、「雄黄は千年たつと黄金に化す」という。

　雌黄については、典籍上からはその使用時期を探し出すことはできないが、発掘された雄黄の時期と、雌黄と雄黄との鉱物的共生関係（『名医別録』）とから推測はできる。つまり、周の穆王が雄黄を画の顔料に使った時には、おそらく雌黄もそれと認識され利用されたはずである。雌黄は雄黄と同じく最初は顔料として使用され、その化学組成は As_2S_3 である。

　雄・雌二黄の関係と同じく、礜石と砒石も名称上密接な関係にある。それらの指すところはひとしく、砒霜（As_2O_3）を焼煉することによって得られた含砒鉱物である。具体的にいうと、礜石は一般に砒素黄鉄鉱のことで、その化学組成は $FeAsS_2$ であり、色は銀白ないし灰白で、ながく外で曝していると深灰色に変化する。

　含砒鉱物が薬になったのは、おそくとも周代のことで、『周礼』瘍医に「瘍（できもの）を治すには五毒で攻める（治療する）」とある。中国の伝統医

学の「毒をもって毒を攻める」という治療法は、おそらくここに淵源するはずである。この「五毒」中には雄黄や礜石などが含まれているが、このような人工的に煉製された薬品は中国では2世紀には広く使われていたのに対して、西欧で現れるのはようやく13世紀以降のことになる。

『周礼』瘍医より遅れて紀元前3世紀末にできた『五十二病方』は、中国に現存する最古の医方であるが、そこにすでに礜石を使った疥癬、でき物、そして狂犬病の治療法の記載があり、ほかの3つの薬方では雄黄を使った疥癬の治療法が記されている。『淮南子』にも、雄黄と雌黄を使った皮膚病や瘡毒（できもの）、それに雄黄を内服剤にした狂犬病の治療法が見えており、それらは雄黄と雌黄が薬の仲間入りをした最初の記述である。ほかに雄黄を焼く殺虫法も紹介されており、これは今日、農村で使われているところもある。中国ではおそくとも前漢の平帝元始元年（西暦1年）前後には、薬物としての含砒鉱物の効能とその適用範囲については、かなり正確に把握されていた。

含砒鉱物の内服への応用にともない、後漢末には礜石にも類似の体質改善や強壮剤としての効用があることが知られるようになった。魏晋時代に流行した五石散には礜石が含まれているが、その源流はここにまで遡りうる。五石散は、煉丹家が金石薬を服食した結果として現れたものであった。ありていにいえば、この薬は実際には媚薬（ほれぐすり）であって、服用量を誤ると、軽い者は中毒を発症し、重い者は死に至った。「五石散」は元来、傷寒雑病の治療薬であり、房中薬ではなかった。しかし、病気になれば薬を飲むのは人情の常であり、五石散の服用自体は咎められるべきことではない。医者も本来は五石散で五労七傷（5種の過労と7種の病）を治したのである。しかしこの薬は、淫楽に耽って過度の疲労からこれを服用した場合、一時的な効果は現れても、ながく服用すれば必ず若死を招いた。これを服用したゆえのさまざまな悲劇については前述したが、礜石の毒性に対する古人の認識はこの経験によって一歩前進したのである。

第四節　黄金と薬金に関する化学成果

一　黄金に対する認識と迷信

古代における黄金の認識と利用はたぶん非常に早かったはずである。研究によれば、中国のそれはおそくとも夏時代には始まっていたとされている（『自然科学史研究』1987-1、73頁）。夏、殷、周時代には大量の黄金の装飾品が使われていたし、『史記』平準書は虞夏の時代には「金三品」（黄金、銀、銅）が貨幣として使われていたと推測している。出土資料は、加工された金の鉱物がおそくとも夏殷時代には現れ、しかもその技術が高度であったことを証明している。ただ当時、黄金は器物の装飾以外には利用されなかった。それというのも、石器時代以来、古人は玉を宝として、その尊貴な地位はほかの物を凌駕していたからである。『詩経』毛伝に、天子は玉を使い諸侯は黄金を使うとあるように（瞻彼洛矣）、前漢に至るまで黄金は玉の下にあった。そのことは当時の人々の考え方――玉は人の肉体を不死にし、霊魂を天に昇らせる――と関係があるはずである。そういうわけで当時の貴族たちは、飲食器は多く玉で造らせ、あまつさえ、玉片を綴り合わせた服を着て葬らせた例もある。1968年、河北省満城から出土した中山靖王の金縷・銀縷玉衣がそれである。

戦国時代、人々は神仙が服食する霊薬には「玉膏」のほかに黄金もあるはずだと想像していた。そのことは文献上には探し当てられないものの、考古上の発掘は、春秋戦国時代には黄金が飲食器として広汎に使用されていたことを明らかにしている。黄金は、玉ほどの尊貴さはなく、また丹砂ほどの霊妙さはないにしても、煉丹術士の眼には一種の有効な霊薬として映ったはずである。

秦の始皇帝時代、燕と斉の方士が「仙人は金を食べ珠を飲む」と云ったと、前漢の桓寛の『塩鉄論』散不足篇は伝えているが、この記述は作者の時代ともそう隔たっておらず、おおむね正しいだろう。始皇帝の時代にはまだ

薬金がなかったから、ここでいう「金を食べる」とは黄金を食べることであったはずである。薬金の服食は漢以後のことになる。煉丹術において黄金を服食する風潮が生まれて、金と玉の位置に変化が生じた。「金を食べる者の寿命は金に等しく、玉を食べる者の寿命は玉に等しい」と云われる場合、すでに金が玉の前に置かれている。

　黄金の服食を述べる比較的早い文献として、ほかに『孝経援神契』があり、次のように云う、「仙薬の上位のものは丹砂で、その次が黄金だ」。『白虎通』に引用されているので『孝経援神契』は前漢末か後漢初の成立になるが、それはともかく、黄金は玉より上位に置かれたとはいえ、仙薬としては丹砂のうしろに排列されている。

　黄金の服食による長生はさかんに説かれたが、とりわけ魏伯陽と葛洪というふたりの大煉丹家の論述がもっとも委細を尽くしている。『周易参同契』に云う、「金はその本性として腐敗しないので万物の宝なのである。術士はこれを服食して長久の寿命を得る」（『道蔵』20-141）。葛洪はさらに透徹した説き方をしている、「黄金は火に入れて百煉しても消滅しないし、埋めても永遠に朽ちない」、だからこれを服すれば、「人の体を煉り、不老不死ならしめる。これは外物を借りて自己を堅固にするということなのだ」（『抱朴子』金丹篇、71頁）。

　このような黄金服食の風潮は、道士が煉製した薬金の服食へと急速に転回していった。その理由として、まず黄金が稀少で価格が高いことが挙げられる。また、「血肉でできた体は、どうして黄金というこの重い物が久しく胃腸にあることに耐えられようか」（『本草綱目』中医古籍出版社版本、474頁）というように、かえって命を喪うのではないかという教訓がしばしば説かれたこともその一因を成している。ある道士もこう述べている。

　　黄金は日の精なるものである。……それは山の石中に生じ、太陽の気が薫蒸してできたものなので、その本性は大いに熱く大いなる毒がある。周囲に蒸気を吐きかけること数尺、それを浴びた石はすべて黄変し、変

化して金色になる。まして、これを焼いて服した者はどうなるか。……もしこの金を粉状にして服した場合、人の骨髄を溶かし、焼けただれ収縮して死に至らしめる。　　　　　（『張真人金石霊砂論』、『道蔵』19-5）

そこで道士たちは発想を変え、黄金を変化させて神丹を煉製しようとしたのである。『抱朴子』黄白篇（286頁）は薬金に対する尊崇を隠そうとしない。

化作の金（人工の金）は、諸薬の精華であり、それは自然のものより勝っている。

二　薬金の製造

道教の煉丹家が造った薬金の名称はきわめて多い。いわく、雄黄金、雌黄金、曽青金、白錫金、黒鉛金、朱砂金、熟鉄金、生銅金、還丹金、水中金、瓜子金、青麩金、草砂金……等々。次にこれらの幾つかについて述べてみよう。

（1）雄黄金、雌黄金：すでに「砒素の化学」のところで述べたので、ここではその補足になる。狐剛子の『五金粉図訣』は、三黄（雄黄、雌黄、硫黄）によって五金を変化させて薬金と薬銀を煉製する方法についてに論じているが、要するに雄黄金と雌黄金は、明らかに As_2S_2（雄黄金）と As_2S_3（雌黄金）によって変化した2種の砒素合金であり、その砒素含有量が10パーセント以下の黄金色砒素銅であって、漢～晋時代、それらは黄金として使われていた。

『抱朴子』黄白篇（287頁）には、「天地に金があるが、二黄一赤（雄・雌2黄と赤銅）によって立ち所に造ることができる」と云った黄山子のことばが引かれている。葛洪はまた該篇のなかで、雄黄によって黄金を造る方法を開示している（288頁以下）。ここでは全文を引けないが、それはおそらく、黄

色雄黄による合金製造のもっとも早い記録であろう。道士が雄黄で赤銅を変化させて〈金〉を造る方法にはそれ以前からの長い伝承があり、漢代には婁敬の造った金があったというが(『夢渓筆談』巻21)、それもおそらくこの種の薬金であったはずである。『五金粉図訣』には、「雌黄のはたらきは錫を変化させ得る」などという簡略な記載が見えるが、これは当時すでに雌・雄黄によって白錫を変化させる技術があったことを物語っている。比較的詳しい煉製法は、唐の孫思邈『太清丹経要訣』に至ってはじめて現れる。

(2) 曽青金（石緑金、石胆金、砂子金、土緑砂子金）：これらの薬金の点化剤は疑いなく含銅鉱物である。曽青、土緑、石緑は、孔雀石または藍銅鉱物類の塩基性炭酸銅鉱石であり、石胆は天然の胆礬（硫酸銅）である。「砂子」は、薬金の性質が砂粒状であることを形容している。これらの含銅鉱物は、鉄（または鉛、錫）器と接触すると置換反応が生じて赤色の金属銅が析出され、鉄器の表面にメッキされて黄金と同じようになる。このような現象は道士たちを驚かせ、石胆や空青が上薬に位置づけられることになった。

(3) 黒鉛金：古代道家が神丹を焼煉したり黄白を変化させる時に使った主要な薬物は水銀であったが、それ以外に重要なものは鉛である。『周易参同契』に、「陰陽の始め、玄は黄芽を含み、五金の主、北方の河車」(『道蔵』20-138)とあるが、ここでいう「河車」とは黒鉛のことで、「黄芽」はここでは鉛が焙煎を経たのちに生成された鉛丹（Pb_3O_4、ただし少量の密陀僧 PbO を含む）を指す。陳国符はこのような黄芽によって焼煉された鉛丹は金精だと考えたが(『道蔵源流続考』220〜221頁)、この見方は『周易参同契』の「金精」は組成された金属元素の一つとする我々の見解とは異なっている。狐剛子は鉛によって焼煉された丹薬に対して賞讃を惜しまない。

> そもそも丹薬を合成するには鉛が根本である。鉛が偽りだと、薬は成らない。だから鉛は陰陽の精髄、七宝の良媒というのだ。(『道蔵』18-831)

後漢の桓譚『新論』にも云う、「鉛の字は金と公から成る（鉛の古体は鈆）。

鉛は金の公、そして銀は金の兄弟である」。そういうわけで鉛は歴代の煉丹家、とりわけ道教鉛汞派が大丹を焼煉するさいの、水銀と並ぶ最重要の原料であった。というのも、鉛は比較的多くの「金精」と「水基」のほかに、さらに空気中に加熱した時に生じる密陀僧やオレンジ色の鉛丹を含有していたので、このオレンジ色を主とする色の変化は、鉛にいっそう霊魂不死の効能を賦与すると考えられたからである。唐の張九垓『金石霊砂論』に、「鉛の精を抽出し、それをもとにして薬金を造る。その色ははなはだ黄、これを服用すれば不死となる」とあることから推せば、密陀僧はもっとも初期の「黒鉛金」であっただろう。

「黒鉛金」に関するもっとも早い記載は『黄帝九鼎神丹経』に見える。

> 汞九斤と鉛一斤を一緒に土釜に入れ、猛火で煮る。……すると水銀と鉛の精が出てきて黄金色を呈する。これを玄黄という。……次にその玄黄をひと匙取って猛火中に入れ、ふいごで吹くと、間もなく黄金になる。
>
> (『道蔵』18-796～797)

ここでいう「黄金」は密陀僧の粉末で、そのなかには一定量の鉛丹も含まれていて、色をいっそう鮮やかにさせたはずである。類似の記述は後漢初の『太清金液神丹経』巻上(『道蔵』18-747～753)や『抱朴子』黄白篇(290頁)にも見え、「薬金」や「薬銀」の制法は漢～晋時代にはその基本は成熟していたのである。

第Ⅲ部

医学と養生学

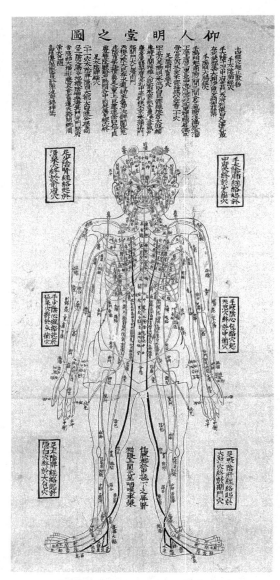

明堂（経脈経穴）図：森ノ宮医療学園
はりきゅうミュージアム蔵

第一章　医・道同源：道家・道教と中医薬学

第一節　道教医学の源流

　厳密に云えば、道教は一個の独立した医学理論体系は形成しなかった。しかし、道教の中国医学に対する影響は、儒教や仏教のそれをはるかに凌駕している。道教医学は中国の伝統医学の重要な構成要素であり、極論すれば、「道家と医家とはいにしえより分けられなかった」のである（陳寅恪『金明館叢稿初編』）。その核心は道教の長生成仙の理想にあり、それこそが長期にわたって道教の信者を生命科学の探求に向かわせた当のものなのである。道教徒の宗教的性格とその目的からして、この探求活動は非科学的ないしシャーマニズム的なスタンスを取らざるを得ないところがあり、そのような要素はある程度、道教医学にも浸透している。しかしながら、道教の医学・薬学分野に対する少なくない貢献には端倪すべからざるものがある。

　道家・道教と中国の医学・薬学との相互影響の展開については、おおむね以下の三段階に区切ることができる。
（1）黄老道家思想が中医薬理論の形成を促進した。
（2）秦漢の神仙方士の錬養活動が中医薬学の進歩を推進した。
（3）魏晋以降の道教徒の医薬実践が中医薬学を豊富で完善なものへと高めた。

一　道教と医学の起源上の同一性

　任継愈主編『中国道教史』は、道教の起源を５つの面から捉えている。すなわち、①古代宗教と民間巫術、②戦国時代から秦漢時代に至る神仙伝説と方士の方術、③先秦時代の老荘哲学と秦漢時代の道家学説、④儒学と陰陽五行思想、⑤古代医学と体育・衛生知識、である。ひるがえって中国医学理論体系の形成過程を考えてみると、やはりこうした要素が中国医学の誕生をも

促したことがわかる。

(一) 道教と医学の共通の哲学基礎——黄老思想と陰陽五行学説

　道教は老荘を祖述したが、しかし老荘はけっして宗教ではない。老荘哲学中には反宗教的な一面さえ存在する。老子・荘子を代表とする先秦道家は、思想的にはのちの黄老の学と一定の相違がある。老子の思想については、これを帝王のための統治術とする見方もある（張舜徽『周秦道論発微』32頁）。『荘子』内篇は「至人」「真人」「神人」などにしばしば説き及んでいるが、その本旨は自然に順従することと物・我を区別しないことにあり、王明が云うようにそこには神仙道教思想はない（王明『道家与道教思想研究』52頁）。道教哲学の真正の核心は、刑名、道家、神仙、五行などを融合して形成された黄老の学である。注意しないといけないのは、中医学において「衆経の祖」の地位にある『黄帝内経』の哲学思想は、道教哲学と同じく黄老であり、純粋な老荘ではないという事実である。

　陰陽五行思想は、道教哲学の別の重要な構成要素である。五行学説は戦国時代、斉の稷下学派の鄒衍に始まるが、前漢の董仲舒による思想改造を経て儒学の範疇に入り、そのあと後漢初期の讖緯家の喧伝によって、陰陽五行は中国古代社会における自然認識の思想モデルとなった。道教も医学も、ひとしくこの思惟体系から抜け出ることはなかった。『黄帝内経』は「人は生まれて体を持つ以上、陰陽から離れない」（宝命全形論）を基礎理論とし、五臓五行の生・克と乗・侮（五行の生・克のバランスが崩れた時に発生する事態）によって弁証立法と臨床治療を推し進めた。医学と同様、初期道教の重要典籍である『太平清領書』も「陰陽五行を家とし」た（『後漢書』襄楷伝）。『淮南子』や『周易参同契』における陰陽五行の観点については、ここで論じるまでもなかろう。要するに、それが依拠する根本的な哲学からいって、医学と道教は高度の共通性を具えているのである。

（二）生命の永遠性への渇仰

　不老不死は、古代から現代に至るまで人類が夢寐(むび)にも求め続けてきたものである。秦漢以来、大勢の方士たちによる「不死の薬」の追求や、医薬学の大発展は、このような永生へのあこがれの所産にほかならない。「不死の思想は科学に対して測りがたい重要性をもっている」とニーダムが述べている通りである。

　神仙方士は生命科学の先駆者であった。先秦時代にはすでに「不死の国」（『山海経』）や「不死の郷」（『呂氏春秋』）など長生不死の伝説があり、燕や斉の方士である宋母忌(そうぼき)や羨門高などは神仙方士の先駆けとなった。戦国時代から始まったさまざまな法術は、最終的には金丹服食、行気導引、房中采補の三大法門に収斂していった。彼らの長生願望は結局は夢や泡のように消えていったが、しかしその錬養の実践は、当時まだ草創段階にあった医薬体系に大きなインパクトを与えたのである。

　医学についていえば、その発展の原動力はやはり長生であった。『黄帝内経』において道を楽しんだ人として、生命に終わりのない「上古の真人」、天地の間を自由に遊行する「至人」、つねに身も心も充実している「聖人」、そして長寿の「賢人」などが挙げられている。しかし目を現実に転じると、「現代の人は50歳でもう動作も衰えている」と嘆かれ、その解決策として『黄帝内経』は、「恬淡無為(てんたんむい)、精神を内に守る」という養生の要諦を提唱する（上古天真論）。また『神農本草経』は、つねに服用すれば「身が軽くなり不老延年」をもたらす120種の上品の薬物を紹介している。漢代以降の医学は、いっそう着実になっていったとはいえ、医療実践の目的はそれ以前と同様にやはり健康長寿であった。

（三）巫鬼信仰の役割

　鬼神崇拝には長い歴史があり、禹の時代には「（禹は自分の）飲食を菲(うす)くして（粗末なものを食べ）孝を鬼神に致」（『論語』泰伯篇）していた。遠古の民は鬼神信仰を借りて複雑な自然現象を解き明かし、また、巫史が素朴な鬼神の

系譜を造り上げていた。医学もまたその発祥の過程において、シャーマニズムと密接に関係していた。たとえば『呂氏春秋』には「巫彭は医となる」、『世本』には「巫咸は堯の臣下であったが、鴻術（卓越した方術）によって帝堯の医者になった」などとある。それを踏まえて馬伯英はこう述べている、「シャーマニズム医学は、それ以前のいっそう原始的な人類の医療活動に比べて、人類の生命とその疾病とを一個の対象として認識しはじめたところに明確な特徴がある。自己の神霊体系によって病因と発病の因果関係を解釈しようとし、そこからシャーマニズムのやり方で病気を制御し治療し、超自然の魔術によって別の超自然の力を制御しようと試みたのである。……原始的思考が生み出した第一の価値ある理論と実践の成果は、まさしくシャーマニズム医学以外にはない。この意味において、人々が医学はシャーマニズムから始まったという旗を振るのを咎めるべきではない」（『中国医学文化史』、184～186頁）。シャーマニズムと医学が同源とされるのと同じく、ほとんどの『道教史』の著作は、シャーマニズムの鬼神（巫鬼）観念が道教の形成に果たした役割に肯定的である。

　道教、医学、シャーマニズムの三者の関係を研究する場合、重視する必要のあるふたつの現象がある。後漢に流行した「鬼道」は、伝道のさいに大量のシャーマニズム医学の法術を使った。たとえば太平道の創始者・張角は、「符水と呪語で病気を治した」し（『後漢書』皇甫嵩伝）、五斗米道は「静室を与え病人をそこに居らせて反省させた（思過）」し（『三国志』張魯伝注引『典略』）、李家道では「呪水で病気を治した」（『抱朴子』道意篇、174頁）。

　いまひとつは、医学と道教の体系が完備したあと、どちらも期せずしてシャーマニズム医学を排斥したことである。医学では「シャーマンを信じて医者を信じないのは、病気が治らない六番目の原因である」という、率先して提出されたスローガンがそれであり（『史記』扁鵲倉公列伝）、道教では、「良医の治療を信じないで、シャーマンのごたごたしたやり方を使う」（『抱朴子』至理篇、113頁）というのがそれに当たる。

　上の前者（鬼道）は、道教の形成時にシャーマニズムと医学の助けを借り

て影響力を拡大していったと見ることができ、後者（巫医排斥）については、葛兆光が「シャーマニズムを邪道と非難するのは、実際には自己の正道を樹立するためであった」（『中国思想史』、復旦大学版、1-475頁）と云う通りである。道教しかり、医学しかり。そういうわけで、少なくとも起源においては道教も医学もシャーマニズムから出発したのである。

　以上の3点から、医学と道教が同源だという結論を引き出すことができ、そこから『漢書』芸文志・方技部門の学科分類を理解することができる。そこでは方技が36家で、その内訳は、医経7家、経方11家、房中8家、神仙10家となっていて、神仙と医経が並列されている。つまりこれは「医・道同源」の理論的注解なのである。

　医・道の関係を一歩進めて説明するために、伝統医学体系と初期道教形成の情況を図表で表しておく。

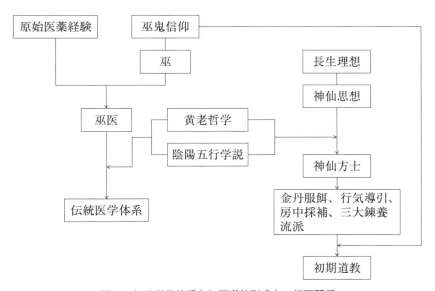

図-1　伝統医学体系と初期道教形成との相互関係

二　秦漢方士と中医学の発展

方士とは「方術に明達している士」のことで（『素問』五臓別論、王冰注）、その方術とは、『漢書』芸文志の分類に従えば方技と数術（術数、数の学と占術とが一体になったもの）をひとつにしたものであろう。前者は医学や錬養とかかわりのある医経、経方、房中、神仙の４家を包括し、後者は、天文、暦譜、五行、蓍亀（易占と亀卜）、雑占、形法の６家を包括する。たとえ「方士」という語が時には術数家の呼び名に使われることはあっても、習慣上は方技の士の固有の呼称であり、術数の士は術士と呼ばれる。まさしく顧頡剛が、「神仙説を鼓吹した者を方士と呼ぶのは、思うに彼らが神奇な方術を理解し、多くの薬方を収蔵していたからであろう」（『秦漢的方士与儒生』、上海古籍版、10頁）と述べる通りである。

方士と術士はともに道教の道士の前身であった。比較していえば、方士は医学との関係が密接で、医学と道教をつなぐ紐帯という捉え方さえある程度可能である。この問題については、馬伯英が若干の論拠を提起しているが（『中国医学文化史』）、いまそれらをまとめ、増補を加えると以下の５条になる。

（1）医学活動に従事するのは方士の職能のひとつであった。秦漢時代には医学は方技類に属していたが、その実際の従事者の大部分は方士であった。

（2）神仙派の方士は不老不死の薬を求め、黄白術を編みだしたが、同時に病気治療も行なった。そのさい彼らが使った医術や方薬は、純粋な意味において医師が使うものと本質的な差異はなかった。

（3）方士が錬養中に獲得した医薬の知識は、中医学の理論体系を豊かにした。

（4）魏晋の道教体系が樹立された時、方士の成果を採用すると同時に、『黄帝内経』のような方技部門の医薬の典籍も取り込み、後世の道蔵中に豊富な中医薬文献を保存させることになった。

（5）後世の道教徒たちは方士の錬養活動を継承し、同時にまた方士が重視

第Ⅲ部　医学と養生学　第一章　医・道同源：道家・道教と中医薬学

した医薬の伝統も継承した。いわゆる「十道九医」（道士10人中、9人が医術に通じている意）である。

（一）　神仙方士の生命観

　後世の神仙観は変幻自在ではあっても、その本質は長生不死であって、そのことは『説文』をはじめ『釈名』その他の文献でも揺るがない。

　さきに引いたニーダムの言葉が示しているように、長生不死の追求は医学を含む多くの自然科学の発達を促進した。ただ、古代の文献には秦漢の方士たちの錬養求仙の事例は豊富に記載されているものの、彼らの生命観は結局どうであったのか、については詳細な記述がない。本節では、先秦の道家、黄老学派、魏晋道教の生命観の変遷のあとを手がかりに、秦漢方士の生命に対する認識を明らかにしたい。このことは方士の養生術の理論的基礎であるばかりでなく、秦漢の生命科学が大きな発展を遂げた原動力でもあったのである。

　肉体の永遠性を求めるには、まず肉体は永遠であり得るかを理論的に確定せねばならない。先秦時代、儒家も道家も明確な生命観をもっていた。孔子は「生死には運命があり、富貴には天命がある」（『論語』顔淵篇）と語り、孟子は「夭寿に貳わず、身を修めてこれを待つは命を立てるゆえん」（『孟子』尽心篇上）と述べている。ただ、儒家は現実世界に眼が向いていたから、生と死の問題に関しては道家の熱の入れ方には遙かに及ばなかった。『老子』には「長生久視の道」が提起されているが（第59章）、肉体は永遠とは考えられていなかったようで、作者は意識的に長生を求めることには反対してさえいる。『荘子』の7章からなる内篇では、老子の「摂生」（生命の保全）を継承した基盤上に立って荘子は、「達生」「全生」「養生」といった観念へ発展させた。結局のところ老荘は、摂生を通して「寿命を全うし得る」（『荘子』養生主篇）とはするけれども、肉体の永遠性は自然の道に反することだからそれは不可能だとした。「長生久視の道」というのも、肉体よりも精神の不滅に重点があった。

戦国時代に始まる黄老道家は、老荘を祖述しながらもその生命観は神仙家に接近していった。老荘が肉体の養生（養形）より精神のそれ（養神）を重視したのと異なり、黄老派はその双方を重んじた。黄老とのつながりが指摘されている『管子』4篇のうち、内業篇には養生に関する記述がもっとも多く、その考えは『呂氏春秋』尽数篇に継承され、「精神が肉体に安住すれば寿命も長くなる」という養生の法則が導き出された。しかし、『管子』4篇にせよ『呂氏春秋』であれ、肉体の長生は可能か、という問題には明確に答えていない。肉体の永遠性に対して肯定的な態度を取ったスクールは、「荘子後学中の黄老派」と呼ばれるべきであって（劉笑敢『荘子哲学及其演変』、58～98頁）、彼らの手になったと思われる『荘子』在宥篇には、黄帝と広成子との有名な問答がある。どうすれば身体の長生が得られるかと尋ねる黄帝に対して、広成子はこう答える。「眼は見ることなく耳は聴くことなく、精神をじっと静かに保てば、肉体はおのずから正しくなる。静謐にし清らかにして、おまえの肉体を動かさず、おまえのエネルギーを揺さぶらなければ、長生は実現する」。これが道教の長生論の起源であり、また秦漢方士が追求した神仙不死の理論的基礎なのである。

　道教や神仙家を研究する際にもっとも重視されるべきは、後世の道教が錬養求仙時にしばしば提起したスローガン――我が命は我に在って天に在らず――である。この語句は『抱朴子』（黄白篇に引く『亀甲文』）をはじめ多くの道典に見えるが、これはけっして先秦の道家や黄老家が提出したものではなく、神仙方士の口から出た可能性がきわめて高く、生命に対する挑戦の宣言と云いうる。

(二) 神仙方士の長生術

　その「我が命は我に在って天に在らず」というスローガンのもと、神仙方士たちは長生を実現するためのさまざまな錬養の方術を提案した。蒙文通は「古代の仙道は行気（体内の気を巡らせるテクニック）、薬餌、宝精（精を漏らさないテクニック）の三派に大別できる」と述べている（『古学甄微』所収「晩

周仙道分三派考」、337 頁）。これを地域的に分けていうと、「南方（楚）は行気で王喬、赤松の名を称し、秦は房中（宝精、sex のテクニック）で容成の名を称した（この派は後漢時代は彭祖を称したというのは黄君山の説であるがその始めではない）。燕と斉は服食（薬餌）で、羨門高、安期生の名を称し、初めは草木を服したが前漢時代にはすでに金石を服していた」（同上 316 頁）。

　この 3 派のなかで行気派がもっとも古く、服食派と薬物学とは密接な関係があり、房中派に至っては、理論にも具体的な方法にも特殊性がある。これら 3 派は長生を目標とするとはいえ、以下に述べるように相互間に相違もある。

1. 行気派の理論と実践

　行気と導引は先秦から前漢に至る養形長生の主流であり、その理論的基礎は、「新しいものを使い古いものを捨てると、奏理（皮膚のきめ）が通じ、精気は日々新たになり、邪気はすべて去って天年を全うできる」というところにある（『呂氏春秋』先己篇）。その具体的な方法は「吹呴呼吸、吐故納新、熊経鳥申」（『荘子』刻意篇）の 12 文字を出ない。初期の代表的人物は王喬、赤松である。彼らは『楚辞』遠遊篇にも登場するから、その伝説は古くから存在していた。「行気玉佩銘」や「却穀食気篇」（馬王堆帛書）などは、当時の行気派の方士たちの呼吸法を伝える重要な文献である。

　行気法にはさまざまな神奇的効験が伝えられてはいるものの、結局のところこの術の本質は強身去病にあった。導引術の始祖とされる赤松子は、悪性の病気を治すために山に入って「導引軽挙」したといい（『淮南子』斉俗訓注）、病気がちの漢の張良は導引して穀物を食べなかった（『漢書』張良伝）。これらを見ても、この術は病気治療のために行なわれており、なんら神秘的なところはない。葛洪は金丹大薬を尊んだが、「行気も百病を治すことができる」（『抱朴子』釈滞篇、49 頁）と述べており、行気法にも肯定的であった。後世の導引養生の重要道典『太清導引養生経』には、赤松子、寧先生、彭祖、王子喬らの導引法を記載しているが、いずれも治病を第一義としている。

導引術は神仙方士が創始したものではなかったが、彼らもおおいに唱道して養生治病の一方法として整備した結果、医家によって採用され医療実践に応用されて、ついには中医学体系中の鍼灸、推拿(すいだ)（マッサージの類い）、按摩という三大非薬物療法の重要な構成要素になった。

2. 服食派の変容

　服食は「不死の薬」の伝説から始まった。『山海経』海内西経に云う、「開明の東に巫彭、巫抵、巫陽……が居り、みな不死の薬を手に持ち死を拒んでいる」。もっとも早い「不死の薬」は、遙かかなたに霞んでいるところに棲む神仙の手に握られていた。『史記』封禅書に云う、「(蓬莱、方丈、瀛州(えいしゅう)の三神山に）諸仙人および不死の薬がある」。しかし、徐市(じょふつ)（徐福）、盧生、侯公たちが薬の採取に失敗すると、求薬は仙界から俗界に転向してきた。

　秦漢の神仙方士たちは世俗の自然物を服食したが、彼らは2派に分けられる。1派は金玉丹砂などの鉱物を至宝としたので、とりあえず金石派と呼んでおく。もう1派は、芝草（キノコの一種）や巨勝（ゴマの別称）などの植物を珍重したので草木派と呼びうる。この2派の先後問題はさておいて、影響という面からいえば、金石派は遙かに草木派より勝っていた。

　最も初期の金石派は、黄金、雲母、丹砂などの天然鉱物の服食が主であり、その理論的根拠は、「金を服する者は金と同じ寿命を得、玉を服する者は玉と同じ寿命を得る」（『抱朴子』仙薬篇、204頁）というものであった。『列仙伝』中で鉱物を服用して神仙になった人物として、赤松子（水玉）、方回（雲母）、任光（丹砂）などが居る。金石は多くの場合、毒性を備えているから過度に摂取すると死に至ることがあり、これは明らかに長生の目標と背反する。そこで金石派の方士たちは、いち早く天然の鉱物から煉製した薬物に切り替えたのであるが、これが後世の丹鼎派の始まりとなった。

　導引と行気では仙人になり得ないのと同様、服食も最終的には仙界と無縁であった。漢の武帝のような迷信家も晩年には、「以前は愚かにも方士に欺された。天下に仙人など居るはずがなく、すべてでたらめだ。食事を節制して服薬しても、せいぜい病気がましになる程度だ」と認めざるを得なかった

(『資治通鑑』巻22)。しかし、この派の方士は中国の薬学の基礎を築いた。最初の本草の著作である『神農本草経』は、方士の服食経験の総括であり、その後の薬学の発展の成果には、どれを取っても服食派の方士（または丹鼎派の道教徒）の影響を認めることができ、それらすべてを迷信として軽視すべきではない。

3. 房中派の特異性

　房中派は神仙方士の別派である。初期の房中文献でも、「よく八益を用いて七損を去れば、耳はよく聞こえ眼はよく見えて、体は軽く、陰の気はいよいよ強くなり、寿命は増し、どこに居ても長く楽しめる」などと大言しており（馬王堆帛書『天下至道談』）、「寿命は日月と並び、天地の英華となる」とさえ述べている（同『十問』）。漢代にも大量の房中書が流行した。馬王堆出土の『十問』『合陰陽』『天下至道談』以外に、『漢書』芸文志には合計18家、186巻の著作が著録されている。ただ、留意すべきは、『漢書』芸文志・方技略の房中家は神仙家のなかに入れられておらず、神仙家と同列に並べられ、医経、経方、房中、神仙という方技門4家のひとつとして扱われている事実である。また、劉歆(りゅうきん)の房中家に対する評価がプラスよりマイナスに傾いている点も見落としてはならない（『漢書』芸文志）。

　房中の起源からいえば、はじめは単に、欲望をほしいままにすることで身心を損傷するのを防ぐためのものであり、秦末漢初においても服食や行気のように広く一般の士人に受け入れられてはいなかったことは、劉歆や王充（『論衡』命義篇）らの房中に対する態度から証明できる。漢代の「正統」な神仙家でもそうであったはずである。『列仙伝』を例にとると、神仙71人のうち女丸や容成ら房中と関係がある者を除いて、その他の60余人の多くは服食や導引によって仙人になっている。前漢と後漢の間にできた『黄帝九鼎神丹経』巻1では、丹鼎にあらざる長生法は批判されているのであるが、そこで長生法として認められているのは呼吸・導引法と草木の服食であり、房中には言及されていないところに作者のこの術に対する根本的な否定が暗示されている（『道蔵』18-795）。

後漢末から晋にかけて、ようやく房中術の黄金時代を迎える。甘始、東郭延年、封君達の3人は「容成御婦人の術」（房中のこと）を行ない（『後漢書』方術伝）、太平道も「興国広嗣の術」（これも房中術）を提唱し、五斗米道の教主・張道陵も「行気導引房中の事」をしたとされる（『太平広記』巻8『神仙伝』）。理論的に房中術を神仙に至る術として持ち上げたものとして、まずは後漢末の『老子想爾注』を挙げることができる（『老子』第6章「谷神死せず」などの解釈）。東晋の葛洪も『抱朴子』において10余箇所にわたって房中に言及している。

　この派の医学への影響として、少なくとも次の2点を指摘しうる。（1）房中術そのものには取るべきところはなく、後世の道教からも唾棄されたが、中医の性治療学と性心理学を促進させた。（2）その「液と精を愛惜する」理論は性保健の観点からすれば取るべきところがあった。

(三) 秦漢の方士と医家

　もし先秦の医学がシャーマンによって操られていたというなら、秦漢の医学の主要な担い手は方士であったということになる。秦漢の医家と方士の関係を議論する場合、その前にはっきりさせておかねばならない問題がある。『漢書』芸文志の方技略は、先述のように医経、経方、房中、神仙の4家から成り、劉歆は方技について次のように述べている。

　　方技というのは元気に生きてゆくための手段であって、『周礼』には王
　　の1官として官僚制のなかに組み込まれていた。太古には岐伯、兪拊が
　　　　　　　　　　　　　　　　　　　　　　　　　　　　　きはく　ゆふ
　　いて、中世には扁鵲、秦和がいた。彼らは患者の病気を論じて国家に及
　　　　　　　へんじやく
　　び、診察によって統治の道を知った。漢朝が生まれて倉公が現れたが、
　　今はその技法も曖昧になっている。そこで彼らの残した書物を取り上
　　げ、方技を整理して4家とした。　　　　　　　　　（『漢書』芸文志）

　ここでは房中と神仙の2家には言及されていない。そこで『四庫全書総

第Ⅲ部　医学と養生学　第一章　医・道同源：道家・道教と中医薬学

目』医家類1では、この2家はのちの人が誤って医経と経方と一緒にしたのではないか、という疑念を提起している。房中と神仙は元来方技に属していなかったというのであるが、事実はそうではないはずである。

　少なくとも以下のような4つの理由によって、秦漢の方士は医家と同流であった事実を証明しうる。すなわち、(1)『漢書』芸文志の医経類に『黄帝内経』、経方類に『泰始黄帝扁鵲兪拊方』『神農黄帝食禁』があるが、これは房中類に『黄帝三王養陽方』、神仙類に『黄帝雑子歩引』『神農雑子技道』『泰壱雑子黄冶』などがあるのと同じく、そこには共通の原理が流れている。たとえば『淮南子』脩務訓にはこのように述べられている。「世俗の多くの人は、昔を尊んで今を蔑んでいる。それゆえ道を修める人は、必ず神農や黄帝の名前を借用し、彼らに仮託してはじめて自説を聴いてもらえるのである」。したがって上掲の書物が、ひとしく方士（道を修める人）の手に成ったのは疑いの余地がない。(2)『漢書』ではしばしば、方術と医学が併称されている。たとえば、「楼護は医経、本草、方術の語数10万言を暗誦していて、長老から珍重された」（楼護伝）。(3) 方士が医薬のことをたくさん知っていただけでなく、戦国時代後期以来、歴史書に名前の残る医家、たとえば、文摯、医緩和、秦越人（扁鵲）、淳于意（倉公）、後漢の郭玉、華陀の師弟などはみな方士と関わりがあったり、本人自身が方士であった。(4) 神仙方の錬養活動と医薬学術の密接な関係については、すでに前文で述べたところである。

　要するに、秦漢時代の方士と医師とは一体であり、『漢書』芸文志の、房中と神仙に言及しないあの奇妙な文章は、作者劉歆が儒家の立場から2家を排斥したというのが事実なのであった。これはいわゆる「春秋の筆法」というもので、言及しないことに褒貶（評価）が含まれていたのである。

　秦漢の方士は、理論と臨床の双方から当時の医薬学に影響を与えただけでなく、医学倫理の方面においてもかのヒポクラテスの誓いに匹敵する美談を残している。あの有名な董奉の故事「杏林春暖」──患者から治療代を取らず、代わりに杏を植えさせた──がそれで（『神仙伝』）、董奉は後漢末の方士

であり医家であった。

　これは董奉だけのことではなく、『列仙伝』や『神仙伝』などには、貧者から薬代を取らなかった方士兼医家の話が少なくない。彼らは医徳（医者の倫理）を重視したが、多くの場合、それは黄老思想の「貴生」（生をたっとぶ）観念から由来する。唐代になって、道医（道教徒の医師）であった孫思邈はこの観念を「大医精誠」として総括し、その著『千金方』に登載したが（巻1）、これはそれ以来、歴代の医師の道徳的規範になった。

三　魏晋以後の道教と医学の関係

　道教の体系がいつ正式に確立されたかについてはまだ定論を見ていないが、しかし魏晋になると、医学はすでに自己の体系を樹立していたし、道教も正式に理論、儀礼、修養方法において完備した独立の宗教になっていた。道教が成立して以降、医との関係はかなり微妙なものに変わってきた。一方で、先秦ないし秦漢における医・道の融合とは異なって、魏晋になると両者はしだいに分離しはじめ、それぞれ違った方向に発展していったが、これは両者の意識形態の相違による。また一方で、道教は次々と医家を生み出し、そのなかには傑出した人物もおり、医薬学の発展に決定的な役割を果たした人さえ居る。

（一）目録学の角度から見た魏晋以降の医・道関係の複雑さ

　表1（次頁）は、『漢書』芸文志から『四庫全書総目』に至る目録中の方技類（または医方類、医家類）中に著録されている医書（『漢書』芸文志中の医経、経方を含む）と、道書（『漢書』芸文志中の神仙、房中を含む）を抜き出して、それらが方技類全体のなかに占めている割合を示したものである。

　この表から、医学の発展につれて神仙と房中という両種の、医学の著作中に占める割合がしだいに下降していっている様子がわかる。これは医と道の分離を一定程度反映している。

　しかし、医書中の道書がしだいに減少していっているのとは逆に、道経

第Ⅲ部　医学と養生学　第一章　医・道同源：道家・道教と中医薬学

表-1　史志に掲載される方技類図書中の医書と道書の数と比率

書目	医書数（比率）	道書数（比率）	合計	備考
『漢書』芸文志	18（50%）	18（50%）	36	
『隋書』経籍志	190（74.2%）	66（25.8%）	256	梁の『七録』中の書物は含まず。本書における道書・神仙家の著作の分類原則については、姚振宗『隋書経籍志考証』を参照されたい。
『旧唐書』経籍志	111（82.2%）	24（17.8%）	135	
『新唐書』芸文志	211（91.3%）	20（8.7%）	231	総数の231は、明堂経脈類中の甄権以下の5種、医術類中の王方慶以下の71種も含めた合計数である。
『宋史』芸文志	499（98%）	10（2%）	509	宋志は房中書は未収。神仙家と関係あるのはただ「服雲母粉訣」、「伏火丹砂訣序」、「老子服食方」等、10種に満たないが、概数を取って10種として計上した。
『明史』芸文志	68（100%）	0（0%）	68	「明志」で医家を芸術類に入れているのは、明朝の著作に限られている。
『四庫全書総目提要』	97（100%）	0（0%）	97	ここではただ『四庫全書総目』中の医家類に著録されているものに限定し、存目の書は除外した。

（道教経典）が徐々に医薬著作のなかに収められていっている。もっとも、初期道経はまだ医薬書のなかには収録されていないように見受けられる。たとえば『抱朴子』遐覧篇（333頁以下）には鄭隠の蔵書のリストが記されていて、これは合計261種、1299巻に上り、後世の道蔵の雛型になったと考えられるものであるが、陳国符の研究によると、ここには老荘、諸子、医薬書はまだ入っていない。その後、陸修静の『三洞経書目録』には、「経書、薬方、符図」が収められた（『広弘明集』「笑道論」による）。ここでいう「薬方」とは結局のところ、黄白（仙薬の原材料としての金と銀）薬方、服食薬方、治病薬方であろうが、確実なことはわからない。『隋書』経籍志では道経377

253

部で、そのなかに服餌46部、房中13部があるが、純粋な医薬書はそこには含まれていない。医書が道経のなかに入ってくるのは、遅くとも宋代に始まる。宋人が編纂したいくつかの道蔵はすでに散佚したが、そのなかには確実に医薬書が収蔵されていたはずである。「小道蔵」とも呼ばれる『雲笈七籤』巻74～巻78には「方薬部」が設けられ、その巻78所収、蘇遊撰『三品頤神保命神丹方』の「下品療疾蠲痾篇」所載の諸処方は、医家が使うものとなんら異ならない。陳希夷の降筆と伝えられる『道経秘集』の序に(『蔵外道書』22-530)、道蔵は巨巻であるが、術数書は10分の3、2、医薬書もまた10分の2、3にすぎない、と云うのが実際のところであろう。明の正統道蔵に収録の明確な医薬文献としては、『黄帝内経素問補注釈文』『素問六気玄珠密語』『黄帝内経霊枢集注』『素問入式運気論奥』『黄帝内経素問遺篇』『黄帝八十一難経纂図句解』『葛仙翁肘後備急方』『孫真人備急千金要方』『図経衍義本草』『仙伝外科秘方』『急救仙方』などがある。

　道家が医書を重視しただけでなく、医家も充分道教経典を重んじた。宋の唐慎微撰『証類本草』を例にとってみよう。本書は宋以前の本草を集大成したものであるが、冒頭に「証類本草所出経史方書目」が置かれていて、そこに247家が引用されている。道教経典に属するものとしては、『丹房鏡源』『青霞子』『宝蔵論』『三洞要録』『左慈秘訣』『太清石壁記』『太清草木記』『神仙服餌法』『道書八帝聖化経』など41種あり、その割合は16.5パーセントである。

　魏晋以降、医学と道教は別々の道を歩み始めたとはいえ、両者はなお数多くの糸によって結び合わされていたのである。

(二) 道教が医薬を重視した理由

　道教は創建以来、医薬を重視した。葛洪は、むかしの道を修める人は医術を兼修したと述べ(『抱朴子』雑応篇、271頁)、後世、全真教の創始者・王重陽は『重陽立教十五論』において、「合薬」を第4番目に位置づけ、薬は山川の秀でた気であり、草木の精華であるから、道を学ぶ人はこれに通じてい

第Ⅲ部　医学と養生学　第一章　医・道同源：道家・道教と中医薬学

ないといけない、と云った（『道蔵』32-153）。道教が医を重んじたのは秦漢方士の医薬活動の延長だと考えられるが、そのほかになお、以下のような3つの理由があった。

1. 全形長生の準備として

道教徒から見ると、普通の医薬は「金丹大薬」と天と地ほどの違いがあるとはいえ、病気やでき物を治す鍼灸や薬は修行中に不可欠のものであった。『抱朴子』極言篇（245頁）にも、「神農が云った、百病が治らないでどうして長生が得られようか」とある。『抱朴子』雑応篇（271頁）には、「いにしえの修行者は医術も兼修し、悪い運勢がもたらす身近な災禍を避けた」と、さらに一歩進んだ修行に対する医薬の重要性を説くくだりがあり、また同篇（272頁）でその著『肘後救卒方』の意図を述べて、「本書は簡便で効能が顕著なので、家にこれを備えておけば医者は要らない」などと記している。

2. 服餌の必要性

道教の服食や外丹はすべて薬物とつながっていた。服食派の道士は薬物の質に対する注文のレベルが非常に高く、たとえば陶弘景は、梁の武帝のために神薬を合成するも成功しなかった時、「ここは中原から遠く離れていて、薬物が粗悪だからうまくゆかない」と述べたし（『隋書』経籍志）、葛洪は交阯（ベトナム北部）に丹砂が出ると聞くと、勾漏（広西省北流県）の令になることを求めた（『晋書』葛洪伝）。

多くの道士は、薬の採集とそれを練るために深山に隠棲したが、彼らの薬物に対する知識レベルは、普通の医者のはるか上をいっていた。のみならず、「神仙になるためのさまざまな方法はすべて、薬の道を優先する」（『本草経集注』序録）ともいわれ、本草は医者の必須の知識であっただけでなく、道士にとっても彼らが服食して錬成するための指南であった。そういうわけで陶弘景は、『神農本草経』が長い時間の経過のなかで、上中下の3ランクが混同され、薬性の冷と熱が顛倒しているのに鑑みて、「多くの経典を総合し、煩と簡を適正に整理し、条文を整理し、分類をきっちりし、さらに採れた土地と時節、仙道や道術の求めるところを明記した」ところの、本草史上

画期的な巨著『本草経集注』を完成したのである。

　道士や道教徒が著した本草関係の著作としては他にも、崔浩『食経』、李含光『本草音義』、孟詵『食療本草』、雷斅『雷公炮炙論』、日華子『日華子諸家本草』などがある。これら以外にも、李淳風が編纂に参加した『新修本草』、馬志が監修した『開宝本草』、さらに孫思邈の『千金翼方』には薬性を論じたパートが設けられている（冒頭4巻の本草篇）のも周知のところである。

3. 道徳上の意義

　『抱朴子』対俗篇（53頁）では、人の急場を助け病気を治してあげてむざむざ死なせないことを、道教徒としての最上の功徳としている。道士が医術を通じて道徳的行為を実践することについては、たとえば、「陶弘景は好んで陰徳を行ない、困窮者を救済し、つねに薬を調合して病人に与えた」などと賞賛されているし（『三洞珠嚢』所引『道学伝』、『道蔵』25-297)、「薬を売って医術を施してもお金を取らない」ように提唱されている（『無上秘要』巻65所引『升玄経』、『道蔵』25-216)。孫思邈はこの方面の模範であった。彼の『千金要方』巻1「大医精誠」には老君の語を引いて、「人が陽徳（誰の目にも見える徳行）を行なえば人がお返しをするが、陰徳（こっそりなされた徳行）を行なえば鬼神がお返しをしてくれる。陽悪と陰悪の場合も同じである」と云い、医者に対しては「自分の特技を自慢して人から財物を奪い取ることばかりを考えてはいけない。ただ苦しむ人を救う気持ちがあれば、自然と福を招き寄せられる」と戒めている（『道蔵』26-26)。このような考え方は本質的に、医薬によって「功を立」て成仙を希求するかの葛洪の説に帰着する。

(三) 医薬学に対する道教の貢献

　わが国の医薬の宝庫における道教の影響はかくも巨大であり、中国医学史を繙けば随処に該当する記述に行き当たるが、ここではその大要を挙げるにとどめる。

　一般に中国医学は経験の基礎上に建てられ、多くの場合、いわゆる〈ブ

ラック・ボックス〉的方法を用い、相対的に科学的実験という観念を欠いていたと考えられているが、しかしこの科学的実験こそ道教の独創的なところであった。動物実験を通して丹薬の有効性を検証するという考えは、煉丹の術士に芽生えたもので、『神仙伝』には、「この丹は今は成らずとも、まず試してみるべきだ。試しに犬に食わせ、もし犬が空を飛べば服用すればいいし、犬が死ねば止めればいい」という魏伯陽の言葉が載せられている（上海古籍影印版、12頁）。この話はもとより神秘的な色調を帯びていて、そのすべてを信じることはできないが、しかし「薬を桑にまぶして蚕を飼えば、蚕は10カ月たってもサナギにならない」（『抱朴子』論仙篇、16頁）という葛洪の議論は、まちがいなく中国医学実験思想の先蹤といいうる。これはとりわけ、現代の抗老化薬の薬理研究方法と暗合している。老化を遅らせる薬のはたらきを研究する場合、さまざまな動物実験が行なわれるが、そのなかに蚕を使う実験がある。これは、テストされる薬を新鮮な桑の葉に均質に噴霧して蚕に食べさせ、幼虫期（サナギになる前）の時間の長さを観察する方法である（陳奇『中薬薬理研究方法学』、921頁）。

　解剖学の分野では、唐代の道経『黄庭遁甲縁身経』はすでに胆嚢の位置とその内容物を正確に描写し、横隔膜を区別し、副腎に対しても一定の描写を行なっている。宋代の道経『淵源洞真道妙継篇』には、肺葉、肝葉、および腹腔大網膜、輸尿管に対しても比較的正確な記述が見える。祝亜平の研究によれば、こうした文献の記載は道士が実地に解剖して知り得たことであり、その精確さのレベルは同時期の医学書より進んでいたという（『道家文化与科学』、310～343頁）。

　薬物の分野では、道教の貢献が突出している。本草の研究以外でも、道教の外丹黄白術は化学を先導しただけでなく、化学製薬学の基礎を築いた。中医の医師が炉から得た紅昇丹、白降丹、乾坤一気丹などは、今に至るまで中医の外科で臨床を行なう際の効力ある製剤である。

　疫学分野では、道経『無上玄元三天玉堂大法』巻23「断除尸祭品」に、肺病患者の死亡後、その人が生前使っていた各種の用具の道士による消毒措

置が詳しく書かれている。これはイタリアの医学者ジローラモ・フラカストーロが『伝染と伝染病』(1546年)で記述する400年も前のことである（柳存仁「道教与中国医薬」、『中国文化』1995-11)。

以上に述べたこと以外にも、予防医学、養生学、心理学方面における道教の成果は、同時代の医学に真っ先に影響を与えていたのである。

四　小結

この医学篇において、我々はこれまで〈道教医学〉なるものに関してしばし定義を避け、「いまだ形成されざる、一つの独立した道教の医学理論体系」という視点を提起しておいた。道家から道教へ変容してゆく過程において、道教と医学は哲学的基盤を共有し、一致した追求目標を持ち、また同時に、どちらもシャーマニズム信仰の影響を受けた。秦漢の神仙方士の錬養活動が触媒となって中国医薬体系の樹立をもたらしたから、少なくともこの一時期は道・医は密接不可分の関係にあった。それでは、道教の成立以後、「道教は、それが本来持っていた医学理論と鬼神信仰の混雑したものによって、一個の道教独自の医学理論体系を打ち立てた」(馬伯英『中国医学文化史』、上海人民出版社版、295頁)のであるか、あるいはまた、「道教の神学はその医学的発展を束縛したので、道教医薬学は基本的に経方医薬学の段階に停滞したままになった」(胡孚琛ほか『道学通論』、393頁)のであろうか。

『太平経』を代表とする初期の道教は、たしかに宗教思想によって医学的な現象を説明する傾向があったのは事実で、たとえばその『太平経』には、「肝臓に居る神が体から出て行って帰ってこないと、目が見えなくなる」などと述べられている（『三洞珠嚢』所引『太平経』、『道蔵』25-303)。魏晋以降の道教医学がこのような思考に沿って発展していったなら、まちがいなく独立した〈道教医学体系〉というものを形成したであろうが、実際にはそうならなかった。魏晋以後、道教医としての葛洪、陶弘景、孫思邈たちが根拠と仰いだのは、やはり『黄帝内経』と『神農本草経』を代表とする中国医学の理論体系であった。彼らは病因学に関して、鬼神が病気をもたらすとする説に

反対した。たとえば陶弘景は、「そもそも病気の原因は多様であるが、すべて邪なるものに起因する。邪とは不正な要因のことで、人身以外の常理をいい、寒さや湿気、飢えや飽食、過労や安逸などはすべて邪であり、単に鬼気だけが疫病の原因なのではない」と述べている（『本草経集注』序録）。

　また、治療学においても祈禱には否定的であり、『抱朴子』道意篇（172頁）では、そういった「妖道」の連中が薬石によって治療に努めず、もっぱら誤った呪術に頼っていることを諷刺している。道教徒がそのような考えを抱いたもっとも根本的な理由は、彼らが魏晋以後、医学経典に自分たちのアイデンティティを認めたからであった。たとえば王冰は、「自分は若い時から道教に憧れ、早くから養生を好んだが、幸いに真正なる経典に出会い、それを亀鑑と仰いだ」と述懐しているが（『黄帝内経素問』序）、ここでいう「真正なる経典」とは『黄帝内経』を指している。そういうわけで道教徒は、理論上からして医学理論を排斥することはあり得なかったし、またそういう積もりもなく、実際にまた、伝統的な中国医学理論の外側に独立した〈道教医学理論体系〉は建立しなかったのである。

　当然のことながら、宗教医学としての道教医学は、符籙（おふだ）や呪術を治療に使うなど、たしかに一定の神秘性をもっている。しかし、このようなシャーマニスティックな方法は、〈正統〉の中国医学の臨床においても完全に破棄されたわけではなかった。隋唐から明代に至るまで、太医院（宮廷の医療部門）が一貫して祝由科（後出）を廃止しなかったのがその明証である。したがって、符籙を治療に使ったからといって道教医学を非科学的として攻撃するのは、片手落ちであることを免れない。

　仏教の〈内学〉〈外学〉という用語を借用するなら、中国医学は道教の〈外学〉のひとつであるにすぎない。しかし道教は性命（精神と肉体）双修を主張するから、肉体の重視はその他の宗教をはるかに凌駕しており、医学に対する重視程度は他の宗教の比ではなかった。これがまた、魏晋以来、道教徒が医薬学を重んじた理由になっている。そういうわけで道教医学は、その構成要素としてずっと伝統医学と密接不可分な関係を保ち続けた。もしも葛

洪、陶弘景、孫思邈、王冰、それに劉完素などの人々の貢献がなかったなら、中国医薬史は語れないし、また、もしも医薬体系から切り離し、ただ葛洪や陶弘景たちの成果を語るだけであったなら、それによって形成される道教医学史も色あせた生命力のないものになるに違いない。それゆえ我々は、道教医学というものを次のように定義したい。「中国医薬体系の有機的な構成要素、特に、道教信仰者が長生成仙という宗教的理想の追求のために行なった医薬学の探求、そして、伝統医学中の道家、道教思想の影響の比較的深い部分、および道教文献中の医薬的な内容のものを指す」と。

第二節　シャーマニズム医学：宗教医学の萌芽

　周知のように、シャーマニズムは道教の重要な源泉のひとつであって、道教の祭祀や儀礼には多くのシャーマニズムの遺物が残存している。道教医学はその発生と展開過程において、不可避的にシャーマニズム医学（巫医）の影響を受けたため、道教医学を研究するにはその源流——シャーマニズム医学から始める必要がある。

　人類社会のある特定の一時期、シャーマンは天と地とを結ぶ重要な役割を担っていた。中国でいえば、シャーマン（巫史、巫覡）はもっとも知識や技術や経験に富んだ、その時代の最先端を行く存在であり（『国語』楚語）、科学を養ったのはシャーマニズムであり、シャーマンはもっとも早期の科学者なのであった（ニーダム『李約瑟文集』、遼寧科技出版社版、161頁）。

一　シャーマニズム医学現象の源流

　いわゆる「シャーマニズム医学」は、シャーマニズムと医学とが特定の社会的文化的背景下で結合した産物であり、人類の医学史上、ひとつの特殊な文化現象である。医学史界において、医学の起源をシャーマニズムに求めることに対してなお定論を見ないのは事実であるにせよ、シャーマニズム医学現象は存在しただけでなく、医学の発展過程のある一段階においては医学の

第Ⅲ部　医学と養生学　第一章　医・道同源：道家・道教と中医薬学

主導的な位置にあったことは否定できない（馬伯英『中国医学文化史』、上海人民出版社版、190頁）。

(一) シャーマニズム医学の誕生

　人類の活動とともにその医療行為は始まったといっても過言ではない。火で寒さを防ぐとか、ある種の植物を治療に使うとか、こういった医療行為は、しかし一種混沌とした素朴なレベルに留まるものである。「山に道もなく、川に橋もなく、人々は往来せず、舟も車もなかったのは、民が赤子と同じであったからである」（『鶡冠子(かつかんし)』備知篇）というのは、あるいは原始時代のこのような一時期の描写かもしれない。

　人類学者によれば、シャーマニズムは、経験外のことや予知不能の自然界の出来事に対する原始人の探求と不安に根ざしており、そこから次のような思考が生まれてきたという。すなわち、世界には〈神秘的な力〉が事物や現象のなかに普遍的に存在しており、もしも人間がこの力の法則や暗号を掌握することができれば、人間は積極的な方法（方術）か消極的な方法（タブー）によってその力を利用したり避けたりすることができるのだ、と（たとえば葛兆光『中国思想史』1-81頁）。生老病死は原始人にとって最大の難問であったはずであり、マリノウスキーによれば、極度に死を怖れた原始人は、死を生命の消滅とは考えず、霊魂は存在するとの観念を生み出したという（李安宅訳『巫術科学宗教与神話』、商務印書館、1936年、46頁）。たしかにその通りで、考古学者は豊富な資料を提供してくれている。たとえば、約１万８千年前の旧石器時代晩期、山頂洞人の遺骨の周囲には赤鉄鉱の粉末が撒かれていたが、専門家によれば、この粉末は血液の象徴であり、彼らはこれによって死者の枯渇した血を補充し、別の世界で復活させうると考えていたという。また、新石器時代の仰韶(ヤンシャオ)文化では、人骨に朱を塗ることはさらに一般化しており、その鉱物も赤鉄鉱から朱砂に変わっていて、副葬物としての朱砂も出土しているという。この朱砂の使用は、さらに後世、シャーマニズムや術士、そして道教徒に影響をおよぼし、魔除けの霊物とされるに至るのである

(胡新生『中国古代巫術』、1〜2頁)。

　はるか古代、「民と神は入り混じり……どの家も巫史となって神おろしをしていた」(『国語』楚語下) というのは、専業シャーマン登場の最初の記述であるが、それはおそらく、皇帝顓頊が「重・黎に命じて天と地の通路を絶たしめた」(『尚書』呂刑) 以後のことであろう。古代、シャーマンは、占卜、祭祀、祈禱という任務以外に医事も司り、医療行為は彼らの重要な職責のひとつであった。『山海経』には、「巫彭」をはじめ「巫」字の付いたシャーマン医療者が多数登場するし、『説文』では「醫（医）」字の説明中、「古代、巫彭が初めて医療を行なった」と見え、また『論語』にも次のように云う、「云うことなすことが、コロコロ変わるような人間は巫でも医でも治しようがない」(子路篇)。

　「医」の字は、『説文』では「醫」になっており、下部に「酉」の字があるのは、酒を使って治療したからともいわれている。一方で「医」は「毉」とも表記されるが、この字は『説文』や漢以前の文字資料には見えない。ただ、『広雅』釈詁篇には「医は巫のこと」とあって、「医も巫もみな病気を治したからそういう」とされる（王念孫の注）。ここで、『説文』において「醫は治病の工」と定義されていることに注目したい。『説文』では「巫」は「工」の部首に排列されていて、「工は巫と同意」とあり、また「巫は工と同意」とあるから、結局のところ前述したように原始社会では医薬による治病活動はシャーマンの職能のひとつであった。

(二)「巫彭が医療を行なった」理由

　では、何故シャーマンは医療の職能を与えられたのか。卜辞（甲骨文字）には殷人の病名がすでに30余りも見出されていて（胡厚宣『殷人疾病考』ほか）、殷時代、医学はすでに医学としての初歩的体裁を備えていたことが見て取れる。

　殷時代、医者が独立した職能になっていたかどうかについてはまだ定論を見ていないが、胡厚宣がある甲骨文字を「小疾臣」と読み、これは疾病を管

理する下役人のことだとするのは妥当な解釈である。このほか、殷代にはすでに按摩や鍼灸療法があったとする説もある（康殷『古文字形発微』、483〜508頁）。ただ、それらの文字資料はすべて神明に吉凶を問う卜辞であるから、当時たとえ「医」が存在していたとしても、当然それはシャーマンに付属していたはずである。

　卜辞から我々は殷人の疾病観を読み取ることができる。その病因として彼らは、①天帝が降したもの、②鬼神の祟り、③妖怪のたぐいのしわざ、④気候の変化の影響、という４つを考えていたとされている（厳一萍『中国医学之起源考略』）。〈非自然〉なるものによって引き起こされる疾病に対して、彼らが〈超自然〉なる方法で対処しようとしたのが「巫彭が医療を行なった」理由なのである。

（三）巫医の治療方法

　シャーマニズム医学の治病法は、祈禱によるお祓いと薬・鍼灸によるものの２つにまとめることができるが、巫医の心理では、当然前者が主で後者は従であった。

（1）祭祀祈禱

　この方法による治病は殷代がもっとも盛んであった。卜辞には少なくとも５種類の方式を見出すことができる。

①告疒（疒＝病）

　「告」は「祮」のこと。罹病したら、祖先に対して「祮」祭を行なう。

②御疒

　「御」は祀りの意。御祭をして病気を払う。

③祇疒

　豚を供え、疫病が治まることを神に祈るのが祇祭。

④衛疒

　「衛」は護る意。殷王が眼疾を患い、衛祭を行なって「妣己」に治病を祈った卜辞がある。

⑤ 匃疒(かい)

「匃」は乞う意。王室の重臣がみな瘧に罹(おこり)ったとき、鬼神に「匃」求してその瘧を駆除してもらうかどうか卜問した卜辞がある。

祭祀を行なって病気の治癒を祈禱することは周代にもあり、また『論語』述而篇でも、孔子が重篤に陥ったとき、子路が「禱(いの)らんことを請」うている。

(2) 祝由

祭祀祈禱と祝由とはともに鬼神と交流する手段とはいえ、両者は本質的に異なっている。祭祀儀礼にはもちろんシャーマンは参与するが、本当の主宰者は王である（殷周の天子は天の代行者にすぎず、「巫王」ではない）。たとえば『尚書』金縢によれば、武王が病んだとき、周王みずからが亡き先王たちに快癒を乞う祈りを捧げた。一方、祝由という法術の主宰者はシャーマンである。

「祝由」という語の「祝」は呪詛(じゅそ)の意である。祭祀祈禱の対象は天帝や先王であるが、祝由の対象は往々にして鬼神や精霊であり、また祭祀のように請願するわけではない。『黄帝内経素問霊枢』賊風篇には、「むかしのシャーマンは百病の治し方を知っており、まず病気の原因を認識してそれを呪詛すれば治った」とある。また、『韓詩外伝』や『説苑』辨物篇には、次のような祝由の治病過程が描かれている。「上代の医者苗父は、チガヤを敷いて蓆(むしろ)とし、わらで犬を作り、北面して呪文を十語ほど唱えたら、人に支えられたり駕籠に乗ってやってきた患者たちはみな元通り元気になった」。馬王堆帛書の『五十二病方』には、呪詛治病の記述がたくさん保存されている。

(3) その他の療法

いま述べた祭祀祈禱と祝由は、いずれもいわば精神的方法である。このほかに禁呪の法術というものもあった。馬王堆帛書の『雑禁方』はそのたぐいの文献である。たとえば、「夢見が悪いときは、ベッドの下、六尺四方を塗る」などとある。また、解除術というのがある。洛陽から漢代の解除陶瓶がたくさん出土していて、みな「解注瓶、百解去」と朱字で記されているが、

これなどがそれである。

　巫医の治病はもとより精神的方法が主になっていて、これは現代科学の観点から見れば、暗示や心理療法によって身心の病を緩和するものといえるが、しかし結局のところ単純な心理治療であり、複雑な疾病には対処できなかったので、巫医は薬物をはじめとする物理的な手段を用いてそれの補助としていた。前引『山海経』に登場する「巫」字の冠されたシャーマンたちの多くは、採薬と関わりをもっている。巫医は祝由によって治療を施すさい、しばしば薬物の助けを借り、祝由で効き目がない時には薬物を使うことさえあった。そのことは『五十二病方』にも見られる。

(四)　巫医の貢献

　巫医は神秘性と非科学性を備えていたとはいえ、経験医学から理論医学への転換に果たしたその積極的なはたらきは抹殺できない。有史以前の経験医学は生活のなかで獲得されたごく断片的な医療経験の蓄積であり、それはまだ感性認識の段階で停滞していて、理論認識にまで昇華されていなかったが、巫医の出現は感性から理性への飛躍を促進させた。

　認識論の方面において中国医学は、「治病を根本とする」ことを主張し、発病の原因を追及し病因を踏まえた治療を行なってきたが、このような考え方の起源は巫医にある。対症療法をとる有史以前の経験医学とは異なって、巫医は疾病の発生原因の探求を始め、同時に対因治療を試みた。巫医の治療体系において、病因は荒唐無稽な鬼神に結びつけられ、祈禱によるお祓いが行なわれたけれども、このような的を絞った治療の筋道は、医学認識論上の飛躍であった。

　客観的治療方面において巫医は、文献記載上もっとも早期の薬物使用者であり、『五十二病方』などはシャーマニズムと薬物を兼載している。世界初の薬物医学の著作である『神農本草経』に、しかじかの薬物は「あらゆる魑魅魍魎を殺す」「不吉なものを祓う」などといった効能があると書かれているが、それはみなシャーマニズの名残であろう。また同書には「莨菪を服用

すると鬼が見え、多く服用すると錯乱して走り回る」とあるが、これはアトロビン系アルカロイド（生物塩基）の中枢毒性に関する最初の記述であり、これは経験から得られたもので、巫医が治療に使った幻覚剤と無関係ではない。

巫医はその本質からいえば、結局のところ巫であって医ではなく、医学が一定の水準に到達すると必然的に巫の束縛を突き破り、巫と医は次第に分化して対立するようになる。

二　巫医の衰退とその原因

（一）巫の医からの分化と衰退

両者の分業はおそくとも東周時代から始まっており、春秋戦国期には両者は併存していたが、相対的に云えば医の記述の方がやや多いし、巫医併用とはいえ巫祝に対する信頼の程度はそんなに高くはない。『春秋左氏伝』成公10年に有名な「病膏肓に入る」の故事の元になった話が見える。すなわち、晋侯は不吉な夢を見て巫に夢解きをさせたところ、その巫は新麦の収穫まで命は持ちますまいと予言した。ついで晋侯は病気になるが、医を召して診察させたところ、その医者は「病は膏肓に入」ってしまったので、手の施しようがないと云った。結局、晋侯はその年に亡くなるのであるが、その死は麦の収穫後のことであった。彼は死ぬ前、巫は殺し、医者は「良医」と賞讃し厚遇して帰らせた——という話である。この話は巫医の衰退を暗示している。その後、文献には巫医を非難する語が増えてくる。たとえば司馬遷は扁鵲にこう云わせている。「巫を信じて医を信じない、これが病気の治らない理由のひとつだ」（『史記』扁鵲倉公列伝）。

（二）巫医衰退の原因
1. 鬼神病因論の揺らぎ

鬼神を病因と見なすのは巫医理論の基礎であったが、医学の発展につれて

この基盤が次第に揺らいでいった。

　先秦の医学家は、環境の異常（『呂氏春秋』尺数篇）や気候の異常（『礼記』月令篇）など、すでに多方面から病因を考察していた。張家山出土の『引書』には、からだが寒暑の変化に対応できないと病気になるとあり、『春秋左氏伝』昭公元年の条には、陰淫・陽淫・風淫・雨淫・晦淫・明淫という外界の六淫（淫は過剰の意）がさまざまな病気を引き起こすと記されている。

　先秦の医学家の多くは鬼神病因論を排斥している。たとえば医和は、病気の晋侯を診察して、「原因は鬼でもなく食でもない」と云ったし（『左伝』昭公元年）、盧氏は季梁を診て、「この病気は天でもなく人でもなく、また鬼のせいでもない」と述べた（『列子』力命篇）。医書になるとさらに詳しく、邪気もなく心理的な要因もないのに突然病気になるのは鬼神のせいだろうかという質問に対して、それは、古い邪気が体内に滞留しているときに心が揺れ動くと、体内で血気が乱れて病気を発生させるのだが、その内部の変化はとても微妙なので鬼神のしわざに見えるだけだ、と岐伯に答えさせている（『内経霊枢』賊風篇）。『淮南子』泰族訓に、「なぜ名医扁鵲が尊敬されるかといえば、彼が病気に応じて調剤するからではなく、脈を取って病気の原因を認識するからだ」とあるのが時代の流れであり、いつまでも鬼神から抜け出せない巫医が衰退していったのは必然であった。

2. 方士医生の出現

　殷の時代、シャーマンは天の神の代言人であり、朝廷では比較的高い地位にあったのは、「太戊のとき、巫咸が王家をよく治め、祖乙のとき、巫賢が現れた」（『尚書』君奭）とある通りである。しかし東周時代から巫の地位は下降しはじめ、『周礼』でいえば、巫祝はみな六官のひとつである春官に隷属し、司巫は巫官の長であり、中士にすぎなかった。その一方で、方士が次第に興隆するのにともなって、巫覡（ふげき）の影響力も下降し、巫の「誘導体」としての巫医もまた、漸次方士医家に取って代わられていった。

　巫覡が簡単に鬼神と交信したのに対して、方士たちは「却老方」「不死の薬」「黄冶（煉金術）」、そして「房中術」などを提起したが、こちらの方が疑

いもなく吸引力を備えていた。彼らは部分的に巫覡の神秘的法術は借用したけれども、そこから転身して巫祝を排撃するようになった。文摯や扁鵲はその好例である。

文摯のことは『呂氏春秋』至忠篇などに見えている。斉王が瘠（できもの）を病んだとき、文摯が診察して、王の病気は怒らせたら治るが、そうすると私の命が危ない、と云ったところ、太子が、自分と母があなたの命を守ると受け合ったので、文摯はわざと王を怒らせ、その病を治した。しかし王の怒りは収まらず、結局文摯は煮殺された。

巫医は、自覚的または無自覚的に心理的暗示を使って治療に当たることがあったが、文摯の話を分析すると、彼は意図的に心理療法を行なった、巫鬼の色彩を帯びない最初の医者であった。しかし彼の身分を詳しく考証すると、彼は決して巫医ではなく、典型的な方士の医者であった。上引の『呂氏春秋』では、斉王に三日間煮られてもなお死ななかったというし、『列子』仲尼篇では彼は人の心を透視できたとされており、帛書『十問』では、彼は斉の威王に房中養生のことを教えたという。これらからすれば、彼が方士であったことは明らかである。

扁鵲が巫祝を攻撃したのは前述したとおりであるが（266頁）、『史記』扁鵲倉公列伝によれば、彼は神薬を30日間飲んだあと、人の内臓を「透視」できるようになったし、また脱魂して上帝のところまで飛翔したともいう。こうした振る舞いは方士のものである。このような方士の出現によって、巫医の影響は次第に弱体化していたのである。

3. 医療水準のレベルアップ

医学レベルの向上によって、巫医・祝由のマーケットがいよいよ縮小していったことにも目を向ける必要がある。戦国時代後期には臨床医学は長足の進歩を遂げた。『黄帝内経素問』異法方宜論篇には5種類の治療法が紹介されている。すなわち、東方の砭石（いしばり）は癰瘍（潰瘍の一種）を治し、西方の毒薬（薬物の総称）は内邪（内臓の病）を治し、北方のお灸は臓の寒満（寒による臓器の疾病）を治し、南方の九針は麻痺を治し、中央の導引按摩は

痿厥(足なえ)寒熱を治す、というのである。

　治療手段が多様化しただけでなく、医者も自分の専門科を持つようになった。『周礼』には官医として、「食医」「疾医」「瘍医」「獣医」の4部門が挙げられている。それぞれ専門の職能があって、たとえば「食医」は、後世の栄養士に該当し、「疾医」は内科の雑症（各種の症状）の治療に当たり、「瘍医」は外科の疾患がその責任範囲であり、「獣医」は家畜の治病に当たった。この4医の上にさらに「医師」が居て、彼は「医に関する政令を司って、毒薬（薬物の総称）を集めて医療に提供する。国の病人、疕瘍（頭部のできもの）の者がおればそこに行き、医者に仕分けをさせて専門の者が治療にあたる。一年が終われば、そのはたらきを評定して給与を決める」という（天官・冢宰）。このひとまとまりの医療制度は、当時の医療水準の高さを示している。要するに、医薬学の進歩に伴って、巫医・祝由の医療実践における地位は必然的に下がっていったのである。

(三) 巫医法術の露見と批判

　先秦諸子のなかで、天を尊び鬼に仕えることにおいて墨翟の右に出る者はいない。しかし『墨子』では、疾病と災厄の原因を天のせいにしているところはあるにせよ、「冬に寒さに対処せず、夏に暑さに対処しないと、病気になって死ぬ者は数え切れなくなる」と述べられている（節葬篇下）。また、墨子が病気になって公孟が鬼神の論で彼を非難したとき、墨子は「人が病気に罹るのにはさまざまな原因があり、寒暑であったり労苦であったりする。百の門があるのに一門だけ閉じていたなら、盗賊（病気の喩え）はどこからでも侵入して来れる」（公孟篇）と云ったし、治療方面で『墨子』がもっとも多く提唱するのは薬物であって祈禱ではない（非攻篇下、貴義篇、号令篇などを参照）。墨子だけでなく、晏子や荀子などの先秦百家はしばしば巫祝法術を批判している。

　漢代の学者で巫医を排撃した人々は、揚雄、桓譚、王符など、枚挙に暇がない。漢のあとでも、『典略』や『抱朴子』は巫医法術の虚妄を詳細に暴い

ている。太平道の治病法は、叩頭して懺悔させたり符水を飲ませたりするもので、病気が治らないのは道を信じないからだとしたが、『典略』はそのようなことは治病に無益で「淫妄」だと述べている。『抱朴子』は、命は祈禱で延ばせないし、病気は祈禱では除けないとして、「たまたま自然に癒えたときには神のおかげとし、死んだときには鬼に赦されなかったとする」愚を痛烈に批判している（道意篇、172頁）。

三　巫医の生き残り

　漢代から巫医の勢いは衰退していったが、巫医現象というものは消え去ったわけではない。漢の武帝が病気になったとき、あらゆる巫医を招いたし（『資治通鑑』巻20）、有名な「巫蠱の獄」（『漢書』江充伝）を引き起こしたのは巫であった。前漢の後期になっても国はなお巫医を採用しており（『漢書』王貢龔鮑列伝）、そのあと後漢末に至っても、当節の人々は医薬より巫に屈服していると張仲景は嘆いている（『傷寒雑病論』序）。漢代以降、巫医はその存在のあり方を変え、次第に官から民間へ浸透していって民俗の一部分となった。ほかに医学や道教の領域でも巫医の生き残りが見られる。

（一）中医学中の巫医現象

　文献によれば、遅くとも隋代の太医署には祝禁博士が置かれていた（『隋書』百官志）。唐は隋の制度を踏襲して咒禁博士を設置し、その下に咒禁師と咒禁工がいて博士を補助し、咒禁生に教授した。『大唐六典』には、咒禁博士（従九品下）は咒禁生を教え、害をなす魔物を咒禁で祓うなどとその職掌が記されている。その李林甫の注に云う、「道禁というものがあるが、これは山住まいの方術の士から出たもの、禁咒は仏教徒から出たもの。存思、禹歩、営目、掌決、手印という5法によって効果を神妙なものにしている。すべてまず生臭いものを絶ち、壇場で斎戒してこれを受ける」と。宋から明に至るまで、祝由咒禁科はずっと太医院に置かれていた。

　この李林甫の注から、後世の祝由科は実は2派に分かれていたことが知ら

れる。1派は中国固有の巫術を継承したものであり、もう1派は西域から来たものである。『高僧伝』神異門によれば、天竺の僧・耆域が晋の恵帝のときに洛陽に至り、「清水一杯、楊柳一枝を取り、その楊柳で水を払い、手を挙げて咒を唱え」て病人を治療したという。

祝由咒禁の具体的な操作法は、『千金翼方』禁経、『外台秘要』『医心方』などに詳しく記されているが、そのやり方は咒、禁、符の3法を出るものではない。ほかに、禁虎狼、禁狗鼠、禁盗賊といった法術が方書中に収められているが、これらは臨床とはあまり関係がないので、上記の3法を以下に簡単に述べる。

咒（呪詛）は、ことばを主とするものであるが、術を行なう者は黙誦して声を出さない。この術は操作が簡便なので、医書中の祝由処方でよく使われる。たとえば『千金翼方』巻29の「禁瘧鬼法」では次のような呪語を唱える。「将狗上山、下使入海、中有一虫、不食五穀、只食瘧鬼。朝食三千、暮食八百、一食不足、不符更索。速出速去、可得無殃。急急如律令（狗を将いて山に上り、下りて海に入らしむ、中に一虫有り、五穀を食らわず、只だ瘧鬼を食らう、朝に三千を食らい、暮に八百を食う、一食も足らざれば、符を下して更に索す。速やかに出で速やかに去らば、得て殃なかるべし、急急如律令）」。また、呪文を書くこともあり、たとえば『医心方』巻14には『范汪方』の「治鬼瘧方」を引いて、丹砂で額に「戴九天」、腕に「抱九地」、足に「履九江」、背中に「南有高山、上有大樹、下有不流之水、中有神虫、三頭九尾、不食五穀、但食瘧鬼、朝食三千、暮食八百、急急如律令（南に高山有り、上に大樹有り、下に不流の水有り、中に神虫有り、三頭九尾、五穀を食らわず、但だ瘧鬼を食らう、朝に三千を食らい、暮に八百を食らう、急急如律令）」と書き、また胸にこう書く、「上高山、望海水、天門亭長捕瘧鬼、得便斬、勿問罪、急急如律令（上に高山有り、海水を望む、天門亭長　瘧鬼を捕え、得れば便ち斬る、罪を問う勿れ、急急如律令）」。

禁法は、たとえば『医心方』に引く『霊奇法』の「避時気疫病」にこうある。「正月の未の日に芦の松明の火で井戸と便所の穴を照らせば、百鬼は逃

げて入ってこない。また、正月の朔日寅(とら)の時に、黄土で門扉を塗ること2寸4方。また、牛糞で門戸を塗ること、方円2寸」。

符の用法はたとえば『肘後方(ちゅうごほう)』に、魘の符を画けば魔物はすぐに死ぬし、また、急な腹痛を治すには、舌の上に風の字を書く、また紙の上に2匹のむかでが交わっているさまを画いてそれを飲む、などとある(『道蔵』33-14)。

(二) 中医学中の交感巫術

祝由が巫医体系に属することは一目瞭然であるが、しかし中医の臨床で使う多くの薬物とそのいくつかの治療方法は、もしその由来を追究すれば、じつはやはり巫術と関係があることが分かる。

(1) 巫薬

巫薬とは特に巫鬼の色彩の濃厚な薬物を指している。雄鶏と桃の木を例にとると、これらはみな巫術の常用物で、たとえば『風俗通義』には、鬼神を祀るのに雄鶏を用いるのはそれが死を防ぎ悪を斥けるからだと記されている(祀典・雄鶏)。鬼を殺すさらに重要なものは桃である。弓の名人・羿(げい)は桃の棒で死んだので、鬼は桃を怖れるようになったという(『淮南子』詮言訓および許慎注)。『五十二病方』には、すでに東向きの桃の枝が使われている。試みに『神農本草経』を開いてみるがよい。そこには丹色をした雄鶏と桃の効能が記されているが、それらが鬼を殺し不吉なものを斥けるという記述は、明らかに巫術に淵源している。このような観念は後世にも踏襲されていった。たとえば『肘後方』には、首つり自殺をした人を助けるには、鶏のトサカを針で刺しその血を口中に滴らせるとよいとあり、東向きの桃の枝の効能についても、『証類本草』丹雄鶏、桃核仁の条に多くの事例が見える。

巫医は「妖邪は汚れたものを畏れる」と信じていたので、祝由の術を行なう時には汚い呪詛の語を使った。たとえば『五十二病方』には、漆かぶれを呪詛して、「おまえに豚の糞を塗ってやる」とか、「鶏の糞、ネズミの穴の土を漆の王に塗ってやる」などとある。このように汚物を塗るだけでなく、その内服もあった。たとえば同じ『五十二病方』では、小便、男性の糞便、精

第Ⅲ部　医学と養生学　第一章　医・道同源：道家・道教と中医薬学

液、死人のすねの骨、雄鶏の糞、犬の糞、女性の初潮のついた布、死人のボロ着などは常に服用されていた。この現象は後世の本草にも継承されていった部分があり、多くの臭穢な汚物が薬と見なされた。唐の陳蔵器の『本草拾遺』を例にとると、そのなかの3分の1以上の薬物はすべて巫鬼の習俗と関係がある。たとえば、ロバが小便をした泥土はハチの刺し傷に効く、市場の門の多くの人が放尿した穴の水は消渇（糖尿病）に効く、首つり自殺に使われた縄は突発的な発狂に効く、男性の陰毛は蛇の咬傷に効く、天霊蓋（頭頂の骨、脳蓋骨）は伝尸（でんし）（肺結核に当たるとする説もある）、尸疰（しかい）（死者の悪気で発病するという五尸のひとつ）に効く等々。

(2)「医は意なり」の治療思考

「医は意なり」の説は後漢の名医・郭玉に由来する。鍼を打つのはきわめて微妙な行ないで、少しでもずれると効果はなく、その呼吸はことばでは言い表せない、という意味で郭玉は使っている（『後漢書』方術伝）。彼の本意は、医者が治療に当たる時は心を静かにし思慮を深く巡らせる必要があると云いたかったと思われるが、後世、この4字を借りて勝手な解釈を施し、巫医と変わらない思考様式に陥っていった。極端な例を引いてみよう。

滑寿（こつじゅ）という医者がいて、医薬の本にこだわらず〈意〉をもって処方するのを常としたが、ある難産の婦人に落葉したばかりの梧桐の葉を与え、帰宅したらこれを水で煎じて飲めばよいと云った。間をおかず出産の報が届いたとき、不思議がる士人たちに彼はこう云った、「医は意である。決まった処方なんぞはない。かの婦人は妊娠10ヶ月、産に至らなかったのは気が足りなかったため。桐の葉は秋の気を得て落ちた。これを使って助けとすればその気は足りる。どうして産まれないことがあろうか」と（明の許浩『復斎日記』）。この医者は巫医ではないが、その思考回路からすれば巫医と変わらない。巫医もこの医者も使っているのは、レヴィ・ブリユルの云う「相互浸透」（同類相感、丁由訳『原始思惟』）という原始的思考であろう。

(3)「取類比象」の思惟モデル

「取類比象」は中医特有の一種の思考モデルであって、とりわけ本草学が

273

突出している。心をもって心を養い、腎をもって腎を養う、とか、黒ゴマは髪の毛を黒くし、桃の核は脳に似ているから脳を補う、といった類いの説き方は我々の聞き慣れているところであるが、これは民間に流伝していただけでなく、堂々と本草の著作にも取り込まれて、薬効の解釈に使われてきた。たとえば中医では、鎖陽（和名：オシャクジタケ、形が男根に似る）や肉蓯蓉（和名：ホンオニク、野馬の精液から生じたという）などはみな陽を強くするはたらきがあると考えられている。何故かというと、『本草綱目』の解釈によれば、鎖陽は「類を絶する男陽」だからであり、徐大椿の『神農本草百種録』の解釈では、肉蓯蓉は「人間の陰のように潤いと粘り気があってすべすべしているので、前陰の疾を治し精気を補いうる」からである。まことに「玄のまた玄」というべきであり、蘇東坡が「伯夷が使った盥の水を飲めば貪欲を癒やすことができ、比干の食べ残しを食べたらもはや阿諛追従はなくなり、樊噲（はんかい）の楯を舐めたら臆病が消え、西施のイヤリングを嗅いだら悪い病気が治る」（『東坡志林』巻3）と、この手の思考法を皮肉っているのもむべなるかなである。

　形状の相似だけでなく、気が同類だと感応が生じると考えられ、時には言語文字の相関性でさえ、ある種の神奇なつながりがあると認識された。たとえば、楊熙齢の『薯園植物学』にこうある。「俗本本草の淫羊藿（イカリソウ）の条に、羊油で炒める、とだけあってその理由が書かれていない。おそらく、この薬名に羊の字があるから付会したのであろう。この伝でゆくと、猪苓（チョレイ）は猪油で炒めないといけないし、牛膝（イノコヅチ）や牛蒡子（ゴボウ）は牛油で炒めることになるが、しかし牛蒡は別名鼠粘子だから、結局何の油で炒めるべきなのか、子細に検討せねばならない。龍胆草（リンドウ）は龍の油で炒める必要があり、人参は当然人油で炒めることになるが、これは笑い話でなくて何であろうか」。

　また、中医には有名な飲み合わせ「十八反」の禁忌があって、そこに「諸参辛芍叛藜蘆（諸々の参辛芍は藜蘆に叛く）」という語がある。これは、人参、丹参（タンジン）、沙参（『本草綱目』・『拾遺』未収）、苦参（ニガキモドキ）、玄

参(ゴマノハグサ)などは藜(アカザ)・蘆(アシ)と一緒に服用してはいけない、それをすると人を殺す、という意である。このタブーは今に至るまで襲用されていて、泡参(『本草綱目』・『拾遺』未収)、党参(『本草綱目』・『拾遺』未収)、太子参(和名・学名未詳)、珠児参(和名・学名未詳)、それにナス科の華山参(『本草綱目』・『拾遺』未収)もまた藜・蘆と配合させることができない。考えてもみるがよい。これらは原植物の科属が同じでないだけでなく、含有する化学成分や薬理作用もそれぞれ異なっており、中医上の効能や性味(薬物の寒熱温涼と酸苦甘辛鹹)・帰経(薬効の経脈上からの分類)においても共通点が少ないのに、それがすべてがどうして藜・蘆と「反」するというのか。その理由を推測するに、おそらく、「藜・蘆と相反するものはもはや具体的なある薬物なのではなく、抽象的な〈参〉の文字なのである」と王家葵が指摘する通りであろう(「十八反質疑」『中国中薬雑誌』1998-3)。

　はっきり云ってもいいだろう。「医は意なり」や「取類比象」の思考回路は、フレーザーが帰納した類感呪術の範疇から抜け出ていない。ここから、中医薬学が蒙った巫術の影響の深さの大体を見て取ることができよう。

(三) 道教と巫医

　本章の第一節で指摘しておいたように、道教医学の主体はやはり伝統医学であるが、宗教上の要請から道教医学はより多彩な巫医の色彩を帯びていた。葛洪を例に取ると、彼は医家の立場に立って世人が「良医の治療を信用せず、逆に巫史のまがいものを採用している」のを批判したが(『抱朴子』至理篇、113頁)、しかし彼もまた鄭隠のところで「呼身神治病経」や「治百病符」などのさまざまな巫医法術をマスターしていたし、いくつかの符禁をその『肘後救卒方』に取り入れ、その神妙な効能を大げさに語っている。これは初期道教の「祝水治病」(呪文をかけた水による治病)や「静室道過」(懺悔による治病)や「符水咒説療病」(お札や呪文や祝水による治病)などと選ぶところがない。

　医学のなかの祝由科と比べて、道医(道教医学)の治病で使う巫術はいっ

そう豊富であった。『後漢書』方術伝によれば、費長房は壺公から道を学んだが、壺公は彼に霊符を授けられて、「ついに多くの病気を治し、百鬼に鞭を食らわし、社公（土地神）を駆使するようになった」という。これはおそらく、道医が治病に符を用いる始まりであろう。『道蔵』には治病のための符がきわめて大量に収められている。たとえば『太上玄霊宝素霊真符』は陸修静撰、杜光庭補と伝えられているもので、その杜序によれば、この霊符は「鬼神を駆使し、死者を甦らせ、風雨を起こし、虎狼をむち打つ」ことができるだけでなく、治病にもずば抜けた効能があるという。はじめに「治百病符」を並べ、瘟疫、傷寒、頭痛、腹痛、心痛、腰痛、下痢、大小便の不通などを治すという。符のほかに禁呪も使うのは、「五雷治病呪」（『太上三洞神呪』巻2）や「治寒病呪」（同巻8）などによって知ることができる。

また、印も使った。『道教霊験記』によれば、袁帰真は「黄神越章印」によって患者を救ったという。さらに鏡も使われたのは、「老君明照法」に記されている通りである（『雲笈七籤』巻48）。これらは数多くあるので、ここでは道医中の比較的特異な巫術を簡明に述べておく。

1. 疫癘の駆逐

駆疫法は古代の儺の儀礼に遡る。『周礼』に儺による駆疫のことが見え（春官・占夢）、漢代の巫師がその古代の儺の儀礼の担当者のひとりであったことは、張衡の「東京賦」などによって窺い知ることができる。後世、儺は挙行されたとはいえ、その影響は小さく、疫癘の駆逐はしだいに道士の専業になっていった。

ごく古い時代から、疫癘は悪鬼の祟りと考えられてきた。たとえば、「顓頊氏に三人の子供がいて、生まれるとすぐ死んで疫鬼になった。一人は川にいて、これが瘧鬼である。一人は若水にいて、これが魍魎蜮鬼である。いま一人は宮室の隅にいて、よく人の子供を掠う」などとある（『後漢書』礼儀志注引『漢旧儀』）。道教は、疫病は鬼神の祟りとする伝承を継承しただけでなく、いっそう誇張を加えた。『太上洞淵神呪経』巻19にこうある、「今より甲申、壬申の年に至るまで、疫鬼90万人が降下して天下に散らばり、万

種もの疾病を流行らせる。これは治しようがない」(『道蔵』6-70)。疫癘が やって来た時、道教徒が避瘟神咒、御瘟神符、赤散雄丹といった諸法によっ てこれを防ごうとしたことは、『太上霊宝浄明天尊御瘟経』に見えている。 また、壇を設け各種の祭儀を通しておはらいをした。たとえば、『霊宝玉鑑』 中の黄籙斎(こうろくさい)は、「星が運行を誤り、日月が明かりを失い、雨と晴れが時期を 間違い、寒温の順序が狂い、戦乱が止まず、疫病が流行する」状態を解消す るために催されたものである(『道蔵』10-145)。

2. 三尸を去る

道教の三尸(さんし)の観念は、おおよそ秦漢以来の三虫の観念に基づいている。人 間の腹中には三虫がいて、腸を食べるとされたし(『論衡』商虫篇)、『神農本 草経』もしばしば、三虫を殺し、三虫を去るのに効果がある薬物を提唱して いる。こうした「三虫」はおそらく人体内の寄生虫を指して云っているはず である。後漢の緯書『河図紀命符』は、はじめてその三虫を敷衍しかつ神秘 化して「三尸」とし、こう述べている。「人の身中に三尸がいる。三尸とい うのは実は魂魄鬼神の類いである。このものは自分が宿る人を早く死なせた いと思っている。そうなると、鬼になって自由にほっつき歩き、お供え物を たらふく食べられるからである。それで、六甲が窮まる日の都度、天に昇っ て司令神にその人の罪過を告げ口する。罪過の過大な場合はその人から300 日、それほどでない場合は3日が寿命から差し引かれる。だから、仙人にな りたい人はまず三尸を除き、恬淡無欲となり、心を静かに本性を透明にし、 多くの善行を積んだあと、そこでやっと服薬に効き目が現れ、仙人になるの だ」。道教が出来上がったあと、この説を継承し、三尸を除去することが仙 人になるための要諦になった。三尸を除去するために、あるいは守庚申(しゅこうしん)(庚 申の日の夜は徹夜して三尸が昇天しないように見張る)をし、あるいは薬物を服 用し、あるいは祭儀を催し、あるいは呪符を使ったのである。

三尸を除く方法としては『雲笈七籤』庚申部が大元になるが、そこには巫 術的要素が少なくない。呪によって三尸を除く場合、まず三尸の名、その居 場所、その行ないを知らねばならない。『三尸中経』に云う、「上尸は名は彭(ほう)

倨、人の頭中におり、人体の上の部分を損なう。視力の低下、脱毛、口臭、顔のしわ、抜歯などはそのしわざである。中尸は名は彭質、人の腹中におり、人の五臓を損なう。気が減少して忘れっぽくなったり、悪事をしたり、生き物を食らったりするのはそのしわざである。下尸は名は彭矯、人の足にいて、人の下関（顔面にあるツボ）を掻き乱すので、五情が不安定になり、淫邪を行なうのを止められない」。これを除去する法は、丹書に霊符を描き、それを服用したり身に帯びたりする。また、庚申の日には静坐して眠らず、ずっと起きている。また、道教の戒律を思い浮かべ、口に秘呪を唱える。また、特定の日に手足の指の爪を切り、そうすることで魔除けとする。これらのほか、若干の本草中の殺虫剤、つまり、商陸（ヤマゴボウ）、雷丸（ライガン）、貫衆（ヤブソテツ）などを服用したり燻蒸したりする。

3. 雑禁忌

道教徒は修錬や薬物を作るとき、必ず特定の日を選んだ。若干の禁忌があるのもまた巫術の名残である。たとえば『本草図経』には『仙経』を引用して、「一切の仙薬は桑の枝で煎じなければ服用しない」と述べられており、陶弘景は「術に従事する人は桃を食べてはいけない」と云った。また、敦煌本『道家養生法』（ペリオ4038）は、次のように製薬の禁忌をきわめて詳しく記している。「薬を調合するには天空が晴朗な時にし、また王相の吉日を選び、具足戒を授かっていない人、妊婦、孝子、ねたみ深い人に見られるのを忌む。また鳥や獣にも見せてはいけない。薬が出来上がれば、香燭を捧げ持って北の方に向かい、天神太一君、北斗真君に敬礼し、心中で服薬の意を唱え終われば、再拝して、丸薬を分けて服用する。決して悪人、道を信じない人、三宝を信じない人に対してこの薬名を云ってはいけない。それをすると、玄科天符が罰を下して薬の効力を無効にするだろう」。

四　小結

本篇第一部分において我々は、かなりの紙数を費やして巫医法術中の祭祀祈禱と祝由との違いを論じたが、これは事実上まさしく、ヨーロッパの人類

第Ⅲ部　医学と養生学　第一章　医・道同源：道家・道教と中医薬学

学者が考える原始宗教と巫術との相違点にほかならない。たとえばフレイザーは云う、「巫術の神霊への対処の仕方は実際上、彼らの無生物に対するそれと完全に一致している。つまりこれは、神霊に対する脅迫や圧力であって、宗教がそうするような、神霊の気に入られようとしたり御機嫌を取ったりする態度とは異なっている」（徐育新等訳『金枝』、79頁）。しかしながら、中国の様態は少し違う。初期の祭祀祈禱活動は大部分、儒教儀礼システムに吸収され、祝呪の類いは巫医や方士に継承されていった。のちに成立した道教は、少なくともその宗教儀式については巫医方士と儒家の儀礼を借用した。この意味おいて、巫医（当然道教医学も含まれる）を道教の出発点のひとつと見なすのは度の過ぎたことではない。

　まさにそれ故に、道教と医学が各自その体系を確立して以降も、巫術、道教、医学の三者は引き続いて相互浸透しあい、相当に複雑なネットワーク構造を形成した。先述した三尸を例にして簡単に説明してみよう。

　三尸の源流は『神農本草経』に見える三虫であるが、漢代の讖緯方士（讖は予言書、緯は神秘を説く緯書）によって神秘化され、道教がさらにその説を継承し、三尸の除去を成仙のための第一段階にすえて、ついに若干の巫医の色彩を帯びた法術を派生させていった。この道教の説は医学家の認めるところとなり、たとえば隋の巣元方は、その『諸病源候論』中にわざわざ「諸尸候」を設けたが、そこで記述されている諸尸のありようはもっぱら道教に由来している。唐代以降、道教の三尸を除去する符呪などの諸方は、さらにまた各種の医書に取り入れられていった。同時にまた道教も医学の成果を利用し、本草の殺虫薬を、尸虫を除去する霊丹に転用したりした。こうした複雑な関係は、巫と医と道教の判別を困難にさせるほどである。

　要するに、巫医は一種の特異な文化現象として有史以前に始まり、殷周時期にクライマックスを迎えたあと、医学の水準の上昇に伴い衰退に向かった。巫医現象は人類の医学史から切り離せない構成要素であって、この現象に客観的に向き合うことは、近現代の心理医学と精神療法の研究にとっても積極的な意味を持っている。

第三節　方士医学から道教医学へ

　先述したように、巫覡(ふげき)がある時代の歴史と文化知識の占有者であったと同様に、方士もまた、戦国秦漢時代、科学技術知識を掌握していた知識人の集団であった。許倬雲の「秦漢の知識分子」なる一文によれば、この時代の知識人は、文学家、経学家、著作家、方術家、批評家の5タイプに分けうるとして、第4類の方術家について次のように述べている。「方術は、星象・暦算・医薬、そして風角・仙卜を包括し、『漢書』芸文志は〈方技三十六家〉を挙げているが、実際にはその上になお農家の『氾勝之十八篇』などが加えられる。こうした著作は、おおむね今日いうところの科学技術の作品に該当する」(胡暁明主編『釈中国』、1882～1915頁)。

　方士と医学の関係は大変密接であり、『文心雕龍』書記篇では「方術」を解釈して、「〈方〉とは隅の意。医薬の治病には専門とするところがあって、もっぱら一隅(方)に精通しているので薬術を〈方〉という。〈術〉とは路の意。暦と数を計算してはじめて路が明確になり、『九章算術』(中国最古の数学書)は微細な計算法を集積しているので〈術〉という」。また、『六韜』王翼篇では方士を完全に医者と同義に扱い、「方士二人は百薬を担当し、刀傷を治し、万病を癒やす」と述べられている。中国医学史を通観すると、戦国秦漢時代は医学が次第に巫術の影響から抜け出ようとしはじめ、経験から成熟へと展開してゆくターニング・ポイントになる時期であり、この500余年間、医学界で主流の位置を占めていたのは方士医家であった。彼らのなかには、薬売りの赤斧、玄俗、負局先生、瑕丘仲(『列仙伝』)、それに壺中公や費長房など(『後漢書』方術伝)のようにすでに医薬のことにも通じていた方士がいた(かりに彼らを第2類医家としておく)。また、濃厚な方士の色彩を帯びた医家として、文摯(ぶんし)、扁鵲(へんじゃく)(秦越人)、倉公、涪翁、程高、郭玉、華陀の師弟たちが史書に記載されている(第1類医家とする)。第2類の方士医家たちは道教成立後、道教医学の鼻祖になり、第1類の医家たちは正統医学の開祖とされるに至った。

第Ⅲ部　医学と養生学　第一章　医・道同源：道家・道教と中医薬学

　本章第一節（道教医学の源流）において我々は、秦漢の方士が修錬した各種の長生術と医学との関係について多くの紙数を使って考察し、また次の第四節（道家思想の影響下における中国医学理論）においても、黄老派の方士の医学理論体系に対する巨大な貢献を述べる予定である。本節では重複を避けて研究の重点を医家自身の事跡に置き、その考察を通して方士医学が道教医学に向かう変化発展の軌跡を追求したい。

一　方士医家の基本的特徴

（一）方士医家の多元性

　方士は方技、術数の士の総称である。方士の起源については、楊寛は２つの流れがあると述べている。１つは殷周以来の巫師の巫術を継承して発展させたもので、方士が受け継いだ巫術には当然医術も含まれており、百薬を採集して人の病気を治した上に、さらに薬物を煉成して成仙のための「不死の薬」を追求した。いま１つの流れは、「精気」を修錬する道家の方技を継承発展させたもので、あわせて延年長生の術を開拓した（『戦国史』、531～533頁）。この２種類の方士はみな医薬と関わっており、その伝承過程で相互に混じりあって、最終的に多元的な方士医家集団を形成した。

【事例１：華陀】
　華陀は方士医学を集大成した人物である。『博物誌』（『三国志』魏書・武帝紀注引）に云う、「魏の武帝（曹操）は養生法を好み、また方薬の心得があったので、廬江の左慈、譙郡の華佗（陀）、甘陵の甘始、陽城の郤倹などの方術の士を招いたところ、みなやって来た」。同書はまた、魏の武帝が招集した方士16名の第５番目に華陀を挙げていて、そこには次のように記述されている。「右の16人は魏の文帝、東阿王、仲長統の言によれば、みなよく辟穀（穀絶ち）して食らわず、分身の術を使って姿をくらまし、門や戸口から出入りしない」。華陀の事跡は『後漢書』『三国志』、それにこの２書の注が引く『華陀別伝』に精しい。

方士としての華陀は「養生の術に精通し、百歳にもなろうかというのに壮年の人のようで、当時の人々は仙人だと云った」という（『後漢書』方術伝）。また、導引術である五禽戯を弟子の呉普に伝え（同上）、漆葉青黏散（華陀の開発した処方、五臓を強化し体を軽く敏捷にする）の服食法は樊阿に伝授した（同上、また『華陀別伝』）。

　医家としての華陀は、『後漢書』方術伝に次のように記述されている。

　　彼は方薬にも精通していて、処方は数種にすぎなかったが、そらで分量が分かっていて、秤の世話にならなかったし、針灸のツボも数カ所で充分であった。もし病が体内に凝結していて鍼や薬が届かない場合、まず麻沸散を酒に混ぜて飲ませ、酔って感覚がなくなると、腹と背中を切り割いて固まった患部を引き出した。病巣が腸や胃にあると、その箇所を切除して汚れを洗浄したあと、縫合して神のごとき膏薬を塗ると4、5日で傷は癒え、ひと月でどの患者も平復した。

　『三国志』方術伝には、華陀の診察と治病16事例を載せているが、その範囲は内科、小児科、婦人科、外科に及び、湯薬内治（薬物の服用）や針灸艾焫（艾はヨモギ、焫は焼きあぶる意）の術も使った。それだけでなく、彼は本草学も得意とし、史書には載せていないが、唐代に至るまで流伝していた弟子呉普の『呉普本草』、李当之の『薬録』などは、その師承関係を考証すると、それらが華陀から出たことは疑えない。

　医薬における華陀の営為のなかで最も賞讃に値するのは、麻沸散の発明と外科手術での貢献である。陳寅恪はつとに華陀とインド医学との関係を指摘し、彼の名前はサンスクリット語の「薬」（agada、漢訳して阿伽陀）に由来すると述べている（「三国志曹沖華陀伝与仏教故事」『寒柳堂集』、157～161頁）。近年、林梅村は「麻沸」の2字はサンスクリット語 mandarā puspa（曼陀羅花）を省略したもので、曼陀羅は現在でも中国医学の臨床で麻酔薬として使われているとしている（「麻沸散与漢代方術之外来因素」『学術集林』巻10）。こ

の点については、歴史事実に合致するかどうか、今後の更なる研究を待たねばならない。

華陀の外科手術に関して陳寅恪は、「腹を割いた傷が数日で癒えたというのは、科学技術の進化過程からして当時はまだそこまで到達していなかったはずで、その神話的色彩は否定できない」と懐疑的で、華陀の事跡についても、後人が安世高訳『捺女耆域因縁経』によって附会したものと見なしている。この問題についても今後の検討が必要であろう。

『史記』扁鵲倉公列伝に、上古時代、兪跗という医者が湯液や針灸を使わないで、卓越した外科手術を行なったことを記しているが、これは実際には人体でなく、草木で作られた人体模型で施されたものであるが(『韓詩外伝』)、しかし『史記』のこの記載は少なくとも、早くも巫医の時代にすでに手術で治療する考え方があったことの証明にはなるはずである。

1992年、新疆文物考古研究所の考古隊がトルファン地区の鄯善県蘇貝希村で古墓34基を発掘したが、そこからミイラ27体(保存良好なもの4体)が出てきた。時代は戦国期から前漢にかけてのもので、注目すべきは、そのなかの1体(男)は胸部に鋭利な刃物のあとがあり、そこに毛髪による縫合が認められた事実である。この発見は、古代中国の西部においてすでに外科手術が行なわれていたことを示している(王炳華「蘇貝希考古家」『人民画報』1993-3)。ここから、腹や上頭部を切り開く手術はインド伝来のものでないことがわかる。これは華陀が創始したものではないが、しかし彼の改良によってすぐれたものになったのであり、それゆえに歴史家は史書に記したのである。これは方士医家の偉大な貢献を表している。

【事例2：別種の方士医家】

華陀などの医薬を専門とする医家と違って、いっそう多くの方士たちは修真養生を主として、医薬活動を余技と考えていた。ここでは『列仙伝』や『神仙伝』などからいくつかの典型的な事例を取り上げてみる。

　　崔文子：黄老のことを好み、山下にひそみ住んで黄散赤丸という薬を

作って町で売った。のちに疫病が流行った時、その薬で無数の人を救った。
(『列仙伝』巻上)

負局先生：呉の町で鏡を磨いて生計を立て、かたわら紫の丸薬を病める者に与えていた。のちに疫病が大流行したとき、お金も取らずにその薬を与えて無数の人を救った。また、蓬萊山に帰る前、置き土産として、病気を治す水を湧出させて人々に飲ませた。
(『列仙伝』巻下)

玄俗：巴豆（はず）で薬を作り、それを売って人々の百病を治した。河間王が瘕（腹中に腫瘍）を病んだとき、玄俗から薬を買って服用したところ、14匹の蛇が下ってきた。彼は日中にも影がなかった。河間王が娘を娶（めあわ）せようとすると、夜に逃亡した。
(『列仙伝』巻下)

韓康：名家の出であったが、いつも山で採薬し、長安で売っていた。あるとき、客の女性に名前を知られているのに気づき、それに嫌気がさして山中に隠れてしまった。

壺公：姓名不詳。『召軍符』や『召鬼神治病王府符』などはその著。市で薬を売り、百病はみなそれで治った。得たお金はほとんど貧者に施した。日が暮れると、壺のなかに跳び込んで姿をくらました。のちに費長房に符書を授けて、それで悪鬼を捕らえ病気を治させた。
(『神仙伝』巻9)

王遙：祭祀や符水・鍼灸によらず、8尺の布を地上に敷いて患者を坐らせ、飲まず食わずにさせるというただそれだけのことで病気を治した。災厄を起こす邪鬼が居た場合、地に牢獄の仕切りを描き、王遙が召喚すると、魔物たちがみなその牢獄に入っているのが見えた。
(『神仙伝』巻8)

　以上の2種類の事例から、方士医家の多様な特徴として以下の3点に要約しうる。
　(1) 組成の多様性。方士医家は、事例1の医薬を専業とする方士医と、事例2の医薬を兼業にする方士集団とに分けることができるが、事例2の方士

第Ⅲ部　医学と養生学　第一章　医・道同源：道家・道教と中医薬学

たちの治病法はさまざまである。また、先述した第1類の医家の場合、師承関係ははっきりしているが、それら各派相互間には直接の接触はなかったようで、方士医家は多様なタイプの複合体と云うことができよう。

　(2) 学術背景の多様性。典型的な方士医家は往々にして医学と方術を兼修していた。たとえば華陀が創始した五禽戯や漆葉青黏散は、明らかに神仙家の服食導引の術に由来し、その医薬方面での成果は中国医学だけでなく、外国の医学を吸収した部分もある。のみならず、方士医家はそれぞれに学術背景や経歴も一様ではない。華陀は儒家の影響も受けていたし（『後漢書』）、「医書、本草、方術数十万言」を暗唱していた楼護は、遊俠がその本職であった（『漢書』遊俠伝）。また程高は「陰陽隠側の術」の心得があり、崔文子は黄老のことを好んだ。ほかに、韓康は隠者、壺公は仙人、涪翁は乞食、郭玉は太医丞というように、その身分にも天と地の相違があった。

　(3) 医業の動機の多様性。たとえば東方朔は「薬を五湖に売」り、范蠡(はんれい)は「蘭陵で薬を売」り、鹿皮公は「市に薬を売」り（以上『列仙伝』）、そして許楊は「名前を変えて巫医とな」る（『後漢書』方術伝）など、上述の韓康と同じく、彼らの売薬は世を避け隠遁するための手段の一つに過ぎなかった。一方、崔文子、負局先生、玄俗たちの薬による治病、董奉の杏林、蘇耽の橘井などはすべて、世を救い人を活かし、善を行ない功を立てることが動機になっている。『列仙伝』所載の朱璜は悪性のでき物を病み仙人の阮黄丘に出会って「七物薬」を授けられ、それを飲んで仙人となった。山図は馬に乗って足を骨折し、山中の道人から地黄・当帰・独活（ウド）・羌活(きょうかつ)（独活に似る）・苦参(くじん)（クララ）の粉末の服用を教示され、病が治っただけでなく不死になった。こうした神仙伝説は、方士たちが医薬によって信者を吸引する手段としていた一面を反映している。

(二) 学術伝承の秘密性

　多くの方士医家は遁世隠居して栄達を求めなかったので、弟子を選んで伝授する際にはきわめて厳格で、誰でも教わることができたわけではなかっ

285

た。「道は必ずしかるべき人にしか伝えない」のであった（『抱朴子』黄白篇、285頁）。このような秘伝のプロセスはおおまかに、(1) 観察、(2) 誓約、(3) 秘密に伝授、という三段階に区切ることができる。

(1) 観察：扁鵲は若い頃舎長（寮長）を勤め、舎客の長桑君に恭しく仕えること10余年の長きに及び、やっと伝授された（『史記』扁鵲倉公列伝）。陰長生は馬鳴生に道を学んだ時、下働きをするなどまめまめしく仕えること20余年、同期の者はみな去ったのに彼ひとり残り、いよいよ恭謹であった。それを見て馬鳴生は「汝は真によく道を得る者」と云ってやっと入門を許した（『神仙伝』）。これらから観察期間の長さが窺い知れよう。これらと比べると、壺公(ここう)の費長房に対する観察は伝奇性に富んでいる。壺公は費長房の求道心の強さを確かめるために、いまにも切れそうな縄に重さ万斤の石を結わえてその心臓の上に吊すなど、さまざまな試練を課すが、費長房はいささかもたじろがなかった。しかし中に三虫の湧いている汚物を食べさせたとき、そのあまりの臭気を心のなかで嫌がった。それを察知した壺公は云う、「もうちょっとで道を得るところだったのに」（『後漢書』方術伝）。かくて試練にパスしなかった費長房は、壺公から竹の杖1振りと符1枚を授けられるに止まった。

(2) 誓約：公孫光から伝授された時に述べた倉公の誓詞は、「わたくしは死んでもみだりに人に伝えません」というごく簡単なものであった。『抱朴子』に記されているのが正式な誓約の次第であろう。すなわち、「壇に登って血をすすり、そこではじめて口訣を伝えられる。しかるべき人でなければ、土地や城を譲られ、部屋一杯の金銀を積まれても、みだりに教えたりはしない」（明本篇、189頁）。

一方、『黄帝内経』にもまた詳細な記述がある。黄帝は次のように云って岐伯(きはく)に教えを求めた。「余は、大切な道を聴いて子孫に云い聞かせたい。これを後世に伝え、これを骨髄にくっつけ肝肺に蔵(しま)い、血をすすって受け、妄りに漏らすでないと」（『素問』三部九候論篇）。また『素問』霊蘭秘典論篇にも、受ける時は斎戒して吉日を選ぶべし、とある。「血をすすって受ける」

というのは、中国の民間秘密結社では常用の儀式であり、今に至るまで行なわれている。『霊枢』禁服篇には、黄帝が雷公に鍼の奥義を授ける際、腕を切って血をすするほか、儀式の次第がより具体的に記されている。

(3) 秘密に伝授：長桑君が医術を扁鵲に伝授したとき、こう告戒した、「わしに禁方があるが年を取ったので君に伝えたい。漏らすでないぞ」。公孫光対倉公、陽慶対倉公の場合でも、漏洩を戒めているから、その授受には秘密保持が伴っていたことがわかる。上引長桑君の告戒中に「禁方」という語が使われていたが、「禁」は止の意で、秘密にして人に知られたくないということである。なぜ「禁」にこだわったのか、その理由として徐大椿は、軽々しく公開すると天下の人々に軽視され、また、天地造化の機密を盗んで造られたというその本来のあり方に背くことになり、結果として効き目がなくなるからと指摘している（『医学源流論』）。

　方士医家の伝授は秘密であっただけでなく、当時なお、かなりの程度保守性が存在していた。長桑君の扁鵲における、陽慶の倉公におけるような、自分の持っているものをすべて与えるという教授方式は、当時としてはきわめて希なものであった。たとえば倉公には弟子６人がいたが、ある者には「五診」、ある者には「薬法」というように限定的であった。そこから連想されるのは、前掲事例１の華陀のことである。彼には弟子が３人いたが、伝授は十分なものではなかったようである。それゆえ『後漢書』には、こう記されているのである。「華陀は死に臨んで１巻の書物を獄吏に与えて云った、これで人を活かすことができる、と。獄吏は法を怖れて受け取ろうとしなかったので、華陀は火を求めてそれを焼却した」。華陀の独創である麻沸散の処方も、想像するに、この火にくべられた医書中にあって流伝しなかったのであろう。これは千古の遺憾事と云わねばならない。秘密保持の伝授方式は、まちがいなく方士医学の発展を制約した。『漢書』芸文志において、「今、その技術は埋没してしまった」と嘆かれるのも尤もなことなのである。

（三）医家の事跡の伝奇性

　『列仙伝』や『神仙伝』中の医薬方士に、若干の霊異な話が附会されているのは怪しむに足りない。たとえ史書所載の医薬を専業とする方士医家でも、その事跡はしばしば伝奇的な色彩を帯びている。この事実は、我々が医家方士の身分を定める際の重要な標識になる。

　これまでにも言及した文摯は、医家の面貌で現れた最初の方士である。その事跡は『列子』仲尼篇に見える。なにかを得ても嬉しくない、失っても乱れない、生と死、富と貧も同じように見え、人は豚のように、自分は他人のように見え、君にも仕えられず、友達とも交遊できず、妻子の相手もできない——これはどういう病でどうすれば治るのか、と相談してきた龍叔なる人物に対して、文摯が取った行動はこう記されている。文は光を背にして龍を立たせ、自分は後ろから光の当たっている龍の背中を見て、こう云った、「私にはあなたの心臓が見える。心臓の方寸の空間が虚になっているのはほとんど聖人ですが、心臓の6孔が通じていて1孔だけが不通になっています。聖智の徳がありながら悩まれているのは、あるいはこれが原因でしょうか。しかし私の浅い術では治すことができません」。

　『呂氏春秋』至忠篇にもまた文摯の記載がある。彼は斉王の傷の治療に当たったとき、斉王の逆鱗に触れ、「3日3夜煮続けられたが、顔色は変わらなかった」。こうした荒唐無稽な寓話を通して、方士としての文摯のあり方が生き生きと表現されている。

　文摯と同じく名医・扁鵲や倉公の事跡にも、少し方士的活動と関わる話が伝えられている。『史記』扁鵲倉公列伝によれば、扁鵲は長桑君からもらった薬を飲んで、壁の向こうの人が見えるようになり、病人を診ると、五臓のしこりが見えたという。扁鵲のこの透視能力は、あきらかに文摯が龍叔の心臓を見たのと同工異曲である。扁鵲が趙の簡子を診た話は『史記』の本伝と趙世家にみえる。病んで5日間人事不省に陥った簡子を診察した扁鵲は、これはむかしの秦の穆公と同じ病で、7日目に目覚めた穆公は、わしは上帝のところに行って楽しんできたと云いましたが、簡子も3日以内に病は治り、

同じことをおっしゃるでしょう、と云い、果たしてその通りになった、というものである。扁鵲が、趙の簡子の魂魄が上帝のもとへ遊んだことを察知したというこの話は、心臓を交換した奇譚と比べたら、なんら奇とするに足りない。すなわち、扁鵲は魯の公扈と趙の斉嬰の性格をこう見立てる。公扈は知恵は豊かだが気力が弱く、アイデアは有り余るほど湧いてくるが決断に不足があり、斉嬰は逆に、知恵は不足しているが気力が強く、アイデアに欠けて専決に度が過ぎるところがある、と。そして、諸君は互いに心臓を交換したら平均が取れると勧め、毒酒を飲ませ仮死させて3日後、2人の胸を割いて心臓を取り出して入れ換え、神薬を投与したら2人は息を吹き返した、というのである(『列子』湯問篇)。

　倉公の事跡には伝奇的色彩は比較的淡泊であるが、しかし『史記』の本伝には「淳于意(倉公)は数を好む」とあり、ある注釈は「術数を好む意」だとしているから(司馬貞『史記索隠』)、倉公はもまた方術に通暁していたのであろう。注目に値するのは、倉公の医療記述にはしばしば「死生を決する」術が登場することである。倉公は陽慶から「黄帝・扁鵲の脈書を伝えられ、それによって顔面に現れる五色による診察法、人の死生の知り方、嫌疑に決着をつける法、治療法の定め方などを学び、また薬物学を授けられた」(『史記』本伝)、また「人のために治療に当たり、病気を診て死生を決定し、そのことに狂いはなかった」という(同上)。『史記』には倉公のカルテ25事例を記載しているが、そのなかの10例はすべて「死生を決する」ことと関わっている。たとえば、「頭痛を訴えた斉の侍御史を診断して、8日後に膿を吐いて死ぬだろうと云った。……斉王の侍医は病んで五石を練って服用したが、でき物によって死ぬだろうと見立てた」等々。これら10人はすべて予測通りに死亡したことになっている。ここには倉公の神業に対する讃歎と敬服の念が窺われるが、しかしまた、疾病という現象の極度の複雑性から、たとえ現代医学でも精確な予後の診断を下すのは困難なケースが多数あるし、死期の予測は難しいことであるにしても、あきらかに倉公の「死生を決する」術には誇張部分がある。後世の方士が誇らしげに「十生の休咎」(10

世代後の吉凶)を断言できるとする、いわゆる「太素脈法」(脈を診て運勢がわかるとする法)の源流はおそらくここにあるのであろう。

二　方士医学の成果

方士医学の成果としては以下の3点にまとめうる。(1) 養生医学を隆盛に導いた。(2) 医薬理論の十全化。(3) 臨床医学のレベルアップ。医学理論方面においては、『黄帝内経』と『神農本草経』が方士医学の中医理論と薬物学における最高の成果をそれぞれに代表しているが、ここでは、方士医学の養生と臨床の両面における貢献を概説するにとどめる。

(一) 養生医学の最盛期

方士の養生の術は雑駁で多様であり、早期の方士のなかにはすでに、彭祖たちのような「吐いて吐いて吐いて吸う、古い気を吐き新鮮な気を吸う呼吸法、熊のように首を揺すり、鳥が羽を広げるように身体を開く体操をす」る「道(導)引の士、養形の人」がいたし(『荘子』刻意篇)、また、羨門高たちのような「汚れなき犠牲を供え、玄室に祈り、諸神を祀って、太一神に礼拝」して(「高唐賦」)、「形解銷化し(尸解仙となり)、鬼神の事に依」る「有方の士」もいた(『史記』封禅書)。その後、さらに「仙人不死の薬を求める」侯生や韓終、および「カマド、穀道を祀り、若返りを説く」李少君など、いちいち挙げてゆけばきりがない(『史記』秦始皇本紀)。

後漢の方士は一層おびただしく、錬養の方法もいよいよ増えていった。『後漢書』方術伝を例にとれば、上党の王真は「よく胎食、胎息法を行ない、舌下の泉からたくさん唾液を出してこれを飲み、男女の交わりを絶たなかった」し、孟節は「よくナツメの核を口に含むだけで、ほかの食餌は5年10年と摂らず、また、よく体内に気を凝結させて息をせず、死人のようになって身体を動かさず、そんな状態を百日または半年間続けた」という。また、甘始、東郭延年、封君達の3人は「容成流の房中術を行ない、小便を飲み、逆さにぶら下がり、精気を出すのを惜しみ、目を凝らして見たり大声を出し

たりしなかった」。彼らはおおむね、当時の養生方士のなかで卓越した人々であった。

　史書に書かれていることは誇張を免れないにしても、以上のような記述をじっくり読み、あわせて近年馬王堆、張家山などから出土した養生簡帛を参照すると、方士の錬養活動が先秦両漢時代の医薬学の進歩に対して大きな促進作用を果たしたことは否定できない。

　導引は方士養生の主流であって、馬王堆の『導引図』『却穀食気』、張家山の『引書』などがそれである。『却穀食気』はわずか300余字ではあるが、そこで唱道されている六気呼吸養生法はすでに現代の時間生物学の先駆けになっている。ここでは、一昼夜で6回、練功すべきことになっていて、その時間がそれぞれ朝霞（日の出時、天空がオレンジ色）、輸陽（昼前）、正陽（正午）、匡光（日が傾いた黄昏時）、輸陰（日没時、天空が紅黄色）、沆瀣（真夜中）と、命名されている。また、練功によくない五種の天候が、濁陽、湯風、霜霧、清風、凌陰と呼ばれて「五不食」とまとめられている。この食気法はまた『楚辞』遠遊篇にも、「六気を食らい沆瀣を飲み、正陽で口をすすいで朝霞を含むと、精気が身体に入って汚れが除かれる」と見えており、王逸の注では、沆瀣、正陽、朝霞のほかに、淪陰（輸陰）、天玄の気、地黄の気を加えて「六気」としていて、『却穀食気』と少し異同はあるが原理は変わらない。

　経絡学説は中国医学理論の重要な構成要素である。それは鍼灸治療に奉仕するだけでなく、人体の生理、病理現象、病状の分析、予後の確定などの解釈にも使われ、現代医学でもなおその実体は解明できていない。ただ、基本的に経絡は神経や血管とは別のもので、生きている生物体に備わっている特殊な伝導システム、という点は国内外の研究者によって肯定されている。経絡の発見は、おそらく方士の行気導引の術と大いに関係があるはずである。李時珍は『奇経八脈考』のなかで、「体内のトンネルは、返観（自己の内部を見る）する者だけがそれを観察しうる」と述べているが、これは、「返観内視」を通して体内の経脈の循環ルートを察知できる、という意味である。

『却穀食気』と『引書』中には、経脈と直接関係する文言は見えないが、ただ、張家山漢簡中、『引書』は『脈書』と併存しており、また、馬王堆帛書中、脈経『陰陽十一脈灸経』乙本は『却穀食気』と『導引図』との間に挟まれるようにして書写されている。こうした事実は、経脈と導引との相関性を暗示する。

　このように経絡の起源の問題は諸説紛々なのであるが、高大倫は、経絡は古人が気功に似た静坐、導引、呼吸法、按摩など、自分の身体での実地体験から出て来たものだという考えを提起している。気功がかなりのレベルに達したとき、練功者は一筋の気の流れが一定のルートに沿って体内を走行するのを感じることがあるが、この現象は現在では伝導感覚などと呼ばれているもので、これは最初の経絡概念の形成と密接な関係がある、と高大倫は云うのである（『張家山漢簡「引書」研究』43頁）。この説にはたしかに一定の道理がある。

　房中の著作は、出土医書中で最も多い。馬王堆の『十問』『合陰陽』『天下至道談』などは房中養生術の専門書であり、『養生方』『雑療方』『雑禁方』『胎産書』、それに張家山漢簡『引書』中にもまた房中に言及する文章がある。その内容からしてほぼ2つにグルーピングできる。ひとつは性行為のテクニック、性交のタブー、それから性生理学、性心理学方面の問題に及ぶもので、いまひとつは、性能力障害を論じて、性治療学方面の内容に及ぶものである。そこにはしかし、精髄と糟粕（カス）の両方が併存しているのであるが、ここでは性治療学に関わる問題を例にして、方士の性科学に対する貢献を概述しよう。

　房中保健に対する必要性から、馬王堆の医書は生殖系統の疾病に関して極めて詳細に記述している。たとえば『養生方』は、陰萎の原因についてこう述べている。「気持がいきり立っているのにペニスが大きくならないのは、膚気が来ていないからである。ペニスが大きくなっても固くならないのは、筋気が来ていないからである。固くなっても熱くならないのは、神気が来ていないからである。膚気が来ていないのに交接しようとすれば、ペニスは垂

第Ⅲ部　医学と養生学　第一章　医・道同源：道家・道教と中医薬学

れ下がり、筋気が来ていないのに交接しようとすれば、ペニスは挿入できず、神気が来ていないのに交接しようとすれば、ペニスは萎える」。治療法もまた多様化しており、内服薬もあれば外用薬もあったし、さらに按摩導引の諸法もあった。『雑療方』中に「約」と呼ばれる女性用の外用処方があり、これは、陰道（膣内）に挿入したところ、投薬後、「女性はたいへん喜んでもっと欲しがった」という一文が繰り返し現れることから察するに、こうした処方は主に女性の性欲減退や性冷感症などに使われたはずである。その効能はどうであれ、男尊女卑の古代社会において、これは間違いなく一大開発であった。

　馬王堆の医書は、初期の医薬方士が作成したものであるはずだが、書中、陽を壮にし陰に益する処方には辛味熱性で有毒のものが多く使われており、薬性が強烈なため、生命体を損傷する危険性が極めて高く、この欠点を是正するために、やや遅れて壮陽方（強精法）が大いに改良された。1972年、甘粛省武威県旱灘坡から竹簡78枚、木牘14枚が出土したが、それらはすべて医方であった。時代的にはほぼ後漢初期で、竹簡と木牘の双方に生殖系統の疾患に関わるものがあった。その中から比較的完全なものを1篇選んで紹介する。

　　東海の白水侯の上奏した処方。男性の七疾七傷を治す。七傷とはなにか。一に陰寒（ペニスが冷たい）、二に陰萎、三に陰衰、四に橐（陰嚢）がじめじめして痒く、黄汁が出て、辛痛がある。五に小便の残尿感、六にペニスの中が痛んで淋状を呈する。七に精液が勝手に出てくる。ひとりで居ると欲望が昂進するのだが、いざ事に臨むとペニスが勃起せず、挿入できても玉門（女性器）中で萎えてしまう。気持ちとしてはいつも女性が欲しく、日ごとに募るが苦軽重（原注：この句不可解）、時には腹中が痛み、膀胱に漏れてくる。こういう病を内傷という。□桔梗を十分、牛膝、続断、防風、遠志、杜仲、赤石脂、山茱萸、柏実各四分、肉蓯蓉、天雄、薯蕷、蛇床（以下2薬を欠く）、これらの15物を混ぜ合わ

293

せて煎じる（以下欠文）。

　この処方から見ると、ここでいう病症は、陰萎、早漏、夢精、陰嚢湿疹、淋病、前立腺病などで、使われている牛膝などの薬物はすべて後世、陽を壮にし腎に益する際に常用される強精剤と一致する。
　方士医家は、男性の性保健を重視しただけでなく、婦女の疾患に対しても研究をしていて、先述の「約」の処方以外にも、倉公のカルテには、女性の欲求不満による腰痛や月経不順の事例が記載されている。フロイトの理論によれば、あらゆる精神性疾患には性欲の不満足感があり、それが潜在意識上の原因になっているという。『史記』扁鵲倉公列伝の倉公のカルテからすれば、この方面の認識はフロイトより千年以上も早かったことになる。注目に値するのは、この病例を記録した彼のカルテ中に「竄以薬」という句が見えることである。「竄は投なり」（『広雅』）で、置くこと、つまり薬を陰道（膣内）に置くことを意味する。陰道に薬を挿入することはすでに馬王堆帛書中の「約」の処方に見えていたが、『史記』のこの箇所の「竄」の文字にはさらに深い意味があるはずである。というのも、近年大量に出土している前漢の「触器」（男性器に模したもの）がこれと関連するからである。李零は、こうした触器は造形が真に迫っているだけでなく、多くの場合内部が空洞になっていて、亀頭部分に1ないし3個の小さな孔が開けられているとして、これはペニスを大きくする器具ではないかと推測している（『中国方術考』、416〜421頁）。しかし、『玉房秘訣』の「男性が欲しくて我慢できない女性の病」を治す秘方中に、「麺で玉茎を作る。その大小は随意、それを膣中に挿入する」とあるから、こうした触器もまた女性が自慰用に使うこともできる。そうすると、内部の空洞と亀頭部分の小孔は、そこに薬を詰めるためのものになってくる。「竄」は、『説文』では「鼠が穴中にあるさま」とされているが、この説を使って、この文字は触器が膣内で上下に「竄動」している様を形容したもの、と見なしうるかどうか、結局ほかに証拠がないのでこの説は成立しがたいとは思うが、一説として提起しておきたい。

『礼記』礼運篇に「飲食と男女は人間の二大欲望である」とある。方士は不老長生を追求したが、たしかに他のなによりも「食」と「色」の両文字に精力を傾注した。色と関係するのは房中の秘術であり、食はそこから敷衍されて服餌の秘方が出てくる。服餌の対象となる物品は種類が極めて多いが、その来歴を調べると、草木禽獣のたぐいは本来食品であったので、それらは初期の方士が真っ先に選んだものであったはずである。そのことは、『山海経』でいう不死の薬の大部分が動植物類に属していることによっても証明できる。『黄帝九鼎神丹経』巻1にこうある。「草木薬は埋めるとすぐ腐敗し、煮れば爛れ、焼けば焦げ、そこから再生できない。これではどうして人を活かすことができようか。病を治し気を増すことはできても、死は免れない」(『道蔵』18-795)。ここに、草木薬の服用による求仙に失敗した方士の経験の総括を見ることができる。草木薬の無効を知ったあと、彼らは金玉丹珠などの鉱物に向かっていったが、そのあとさらに、炉火による化学的変化を経た金丹を服用するようになっていったのは、『周易参同契』に、「巨勝(ゴマ)でも寿命を延ばしうるが、還丹こそ口に入れるべきである」と云われる通りである(『道蔵』20-76)。

　方士の服餌の目的はもとより延年長命にあり、その服食求仙の記載は『列仙伝』にわんさと出てくるが、馬王堆の医書中にも、しかじかの薬物を飲めば「長命不死となる」(『養生方』)といった若干の服餌処方がある。しかし、薬物の服用には延年長生のほかにも以下のような多様な目的があった。(1)辟穀食気(穀断ち)の補助として(『却穀食気』など)。(2)房中保健薬として(『養生方』など)。(3)身体を強壮にして病気を予防するため(『十問』など)。(4)特異能力の獲得のため(双古堆漢簡『万物』など)。こうした服餌法には怪奇で誇大な面もあったが、客観的に見れば、方士医家の薬物の効能に対する認識を向上させ、中国の薬学の発展を促進したのは事実であった。

(二) 臨床医学の輝かしい成果

　臨床医学はかなり長期間、基本的には素朴な経験治療のレベルに止まって

いたが、方士医学の澎湃たる発展によって医療水準は大幅に向上した。医学の分化を例に取ると、『周礼』天官ではわずかに内科（疾医）と外科（瘍医）の2科があるだけであったが、『史記』扁鵲倉公列伝によれば、当時、産婦人科、小児科、五官科の諸科があり、医学の進歩の里程標になっている。

中国医学のいわゆる「望」「聞」「問」「切」の四診は、方士医学の段階ですでに出揃っており、扁鵲が斉の桓侯を診察した際の記述は、方士の望診の達成を最もよく反映している。扁鵲は5日ごとに桓侯を望診し、その病巣が腠理（皮膚のきめ）―血脈―腸胃と身体の深層に下りてゆくのが見え、再三にわたる扁鵲の警告にもかかわらず桓侯が治療に応じないので病気が悪化し、ついに骨髄に至って扁鵲もサジを投げた――という話である（『史記』）。この故事は実際にあったことかどうかは不明であるが、少なくともここから扁鵲の望色診断技術の高さは読み取れる。それゆえ張仲景は、「私は秦越人（扁鵲のこと）の入虢の診（死んだ虢国の太子を蘇生させた）、斉侯の望診の箇所を読むたびに、その秀でた医術に感嘆しないではおれない」と述べたのである（『傷寒雑病論』序）。

切脈（脈診）による診断もまた扁鵲に始まったのは、「今に至るも天下に脈を云う者は扁鵲のやり方を踏襲している」と『史記』扁鵲伝にある通りである。その後倉公が「黄帝、扁鵲の脈書を伝えた」と『史記』に云うように、彼もまた脈学に精通していた。倉公のカルテには、浮、沈、弦、緊、数、滑、渋、長、大、小、代、実、弱、堅、平、鼓、静、躁など、20種の単脈象だけでなく、「脈大にして数」「脈大にして躁」「平ならずして代」「脈深く小弱」「脈大にして実」「嗇にして属せず」（滞って連続しない）といった兼脈にも言及しており、こうした脈法と表現は大部分現代にも襲用されている。作者を扁鵲に仮託する『難経』は、全身の脈動で診断する『黄帝内経』の方法を「独取寸口」として改良した。これは、寸口（両手の手首部分）の寸・関・尺を三部（脈を取る3つのポイント）とし、部毎の浮・中・沈を三候とするもので、後世広範に行なわれた寸口脈法の基礎となった。

方士医学は、外科方面の成果でも注目される。馬王堆『五十二病方』に

第Ⅲ部　医学と養生学　第一章　医・道同源：道家・道教と中医薬学

は、負傷による出血、化膿性感染、皮膚の潰瘍、破傷風、疝気（体腔内容物が外に突出する症状、ヘルニア）、痔瘻などの多様な外科疾病の記載がある。なかでも、腹股溝斜疝（ヘルニアの一種）や肛門・腸の病気の治療に関しては、かなりのレベルに達していた。腹股溝斜疝は先天的あるいは後天的に、腹膜が鞘状に飛び出して元通りに引っ込まないことによって起きるもので、腹圧が増大すると、腹腔の内容物が次第に陰嚢に入ってきて、激痛を引き起こす。『五十二病方』の治療法は、ヒョウタンなどの容器に陰嚢を入れて持ち上げ、疝の内容物を元に戻すというかなり特色あるもので、今日の疝気帯や疝気カバーとよく似ている。また、肛門や痔瘻の手術は、『五十二病方』によれば、犬の膀胱を竹の管にかぶせ、それを患者の肛門に挿入して吹いて膨らませ、その膨張した膀胱を利用しゆっくり患部の直腸を引き出し、刃物で痔と瘻管を切除したあと、黄芩（コガネヤナギ）などの薬を傷口に塗る、というものであった。西洋医学においては、類似した手術が1877年、米国人ホワイトによって創始されたが、それは木のヘラを肛門に挿入して直腸を引き出してくるもので、軽くて柔らかな動物の膀胱を使用するという『五十二病方』の巧妙さには及ばない。

　鍼灸医学方面での方士医学の貢献は突出している。扁鵲は虢太子の尸蹶（生命があるのに形態上は死んだ状態）を治療した際、「鍼を磨き石を砥いで三陽・五会（ツボの名）に取穴すると、しばらくして太子は蘇生した」（『史記』扁鵲伝）。倉公が菑川王の治療に当たったとき、「足の陰陽脈、左右各三箇所に鍼を刺したところ、病はたちまち癒えた」という（同上）。また、華陀が曹操の頭風を治した時は、「鍼を打つしりから治っていった」（『後漢書』方術伝）。ほかにも、たとえば隠居方士の涪翁はもっぱら鍼術を得意とした（同上）。

　近年の出土文物中、鍼や経脈関係の著作や実物として馬王堆の『足臂十一脈灸経』『陰陽十一脈灸経』『脈法』、張家山の『脈書』、四川省綿陽の人体経脈漆彫などがあるが、関連する研究もかなり多いのでここでは述べない。しかし、最もよく方士の特色を体現している鍼灸の著作として、『黄帝鍼灸蝦

297

驀忌』は推しておくべきであろう。この書は漢代の医家方士の手に出たもので、その主要なテーマは、日者（占い師）のことばを使って月中の蝦驀と兎のかたちの盈虚に基づいて毎日の人気（体内の陽の気）の所在部位を推算し、該当の日の鍼刺の宜と不宜（忌）を決めたものである。たとえば、「月が欠けて二十五日、兎は左肩が消える。人気は太陰に在り、また絶骨、また太陵（に在り）、灸刺して傷めてはならない。傷めると、五臓を乱し、邪熱が過度に体にたまる」などとある。馬継興の研究によれば、この書は迷信的内容が多いけれども、そこに記されている「八木」や「陽燧」などの灸法、60余所の禁忌のツボの名称、そして禁忌部位の図などはかなり価値があるという（『中医文献学』、300頁）。

　三　方士医学の進展

　漢代社会は、董仲舒が「天人三策」を上奏して「百家を退け、儒術を独尊」するように主張して以降、国家の哲学は道家から儒家に転向した。しかし、学術思想の隆盛は先秦に劣るものではなかった。意識形態の領域では、讖緯思想と反讖緯との論争があり、宗教方面では、明帝が金人を夢に見てすでに仏教が西来していたし、成帝の時、斉人の甘忠可が『天官暦包元太平経』を作成して、初期道教が芽生え始めていた。方士集団の内部では、流派も多様化し、星占、風角、六壬、形法、建除の諸家、それに、導引、服食、金丹、房中の諸派と、多様であった。こうした背景の下、方士医学も分化し始めた。ある一派は、反讖緯の元気論思想の影響を比較的多く受けて、薬石と鍼によって人々の病気を治療することを専務として正統中国医学の基礎を築いた。別の一派は相対的に養生の道を重視して、次第に道教医学の重要な構成要素となっていった。

（一）正統中国医学の発展に向けて
　張仲景は、方士医学が正統中国医学へ向かう過渡期のキーパーソンである。仲景の主要な活動時期は漢末から三国時代にかけての頃であるが、奇妙

第Ⅲ部　医学と養生学　第一章　医・道同源：道家・道教と中医薬学

なことに、『後漢書』や『三国志』には彼に関して一語の言及もない。これに対して、唐の劉知幾は早くも「歴史家の網は呑舟の魚を漏らすのか」などと皮肉っている（『史通』人物篇）。張仲景の事跡が最も早く現れる文献は『何顒別伝』である。そこには、彼がまだ年少の頃、同郡の何顒(かぎょう)から君は将来、良医になるだろうと云われた逸話が載せられ、「仲景の方術は今、世に伝わっている」と結ばれている（『太平御覧』巻722所引）。

　『抱朴子』も次のように張仲景の医術に言及している。「扁鵲は死んだはずの虢(かく)太子の命を救い、匈奴の医者は息絶えた蘇武を蘇生させ、淳于意(じゅんうい)は頭蓋骨を切開して脳を治療し、華陀は腹を割いて胃を洗浄し、文摯はわざと斉王を怒らせてその重病を治し、張仲景は胸を穿って赤い餅を挿入した」（至理篇、112頁）。その後、張仲景の伝記としては、唐の甘伯忠『名医録』、明の李濂『医史』、清の陸懋修『世補斎医書』などがあるが、すべて上に引いた断片的な記述や『傷寒雑病論』序に依拠して構成している。正史には彼の伝記がないのは歴史家の怠慢であるにしても、華陀の伝記が『後漢書』と『三国志』の両書では方術（技）伝に記載されていることと繋げて考えるなら、両史書の編者が張仲景の伝記を載せなかったのは、張仲景が方術の士と同流でないことを暗示しているのだろうか。馬伯英の『中国医学文化史』は、張仲景と華陀に言及して、一方は「医聖張仲景の儒学伝統」とし、もう一方は「神医華陀の方士面目」として、はっきりとけじめを付けているのは極めて妥当である（283〜291頁）。

　正統医学が方士医学の中から脱皮してきたことは、漢末魏晋時代の士大夫層が医薬に熱意を持っていたことと大いに関係があり、張仲景こそは士から医に入った最初の人であった。『名医録』は彼が「孝廉（孝行と廉潔を重視する官吏登用法）に挙げられ、官は長沙太守に至った」と記しているが、それが事実かどうかの詮索はさておいて、彼が世家の出身であったことは確かである。『傷寒雑病論』の序に、「わが家はがんらい大宗族で、さきには200を越えていた」と述べているからである。章太炎の『張仲景行状』には「南陽の張氏は、廷尉の張釈之以来、代々名門であった。それゆえ『広韻』は、張

299

氏を十四望に列して、南陽を清河の次に置いたのである」。これを同時代の華陀が「医業で身を立てるのを恥とした」（『後漢書』方術伝）のと対照させてみると、張仲景が名家の子弟の身分で医療に従事したことは、たしかに尊ばれるべき行為とはしがたい。その『傷寒雑病論』の序文中、彼は医家になった動機について大意こう述べている。

　当今の士人は、医薬や方術に関心を持って君主や親の病を治したり、貧窮の人を救ったり、また自分自身の養生に努めようとしたりはしない。追い求めるのは権勢と名利だけで、一旦邪気に襲われても、巫祝やヤブ医者に頼って、あげくは運命のせいにしてしまい、世を挙げてその命を惜しまない。わが家はがんらい大宗族で、さきには200を越えていた。建安元（196）年以来まだ10年も経っていないのに、その3分の2も亡くなり、そのうち傷寒（急性熱性疾患）が7割も占めている。私はこれらのことに感じるところがあり、古籍を研究し、多くの処方を集め、『素問』などの医書を参考にして、『傷寒雑病論』16巻を撰述した。

張仲景のこの序文は、魏晋の士大夫の心を相当強く揺さぶったにちがいない。同じような名門の出身で、そのうえ「博く典籍百家の言を綜べた」（『晋書』本伝）皇甫謐は、医学に対しても特有の愛着を抱いていたが、その著『黄帝鍼灸甲乙経』の序で、完全に張仲景の序文そっくりの口吻で、自分の医学に対する姿勢をこう述べている。

　亡き父の体を継承してここに8尺の身体がある。それなのに医学を知らないと、それは遊魂（体から遊離した魂魄）というものである。もしも医道に精通しなければ、忠功の心と仁慈の性があっても、君や父が危急になり、赤子が苦しみにのたうっている時、それを救う手立てがない。医道というものは、聖賢がぎりぎりまで考え抜いて、その道理を極めたものなのだ。　　　　　　　　　　　　　　　（『四庫全書』本による）

この両人の序文はみな、孔子が唱道した忠や孝によって議論しているから、もとより方士たちと同類ではない。『傷寒雑病論』中には当然いささか方術の残滓は認めうるが、これは時代の然らしめるところであって、その主要な思想は疑いなく方士医学の影響を脱しており、まことに正統医薬学開創の書たるにふさわしい。

(二) 道教医学への進展

　方士医学発展の後半に初期道教が興起し、方士と道教徒が合流する現象が現れた。元の趙道一『歴世真仙体道通鑑』には、華陀の伝記が収められている（巻20）。華陀が造った漆葉青黏散(しつようせいねんさん)を調べてみると、彼は間違いなくある程度、道教と関係を持っていたようである。漆葉青黏散は漆葉の細片1斗、青黏14両を使って造り、これを長く服用し続けていると、「三虫が駆除され、五臓が活性化し、身体が軽くなり、頭髪が黒くなる」という（『後漢書』方術伝）。その青黏であるが、「一名地節、一名黄芝」（同上李賢注所引『華陀別伝』）と云い、そこでいう「地節」は萎蕤(いすい)（和名：アマドコロ）のことであるらしい（『名医別録』）。『神農本草経』によるとこの物には、「長く服用していると、顔面の黒いしみが取り除かれ、顔色がよくなり、身が軽くなって老いない」とされ、たしかに補益の効能がある。漆葉はおそらく蜀漆(しょくしつ)（ジョウザンアジサイの苗）の葉であろう。『神農本草経』や『呉普本草』では毒があるとしているが、前者はその上で、次のように述べている。「蜀漆は、瘧（マラリアの類）、咳が出る寒証と熱証、積聚（腹中の固いしこり）、邪気、蠱毒(こどく)、鬼注（いずれも悪気による感染症）などの治療を主とする」。華陀がこの毒品を使ったのは、明らかに補益のためでなく、三虫の駆除が念頭にあったからである。

　三虫は三尸(さんし)のことで、すでに述べたが（本書277頁）、根源に遡って云えば、華陀の漆葉青黏散は道教のために三尸を除去し、生命を保持するのを第一とする処方であって、このことはあるいは後世、道教が華陀を尊んで仙師とした理由かもしれない。

漢代ではすでに、初期道教徒が医薬活動を行なっていた。『太平経』に記載のある『灸刺訣』『草木方訣』『生物方訣』『神祝文訣』などがそれを証明している。しかし『太平経』の現存部分を調べてみても、具体的な治療の処方は見出せないので、数としては多くはない現存の方士医学文献中に、初期道教の医書も部分的に含まれているのではないかと疑われる。ここでは2例を挙げる。

ひとつは、敦煌文書スタイン6030の残存部分19行である。首行は今は佚している禁方の後半部分であり、次行は鬼神を祓う文章になっていて、巻末には七歩の禹迹図が掲載されている。文中、2箇所に「陵陽曰」という語句が見え、この文書の整理者は王逸注『楚辞』に『陵陽子明経』が引用されているのを手掛かりに、この残巻を「陵陽禁方」と命名している。この残簡から推測するに、これは薬物を使った方術の禁方であろう。

> （前欠）木、三両、五月五日收。地神枝、三両、九月九日收。人神根、三両、七月七日收。（欠）此薬出処人間饒（人境を離れた所にたくさん生えている）。（以下略）
> 　　　　　　　　　　　　　　（馬継興『敦煌古医籍考釈』484頁より転引）

このように3種の神薬の名が見えるが、あとの2種から推して最初の欠字のところは恐らく「（天神）木」であろう。『太平経』を調べてみると、「草木は徳あり道あり官位ある者だけが駆使できる。これ名付けてを草木方とし、これを神草木と云う」とあり、また、「一日で治癒する処方は天神にさせ、二日で治癒する処方は地神にさせ、三日で治癒する処方は人鬼にさせる」とあって（巻50、草木方訣、合校本172～173頁）、この敦煌文書記述は、禁方で天神木、地神枝、人神根と称しているのと似たところがある。また、『列仙伝』では、陵陽子明は道教神仙の一人になっている。したがってこの処方は、『太平経』で云う草木神方とにわかに断定はできないにせよ、初期道教の医薬法術処方であったことは間違いなかろう。

もうひとつの初期道教と関わりがあると思われる医書は、すでに言及した

『黄帝蝦蟇経』(『黄帝蝦蟇忌』)である。鍼治療では先に神呪を唱えることがあるが、『蝦蟇経』では次のような呪文を唱えるとしている。

  咒曰、天師天医、我守来治百病、我当鍼灸疾病、不治神明、悪神毒鬼、
  精毒、風冷毒、飲食毒、百気万毒、速消滅、急急如律令。
        (多紀元胤刊『衛生彙編』第1集所収本、27～28葉)

 この呪文は『太平経』に云う「言を以て疾を癒やす」ところの「天上の神識の語」に当たる。ここで云う「天師」という語は『太平経』の至る所に見え、「天医」もまた、「これを守りて積むこと久しければ、天医自ら下り、百病悉く除かれ、因りて老寿を得ん」(『太平経鈔』己部)などとある。医者いらずの治病法についても、『蝦蟇経』は、推行年天医方、推月天医法、推日天医法や、天医治病の要領などを記載している。そこでは、天医、天徳、天師の降臨日を選んで治療することが説かれ、また呪文を唱えるだけでなく、「手を挙げてまず天医、天師を呼ぶ」ことが求められる(同上27葉)。この一連の煩瑣な動作は、すでに宗教儀礼に接近している。

 『太平経』は、人が天地四時五行に順従して行動するよう強く勧めていて、鍼灸法についても極めて慎重で、「人はその無数の灸刺により誤って正脈を傷つけ、正気を傷つけ、四時五行に逆らって災異を生み、大人は大を、小人は小を傷つけている」などと述べている(灸刺訣、合校本180頁)。どのようにすれば四時五行に順応することになるのか、『太平経』は説明をしていないが、『蝦蟇経』の吉凶選択の記述は、まさに『太平経』理論の具体的応用と見ることができる。たとえば『蝦蟇経』にこうある。

  天が暗くて霧に閉ざされ、暴風大雨、雷鳴地動、四時月節の前後三日、
  晦と朔の日、日月蝕で光が失われた日、大寒、大熱、血忌、反支、天
  季、五辰、五未、自分の生年本命日――以上の日には人気が大いに乱
  れ、陰陽が戦う。このような日は犯して鍼灸をすべきではない。犯せ

ば、犯した人は死ぬ。　　（同上25葉。『医心方』巻2所引『蝦蟇経』で補正）

　『蝦蟇経』にさらに、鍼灸を施してはいけない日として、四季の五臓の王日、建・除の日、生年の厄日、および四絶の日、五離の日などを設けている。人身中に神が居るという説は『太平経』から始まるが、『蝦蟇経』はさらに詳細に、異なった年、月、日、時の人神の所在を列挙して鍼灸の禁忌とし、それを犯せば「死を招く」とするのである。

　以上のような『蝦蟇経』と『太平経』の例を道教医学文献としようとしても、絶対的な証拠が足りない。しかし、道教医学確立の初めには、方士医学からいくばくかのものを吸収したことは疑う余地がない。先に言及した導引、服食、房中術はみな方士から始まり、道教が発展させたものである。医薬方面では、病因学、診断学、本草学は無論のこと、臨床治療学や道教医学などもまた、方士医学と明確な伝承関係がある。

　おわりに、方士医学、道教医学、正統中国医学の発展の過程を、整理して図（次頁）にしておく。

　おおよそ春秋戦国時代、方士が次第に巫覡に代わって歴史の表舞台で活躍し始めた頃、巫術医学は方士医学に席を譲った。文摯や扁鵲は初期方士医家の代表人物と見なすことができる。方士医学は部門も多数あり、学派の系統も複雑であるが、両漢の間に初期道教が興起した際、初期道教徒と神仙方士は同調し、錬養と服食の経験をたがいに結合させ、自分たちが養生長寿を追求する以外に、人々に治療を施した。このことは、たとえば『列仙伝』中の売薬をしながら治療をした仙人たちを見ればわかることであるが、これを道教医学の雛型と見なしてもよい。後漢の中晩期、初期道教が急速に発展したとき、医薬は宗教が信徒を取り込む重要な手段となった。『太平経』は道教医学体系の枠組みを構築し、五斗米道、太平道、あるいはその後の天師道の教主たちによる医薬活動は、さらに一歩進めて道教医学の基礎を固めた。漢末から魏晋にかけて、士大夫層が医薬の領域に進出するにともなって、医学はもはや方士の専売特許ではなくなり、医薬体系も大きく様相を改め、基礎

第Ⅲ部　医学と養生学　第一章　医・道同源：道家・道教と中医薬学

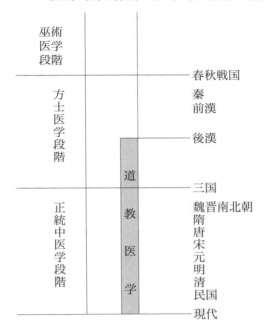

図-2　方士医学、道教医学、正統中医学の発展過程

医学と臨床医学理論は次第に完成されていった。ここに至って方士医学は、その歴史的使命を終え、医学史は正統中国医学の段階へ進んでゆき、後世「医聖」と尊称される張仲景が正統医学の開祖となったのである。

四　小結

理由はわからないが、多くの医学史の専門書は先秦から両漢医学の達成に言及する時、〈方士医学〉という語をできるだけ避けようとするし、たとえ使われてもその含義は非常に限定的である（『道教学探索』1995-9）。馬伯英『中国医学文化史』の第７章は「方士文化と経学・讖緯を背景にした医学」というタイトルが掲げられているが、その冒頭で戦国以来の方士医学集団の形成が次のように専門的に説明されている。

『黄帝内経』は、先秦哲学と医学の実地経験とが結合した結晶である。しかしそれは、『黄帝内経』が先秦時代にすでに完成されていたということではないし、さらに、医学というものが医者の職業として広く社会に普及していたということを意味するものでもない。先秦文化の非常に重要な実践方式として、自然科学部門のすぐれた実践者はほとんど最終的には方士の隊列に加わった。だから医学は、方士の手の中にあったのである。方士は少なくとも医者であった。方士文化が医学に与えた影響には深いものがある。重要な医学の著作と著名な医者たちとは、方士文化と密接に絡まり合っていたのである。

　馬氏のこの議論はすこぶる妥当である。本節の冒頭（280頁）で引用した許倬雲が云う通りであって、方士は戦国秦漢時代は知識分子階層に属し、彼らは技術者としての人材集団であった。それゆえ先述した文摯、扁鵲、下っては倉公、華陀といった有名な医者を〈方士医〉と称し、『黄帝内経』『難経』『神農本草経』などの一連の重要経典を方士医学の成果としても、そこにはいささかも貶める意図はない。

第四節　道家思想の影響下における中国医学理論

　陳寅恪の「道家と医家は古代より不可分」の説（『金明館叢稿初編』）は、医と道の関係を鋭く開示している。なぜ分けられないかというと、両者の哲学がかなりの程度一致しているからである。本節では『黄帝内経』の学術思想を研究対象にして、道家思想が中医薬理論体系の形成に与えた影響を探ってみる。

　『黄帝内経』は、黄帝と岐伯たちのとの問答形式によって医学上の問題を議論している。この書が扱う内容は非常に広く、人と自然、社会との関係という基盤に立って、人体の生理、心理、病理、そして疾病の予防と治療などに関する体系的な議論を展開している。『黄帝内経素問』は、臓腑、経絡、

病因、診断法、治療の法則などを包括的に論じ、『黄帝内経霊枢』の方は、経絡臓穴、鍼具、刺法などに重点が置かれている。『黄帝内経』は中国の医学理論体系を初めて樹立し、その発展の基礎を定めたので、中医経典のなかでは「衆経の祖」の地位にある。

この経典の成立年については種々議論があるが、全体を流れる主要な思想的特徴は次の３点にまとめうる。(1) 本書は、黄老思想が医学の領域において派生的に発展したものである。(2) 体系化された陰陽五行説を採用して医学の問題を明らかにしている。(3) 煩瑣な天人合一論を尊重している。従って本書は、一人一時の作ではないにしても、その根幹部分は秦末漢初の黄老家の手から出たものであるはずである。以下、章を分けてそのことを論じよう。

一　黄老思想の医学領域における発現と発展

黄老は道家の分派で、戦国期に起こり、前漢期に栄えた。黄老家は黄帝、老子を拠り所として道を尊び、「虚無を本として因循をはたらきとし」て、秦末漢初、黄老思想は文・史・哲・医・天門暦算の各分野に深く浸透した。『黄帝内経』は巻頭で「むかし黄帝は生まれながらにして神霊であり、嬰児の時からものが云え、童児になって礼儀正しく、長じては聡明、修行が完成して天に昇った」（上古天真論）と述べるが、これが黄老家の手になることは疑いを容れない。

伝説では、家屋、河図洛書、衣装、舟、車、弓矢など、すべて黄帝の創作とされているが、医薬との関係を示すもっとも早い記述は、陽慶が淳于意に「黄帝扁鵲の脈書を授けた」というものである（『史記』扁鵲倉公列伝）。『漢書』芸文志になると、黄帝に仮託した書物がいっそう増えてくる。『黄帝内経』と『黄帝外経』以外に、『泰始黄帝扁鵲兪拊方』など100余巻もある。まことに「世俗の人はいにしえを尊び今を卑しむから、道を語る者は必ず神農や黄帝にかこつける」（『淮南子』修務訓）と云われる通りである。

秦末漢初の黄老家と医学家との関係を最もよく説明するのは、馬王堆三号

漢墓出土の簡帛文書であろう。そこには哲学、歴史、医学、天文、雑占といった分野の、30種近い諸文献が含まれているが、黄老と医書が大部分を占めている。黄老書としては、『経法』『十六経』『称』『道原』、そして『老子』（甲本、乙本）などがある。医書としては、『足臂十一脈灸経』『陰陽十一脈灸経』（甲本、乙本）、『五十二病方』『胎産書』ほか多数ある。これらの文書はすべて墓主（軑侯利蒼の子）一人の所有なので、墓主が医薬に通じた黄老家なのか、黄老説に精しい医薬家なのかは断定できないにせよ、医薬と黄老の関係が密接であったことは疑うことができない。ある研究者が次のように指摘しているのももっともなことである。「馬王堆漢墓の医書は、『導引図』『却穀食気篇』『養生方』『五十二病方』などを含めて、『老子』『黄帝四経』『周易』などと一緒に置かれていたことは偶然ではない。そのことは、道家学説と密接に関係していることを部分的に反映している。あるいはこれらは、道家学説中の養生術であった、と云えるかもしれない」。そこから、馬王堆簡帛を「前漢の道家学派の資料集」と位置づけるのである（陳松長「馬王堆漢墓帛書的道家傾向」『道家文化研究』1993-3）。

　『黄帝内経』では直接老子の名は現れないが、『老子』の言句や思想はしばしば引用されている。たとえば、「それゆえ聖人は已病を治さず未病を治し、已乱を治めず未乱を治める」という『黄帝内経』四気調神大論の一文は、『老子』第64章の「これを未有に為し、これを未乱に治める」を展開させたものであるが、これなど一例にすぎない。こう見てくると、『黄帝内経』が黄帝と老子を拠り所とした意図は明瞭である。以下、養生観と精気論の観点から、黄老思想が本経に与えた影響を具体的に分析しよう。

（一）精気論の基盤上に構築された生命観
　体系化された医学理論として、まず初めに生命現象の本質に対して合理的な解釈を提出する必要があったので、『黄帝内経』は稷下（戦国時代、斉で栄えた学問）の道家の精気論を医学の領域に導入し、さらにそれを敷衍して発展させ、中医理論全体の核心とした。

第Ⅲ部　医学と養生学　第一章　医・道同源：道家・道教と中医薬学

精気論は『管子』内業、心術、白心の諸篇、および『呂氏春秋』の先己、尽数、達鬱の諸篇に多く現れる。たとえば、

> およそ物の精は、集まると生命が生まれ、地に降ると五穀を生み、天に昇ると列星となり、天地間に流れると、それを鬼神と云い、胸中に入ると、それを聖人と言う。　　　　　　　　　　　　　　　　　（『管子』内業篇）
>
> 精気が集まると、必ず物に浸透する。鳥に集まると飛揚させ、獣に集まると走行させ、珠玉に集まると晴朗にさせ、樹木に集まると繁茂させ、聖人に集まると聡明にさせる。　　　　　　　　　　　　　　　（『呂氏春秋』尽数篇）

　『黄帝内経』はこれらの説を継承し、万物はすべて気の集合によって生まれるとし、その霊蘭秘典論篇には精気に関する記述がある。しかし、医学の専門書としての『黄帝内経』は、生命現象の論述において『管子』の諸篇をいっそう深化させている。「精は生の根源である」（『素問』金匱真言論篇）、「人が生まれる時にはまず精が形成され、精が成ると、脳髄が生じる」（『霊枢』経脈篇）などと、精気論をたくみに人体発生学に転用している。

　『黄帝内経』は、気を生命活動を維持する根本物質として、そのはたらきと所在を考え、さらに真気、宗気、営気、衛気など数十種に細分した。たとえば、「真気とは天から受けて穀気とともに体を充たすもの」（『霊枢』刺節真邪篇）、「気のルートは12経脈、365路あって、気はそのルートに沿い顔面に上って空竅（くうきよう）（目や耳などの穴）を走る。その精陽の気が目に走ると見る機能が生まれ、その別気が耳に走ると聴く機能が生まれ、その宗気が鼻に出ると臭う機能が生まれる」（『霊枢』邪気蔵府別形篇）。また、「営衛は精気であり、血は神気である。ゆえに血と気は名はちがうが同類のものである」（『霊枢』営衛生会篇）とあり、「肝は血を受けて見ることができ、足は血を受けて歩くことができる」（『素問』五臓生成篇）と云われるから、すべての臓器の機能と活動は気のお蔭ということになる。

　『管子』と『呂氏春秋』はみな精気の運動性に留意はしている。しかし両

309

書とも、身体の動きが精気を流動させるとするに止まっているのに対して、『黄帝内経』はさらに一歩進め、精気自体が昇降出入の運動をするとする（『素問』六微旨大論篇、五常政大論篇など）。

　気は生命の本質であった。ゆえに疾病の発生は、「百病は気より生じる」（『素問』挙痛論篇）とあるように気のはたらきの異常と関係がある。『呂氏春秋』でもすでに気の塞がりが病を招くと述べられているが、しかしまだ部分的であった。それに対して『黄帝内経』では、「気が相得れば和し、相得なければ病む」（五運行大論篇）などと全体的である。また、気の病に虚実があるとするだけでなく、過度の喜怒哀楽もまた気のメカニズムを紊乱させるとしている。たとえば、「怒れば気が上り、喜べば気が緩み、悲しめば気が消沈し、怖れると気が下り、寒いと気が収縮し、暑いと気が漏れ、驚くと気が乱れ、思い悩むと気が結ぼれる」（『素問』挙痛論篇）。

(二) 清虚無為の養生論

　道家の養生の道は、老荘の「全神」を最上とする立場から、黄老家の「形神兼重」へと展開してゆき、その修養法に違いがあるとはいえ、指導的理念は終始、『荘子』天道篇に云うところの「虚静恬淡（てんたん）、寂寞無為」から離れることはなかった。要するに、「恬淡無為」「和順自然」「以嗇（吝嗇）養生」の３条に総括できる。『黄帝内経』も養生の問題は充分重視しており、『素問』冒頭の３篇、すなわち、上古天真論、四季調神大論、生気通天論篇はすでに養生の総則になっているが、全編いたるところに養生の論を認めうる。その本旨は黄老思想の範囲を出るものではない。

　1. 恬淡無為でその神（しん）を養う

　身体を全うしようとすれば先ず精神を養う必要がある。ゆえに養生家は「最上は精神を養うこと、その次に身体を養う」（『淮南子』泰族訓）と云った。老荘の多くの言説は、養神のために指導的な理論を提供している。老子は云う、「谷神は死せず」（第６章）、荘子は云う、「神が完全なものは聖人の道である」（天道篇）。『呂氏春秋』にも云う、「精神が身体に安住すれば、長寿を

得ることができる」(尽数篇)。

老荘と同じように『黄帝内経』も「神を得る者は栄え、神を失う者は亡ぶ」(『素問』移情変気論篇)と述べて、精神を内に収めることを強調する。老荘では思想上のポイントを恬淡無為に置く。「純粋にして混じり気がなく、静かにして集中し、恬淡として無為、動きは天を手本とする、これが神を養う道だ」と荘子は云ったが(刻意篇)、これは『黄帝内経』においても実行されるべき養生哲学であった。「聖人は無為のことを為し、よく恬淡であることを楽しみ、欲望と快楽を虚無を守ることに振り向ける。それゆえに寿命は天地とともに無窮となる。これが聖人の身の修め方である」と云う(『素問』陰陽応象大論篇)。また上古天真論篇では、真人、至人、聖人の順にそれぞれの無為恬淡のあり方が描かれている。これは『荘子』の議論と若干の違いはあるものの、恬淡無為をモットーにするのは、やはり医学の領域における老荘学説の展開と云える。『黄帝内経』は、養生において道との一体化を強調するが、これもまた老荘の云う自然の道にほかならない。著名な道教研究家・潘雨廷は、後世、老子の影響を受けたものとして『黄帝内経』と『荘子』の２書を挙げている(「黄帝内経与老荘」『道家文化研究』1994-4)。

2. 自然に和順してそのからだを摂生する

『老子』第25章に云う、「人は地に法(のっと)り、地は天に法り、天は道に法り、道は自然に法る」と。自然に和順する養生思想は、『黄帝内経』の全体を貫通しているが、ここでは『素問』四気調神大論篇から引いておく。

> そもそも四季と陰陽は万物の根本である。ゆえに聖人は春夏には陽を養い、秋冬には陰を養ってその根本に順従する。根本に従うから、生まれ長じる生命の門に万物とともに浮遊できる。その根本に逆らうと、その本を切り、その真を壊すことになる。ゆえに陰陽と四季は万物の終わりと始まりであり、死生の本なのだ。これに逆らえば災害が生じ、これに従えば病気にもならない。これを道を得るという。

3. 養生は吝嗇(りんしょく)を尊ぶ

　老子は、慈愛と倹約と先頭に立たないという3つを「三宝」と呼び（『老子』第67章）、「人を治め天に仕えるには吝嗇以上のものはない」と云った（『老子』第59章）。ここで云う「吝嗇」とは、たくさん仕舞い込み、使う場合には倹約するという意味である。だから老子は、「外面は飾りをなくし内面も質朴さを抱いて、私心や欲望を減らす」ように人に教えた（第19章）。これが養生ということになると、『黄帝内経』は吝嗇を収斂の意味に敷衍し、たとえば「酔って寝室に入ってその精を使い果たす」ことを戒め（上古天真論篇）、欲望の赴くままの恣意放縦を養生の大禁忌とした。だから正しい養生法は、神気を収斂して放出せず、飲食には節度があり、起居は規則正しく、寝室では節度があることが求められる。

　感情の調和もまた重要な養生法である。「喜怒をほしいままにすると臓器を傷め」るので（『霊枢』百病始生篇）、「智者の養生の肝要は喜怒の調和にある」ことになる（『霊枢』本神篇）。また、感情の動きは四季に順応することが求められ、たとえば秋には「神気を収斂し、気持ちを外に出さない」ことが強調される（『素問』四時調神大論篇）。総じて神気を収斂することによってはじめて、「心が和(なご)み精神は集中し、魂魄も飛散せず、後悔や忿怒は起こらず、邪気は五臓に進入しない」結果がもたらされる（『霊枢』本蔵篇）。

　人の生命活動は五穀の滋養と切り離せない。しかし過度の飲食はもとより有害無益である。毎日の起居においても、過労や過度の逸楽はよろしからず、「長く見ていると血を損ない、長く寝ていると気を損ない、長く座っていると肉を損ない、長く立っていると骨を損ない、長く歩くと筋を損なう」（『素問』宣明五気篇）。また、房事過多は腎の精を損なう（『霊枢』邪気臓腑病形篇）。結局のところ、身を治めるには吝嗇が根本になる。

（三）病を治すは国を治めるが如し

　黄老の学の本質が政治への奉仕にあったことは、「君人南面の術」（『漢書』芸文志）とある通りである。黄老の学の医学領域への延長として『黄帝内

経』は、直接黄老の治国思想を臨床の指導と疾病の予防とに応用しようとした。『霊枢』師伝篇に云う、「そもそも民を治めることと自分を治めること、彼を治めることと此を治めること、小を治めることと大を治めること、国を治めることと家を治めること——この順序を逆にしてよく治められたためしはない。ただ順というものがあるのみである。順とは、たんに陰陽脈論や気の逆順だけでなく、人民はみなその気持ちに順うことを欲しているのである」。ここでは、医療の実践活動を直接社会の政治レベルまで引き上げようとしている。

1. 心（臓）を尊ぶ

『黄帝内経』はこう考えている。五臓の生理機能にはそれぞれ役割があるが、心は人体の一切の生命活動の主宰者であり、すべての臓器のなかで最高位の地位にいる、と。たとえば『素問』霊蘭秘典論篇に云う、「心は君主の官であり、そこから神明のはたらきが出てくる」。また云う、「ゆえに君主が聡明だと下の者も安心する。この考え方で養生すれば人は長命になり、天下はおおいに栄える。主君が愚かだと、十二官も危うく、道は閉塞して通じないようになるから、身体も損傷する。この考え方で養生すれば人は災いに遭い、天下はその大本が危うくなる」。

五臓のなかで心を重視する考えは、実は黄老家にもとづいている。『管子』心術上篇の次の記述は、『素問』霊蘭秘典論篇と相互に参照しあうべきものである。

> 心の身体における位置は君主の位である。九竅（目、鼻、口などの穴）にそれぞれのはたらきがあるのは、官吏の職分である。心がその道に従っておれば、九竅も道理に依拠する。ところが欲望が横溢すると、目は物を見ようとせず、耳は声を聞こうとしない。ゆえにこれを、「上がその道を離れると下はその任務を失う」と云うのである。

このように『管子』心術篇では、黄老家が好んで云う「君主が無為で臣下

が有為」という治国の道を強調するので、君主の心がけとしては、体における心臓がそうであるように「無為にして竅を制御する」べきだと考える（上引、心術上篇の解の部分）。この点は『黄帝内経』の云う「君主が聡明だと下の者も安心する」考えとはたしかにある程度の相違はあるが、しかし心は無欲であるべしとするところは一致する。

心の地位はかくばかり高いので、『霊枢』邪客篇には以下のような心は邪気を受けないとする説がある。心が邪気に犯されたと見えても、それは心の包絡（中医でいう心臓を包む膜のようなもの）が代わりに受けたものとするのである。

> 心は五臓六腑の大主人であり、精神の宿り場所である。その臓器としての作りは堅固で、邪の入りようがない。邪の侵入を許せば心が傷なわれ、心が傷なわれたら神が去り、神が去ったら人は死ぬ。故にもろもろの心にある邪は、実は心にあるのではなく包絡にある。包絡というのは心の主脈である。

2. 微を防ぐ

事態が大きくならないうちに手を打つ、というのは老子の思想である（『老子』第64章）。『管子』六親五法篇にも、「ただ有道の者だけが災難の現れる前に備えができる」とある。治病と治国は一理であったが、その文脈のなかで未然に防ぐ思想を述べた下りが『鶡冠子』世賢篇にみえる。魏の文侯が扁鵲に、兄弟のうちで誰が一番の名医かと尋ねたのに対して扁鵲は、長兄、次兄、そして自分という順に答える。長兄は発病の前段階で治し、仲兄は未病と発病の間くらいで治すのに対して、自分は発病後、鍼や薬を使って治すので最下位だというのである。

『黄帝内経』は黄老家のことばを使って、一連の「未病を治す」観点を提起しているが、ここでは既引のものをもう一度挙げておく。

聖人は已病を治さず未病を治し、已乱を治めず未乱を治める。発病してから薬を処置し、乱が発生してから治めるのは、喉が渇いてから井戸を掘るようなものだ。
(四気調神大論篇)

このような「防微杜漸」(未然に手を打つ)の思想は、『淮南子』説山訓に次のように総括されている。「良医は常に無病の病を治す。だから彼には病気というものがない。聖人は常に無患の患を治める。だから聖人には災患というものがない」。

3. 本を求める

「本を失えば乱れ、本を得れば治まる」というのは『淮南子』泰族訓に見えることばであるが、これはまた『黄帝内経』の指導的思想であった。『素問』標本病伝論篇に、「標本(末と本)を知ればすべてが当を得るが、それを知らないのを妄行という」とあり、陰陽応象大論篇では、「病気を治すには必ず本を求める」と明確に指摘している。

このように治病には根本を把握することが重要であるが、ただ病気はその変化の過程で常に多くの新しい状況を出現させ、もとからある病の本来的な治療法の運用に影響を与えることがある。ゆえに『黄帝内経』では、根本の治療を強調するのと同時に、標(末、後発のもの)の治療も否定せず、「急ぐ時には標を治し、緩(余裕がある時)には本を治す」とも云われるのである。

『黄帝内経』は、標本・緩急といった理論において黄老思想を運用しただけでなく、「勢いに乗じて導く」「正を助け邪を除く」「平衡を調整する」といった原則もまた、黄老の治国戦略を医療実践中に具体的に反映させたものであった。

二 陰陽五行論による生命現象の解釈

陰陽五行思想は道家の創造ではなく、また、陰陽五行の観念を最初に医学の領域に導入したのもおそらく道家とは関係がなかろう。しかし、『黄帝内経』は、陰陽五行を核心として構築されたひとまとまりの生命体系であり、

そこに稷下の道、法、刑名、陰陽の諸家の影を見て取ることができるが、この陰陽五行論はまた、後世の道教教理体系の形成にとっても伏線となっており、道家から道教への変容過程において果たした役割は忽せにすべきでない。

(一) 陰陽学説

　陰陽説は『老子』にはただ1箇所、「万物は陰を背負い陽を抱き、沖気が両者を調和させている」(42章)と見えるのみである。陰陽説を広範に応用して自然と社会現象を陰と陽で整理したのは、ほとんど馬王堆出土の『黄帝四経』に始まる。その称篇に云う。

> そもそも、ものごとを論じるには必ず陰と陽によって大義を明らかにする。天は陽、地は陰、春は陽、秋は陰、夏は陽、冬は陰、昼は陽、夜は陰である。また、大国は陽、小国は陰、重国は陽、軽国は陰である。有事は陽、無事は陰、伸びるのは陽、屈するのは陰である。主君は陽、臣下は陰、上は陽、下は陰である。男は陽、女は陰、父は陽、子は陰、兄は陽、弟は陰、長は陽で小は陰である。貴は陽、賤は陰、達は陽、窮は陰である。嫁を娶って子を産むのは陽、喪うのは陰である。人を制するのは陽、人に制せられるのは陰である。客は陽、主人は陰、師は陽で召使いは陰である。与えるのは陽、受けるのは陰である。もろもろの陽は天に法り、天は正を尊ぶ。……もろもろの陰は地に法る。地の徳は安らかで静か、相手より先に態度を柔和にし、よく与えて争わない。

『黄帝内経』もまた陰陽を立論の根本としている。「そもそも四季・陰陽なるものは万物の根本」(四気調神大論)、「陰陽は、数としては十から百、百から千、千から万へと推し広げてゆけるが、万にもなるともう数えられない。しかしその要点は一つなのだ」(陰陽離合論篇)などと述べられている。「その要点は一つ」というのは、世界の万事、すべて陰陽の対立と統一によって

第Ⅲ部 医学と養生学 第一章 医・道同源：道家・道教と中医薬学

仕分けができることを述べており、これは前引『黄帝四経』称篇の「ものごとを論じるには必ず陰と陽によって大義を明らかにする」と符合する。それゆえ、陰陽応象大論篇にはこのように云うのである。「〈天地〉という概念は万物を上下で捉えたものであり、〈陰陽〉は血気ある男女に相当し、〈左右〉は陰陽を右行と左行のある道路の観点から捉えたもの、〈水火〉は陰陽のシンボルである。したがって陰陽は万物の起点である」。生まれて形が具わった人体というレベルになると、「陰陽から離れない」（宝命全形篇）のであるが、『霊枢』通天篇では、人間を太陰、少陰、太陽、少陽、陰陽和平の５種に分類している。そして、各器官、臓腑、手足、腹背、内外、さらに脈、薬物の性味に至るまで陰と陽に分類する（『素問』金匱真言篇、『霊枢』寿夭剛柔篇など）。

　事物がある一定のレベルに達すると、反対側に転化することがある。すでに『老子』に「曲がれば完全になり、ゆがめば真っ直ぐになり、窪めば一杯になり、破れると新しくなる」（第22章）と述べられているが、『黄帝内経』は陰陽論を使ってこの転化現象をより精しく解明している。たとえば、「物が生まれると、化せざるを得ない。物が極点まで達すると、変じるという法則に従わざるを得ない。この化と変にどうアプローチするかが、成功と失敗の分かれ目になる」（六微旨大論篇）。

　『黄帝内経』の陰陽論に対する最大の貢献は陰陽平衡理論の樹立である。これは、老子の「雌（メス）を守り柔を貴ぶ」思想や、また董仲舒の「陽を尊び陰を卑しむ」思想とも異なって、陰と陽を平等に扱い、「陰が内にあれば陽がそれを守り、陽が外にあれば陰がそれを使う」（陰陽応象大論篇）と云うように尊貴の区別をつけない。陰と陽は互いに助けあい支えあい、陰と陽のどちらか一方が過度になったり不足したりすると、それが発病の原因になる。したがって、陰陽の平衡が取れている人（平人）が健康ということになる。そういう人は身体が健康であるだけでなく、精神も常にゆったりとして平静で、人と争わず、変化に身を任せている（『霊枢』通天篇）。発病の原因はすべて陰陽平衡の失調に由来するので、治療法としては、陰陽偏勝（どちらかが過

度に優勢）の実証に対しては「その余りあるを損ら」し、陰陽偏衰の虚証に対しては「その足らざるを補う」のである。

　このような『黄帝内経』の陰陽調和の思想は、黄老道家とかなり通じるところがある。たとえば『呂氏春秋』重己篇では、初歩的ながらバランス失調の危険性についてこう述べられている。「部屋が大きいと陰が多く、土台が高いと陽が多くなる。陽が多ければ蹶（けつ）（気の逆上）を病み、陰が多いと痿（い）（しびれ、なえ）を病む。これらは陰陽のいずれかが度を超えているがゆえの災いである」。『淮南子』が次のように云うのは、『黄帝内経』の「陰陽は互いの根本になり、互いに消長しあう」とする理論と合致している。「天と地が誕生して、陰と陽が分かれた。陽は陰より生まれ、陰は陽より生まれる。陰と陽が交錯しあって四維（宇宙の四隅）が開け、生まれたり死んだりして万物が成長する」（天文訓）。

（二）五行論

　五行の起源やその原義については多くの議論があって決着を見ていないが、確実に云えるのは、戦国時代以来、五行と五方、五味、五色などの配当関係の基本はすでに決まっていたという事実である。ただ、五臓の五行への配当先については最も異論が多い。五行を人体と関係づける議論の初見は以下の『管子』水地篇である。

> 人間は水である。男女の精気が合一して形ができる。三月たつと咀（そ）（口中で食物を嚙み砕いたようなもの）ができる。咀とは何か。五味のことである。五味とは何か。五臓のことである。酸味は脾臓を主（つか）さどり、塩味は肺を主さどり、辛味は腎を主さどり、苦味は肝を主さどり、甘味は心臓を主さどる。五臓が備わったあと、五内が生じる。脾臓は膈膜を生じ、肺は骨を生じ、腎は脳を生じ、肝臓は革を生じ、心臓は肉を生じる。五内が備わったあと、九竅（きょう）（あな）が開く。脾臓は鼻を開け、肝臓は目を開け、腎臓は耳を開け、肺臓は口を開け、心臓は下の竅を開く。

『管子』は五臓と五行の関係を総括して、脾―木、肝―火、心―土、腎―金、肺―水、としている。『呂氏春秋』十二紀篇の説はそれと少し異同があって、春３ヶ月は脾臓、夏３ヶ月は肺臓、秋３ヶ月は肝臓、冬３ヶ月は腎臓、中央の土には心臓を、それぞれ先に供えて祭るとしているから、五行の対応としては、脾―木、肺―火、心―土、肝―金、腎―水、となる。『淮南子』時則訓はこれと同じであるが、地形訓の対応は以下のように少し異なっている。

東方―目、筋気、蒼（青）、肝、木
南方―耳、血脈、赤、心、火
西方―鼻、皮革、白、肺、金
北方―陰、骨幹、黒、腎、水
中央―口、膚肉、黄、胃、土

『黄帝内経』の五臓、五体、五竅と五行の対応関係もこれとほぼ同じであるが（中央の胃が脾）、病、味、穀物、星、音、数、臭まで配当されている（金匱真言篇）。

戦国時代に鄒衍(すうえん)が五徳終始説を提起して以降、五行相生説は一種の政治学説になった。上引『管子』『呂氏春秋』『淮南子』地形訓の３書における五臓・五行の配当モデルのなかで、肝―木、心―火、脾―土、肺―金、腎―水モデルの出現がもっとも遅く、かつ同じ『淮南子』でも時則訓と地形訓の説が異なっているので、心―火というモデルの出現は後漢の光武帝が赤伏符によって受命し、火徳を国運としたあとのことであり、『淮南子』地形訓の、肝木、心火、胃土説は後人による改変だとする学者もいる（田樹仁「両漢改制与心属火的演変」『中国医薬学報』1989-3）。『黄帝内経』の各篇の成立時期はたがいに異なっており、後人による増補も少なくないので、単に『黄帝内経』の記述から、後出の『黄帝内経』が後漢に流行した肝木、心火、脾土の政治モデルを襲ったのか、あるいはすでに存在していた原医学系統の五行・五臓モデルを参照したのか、結局のところ断定するのはむつかしい。

後漢以前、医学上の五臓・五行のモデルと政治上の該モデルとはたしかに

違いがあった。『礼記』月令篇の脾木、肺火、心土、肝金、腎水説に対して鄭玄の『駁五行異義』はすでに次のように指摘している。「いまの医学の治療法は、肝木、心火、脾土、肺金、腎水とし、これに従えば病気は治るとしている。……」。これにさらに『史記』扁鵲倉公列伝の関連箇所を繋ぐと、前漢の初期の医学にはすでに『淮南子』地形訓や『黄帝内経』と一致する五行・五臓理論が存在していたことが証明できる。

淳于意が斉の中御府長を診察した時、「腎はもとより水を主とする」と述べているが、これは『管子』水地篇とは異なるものの、『呂氏春秋』や『淮南子』地形訓とは一致する。また彼は、斉の丞相舎人のしもべの顔色から「脾気を傷めている」と見立て、その病気の進行を次のように予測した。「脾気が五臓にあまねく乗り、患部と交錯すると、傷めた脾気の色が顔に現れてくる。この患者を望診(四診の一、体表に現れたもので診断)すると生気のない黄色を呈しており、近くで見ると青白いムシロの如くである。医者たちは大きな虫を病因として、脾気を傷めていることに気がつかない。春になるとこの病気で死ぬのは、胃の気は黄色で、黄色は土の色、土は木に勝たない、だから木が配当される春に死ぬのだ」。結局、患者は彼の見立て通り春になって死ぬのであるが、ここでは脾(胃)の色を黄とし土に属すとされている。これは明らかに『呂氏春秋』の心を土とする説とは合わず、『淮南子』地形訓の説と符合している。文中、「脾気を傷めている。……土は木に勝たない、だから春に死ぬ」とあるのはまた、『素問』蔵気法時論篇の「病は脾にあり……春にひどくなる」と一致する。

このように見てくると、肝木、心火、脾土、肺金、腎水という配属は本来医家のもので、『淮南子』以来道家に吸収され、後漢の改変によって心火説は、医学と政治が共通して遵守する五行モデルとなり、後発の道教およびその内煉理論はこのモデルの基礎上に構築されたことになってくる。

三　天人関係

天人(自然と人間)関係は古い哲学的命題であり、先秦の儒・道・法・

第Ⅲ部　医学と養生学　第一章　医・道同源：道家・道教と中医薬学

墨・刑名の諸家、そして農家、兵家もみなそれぞれ自説を開陳しているが、『黄帝内経』の天人観念は最も多く黄老道家の影響を受けている。

(一) 人と天地の相互関係

　『黄帝内経』の天人に関する議論は、ある面では荀子と似ているところがある。たとえば『荀子』性悪篇に「よく昔のことを云う人は、必ず今のことに符節する（ぴったり合う）ものがある。よく天のことを云う人は、必ず人にその根拠を求める」とあるが、『素問』挙痛篇でも、「よく天のことを云う人は、必ず人で検証する」と述べられている。また、『荀子』天論篇に「本を強化して用を節約すれば、天が貧しくなることはあり得ない。備えを蓄え時宜にかなった動きをすれば、天が病むことはあり得ない。道を修めてブレなければ、天が災いを降すことはあり得ない」とあるが、『霊枢』玉版篇には疾病の原因について、「天から降ったものでもないし、地から湧き出たものでもない。わずかなものの蓄積による」と述べられている。ここから、『黄帝内経』でいう〈天〉は疑いなく自然で、客観的で、意志のない天であることがわかる。ただ、『荀子』の立論の根本が「天人の分（自然と人間は別々の存在）を明らかにする」ことにあるのに対して、『黄帝内経』は「人と天地は互いに関係し合う」という立場であって、分（『荀子』）と合（『内経』）という截然とした違いがある。

　人間は天地を手本とするというのは『老子』に述べられているが（第25章）、黄老道家はさらに一歩進めた「天人相合」の観点を提起した。たとえば、

　　天下に王として君臨する者の道は、天があり地があり人がいるというこの三者を交えて使うことだ。そうすることで天下を保有しうる。

　　　　　　　　　　　　　　　　　　　　　　　　（『黄帝四経』経法篇）

　『黄帝内経』はこの立場を継承して、そこから「人と天地は相互に関係し

あい、日月と相互に対応する」(『霊枢』歳露篇)ものだと主張した。

　天人理論を人体の生理と病理、養生保健に具体化することにおいても、黄老道家の議論は『黄帝内経』と一致している。たとえば生理の方面でいえば、『淮南子』精神訓の「人間の頭が円いのは天に象り、足が四角なのは地に象る……」以下の記述は、『霊枢』邪客篇の「天は円く地は方形であり、人の頭が円く足が四角なのはそれに対応している……」以下とほとんど変わらない。

　疾病の発生に関しては、『淮南子』地形訓の「八紘(大地の八方の果て)の気から寒暑が生まれ、それが八正(夏至、春分、立春など八つの節気)と結合すると必ず風や雨になる」や、同・氾論訓の「風気は陰陽があい接触して生じるもので、それに遭う者は必ず病気になる」などは、『素問』八正神明論篇の「八正の虚邪の気」、同・風論篇の「風は百病を引き起こす最たるものであり、体内に侵入すると変化してほかの病気を引き起こすが、そこに一定の法則がない。しかしすべて風気が招いたものである」などのモデルになった理論である。養生の方面では、『淮南子』は天地の和気に順従することを求めるが(氾論訓、精神訓など)、『素問』宝命全形論篇でも「四季の変化に対応できる人は、天地を自分の父母としているからだ」とあり、『素問』陰陽応象大論篇ではその養生法として、「ただ賢人だけが上は天を規範として天の形に似た円い頭を養い、下は地に象って地の形に似た四角い足を養い、その中間では人事に沿って五臓を養う」と述べている。要するに、「必ずその歳気を優先して天の和を損なわない」(『素問』五常政大論篇)ということであり、魏啓鵬の総括によれば以下のようになる。「黄老の学の指導のもとに、中国の古典医学はすでに意識的に天・地・人が参与する自然世界の統一性を強調するようになっており、それを規範として人体の生理と病理のメカニズムを理解し把握し、また医学認識論の重要な原則としたのである」(「馬王堆古佚書的道家与医家」『道家文化研究』1993-3)。

(二) 順天の道

　『黄帝内経』中の〈天〉は、主として客観的で無意志の自然を意味していることについては先述しておいたが、『黄帝内経』は黄老家と同様、天の道に順うことを主張してそれに逆らうことに反対する。『荘子』天運篇に「天に六極五常があり、帝王はこれに順えば治まり、これに逆らうと凶になる」とあるが、『黄帝四経』十六経篇にも「天に順う者は昌え、天に逆らう者は亡ぶ」と見え、『黄帝内経』もまた治病のみならず、「統治において天の規範に法らず、地の道理を用いなかったなら、災害がやって来る」（陰陽応象大論篇）と、同じ訓戒を反復している。

　この順天思想は『黄帝内経』の全編を貫いていて、『素問』七篇大論が論及する五運六気理論は、とりわけ時、気象、物候（その時期の事物の状態）などと医学との関係を研究した本家であるが、ここでは紙数の関係もあって四季と人体生理、病理、それに治療法との関係を略述するにとどめる。

　『黄帝四経』はすでに、「四季の運行に順わないと民は病む」（経法篇）などと四季に順応することの重要性を説いているが、『黄帝内経』でも「春は生じ、夏は成長し、秋は収め、冬は蔵するのが気の常であり、人はそれに順応する」（『霊枢』順気一日分為四時篇）と述べ、さらにより詳細に、時令の違いに応じて人の生理現象も異なってくるとしている。たとえば「正月二月、天の気は初めて発生し、地の気は初めて発揚し、人の気は肝にある。三月四月……」（『素問』診要経終論篇）。

　このように「五臓は四季に応じてそれぞれを受けとめる臓が違う」（金匱真言論篇）だけでなく、脈象（脈の速度、強弱、深浅などの状態）もまた四季によって異なっている。

　　春の脈は上に浮き、あたかも魚が波間に遊ぶよう。夏は皮膚にあり、豊かにあふれて万物が繁茂しているよう。秋は皮膚の下にもぐり、虫が穴に蟄居しようとするよう。冬は骨に沈み、虫がびっしり蟄居し、君子が部屋に籠もるよう。
　　　　　　　　　　　　　　　　　　　　　　（『素問』脈要精微論篇）

のみならず、一日のうちにも四季の区別があって、生理の変化に相違がある。朝は春、日中は夏、日が入ると秋、夜半は冬である。
（『霊枢』順気一日分爲四時篇）

朝には人の気が生まれ、日中には陽気が盛んとなり、日が傾くと陽気は虚となって気の門は閉まる。
（『素問』生気通天論篇）

「四季の気はそれぞれ形を異にしているので、百病はそれぞれに発生するところが違う」から、疾病の発生も四季によって同じでない。

春の気では病は頭に発症し、夏の気では病は臓に発症し、秋の気では病は肩と背に発症し、冬の気では病は四肢に発症する。ゆえに春は鼻が塞がりやすく、仲夏（陰暦5月）はよく胸脇を病みやすく、長夏（陰暦6月）は臓腑の寒証を病みやすく、秋はよく風症を病みやすく、冬はよく手足のしびれを病みやすい。
（『素問』金匱真言論）

かくして、養生と治療では四季に順応することが特に重要なことになってくる。

聖人は春夏には陽を養い、秋冬には陰を養ってその根本に従い、万物とともに生の門にゆったりと遊ぶ。根本に逆らえばその本源を断ち切り、その真を壊してしまう。
（『素問』四気調神大論篇）

春は経絡を治療し、夏は経兪（ツボ）を治療し、秋は六腑を治療するが、冬は閉塞する。閉塞というのは、薬を用いて鍼を少なくすることである。
（『素問』通評虚実論篇）

　黄老思想の基盤の上に構築された『黄帝内経』は、単に中国医学理論体系の核心であるだけでなく、道教養生の内煉に対してもきわめて重要な指導的意味をもっていた。『黄帝内経』が『道蔵』に入れられた時期は大変遅かっ

たが、隋の楊上善以来、注釈家はみな医学と道教の双方から分析しており、医学史の研究者も『黄帝内経』を道教の主要経典の一つと見なしているのは実情に合っている（陳勝昆『中国伝統医学史』、21 頁）。

第二章 『太平経』：道教医学の綱領

『太平経』は初期道教の重要な綱領的著作である。全170巻、『道蔵』太平部に残簡57巻を収蔵するが、別に唐末の道士・閭丘方遠の節抄本『太平経抄』10巻も太平部に収められている。王明の考証によれば、『太平経抄』は、その甲部がのちに作られた道典『霊書紫文』『上清後聖道君列紀』に依拠して作為的に補われたものであるほかは、現存の『太平経』および敦煌本『太平経目録』とすこぶる一致するという（『道家和道家思想研究』、187～237頁）。170巻の『太平経』の全貌は見ることはできないが、癸部の17巻を除くその余の153巻の内容はだいたい保存されている（王明『太平経合校』、1960年、中華書局、を参照されよ）。

『太平経』の核心部分が漢代に完成されたことは、すでに湯用彤の「読『太平経』書所見」（『湯用彤学術論文集』、52～79頁）に精しく論じられている。また、初期道教の発生が両漢時代の災異思想および終末論の流行と密接に関係していたこともすでに指摘されている（姜生「原始道教之興起与両漢社会秩序」『中国社会科学』2000-6）。かくして、「皇天のために承負（先人の犯した罪過を後人が背負うこと）の仇を解き、后土（大地）のために承負の殃（災）を解き、帝王のために承負の戹（厄）を解き、百姓のために承負の過（過失）を解き、万二千物のために承負の責を解く」（『太平経』巻37、五事解承負法、合校本57頁）ところの『太平経』は、世運に応じて現れたのである。

両漢の災異思想と終末論の流行のさまは、「洪水と災火が起き、人民を根こそぎ持って行こうとしております」という、前漢末、哀帝の治世時に夏賀良などによる上奏文に云う通りである（『漢書』李尋伝）。これは当時災厄が方々で発生し、人心が動揺していたことの客観的叙述である。水火と戦乱が人民に惨禍をもたらしただけでなく、疫病の大流行によって死者もまた多数に上った。次に、『後漢書』五行志から後漢の伝染病流行の一端を見てみよう。

安帝元初6年（119）夏4月、会稽に疫病大流行。

延光4年（125）冬、京都（首都洛陽）に疫病大流行。

桓帝元嘉元年（151）正月、京都に疫病大流行。2月、九江、廬江にまた疫病流行。

延熹4年（161）正月、疫病大流行。

霊帝建寧4年（171）3月、疫病大流行。

熹平2年（173）正月、疫病大流行。

光和2年（179）春、疫病大流行。同5年（182）2月、疫病大流行。

中平2年（185）正月、疫病大流行。

献帝建安22年（217）、疫病大流行。

このうち、建安末の大流行が最も悲惨であった（第Ⅱ部第二章166頁参照）。曹植の「疫気を説く」にこうある、「建安22年、癘気（伝染病）が流行した。家々に亡骸にとりすがって心痛する人々がおり、部屋ごとに号泣して悲しむ人々がいる。一門全部やられ、一族全部失った人々もいる」。張仲景の『傷寒雑病論』序の記述はすでに引いておいた（300頁）。災害が頻発し、疫病が流行しただけでなく、社会もいっそう不安定さを増していった。こうしたことは、当時なお草創期にあった道教に対して、世俗を超越する理想を示すだけでなく、現世での生を救済するための神通力を準備することを要求した。こうして自然な流れとして、医薬を施し病の痛苦を解消することが、初期道教にとって神通を顕現し法力を施して信者を吸引する重要な手段となっていった。

初期道教の何人かの重要人物は、医療活動に従事した経歴がある。『太平経』の最も早期の授受者である帛和と干（于）吉がそうであった。癩で苦しんでいた干吉は市場で薬を売っていた帛和から「素書二巻」を授けられ、これで病気が治るだけでなく長生も得られると云われる。これがつまり『太平経』で、干吉はこれによって健康を取り戻したあと、山上でこの経典を170巻に敷衍したという（『仙苑編珠』引『神仙伝』逸文）。別の文献では、「道士琅邪の干吉」は「符水を作って人々の病気を治した」とされている（『後漢書』

裴楷伝注引『江表伝』）。漢末魏晋時代には、初期道教徒たちは入り乱れるようにして医療を行なった。太平道の張角、五斗米道の張修、張魯などがそうである。彼らは信者に罪を告白させ、「符水呪説」で病を治した。やや遅れる李八百も、「鬼道で病を癒やした」という（『晋書』周札伝）。

　以上のような例は、初期道教における医薬の重要性を充分証明している。漢代の初期道教の経典中、独立した医学書が存在したとは断言できないものの、現存の『太平経』残簡と、「頗るその書有り」（『太平経』のこと）と云われた張角の符水呪説による治療法とを分析すると、『太平経』は世俗からの超越と治病という二重の目的を有していたことが知られる。「ただ疾を癒やすのみならず、あわせて世を度す」というのは、『太平経復文』に見える語である。

第一節　宗教医学体系の構築

一　三合相通の生命理論

　乱世を去り太平を致す『太平経』の救世学説は、陰陽五行が基礎になっている（たとえば『後漢書』裴楷伝に云う、「陰陽五行を以て家となす」）。そしてまた、『老子』の「道は一を生み、一は二を生み、二は三を生み、三は万物を生む」思想を継承し、漢代の道家の宇宙進化説を使ってその万物生成論を解釈した。『太平経』によれば、宇宙が混沌として未分の時に、すでにその中に陰陽が孕まれ育まれていて、まさにこの両者の相互作用によって万物が産生されるとしている（合校本678頁）。その陰陽のさらに先に元気が存在し、その元気から天ができ（一の段階）、そこから陰が分かれて地ができ（二）、陰陽が交合して人となる（三）という（同305頁）。このように「物は元気から始まる」（同254頁）から、元気は宇宙の本源である。

　このような元気説の基盤上に立って『太平経』は「三合相通」の生命理論を提起する。「三合」については、次のような『太平経鈔』の説明が精しい。

第Ⅲ部　医学と養生学　第二章　『太平経』：道教医学の綱領

　　元気には太陽、太陰、中和という三つの名がある。形には天、地、人という三つの名がある。天には日、月、星という三つの名があり、北極を中とする。地には山、川、平原という三つの名がある。人には父、母、子という三つの名がある。政治には君、臣、民という三つの名があり、そこで求められるのは太平である。この三を常に腹心に留めていささかも失わず、一憂でも共有して一緒に一家を作れば、たちどころに太平を実現し、長寿も疑いない。　　　　　　　　　　　　　　　　（同19頁）

　『太平経』のこの太陽、太陰、中和を三とする考え方は、董仲舒の陰陽刑徳理論の影響を受け、至る所で陽尊陰卑、陽善陰悪、陽生陰殺を強調してはいるが、しかしのその陰陽中和論は注目に値し、ここにその「三合相通」の鍵が存在する。それゆえ饒宗頤(じょうそうい)は、「中和は『太平経』のポイント」だと指摘したのである（『老子想爾注校証』、上海古籍版、61頁）。『太平経鈔』庚部に云う、「元気が自然に楽しめば、相ともに天地を生み、悦べば陰陽和合し、風雨も順調になる。風雨が順調になれば、ともに万二千の物を生む。……男女が楽しめば、心をひとつにして共に生み、成就しないものはない」（同647〜648頁）。さらに一歩進めて次のように云う。

　　元気は自然太和の気と相通じ、力を合わせ心を一つにするが、時に恍惚としてまだ形が生まれていない。三気が凝結して共に天地を生む。天地と中和が相通じ、力を合わせ心を一つにして、共に万物を生む。万物は三光と相通じ、力を合わせ心を一つにして共に天地を照らし明かるくする。……男女が相通じ、力を合わせ心を一つにして共に子を生む。三人相通じ、力を合わせ心を一つにして共に一家を治める。君臣民が力を合わせ心を一つにして共に一国を治める。これらは元気自然天地の授命に基づいている。万事はみな三が相通じてこそ道が成就するのである。

　　　　　　　　　　　　　　　　　　　　（同148〜149頁、三合相通訣）

このように『太平経』は、ただ「三合相通、并力同心」してこそ全宇宙は正常な秩序を獲得することができるとする。陰だけでは物を生めず、陽だけでは成長できないが、それだけでなく、事物の発展は陰陽双方の協調と統一に依存する。金正耀は、このような陰陽中和論の源流は『黄帝内経』の論理体系であり、『太平経』は全面的に『黄帝内経』の宇宙全体の調和思想を吸収したと指摘しているが、これはまったく妥当な見解である（『道教与科学』、51〜57頁）。これこそまさに『太平経』と医学との一致点にほかならない。
　天地人の「三合相通」からさらに一歩進めて『太平経』は、人体の精、気、神の「三気共一」論を展開する。

　　三気は一を共有している。それが神根である。一は精、一は神、一は気で、この三者が一位を共有していて、これらは天地人の気に基づいている。神は天より受け、精は地より受け、気は中和から受けたもので、おたがいに協力し合って一道をなしている。ゆえに神は気に乗って行き、精はその中に居て、三者が助け合って治を成就する。ゆえに長寿を求める人は、気を惜しみ、神を尊び、精を重んじるべきだ。　　　　（同728頁）

二　人体と天地のアナロジー

　『淮南子』や『黄帝内経』と同じく、『太平経』もまた、「天と人とは一体のもの、慎まないでおれようか」（合校本16頁）などと、天人相応の問題を論じる。ただ、比較して云えば、『太平経』のそれは神学的色彩が濃い。人体の四肢五臓はすべて天地にモデルを取っているとして次のように云う。

　　人が生まれる際、天地を内包して出てくる。頭が円いのは天、足が四角なのは地、四肢は四季、五臓は五行、耳目口鼻は七星三光——こうしたことは数限りなく、聖人だけが全容を知っている。人は生まれながらにみな陰陽を具え、日月が満ちると胞を開いて戸からこの世に出てくる。天地を観察してみるに、まだ崩壊せず永続するように見えるので、人は

先人の伝統を継承し、天が物を生むのを助け、地が形ある物を養うのを助けるべきだ。　　　　　　　　　　　　　　　　　　　　　　　（同36頁）

　陰陽五行は『太平経』の根本的理論であって、『素問』宝命全形論に「人が生まれて形が具われば陰陽から離れない」とあるのと同様、「人には五行があり、またおのずから陰陽が具わっている」と述べている（同336頁）。しかし『太平経』では、肝木、心火、脾土、肺金、腎水という、医学上の慣例に沿った五臓と五行の対応関係以外に、特殊な五臓関係を作り出している。たとえば、心を純陽の臓として天になぞらえ、脾を純陰の臓として地になぞらえ、心・脾を天・地になぞらえている（同426～427頁）。このような『太平経』の尊心思想は、実のところ『黄帝内経』に基づいている。すなわち、「心は君主の器官である。神明はここから出る」（霊蘭秘典論篇）、「心は五臓六腑の総元締めであり、精神の宿り場所である」（『霊枢』邪客篇）。これを承けて『太平経』に云う、「心は五臓の王、精神の根源、一身の至上なるものである」（同687頁）、「心は神聖にして純陽、五行の火である。火は動いて上に昇り、天と光を共有する」（同426頁）。

　『太平経』では五臓の配属として、それぞれ肝＝少陽、心＝太陽、脾＝中和、肺＝少陰、腎＝太陰とした上に、さらに八卦方位も取り込んでいる（同338～339頁）。この説は上に紹介した「心天脾地」とも異なり、ほかの医学文献にも見えないもので、これは道教特有の五臓体系と云える。

　また、人体の発育成長という面においても、『太平経』は独特の考え方をしている。

人が生まれて陰陽が具わるが、動静喜怒には時というものがあって、初めから牝牡（ひんぼ）の合（男女の交わり）を知っているわけではない。陰陽が生々のはたらきを主宰するからである。天道は三合して成るものだから、子供は生まれて3年で歩く。三三が九で、9歳で和の道が極まる。しかしまだ牝牡の合は知らず、精を放出したいという気持ちが起こらな

い。天数は五、地数も五、人数も五、三五は十五で、15歳で内なる気が動く。四五が二十で、20歳になると、四季の気と合一して精を放出したいという気持ちが起こってくる。というのも、四季は生を主宰するからである。五五が二十五で、25歳になると、五行の気が充足して自由に放出し、五六が三十で、30歳で気が強くなる。天は常に放出したいという念を催させ、それによって天と地、男と女の系統が通じて子孫の繁殖がもたらされる。しかし、その後30年でその役割は免除される。老いて衰えてきたら、房中の営みを停止する。天下の生きとし生けるものの中で、人間だけが純粋な天地の象形たり得ているが、他の生き物にはそれができない。 (同217～218頁)

ここで云われていることは、人は3歳で歩行、9歳で事理をわきまえ、15歳で発育が完成し、20歳で生殖機能が万全となり、25歳から30歳にかけてその生殖機能がもっとも旺盛となり、30歳以降は身体が次第に衰えはじめるから、30から60歳の間は欲望を節制して精を保つべし、ということである。これを現代人の成長過程と比べてみてもそれほど大差はない。とりわけ、20歳以降の性活力の記述は、現代の性科学の認識と一致する。

『太平経』は生と死の必然性について一定の認識を持っていた。「生まれた物にはみな終末がある。人が生まれたら死ぬのは天地の法則である」(同341頁)と述べ、また「天寿は120歳、地寿は100歳、人寿は80歳、覇寿は60歳、作寿は50歳」とも云う(同465頁)。ただ、寿命の長短の原因を巡っては、以下のように濃厚な天人相関的解釈の色彩を帯びている。

三正は東方から始まる。ここが天の起点になる。歳月は東北に極まる。ここが天極である。そもそも天寿は数の剛なるもの、東北は物の始め、1年の大数はここで終わる。ゆえに天寿の120歳は天に象ったものである。地は陰であり、常にもらい受ける存在であって、西北が陰の極まりである。陰は殺、陽は生、ゆえに亥は核であり、陰は西北の角に終わ

る。西北は地の司命、ゆえに地寿は100歳を得る。80、60歳は、陽が止まり陰が始まる立秋に当たる。秋は白気、白虎の活躍の時期、ゆえに覇命になる。50歳は、陽気が勢いよく上昇し、陰気が下で伏せている。ゆえに作命(ごめい)になる。これを過ぎて以降は、すべて無常命という。

(同465〜466頁)

　これだけでなく、『太平経』は人間が生まれた年月日時と寿命が密接に関連するとしているが（巻111、有徳人禄命訣)、これなど納甲星占のたぐいと云える。

三　宗教的病因論

　『太平経』の作者が本経を作成した動機として、「大道徳の君の為に、その承負と天地開闢以来の流災委毒の罪を解く」と述べられている（合校本86頁)。云うところの「承負」については、次のように説明されている。

> 「承」は前の意、「負」は後の意。「承」とは、先人が本来天の心を承けて行なったことなのに、自分では気が付かずに少しミスを犯し、それが時間の経過とともに累積していって、いま後人が罪もないのにその罪とともに災厄も背負うことになっていることを云う。ゆえに前（先人）を「承」、後（後人）を「負」と云うのだ。「負」は、災厄が誰か一君主によって治められるというのではなく、立て続けに発生するから、前後代わる代わる負うのでそう云うのである。「負」はだから、先人が後人に負わせることである。そのうえ病気もこもごもあい承負するので、災厄は根絶できない。
>
> (同70頁)

　このように『太平経』では、「承負」は災異があちこちで発生して社会が動揺する原因であるだけでなく、同時にまた、疫病が流行する最も根本的な病因だとしている。さらに次のように敷衍して云われる。

> いま承負のあと、天地間で勃発する大災害や、魔物や魑魅が引き起こす災難はひとつにとどまらないし、さらに風湿その他の疾病もあり、今の時代、蔓延する災害の多さは数え切れない。一人で百病や数十病を背負っている者もいる。　　　　　　　　　　　　　　　　（同 293 頁）

> 今の時代を生きる者は、先人の過ちを承負しながら、次第に自分も一緒になって道徳を壊し、それが積み重なった結果、天地と断絶して精気が通じなくなり、自己の命運も知らず、逆に四本足の動物と命運を共有してしまった。その結果、天地から憎悪され、鬼神や精気もそれによって助けてくれなくなり、無数の人が病み、落命が無期限に続いている。これは承負の大いなる咎だ。　　　　　　　　　　　　　　　（同 425 頁）

病因としては「承負」のほかに、道徳に背いた行ないも罹病の原因と考えられている。

> 真の道徳が多ければ正気も多くなり、人は病むことが少なく長寿になる。邪偽の文書が多ければ邪悪も増加して、人は多病になって長命を得られない。これは自然の法則である。　　　　　　　　（同 139 〜 140 頁）

疾病発生の具体的な原因という問題になると、『太平経』は秦漢医学の成果をかなり借用している。たとえば、

> 長期間、心配事で自分を苦しめ、憂いをお腹いっぱいに貯めるべきではない。それをすると、憂いの気が凝結して解けず、日夜お金を失わないかと心配して溜め息をつくばかり、そんなことでは長く命を保てない。そんなことをしていると、毎年病気に苦しめられ、ベッドから起き上れず、医者も手の施しようがない。気が凝結して解けないと、日ごとに弱ってゆき、飲食の量も少なく、消化も悪くなる。　　　　（同 617 頁）

第Ⅲ部　医学と養生学　第二章　『太平経』：道教医学の綱領

　これは精神的な憂患が疾病を引き起こすことを述べていて、初期症状としては食事の摂取量が少なくなるとしている。また、このようにも云う。

　　人が腹中に罪過の意識を抱いていると、顔面が赤くなるのは何故か。心は五臓の主である。主とは王ということである。王主は正道を執行する者であり、それなのに罪過を犯すと、天に告白せねばならないので赤くなる。驚くと顔面が青くなるのは何故か。肝臓は主人であり、人が憂えると、肝胆を苦しめることになって肝胆が怒りを発し、それが青として上に上がってゆく。　　　　　　　　　　　　　　（同 719 ～ 720 頁）

　これは『黄帝内経』の「内部にあるものは必ず外部に顕現する」という説に基づいている。このほか『太平経』では寄生虫が病気を引き起こしたり、苦痛を与えたりする様子についても記している（118 頁、378 頁）。その一方で、宗教書として『太平経』は病因の神秘性を強調し、そこから医学体系とは別種の宗教的病因論を提起している。たとえば、

　　しばしば頭を病む者は天の気が悦んでいないからだ。しばしば足を病む者は地の気が悦んでいないからだ。しばしば五臓を病む者は五行の気が戦っているからだ。……　　　　　　　　　　　　　　　　　　（同 23 頁）

　真人が尋ねる、「人はなにゆえにしばしば病気になるのか」。神人が答える、「肝臓の神(かみ)が身体から去り外を出歩いてしかるべき時に帰らないと、目が見えなくなる。心臓の神が身体から去ると、その人の唇が青白になる。肺臓の神が身体から去ると、その人の鼻が詰まる。腎臓の神が身体から去ると、その人の耳が聞こえなくなる。脾臓の神が身体から去ると、人の口から味覚が消える。頭の神が身体から去ると、くらくらする。腹の神が身体から去ると、腹の真ん中がひどく不調になって、消化ができなくなる。四肢の神が去ってゆくと、人は動けなくなる」（『三洞珠嚢』所引『太平経』、『道蔵』25-

303）。

　『太平経』の宗教的病因論は、道教の宗教治療学と宗教養生学確立のための基礎となった。

第二節　治病方

　『太平経』は天・人は一体と見なし、天人相応思考モデルによって一切の事物を捉えようとし、「天地が病むと、天地は人間も病気にしようとする」（合校本355頁）などと述べて、人間社会の疫病は上天の病症の鏡と考える。それゆえに「大徳の君主と臣下にその人を得て天の心に沿うことが、民を治め害を除く術だと知るべきだ」と強調するのである（同419頁）。『太平経』は「帝王のために災厄や病気を除去し、賢者のために病気を除去し、人民のために悪気を除去する」ことを自分の任務としているので（同413頁）、治療の方術は経典のなかで重要な位置を占めている。

　『太平経』の疾病治療論としては以下の3点に特徴がある。

　(1) 予防の重視：本文に云う、「中古以来、人が多く天寿を全うせずに死去してきたのは、心のあり方が愚昧でその根本を予防しないからである」と（同295頁）。

　(2) 総合治療：治療法は一端に偏らず、有効な方法があれば併用する。本文に云う、「易者、医者、鍼師、灸師、祭祀に長じた者、罪の審理に長じた者、鬼を透視できる者——これら7人にはそれぞれ治せる病があるから、7病を除去できるわけである」と（同293～294頁）。

　(3) 治療効果点検の重視：本文に云う、「10の病気を10例とも治すのは天神であり、9例治すのは地神である。人の力では8例を治すことができ、それ以下の治療法は採用すべきでない」と（同383頁）。この記述から神秘的色彩を取り除けば、『周礼』天官の「10全が最高、9全がその次、8全がまたその次……」の余りものといえるが、ここには『太平経』の効能重視の考え方が現れている。

以上の3点から、『太平経』が「死命を救う術はなおざりにすべきでなく、精しく究めねばならない」(同173頁)としていた事実を知ることができよう。以下、具体的にその治療方術を述べよう。

一　薬物療法

　薬物療法は主として巻50の「草木方訣第70」(植物薬)と「生物方訣第71」(動物薬)の2篇に見える。前者にはこう述べられている。

> 草木には神秘的な力があって役立たせることができるものがあり、それらを官位の草木という。効能が10割のものは帝王の草である。9割のものは大臣の草である。8割のものは人民の草であり、これより下のものは使うべきでない。人を誤らせる草だからである。これは死生を救う術なので、精しく究めねばならない。調合して立ち所に効能が現れるものは、その草木名を記して、立癒方とする。1日で癒えるものは1日癒方、2日のものは2日癒方、3日のものは3日癒方と、それぞれ名づける。1日で治癒する方は天神に治させている。2日で治癒する方は地神に治させている。3日で治癒する方は人鬼に治させている。そのようでないものは天神の方ではなく、ただ草が勝手に繁って治しているので、癒えたり癒えなかったりするので、待死方と名づける。よくよく注意するように。これは死命を救う術であって、なおざりすべきでなく、精しく究めねばならない。
> 　　　　　　　　　　　　　　　　　　　　　　　　(同172〜173頁)

また、後者の「生物方訣」の大意はこういうことである。

> 「生物は不思議を行なう」というのは、飛んだり歩いたり爬行したりする禽獣や虫類が立ちどころに病を治してくれることを云う。彼らは、天上の神薬をその体内に抱いており、天がその円満なる処方を行なわしめる。効能が10割のものは天神方がその体中にある。9割のものは地精

方がその体中にある。8割のものは人精中和神薬がその体中にある。この3者は、天地中和陰陽の処方で、治疾使者と名づける。たとえば、道を具えた人が使者、神人、神師などと称されるのと同じである。

これは天・地・人の精鬼がこれを使う。完璧な治癒を実現できるものが、帝王上皇の神方。9割が治癒するのは王侯の神方。8割が治癒するのは大臣・知識人・徳高き隠遁者の神方。それぞれ得意とする病の対象があり、それを見出して治療すれば万に一の失敗もない。

この3つの神方はみな天地人になりかわった神薬として病を治すのであり、天がそれぞれに先祖の命を受けさせ、自然の術を賦与していて、それを除去することはできない。たとえば鳳凰や麒麟がその身に徳を着けているようなもの、蜂やサソリがその身に毒を着けているようなものである。天道の切要な意図を深く知ってこそ、天道の本質を明らかにでき、帝王の政治に役立って人を惑わせない。　　　　　(同 173～174頁)

これらには具体的な薬名はなにひとつ挙げられていないけれども、以下の諸点は注目に値する。

(1) 経文は、治癒率70パーセント以上の方薬であって初めて使用でき、それ以下のものは「乱治」としている。これは当時の道医(道教医学)がすでに比較的高い治療水準にあったことを暗示している。

(2) 使用されている方薬から見ると、植物と動物が主であって、『神農本草経』が鉱物薬を兼用しているのと異なっており、これは『太平経』が外丹を重視しないことと関係があるかもしれない。経文は、単質の薬を重視している上、その治療効能によって帝王草、大臣草、人民草(以上、草木薬)、天神(精)、地精、人精(以上、禽獣薬)に分けている。また、複数の薬の調合もしており、経文ではそれを「和合」と称して、その治療効能に従って、立癒方、一日方、二日方、三日方と分類している。

(3) 天・地・人によって方薬に命名し、そのやり方は神秘的ではあるが、経文の巻108「要訣十九条」ではこうした「神方」の真正の由来を、「良薬

を得ようと思えば、校訂されている医薬資料から秘訣を選び出して、その効能を検証する」（同 512 頁）と明かしている。つまり、民間で使われてきた単験の薬方を臨床によって検証しているのであり、このような認識には科学性が具わっている。

二　鍼灸治療

『太平経』では、薬物治療に比べて鍼灸療法の記述がより詳細である。経文に云う。

> 鍼とは 360 脈を整え安んじ、陰陽の気を通じさせて害を除くものである。360 脈は 1 年 360 日に対応している。1 日に 1 脈がはたらくが、その場合、気血は四季五行に対応して動き、身体の各部位を巡って頭頂に集まり、内臓と繋がっている。その盛衰は四季に応じて変化するが、病があればその度数に狂いが生まれ、往来に失調が生じ、あるいは結ぼれあるいは損なわれ、あるいは順あるいは逆となるので、治療が必要となる。灸は太陽の精、公正の明察を具えているので、奸邪を察知して悪害を除去する。対して鍼は少陰の精、太白の光なので、義を用いて斬伐するのである。（中略）
> 人体の脈は天地万物と対応し、気に従って動き、一周すると始めに帰る。ゆえにそのメカニズムを知る者はそれによって性を養い、時気が至るか至らないかを察知し、不調があればそれを安んじる。むかしの聖賢は清静なところに住み、自分で脈を管理し、その往来の度数を観察し、異常が発生すれば、そこから四時五行の得失を知り、そこからまた反転して自分の身体の盛衰を察知した。これこそ国を安んじ身を養って全うさせる方法である。慎まないでおれようか。　　　　（同 179 ～ 181 頁）

この部分の経文は、道教医学の鍼灸の定義が示されているだけでなく、どのようにして医術の正と誤を検証するかについても言及されている。上には

引かなかったが、「多くの賢人を呼んで患者を観察させ、その病気を議論させる」という記述もあり、これなどは現代の名医の会診（多くの医師の立ち会い診断）に似ている。また「多くの者に治療させ、治癒例は記録して経典とする」と主張しており、臨床経験の重視が反映されている。また、誤灸、誤鍼の危険性も強調されており、現代においても規範として仰ぐ意義がある。経脈と四季五行の対応問題に至っては、ほとんど後世の子午流注学説（季節・時間によって鍼を打つ部位を変える法）の起源と見なしうる。

　注意を喚起しておきたいのは、漢代の鍼灸医術は大部分、前節「方士医学」で述べたように、方術の士（方士）が掌握していたという事実である。当時名声を得ていた人物としては、涪翁（ふうおう）、程高、郭玉らの師弟を挙げうる。涪翁は、『後漢書』方術伝にこう書かれている。「人々に乞食（こつじき）して回っていたが、病人がいると鍼を打ってやり、効果はすぐに現れた。『鍼経』『診脈法』を著し世間に伝えた。弟子の程高は何年もかかってそれを求め、やっとのことで翁から伝授された。程高も隠遁して士官しなかった。郭玉は若くして程高に師事して、方診六微の技と陰陽隠側の術を学んだ」。涪翁ら三人の身分は方士に属することは疑いないが、ただちに「道教方士」（初期道教徒）としていいかどうか、手掛かりとしてはわずかに郭玉が「陰陽隠側の術を学んだ」という記述があるのみで、それだけでは断定することはできない。しかしながら、『太平経』の鍼灸術の重視によって、中国の鍼灸医学の発生と発展における方士、とりわけ道教方士の貢献は抹殺することができないことは証明できるであろう。

三　咒禁療方

　符水咒説は、初期道教の重要な法門であった。『太平経』では「複文」と呼ばれ、経文中には丹書符文で治病するという記述が大変多い。一例を引けば、

　　　天の神符は元精を体内に戻すもので、丹（辰砂）で画き、画いたあと呑

第Ⅲ部　医学と養生学　第二章　『太平経』：道教医学の綱領

み込んで腹に入れると、腹中の文が見えるはずで、見えたら大吉、百邪が退散する。五官（目、耳、鼻口、舌）、五王（心臓、脾臓などの五臓）は道に入るための基礎、神霊の祖源、外からそこへ入る門戸を閉ざせば、外は暗くて中は明るいから、内部を透視できる。これを長くやっていると、天医が降りてきて、百病はすべて除去され、長寿が得られる。

(同 330 頁)

そのほかの文献にも、符を使った道教医学の様子が記載されている。たとえば『神仙伝』巻9には、壺公がこれで治病消災ができると云って符書1巻を費長房に与え、費長房が「その符を使って悪鬼の拘束と治病に当たったところ、すべての患者の病気が治癒した」と書かれている。また、「いま世にある召軍符、召鬼神治病王府符20余巻はみな壺公の手に成ったものだ」とも記述されている（『神仙伝』巻9、壺公）。『抱朴子』にも「壺公符二十巻」がリストアップされている（遐覧篇、335頁）。『太平経』には丹符のほかに、さらに禁咒の術についても詳述されている。その一部を引いてみよう。

天上には神々の使う専用語がある。時に下界に降して人体の内外に住む鬼神に授け、彼ら神の下役人に命じ指揮に従って往来させるのであるが、人民がそれを得て、神祝（＝呪、咒）とするのである。その神祝は、百を祝するとその百のことがすべて実現し、10を祝するとその10のことがすべて実現する。祝語というのは、天上の神文が下界に伝えられた経典のことばなのである。その祝には、神霊の力で病気を治させるはたらきがあり、病人を10人集めたらその10人とも癒やされ、これを使って癒えない病気はない。ただ言葉だけで病気を治すことができるのは、これが天上の神霊の秘密の語だからである。良師と帝王が使うべきもので、集めて巻にして祝識書と名づける。　(同181〜182頁、神祝文訣)

符咒療方に効果があるのは、心理的な暗示によることは疑い得ない。『太

平経』がその説を神秘化しても、こうした神咒は「救急の術」にすぎず、「奇方（卓越した処方）はにわかには成り難く、大医が経脈を見誤った」やむを得ない時に用いるものであったことは認めねばならない。

四　小結

　初期道教経典として『太平経』は、医薬と養生を正式に道典の範疇に導入して道教医薬学の基礎を定めたのであるが、このことは後世の道教と医学との密接なつながりの伏線になった。ここまで述べてきたことから、『太平経』が構築した道教医学体系と中国伝統医学との間に多くの共通点を見出しうるが、しかし病因学、養生学の分野ではいっそう宗教的色彩が濃い。医学の進歩にともなって『太平経』が提起した宗教的病因論は、その倫理方面の意義が後世の道教に継承された以外は、その臨床方面の内容は次第に道教医学体系からフェードアウトしていった。この点については、陶弘景が明確に認識していた。

> そもそも病気の原因は多岐に亘るとはいえ、みな邪に関わっている。邪とは不正の原因であり、人身の常理でないもの、すなわち、風、寒、暑、湿、飢、飽、労、佚——これらはすべて邪であって、鬼気や疫厲だけではない。人間が気の中で生きているのは、魚が水中にあるのと同じである。水が濁れば魚は痩せ、気が濁ると人は病む。邪気が人を損なうのは最も深刻である。経絡がこの気を受けて臓腑に伝送し、その虚実冷熱に従って結ぼれて病気になる。病気はまた病気を生じ、流行して拡大してゆく。
> 精神（生エネルギー）というものは元来身体に宿ってはたらきをなすものであるが、身体が邪に襲われると精神もまた乱れる。精神が乱れると鬼霊が侵入し、鬼の力が次第に強くなっていって精神の守りが弱体化してゆく。そうなると、死に至らないですむだろうか。古人はそれを植物に喩えたが、道理にかなっている。

ただ、病気のなかには鬼神によって発病するものがあり、祈禱によって除去しうるが、それでも薬を使えば効果が増す。李子豫の赤丸がその例である。しかし薬療法に効果がなければ、除去できない。晋の景公の病膏肓に入ったのがそれである。おおむね鬼神の人を害するのは多様であるが、疾病の原因はただ一つであって、軽重の相違があるだけである。『真誥』にこうある、「常に慎み深く上に仕えることができない者は、自分で百病を招いておいて神霊を怨む。風に当たり湿気のあるところに寝、それで病気になって他人を責める者もいる。彼らはみな痴人である」。ここで云う「慎み深く上に仕える」というのは、実際の行為がすべて慎重で考え抜かれていることをいう。飲食と男女のことは、最も重大な百病の本である。虚や損を自分の体内に作り、外は風と湿気に身をさらしていたのでは、内外から病気を作るようなもので、神明とは何の関係もない。そういう場合は、神に祈禱するより薬療法に努めるのが道理というものだ。
（『本草経集注』序録）

病因学がそのようであるだけでなく、養生理論の領域でも『太平経』のある種の観点は後発の道典と異なっているところがある。特殊な理由によって『太平経』は一連の方術に特定の社会的政治的色彩を賦与したが、それは養生延年の範囲だけに局限されない。たとえば、却穀食気（穀物を食べないで気を食す養生法）を例に取ると、辟穀（穀断ち）は元来古い養生方術であって、『荘子』逍遥遊篇にすでに、藐姑射山の「五穀を食らわず、風を吸い露を飲む」神人のことが提起されており、『淮南子』地形訓にも、「穀を食らう者は知恵はあるが短命、気を食らう者は神明で長寿、何も食べないものは不死で神のような存在」とある。さらに馬王堆帛書には、辟穀を専論した『却穀食気篇』がある。その影響を受けて『太平経』では、「入室した当初は少し食べるが、しばらくすると気を食らう」と云い（同278頁、学者得失訣）、また「上の第一は風気を食らい、第二は薬味を食らい、第三は食を少なくして腸胃の通りをよくする」と云う。しかし、その他の気を服して糧を絶つ道術と

は違って、完全な断穀には賛成しておらず、「まったく食べないのも凶」として小食を主張している。さらに『太平経鈔』辛部では、「富国存民」の政治的立場に依拠して辟穀の問題を次のように論じている。

　お尋ねするが、食べないのに満腹感があり、寿命も延びて長生に到るのであれば、それは富国存民の道であるが、具体的にどのように修錬するのであるか。答えて云う、辟穀の開始とともに薬物を服用するが、服用後、3日で少し飢えを感じ、7日でそれがかすかになり、10日以降は落ち着いて惑わなくなり、すでに死は去って生の軌道に乗ったことになる。こうして、薬物を服用したあとは、形のある食べ物は消化しにくくなり、一食が限度になる。無形のものでも少し食べるのがよい。こうして100日が経つと、食べずともよいようになる。これを「不窮の道」と名づけ、「国家の民を養うを助ける」、「天地の食主を助ける」と名づける。小食が吉、多食は凶、まったく食べないのも凶で、腸胃が通じなくなる。
　　　　　　　　　　　　　　　　　　　　　　　　　　（同684頁）

　房中に関する記述も似たようなところがある。房中のポイントは元来、「動いて漏らさず、精を還して脳を補う」ことにあるが、『太平経』の認識はこれとかなり径庭がある。経文では「夫婦の道を和合させ、陰陽がともにそのところを得れば、天地は安んじる」（同17頁、『太平経鈔』乙部）と提唱しているが、房中関係の記述を見ると、男性が与えず女性が受け入れないことには強く反対しており、そのような行為は「天地の大いなる流れを断つので大凶」としている。それを述べる経文をいくつか引いておこう。

　陰陽が交合して天のあやが完成する。　　（同171頁、移行試験類相応占訣）
　男が生を施さないのは天統を断つことになり、女が化を受け入れないのは地統を断つことなり、かくて陰陽の道は絶滅して後続が消滅する。これは大凶である。　　　　　　　　　　　　　（同221頁、『太平経鈔』丁部）

第Ⅲ部　医学と養生学　第二章　『太平経』：道教医学の綱領

　いったい、貞なる男性が施さず、貞なる女性が受け入れないのは、陰陽が交わらないことであって、世継ぎが絶滅することを意味する。二人でともに天地の統を断つのは、ちっぽけな虚偽の名を貪るあまり、後生を無にし、実際の種を失うことであり、それは天下の大害である。汝がかつて父母から生を伝えられなければ、今の汝はどうして存在しえようか。それなのに却ってそれを断ち切るのは、天地からも憎まれることであり、道理を絶つ大逆の人と名づける。　　　　　（同37頁、一男二女法）

　こうした一連の議論は、当時流行の「動いて漏らさない」房中術に感じるものがあって発せられたものであることは間違いない。思うに前漢末・後漢初には戦乱が頻発し、災厄もひっきりなしに発生して人口が激減していた。ゆえに『太平経』の作者は、「国を興し跡継ぎを増やす」（『後漢書』襄楷伝）ことを極力主張したのであって、経文で云う小食休糧の目的も「国を興す」ことにあり、「一人の男性には二女をあてがうべし」というのも「跡継ぎを増やす」ためであり、その政治的動機ははなはだ明確であって、これを単純に養生延年の方術と見なすべきではない。
　このほか、『太平経』が熱心に語る「守一」法は、『太平経』よりやや遅れて世に現れた『老子想爾注』でも語られるのであるが、そこでは『太平経』で云う身中の〈一〉が否定されている。『想爾注』では次のように述べられている。

　　一は道である。いま人身中のどこにいるというのか。それを守るとはどういうことであるのか。一は身中にはいない。身体に付いているというのは世間の偽りの技であって、真の道ではない。一は天地の外に存在し、天地の間に入ってきて、人身中を往来するだけであって、皮膚の内側がすべてそれであり、一箇所だけではない。ひとたび形が解体すると気になり、形を凝集させると太上老君となる。太上老君はつねに崑崙を治めていて、虚無ともいい、自然ともいい、また無名ともいうが、すべ

345

て同じものである。いま布教の教戒者は戒を守って違わないが、それが守一ということなのだ。その戒を実行しないことが一を失うということである。世間の偽りの技では五臓を一と名づけ、瞑想してそれをイメージし、福を求めようとするが、それは誤りであって、生からいよいよ遠ざかるだけである。　　　　　　　（『老子想爾注校証』上海古籍版、12頁）

　総じて云えば、本章の導入部で述べたように（327頁）、医療活動は、初期道教においては全局面に影響を与えずにはおかない重要な位置を占めていた。『太平経』には具体的な薬物名、具体的な経穴（つぼ）名、それに具体的な治病符呪は一つも見えないが、しかし当時の初期道教信者たちの医療行為に対するその指導的意義を低く評価すべきではない。魏啓鵬は、『太平経』に記載されている医学知識と実践活動は、後漢医学史上、しかるべき席を与えるべきであり、経文には後漢時代の下層社会の人民が病気と闘った歴史が反映されている、と述べている（「太平経与東漢医学」『世界宗教研究』1981-1）。これは、『太平経』の道教医学体系に対する客観的評価と云うことができる。

第三章　両晋の道教医学

　道教医学は一種の宗教医学であり、宗教と科学との相互作用の産物である。道教が宗教信仰、教義、そして目的をめぐってその生と死という宗教の基本問題を解決するために、伝統医学との相互交流を通して次第に発展してきた特殊な医学体系であり、また、鮮明な道教的色彩を帯びた中国伝統の医学流派でもある（蓋建民『道教医学導論』、5頁）。もし、漢代の道教創始期に道教が医学と緊密に連携したのは、多くの場合、教義を宣伝し信徒を吸収して教団の勢力を拡大するためであって、そこに医術を使って布教する外在的、功利的な目的を明確に認めうる、という前提に立つならば、東晋の神仙道教体系の確立にともなって、この連携は道教自身の発展にとって不可欠の内在的要求となっていったと云うことができよう。その事情を2つの観点から述べてみる。

　（1）東晋時代に葛洪の神仙道教理論が確立され、道教の基本教義を、初期の「乱世を去り太平を致す」救世学説から、もっぱら「長生久視」（生命の永続）と「度世延年」（世俗の超越と長寿）の追求へと発展させることになったが、これは道教理論の発展史上、重大な意味を持っている。この転変の完成は、長生不死、羽化登仙を、道教の基本的信仰と修錬の追求との最終目的にさせたからである。この目的を達成するために、真っ先に必要なことは去病延年であった。そして医薬のはたらきはまさに、治病と病気予防と延命長寿にある。道士は、世俗を避けて隠居し、人跡希な〈洞天福地〉を選んで修行することを強調したが、一定の医薬知識と技能を掌握しておくことは、道教徒にとって自分自身の救済と、進んでは人々の救済の基本であり前提であった。それゆえ、〈仙道〉を修めるためには必ず〈医道〉に通じておかねばならなかったのである。

　（2）道教は本来、「内は金丹を修め、外は道徳を修める」という宗教倫理の実践を要求した。医術を施し薬を与えることは、世を救い人を利す一種の

「上功」(最上の功績)と「大徳」であり、また同時に長生のための前提条件であった。

修道における医薬学の重要な意義については、葛洪も「むかしの修行者は医術も兼修して身近な災厄を避けたが、いまの凡庸な道士は治病の方法を知らず、病気になっても自分で治せない」と喝破している(『抱朴子』雑応篇、271頁)。彼のこの主張は、道教と医学との関係を一層推進させ発展させることになったが、とりわけ賞讃に値するのは、彼の云う〈医術〉が、当時の科学発展の水準を代表する〈正統〉の医療技術を指していて、民間道教で流行していた符水療法といった巫鬼法術とは天地の開きがあったという事実である。葛洪は、そうした「病気を治せない術」である妖道と巫卜を猛烈に攻撃している(同・道意篇、172頁)。

次のようにも云うことができよう。葛洪が道教教理の角度とレベルから、長生成仙、救世救人、修道実践における医薬の重要性を明らかにし、道を修める者は医術を兼修せねばならないという主張を明確に提起したことによって、魏晋以降、道教上清派と霊宝派の出現にともない、道教と医学との関係が一層緊密になり、歴代、道を修めて医術にも通じている者が陸続と現れるようになった。同時にまた、道教史と医学史というこの二つの領域においてともに賞讃される道教医家も代々、出現することになったのである。

第一節　両晋の道教医家たち

両晋(265〜420)は、中国医薬学の発展上、重要な一時期である。秦漢の伝統医学体系の基礎の上に、この時期、影響力のある医学著作が現れた。王叔和『脈経』、皇甫謐『鍼灸甲乙経』、葛洪『肘後救卒方』(『肘後備急方』のこと、359頁以下参照)などがそれで、脈学、鍼灸学、方剤学に対して一歩進んだ総括と発展を成し遂げたが、道教医学の独特の貢献も見逃せない。この時代に道教医学は、中国伝統医学の一流派として崛起したのである。

両晋時代の文献資料中に記載されている道士医家の数は少なくなく、『古

今図書集成』医部・医術名流列伝記載の道医としては、蔡謨、殷仲堪、葛洪、許遜、劉涓子などがいる。葛洪の妻・鮑姑も医史に名の残る女道士であり、ほかに道門中の人としては、魏華存、李脱、杜子恭などもまた医術に兼通し、医を通して道を伝えた。古い時代のことでもあり、上に引いた道医の多くは、わずかにその名前が伝えられているのみであり、その事跡や著作は茫漠とした彼方に消えて求めようがなく、本節では文献から拾い上げたそのあらまし述べるにすぎない。葛洪の医学的成果は節を改めて専論する。

一 道士医家

医療行為は一貫して宗教家が信者を吸引する重要な手段であり、『真誥』にも上真に仮託して楊羲や許謐が医療活動を展開した記事が見える。一例を引いておく。

> 七月七日、紫微夫人のお告げ。「処方を書いたものを手に入れたのか」。しばらくして答えて云う、「世間にはもちろんあるので、探し求めてこっそり使えばよい」。保命君が紫微に問う、「こちらでは牛黄、銀屑を使う。もしそれでなければ、少し調合しにくい」。原注：これは今の大鎮心丸だ。先に水銀で銀屑を溶かす。それで調合しにくいと云った。
>
> （巻8-4、『道蔵』20-534）

楊羲や許謐の医術というものが結局のところ、どういうものであったのか、『真誥』は何も述べていないが、ただ楊羲から師と仰がれた南岳夫人魏華存は、その医方が伝えられているのも事実である。『千金要方』に鼈甲丸というのがあり、それは鼈甲や桂心など24品を丸粒にしたもので、女性の生理痛などに効果があるとされるが、孫思邈によると「これは河内太守魏夫人（魏華存）の方」だという（『千金要方』巻4）。魏夫人の事跡は『魏夫人伝』（『太平広記』巻58に引く『集仙録』）が最も詳しいが、そこには、青童君と東華君が降臨してきた時、魏夫人が2剤を調合して彼らに服用させたとか、薬

物に関わる記事が少なくない。

　『太平広記』のこの段の記述は、『太平御覧』（巻678『南岳魏夫人伝』）や筆記小説などにも類似のものが見えている。それらは多くの降臨授受の神話に附会されたものであるが、そのような宗教的な外貌の奥に価値ある情報が潜んでいる。医薬は、魏夫人にとってはその修行実践の過程において不可欠の手段であって、病気予防と治病は、その過程で達成され追求されるべき目標の一つであった。このことは道教文献からも証明しうる。『雲笈七籤』に、魏夫人自身の告白が記載されているが（巻4「上清経述」）、そこで魏夫人は世人に向かい、修道にふさわしい「経方」を探し求め、「五臓を静護し諸々の疾病を避け」たいと、虚心坦懐に心情を吐露している。

　王明は、上清派の経典『黄庭経』の来歴を考察してこう述べている。「黄庭思想は魏から晋にかけてすでに徐々に流行しはじめていて、修道の士のなかには韻を踏んだ七言の草稿（『黄庭経』は七言詩で構成）を秘蔵している者もおり、夫人はそれを手に入れ、詳細に検討して定本を作成し、注釈も加えた。ある場合には、道士の口授を筆記してそれを完全なものに仕上げた」（『道家思想与道教思想研究』、332頁）。王明のこの考察は非常に啓発的な意味を持っている。『黄庭経』の原本は魏晋時期の医方の書であり、のちに魏夫人が入手して道教の修錬養生の必要性から改変し、道法と医学理論をたくみに結合し、医学を借りて道法を発揚すべく、構成も改めて一冊のテクストに仕上げた──という可能性が充分考えられるのである。

　両晋時代には、医薬にも通じた道士が布教過程中に治病という手段を使って信徒を吸引し、勢力を拡大しようとした。たとえば東晋の初め、李脱という道士がいて、「自分で八百才と云い、李八百と号した。中州から建業（南京）にやって来て鬼道によって病気を治し、また人を官職に就けたので、多くの人々から崇拝された」（『晋書』周札伝）。『抱朴子』によれば、当時「李八百」と称した道士は李脱のほかに李阿など、多数いたという（道意篇、174頁）。李阿は接骨を得意とし、ある時、奔走してきた車にぶつかって脚を折ったが、弟子の心配をよそに李阿はたちまち自分で折れた脚を元通りに繫

いだという（「抱朴子内篇逸文」、365頁）。このように多くの道士が「李八百」と称したその重要な理由のひとつとして、医をもって道を伝える必要があったことが挙げられよう。李八百は後漢時代に実在した蜀の名医であり、高度な医療技術をもっており、『宋史』芸文志には『李八百方　一巻』が著録されている。

　杜子恭道は、晋代、江南地方で教線を張った道派であるが、その教主・杜子恭もやはり医と道に兼通していた。彼は尚書令・陸納の瘡（できもの）を治してやっているし（『三洞珠嚢』巻1救導品所引『道学伝』）、同時代の王羲之が病に罹った時、杜子恭に治療を頼んだことからも、彼の人望が知られよう。

　両晋時代の道教医学の集大成者は云うまでもなく葛洪であるが、彼とその妻・鮑姑はいずれも中国医学史上著名な医家であり、中国医学の発展に対して重要な貢献をした。鮑姑は中国医学史上、最初の女性鍼灸家であった。鮑姑は、南海太守・鮑靚（ほうせい）の娘であり、晋の散騎常侍・葛洪の妻であるが（『雲笈七籤』巻115）、その父・鮑靚は『晋書』に伝が立てられている。それによれば、その学問は幅広く、天文・河図洛書（かとらくしょ）にも通じ、航海中、食料が尽きたとき、「白石」を煮て飢えをしのいだこともあり、また仙人の陰君から道訣（道教の秘訣）を授けられ、百余才まで生きたという。『雲笈七籤』によれば、左元放に師事して道教法術を授けられ、よく鬼神を駆使し、魔怪を制御し、また蔣山で真人・陰長生に出会い、刀解の術（刀剣を身代りに残して仙去する術）を授与されたともいう（巻115）。このような人物であったから、『晋書』では芸術伝に入れられたのである。

　さて、鮑姑はこのように道教世家から出て、のちに葛洪に嫁いだ。彼女は鍼灸術に精通し、その医療活動の足跡は、南海、番禺（ばんぐ）、博羅、広州、恵州（いずれも広東省）などの地に及んでおり、彼女の事跡はこれら各地の地方誌中に多くの記載がある。たとえば彼女は、広州の越秀山から出る紅脚艾（ヨモギの一種）でコブやイボを治し、その効果は「打てば響くがごとし」であったというのは、『南海県志』や『羊城古鈔』にひとしく見えている。注

目に値するのは、彼女の医療活動が葛洪をサポートし、また大きな影響を与えたという事実である。葛洪の『肘後救卒方』には 109 条の鍼灸法の記載があるが、そのうち灸方は 99 条の多きに上っており、そこには灸法の効用、施治法、禁忌事項などが体系だって述べられており、そこから鮑姑の鍼灸のレベルが並でなかったことを知りうる。越秀山山麓には今なお三元宮という道観があり、そこに鮑姑祠があって、この傑出した女性鍼灸家を祀っている。鮑姑には今に伝えられる医書はないけれども、しかし『肘後救卒方』の灸法の部分は葛洪と鮑姑の合作であると見なす充分な根拠があり、そこから鮑姑の医学的成果を分析することができる。

すでに研究者によって注目されているように、魏晋時代には灸法がいっそう重視され、独立して発展する勢いにあり、その影響は南北朝、さらには隋唐に及んだが、その来源を遡ると、葛洪と鮑姑が力を込めて提唱したことと切り離すことができない（廖育群ほか『中国科学技術史　医学巻』、204〜206頁）。『肘後救卒方』の灸術に対する主たる貢献は以下のごとくである。

本書は、灸術は急病の治療に適しているとする。その場合、ツボの取り方は比較的少なく、100 条近い急病の灸方中、ツボはわずかに 20 余りにすぎない。このツボの簡易化により、1 穴によって 2 病やそれ以上の病気に対応でき、操作も簡単で速効が期待できる。また病気の治療だけでなく、急性伝染病の予防にも使われた。その艾（ヨモギ）の芳香が汚れを除去するので室内の消毒に用い、それが伝染病の蔓延を防ぐというのである。

また、『肘後救卒方』には隔物灸法（灸と皮膚の間に物を置く）の最も早い記述がある。本書は、隔蒜（ニンニク）、隔塩、隔椒（サンショウ）、隔麵（麵粉）、隔瓦甑（素焼きのコシキ）などの多様な隔物灸の適応症とその方法について詳細に論じている。この方法の創出は、灸療法の多様化に広い道を開拓することになった。

さらに注目すべきはツボの問題である。中国医学ではツボの数がきわめて多く、少しでも取穴の位置を間違うと後悔することになる。そこで『肘後救卒方』では、できるだけ分かり易くツボの位置を説明しようとしている。た

とえば、「親指の爪と皮膚の境目に7回すえる」といった具合で、これなら
ツボに習熟していない者でも急病人に対処できる。

　そのほか、『肘後救卒方』には、灸療法の剤量と操作の仕方についても明
確な記載がある。通常の疾病に対しては大体ツボごとに7回以下であるが、
場合によっては数十回、さらにそれより多いこともある。一般的には、体幹
には比較的多く、頭部、顔面、四肢には少ない。また、病状の軽重によって
決め、重症には多く、軽症には少ない。該書が施灸において特に強調するの
は、「皮肉を損傷させない」ことと、「熱すぎないようにする」適正な刺激で
ある。施灸の先後については、一人の患者で数カ所灸する場合、時には同時
に点火してもよいし、順番に施灸していってもよいとする。これらはすべて
貴重な経験であり、なかには今日でも使われている方法もある。

二　その他の道士医家

　両晋時代、道士が医療を行なっただけでなく、多くの道教信者も医薬に関
心を抱いていた。陶弘景は『本草経集注』序録において多くの医家の名前を
挙げているが、そのうち、靳邵（きんしょう）、李子豫、葛稚川（すなわち葛洪）、蔡謨、殷
淵源たちは道門と関係がある。史料にもとづいて次に述べてみる。

　靳邵の事跡は『太平御覧』巻722に引く『晋書』に記されているが、そこ
には「本草、経方」に通暁していたとあるものの、道教との関わりを示す記
事は見えない。ただ、そこに「五石散方を創製す」とあり、彼が魏晋時代に
流行した服食の重要な提唱者であったことは確実である。彼の著作としては
『服食論』があるが、その逸文は『千金方』『外台秘要』『医心方』中に残さ
れている。

　靳邵に比べて、道士医家としての色彩が濃厚なのが李子豫である。彼は
「八毒赤丸」によって、10余年も「心腹疼痛」に苦しむ患者を治したとい
う。『捜神後記』によれば、屏風のうしろに鬼がいて、患者の腹中の鬼に、
早くそいつを殺さないと李子豫にやられるぞと忠告したが、「いや、わしは
怖くない」と云っているうちに李子豫がやって来て、患者を診るなり、「こ

れは鬼病じゃ」と云って「八毒赤丸」を与えたら、腹中でゴロゴロ音がして、激しい下痢のあとたちまち治癒したという。この薬について陶弘景は、「病気のなかには鬼神によって発病するものがあり、祈禱によって除去しうるが、それでも薬を使えば効果が増す。李子豫の赤丸がその例である」と述べたことはすでに引用済みである（343頁）。また、「八毒赤丸」については、「五尸癥積および悪心痛、蠱注鬼気（いずれも死者から派生する悪気に起因すると考えられた病）に卓効がある。李子豫の赤丸方がそれ」とも云われている（『外台秘要』巻13所引『古今録験』）。

　蔡謨については、房玄齡の『晋書』に伝が立てられているが、そこでは医薬のことは書かれておらず、それが記されているのは『古今図書集成』である。そこには、彼が「儒道によって栄達し、官僚として治績を挙げたが、いっぽうで道風があり、もともと医学を好んで本草、方書を博覧し、人々の病気を治して奇効があった」と書かれている（『古今図書集成　医部全録』巻505）。

　陶弘景が名を挙げていた殷淵源は殷浩(いんこう)のことで、彼は『晋書』に伝を立てられ、そこでは「とりわけ玄言（道家哲学）を得意とし、老子・易を好んだ」とあるが、その医事については『世説新語』術解篇に記されている。もともと医学に精通していた殷浩は、その召使いに懇願され、その百歳近い病気の母の脈を取り、一剤を調合して治してやったというのである。

　両晋時代の道医としては、ほかに殷仲堪(いんちゅうかん)がいる。彼は清談をよくし、文章も巧みで、3日『老子』を読まないでいると、舌がこわばってくると云った。また、熱心な天師道（張道陵が創始した初期道教教団、五斗米道とも称す）の信者であった。長患いの父を救うため医学を学び、薬の調合が原因で片目の視力を失ったという（『晋書』殷仲堪伝、前掲『古今図書集成』巻505）。『隋書』経籍志によれば、彼は『殷荊州要方』1巻を著したが、惜しいことに伝わっていない。彼の治療法は伝統的な「診脈分薬」のほかに、道教の章符(おふだ)の術を用い、すこぶる霊験があったという。そのことは、『道学伝』（『三洞珠嚢』巻1所引）に記されている。

ただ、厳密に云うと、殷仲堪はその医術は高水準にあったが、医徳という点では卑陋なところがあった。『晋書』は、「神に仕えること敬虔で、そのためには財物を惜しまなかったが、仁義の行ないには欠けるところがあり、困窮した人々の救済には金をけちった」と書いている。陶弘景が殷浩には言及しても、殷仲堪については云うのを憚った理由はそこにあったのかもしれない。

殷仲堪の事跡に関して、なお言及しておきたい一事がある。魏咏之は生まれながらにして兎唇（三ツ口）であったが、18才の時、殷仲堪の幕下に名医がいると聞き、貧乏ゆえにみすぼらしい身なりのまま遠路はるばる尋ねて行くと、殷仲堪は会ってくれただけでなく、魏咏之のひたむきさに打たれて配下の医者に診させた。医者が云う、「手術で治せるが百日間は粥しか食えないし、話すことも笑うこともできないぞ」。魏咏之「これまでの半生、ものを言わずに過ごしてきました。人生あと半分あります。百日くらいなんでもありません」。魏咏之は強い意志で術後を耐え抜き、ついに癒えたが、殷仲堪は彼に手厚いみやげを持たせて帰らせた（『晋書』魏咏之伝）。この話の主役は殷仲堪ではないが、しかしその配下に名医がいて三ツ口の手術を成功させたわけで、両晋時代の外科手術の水準の高さがここから窺われるので、附記した次第である。

両晋時代、その一身に道法と医術を兼備していた人物はほかにも少なくない。たとえば郗愔である。彼は敬虔な天師道信者であった。『晋書』何充伝にこうある。「当時、郗愔と弟の曇は天師道を奉じていて、何充と弟の准は仏教を篤信していた。謝万は譏って云う、『ふたりの郗は道にはまり、ふたりの何は仏におもねっている』と」。『晋書』郗愔伝にはこう云う、「郗愔は、姉の夫である王羲之、高士・許詢らと俗世を超越する気風を共有し、ともに絶穀に努めて黄老の術に励んだ」。郗愔はまた、楊羲、許邁たちが行なった神降ろしに積極的に参加している（『真誥』）。医薬方面であるが、郗愔が服食論を著したことは、『千金要方』巻27の引用によって知ることができる。

また、許遜である。彼が旌陽（四川省徳陽）の県令であった時、10人中8、

9人は死んだという疫病から神方と符呪で郡民を救ったと云われる（前掲『古今図書集成』巻505）。彼の事跡は道教文献に多数記載されているが、特に、白玉蟾（はくぎょくせん）『玉隆集』所収「旌陽許真君伝」と『歴世真仙体道通鑑』が精しい。後者によれば、許遜は経史、天文、地理、音律、五行讖緯書に通じ、特に神仙修錬の術を好み、その奥義をマスターしていた。呉猛が丁義の神方を手に入れたと聞くや、彼に師事してその秘訣を伝授された。元来仕官を嫌ったが、晋の武帝太康元年（280）、42歳の時、やむなく旌陽県令として蜀の地に赴いた。ここで疫病に苦しむ人民を多数救済したことは上述の通りであるが、彼の本領は符呪による治病であったらしい。蜀の人々はその恩徳に感謝し、生祠（本人の存命中に建てる祠（ほこら））を建立して彼を祀った。彼に対するこの崇敬の念が一種の宗教感情にまで発展し、神格化されて道教神仙の譜系に組み入れられ、「九州都仙太史高明太史」として尊崇されたのである。

三 『劉涓子鬼遺方』とその外科の成果

両晋時代、道士医家は外科の領域で積極的な貢献を行なったが、晋末宋初、現存する中国最古の外科の専門書『劉涓子鬼遺方』（りゅうけんし）が現れた。本書は『劉涓子治癰疽神仙遺論』（ようそ）ともいうが、南北朝斉の龔慶宣（きょうけいせん）の編集になり、主として服石（五石散の服用）によって生じる癰疽（でき物）の治療を論じている。

周知のように、魏晋時代、道教が唱道した長生成仙思想は、社会の各階層に広範な影響を与え、たとえば嵆康は「常に養生服食のことを修め」ていたといわれ（『晋書』嵆康伝）、鉱物薬の服用は一種の社会的風潮になっていた。葛洪は『抱朴子』において、『神農四経』を引用し、仙薬をその効能によって上薬、中薬、下薬の3種に分類し、こう述べている。「上薬は身を安んじて寿命を延ばし、天に上って天神にさせる。……中薬は生を養い、下薬は病気を除く」と。丹砂、玉札、曽青、雄黄、雌黄、雲母、太乙禹余糧（たいいつうよりょう）などといった鉱物薬は上薬に属し、「これらすべては単服してよく、人に天空を飛行させ長生させる」と云う（以上仙薬篇、196頁）。

魏晋時代に最も流行したのは五石散の服用である。これは5種の鉱物薬を粉末にして散剤としたもので、服用後、身体が熱くなってたまらなくなり、必ず「寒衣、寒飲、寒食、寒臥」をせねばならず、極寒の状態に置けば一層よいとされたので、「寒食散」ともいう。服用量が過度になると、身体が「寒を喜ぶ」異常反応を引き起こすだけでなく、「石発」や「散発」などという各種の中毒症状——臨床上、発熱、大癰疽、全身の潰爛、精神錯乱などの症状を誘発した。五石散の成分や服用についてはすでに詳述した（178、189頁参照）。

　晋代の大医学家・皇甫謐もかつて服薬に熱中したことがあり、「寒食薬を服用して用量を誤り、その毒性に苦しめられて今で7年、冬の真っ最中でも裸になって氷を食らい、暑期の辛さと云ったらない」と述べている（『晋書』皇甫謐伝）。さらに彼は、それが引き起こす中毒症状についてこう語っている、「寒石散による発病については世間の人は知らないが、何晏の没後、服用する者は一層増加した。……ある場合には、異常な発作がいきなり起こって短命で終わってしまう。そういうわけで、族弟の長互は舌が縮んで喉に入ってしまい、東海の王良夫は癰疽のために背中が陥没し、隴西の辛長緒は背中の肉が潰爛し、蜀郡の趙公烈はいとこ6人を喪ったが、これらはみな、寒石散のなせるわざであった」（『諸病源候論』巻6「寒食散発候」所引）。

　不適切な服石によって命を落とした人も少なくなく、『晋書』によれば、著名な地図製作家であった裴秀も、寒食散の服用後、誤って冷酒を飲んだのが原因で48歳で世を去った（裴秀伝）。

　服石によって生じる多くの病症に対して、道医も含めて多くの医家はみな解毒方を懸命に研究した。歴史上、癰疽や発背（背中にできる癰疽）を外科的に治療する医方書も少なくない。『隋書』の経籍志には、『寒食散論』2巻、『寒食散対療』1巻、『解寒食散方』2巻、『解寒食散論』2巻などが著録されているが、これらは大部分失われたので、『劉涓子鬼遺方』が現存する最も早い寒食散症の外科的専門書になっている。

　本書の来歴については、南斉の龔慶宣がその序文中で大意、以下のように

述べている。晋末に劉涓子が丹陽の郊外で鬼（黄父鬼）を射たことが機縁で『癰疽方』1巻と薬1臼を手に入れ、それを携えて宋の武帝の北征に従軍し、多くの負傷兵を治した。たまたま劉涓子の姉の嫁ぎ先が自分の一族であった関係で、自分はその末裔から秘伝を譲られ、以来5年経つが、これまでこの処方によって治療に失敗したことがなく、これは「天下の神験」というほかはない、と。

『古今図書集成』の「医部全録」に引く「劉涓子伝」では、『古今医統』によって彼の事跡を述べているが、上記と大同小異であり、上の後半部分の記述を欠いている。彼の事跡は、『古今図書集成』が云うような取り留めのないようなものではなく、『宋書』劉遵考伝によれば、彼は劉宋王室ゆかりの人間であり、劉裕（宋朝の創立者武帝）の族叔であった。

龔慶宣の序文などによれば、山野に隠れたひとりの異人——黄父鬼は、よく丹薬を使いこなして癰疽症を治すことができたというが、この話はもとよりこじつけの嫌疑を免れない。しかし、本書の作者が異人・黄父鬼であろうとなかろうと、現代に伝来してきた『劉涓子鬼遺方』の内容を分析する限り、本書は初めて、比較的系統立てて道教医学の各種の医療用丹薬を外科的疾病の治療に応用したものであって、多くの医学的貢献が認められる。『劉涓子鬼遺方』は、癰疽理論の方面において主として『霊枢』癰疽篇の説を継承し、癰疽の診断や早期治療とその予後に対して、比較的全面的な論述を行なっている。治療においては、内治を主として外治（外科）を副とし、外治法では早期の切開・引流（溜まっている血や膿などを除去）手術を強調した。また、外傷の治療にも独創的なところがある。止血、止痛、活血（血流の活発化）、解毒の諸法を開発し、後世の中国外科における「消、托（毒気を外へ掻き出す）、補」という3大治療法樹立のための基盤を構築した。本書には、金瘡、癰疽、瘡癤、瘰癧、疥癬およびその他の皮膚疾患の治療方140例が記載されており、比較的高度な臨床上の実用的価値がある。

第二節　葛洪の医学上の成果

　葛洪はその生涯において数多くの本を著した。医薬養生方面では、『玉函方』100巻、『金匱薬方』100巻、『肘後備急方』（原名：肘後救卒方）3巻、『神仙服薬医方』10巻、『太清神仙服食経』5巻、『服食方』4巻、『玉函煎方』5巻、『黒髪酒方』1巻、『抱朴子養生論』1巻などである（『抱朴子内篇校釈』「葛洪撰述書目表」390～395頁）。しかし、その医学著作はほとんどが失われ、今に伝えられているのは『肘後備急方』くらいしかなく、ほかに『抱朴子』中に医薬に関する記述が少し含まれている程度である。

　『肘後備急方』という本は多くの別称をもっているが、一般には『肘後方』と略称されている（『隋書』経籍志）。流伝の過程で後人の増補が加えられたのは『四庫全書総目提要』の指摘する通りである。葛洪の原著である『肘後備急方』は、今に伝わっておらず、陶弘景が増補した『補闕肘後百一方』も大部分が残欠している。陶弘景がその序文で述べている「一百一首」というのは、百一種の病気を治す百一の処方ということであるが、どの病気に対しても複数の処方があったから、本書には「一百一首」の処方しか載せていないということではない。序文から、本書は斉の東昏侯の永元2年（500）に出来上がり、葛洪の原文と自分の増補文とは朱・墨の色で区別していて、3巻から成っていたことがわかる。しかし、『道蔵』に収録されているテクストでは、「葛洪撰、陶弘景、楊用道増補、葛仙翁肘後備急方」と題され、8巻に増補されてはいるが、実際に掲載されている疾病は69例しかなく、陶弘景の原著に比べると32病少なく、そのうえ、葛洪の原文と陶弘景の増補部分との区別がなされておらず、このテクストは完本でないことがわかる。そこで尚志鈞は『補輯肘後方』を著して（1996年、第2版）疾病32種を増補し、佚した処方1265条を収集した。陶弘景の原書を完全に復元できたわけではないにせよ、今の伝本に比べると完善だと云いうる。ただ、我々は今日、道蔵本を利用したり、尚志鈞の補輯本によって葛洪の医学的成果を議論できるとはいえ、陶弘景の増補内容を排除するすべがない。

葛洪の『肘後備急方』の序文によれば、彼ははじめ医書を収集して『玉函』100巻にまとめたが、高価な薬でなく、そこら辺にある草石で治療できるよう、高度な医学知識の必要な鍼を使わずにすむよう、灸は使ってもツボではなく分寸でその位置がわかるように、その『玉函』を3巻にまとめたのが本書だという。「その要約を採った」ものとはいえ、『肘後備急方』に含まれる豊かな医学思想とその成果は、医学史上においても葛洪を輝ける存在たらしめている。

一　葛洪の医薬思想

(一) 人体観

1. 生命は気に基づく

　葛洪の〈気〉の理論は、事実上、先秦両漢以来の『管子』『淮南子』『黄帝内経』『論衡』『太平経』などの気の学説を継承しており、そこから気一元論思想を構築した。

　彼は、「そもそも人は気のなかに居り、気は人のなかにある。天地から万物に至るまで、気なしで生きているものは存在しない」(『抱朴子』至理篇、114頁)と述べているように、天地万物はみな気のおかげで生き、人類の生命も気に依拠して存在していると考える。また、人間の生命が終わるのは「気が竭」きたり、「気が損」なわれるからであり、ゆえに「過労は精神を消散させ、その結果、気が竭きて生命が終わる。……気が疲弊しているのに欲が募るのに任せると、精霊が身体から離れてしまう」(同上、110頁)と云うのである。また、こうも述べている、「気の損失と血の減少という2つの症状が現れたなら、生命の霊根が体内で凋んでいることを意味する」(同・極言篇、243～244頁)。

　このほか葛洪は、人間が天地に存在するのは、父母の気血を受けたからだとして、次のように述べている、「人の生は、まず精神を天地から受け、そのあと父母から気血を受ける」(同・勤求篇、255頁)、「気を授け形を与える

のは父母であり、それを受けてわがものとするのはわが身体である」(同・塞難篇、137頁)。

人間の生命の長短の問題については、それはすべて個人が禀受した気の量の多寡によると葛洪は考えており、気を多く受けたものは命長く、逆のものは短命になるとする。ここから、人は自分の気をしっかり養うべきであるとして、「長気」や「益気」の養生法が提起される。

2. 形と神の尊重

〈形〉(からだ)と〈神〉(こころ)の関係は本来哲学の問題であるが、葛洪は先秦両漢以来の道教哲学思想を継承し、それを人体のレベルで論じている。彼は具体的な存在としての人体を〈有〉または〈形〉、抽象的存在としての精神を〈無〉または〈神〉として捉えた。そして、〈有〉と〈無〉、つまり〈形〉と〈神〉とは相補的な関係にあり、両者相俟ってこそ完全であり、その能力を発揮できると考えた。『抱朴子』至理篇にこう述べる。

> そもそも有は無によって生じ、形は神があってこそ存立できる。有は無の住まい、形は神の家宅である。堤防にたとえて云えば、堤防が壊れたら水は溜まらないし、蠟燭にたとえると、蠟が消耗されたら火は消えるしかない。
>
> (110頁)

この考え方を現代の医学理論と事実によって云い換えると、一個の人間の肉体が存在しなくなれば、当然生命も存在しようがなく、肉体は存在して精神の消滅している人は一個の生ける屍であって、人間としての能力の発揮のしようがない、ということになる。『黄帝内経霊枢』邪客篇にも、「心は五臓六腑の大主人であり、精神の館である」とある。したがって葛洪の「形神併重」説は、実は医学上の認識と合致するのである。

上に述べたことから以下のことが了解されよう。葛洪の人体生命に対する見方は気一元論に基づいており、その上に立って医学知識と実際の医療経験を参照して人体生命論を構築し、同時に実践方法も提起しており、ほかの養

生論者の言説に比べて科学性と実践性を具えている。

(二) 病因論
1. 病因可知論

葛洪は、各種の病気の原因は認識できるとしている。「人が死ぬのは、もろもろの欲望によって損なわれるからであり、老いは、百病によって害され、毒に当てられ、邪気に損傷され、風冷に犯されることに起因する」と云う（『抱朴子』至理篇、112頁）。このような見方は、病因を探り当てる具体的な方法を論じていないし、自分の仮説や認識の枠内から出ておらず、また説き方も抽象的で、その範囲もやや広範ではあるにしても、しかしその考え自体は正しい。

丁貽荘は、『肘後備急方』各篇の内容を整理し分析して、葛洪の病因に対する認識と理解の方向は、ほぼ自然、生物、物理、化学、精神の5種に分けられ、それらは今日の人体の呼吸、消化、神経、循環系統と、いくつかの流行病、皮膚病、寄生虫病、婦人科の病、五官科の病に関わっていると指摘している（『四川大学学報叢刊』25所載論文）。『肘後備急方』は症状によって篇を分けているので、そこから葛洪が、病因と疾病の症状、医方との関係をかなり重視していたことを明確に知りうる。

以上をまとめて云えば、葛洪の病因説はその人体観と直接的かつ密接な関係があり、それゆえ「気血の欠損」が罹病の主要な原因であり、風冷暑湿などの気候上の変化は誘因にすぎないと認識していた。そしてその「病因は知りうる」という考え方は、症状に基づいて治療する彼の方法の基礎であった。

2. 気血の欠損

葛洪は、〈気〉と〈血〉が人間の生命を構成する基本的要素と考えていたので、罹病の原因を〈気血〉の欠損に帰した。『抱朴子』極言篇でこう述べている。

吐故納新(古い気を吐き新鮮な気を吸う呼吸法)は、気によって気を育てるのであり、気は衰えてしまうと育てるのが難しい。薬物の服用は、血によって血を増やすのであり、血は無くなりかけると増やすのが難しい。いったい、走り回るとぜいぜいしたり、咳き込んだりむかついたりし、力を入れたり身体を使ったりすると、すぐへとへとになるのは、気が減っている徴候である。顔面に色つやがなく、皮膚がかさかさで唇に潤いがなく、脈が弱くて(原文:脈白)、肌のきめが老化しているのは、血が減っている証拠である。気の損失と血の減少というこの2つの症状が現れたなら、生命の霊根が体内で凋んでいることを意味する。

(同243〜244頁)

葛洪は、病因をすべて風冷暑湿に求める当時の世間の考え方に反対し、風冷暑湿は身体が虚で気が少ない人に病気をもたらす原因になることはあっても、身体壮健な者には損傷を与えないと考えていた。彼のこのような観点は、『黄帝内経』の病因論と近似している。いずれも病因を内と外に求めてはいるものの、内因を主としている。そういうわけで、葛洪の病因説は、実際には『黄帝内経』のそれを継承したのであろうと推測しうる。

(三) 疾病予防論

1. 未病を治す

葛洪は病気の予防を重視し、発病以前に疾病を誘発する要素を除去すべきだと考えており、「至人は寝たままの患害をなくし、未病の病を治す。無事の前に癒やし、すでに去った後を追わない」(『抱朴子』地真篇、326頁)と述べている。『黄帝内経』にも同じ主張が述べられている。「已病を治さず未病を治し、已乱を治めず未乱を治める」(『素問』四気調神大論)、「最上の医師は未病を治し、已病を治さず」(『霊枢』逆順篇)。

2. 正気の保養

前述したように葛洪は、人間の生命は気と血のおかげで維持されていると

し、また、発病の原因は気血の虚欠と風湿暑熱などの邪気の侵入に起因すると考えていた。それゆえ彼は、「正気を保養」して邪気を避けよと主張した。『抱朴子』極言篇に云う、「正気さえ衰弱させなければ、形と神は守りあって損傷を受けることはない」（244頁）。「正気の保養」に基づいて彼は、とりわけ精神上の保養に注意を払い、その精神をよく養えば福が来て禍は去ると云っている。精神の保養とは、端的に云って恬淡無欲を保持することである（同・道意篇、170頁）。

3. 不損不傷

葛洪は「未病を治す」という病気予防の考えに基づいて、「不傷不損」の病気予防法を提唱した。彼は「養生は傷めないことを根本とする」と主張し、「してはいけないことの最大事は、傷めないこと、損なわないこと」だと考えていた。『抱朴子』極言篇には、人体を損傷しやすい13種の事例が挙げられている。

> 才能が及ばないとして、くよくよ思うこと。それだけの力がないのに、無理に持ち上げること。憔悴するほど悲哀にくれること。喜怒の度が過ぎること。あくせくと欲しがること。長時間談笑にふけること。睡眠や休息のタイミングを失うこと。弓や弩弓（いしゆみ）を引くこと。泥酔して嘔吐すること。飽食してすぐ横になること。疾走して息を切らすこと。歓喜の大声を出したり号泣したりすること。男女の交わりをしないこと。
> 　　　　　　　　　　　　　　　　　　　　　　　　　　　（245頁）

これらは人体に損傷を与える行為だとは気づかれにくく、長年の累積によって損傷が顕在化してはじめて察知される。しかしその時はすでに身体が損傷を受けた後のことであり、その損傷によって寿命が縮まっているのをどうすることもできない。そこで葛洪はこう強調する、「身を治め生を養うには、その細部まで励行しないといけない。あまりメリットがないとしてやらなかったり、ちょっとした損傷だからといって防備を怠るのは、いずれもい

けない」(同・極言篇、240頁)。

4. 身体の保健

葛洪は、飲食や起居上の節制や保養にも留意すべきで、そうしてこそ病気を予防でき、健康の増進や長寿になると考えていた。彼は次のような養生法を提唱している。

> 唾は遠くまで飛ばさない、足早に歩かない、耳は澄まして聴かない、目はじっと見つめない、長く座り続けない、疲れるまで横になっていない、寒くなる前に服を着、暑くなる前に脱ぐ。……疲れすぎたり楽になりすぎない、おそく起きてはいけない、汗を流さない、寝過ぎてもいけない、車や馬を走らせてはいけない、目路の限り遠望してはいけない。……たびたび沐浴してはいけない、大志を抱いてはいけない、物づくりに凝ってはいけない、冬は暖かくしすぎない、夏は涼しくしすぎない、星空の下で寝てはいけない、睡眠中に肩を出してはいけない、大寒大熱、大風大霧の時は外出を控える。 (『抱朴子』極言篇、245頁)

葛洪は、飲食方面の保健も重視していて、「お腹が空きすぎている時には食べない」「喉が渇きすぎている時には飲まない」ことを強調する以外にも、食べ過ぎない、飲み過ぎない、冷たい食べ物は少しにし、飲酒後は風に当たらないように勧めている。ほかに彼は、「五行自然の理」として、五味の度の過ぎた偏食は内臓を傷めて発病を招くと述べている。その対応関係は、酸多―傷脾、苦(にがみ)多―傷肺、辛多―傷肝、咸(塩からさ)多―傷心、甘多―傷腎、ということになる(『抱朴子』極言篇、245頁)。この五味と五臓の傷害を関係づける論法は『黄帝内経』と同じである。『肘後備急方』には、食物中毒を避ける飲食禁忌の専論がみえる。

葛洪はまた、華陀の「五禽戯」を重視し、それによって歯と耳の老衰を予防しようとした。彼は「華池(舌下)を養い霊液(つば)に浸し、朝300回歯を叩く」と、歯はぐらつかないとし、また、龍、虎、熊、ツバメ、蛇、鳥な

どの動作を模したり、亀の呼吸法をまねれば聴力は衰えないと考えていた（『抱朴子』雑応篇、274頁）。

また彼は、行気法、房中術、金丹と仙薬の服食なども、病気を予防し身体を健康に保ち、ひいては長生、成仙の目的を達成するよき方法と見なしていた。

要するに、葛洪の病気予防論は、「正気の保養」を基本原則としたので、特に精神上の保養が重視され、心を内に収め身体を養えば、気を正し邪悪を避け得ると考えられていた。もし飲食と起居を節制できれば、身体と精神は損傷することなく長命が得られ、おのずから病気も生じようがなく、「未病を治す」疾病予防の目標を達成しうるというのである。

現代医学においては、精神上のリラックスが人体の健康保持に役立ち、飲食と起居に対する配慮は身体の健康にいっそう有益だと考えられている。葛洪の病気予防論をそこに対置すると、葛洪のそれは現代医学の病気予防思想を具備していると云うことができよう。

(四) 医療観

1. 臨床の重視

葛洪が臨床上の観察を重視したのは、その「救人第一」という救世思想と関係がある。「多くの医者は世襲に甘んじて、その医術は有名無実、虚名を大事にして金儲けばかり企んでいる。……そのため多くの人が被害を受けている」というのは、ほかならぬ葛洪の語である（『抱朴子』雑応篇、272頁）。

彼の症状の弁別はかなり詳細であり、かつその記述は明快である。たとえば、患者が死亡しているかどうかという見極めに関して、「尸蹶（しけつ）の病（突然昏倒して人事不省になる病）は、突然死亡しても脈がなお動いていることがある。耳のなかから嘯（しょう）（口笛）のような声が聞こえ、股間がまだ暖かいとそれだ」と述べている（『肘後備急方』救卒死尸蹶方第2）。

癲狂（てんきょう）病の発作の状態に関して、彼は「癲発」と「狂発」に分け、こう述べている。「癲狂が起きた時、患者は地上に倒れて泡を吹いて意識を失

い、無理に抱き起こそうとすると狂人のようになる。……狂発の場合は、走ろうとしたり、あるいは自分を高貴な存在と思って〈神聖〉と自称したりする。……もし号泣して呻吟したなら、それは邪魅のせいで、狂ではない」（同・治卒発癲狂病方第17）。葛洪の云う癲狂病は、実際にはてんかん（癲）と精神異常（狂）を指し、彼が記述している症状は現代西洋病理学の云うところと類似している。

　同じ疾病の異なった症状について、葛洪はそれらをいちいち描写している。たとえば「中風」を論じる場合、異なった病状の記述が20種余りにも達しているが、葛洪はそれらに対してすべて症に応じた治療法を提示している（同・治中風諸急方第19）。

2. 医療効果の重視

　葛洪が著した『肘後備急方』の目的は、医療に恵まれない貧者の救急に役立たせるところにあったから、医方の選択にもかなり留意していた。彼は医方の効能の標識として、「佳」「大効」「立効」「并佳」「差」「大良」「尤佳」「亦佳」などの語を常に使った。たとえば、「治卒魘寐不寤方第5」にこうある。

　　　芦（あし）の管で両耳を吹き、病人の髪の毛27本を取ってヒモを作り、鼻の穴に入れ、雄鶏のトサカを切って血を採り、管でのどに吹き込む。この処方は大効である。

　葛洪が使用しようとした薬物は、医方において効能上必要なもの以外は、大部分入手しやすいものであった。そういうわけで、一般の薬物以外に彼が常用したのは、生姜、干し生姜、巴豆（はず）、みそ、ニンニク、塩、ヨモギなど、どこにでもあり、急病になってもそれで治療でき、薬探しのゆえにむだ死にしないような物ばかりであった。

3. 救急法の重視

　葛洪編纂の『肘後備急方』の目的は文字通り「備急」にあったので、その

救急医療のなかには鍼灸や薬物のほかに、按摩、熱熨（熱したタオルなどに薬剤を包んで患部に当てる）、吹鼻（粉末にした薬剤を鼻から入れる）、冷敷（冷やしたタオル等を額などの患部に当てる）、熱敷（熱したタオルなどを患部に当てる）などの方法が含まれていた。次にその按摩、熱熨、吹鼻法を紹介する。

　本書には、膏摩法（患部に中薬の軟膏を塗る）と多種の按摩手法が記載されている。膏摩法は「薬摩法」の範疇に属し、薬物と按摩を組み合わせて効果を生み出させるものである。『肘後備急方』の治百病備急丸散膏諸要方篇には、蒼梧道士陳元膏、華陀虎骨膏など8種の膏摩薬法の記載があり、多種の病症に対処しようとしている。按摩手法としては、抓腹（5指を開いて腹部を圧迫する）法、抄拳（拳で打つ）法、拍（平手で患部を叩く）法、爪掐（掐は指先で強く押しつける）法などがあり、突然死の蘇生、嘔吐、急性の腹痛などの治療に使われ、これらは今に至るまで民間で生命を保っている。

　熱熨療法は『肘後備急方』ではお馴染みのもので、これは原始的な物理療法といえる。本書では、この方法で客忤（幼児の急性疾患）、心痛、五尸（悪気に起因する5種の病）、傷寒、毒病、中風、胸腹部のしこり、虚損（気虚・血虚・陽虚・陰虚によって起こる諸症状）、腰痛、乳痛、蛇咬などの病症を治すとしている。たとえば、客忤の治療法についてこう述べている。「衣を3枚腹の上に重ね、その上に銅器を置き、チガヤを少し銅器に入れて焼き、尽きたらまた治るまで追加する」と。

　吹鼻法は「気通」という医療の基本原理を応用したもので、「くしゃみをすれば気が通じる」という考えに基づいた、一種の簡易な救急法である。たとえば、「中悪」（悪気に中ることに起因する諸症状）、「尸蹶」などを論じて、ひとしく、皂莢（トウサイカチ）、半夏、菖蒲、桂屑、淳酒、雄黄などを粉末か大豆大にしたものを管で患者の鼻中に吹き込む、としている。

　要するに、葛洪の医療観は救急の実践がその基本的な内容になっていて、彼がなぜこういう医方を選び、このように病症を詳細に記述したかといえば、患者個々人がこの本を見れば自分で治療できることを目標にしているからである。詳（詳しい記述）、簡（簡易な方法）、便（便利さ）、験（効能）とい

うのが葛洪の医療観を表す最も適切な語と云えよう。

二　葛洪の医薬領域における具体的な成果

『抱朴子』は戦国時代以降の「方仙道」の伝統を継承し、秦漢時代の神仙理論を総括しており、宗教的な哲学と科学的な技術史に関する資料を豊富に含んだ書物である。一方、『肘後備急方』は、貧民の救急用に提供された書物である。この2冊の本の検討を通して、葛洪が医薬方面に関して少なからざる論述を行なっていたことがわかるのであるが、以下、そこから、比較的特色があり且つ資料として明確な、化学製薬、生薬学、鍼灸学、そして疾病学の4方面から選んで、彼の医薬学上の具体的な成果を考察してみよう。

（一）化学製薬

葛洪は、左慈、葛玄、鄭隠、鮑靚などの煉丹理論と成果を継承して煉丹に熱心に取り組み、西晋時代の著名な煉丹家となった。彼の煉丹に関する資料は『抱朴子』の金丹、黄白、仙薬の諸篇に集められているが、仙薬篇は薬物の紹介が主になっているので、葛洪の煉丹の成果を理解しようと思えば、金丹と黄白の2篇を探求すべきである。

葛洪は『抱朴子』において、広く経文や煉丹書から採集したものを記載するほかに、煉丹家たちが煉製した丹薬の造り方を具体的に記録しているが、それらは大きく金丹大薬と黄白丹術のふたつに分けることができる。前者の金丹大薬は『太清丹経』『黄帝九鼎神丹経』『五霊丹経峴山丹法』など26種を包括しており、後者の黄白丹術は『神仙経黄白之経』だけで25巻ものボリュームがあり、ほかにもまだ『金銀液経』『玉牒経』『銅柱経』『亀甲文』などがあって、多くの黄白丹術に関わる記載がそこに見られる。これらの記載はまさしく、『周易参同契』の煉丹過程の記録不備を補うものであり、それらによって古代煉丹術のあらましを知ることができる。

そのほか葛洪は、丹を煉る時に使う薬物も記載している。それらは、銅青、丹砂、水銀、雄黄、礬石（ミョウバン）、戎塩、赤石脂、胡粉、曽青、慈

石、太乙禹余糧等々22種もあって、『周易参同契』が挙げている薬物と比べるとやはり多い。

葛洪が丹薬を煉製するさい、丹砂などの水銀化合物以外では雄黄などの砒素化合物を使うことが最も多かった。ほかに、鉛、銅、鉄などとその化合物、そして、アルミニュウム、ナトリウム、カルシュウム、カリウム、マグネシュウムなども含まれ、さらに、金、銀、硫黄、硅石などもあった。

彼の煉丹の目的は、長生不死の仙薬を煉製することであったが、しかし丹を煉る過程で、彼の意図を離れて製薬化学の成立を促進することになった。彼は、彼が継承した数多くの煉丹術の成果と当時の化学知識、冶煉設備を利用して無数の実験を行なったが、その実験中、少なからざる化学反応のプロセスを完成させ、そこには新発見もあって、化学的薬物の応用範囲を拡大することになった。

『神農本草経』にはつとに、水銀で各種の皮膚病を治し、皮膚中のシラミを殺すといった記載がある。葛洪の『抱朴子』にも丹を煉る過程で産生された化学的薬物が多く記載されている。たとえば砒霜(ひそう)（AsO）の性は熱で猛毒があり、元来強壮剤として使われていたが、化膿止め、咳止め、痰きり、解熱、瘧疾(ぎゃくしつ)（悪寒・高熱・出汗などを呈する病、マラリア）に効果があり、のちには医療上の常用薬物となった。鉛丹（PbO）は油脂と化合させたのち、そこにいくつかの薬物を配合すると、用途の広い鉛膏薬を生製しうる。白降丹の主要成分は塩化第二水銀であるが、種々の効能があり、名の知れた外用薬となっている。紅生丹の主成分は酸化水銀（HgO）であるが、これも有名な外用薬である。

魏晋時代に流行した寒食散（五石散）は一種の長生薬と認識され、『抱朴子』金丹篇でも五石に言及されている。しかしこれを服食して中毒になった者は数知れず、軽い者は身体が不自由になり、重い者は命を失った。そういうわけで、当時の医学文献中には寒食散の中毒を治療する薬剤がたくさん出現している。

第Ⅲ部　医学と養生学　第三章　両晋の道教医学

(二) 生薬学

　『抱朴子』には薬物の記載が多く、のみならず、薬物の種類、生育地、形状、効能、服食などについても考察されている。次に、その内容に即して整理、分析し、葛洪の生薬学上の具体的成果を明らかにしたい。

1. 薬物の分類

葛洪は云う、

> まず草木薬を服用して身体の欠損を補修し、それから金丹を服用して無窮の命を確定させる。長生の道理はこれに尽きる。

(『抱朴子』極言篇、246 頁)

　この一文は、葛洪の薬学思想が煉丹家の薬学観に属していて、「長生不老」がその目的であることを示している。それゆえ彼は、丹薬の煉製で常に使われる金石薬を特に重視したのである。

　『神農本草経』は、身体を軽くし気を増し不老延命をもたらす薬をはじめに列挙し、煉丹家が常用する丹砂を第一に置いているが、そのほかにも、雲母、石鍾乳、消石、曽青、禹余糧、太乙余糧、白石英、紫石英など17 種の玉石上品薬を列挙している。葛洪はこの薬物分類法を踏襲し、煉丹時に常用する金石薬と身体を強健に保つ薬物を上品薬に位置づけている。

　葛洪はそのいわゆる仙薬をおおよそ、①金石（鉱物）類、②五芝、③栄養補給の草木薬、に３分類している。①の金石薬としては、これまでにも挙げてきたものがあるが、あらためて引いてみると、丹砂、黄金、白銀、五玉、明珠、石脳、曽青、雲母、雄黄、石硫黄、石桂、石中黄子、石英、太乙禹糧、石飴、などである。②の五芝は、石芝、木芝、草芝、肉芝、菌芝を云うが、それぞれに 100 余りの芝(し)（菌類の総称）がある。③の草木薬としては、茯苓(ぶくりょう)、地黄、麦門冬、木巨勝、枸杞(くこ)、松実、九節石菖蒲（セキショウの最良のもの）などがあるが、なかには『神農本草経』の滋養強壮の植物薬と重なるものがある。

葛洪の仙薬の分類によって、その分類法が『神農本草経』のそれに依拠していること、そこから長生効果のある上品の薬物を採択していること、そして基本的にその範囲は『神農本草経』より狭いことなどがわかる。ただ、五芝の種類は『神農本草経』の記載より多い。『神農本草経』では中品にランクされている雄黄、石硫黄は、葛洪は仙薬に入れているが、このこともまた、彼が煉丹薬物を特別に重視していたことの証明になっている。

2. 薬物の辨別

『抱朴子』仙薬篇では、数多くの薬物について、その形状、効能、採集、服食法などが相当精しく記されている。一例を挙げると、天門冬（クサスギカズラ）について以下のように述べる。

> 天門冬は、地門冬ほかいくつかの別称がある。高地に生え、根の短く味が甘く、香りのよいものが上質である。水際の低地に生えているものは、葉が金魚藻のように細くて淡い黄色で、根が長く味も苦いものが多く、香りもよくない。これは下級品である。これでも服食はできるが、気を下降させがちなので、効果の現れるのが遅い。天門冬は100日服用すると、朮(オケラ)や黄精(ナルコユリ)などより元気が倍増する。山に入った時、蒸しても煮てもよく、適量を食べておれば辟穀(穀断ち)もできる。
>
> （196～197頁）

葛洪は本草の専著を残さなかったが、その薬物に対する造詣は、魏晋以降の呉普や李当之などの本草の専門家より劣るものではなかったのである。

(三) 鍼灸学

葛洪の鍼灸関係の論述としては『肘後備急方』に見えるものだけであり、本書の灸法に関する成果についてはすでに述べた。鍼法の方面について云うと、彼はここでも簡便な方法を採用していて、その鍼刺の運用はおおよそ、

挑　鍼（皮下の白色繊維状のものを除去する）、放血（血を放出させる）、放水の3種に帰納でき、後世の医家から重んぜられた。

彼の灸療法は、灸療学の内容を充実させただけでなく、灸療学の発展を推進させた。灸療法は晋以前の鍼灸学において軽視されていたが、そのような状況を一変させ、世人にこれを重視させたのは彼の功績である。かくして後世、灸療学を論じた医書はたえず生み出されるようになり、その理論は一層詳細かつ周到になっていった。

(四) 疾病学

ひとりの道教医家としての葛洪の中国伝統医学に対する貢献は、医学思想の方面だけでなく、具体的な医学上の成果、とりわけ疾病の認識とその予防の方面に体現されており、多くの賞讃されるべき一流の成果を挙げている。

1. 病因学の成果

葛洪は、傷寒（外感熱病の総称）、痢疾、時行（流行病）、時気（流行性伝染病）、瘟疫（熱性伝染病）、疫癘（急性伝染病）、そして狂犬病、結核、丹毒、沙蝨（ツツガムシ病）、食物中毒などの疾病に対しては、相当深い認識と創見を持っていた。

傷寒、時気、瘟疫については、『肘後備急方』治傷寒時気温（瘟）病方で次のように指摘している。

> 傷寒、時気、温（瘟）疫は、名称は3つであるが、種類は同一で、病因が少し異なるだけである。冬期に寒さに冒されたり、急いで動いたり力仕事をしたりすると、汗が出て風で冷やされる。これが夏に発症したものが傷寒である。冬期がそれほど寒くなく、暖気や西の風が多いと、人の骨節をだるくさせ病気の原因を作る。これが春に発症すると時行（気）になる。その年に癘気が発生し、兼ねて鬼毒が降り注いで発症するのが温（瘟）病である。このように3者の症状はよく似ている。また、文雅な表現を用いれば、傷寒と総称するが、世俗では時行と呼びな

したり、道術ではそれを符に刻して五温（瘟）というのも特殊な呼称である。大体から云えば共通項があるが、しかしそこにはおのずから陽明、少陰、陰毒、陽毒の違いがある。少陰病はおおむね発熱せず、お腹が張って下痢があり、最も治りにくい。　　　　　　　（『道蔵』33-24）

　葛洪のこの病気に対する認識は、前人より一層深くなっている。とりわけ、瘟病は癘気と鬼毒が原因だと認識しているのは一大創見である。瘟病は、瘟邪を感受することによって引き起こされる一種の外感急性熱病の総称で、また瘟熱病ともいい、広義の傷寒病の範疇に属しており、発病が急劇で、伝変（病状の変化）も比較的早い。『黄帝内経』にはすでに、瘟病の名称、関連する症状、病因、脈象、それに治療の原則の記載がある。『素問』熱論篇に云う、「いま、熱病といわれるものはすべて傷寒のたぐいである。あるいは治りあるいは死亡するが、死ぬ者はみな6、7日の間に死に、治る者は10日以上なのは何故なのか。岐伯が答えて云う、巨陽（足の太陽経）は諸陽を統括していて、その脈は風府（後頭部にあるツボ）に繋がっているから諸陽の主気である。人が寒に冒されると発熱するが、熱はひどくても死なない。しかし陰陽の両経が寒に感じて病んだ場合、死は免れない」。葛洪のあの「癘気と鬼毒」の病因論は、明らかにこの『黄帝内経』の「人が寒に冒されると発熱する」伝統的な瘟病の病理理論を乗り越えていて、明代に呉又可がその『温疫論』でいう「戾気(れいき)」説の先駆けになっている。
　肺結核のような結核性伝染病に関して、葛洪はすでにこうした類いの病気の強い伝染性を認識していて、それを「尸注(しちゅう)」や「鬼注」と呼んでいる。『肘後備急方』治尸注鬼注方篇に云う。

　　尸注鬼注病について葛洪は云う、これは五尸のなかの尸注であって、もろもろの鬼邪が関与して害をなす。この病気はよく変化して36種から99種もあり、おおむね寒熱を引き起こす。患者は汗をたらたら流し、意識もぼんやりして物を云わない。どこがつらいのかはっきり分から

ず、身体の至るところ具合が悪い。長年月が経つうちに次第に弱っていって、ついに死に至る。死後また近くの人に伝染して、その一家は全滅する。この症状に気が付けば、すぐに治療すべきだ。

　ここに云う「注」とは伝染の意であり、「尸」や「鬼」は病原体を意味している。葛洪はここで、この病気は伝染性が強いので、一旦この病気に罹ったなら、患者を隔離して治療せねばならないと警告している。後世の道教医家はおしなべてこの「尸注」や「鬼注」に対する病気治療を重視し、それによって少なからざる治療法が開発されることになった。
　霍乱(かくらん)については、葛洪は誤った飲食から伝染するものと考えていた。霍乱は急性の胃腸病であるが、その臨床上の所見は、突然発病し、上は吐き下は下痢して腹が痛むというものである。多くの場合、生で冷たい不潔なものを食べたり、暴食したりすると発病するが、蒸し暑い夏期に人体が蒸し暑く汚濁した疫癘(えきれい)の気を感受しても発病する。葛洪は『肘後備急方』治卒霍乱諸急方において、霍乱の病因に対する正しい指摘をしている。その主たる予防法は、暑さゆえに涼しさを貪らず、飲食と衛生に気をつけることである。発病してしまったなら、芳香があって汚濁を除去する薬物を使って進行を食い止める。『肘後備急方』には多くの処方が列挙されていて、医学的価値はかなり高い。
　沙蝨病については、葛洪の認識は日本の同類の記載より千年も早く、世界医学史上、遙かな先導的位置にいる。これは「ツツガムシ病」ともいい、極東地域特有の地方的な伝染病である。この病気は沙蝨（スナシラミ）が人体を咬むことによって、沙蝨の体内に寄生する微生物であるツツガムシが人体に侵入して発病する。その流行する場所の多くは大きな水流のある丘陵地帯で、流行する季節は夏の終わりの洪水の後である。葛洪は『肘後備急方』治卒中沙蝨毒方において、その病源と診断法に対して正しい記述をしている。

　山水の間に沙蝨は多くいるが、とても小さいので見えにくい。人が水浴

したり水を汲んで沐浴したりすると、この虫が水中で人にくっつく。また曇り日や雨の日に草むらを歩くと、くっついて皮膚のなかに潜り込む。その診断法。はじめは皮膚が小豆、または黍粒、粟粒ほどの大きさに赤くなり、手でその赤い箇所をこすると、刺すような痛みがあり、3日後、百節が痛んで悪寒と発熱をともない、その赤点上に瘡（かさ）ができる。この虫がやがて骨にまで侵入してくると、人は死ぬ。

こうした記述と診断法は、現代医学の臨床観察と符合し、高く評価されるべきである。この疾病の伝染を媒介するツツガムシについて、葛洪は『抱朴子』でこう指摘している。

沙蝨というのがあり、これは水中にも陸にもいて、雨が降ったあと、朝や日暮れ前に水陸を跋渉すると、必ず人にくっつく。ただ、日射しが強く草が乾燥している時はあまり現れない。その大きさは毛髪の先端くらいで、最初人にくっつくと、すぐ皮膚に侵入し、その居場所はトゲが刺さったように小さな傷なのにひどく痛む。針でほじくり出すことができる。見ると、丹のように赤く、爪の上にくっつけると動く。

（登渉篇、306頁）

ツツガムシ病は1930年、日本の学者の深く掘り下げた研究によって解明されたが、それはまさしく、葛洪が記述したこの沙蝨の幼虫——東方リケッツ病原体（リケッツはこれを発見した米国の病理学者の名）——が引き起こした急性伝染病であった。

紹介に値するのは、天花病（天然痘、痘瘡）の認識に関する記述である。天然痘は伝染性の強い急性発疹性の病気で、ウイルスによって引き起こされるが、中国語では、天行発斑瘡、虜瘡、痘瘡、天痘、疫癘疱瘡、碗豆瘡、登痘瘡などと呼んだ。『肘後備急方』治傷寒時気温病篇には、この天然痘の流行と発病に対する以下のような詳細な記述がある。

第Ⅲ部　医学と養生学　第三章　両晋の道教医学

近年はやる伝染病がある。瘡ができて顔面から身体に及び、その状はやけどのようで、すべて白い汁を戴いており、潰れたりまた生じたりして、すぐには治らず、ひどい場合は死亡することも少なくない。治癒後も、かさのあとが黒紫色を呈し、何年も経ってやっと消えたりする。悪毒の気を引き入れているからである。（世人は云う、永（元）徽4年、この瘡は西東から流れ込み、海中に蔓延したが、葵菜を煮てニンニクをあえて食べたら治った。発病時には急いで食べ、少なめのご飯のおかずにしてもよい）。建武年間、南陽で敵を撃退した際にその葵菜の治療法を手に入れたので、この病気を虜瘡とも呼んだ。医者たちがそれを参考にして治療すると、効果が認められた。

　一般には、上記は中国医学史上最初の天然痘に関する記述だと思われている。しかし、文中の「世人は云う」以下の一段は挿入されたもので、これは葛洪の原文ではあるまい。というのも、元徽（道蔵本は「永徽」）は南朝宋の後廃帝の年号（473〜477）であり、後人が『肘後備急方』を整理した際に増入した可能性が高い。范行準はその著書のなかで天然痘が中国に流入した時期を考証していて、上の引用文中、「建武年間、南陽で敵を撃退した際にその葵菜の治療法を手に入れたので、虜瘡とも呼んだ」とある「建武」は、斉の明帝の年号（494〜498）だとしている（『中国予防医学思想史』、107頁）。彼の根拠は、北魏の南陽攻略に対する斉の抗戦を記録している『南斉書』明帝本紀である。もしもこの考証が成立するならば、『肘後備急方』の天然痘に関する記述は後人の増補ということになる。この范の考証には一定の根拠があるが、しかしこの「建武」は、晋の恵帝の年号（316）または晋の元帝の年号（317〜318）の可能性を完全には排除できない。

　『中国歴代紀年手冊』で調べてみると、「建武」の年号は、後漢の光武帝（25〜56）から北魏の北海王元顥（529）に至るまで7回使われている。魏晋時代は社会が極めて混乱し、中原の漢族政権と少数民族との間で戦争が頻発したので、『晋書』に「建武年間、南陽で敵を撃退した」という明確な記述

がないからといって、「建武」は晋の恵帝か晋の元帝かの年号ではないとは云い切れない。『晋書』葛洪伝によれば、葛洪は81歳で病にも罹らず世を去っていて、その卒年は東晋哀帝の興寧元年（363）に当たるから、彼は晋恵帝、晋元帝の建武元年には在世していた。そして彼の「南土に停まること多年、従軍せよとの軍政長官からの命令に従わなかった」（『晋書』本伝）という従軍経験と繋げてみると、彼は完全に戦乱中「虜瘡」という伝染病の流行状態を自分の眼で目撃し、それを本に記すことができたはずである。ほかに『肘後備急方』には、「虜瘡」という語に似たタームを使って疾病に命名しているところがあり、これは別々の現象ではない。たとえば、「近年また虜黄病が発生した」というのがそれで、ここにいう「虜黄」は黄疸のことである（治傷寒時気温病方）。したがって、范が「擊虜」の記載の有る無しで葛洪が晋代に天然痘を発見したかどうかの真偽を判定するのは、説得力を欠く。以上のことをまとめると、葛洪が『肘後備急方』において天然痘のことを記載したのは事実と考えられる。

2. 疾病の診断と治療学

黄疸の診断に関しても葛洪は充分科学的であった。『肘後備急方』治卒発黄疸諸黄病方篇に云う、「疸病には、黄疸、穀疸、酒疸、女疸、労疸の5種がある。黄汗（疸）は、四肢が少し腫れ、胸に膨満感があり、汗が出ず、出たら黄檗の汁のように黄色い」。黄疸は身体と眼と小便が黄変するのが主症の病気である。多くの場合、疫毒、湿熱（病因となる六淫のうちの湿と熱）、寒湿の邪気の侵入、あるいは飲食の不節制、脾胃の虚寒が原因で、脾、胃、肝、胆の機能が失調し、気のはたらきが停滞して、胆液が洩れて皮膚に溢れ出るのである。

『肘後備急方』のこの黄疸に対する診断と予後は独特のものである。「近年また虜黄病が発生した。最初、四肢が重くて不快で、ほどなくして眼が黄色くなり、黄色がしだいに顔面から全身に及んだなら、急いで白い紙で尿を調べ、白紙が黄檗のように黄変したなら、この熱毒はすでに体内に入っている」（治傷寒時気温病方）。ここにあるように、その診断方法は白い紙を尿に

ちょっと浸して、黄檗のように黄色くなれば黄疸と断定される。治療後の経過は類似の方法で検証する。「毎晩小便を少しの絹布に浸し、毎回それを記録して色が次第に白くなってゆけば治ったのである」(治卒発黄疸諸黄病方)。この白紙や白絹による検尿法は、近代医学の臨床における検査法と同工異曲の妙がある。

　脚気の診断と治療においても、葛洪の『肘後備急方』は極めて科学的であった。脚気病は最初、嶺南(広東などの南方地域)に発生し、それから江東に広まった。この病気に罹るとほどなくして、かすかに痛みや麻痺を感じたり、両脛に少し張った感じがあったり、歩いたり立ち上がったりする時に突然力が抜けたり、下腹部に知覚麻痺があったり、あるいは寒気がしたり熱ぽったくなったりする。それらはみな脚気の症状である。すぐに治療しないと、お腹に上がり、さらに気が頭部に上がって発症すると、人を殺す。これを治すには、湯、酒、膏剤をたくさん使う。薬の種類が多く1剤に止まらないが、いまはただ1剤だけ使い、お灸を兼用する(治風毒脚弱痺満上気方)。葛洪がそこで列挙している各種の単行の処方のなかで最も注目されるのは、ビタミンB_1を豊富に含む大豆、松の葉である。

　瘧(おこり、マラリア)は夏に多発する季節性の伝染病であるが、寒戦(寒気でからだが戦慄すること)、高熱、頭痛、発汗などが定期的に現れるのが特徴である。中国の医家は伝統的にこの病気の予防と治療を重視してきた。つとに殷墟の甲骨文字中に「瘧」の字があり、『黄帝内経』には瘧論篇と刺瘧篇があってその治療法を専門に論じており、漢代の『金匱要略』には、瘧の病因、病機(各種の症状の原因を五臓と六淫〈風、寒、暑、湿、燥、火の六邪〉に帰納させたもの)、症状、鍼灸治療などに対する詳細な記述がある。注目に値するのは、『肘後備急方』が30余りの処方を集めており、治寒熱諸瘧方篇の冒頭に青蒿(カワラニンジン)の絞り汁による治療法を記載している事実である。これには高度な臨床的価値がある。すなわち、「青蒿一束を切り、水一升に漬け、絞って汁を取り、それを飲み干す」。

　20世紀の70年代、中国の医学従事者がこの記述に啓発され、菊科植物の

黄花蒿（*Artemisia annua L.* クソニンジン）から青蒿素（*artemisinin*）を抽出した。これはペルオキシ基を含有したセスキテルペンラクトン化合物の一種であり、効力が高く、速効で、毒性が低いという特徴を持っている。この化合物の精製の成功は、抗瘧薬物史上、キノリン類に継ぐ重大突破の表徴であり、国際医学界を悩ませてきた薬剤耐性を持つマラリア原虫の治療という難題を解決するものであって、国内外の医学科学界から高い評価を受けた。（訳者注：ここで云う「医療従事者」とは屠呦呦〈およびその研究グループ〉を指すはずである。上文にも云うように、彼女がこの『肘後備急方』の「青蒿一束を切り、水一升に漬け……」という記述にヒントを得て、低温処理によるアルテミシニンの抽出に成功した事実は中国ではよく知られている。2015年度のノーベル医学・生理学賞は彼女のこの業績に対して与えられたことはまだ記憶に新しい）。

　このほか『肘後備急方』はその治卒誤呑諸物及患方篇、治食中書毒方篇などにおいて、食道の異物の取り出し、小さな添え木による骨折の治療、解毒などの臨床医療技術に関して記述をしており、中医の臨床治療技術の発展を促進した。とりわけ、小さな添え木による骨折の治療技術は中医整骨史上、最初の試みであり、珍重するに値する。

第四章　道教と養生

　養生は道教の重要な構成要素であり、道教誕生の日から養生理論とその方法に対する探求は一貫して道教に随伴してき、道教の発展にともなって道教養生学も絶えず発展成熟し、中国養生学の最も重要な要素となった。しかし、道教養生学は数千年の発展の歴史があり、その関連文献は広大無辺であり、その思想的筋道も各種の雑多な資料のなかに埋没している。したがって、どのようにしてそれら各種の資料を整理して把握するか、そして、そこからどのようにして道教養生学の発生と発展の明確な筋道を探し出し、根本から道教養生学を認識し把握するかは、道教研究者の面前に置かれている重要な任務である。

第一節　道教の養生概念

一　養生概念

　養生とはなにか。まず、〈養〉の基本的な意味は「やしなう」である（『説文』）。その具体的な含意は以下のようになる。①育てる、②教育する、③涵養する、④養い守る、⑤治療する、⑥保持する。次に〈生〉であるが、その基本義は土のなかから生まれ出ることである（『説文』）。〈生〉は、生長、生育、出生、出産、発生などの一般的な意味のほかに、さらに以下のような含意がある。①活きる（死の対語）、②生活する、③生命、④生まれながら、⑤本性。

　〈養〉と〈生〉とを合体させると、養い育てる、涵養する、生命（性命）を保養するという意味がはっきり出てきて、これは後世の〈養生〉を「身体を保養し健康長寿を促進する」とするのと一致する。しかし、先秦時代には〈養生〉という語は完全にそのような意味であったわけではない。最初にこの語が使われているのは『荘子』で、そこに３つの用例があるが、その含意

はたがいに異なったところがある。最初の用例は養生主篇にみえる。荘子は「わが生には限りがあるが、知には果てがない。限りあるもので果てなきものを追い求めるのはあやうい」という問題意識から、「庖丁(ほうてい)が牛を解体する」一段を提出してくる。文恵君の前で、庖丁（包丁の語源）があざやかな包丁さばきで1頭の牛を解体してみせ、自分の哲学を文恵君に語るのであるが、それを聞いた文恵君は、「私は庖丁の話を聞いて養生がわかった」と云ったのである。ここで彼が云った「養生がわかった（養生を得たり）」というのは、明らかに養生の道理を得たということであり、さらに、君主である文恵君の特別な立場からすれば、彼が云う「養生の道理」というのは、社会や天下を治める道理という傾向性を持っているはずであり、当然そこには人を治める道理も含まれているであろう。そういうわけで、ここに云う〈養生〉は単に身体を保養するだけではないことは明らかである。

　第2の用例は『荘子』外篇の達生篇にみえる。荘子は田開之と周の威公との対話を借りてこの語を次のように使っている。「養生に巧みなものは牧羊と同じで、群れから遅れたものを見て鞭うつ」と述べた田開之に対して、どういう意味かと訊いてきた威公に田開之は、魯の単豹と張毅(ぜんぴょう)というふたりの〈養生〉のあり方を紹介する。単豹は人間社会から離れて山中で暮らし、70を過ぎても嬰児のような色つやがあったが、飢えた虎に食われてしまった。張毅は、立派な邸宅の前は敬意を表して小走りに通り過ぎるような、礼儀を重んじた人であったが、しかし人に対して余りに気を使いすぎ、40歳で熱病を発して死んでしまった。田開之は云う、単豹はその内を養ったが虎はその外を食った、張毅はその外を養ったが病気にその内を攻められた、彼らは遅れたものを鞭打たなかった者である、と。田開之の云う「養生の道理」には人や世を治める含義があり、人を治め世を治める場合には一方に偏ってはいけないことを強調している。したがってこの第2の用例の〈養生〉にも、治人、治世の意味が含まれている。

　最後は雑篇の譲王篇にみえるもので、ここで荘子はもう一度〈養生〉を使っている。すなわち、「道の真髄で身体を治め、その余りもので国を治め、

そのカスで天下を治める、と云われている。この観点からすれば、帝王の功績なんぞは聖人の余技にすぎず、身を全うして生を養うことと関係がない」。ここで云う〈養生〉には個人的な保養の意味があって、すでに後世の意味に近づいてはいるが、しかしここでは明哲保身が強調され、価値と行為の選択に傾いており、個人の身心の調整保養を非としているから、やはりまだ後世の〈養生〉の意味ではない。

　先秦時代では〈養生〉という語が社会と人生の角度から説明されていることは、『荘子』以外のほかの書物、たとえば『荀子』儒効篇などでも確認することができる。もちろんこの時代には、父母の生を養うという別の含義もあった（『孟子』離婁篇下など）。では結局のところ、いつから「身体を保養して健康長寿を促進する」という意味になったかについては、具体的な根拠を提示できないのであるが、ただ『呂氏春秋』はこの語をそういう意味で使い始めているのは事実である。その尽数篇に云う、「生を養うには本源を知ることだ。本源を知れば、病気に罹りようがない」。

　前漢の文献には〈養生〉の語は比較的多く現れるようになり、おそくとも後漢時代には完全に今日のような意味が形成された。というのも後漢の名医、張仲景の「傷寒雑論序」に、「理解できないのは、当今の士人が神医の薬に注目して方術を研究し、上は君や親の病気を治し、下は貧賤の災難を救い、中は身を保って長生し、その生を養なおうとはしないことである」とあるからである。なお、古代では〈生〉は〈性〉と通じていたから、〈養生〉は〈養性〉とも云った。このように〈養性〉の語は、道教が生まれる前後から広く用いられていた。

二　道教の神仙追求と養生

　養生は道教では重要な位置を占めており、道教全体のなかで欠くことのできない構成要素になっている。長生不死、自由自在な神仙を最高の追求目標とした宗教として、道教はその他の宗教とは大いに異なっている。もしその他の宗教が現実世界と理想天国との間に絶対的な一線を画し、現世生活の真

実の価値を否定する傾向にあるものとすれば、道教は両世界の密接なつながりを強調し、現世の生活を神仙の境地に至るための重要なステップと考える。道教から見れば、人生は有限で不完全ではあるけれども、それは神仙を実現するための不可欠な段階であり、人は現世の苦しい修錬を通過することによってのみ神仙になりうる。したがって、現世における生命をいっそう長く保つことは、成仙のための修錬を可能にするだけでなく、成仙のための不可欠な一環なのであった。そういうわけで、生命に対する重視は道教思想の基本的性格となり、貴生（生を貴ぶ）思想の創出と養生の重視は一種の必然であった。

道教の貴生思想の創出とその形成は、その起源から見ると、まず最初に中国古代の神仙思想の影響を受けている。神仙思想は戦国時代に発祥したもので、人間は一定の手段と方法によって長生不死を達成し、肉体は飛翔して神仙となりうる、というのがその核心であった。当時の人々の神仙のイメージは、「その肌は氷か雪のように白く、処女のようにたおやか。五穀を食べず、風を吸い露を飲み、雲気に乗って飛龍をあやつり、四海の外に遊ぶ」（『荘子』逍遥遊篇）とか、「大草原が焼けても熱いとは思わず、大河が凍っても寒いとは感じない。雷が山を裂き、大風が海を揺り動かしても驚かせることはできない」（同・斉物論篇）などという存在であった。神仙は不老不死で各種の超能力を持ち、自由自在であったから、おのずから人々の羨望と憧憬を誘った。

別の側面から見てみよう。人が自分自身の生を顧みた時、死は必然のものであるだけでなく、ほかにもまた、各種の病苦、窮困、災禍などを引き受けねばならない。とりわけ死は、一生ついて回る懊悩であるから、心ある人はこのような悲痛な状態を力を尽くして改変しようと思わないではおれない。『太平経』にはこうある、「死すべき運命は重大なことである。人間は天と地の間に居てひとつの生を与えられるが、その生をもう一度反復できない」（合校本298頁）。人間はすべて死という運命から逃れられず、一回きりの生命しかない以上、死を免れようと思えば修行して仙になるしかないが、その

成仙のためには現世での修錬と努力が不可欠であるから、成仙と現世の生活の質を高めることとの両面から見れば、生命の保持を重視するのは充分価値のあることである。最大の価値はやはり成仙のために一層よい条件を提供することであるから、貴生は道教全体の思想の具体的表現となってくる。ゆえに道教では、それが生まれた当初から人々にこのように告げる、「人の最も善なるものは常欲楽生（常に生を楽しもうと願う）に及ぶものはない、汲々としてノドの渇きを癒やすように願わねばならない」（合校本80頁）。人間にとって最も大事なことは生命である。生命を失ってしまえば生存すらなくなり、成仙どころではなくなってくるからである。そこで『太平経』は、武器を捨て早めに危険を避け、身を治めて生を養い、仙を学び道を修めることを説いたのであった。

　葛洪もこう述べている、「自分にとって生は大いなる利益だと古人は云った。帝王の爵位でも長生法に比べるまでもないし、天下の富でもこの術と交換できない。だから、王として死ぬよりネズミとして生きた方がいい、という喩えが生まれたのである」（『抱朴子』勤求篇、259頁）。道教の貴生思想の直接的体現は養生である。『太平経』に云う、「凶を避け害を遠ざけ長寿を得たいと願う者は、自愛、自好、自親をモットーとすべきで、この姿勢で養生してこそ凶害を避けうる」（合校本466頁）。葛洪はさらに、長生術は道教の重大な秘密だと述べている（『抱朴子』勤求篇、252頁）。こうして、養生に関わる理論、原則、方法が生み出され、独特の道教養生学が構築されたのであった。

三　道教における養生学の位置

　道教の全体的な思想のなかで道教養生学は不可欠のものである。神仙の追求を最高の価値とする宗教として、神仙の存在の肯定は力を尽くして行なうべきものであった。道教から見て、神仙が肯定するに値するのは、神仙が長生不死であるからだけでなく、それが各種の神通力を具有し、またその生活が自由自在で何の悩みや心配ごともないからであった。そこから世間の凡人

を顧りみてみると、寿命が有限であるばかりか、各種の病苦、災厄に見舞われ、永劫にわたる幸福と快楽を享受できないでいる。では、こういう凡人の悲惨な境涯から抜け出ることはできるのか。道教はできると考え、道を修めて仙になるというのがその手立てだという。道教からすれば、仙人は凡人が修行して成るものであり、世間のどの人間でも成仙の可能性を持っている。仙人に成れないのは修行法が間違っているか、努力が足りないからである。凡人から仙人に至る生活は一種の連続と超越であって、そこには断絶がないから、成仙は現世においてのみ完成されるものであり、ある種の宗教が説くような来世に託すような考え方とは異なっている。したがって、人は一旦死去すると、成仙の望みは消え失せるのである。そういうわけで道教は、正しい修行法と困苦の修錬努力が必要だと説く。

養生学の地位が目立って高いのは、まさにそれゆえであった。まず、成仙は現世における修行と直接関わっているので、修行時間が長ければ長いほど到達するレベルが高くなり、成仙の可能性も大きくなる。健康を増進し寿命を延ばすことは、成仙のための重要な要素になってくるので、人を健康にして延命させる養生学は自然、道教の重要な構成要素になってこざるを得ない。次に、成仙は修行法と直接関係しているが、困苦の修行だけでは不充分で正しい方法が求められる。方法が誤っていると仙になれないだけでなく、寿命を縮めたり死を招いたりすることさえある。ここに、正しい修行法の研究が養生学の欠くべからざる課題になってくる。そのうえ、養生の修錬と成仙の修錬とは本質的に一致し、養生の追求する健康長寿と成仙の追求する長生不死とは方向において完全に一致するから、養生が提供する修行法は実質的に成仙の方法でもあり、修仙の初級と中級の段階においては、その方法は事実上一種の養生法なのである。ただ、上級段階になってはじめて、純粋な養生法との違いが出てくる。したがって養生学の研究は、修仙のための、より良くより正しい修錬法を追求することになってくる。道教徒に養生学が広く受け入れられた理由はここにある。

具体的に云うと、道教における養生学の重要な地位は以下の幾つかのとこ

ろに現れている。まず、養生学は神仙追求に理論的根拠を与えた。人間が神仙になれる存在であり、そのためには努力が必要であることを信じさせようとすれば、人間自体から説明する必要がある。人間の養生の探求に対しては、養生学は人間に関する基本的な構造と運動変化の法則と知識を提供できた。換言すれば、人間の生理、病理、老化と死亡のメカニズム、それに、いかにして人の健康長寿を増進するか、いかにして老化と死亡を遅らせるかという知識を提供できた。道教はこうした知識を成仙の可能性の理論的根拠にできただけでなく、同時にまた、修仙理論の構成要素に組み込み、道教思想をより完全で具体的なものにすることができた。第２点として、養生学が神仙修錬のために必要欠くべからざる筋道と方法を提供できたことを挙げうる。神仙修錬には正しい筋道と方法が必要であるが、養生学が探し出した筋道と方法は、直接修仙の筋道と方法とすることができた。同時に養生学はまた、道教が養生の探求を手掛かりに、より優れた新しい修仙の技術や方法を発見する媒介となった。

第二節　道教養生学の創出とその発展

　総じて云えば、道教養生学の創出と発展は道教全体のそれと一致している。ただ、道教養生学にはそれ自体の特異性があるので、その創出と発展の歴史的区分には道教のそれと互いに異同がある。筆者の考察によれば、道教養生学はほぼ、萌芽、形成、成熟、そして発展という４つの歴史段階に分けることができる。

一　萌芽段階

　道教養生学の萌芽段階というのは、実際にはそれが生み出され形成される前段階のことである。具体的に云えば、最初の道典『太平経』が生まれる前の段階である。本書は後漢に現れたが、これは同時に養生に言及する最初の道教経典でもあった。したがって本書は、道教養生学創出のメルクマールに

もなる。『太平経』以前に養生の探求は行なわれたはずで、その基礎の上に道教養生学が現れたのである。具体的に云うと、道教養生学の萌芽段階は春秋戦国時代から後漢にかけての時期に当たる。この時期、特に春秋戦国期は諸子百家の時代であり、各種の異なった角度から社会や人生に対して探求が行なわれ、養生に対してもある種の学派はこれを重要課題とした。とりわけ道家、医家、そして方技家がその情熱の一部、時には全部をこれに傾注した結果、養生理論と方法が形成された。それらは整備された体系とは云いがたく、真正の養生学とするには不充分であったが、のちの道教養生学の樹立のための養分となった。たとえば、道家が提唱した虚静の道、方仙道（方士仙道）の仙薬の煉成と服用、医家の生理と病理、病気予防と延年法の追求などは、のちの道教養生学のなかに程度は異なるものの反映されている。そういうわけで道教養生学は、それら前人の成果を吸収した基礎の上に立って、道教自身の理論と方法を結合させて創出されたものなのである。

二　形成段階

道教養生学が比較的整備された体系を形成した段階である。具体的には、後漢の『太平経』の出現から葛洪が『抱朴子』を完成させた時期に当たる。というのも、『太平経』は養生の理論と方法に言及しており、そこにはすでに道教養生学の枠組みも含まれているからである。ただ、この枠組みはまだ曖昧なもので、養生に関する多くの記述も断片的であり、養生と修錬法については「守一法」という方法を強調するだけで、かなり偏ったものになっているから、本経がすでに比較的整備された体系を形成しているとは認められない。その後、養生に言及したいくつかの著作が現れた。しかし、たとえば『周易参同契』は、主として外丹と内丹の修錬問題を論じているだけであり、『老子想爾注』や『老子河上公注』は、『老子』が論じている問題に局限されており、いずれも養生学に対して体系的な議論を展開しているわけではない。東晋時代に『抱朴子』が出現し、ようやく養生の問題が体系的に論じられるようになった。本書において葛洪は、道教全体の立場に立って、人間の

本質から出発し、神仙を追求する意義、価値、そして修仙の具体的方法と技術の記述を通して、比較的全面的に養生に関する理論と方法を明らかにしている。とりわけ彼は、衆術合修（多くの術の併修）という養生の原則を提唱し、各種の養生法に対して比較的全面的な説明を加えることで、理論から方法に至る筋道を明晰にさせ、より整備された理論を構築し、道教養生学というひとつの学問分野形成史上の画期となった。

三　成熟段階

『抱朴子』は比較的整備された理論を構築して道教養生学上の画期となったとはいえ、その理論構造はいわば隠蔽されており、葛洪はそれを明確に表現しているわけではなく、多くの点で不完全なところがあり、養生理論の基本的な検討もなお不充分である。また、金丹養生のメカニズムについても立ち入った分析がなされてない。したがって、この時期においては道教養生学はなお未成熟であった。事実上、真正の成熟と整備をもたらしたのは南北朝の陶弘景と唐代の孫思邈である。

陶弘景によって道教養生学の最初の総括がなされた。彼の『養性延命録』は、先人の養生の言説を収集し、それらを整理し帰納した上でエッセンスを抽出し、「養神錬形」（こころを養いからだ錬る）を核心とする道教養生学の体系を樹立し、道教養生学をひとつの成熟した学問分野たらしめた。その後、唐初の道士にして医家である孫思邈が道教養生学をさらに完全なものにした。特に養生の方法において、彼は自己の医学研究と結びつけて探求し、養生の原則を総括しただけでなく、居処、呼吸法、房中術、服食法、按摩法などの一連の方法を明らかにして詳細に記述した。こうして道教養生学の成熟段階は、東晋の葛洪に始まり、南北朝、隋唐を経、唐初の孫思邈が養生書を著すことで終結する。

四　発展段階

孫思邈以降、現代に至るまでの時期である。この段階は、道教養生学の全

体的な学科体系の構造から見れば根本的な変化は生まれていないが、ただ理論上の発展と整備はあり、養生法においても重心の移動はあった。最も突出した特徴は、内錬と内丹的養生の発生であり、それが道教養生学の修錬法の主流になったことである。唐一代に流行した外丹の服食が日増しにその弊害を露呈していったので、道士たちはその他のもっと良い養生と修錬法を求めた。かくして内錬は人々の注目を集め、唐末、特に宋代以降、内丹学は次第に確立されてゆき、張伯端の『悟真篇』を代表として大量の内丹の著作が出現した。宋元から明清に至るまで、その著作は千種を下らず、南、北、東、西をそのなかに含む内丹学派が形成された。

内丹的養生の探求は、人体の〈精〉〈気〉〈神〉、それに〈性〉〈命〉に対する認識を豊かにし、また発展させただけでなく、道教の養生理論を一層具体化、システム化させ、養生法はさらに新しい内容を増やしていった。道教の内丹養生学は、中国養生学のなかの絢爛たる一輪の花と云えるかもしれない。この時期には、内丹的養生学の探求が一貫して道教養生学の主導的な地位を占めていただけでなく、その他の養生探求にも一定の進展はあったけれども、しかしその影響は大きくはなかった。20世紀に入って、西洋文化と近現代の自然科学の影響を受けて、その西洋文化と自然科学のなかに道教養生学の養分を探し求める人も現れたが、それもまた、道教養生学の現代的一展開である。

第三節　道教養生学の体系的構造

一個の独立した科学の学科が樹立されるための基本的な条件は、整備された学科としての体系的な構造を具えていることである。道教養生学はそれを具備しているのか。答えはもとよりイエスである。今に至るまで、整備された理論と系統的な方法を明らかにした道教養生学の著述は著されてはいないが、しかしそれは、道教養生学には理論から実践に至る整備された構造が存在しないということを意味するものではない。実は、そのような構造は大部

分、道教の大量の著述中に隠蔽されているのである。そして、人々の長期にわたる養生実践は、まさしくこの科学的な論理構造に依拠して行なわれてきたのであった。ゆえに今日、我々のなすべきことは、道教養生学の科学性の否定ではなく、それが包含する科学的要素の発見と発掘であり、その科学的構造を探し出し、その理論と方法を発展させて現代社会に役立たせることなのである。

道教養生学の体系的構造はどのようなものなのか。筆者の考察によれば、基礎理論、養生理論、養生方法の３つの要素から構成されている。以下、それに沿って道教養生学を総体的に捉えてみよう。

　一　基礎理論

ここで云う基礎理論は、形気神論、臓腑理論、経絡(けいらく)理論の３つを包括したものであるが、そのなかでも形気神論が突出している。

形気神論は人間の本質や特性に踏み込んだ議論である。それによれば、人間は〈形〉（からだ）、〈気〉、〈神〉（こころ）の統一体である。３者の重要なはたらきはそれぞれ異なっているが、それらは互いに密接につながりあっていて、そのうちのひとつでも失えば、人体の〈形〉〈気〉〈神〉は分離して人は死ぬ。形気神論は、各種養生理論と方法の理論的源流を明らかにしたので歴代重視された。人生三宝、または上薬三品でいう〈精〉〈気〉〈神〉の概念は、これを基礎としていると云ってもよい。道教の多くの養生法もまた、人間を構成する〈形〉〈気〉〈神〉と直接向き合ったものと云いうるだろう。形気神論と関係する別の基礎理論として、性命論というのがある。道教は、人間は〈命〉と〈性〉の統一体と考える。ただ、〈命〉は形・気と対応し、〈性〉は神と対応するので、人体の性命は実際には形・気・神の別の一表現と見なすこともできる。したがって、性命論はまた、形気神論の別の一表現と見なしうるのである。もっとも、理論上の明晰さや重要性からすれば、性命論は遠く形気神論には及ばないので、性命論は完全に形気神論中に包摂され独立させる必要はない。

臓腑理論は、道教養生学が古代の中国医学から借用してきた基礎理論のひとつである。形気神論が主に人間の基本的構成要素から、人間の本質といわば上下方向の構造を提示したものとするなら、臓腑理論は、機能システムから人体を構成する各種の水平方向の構造を提示したものと云える。臓腑理論によれば、人体には〈肝〉〈心〉〈脾〉〈肺〉〈腎〉の五大機能システムが存在して、それらはそれぞれ異なった機能をもつとされる。たとえば、〈心〉は神を蔵して血脈を司り、〈肝〉は血を蔵して疎通を司り、〈肺〉は気を司る等々。人体はそれらの協同作業によって生存が維持されている。同時に、五臓システム相互間には密接な連携がある。たとえば、ある臓器に病変が発生すると、その他の臓器にも影響が及び、人体に疾病が発症して死に至る場合もある。臓器理論では、病気、衰老、死亡は臓腑機能の変化と不全に大いに関わっているので、養生は必然的に臓腑を重視せねばならず、養生理論と方法も必然的に臓腑理論を基礎として記述される。

　道教養生学中の経絡理論もまた、古代の中国医学と関係する、一種の人体の存在情況を説明する理論である。ただ、その来源から云えば、古代の行気吐納・導引（呼吸法とストレッチング）の術と関わりがあって、完全に純粋医学の発見というわけではない。総体的に見た場合、道教と医学には一致するところがあるけれども、道教、特に内丹学における経絡の記述は、いくつかの面で医家の認識とは異なっているところがある。経絡理論によれば、人体内には多くの〈経〉と〈絡〉が存在していて、それらは人身の気血が運行する通路になっている（大きな路が経、小さな路が絡）。人体内の経絡は、十二正経、奇経八脈および無数の小絡脈から成っている。経絡の主要なはたらきは、気血を運行させ、臓腑間の橋渡しをし、気血を調和させ、臓腑をスムーズに動かせるところにあり、そうすることで人体の機能と活動が順調に行き、健康が維持される。もし経絡が渋滞し、気血が通じず、臓腑の機能に障害が発生すると、人体は発病し、ひどい場合には死に至る。喩えて云えば、人体内の経絡とその作用は、現代社会の交通路や通信網およびそれらが果たす役割に似ている。ゆえに養生の観点から云えば、経絡に関係せず、経絡理

論を使わないのは原理的に不可能なことなのである。事実上、道教の養生はずっと経絡を比較的重視してき、とりわけ後世の内丹養生とその小周天、大周天功法はほとんど完全に、経絡理論を運用する基礎上に確立されたものであった。

　二　養生理論

　養生理論は養生のメカニズムと原理に関わる理論であるが、実際には２方面の理論を包括している。ひとつは、人体の不健康、特に衰老と死亡を導く原因、メカニズムおよびその過程に関わる理論である。もうひとつは、上記の原因を除去し、それらを緩和し抑制する方法とメカニズムに関わる理論である。ここでは、古代中国医学の病気と病因のメカニズム理論、予防保健理論が大量に借用されている。たとえば、中国医学の七情六淫による発病説、臓腑の虚衰と精・気・神の虚衰、特に腎精と腎気の虚衰が人の衰老と死亡を招くとする説などは、道教養生学では普遍的に使われている。同時に中国医学の各種の予防保健理論と方法もまた、広範に利用されている。早期の道教養生学の集大成者、すなわち葛洪、陶弘景、孫思邈たちが同時に著名な医家でもあった事実は、そのことの説明にもなるだろう。

　しかしながら別の一方面において、道教養生学自身も独特の養生理論を提出している。そのなかで最も重要なのが先天の精・気・神の遮蔽喪失理論である。内丹養生学は主としてこの理論に依拠して記述される。この理論によれば、人間の生命は主に先天の精・気・神、すなわち元精・元気・元神よって維持されているが、出生以降、後天の精・気・神が次第に生起し、先天の精・気・神に取って代わって主導的な地位を占めるようになる。かくして人間は後天の精・気・神に牛耳られ、先天の精・気・神は遮蔽されて保護されないようになり、次第に衰弱して最後には完全に失われてしまう。この過程において人間も次第に衰老し、ついには死に至る。したがって養生の主たる任務は、後天の精・気・神による先天の精・気・神の遮蔽を除去することによって、先天の精・気・神の人体における主導的地位を回復するところにあ

る。そうすることで、精・気・神の統一が促進され、健康長寿が保持される。内丹養生で云う「後天を先天に返す」という原則と方法はここに由来する。

三　養生の方法

　養生の方法は、道教養生学の体系のなかでは技術と操作のカテゴリに属しているが、つまりは養生理論の実践運用のことである。道教養生学は理論面だけでなく、方法上も豊富多彩で特徴を具えており、そのなかの大部分は千年にも上る実践で卓効が証明されている。その方法としては、守一、内視、存思(そんし)、存神、行気、胎息、導引、按摩、辟穀、服食、房中術、調擔、外丹術、内丹術などがある。

　このなかで〈守一〉は、初期道教の修錬方術であり、そのポイントは意念（意識）によって精・気・神を保持して、それらを消耗させないことで長生の実現を目指す。〈内視〉は内観ともいい、心内を照すことによって心を外馳（外物に引き回される）させず、身体と精神がたがいに守りあう目的を達成する。〈存思〉は存想ともいい、やはり意念を使って心中に或る対象をイメージし、そうすることで神(かみ)を内部に留めて身体を守ることである。〈存神〉は思神ともいい、意念を使って体内と天地間の各種の尊神を〈存思〉し、神仙が霊験を現し、治病延命をもたらしてくれるのを願う。〈行気〉は練気、吐納、食気、服気ともいい、意念によって呼吸をコントロールするところに特徴があり、気のはたらきの通りがよくなることがその主要な効能である。〈胎息〉は行気の一種であるが、練気が深いレベルまで達すると、鼻口による呼吸をせずとも、母の腹中にいる胎児のように内気が自在に体内を運行するとされる。〈導引〉は意念によって肢体の運動を起こさせ、身体を鍛錬する目的を達成するものである。〈按摩〉は按蹻(あんきょう)、按扤(あんこつ)、推拿(すいだ)などともいい、手で皮膚や筋肉を揉むことで気血の流通を促進する。〈辟穀〉は却穀、断穀、絶穀ともいい、五穀や雑穀を食べないことによって腸中の汚濁を除去する。〈服食〉は服餌ともいい、薬物と食物を食することである。〈房中術〉は陰

道、黄赤の道、混気の法、男女合気の術ともいい、男女の性生活を調整するものである。〈調攝〉は攝養ともいい、日常生活一般を整える。〈外丹術〉は丹薬を煉製し服食することであるが、初期道教では、丹砂と水銀で煉製された仙丹または金丹と呼ばれる丹薬を服食することで長生不死が実現し、飛翔して仙人となると考えられていた。〈内丹術〉は外丹術とは対照的なもので、体内で丹を煉る一種の錬養術である。それは、人体を炉とし鼎(なべ)とし、精・気・神を薬物と見なし、意識のはたらきを通して精・気・神を凝集させて丹を造る術である。道教では、内丹を「服食」することで長生不死がもたらされ、神にも仙にもなりうると考えられていた。この内丹術は宋元以降、最も重要な錬養術になっていった。

第IV部

天文学と地理学

赵友钦像

小序

　　天文学は中国の最も発達した伝統科学のひとつであり、それは天体の運動の法則を研究して暦法制定に根拠を提供しただけでなく、天体の運動は天命と天道の直接的表現であり、天と天体の観測と研究は天命を窺い知って天機を把握する重要な方途だと考えられていた。こうした理由から、天文学は古代科学において重要な位置を占めていたのは云うまでもなく、さらに古代社会の意識形態と上部構造の重要な構成要素であり、古代の各種の哲学、宗教と一般の文化に対して非常に深い影響を与え、同時に各種の哲学と宗教流派によって注目される重要な問題になった。

　　道家と道教思想中の根本概念は〈道〉である。老子は「人は地に法り、地は天に法り、天は道に法り、道は自然に法る」と述べた（『老子』第25章）。ここから、〈道〉の探求は必然的に〈天〉の認識へと向かう。というのも〈天〉は、自然―道―天―地―人というこの知識連鎖における不可欠のリングであるからである。後代の修道者になると、修行と天道の一致を強調しない者はいない。それゆえ老子以来、〈天〉は道家の注目する重要な対象になったのである。『老子』には「天道」の章があり、『荘子』にも「天道」や「天運」篇がある。これらの篇で論じられている主なテーマは「天の社会性」（天と人間社会との関係）の問題であるが、「天の自然性」（天体の位置や運行など）は天文学の注目するテーマであり、また道家の宗師たちによってきわめて大きな関心が注がれた。荘子が〈天〉と天体の運動に対して提出した一連の問題は充分この点を証明している。すなわち云う、

>　　天は運動しているのか。大地は静止しているのか。日月はなぜ天空を往来運行しているのか。誰がそれらを主宰しているのか。誰がその法則を定めているのか。誰がそれらの運行を後押ししているのか。ある種のからくりがあって、それらがそうせざるを得ないようにさせているのか。

その運動は一旦始まると停止することはありえないのか。

（『荘子』天運篇）

　こうした疑問は、天地の運動の特性に論及しているだけでなく、そうした運動の法則性と動力のメカニズムにも踏み込んでいる。『荘子』は自然の角度からこうした問題に答えを提出しなかったが、道家の後継者たちはこの方向で貴重な探求を行なって豊富な成果をあげ、道家と道教の天文学の内容を豊かにしただけでなく、古代中国天文学の全体に対して重要な貢献を成し遂げた。道家の天文学の思想と探求は、道教の形成過程で主要な要素として吸収されたが、本篇で検討するのは漢晋時期における道家と道教の天文学である。

　春秋戦国から魏晋南北朝時代にかけては、道家天文学研究が発生から初期の隆盛を迎えた重要な時期であるが、基本的には先秦と漢晋に画期しうる。先秦の段階ではその研究は原則性の探求に向けられており、宇宙の起源とその進化論の樹立は重要な貢献であり、そこでは神の創造という観点が排除されている。その主な内容は『老子』、『荘子』そして『文子』（『通玄真経』ともいう）などの道家経典に見えているが、近年出土した道家著作の『太一生水篇』にも、これまで知られていなかった道家の宇宙起源モデルが示されている。ほかに、道家は先秦以来、〈天人合一〉と〈天人感応〉の積極的な唱道者であったので、この観念の形成に大きな影響を与えた。

　秦代以後、ますます多くの道家の人士が天文暦法などの方面の具体的研究に関わりはじめた。このような人々は、自己の哲学的原則に立脚しつつ、天文家と暦法家、そして陰陽家の天文学の業績を吸収し、宇宙進化、天地の構造、暦法計算、天文観測、および天文儀器などの方面で貴重な探求を行なった。前漢の初期、淮南王劉安（前180～前123）が天下の方術の士と諸儒を集め、「ともに道徳を議論し仁義を総括し」て『淮南子』を編集した。本書は、天地の理を究め、万物のありようを探求し、人間社会のことに論及し、帝王の道に備えるもので、内容は博大であるが、しかしその総体はやはり「老子

に近く、淡泊無為を旨とした」ものであって、漢代の学者から道を論じた重要な著作と見なされ、「学者は『淮南子』を読まなければ、大道の深さを知ることができない」などと云われたから（高誘『淮南子』叙）、総体的には道家の思想体系に属すと云うことができる。本書は、道教およびその前身に対して重要な影響を与え、のちには『道蔵』に収められた。本書の天文訓と時則訓の２篇は天文暦法を専論しており、ほかの篇にもこのテーマに言及しているところがあるから、本書は道家による天文学研究の最初の大きな成果であって、道教科学技術史ないし中国科学技術史上、きわめて重要な位置を占めているのは勿論であるが、今日の科学技術史研究にとっても掛け替えなのない史料的価値を具えている。漢晋時代を通じてみても、かくのごとき大型の天文学の著作は本書以外に現われなかった。

　このあと、道家天文学の言説はおおむね一般の道書中に散見されるに留まるが、そのなかで取り上げるに値するのは『列子』である。伝承によれば、本書は戦国時代の鄭国の人・列禦寇(れつぎょこう)の手になり、黄帝と老子を祖宗とする道家の書とされる。前漢のあと散佚したので、本書は偽書だとする説もあり、「魏晋以降、好事家が諸子百家の言を集めて作ったもので、西晋より降らない」と推測する人もいる（楊伯峻『列子集釈』前言）。本書は深く道家と道教の推賞するところとなり、唐宋の皇帝からも尊称を賜っている。唐の天宝年間（742〜756）の初め『沖虚真経』と改題され、宋の景徳４年（1007）、『沖虚至徳真経』と加号された。本書中の天地生滅の問題に対する議論は、大部分道家の観点からなされており、充分注目に値する。

　一般的な天文暦法以外に、漢晋時代の道家はさらに当時の天文暦法の発展に対して独自の貢献をしている。たとえば、前漢初期の方士・唐都は当時の星象の権威であったが、漢王朝の星象系統に対して重大な影響を及ぼした。のみならず彼は、元封７年（前104）の暦法改革にも参与し、天象観測の責任者となり、「太初暦」の編纂に重要な役割を果たした。また、晋代の道士・葛洪は渾天説(こんてん)と蓋天説(がいてん)の論争に加わり、先進的な渾天説の擁護と発展に目覚ましい貢献をした。ほかに、『淮南子』中の測天法は、実際には『周髀(しゅうひ)

算経』の蓋天理論を直接のソースとしており、張衡の宇宙起源説と渾天模型もまた、道家思想とすこぶる関係がある。

　以下、いくつかに章題を分け、先秦から晋代に至る道家と道教が保存していた天文学の知識、およびそれが当時の天文暦法研究の発展に対してどのような貢献をしたのか、紹介と検討を試みる。

第一章　宇宙進化論

第一節　先秦道家の観点

　『老子』は真っ先に「天下の万物は有から生まれ、有は無から生まれる」（第40章）と述べ、万物はすべて無から有に至って生まれるものという認識を示した。この観点は『荘子』においてさらに発展し、複雑な進化過程へと推し広げられた。すなわち、「〈始〉ということがある。〈はじめからは始めはない〉ということがある。〈はじめから始はないということもはじめからない〉ということがある。〈有る〉ということがある。〈無い〉ということがある。〈はじめから有・無がある〉ということはないということがある。〈はじめから有・無があるということはない〉ということがないということがある。……」（斉物論篇）。このような無から有に至る進化は、当然宇宙それ自体を含んでいる。宇宙ははじめから有であったのではなく、ひとつの本源から変化して生まれてきたのであって、その本源が〈道〉なのである。そういうわけで『老子』では明確に述べる、「混沌とした何かがあって、天地に先立って生まれた。そのものは形もなく気配もなく、何物にも依存せず何物からも影響を受けず、あまねく働きわたって疲れを覚えないから、天下の母と見なすことができるが、私はその名を知らないので〈道〉と字しておく」（第25章）。ここには二重の意味がある。ひとつは、〈道〉は「天地に先立って生まれた」ところの「天下の母」だということである。いまひとつは、〈道〉は「何物にも依存せず何物からも影響を受け」ないある種の実体であり、「あまねく働きわたって疲れを覚えない」永劫の運動のうちにあるということである。このような〈道〉が宇宙万物を生じるという概念は道家の本体論の核心だと云いうる。それゆえ『荘子』でも〈道〉を「万物の依るところ」と云っているのである（漁父篇）。

　当然、道家の眼差しのなかでは、〈道〉は宇宙の本体的本源であるだけで

なく、宇宙の万物を支配する原理でもあった。この点に関して『文子』では、「道なるものは、その高さは究められず、深さは測り知れない。……山は道ゆえに高く、淵は道ゆえに深く、獣は道ゆえに走り、鳥は道ゆえに飛び、麒麟は道ゆえに遊び、鳳凰は道ゆえに飛翔し、星暦は道ゆえに運行する」と明確に記述されている（巻上、道原篇）。ここでいう「星暦」は天体の運動を指している。

本体の根源としての〈道〉は畢竟、何であるかについて先秦の道家も議論を深めたが、そのなかの代表的なものが『老子』の観点である。すなわち、「道というものは恍惚（ボンヤリ）としている。その恍として惚としたなかに物が存在している。その窈（よう）として冥（めい）としたなかに精が存在している」（第21章）。したがって〈道〉は、一種描写しがたい無定形の存在ではあるが、そのなかに万物の形象（象）、質料（物）、そして精気（精）を含んでいるとも云いうる。こうした〈道〉のなかに潜在する物は、一定の進化過程を経てようやく現実の天地万物に変化しうる。この過程を『老子』は、「道は一を生じ、一は二を生じ、二は三を生じ、三は万物を生じる」と概括しているが（第42章）、その意味はこういうことである。〈道〉は最初、変化して一を生じる。一とは気である。気は分かれて二となる。すなわち陰陽の二気と天地の二体に分かれる。次に、天地間の陰陽の気の相互作用によって万物が形成される。これが三である。

『老子』のこのような変化モデルに対して、『文子』中に以下のような具体的な解釈がみえる。「老子は云う、天地がまだ形をもたない時、宇宙はほの暗くて果てしなく、すべてが一体化していてひっそりと音もなく清澄であった。やがて重濁したものが地となり、精微なものが天となり、四時（四季）に分かれ陰陽に分化し、精気が人間となり、粗気が動物となり、剛と柔が形成されて万物が生まれた。……これが、道は一を生じ、一は二を生じ、二は三を生じ、三は万物を生じる、ということなのだ」（巻上、九守篇）。

1993年、湖北省荊門の郭店の楚墓からひとまとまりの竹簡が出土したが、そのなかに『老子』（丙本）と一緒に書写された文書があり、その始めの句

を取って『太一生水』と名づけられた。成書年代は戦国中期の最晩期と推定され、その内容からして、専門家は道家の著作と見なしている。本文書は、宇宙の本源を〈太一〉とし、かなり独特な宇宙進化モデルを提起している。すなわち、〈太一〉が最初水を生み、水と〈太一〉が互いに力を合わせて天を生成し、天はまたその〈太一〉と力を合わせて地を生み、天地は〈太一〉と力を合わせて神明を生み、神明は力を合わせて陰陽を形成し、陰陽は力を合わせて四時を生み、四時は力を合わせて冷と熱を生み、冷と熱は力を合わせて湿と燥（乾燥）を生み、湿と燥は力を合わせて歳を生成する——というものである。

　歳は最後に、さらに万物を生成するのであるが、この〈太一〉をもって宇宙の本源とする観点は先秦のほかの文献にも見えている。たとえば、『呂氏春秋』仲夏紀・大楽篇にこうある、「太一が両儀を生み出し、両儀が陰陽を生み出す。陰陽が変化し、あるいは上がりあるいは降り、合わさってあやを形成する。混沌としていて、離れるとまた合わさり、合わさるとまた合体する。これを天常という。……四時が交替して生起し、暑くなったり寒くなったり、短くなったり長くなったり、時には剛、時には柔となる。万物は太極に始まり、陰陽によって変化する」。

　一方、『太一生水』には２点ほど比較的独特な考えが見える。１点目は水の作用を強調するところであり、２点目は〈神明〉という段階を導入するところである。ただ、この〈神明〉は単純に神格とは解釈できず、天地の運動変化に内在するある種の神奇な特性を意味すると考えるべきであろう。このような神奇性のゆえにこそ、天地は陰陽や四時および万物の千変万化を生み出し得るのである。これはまさしく、『文子』に次のように云うところの〈神明〉と合致する。「神明は降り、陰陽は和し、万物が生じる。……天は日月を設置し、星辰を配列させ、四時を張り巡らせ、陰陽を調節する。日中は曝し夜には憩わせ、風は乾かせ雨露は湿らす。その物の活かし方といえば、養っているようには見えないのに万物は成長し、その殺し方といえば、消滅させているようには見えないのに万物は亡ぶ。それを神明といい、聖人は手

本と仰ぐ」(巻2、精誠篇、『道蔵』16-680)。

　それゆえ総体的に見れば、先秦道家はやはり、宇宙万物の生成はいかなる超越的主宰者も関与しない自然の変化過程と考えていたが、これは宇宙論に対する重要な貢献である。彼らがこのように神の創造というありきたりのパターンから抜け出して、徹底した自然主義の伝統を形成しえたのは彼らが開拓した風気と密接に関係している。

第二節　天地の起源に対する『淮南子』の体系性

　先秦道家の宇宙進化論は、『淮南子』に至って充分な発展を遂げ、いっそう体系的で具体的な学説が構築された。すでに引用した『荘子』斉物論の「有始者……」という宇宙論は、宇宙は無から有への展開過程を辿ったことを明確に述べているが、しかし具体的な記述ではない。一方『淮南子』俶真訓ではこれが次のようにパラフレーズされている。

　　いわゆる「有始者」(始まり)とは、空間一杯に充満したものがまだ変化せず、萌芽状態のものがそのままでまだ形にならず、生成しようとして物にならない段階である。「有未始有有始者」(始まりの始まり)とは、天の気が初めて下降して地の気が上昇し、陰と陽が初めて交合し一緒になって宇宙間をゆったりと流れ、徳と和を含みつつも混沌としており、物に近づこうとしながらもまだ兆しも見えない段階である。「有未始有夫未始有有始者」(始まりの始まりのその先)とは、天は和気を含みつつもまだ下降せず、地は気を抱きながらもまだ上昇せず、寂寞として虚無、蕭条（しょうじょう）として幽冥、気配すらなく、気が冥々たる世界と一体化している段階である。「有有者」(有)とは、万物がひしめき合うように存在し、植物は青々と繁茂して日の光にまぶしく輝き、動物はそれぞれに飛んだり爬行したりし、個体として触ったり摑（つか）んだり、その数を把握したりしうる段階である。「有無者」(無)とは、見ても形が見えず、聴いて

も音が聞こえず、摑もうとしても摑めず、眺めわたしても涯が見えず、やたらに広大で計測の域を超えており、かの「光耀」(『荘子』知北遊篇の語、後出)に通じている段階である。「有未始有有無者」(無の無)とは、天地を包み込み、万物を陶冶し、混冥が行き渡り、何物もその外に出ることができないほど深遠広大であり、何物もその内に入ることができないほど矮小微細で、狭い空間すらないのに有無の根源を生み出している。「有未始有夫未始有有無者」(無の無のその先)とは、天地がまだ分かれず、陰陽・四時も一体化していて万物もまだ生まれず、広々として静かで、寂然として澄みわたり、形あるものが見えない。『荘子』のなかで「光耀」が存在について「無有」に尋ねたあと、「無無の境地には至れない」と嘆いて茫然自失したような段階である。

多くの研究者は、ここでは宇宙万物の生成過程が次のような７段階に分けられていると考えている。すなわち、①有始者→②有未始有有始者→③有未始有夫未始有有始者→④有有者→⑤有無者→⑥有未始有有無者→⑦有未始有夫未始有有無者。アメリカのジラルドは、「宇宙創生の７段階は『荘子』の渾沌寓話(渾沌に７つの竅を開ける話)や、『老子』第15章に云う、混然としておぼろな境地に到る７つの階梯(豫、猶、儼、渙、敦、曠、混)を想起させる」と述べている (Norman J.Girardot, *"Myth and Meaning in Early Taoism"*, University of California Press, p.150)。ただ、このような解釈は『淮南子』が依拠した老子の「有は無より生じる」という思想とは符合しないように思われる。

『淮南子』はここでは、宇宙の生成過程に関して逆方式を採用し、さらに中間に〈有〉と〈無〉の説明を挿入している。それゆえ、この段落の記述は２段階に分けて解釈すべきである。はじめに有と無というふたつの概念の区別をし、次に天地万物の生成過程を論述する。『淮南子』がここで云う〈有〉(有有)は、明らかに一切の形体をもつ物体を指している。それらは種類は無数にあるけれども、すべて形体があり、数量を把握しうる。一方〈無〉

〈有無〉は、実体のない空間を指していて、それは無形、無声、無色透明であり、機器で測定できない。明らかに『淮南子』では、現実の世界はまさしく〈有〉と〈無〉との統一体であり、この統一体は一定の変化のプロセスを経て生成されたものだと認識されている。その生成過程に関しては、上引の文中では以下のような数段階に分けられている。

　第1段階「有未始有夫未始有有無」（無の無のその先）：これは天地が分かれる前の宇宙の状態で、無形無声にして無色透明。空間としての〈無〉と大変よく似ている。

　第2段階「有未始有有無者」（無の無）：この時、元気はすでに生まれており、天地は元気中に形成されたが、まだ固まっておらず、万物がそこに孕まれているものの、宇宙空間は全体としてもやもやとした状態である。元気は、一方で宇宙に充満していて涯というものがなく、また一方で比べようがないほど微細で極限がない。このような元気は、いかなる形態的、場所的な限定も受けず、天地万物を生成する根本となるものである。

　第3段階「有未始有夫未始有有始者」（始まりの始まりのその先）：この時、天地はすでに定形が出来上がり、各々その気を含有している。しかし、天地の気はまだ昇降交合していないので、天と地の間はがらんとして、どんよりと重ぐるしく、いささかの生気も存在していない。

　第4段階「有未始有有始者」（始まりの始まり）：この時、天気は降り地気は昇って交錯交感し、休むことなく宇宙空間を流動して千万の変化を成し遂げる。しかし、まだ万物を生む徴候を示さない。

　第5段階「有始者」（始まり）：この時、交感しあった多くの気は凝集蓄積されたままでまだ発散されず、万物は芽生え始めるもののまだ形を成さない。

　むろん、最後にもう1段階あるべきである。すなわち、万物がすでに生成された現実世界である。

　上述の全段階を通して『淮南子』の作者たちが云おうとしているのは、宇宙万物は初めから存在していたのではなく、自然に段階を経た結果そうなっ

第Ⅳ部　天文学と地理学　第一章　宇宙進化論

たということである。ここでは変化の段階性ということが強調されている。このような変化はどの段階からどの段階へと進むのか、という問題については、天文訓においてさらに以下のような明確な説明が加えられている。

　天地がまだ形をもたない段階では、世界は混沌としている。それを太昭と呼ぶ。道はこの澄明な虚霩(きょかく)（無際限の虚空）のなかに存在している。次に虚霩は空間（宇）と時間（宙(す)）を生み、そのとき空中に気が生まれる。気は分裂し、清んで活動的な気は薄くたなびいて天となり、重く濁ってあまり動かない気は凝結して地となる。清妙な気は集合しやすく、重濁な気は凝固しにくい。ゆえに天が先に出来上がり、地がそのあとに形成される。天地の精気は合一したあと分かれて陰陽となり、陰陽の精気が回転して四時となり、四時の精気が分散して万物となる。積み重なった陽の熱気が火を生じ、火気の精華が太陽となる。積み重なった陰の寒気が水となり、水気の精華が月となる。星辰は日月から溢れ出た精気である。天は日月星辰を受け入れ、地は河川や塵埃(じんあい)を受け入れる。

　ここでの問題点は、上に云う「虚霩」なるものは『淮南子』の作者たちの心中において結局のところ空無なものであったのか、それとも、ある種いっそう原始的な気であったのかどうか、ということである（李鵬挙「『淮南子』天文訓〈太昭〉新釈」『自然科学史研究』、97〜105頁）。「虚霩」はおそらく、〈道〉の存在形式の一種だと考えられる。『老子』の解釈に依拠すると、本体としての〈道〉はいささか玄妙に見えるけれども、しかしやはり一種の客観的な存在であって絶対的な虚無ではない。このような思想は、『淮南子』原道訓における次のような解釈において充分体現されている。ここでは〈道〉は絶対的な空洞無物というようなものではない。

　いったい道なるものは、天を覆い地を載せ、四方に張り出し、八極（八方の果て）を拓(ひら)き、その高さは極められず、深さも測ることができない。

409

天地を包み込み、無形のものに形を与える。源泉から滾々と湧き出て、無くなってもまた満ち溢れ、濁ってもおもむろに澄んでくる。それゆえ、縦にすると天地に充満し、横にすれば四海に広がり渡り、いくら使っても尽きることがなく、変化盛衰ということがない。これを延ばせば宇宙を覆い、これを縮めれば一握りにもならない。……

　〈道〉によって天地万物が生み出されるプロセスにおいて、『淮南子』の作者たちは陰陽のはたらきを非常に強調している。精神訓では、天地がまだ生成されない混沌状態の時に、「二神が生まれて天と地を造営し……かくして二神は陰と陽に分かれ、八極となり、剛柔が成立して万物が形を取って現れた」と述べられている。この「二神」は『太一生水』における「神明」と非常に似ているが、それを神仙の〈神〉と解釈することはできず、これは『易経』に云う「人智を超えた陰陽の霊妙なはたらきを神と云う」の〈神〉であって、陰と陽のふたつの力を指している。

第三節　『列子』の天地生成と天地崩壊説

　『列子』という書物は内容が雑多とはいえ、道家の息づかいが濃厚に漂っており、天地の起源についても非常に精彩のある議論を展開している。多くの場合、黄老家の言説を基盤にしていて、後世の道家思想に対する影響にもかなり大きいものがある。
　天地の起源に関しては、その天瑞篇に以下の記述が見える。

　　列子先生がこう云われた。むかし聖人は陰陽によって天地を統べた。そもそも有形のものは無形から生まれるとすれば、天地はどこから生まれたのか。太易、太初、太始、太素というものがある。太易の段階ではまだ気は現れない。太初が気の始まりである。太始は形の始まり、太素が質の始まりである。この段階になって気・形・質の三者が具わるが、そ

第Ⅳ部　天文学と地理学　第一章　宇宙進化論

れらが一体となっていて、まだ万物として分化していない状態が〈渾
淪(こんろん)〉である。そのものは視ても見えない、聴いても聞こえない、手で打
つこともできない。それで〈易(えき)〉という。〈易〉には形体上の限定がな
く、変化して一となり、一は変化して七となり、七は変化して九とな
る。九変とは究（きわまる）ということを意味する。究まるとまた変化
して一に戻る。一とは形が変化する起点である。清く軽い気は上昇して
天となり、重く濁った気は下降して地となり、中和の気は人間になる。
それゆえ天地は精気を含み、そこから万物が化生してくる。

　ここでは、天地が形成される以前の状態が「太易」、「太初」、「太始」、「太
素」という4段階の変化として捉えられている。しかしこの一文は決して
『列子』の創見ではなく、すでに前漢末に出来上がった『易緯乾鑿度(えきいけんさくど)』に由
来するものである。とはいえ、上引の『列子』天瑞篇では、それを完全に道
家の宇宙進化論のモデルのなかに位置づけている。というのも、天瑞篇では
上の4段階進化説の前に『老子』の一節、「谷神は死せず、これを玄牝(げんぴん)と云
う。玄牝の門は天地の根と云い、綿綿として存するがごとく、これを用いる
も勤(つか)れず」が引用され、続けて「物を生むものはそれ自体は何物からも生
まれてこないし、物を変化させるものはそれ自体は変化を超越している」と述
べられているからである。したがって作者は、実際には『老子』に云う「玄
牝」を天地万物の生成と変化の本源と見なしており、そのものは「物を生」
み「物を変化させる」ものであって、この本源はそのほかの物からは生まれ
ず、それ自身は変化しないと考えられている。

　世上の事物は生まれれば必ず死ぬ。天地は無から生まれたものであるなら
ば、崩壊する日は来るのか。この問題は道家の関心を呼び、『老子』にはそ
れに対する見解が提出されている。本書は一方で、「天は長く地は久し。天
地の長久なる所以(ゆえん)は、そのみずから生ぜざるを以て故に能く長生す」（第7
章）と述べつつまた一方で、「天地すらなお久しからず、しかるを況(いわ)んや人
においてをや」（第23章）と云っており、考え方にあいまいなところがある。

411

『列子』でも天地の滅亡の問題が真剣に議論されている。天瑞篇にみえる例の「杞憂(きゆう)」という寓話がそれである。天が落ちてきたら逃げようがないし、地は崩壊しないのかと心配する杞の国の人間に対して、ある人が、天は気の積み重なったもので、日月星辰はそのなかの光る部分、大地は四方の涯まで塞がっている土のかたまり、どちらも崩壊することなどない、と答えたという話である。この話には続きがあって、それを聞いた長廬子(ちょうろし)という者が、天地万物はたしかに気であるが、しかし天地も結局のところ最後には崩壊すると云った。それらを承けて最後に列子がこう締めくくる。「天地が崩壊すると云うのも誤りだし、崩壊しないと云うのもまた誤りだ。壊・不壊は我らの知りうるところではない。生者には死者のことは分からないし、死者には生者のことが分からない。未来の者には過去の者が分からないし、過去の者には未来の者が分からない。だから、分かりようのない壊・不壊の問題で心を悩ます必要などないのだ」。

この寓話には次の3種の立場が反映されている。

第1種は「ある人」：基本的に天地の崩壊はありえないという立場に立っている。その理由は簡単で、まず、天は気だから落ちてこない。次に、日月星辰は発光する気だから、たとえ落ちてきても人を傷つけることはない。3番目に、大地は無限大の固い土塊、ゆえに壊れることはありえない。そこで納得したかの杞の国の人は、ほっとして笑みを洩らしたのである。

第2種は長廬子：たとえ天は気で地は形質の大塊であっても、虚空から見れば大海に浮かぶ1粒の粟に過ぎず、いずれ崩壊するが、まだまだ先のことなのでいま心配する必要はない、とする。

第3種は列子自身：天地の壊と不壊は不可知で自分とは無関係。崩壊するのであればともに滅亡すればいいし、崩壊しないのであれば共存してゆけばいい。だから何も悩む必要はない。

この3者の立場のなかでは、長廬子のそれが最も現代的である。しかし、列子がこの寓言のなかでこのように述べていても、『列子』の著者が本当に天地終末の問題に心を悩ませるのを願わなかったことを意味しないし、さら

に、彼が終末の存在を否定していたことを意味しない。上引の寓言の前に次のような観点が示されている。

　宇宙の運(うご)きは停止することがなく、天地はひそかに動いているが、誰もそれに気づかない。ゆえに物はある場所で減って別の場所で満ち溢れ、ここで出来上がってあそこで壊れる。減ったり満ちたり、出来たり壊れたり、生があれば死があり、それらの変化往来の間に継ぎ目がないのを誰が知っていようか。そもそも一気は突然増長したりせず、一形は突然損壊したりはしない。いつ出来たのか、いつ壊れたのか、冥々のうちに進行するので誰も分からない。たとえば人間でも、生まれてから老いるまで、顔色や知恵のはたらきは日々に変化し、皮膚や爪・髪も時間とともに消え去っており、嬰児の状態はそのまま恒久的に停止しない。その時はわからず、後になってああそうだったのかと気づくのである。

　ここでは、人間に喩えを取り、自然界の運動変化の普遍性と連続性に関する作者の深い認識が述べられている。天地間の生死変化は、こちらで浮き上がるとあちらで沈むというふうに、常時継続している。この変化は連続的、漸進的で、通常は感覚できない。しかし一定の段階になると、変化の結果は明白に現れてくる。このような変化の結果として、天地自体も当然、「減ったり満ちたり、出来たり壊れたり、生があれば死がある」という現象の例外ではありえない。というのも、作者は同じ天瑞篇のなかで次のように述べているからである。「生は道理として必ず終わるものである。終わるものが終わらざるを得ないのは、生じるものが生まれてこざるを得ないのと同じなのだ。それなのに、その生を永劫に保とうとし、終わりを無いものとするのは、〈数〉に惑っている」と。つまり、生あれば必ず死があり、生死はすべて必然だと云っているのである。もし生は永遠だと考え、終末の存在を認めないなら、それは〈数〉、つまり天地運行の基本法則を理解していないことになる。

第四節　張衡『霊憲』：道家の宇宙進化論の影響

　張　衡(78〜139)は後漢の有名な天文学者で、その『霊憲』は古代の渾天説の古典的な著作である。該書において張衡は、渾天家の立場から宇宙の起源と構造、天体の配置と運動といった問題について立ち入った議論を展開しているが、天地の起源と進化については、明らかに道家思想の影響を受けている。

　道家と同じく、張衡も天地の起源はひとつの自然の変化のプロセスと考えていた。このプロセスは幾つかの段階に細分される。彼のことばを使えば、①溟涬—②厖鴻—③天元、である。たいへん明瞭なことに、この宇宙起源のモデルは道家の影響を受けている。というのも、彼は直接「物有りて混成し、天地に先立って生ず……」という『老子』第25章の言句を引用しているだけでなく、〈道〉を「天地に先立って生ず」る宇宙の本源と見なし、さらに上述の3段階の変化と〈道〉の変化とをそれぞれ、①溟涬—道の根、②厖鴻—道の幹、③天元—道の実、というふうに対応させているからである。そして、細かく見てみると、彼は各々の段階の描写についても、次のように道家の観点をいちいち当てはめている。

　①溟涬という太素の前の段階は、世界は幽清玄静，神秘静黙で描写しがたいが、そのなかにひとつの〈霊〉なるものがある他は虚無である——これは『淮南子』の「天地未だ形せず」、『文子』の「天地未だ形せず、窈窈冥冥」などと対応するものであり、『老子』では天地万物の変化の起点としての〈道〉とされている。

　②厖鴻の段階では、元気が万物の産出を始めるもののまだ混沌未分の状態で、形体はまだ誕生していない。しかし高速度に運動している。これが道の幹であるが、これは『淮南子』の「宇宙気を生ず」、『文子』の「渾じて（融合して）一となり、寂然清澄」、『老子』の「道、一を生ず」と対応している。

　③天元の段階になると、元気は清・濁、剛・柔に分化し、清くて軽い気は

外側に運行して止まらない天球を形成し、重くて濁った気は天球の内側に地を形成する。陽性の天球と陰性の大地はその精気を交感しあい、ここに世界の万物が誕生する。これが道の（果）実であって、この段階は『淮南子』の「気は分裂し、清んで活動的な気は薄くたなびいて天となり、重く濁ってあまり動かない気は凝結して地となる。……陰陽の精気が回転して四時となり、四時の精気が分散して万物となる」、『文子』の「重濁は地となり、精微は天となり、離れて四時となり、分かれて陰陽となる。精気は人となり、粗気は虫となり、剛柔あい成って万物が生じる」、『老子』第42章の「一は二を生じ、二は三を生じ、三は万物を生ず」にそれぞれ対応する。異なるところは、張衡はここで「天は外に成り、地は内に定まる」と強調している点である。ここには天は地の外を包むとする渾天家の宇宙構造論が保持されている。

　以上のことから、張衡の宇宙変化観が完全に道家学説の基盤上で発展してきたものであることが了解されよう。

第二章　天地の構造説と天人感応論

第一節　『淮南子』と蓋天説

　先秦時代、人々の天地の構造に対する認識は比較的素朴なものであり、天は上にあり地は下にあって、そのさまは一台の馬車に似ていると考えられていた。地は車箱で天はその上にある蓋（傘）に相当する。このような見方は前漢以前には一般的に流布していたので、当時の道家もみなそう考えていたのである。『文子』に「天を蓋となし、地を車となす」（巻1、道原）、「天は覆い地は載せる」（同）などとあるのは、典型的な蓋天説の観点である。後漢以降、蓋天説はさらに発展し、『周髀算経』（西暦104年成立）においては一種数学化された理論体系に変化している。これは、現代の学者から中国古代における唯一の公理化された理論体系と称されているもので、全体の理論体系の基本は以下の3つの仮説である。

　第1：天地はたがいに平行な2つの平面である。太陽は天蓋上を天に従って毎日1周のペースで回転しているが、節気が異なるたびに天の北極（天蓋の自転軸）を中心にした7つの同心円上を天に従って回転している。7つの同心円とはいわゆる七衡のことで、外衡（冬至に対応）、内衡（夏至に対応）、中衡（春分と秋分に対応）……などというのがそれである。

　第2：天体の大小、天地間の距離、そして太陽の運動範囲はすべて有限で、一定の数学的方法によって推算しうる。『周髀算経』が設定した方法は「表（ノーモン）を立て影を測る」というもので、測定が依拠した主な方法は、ピタゴラスの定理と相似三角形原理であった。

　第3：「千里は影の差1寸」という仮説。つまり、もし同じ日の正午に同じ南北の子午線上において同じ高さのノーモンで太陽の影を測った場合、測量点を南に千里移動するたびにノーモンの影は1寸短くなる、というのである。

これらの仮説にもとづいて『周髀算経』は、最終的に天と地の距離、太陽の直径および七衡の大小の数値などを別個にはじき出し、蓋天説の数学化を完成させる。

『周髀算経』のこのようは方法は、実際には『淮南子』にまで遡及することができる。というのも、『淮南子』はその天文訓の末尾においていわゆる「表を立て影を測る」方法を紹介していて、天地の東西と南北の「広袤（ひろさ）の数」、それに「天の高さ」のデータをはじき出しているからである。前者の測量法は図-3のように表示できる。平地上にA、B、C、Dの4つのノーモンを立てると設定し、これらを1辺の長さが1里4方の正方形の4つの頂点上に分けて置き、CB辺をちょうど春分、秋分時に太陽が昇ってくる方位Eと同一線上に置く。天文訓では、春分や秋分の十日前には常に日の出の方位SとCBとは同一線上にある、とする。この時、CのノーモンからSに照準を定めると、視線はABとFにおいて交差する。BFの長さを測定すれば、相似三角形の知識によって以下のことが分かる。EC = BC × ES/BF = BC × AB/BF、2 × ECがすなわち天地の東西の長さになる。夏至には、太陽が昇ってくる地点が最も北に移動する。天文訓では、この時、CAとSとが同一直線上にあるので、SE = CE、2 × SEが天地の南北の長さだ

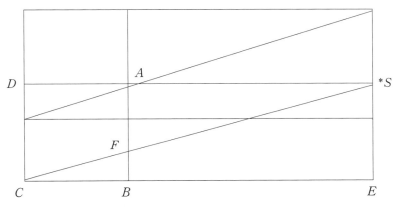

図-3　『淮南子』の天地の広袤の数を測る方法

とする。

　天文訓の測定思考は図-4のように表示しうる。Sを正午の太陽とし、Gを地面に正対する太陽点とすれば、SGによって天の高度を求めることができる。B、Dは同じ南北子午線上に設定された二地点で、AB、CDはともに高さが1丈のノーモンである。正午時のそれらの影の長さがそれぞれDF、BEである。天文訓では、BD = 1000里とした時、両ノーモンの影の差は、BE − DF = 1寸となるが、ここからGBとBEとの比が1000里：1寸であること分かり、これが「千里は影の差一寸」ということなのである。相似三角形の知識から分かることは、SG = AB × GE/BE、BGはBEより遙かに長大なので、ゆえにGEはGBと等しいと見なすことができる。かくして、SG = AB × GB/BE = 100寸 × 1000里/1寸 = 100000里が成り立つ。

　このような方法は、今日から見ればすべて誤っている。というのも、太陽は地球から遠く離れているので、上述の前者（図-3）の測量ではどう試みても春分、秋分前にSとDAとが同一線上に来るという情況が生じえないからである。また後者（図-4）において「千里は影の差一寸」という結果は、ただ大地が平面という条件下でしか現れえない。大地は実際には球面なのである。しかし、古代科学史においては、このような理念化された測量法はや

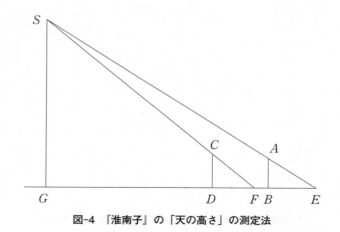

図-4　『淮南子』の「天の高さ」の測定法

はり重要な地位を占めていた。まず、数学上から云えば、天文訓が使っている幾何学の方法は、実際には中国古代数学中の「重差術」というものであった。現存する資料から見れば、この方法が最も早く出現したのは他ならぬ『淮南子』の上述した２種の測量法としてであった。前者は、『九章算術』中の「木があるが人からいかほど離れているか分からない」という問題の解法とまったく同じであり、後者も該書中の「木の南に山があるがその高さが分からない」という一題の算法と基本的に同じであって、『九章算術』が最終的にまとめられた時期は『淮南子』より１世紀余りあとのことになる。

次に、天地の構造学説から見ると、天文訓の方法には以下のような信念が反映されている。

第１点：天地は二つの平行な平面である。

第２点：天地間の距離と太陽の運行する範囲はすべて有限であり、科学的方法によって測定し研究しうる。

この２つの信念はまさに『周髀算経』の立脚点であった。より重要なのは、算法の原理から云うと、そこで使われている測量法と「千里は影の差一寸」という仮説は、『周髀算経』で使われているものと完全に一致しており、ただ『淮南子』ではまだ七衡などの概念が樹立されていないだけである。それゆえ、『周髀算経』の蓋天理論は発展していっそう十全なのものになったとはいえ、『淮南子』との間には明らかに直接的な影響関係が見られ、『淮南子』は『周髀算経』蓋天理論体系の直接的な先導者であったと云いうるのである。

第二節　渾天説と道家思想の源流

中国天文学史上、渾天説は宇宙観の分野において重大な転換をもたらしたとされている。渾天説は、天は上に、地は下にあるとする「天尊地卑」の伝統的な蓋天説を否定し、天は大地の外を包む球体であって、毎日東から西へ一回転して地の下をくぐって行く、としたのであった。今日から見れば渾天

説は正しくはないが、しかし蓋天説と比較すると、天体の運動形態については現実の状態にいっそう接近している。そのうえ、渾天説の天球は事実上、現代の球面天文学中の天球模型に相当しており、天体観測と計算に対しては蓋天説よりさらに正確で実用的な座標体系を提供した。そういうわけで漢晋時代、渾天説が提出されたのは一種の進歩であった。この学説は、前漢の太初暦改定期（BC.104）に一部の暦法家から提起されたあと、次第に多くの天文家に受け入れられてゆき、ついに正統の天地構造学説となった。初期の道家が抱いていたのは蓋天説の観点であったけれども、渾天説が出現すると、非常に早く一部の道家に支持されたようである。のみならず、渾天説の発展過程において、道家思想の影響を受けたことが明瞭に見て取れる。

　渾天説は、天は大地の外を包む球体であると見なすだけでなく、天球の内と外にはいずれも水があり、天球の内部の水はちょうど天球の半分に達していて、大地はあたかも卵黄のようにその水面上に浮かんでいると考える。そういうわけで張衡は、『渾天儀』のなかでこう述べたのである。「渾天は卵のごとく、天はまるく弾丸のごとく、地は卵黄のごとくその内部にぽつりと存在している。天は大きく地は小さく、天の内外には水があり、天が地を抱くさまは卵殻の中に卵黄があるがごとくである。天地はそれぞれ気に乗って存立し、水に乗って浮かんでいる」。この一文は、天球、地、水の三者の関係とその形態を描写しているが、これは渾天の構造を描いた古典的な記述である。

　後漢以前に、幾人かの道家の徒も張衡と同じような渾天説の観点を抱いていた。たとえば晋代の葛洪は渾天説を語る際に、「『黄帝書』に云う、天は地の外にあり、水は天の外にある、と」（『晋書』天文志　上）と述べているが、ここで云う「天は地の外にあり、水は天の外にある」という見方は明らかに渾天説の観点であって、『渾天儀』の説と大同小異である。『黄帝書』は先秦の道家の著作であり、『列子』天瑞篇は「黄帝書に曰く」として該書から2度ほど引用している。ひとつは、「谷神死せず、これを玄牝と謂う、これを天地の根と謂う」であり、いまひとつは、「形が動くと、形が生まれず影が

生まれ、声が発せられると、声が生まれず響きが生まれる。無が動くと無を生まず、有を生む」である。一説によれば、1973 年に長沙馬王堆から出土した帛書『経法』、『経』、『称』、『道原』などの諸篇は『黄帝書』の残簡だとも云われている。この問題についてはさらなる検討が必要であるが、少なくとも『黄帝書』は後漢時代にはすでに存在していたはずである。『風俗通義』を調べるとこうある。「『黄帝書』に云う、上古の時、荼と鬱壘の兄弟は、その本性としてよく鬼を捕らえた」(巻8、桃梗)。『風俗通義』の著者・応劭は後漢の中平6年(189)に泰山太守を勤め、『後漢書』にも伝記が立てられているから、『黄帝書』は後漢以前に成立していたことがわかる。

　張衡と後漢の道家人士は、なぜ渾天の天球内外はすべて水だと認識できたのだろうか。同時代にできた『春秋緯元命苞』のなかに、あるいは答えを見出しうるかもしれない。該書は渾天説の構造を論述する際に、このように述べている。「天は卵のごとく、天は大きく地は小さく、内外には水があり、(天)地はそれぞれ気によって存立し、水に乗って浮かび、天は車輪が回転するがごとくである。水は天地を包む膜であり、五行の始源であって、万物がそこから生まれ出るもの、元気の膆液(貯水庫)である」(河北人民出版社版『緯書集成(中)』、598 頁)。この説の前半は事実上、『渾天儀』中の「渾天は卵」という比喩と同じであり、後半部分は、何故「天の内外には水がある」のか、その理由を我々に説明してくれる。水は万物の根源だから、というのがその理由なのである。このような観点は『太一生水』中の宇宙起源モデル——太一はまず水を生成し、水は太一と一体になって天を生成し、天はふたたび水と一体になって地を生成する——を容易に想起せしめる。天地は水によって生成されるのであれば、天地が水中にあるのは自然なことになってくる。実際、漢代の緯書の作者は大部分が方士化した儒生であって、彼らは疑いなく多くの道家思想を吸収していた。

　このように考えてくると、「渾天は卵」という比喩は張衡が創作したのではなく、起源問題において道家とある種の関係がある可能性が浮上してくる。現存の資料に徴するかぎり、はっきりと水が天地を生むという考えを提

421

起したのは道家の『太一生水』篇だけだからである。このような学説は両漢の道家たちの間で連綿と継承され、渾天説の出現後、これと接合して『黄帝書』の云う「天は地の外にあり、水は天の外にある」とする渾天モデルを形成したのであろう。深く道家の宇宙学説の影響を受けた張衡はこのモデルを借用し、それを自己の著作のなかに書き入れたのかもしれない。

第三節　葛洪の弁護と渾天説の発展

　渾天説は蓋天説に比べてより合理的であるが、この説が提出されたあと、蓋天家の猛烈な反対攻撃を受け、両派の間で長期間に渡る論争が繰り広げられた。蓋天説の重要な支持者が後漢の有名な哲学家・王充である。彼は『論衡』説日篇などの著作のなかで、自己の蓋天説の観点を系統的に論述して渾天説への批判を展開した。彼によれば、天と地は互いに平行するふたつの平板であって、天は地の上にあり、その中心は天の北極で、地は静止しているのに対して天は毎日北極を一周し、日月星辰は天に附着して毎日天に従って一回転する、という。このような観点にもとづいて、彼は渾天説に対して次のような２点の批判を提起した（『晋書』天文志上）。

　(1) 渾天説によれば、天球の半分は水で、地は卵黄のように水面に浮かんでいるという。地底にはたしかに水はあるが、しかし天が地の下を巡るとすれば、水中を通過することになってしまう。そういうことがどうしてあり得るだろうか──。このような王充の観点は漢晋時代の典型的な考え方であって、当時多くの人が渾天説に反対した理由もここにあった。たとえば三国時代、呉の姚信はその『昕天論』のなかで、天が地を経て水中を行くとすれば、日月は運行できないと述べているし、晋代の学者・虞喜もその『安天論』中において、「天が地の下を巡って行くとすればそれは太陽が地底を潜って行くことになるが、〈日〉は火の精なるもので水や炭とあい容れず、そうなると日の明るさを損なわずにすむだろうか」と云っている。

　(2) 渾天説では、天球の半分は地の下にあり半分は地の上にあって、日月

五星はみな天球の回転に従って地の下を潜って行くとする。しかしこれは、人が遠方の景物を見る際の錯覚にもとづいている。たとえば人が松明を持って平地を夜行した時、十里も遠ざかると火光が消えるが、これは火が消えたのではなく、遠方なので見えなくなっただけである。日月も本来はまるいものではなく、遠方にあるのでまるく見えるにすぎない。日は火の精なるもの、月は水の精なるもの、水と火は地上にあればまるくはないのに、天にあるとまるいのは錯覚である——。このような観点も漢魏時代には非常に流行した。

こうした王充の考えは、晋代のある道家に注目された。ほかならぬ葛洪（283〜363）である。彼は天文学上の著作は多くはないが、しかし、しっかりした天文学知識のバックグラウンドがあり、王充のこのような見方に対して専論を書いて反駁している。

まず、葛洪は、張衡の『渾天儀』中の記述を援引しつつ、渾天説はもっとも正確に天体の運動の様態を反映しているが、これは張衡自身の実験（張衡は銅渾天儀を作成し密室で水を使って実験している）によって証明されている、と云う。

次に、『黄帝書』や『易経』などを引いて、天や天体が水中を潜って行くのはあり得ないことではない、というのも「天は陽物で、水中を出入りするのは龍に似ている。……天は五行で金、金と水は相生の関係にあるから、天が水中を出入りしても何の損傷もなく不可能事でもない」と述べる。

続いて彼は、王充の天地平行説に対して反論する。平行しておれば天は地の下を潜って行けないと述べたあと、こう続ける、「日月星辰は天に従い、東、南、西、北の順に回転して東に戻ってくるはずであるが、実際には、東に出たばかりの時は地を去ることわずかで、次第に西に行き、人の頭上を経て、最後は西に沈む。これは天が地に平行して回転しているのではなく、初めに東に現れた天象は次第に西へと没して行っているのであって、北へと回転しているわけではない」（以上、『晋書』天文志上）。

王充の太陽錯覚説に対しても、葛洪は以下のような角度から批判を加えて

いる。

　(1) 日光は極めて強烈であって、太陽の体積も一般の星に比較して大きい。しかしもし太陽が夜間、天に従って回転し北極以北に動いていったとしたなら、距離が大変遠いとしても、陽光が人を照らさないまでも太陽自体の存在は目で確認しうるはずである。ところが実際には、北極以北の小さな星辰でさえ見えるのに、極北に動いていったはずの太陽は見えないということは、逆に、太陽は天に従って平面を極北に回転して行っていない、ということの証明たりえている。

　(2) もしも、太陽は人から遠く離れているから見えない、というのであれば、北へ離れて行った場合には普段より小さく見えるはずである。しかし実際には、西の山に落ちる時には太陽は普段よりいっそう大きく見える。これは、太陽が回転していないことを意味している。王充は松明の比喩でもって太陽が遠くへ去ることを説明するが、しかし松明の火は、人から遠く離れれば離れるほどその光芒はいよいよ微弱になる。ところが日月は、出る時入る時には小さくなったりはしない。王充の比喩は不適切である。

　(3) 太陽が西に落ちる時、横に切断した鏡のようにいつも先にその下半分から見えなくなる。しかし王充の説によれば、太陽は北に向かって我々から離れて行く。そうであれば、太陽が消える寸前には、縦に切断した鏡のように日輪の北半分が先に消え去るはずである。

　(4) 王充は、発光するものは人の眼から遠ざかって行くと円形に見えると云う。この説が正しければ、新月や月蝕が始まった時、月はまるく見えるはずである。ところが実際には、まるくはないのは何故なのか。日蝕が起きた時、その欠けはじめる部位は上か下かで、いつも一方の端から始まり、時には鉤のような太陽の一面が残ったり、あるいはすべて蝕されてしまったりする。もしも、距離が離れるから円形に見えるとするならば、我々はこうした現象をはっきりと観測できないはずである。

　当時の知識水準から見れば、こうした王充の天地平行説や錯視説に対する葛洪の反論は論理的にも感覚的にも首肯しうるものであり、急所を鋭く衝い

ているところが多くて進歩的な意義がある。しかしながら、葛洪は以下の問いには答えていない。日月星辰はどうして水中を潜行して消滅しないのか、という問題である。もっとも、彼は天球の運動における気のはたらきは強調し、「渾天の姿は卵のようであり、（地の姿は）卵黄に似ている。地は天に乗って内に位置し、天は気に乗って外を巡る」（『雲笈七籤』巻2、混元混洞開闢劫運部、混元）と述べている。五代の学者・邱光庭は、上記の問題に対して最終的な解答を提出している。曰く、「『抱朴子』には『地上から上空4千里の外は、その気は剛勁であり、そこに居ると落下しない』とある。ここから推せば、天を周(まわ)る気はみな剛であって地の上だけではない。ここから、日月星辰は何かが引っ張っているから落ちないのではなく、剛気に乗っているからだと分かる。内部の物は外に出ることができず、外部の物は入ることができない。ゆえに、日月星辰はその気に従い海の下を巡ってまた戻り、その間、水とは関わらないのである。……天は気のまわりを巡り、気は水のまわりを巡り、水は地のまわりを巡っている。内は地、外は天であって、天と地がたがいに支え合っているさまは、鶏卵の卵白と卵黄のようである」（「海潮論」、『全唐文』巻899）。要するに、日月星辰は天と海の間にある「剛気」中を運行しており、剛気がそれらの天体を逃さないように、また水の浸入を受けないようにさせている。だから、日月星辰は海底を出入りしても水と直接接触せずにすみ、消滅を免れる、と云うのである。

　邱光庭が敷衍する葛洪のこの剛気説は、上記の問題に対して理論的な基礎を提供しただけでなく、天体の運行の動力的メカニズムを検討する上でも重大な示唆を与えてくれている。たとえば宋代の哲学者・朱熹は、渾天説で云う天球は決して剛性の実体的なものではなく、「これは旋風であり、下は柔らかく上は堅いので、道家はこれを剛風と呼んでいる」と述べている。つまり、天球は一個の旋回している気の層にすぎないというのである。さらに続けて朱熹は云う、「天が九重なのは、9所に分かれているからだとよく言われるが、そうではない。ただ旋回する層が9つあるのだ。上層は比較的急で、下層の気は比較的濁っていて暗いが、上層の至高のところは極めて清く

明るい」(『朱子語類』巻45,中華書局版1156頁)。明代の学者・黄潤玉は、この朱熹の見解をさらに進展させ、「天は渾沌とした一団の気」だとしている。ただし、天は重なった各層によってその旋回の速度には相違があり、「中心に近づくとそれほど回転しておらず、外に行くほどいよいよ急速になる」とし、恒星と日月五星はそれぞれ旋回する気の異なった層に居るので、その速度は一様ではないと考え、「七政（日・月・木・火・金・水・土の7星）のなかで遅い速度のものは緩気中にあり、早いものは急気中にある」と述べている（『海涵万象録』巻1）。

　ここから、葛洪の「剛気」説は渾天説的観点の一大発展であり、かつまた、宇宙圏外飛行思想史上、重要な位置を占めていることが分かる。

第四節　「天人感応」論の天文学的認識

　古人の心目中、天は人格的な存在であり、世上の万事万物の主宰者であった。天は感覚や感性を持っていて、世間の人の情、物の様をよく感知でき、また、自分の意志を持っており、天に従う者は栄え、逆らう者は亡ぶ、と信じられていた。人間社会から云うと、天はひとりの監督者であり、彼は高いところから大地を俯瞰している。だから、人間がする一切のことは天に感知されていて、それ相応の反応がもたらされる。もし人君が天の意志に従わず、天道に準拠して事を行なわなければ、綱紀の混乱を招いて民は生活を楽しめず、天体の正常な運行に混乱が生まれ、各種の異常な天象が出来する。逆に、順従すれば、政治もスムーズに運び、物は豊かに収穫され民生は安定し、天体に混乱が現れないだけでなく、瑞星やその他のめでたい天象が出現する。

　そういうわけで、天道は為政者の統治基準となり、異常な天象は為政者への懲戒となり、瑞祥は褒賞になった。これが「天人感応」思想のポイントである。人間の行為（とりわけ君王・将軍・大臣）は、上は必ず天道に合致させ、天を感動させて相応の反応を出現させねばならない。この思想は中国の古代

第Ⅳ部　天文学と地理学　第二章　天地の構造説と天人感応論

政治哲学の重要な内容であっただけでなく、同時にまた、天文暦法研究の哲学的基礎であった。天道は陰陽の変化として表現され、陰陽の変化は節気の交代として表現され、さらに節気の変化は暦法を通して描写される。したがって、暦法を遵守することは天道を遵守することになる。上天が天象を通して人間の営為に対する自己の評価を顕示する以上、人間はその天象を通して人間社会の治乱禍福を窺い知ることができることになってくる。

　「天人感応」思想の起源は非常に早く、『尚書』などの先秦の古典中にその一端を見出すことができるが、前漢初期、董仲舒の『春秋繁露』における体系的な総括を経て流行思想となった。ただ、この思想の発祥と発展の過程において、道家も重要なはたらきをしている。『文子』には、この問題に関する大量の議論が含まれており、君主としては「必ず、仰いでは天から象を取り、うつむいては地から度（度量、度数）を取り、その中間では人から法を取り、陰陽の気を調節し四時の節を調和させる」などという記述が見える（巻12、上礼）。『文子』はさらに、ひたすら天道と人倫に則って国家を治め、かような誠意が十二分に発揮されてこそ、大いなる治世が実現し、上天は褒賞を下されるが、それに反すると上天は、各種の異常現象によって警告を発すると云う（巻2、精誠）。こうした天道に則る過程において、『文子』は特に、暦法を制定してそれを遵守し、「四時孟仲季の序」を観察することの重要性を強調し、上古の黄帝の治を例に引いている（巻12、上礼、また巻2、精誠）。『文子』の云う「四時孟仲季の序」というのは、春夏秋冬の四季と、各季節の孟・仲・季の3ヶ月をいうが、秦漢の時代の暦法中、このような月の分け方は太初暦に属し、そこでは物候（動植物の動態）と天象が配される。そうすることで天道のリズムを反映しうると考えられたのである。

　古人には、異なった季節の天道のリズムは一定の擬人的特性を具えていると考えられていた。たとえば董仲舒は、「天の道は、春は暖かくて生、夏は暑くて養、秋はさっぱりしていて殺、冬は寒くて蔵、という性質をそれぞれ持っている。このように四季は暖・暑・清・寒、それぞれ気は異なっていても功績は同じであって、これらによって天は歳というものを成就する」と述

427

べている（『春秋繁露』巻13、四時之副）。そういうわけで、天子がこのような天道を遵守する重要なやり方は、「褒賞と刑罰」といった政治を通してこの天道と合致させることなのである。たとえば、褒美を与えるのは万物が生育する春夏にし、刑罰を加えるのは万物が収蔵する秋冬にするというふうに。『文子』でも原理的な記述が見られ、「春に相応しい政治をしないと、木星の運動は常軌を逸する。……春に相応しい政治をすれば、穀物は繁茂する」などと云われている（巻2、精誠）。

このような天人感応思想は『淮南子』でも充分に表明されている。たとえば時則訓は、全篇この思想を中心に展開されている。そこでは、1年の四季・孟・仲・季の各月における天象、物候、五行の配当（たとえば孟春の月は、位置は東で日は甲乙とか）、相応しい政令（孟春の月には天子は青い服を着るとか）、それに背反した場合の結果（疫病が流行るとか）などが列挙されている。もちろん、このような時に応じた政治をする、いわゆる時令思想は道家の専有物ではなく、他にもたとえば『礼記』月令篇、『呂氏春秋』十二月紀篇などにもある。しかし『淮南子』の作者は、いっそう明確に「律暦の数は天地の道」と云い切り、暦法と天道との関係を強調して記述している。

後漢に成立した『太平経』でも、天人感応思想に言及した箇所が少なくない。たとえば「天は人間のために象を垂れ法を示し、帝王のために教令を立てる」と述べている（合校本108頁）。これは王者から云えば、「天地に順従する者はその治世は長久となり、四時に順従する者はその王業は日々に興隆する」ということになる（同11頁）。王者の行為は常に上天に監視されており、「王者が道を行なえば天地は喜悦し、道を失えば天地は災異をもたらす」のである（同17頁）。日月蝕などは「天地の大いなる怒り」の表現にほかならない（同324頁）。

「天人感応」の重要な立脚点がいわゆる「天人相類」思想である。これについては董仲舒が体系的に述べている。「類をもって合わせると、天と人はひとつである。……天に陰陽があり、人にもまた陰陽がある」（『春秋繁露』巻12、陰陽義）。そういうわけで、天と人の間は陰陽の気を通じて相互感応が

可能である。「天地の陰気が起きると、人の陰気がそれに応じて起こる。人の陰気が起きると、天地の陰気もまたそれに応じて起きる。その道はひとつである」（巻13、同類相同）。このような「天人相類」、「天人相通」思想は道家の賛同するところであって、『文子』にも同じ考えが表明されている（巻2、精誠、また巻3、九守）。『淮南子』天文訓にはさらに明確に指摘されている。「孔穴や肢体はすべて天に通じている。天には九重があるが、人にもまた九穴がある。天には四時があって十二ヶ月を制御しているが、人にも四肢があって十二関節を使役している」。天地の間では、「物類相同、本際相応」なので、「人君の情は天に通じる」と云う。『太平経』も、天人関係について「（天と人との）距離は遠いが、感応は近い。天人は一体だから慎まずにおれようか」と人々の自覚を促している（合校本16頁）。

　後漢の思想家・王充は、黄老道家の天道無為思想を援引しつつ、天人感応論の基礎の上に構築された漢儒の天譴論（君主の失政に天が災害によって応答する）を批判した。「そもそも天道は自然であり、無為である。もし天が人間に譴告するとすれば、天は有為であり、自然ではなくなる。黄老家の天道論は妥当である。その上、天が本当に人君に譴告できるとすれば、気を変えて悟らせるべきところである」（『論衡』巻14、譴告篇）。あのような信仰の時代にあって、このような批判は明らかに無力であったし、黄老道家思想はすみやかに道教思想に吸収されてその一部になっていった。

第三章　漢晋道教の地理学研究

　道教の地理学の誕生と形成は、漢晋道教の樹立と発展に緊密に関係している。後漢の張陵が巴蜀（四川省一帯）において道教二十四治を開創して以来、魏晋時代になって『五岳真形図』が世に現れたことは、道教徒が道教の成立期からすでに地理と環境の観察ならびに研究を非常に重視していたことを物語っている。ここから彼らは、独特の道教地理学というものを構築していった。

　道教地理学の誕生には、主に以下のようないくつかの必要性が介在していた。

　（一）開教と布教上の必要性から：張陵の天師道の主要な活動範囲は巴蜀地域であり、張角の太平道は広く中原と東部地域に及んでいた。その後、霊宝派は江南で活動を始め、上清派は江東で興起した。こうした道派の出現は、すべてある一時期の歴史的、文化的背景、そして自然環境、人文環境の共同産物であった。いかなる宗教も、そうした要因なしでは成立しえない。とりわけ「人を重んじ生を貴ぶ」ことを宗教理念とする道教は、創立当初から地理環境の考察と利用を非常に重視し、各地の異なった地理環境、生態条件、自然資源を充分に利用して、道教の各種の組織、機構、宮観（道教寺院）を建立した。これらは道教の伝播に有効であっただけでなく、自然環境の保護に対しても有益であって、そこから変化発展して洞天福地説という特色ある教説が生み出された。

　（二）神仙信仰上の必要性から：道教は先秦から前漢の神仙家、方仙道の伝統を継承し、〈道〉に対する根本的な信仰のもと、「一切の形あるものはみな道性を含有する」という思想に基づいておおがかりな神霊と仙真を作り出したが、そのなかにはたとえば、三清、四御といった霊界の至尊神がいるし、また、三官、五嶽、四瀆（4大河の神格化）のような自然崇拝神もおり、ほかに天師、八仙といった仙聖真人もいる。彼らは高く天上に居住したり、

第Ⅳ部　天文学と地理学　第三章　漢晋道教の地理学研究

山川を主宰したり、また江湖に逍遥したりして、中華の大地に出没した。そういうわけで道教は、広漠たる平原や奥深い山川を神仙が棲まう霊域と見なし、地理と環境のさまざまな様態に注意深く意を留め、それら神霊の聖跡としてその清浄さと神聖さを保護した。

　（三）修道にふさわしい場所探求の必要性から：道教は誕生以来、名山大川と切っても切れない縁を結んできた。歴代、高道の士は山中で修行した。『説文』に「仚（仙）は人が山上に在るかたち。人に從い山に从う（人と山を部首として持つ）」とあり、『抱朴子』明本篇に、「道を修める者が必ず山林に入るのは、あの生臭い世俗を遠ざけ清浄さに近づこうとしてのことである」とある（校釈本 187 頁）。道士たちが山に入って修行したのは、ひとつには山中の霊気を感受し、清浄な場所で俗世の汚らわしさを遠ざけるためであり、ふたつには、神霊の加護と神仙の指導を得ることができたからである。さらに、深山幽谷は環境として優雅であり、鉱物と薬用植物、希少植物が豊富にあり、道士が採集して丹薬を煉り、生命を煉養するうえで良好な条件を提供してくれた。そういうわけで、千数百年来、多くの道士が名山に潜み隠れて地理や産物を探究し、〈名山〉の形成とその保護のために重要なはたらきをなし、道教地理学の発展を促進したのであった。

　道教地理学の形成と発展はゆるやかな歴史過程をたどったので、そこには先秦の神仙家、秦漢の方仙道、および後世の道士たちによる千年に上る実践経験や科学的成果が含まれていることに留意する必要がある。今日、我々が客観的で公正かつ科学的な姿勢でこの一種独特の文化領域を検討する時、いたるところ道教神学の巨大な影響を認めはするけれども、しかしそれらの幾重にも重なった神秘と玄虚の幻影の奥に、多くの光り輝く思想と科学的成果が透けて見え、我々の発掘を待っている。

第一節　開教と修道の過程における地理活動

　漢晋時期の道教の活動範囲はすでにかなり広範囲に渡っており、巴蜀、漢

中、湖北、湖南、江蘇、浙江、山東、河南、江西、福建、広東などの地域を包括し、中原と辺境、大河の南北をあまねく覆っていた。巴蜀に分布していた二十四治区から、三山五嶽を代表とする洞天福地に至るまで、すべて初期道教の地理学方面における探究と経験の記録となっている。

道教史の典籍の記載によれば、張陵はかつて洛陽に到り、「太学に入り、広く五経に通じた」ので、儒家、道家の経典を諳んじることができただけでなく、「天文・地理・図書・讖緯の秘奥にいたるまですべて通じていた」という（『漢天師世家』巻2）。彼は道教の開教当初、各地を遍歴し、前後して洛陽の北邙山、安徽の桐柏太平山、鄱陽の楽平雩峰、江西の廬山、雲錦山、龍虎山などに相前後して隠棲し、さらに河南の嵩山の石室にも入ったという。そうして「隠棲すること9年、その間、五嶽を経巡って冥想し、真人から霊感を受けて天師と号した」（『三洞珠囊』巻5所引『道学伝』）。その後、また「西仙源を訪」ずれ、蜀に入り、「初めて陽平山に居し……次に西城山に登り……また葛貴山、泰中、昌利、隷上、湧泉、真多、北平、稠梗、渠亭の諸山に居し……鶴鳴山に帰る」。そこでしばしば太上老君の降臨を受け、経籙の法や剣、印、衣冠、通天の玉簡などを授けられた。かくして、分身して化現し、「二十四治（治は教区のこと）を立て、さらに四治を増し、天上の二十八宿に対応させた」（上引『漢天師世家』巻2）。こうして、最後に巴蜀を選んで天師道の祖地としたのであった。張陵のこのような決断は、明らかに多くの地域の自然環境、社会環境そして人文環境を総合的に考察した結果であり、このことは彼が天文・地理学を知悉し、事物の道理や造化のメカニズムに深く通じていたことと密接に関連している。

古代の巴蜀は、山は険峻で路は危険であったので水運が発達した。二十四治もその大部分は河川沿いに分布している。岷江本流の両岸に沿っては、青城治、鶴鳴治、稠梗治、平崗治、平蓋治、本竹治などが分布し、支流の蒲江に沿っては、主簿治、湔江に沿っては、陽平治、漓沅治、葛貴治、石亭江に沿っては、後城治、公慕治、綿沅河に沿っては、鹿堂治、庚除治、湧泉治、沱江に沿っては、昌利治、真多治、嘉陵江に沿っては、雲台治、青衣江に

第Ⅳ部　天文学と地理学　第三章　漢晋道教の地理学研究

沿っては、古霊泉治、安寧河に沿っては、蒙秦治、長江の本流に沿っては、平蓋治、平都治が、それぞれ分布している。これらの治所の多くは、山地を流れる河流の二級台地か、群山に抱き守られている山間の小平原にあって、山に依り水に近く、物産も豊かで交通も便利であった。つまり、西南の各民族の経済、文化交流のチャンネルはまた同時に方仙道の薬や丹を煉る聖地なのであった。その優美な自然環境と独特の人文地理の位置は、道教が開教するための豊富な物質と文化の基盤を提供したのである。

　二十四治の地理分布の記述については、南朝梁の人・張辯（張陵の13代子孫）が著した『天師治儀』（ほぼ552年の成立、『授籙次第法信儀』に収載）が初見である。北周の道典『無上秘要』中の「正一気治品」に至って、二十四治の事跡が専門的に記述される。その後、唐代の高道・王懸河の『三洞珠嚢』巻7に「二十四治品」としてまとめられ、晩唐の杜光庭『洞天福地嶽瀆名山記』中の「霊化二十四治」には、天師道の各治の名称、所属する州郡と地理的位置、五行、節令、対応する天上の星宿、干支人属、神霊の霊跡、物産資源などが列挙され、さながら比較的完備し、また新味のある道教地理史料集になっている。こうした史料の分析を通して、漢晋時代の道教地理学の基本的な姿がうかがわれ、また、道教地理学が、多くの道士たちの弛（たゆ）まざる探究と実践によって成就された、充実して完美な歴史過程の所産であったことが理解できる。

　ところで、二十四治の地理的な位置であるが、これについてはかなり確実な記載がある。上掲の張辯『天師治儀』によれば、陽平治、鹿堂治、漓沅治、葛貴治は「蜀都の繁県」にあり、その他の諸治は「蜀都臨邛（りんきょう）県」、「蜀郡新都県」、「広漢郡陽泉県」、「広漢郡綿竹県」、「広漢郡雒（らく）県」、「犍為郡南安県」、「犍為郡江陽県」、および巴西郡、漢中郡、京兆府長安県に分布している、とする。また、それらを天文学の二十八星宿、気象学の二十四節気に配当しており、道教地理学における「天人感応」論の思想的傾向を充分表現している。たとえば、陽平治は金を主とし、二十八宿の角宿、鹿堂治は木を主とし、二十八宿の亢宿に対応し……といった類いである。のちに二十八宿と

433

完全に対応させるために四宿が追加された。いわゆる「天の二十四気に応じ、二十八宿に合う」である。『要修科儀戒律鈔』巻10にも、張天師が二十四治を立てたことを述べて、「下は人心を鎮め、上は星宿に参じる。建てられた屋舎にはそれぞれ典範がある」と見える。

次に、二十四治がある場所の自然資源であるが、これについてはすで比較的まとまった紹介がある。たとえば『無上秘要』巻23「正一炁治品」には大意、以下のような記述が見える。「真多治はその山の高さ280丈、上に芝草仙薬がある。隷上治にはふたつの石室があり、神泉が湧いていて、白鹿や白鶴がやって来てこれを飲む。湧泉治の上には泉水があり、これを飲めば万民の病がすべて癒えるので、人々はこれを呪水治と呼び伝えてきた。稠梗治は汶山江水を去ること9里、山は高く地を去ること1700丈、その西北を沫江が流れ、山上には芝草仙薬がある。北平治は山上に池があり、芝草仙薬が生えている。本竹治は高さ1300丈にある。上に一筋の水と香林があり、龍穴と地道（地下道）があって、峨眉山と通じている。蒙泰治は高さ1000丈、上に芝英金液草があり、これを服用すれば世俗を超越して神仙になれる」。

さらに日常生活の必需品である塩は、それらの治では塩井が設けられていた。張陵は相当深い地理知識があり、水脈のありかや「塩泉」の場所を知っていて、みずから信徒を引率し井戸を掘って塩を造り、民生の利便をはかったという。唐代の『元和郡県図志』によれば、「陵井というのは、もと沛国の張道陵が開いたもので、彼の名に由来する。……陵井は広さ30丈、深さは80丈あまり、益部には塩井が非常に多くあるが、この井戸はそのなかで最大」という（巻33、剣南道・陵州）。また、杜光庭『道教霊験記』巻8には、張陵が陵州を通った時、玉女を降ろして塩井を造ったが、そのとき「570尺まで掘り下げたところにふたつの大石があり、それを掘り抜くと、ようやく塩水が湧いてきた。……天師ははじめ、この地が荒廃していて人々が安居できないし、山川も枯渇して耕作に適さないのを見て、塩井を掘ることで貧民を救済しようとしたところ、民は井戸の側に住みはじめ、戸口は日増しに増えていった」とある。杜光庭の『録異記』巻6には、陵州の艶陽洞

第Ⅳ部　天文学と地理学　第三章　漢晋道教の地理学研究

天師院に、唐の元和年間の刺史・李正卿の「天師聖徳碑」があったことが記録されている。その碑文は以下のとおりである。「張天師は後漢の建安２年、沛より蜀に旅したが、天を見て分野を決め、陽山の姿を指さして弟子に云った、この山の下に塩泉がある」。ほかにも、彭州の陽平治の下に塩井池があり、鶴鳴山の天国山にも塩井池があり、葛貴治の下に八角形の井戸があって塩が取れ、昌利治の東北に塩井郷があり、主簿治の響水洞の下に塩井岩があり、什邡(じゅうほう)の後城治や公慕治の近くに塩井があり、湧泉治の付近に華池塩井があり、北平治の近くに永通塩井があったという（王純五『天師道二十四治考』、32頁）。

『列仙伝』や『神仙伝』のほか、一連の漢晋仙家の事跡を記した道経からも、初期の道教徒が四海を巡遊し、地理生態の状況を考察したようすが見て取れる。『列仙伝』には71人、『神仙伝』には92人の仙伝がそれぞれ収められているが、彼らが渉猟した山や地域は80余箇所の多きにのぼっている。また、彼らが探し求めた植物や鉱物も少なくない。ここから、秦漢時代の方士や道流（道教信仰者）たちの活動の範囲の広さや、道を修めるための養生の重要さから、彼らが栄養のある食べ物の観察と研究に留意したさまも見て取れる。そうした方士や道流たちが出入りした名山大川の大部分は、のちにはまた道教の洞天福地のリストに加えられ、道教地理学の最も価値ある構成要素になっていったのである。

『紫陽真人内伝』から、紫陽真人が周遊した地区としてほぼ大江の南北を包括——つまり、地方の名山と大川の4、50箇所に及んでいたことが分かる。まことに、「名山を周遊し、八海を看望し、五岳を回遊し、洞室に休息す」るとある通りであった。むろんこれは、彼だけの遍歴であったとは限らず、同時にこれは道士たち経験でもあって、古代の非常に困難な交通条件下、あのように一生をかけ、敬虔な道士たちは名山に出入りし、江湖に浮かんだのである。彼らの地理環境や土地の物産や風習に対する深い理解は、儒生や一般の民衆のそれをはるかに超えていた。

ほかに、葛洪は煉丹と修道の目的から、その生涯中に何度も名山大川を訪

ねていたので地理環境に対する考察を充分重視していた。そのことは彼自身、「仰いでは天の文を観察し、うつむいては地の理を考察し、風気を占い、筮竹をならべ……」と述べている通りである（『抱朴子』雑応篇、262頁）。当時の一般の人にとっては、地理博物の学は大いなる神秘性を帯びており、広漠とした最果ての地、大海中の仙山、域外の珍奇な物などは彼らの好奇心を刺激した。当時、張華の『博物志』、郭璞が注した『山海経』が世に出されたが、これらは道教地理学や方術の発展に大きな影響を与えた。葛洪の方は、天文律暦、仙方医薬、地理博物などに関わる大量の古代の科学知識を整理し記述し、著名な道教学者となった。地理学の領域では、彼もかなり重要な貢献をしている。史書の記載によれば、彼は『莫阜山記』、『潮説』、『集異記』、『五岳真形図文』、『関中記』といった地理博物書を著しており、その『太清金液神丹経』巻下では、南方域外の多くの国と地域の地理物産を詳細に叙述している。『抱朴子』内篇でも、地理学・生物学などの方面に関わる多くの史料が散見されるが、これらはすべて漢晋の道教地理学のありさまを探究する上で珍奇な資料になっている。

　葛洪は『太清金液神丹経』巻下において、南方域外の20余りの国名をまとめて挙げ、次にその各々の国の地理的な位置、交通状況、面積の大小、物産と風俗、それに人文と歴史を記述していて、さながら旅行ガイドブックになっている。たとえば、「扶南は林邑県の西南3千里にあり、自立して王となっており、もろもろの属国にはみな君がいる。長王は炮到大国と号し、次王は鄱嘆小国と号し、君長と王の左右の大臣はみな昆侖と号している。扶南の地には朱砂や珍しい鉱石が多く、扶南から林邑に至る3千里は肥沃な土地で、朱丹、硫黄が多く採れる」、「師漢国は句稚（マレー半島にあった国）の西南にあって、句稚から船で行くと14、5日で着く。国は王と称し、みな大道を奉じていて、その清らかな法度は漢家の威儀を手本としているので師漢国という。上に神仙が棲み、名月の珠を産出し、ひたすら仁善を実践して殺生をしない。土地は平旦で、万余の民が暮らし、金玉・硫黄などが採れる」等々。言及される地域は東南アジア、南アジア、東アフリカ、そして欧州に

及ぶ。扶南は今のカンボジアとベトナムの南端を指し、林邑は今のベトナム中南部のことである。ほかにインド、イラン、古代ローマ、エジプトなども登場するが、これらは海上のルートであり、漢晋の道士たちは海外の地理に関してある程度の知識があったはずである。そうでなければ、葛洪はこのような著作を書けなかったであろう。

　つとに漢代以前、中国人は東南アジア諸国と頻繁に海上を往来していたが、前漢時代には、南海とインド洋の航海事業は一大発展を遂げていた。『漢書』地理志によれば、当時の航海ルートは合浦郡徐聞県を出発すると、相前後して達都元国（今のインドネシア・スマトラ）、邑盧没国（今のミャンマー国内）、湛離国（イラワジ川の沿岸にあった）、夫甘都盧国（今のミャンマー国内）、黄支国（今の印度カーンチプラムにあった）、皮宗（今のマレー半島西南）に到着したという。後漢時代になると、さらにまた重要な交通路——永昌路が開拓された。このルートは永昌（今の雲南の保山）からイラワジ川に沿ってベンガル湾に入り、そこから海道によって大秦（ローマ）に到るものである。『魏略』西戎伝に、「（大秦）の国は海の西にあるので俗に海西という。河がその国から出ていて、西に流れて大海に注ぐ」（『三国志』魏書・烏丸鮮卑東夷伝注所引）とある「海西」は、紅海を指し、「河」はナイル川であり、「大海」は地中海を指す。三国時代、呉は非常に海外交通を重視し、何度も大臣の率いる艦隊を南方に派遣した。たとえば、黄武5年から黄龍3年（226〜231）にかけて孫武は、朱応、康泰らを遣わして林邑、扶南などと南洋群島を訪問させている。このあと、朱応は『扶南異物志』、康泰は『呉時外国伝』、『扶南伝』を著したが、これらは東南アジアと南洋群島の古代歴史地理を研究する上で貴重な史料になっている。

　明らかに葛洪はこれらの文献を熟知していて、これらのほかにも、数多くの価値ある資料と自分の考証結果を道典のなかに収めている。それは彼自身が以下のように述べる通りである。「私はかつて、中国と南方の違いや外国の不思議な生態を記した本を読んだことがある。ほぼ事実に近いように見えても、実践が浅いので、それらの本では四海の外の不思議さを知り、異域の

ことを心に刻むには不充分であった。そこで私はそれらを敷衍し、理解しやすいように情報を整理しなおした」。もとより修道求仙の目的から出たことではあるが、葛洪は先人の成果に対して取捨選択を加えている。続けて云う、「いま私は丹を産出する国について書き、外国のことを記して、あわせてわが思いを述べ、金液の記述のあとに附した」(『太清金液神丹経』巻下、『道蔵』18-757、758、762)。

さらに指摘しておく必要があるが、葛洪は外国の地理風俗を描写する際、かなり詳細に描いている。たとえば大秦については、その地理的位置、境域と土地面積、物産の種類、風俗礼儀などを記載している。『史記』や『漢書』西戎伝にも「犂軒」(りけん)(大秦)のことは記されてはいるが、いずれも精しくはない。中国の文献中、大秦についての比較的詳細な記述としては、やはり『太清金液神丹経』を第一に推すべきである。朱応の『扶南異物志』、康泰の『呉時外国伝』、『扶南伝』はみなすでに散佚してしまっているので、道典中のこれらの国に関する記載は珍重するに足る。

ほかに、『真誥』巻11に、茅山には「天市の壇石」があって、「これは洞天の中央、玄窓の上にある。この石は、安息国の天市山の石なので天市盤石(壇石に同じ)と名づける。玄帝の時、四海の神使を招いたが、その際、この盤石が洞天の上に運ばれた。ここだけでなく、仙人市壇の下や洞宮の中央の窓の上にもある。句曲山は山の内部が虚空になっていて、それを洞台仙府と呼んでいる」(稽神枢第1、『道蔵』20-557)。この資料は大変貴重であって、漢晋の道教がつとに海外の宗教と交流があり、それゆえ遥か彼方の安息(イラン)の「天市山宝玉璞石」が、大海を渡って道教の各地の大名山に置かれていたのである。葛洪もこう紹介している。「安息は月支の西8千里にあり、国土風俗、すべて月支と同じで、人馬ともに精悍であって、周囲5千里、金玉が石ころのようにたくさんある」(『太清金液神丹経』巻下、18-762頁)。

第二節　洞天福地とその地理学的考察

　いわゆる「洞天福地」は、名山勝地に存在し、神仙道士が道を修め真を成就するために提供された別の神聖な世界を指している。洞天福地が存在する名山諸岳には、道教が形成される以前から著名であった山が多い。春秋戦国時代、諸侯たちはそれぞれの国において自己の境域内の重要な山岳を特に重視して祭祀を行なった。『山海経』によると、当時、26の山系中の451の山岳が祭祀されており、それぞれレベルの異なった祭祀儀礼が形成されていた。『周礼』職方氏の記載によれば、天下九州の山鎮中、主な山としては、東南揚州山鎮の会稽山、正南荊州山鎮の衡山、河南豫州山鎮の華山、正東青州山鎮の沂山、河東兗州山鎮の岱（泰）山、正西雍州山鎮の岳山、東北幽州山鎮の医無閭山、河内冀州山鎮の霍山、正北并州山鎮の恒山などがあった。このなかでは泰山が最も重視され、歴代、多くの帝王が親しくここに臨んで封禅を行なって天を祭ったので、泰山は「五岳の尊」とか「名山の祖」などという名誉ある称号を冠せられた。このほか、古代の先哲の「知（智）者は水を楽しみ、仁者は山を楽しむ」（『論語』雍也篇）という思想が諸名山に深い意義を付与して、名山の人文的含蓄を豊かにした。道教は自己の信仰の追求というメインテーマのもとで、中国古代の山岳崇拝と「仁者は山を楽しむ」の思想的影響を受け、全国各地の大名山を積極的に開拓して洞天福地とし、人間世界に理想の仙境を造営した。

　洞天福地思想の創成は、秦から漢にかけての頃と推測しうる。その直接の源流は戦国期の神仙の説と長生久視の思想であった。『荘子』逍遙遊篇に、雲に乗り龍を操り、四海の外に遊ぶ藐姑射山の神人が描かれている。また『山海経』には、「（天）帝の下都」である崑崙山には百神が集まり、山上には羊に似て四本の角を生やした怪獣がいるなどと記されている（西山経、海山西経）。また、西王母という神人がいる山には万物がそろっているとか（大荒西経）、ある山中には珍獣がおり、不死の樹と不死の薬を持つ巫彭などの仙人が棲む、などという記載もある（海内西経）。

439

ほかにもなお、多くの典籍に魅力的な神仙伝説が記されている。たとえば『史記』封禅書には、海上にある蓬萊、方丈、瀛洲の三神山が登場するし、『列子』湯問篇には、大海に岱輿、員嶠、方壺、瀛洲、蓬萊という五つの大山があり、その山上に生える珍樹の果実を食べると長生不死になるとか、山上に仙人が居住していて空を飛んで往来している、などと書かれている。

　先秦の神仙伝説や仙境に関する描写は、虚誕を免れないにせよ、生命と人生に対する世人の魅惑的な幻想をかき立てずにはおかず、幾人かの人々に仙国の美しい場所の探索と訪問への情熱を促した。たとえば、戦国時代の斉の威王、宣王、燕の昭王らが人を大海に派遣して三神山を捜させたのを皮切りに、宋无忌、正伯陽、羨門高、徐福（徐巿）ら多くの方仙の士が現れ、世人から方仙道と呼ばれた。秦の始皇帝と漢の武帝は、方仙の士を選抜して海洋に仙人と仙薬を求めに行かせて方仙思想を流行させ、神仙道教の建立と道教の理想世界構築のための基礎を築いた。

　中国古代における神仙伝説の特徴ある構成要素として、以下の3点を列挙しうる。1は仙人、または神人、2は仙境、3は仙薬、である。仙人は世人の崇敬する対象であり、人間の胸中の理想的な人格である。彼らは超能力を持ち、自由自在、病気もなく生死もなくて長生不老、何の不自由もない美しい仙国で暮らしている。そこには壮麗な宮殿だけでなく、多くの珍奇な動植物もあり、さらに甘い泉水と美味な果実もあって、それを食べると不老不死となるという。この仙人、仙境、仙薬の3者は完美なる理想世界を構成していて、当時の人々の理想的な生活環境への憧れを反映している。このような理想は、人々の実際的な必要性と生態環境に対する理解の上に成立したものであって、後人がいかに人生に向き合うか、いかに生存環境を認識するか、という問題に対して積極的な意義を賦与した。道教は生命への愛惜から出発し、よりよき生存環境を追求し、生存の意味について深く探究して「人間の仙境」（現世における理想的な仙境）のありようを提起した。これは先秦の仙人、仙境そして神仙思想を継承したものであるが、この基礎の上に立って信仰と実践の面でいっそうそれらを豊かにし、当時の世人の憧れと欲望を反映

させ、道教の生命と生存環境に対するきわめて大きな思いを具体化させた。

　道教の形成後、こうした認識に基づいて道教は、世人の理想的な仙人や仙境に対する憧れを大いに受け入れ、それを体系化した。東方朔の作とされる『十洲三島記』（『海内十洲記』ともいう）には、八方の大海のなかに十洲三島があり、仙人が憩うところとなっていて、そこに不死の仙草があると書かれている。十洲とは、祖洲、瀛洲、玄洲、炎洲、長洲、元洲、流洲、生洲、鳳麟洲、聚窟洲を指し、三島は、崑崙、方丈、蓬丘のことである。このうち祖洲は近くの東海中にあり、上には不死の草が生え、これを服用すれば人に長生をもたらすと聞いた秦の始皇帝は、方仙の士・徐福を派遣して求めに行かせた。玄洲は北海中にあり、そこには多くの仙官がいて宮殿が建ち並び、長生薬になる豊富な金石と紫草がある。炎洲は南海中にあり、周囲は２千里、上に鳳生獣や火光獣がいる。長洲は周囲５千里、多くの山川と大樹があり、仙草霊薬と甘液玉英が採れ、神仙が棲む紫府仙宮がある。元洲は北海中にあり、上に五芝と玄澗があり、澗水の水は蜂蜜ジュースのようで、これを飲むと長生し、五芝を服用するとやはり不死が得られる。流洲は西海中にあり、周囲は３千里、ここにも多くの仙人がいる。生洲は東海中にあり、上に仙家数万人が居住し、気候が温和順調なので芝草が年中成育し、万物が繁茂している。鳳麟洲は西海中にあり、洲上には珍奇な動物がたくさん居て群れをなし、百余種の神薬が生えている。聚窟洲も西海中にあり、多くの神仙霊官のお屋敷が建ち並び、獅子のような禽獣がおり、山上には大樹が林を成し、木と葉から芳香を発している。崑崙は周囲１万里、道教の尊神・西王母が治めているところであり、また真官・仙霊が崇拝する聖境であって、山上にも数万の仙官が雲集し、生物が群生していて、大勢の神・人がともに暮らしている。方丈は東海の真ん中にあり、島上には金玉や瑠璃でできた宮殿があり、仙芝霊薬が稲のように一面に生い茂っていて、仙人が数十万人もいる。蓬丘はすなわち蓬莱のことで、周囲は５千里もある（『道蔵』11-51 〜 54）。

　この十洲三島伝説中の仙人と仙境、それに事物の記述は大雑把なものではあるが、人々に神仙の国のすばらしさを感じさせるに充分なものであり、彼

らによき生存環境の存在に対する確信と青写真を提供した。あるいはその思想的影響があったのかもしれないが、『太平経』は国の貧富を計量する物差しは金銭財宝ではなく、物の種の多寡であるとして、「万2千の物がそれぞれその居場所があって害を受けない」ことが太平の理想的世界の美事だとしている。『太平経』のこのような物の種の多寡によって貧富を論じる思想は、「万物を生かしめ」て、「それぞれにその所を得しめ」る理想的社会像とともにずっと道教によって伝承されてきたもので、道教の現実の生態環境に対する深い理解と高度な重視を体現しており、道教が想定した「人間の仙境」の描写になっている。

　道教から見れば、天仙が高い境界にある天宮に棲む以外に、地仙は世間の人とおなじ地表上に生活している。仙人も世間で暮らしているので、理想的な生存環境を営造し追求することになる。そこは人々が幸せに仲良く過ごし、万物がそれぞれその居場所を得、草木の繁茂する、環境のうるわしい生存空間である。こうなると、この人間世界に存在する道教の仙境は、具体的かつ現実味を帯びたものに変わってくる。仙境や神仙に関する道教の記述中から、道教が追い求めたのはまぎれもなく実在するこの世界の仙境であることを見出すのは難しくはない。もちろん、この仙境の上にさらに理想的な神仙の天国がある。たとえば道典には、天上に玉皇大帝の宮殿である弥羅仙境が存在し、そこに三清尊神のおわします三清聖境があると説かれている。ただ、道教が特別重視し力を入れて営造したのはこの地上世界の仙境──すなわち洞天福地であった。

　洞天観念の初出は『紫陽真人内伝』（399年付けの写字生の識語あり）である。この東晋の道教典籍において、初めて次のように洞天の原理的な構造が説明される。「天の無を空といい、山の無を洞といい、人の無を房という。山腹中の空虚なところが洞庭であり、人の頭部の空虚なところが洞房である。そういうわけで真人は、天に居り地に居り人に居て、どんな微少な空間にも入り込み、キビのなかに蓬萊山を容れることができる」（第12丁）。名山聖域には必ず洞天があり、道典では「蒙山大洞」、「王屋清虚洞宮」、「嵩高山
すうこう

洞」、「太室洞」、「中空洞」、「伊水洞室」、「西良洞房」、「洞庭潜宮」などに言及される。こうした洞府（洞天）は、すべて仙人が道を修め経典を蔵するところであり、各洞天はたがいに潜通していて、仙人が洞天に出入りし、四海を周遊するための秘密のルートになっている。たとえば『紫陽真人内伝』にはこう記されている。「嵩高山に登って洞門に入り、中央黄老君に遇う。丹城を遊覧し、洞庭を潜行して仙人たちに出会う。嵩高山太室の洞門の内部は、紫雲に覆われ、柔玉が床に敷きつめられている」（第8丁）。『紫陽真人内伝』で述べられているのは個々の大洞府であるが、のちには洞天福地体系のなかに組み込まれる。

このほか、『紫陽真人内伝』とほぼ同一時期に作られた謝霊運（385～433）の「羅浮山の賦」にも、「『洞経』で羅浮山のことを調べて、茅山は洞庭の入り口であり、南の羅浮山に通じていることを知り、夢で見たことと符合することに感じて『羅浮山の賦』を作って云う、洞天は36あって、この羅浮山洞天はその7番目、夜にもひかり輝くものがあり、この幽暗の世界を太陽が照らす。ゆえにここを朱明の陽宮、耀真の明室と呼ぶのだ」とある（『芸文類聚』巻7）。ここから、洞天説はすでに多くの文人に知られており、羅浮山は第7洞天であり、「朱明耀真洞天」と呼ばれていたことがわかる。したがって、洞天説は遅くとも東晋の末にはすでに成立していたのである。

「福地」となると、その成立時期は洞天説よりは早かったはずである。『抱朴子』金丹篇に云う、「思いを凝らして仙薬を煉るべき山としては、華山、泰山、霍山……括蒼山などがある。これらの山には正神が棲み、地仙もいる。山の上には芝草が生え、戦争や大災害も避けることができ、単に仙薬を煉るのに適しているだけではない。もし道を修めた者がここに登れば、山神が必ず助けてくれて福をくれ、薬は間違いなくできあがる。もしこれらの山に登ることができなければ、海上に大きな島があるから、そこでも煉ることができる」（85頁）。『太清金液神丹経』巻下において葛洪は、中国の大地上に名山福地があまねく分布しているだけでなく、海外にもまた、道を修め真を成就しうる多くの福地があるとはっきりと指摘した上でこう述べる。「南

方の大世界にも名山が連なっている。……楊や楚の地の郊外にだけ福地があるわけではない」（『道蔵』18-758）。そういうわけで葛洪は、海外の幾つかの国や地域の風土人情、物産地理をもっぱら記述して、後世の我々に貴重な地理資料を残してくれたのである。

　洞天概念に比べて、福地はより広範な内容を包含している。福地は山と洞窟だけでなく、そこには渓流、泉水、丹の出る井戸、法壇、道教寺院などもある。道典の記述によれば、それらの場所は天災と人災のともに及ばないところであって、土地は肥沃豊穣で、幸運をもたらしてくれる。たとえば江蘇の句容にある茅山(ぼうざん)は漢晋の福地の一つであるが、『真誥』巻11（稽神枢第1）によればこうある。

　　この山は内部に洞窟があってそこが虚になっている。内観すると、内部に霊府があって、洞庭が四方に開けて、そこから伸びる穴道は遠くまでつながっている。古人はこの洞窟を金壇の虚台、天后の便闕(べんけつ)、清虚の東窓、林屋の隔沓(かくとう)などと呼んだ。それらの各洞天は連結しあっているが、この洞天には、四方八方の洞天から到る地下道や水流が輻輳しており、まことに洞仙の館と云える。山脈の形は己の字に似て曲がりくねっているので、句曲と呼ばれている。この金陵の地は戦争も火災も届かず、災害も疫病にも犯されない。

このように述べたあと、古籍を引用して自説の根拠としている。

　　『河図洛中要元篇』第44巻に、「句金の壇はその間に丘稜があり、戦争も病気も及ばず、洪水もここまではやって来ない」と云われるのは、まさにこの福地のことである。……『河図内元経』に云う、「つまり地肺（内部に空洞をもつ場所）であり、土は肥え水は清い。この句曲の山と金陵の丘稜はここで世を過ごし、やがて曲城へと昇天する場所である」。

(『道蔵』20-553～554)

第Ⅳ部　天文学と地理学　第三章　漢晋道教の地理学研究

　ここではさらに『名山内経福地志』や『孔子福地記』などが根拠として引用されており、漢末晋初にはすでに福地を専論する書物が存在していたことがわかる。

　『真誥』ではほかに、句曲山の地理環境や物産風土を詳しく紹介している。まず、その地理上の位置については、「江水の東、金陵の左右の間に小沢があり、沢の東に句曲の山がある。……江水をわたって150里ほど訪ね歩くと行き当たる」とある（同20-553）。そこで云う「小沢」はいにしえの「赤山湖」、今の太湖のことである。陶弘景は、「小沢は今の赤山湖のことである。江水から真正面に山が望まれ、東西左右、まさしくそこで云われている通りである。いま山は石頭江水から歩いて150〜160里のところにある」と注している。

　次に、『真誥』はその歴史的沿革を述べる。「上古、この山は崗山と呼ばれていた。『孔子福地記』に云う、『崗山のあいだには伏龍の里があり、そこは洪水や疫病を避けて長生が得られる』と。そこを元来〈崗〉と呼んだのは、金壇の質に由来する」（『道蔵』20-555）。また云う、「句曲山は秦代には句金の壇と呼ばれていたのは、洞天のなかに金の壇が百丈あったからである。外には積金山があったので、積金を壇の号とした。周代にはその水源を曲水の穴と呼んでいた。山脈が曲折しているので、後人がまとめて句曲の山としたのである。漢代には三茅君がその上を治めていたので、長老が茅君の山と称した。三茅君はかつてそれぞれ1羽の白鶴にまたがり、山の3ヶ所に集まった。当時、それを見た者がいて歌が生まれ、また、鶴が集まった場所というので、句曲の山を大茅君、中茅君、小茅君の3山に分けたが、まとめて云えばすべて句曲の1山である」（同20-554）。

　第3点はその山の形と土地の姿である。「句曲の山ふところは、曲折していて包容力があるので句容という。……山の形は己の字に似ているので句曲という。……その間に金陵の地がある。周囲37、8頃もあり、ここが金陵の地肺になっている。土質は優良で水はきれいで甘い。そこに居れば、必ず神仙になって太平の世に遇うことができる。……平地はわずかで、あらまし

10余頃ばかり。高くて平らな場所は6、7頃ほど。その大体を知りその形勢を見れば明白なので、精しくは述べない。……『名山内経福地志』に云う、『伏龍の地は、柳谷の西、金壇の右にあって、悠然と隠棲しうるところであり、まさしく金陵の福地である』」。陶弘景の注に云う、「いま中茅山の玄嶺に登り、前後の諸峰を見ると、山脈が紆余曲折している。大茅山が首に当たり、東に行って北に転じ、さらに西北に行くとまた北に転じ、東北に曲がって大横山に至る。この形状を南北を軸に反転させると己の鏡字のようになる」(同20-553～555)。

　第4点はその山水の資源である。主な山としては、大茅山、中茅山、小茅山、金菌山、積金山、鬱崗山、方隅山、良常山、仙韭山（せんきゅうざん）、方山など。主な峰としては、東連峰、五雲峰、道祖峰、畳玉峰、華蓋峰、白雲峰、抱朴峰など。主な洞窟としては、華陽洞、茅洞、良常洞、羅姑洞、玉柱洞、豊都洞、方隅洞、方台洞、金牛穴、曲水穴など。主な水としては、楚王潤、鶴台潤、宜春潤、九曲潤、大潤、流杯潤、白李渓、蒼龍渓、喜客泉、益人泉、玉蝶泉、白玉泉、霊泉、洞泉、玉砂泉、朱砂泉、玉液泉、天池、石墨池、護軍潭など。このように山と川は秀美にして、水と土はうるわしい。その土壌については次のようにある。「洛陽の北邙山や北谷関の土に似て、堅くてなかが詰まっており、穀物の栽培に適している。そこを掘れば井戸となり、その味が長安の鳳門外の井戸水に似ているのは、その泉源が奥深いところから湧き出で、ここに来る途中、遠くの洞窟の泉によって潤されているからである。水の色は白い。道を学ばなくとも、そこに居てその水を飲むだけで長命をもたらしてくれる」(同20-554)。

　第5点はその人文資源である。三茅君などの秦漢の仙人伝説のほかに、山中の重要な古蹟として、秦の始皇帝が埋蔵した双玉璧、秦の李斯の石刻壁文、王莽の地皇3年(22)に賜った5つの銅鍾、後漢光武帝が建武7年(31)に小茅山に埋蔵した50斤の黄金の遺址、漢の明帝永平2年(59)、郡県に命令して営造させた句曲真人廟、さらに、前述したように海外からやって来た「天市の壇石」もある。この石は、「安息国の天市山の石である。それゆえ天

市盤石と名づけられている」。

　句曲山はまさしく、独特の自然環境と豊富な人文資源を保有していたからこそ、洞天福地と一体化し得たのである。『真誥』に次のように云う。

> この大世界のうちに地中の洞天が36箇所あり、その第8が句曲山の洞天である。周囲150里、金壇華陽の天という。洞窟の四方上下はすべて石である。上の平らなところが地上の下方に当たり、そこから13、4里で地上に出る。東西45里、南北35里の方形である。その内部の虚空の空間は高いところで170丈、低いところで100丈、下の地面には凹凸のあるところもあるが、天井部分は平らになっている。その洞天には陰暉夜光と日精の根があって、内部を照らしており、その明るさは外の日月に匹敵している。陰暉は夜、日精は昼間を司り、日月のようにまるく、この玄空のなかを飛ぶように移動している。句曲の洞門として、南に通用門2つ、東西に通用門各1、北に大きな通用門1つの合計5門がある。虚空の内部には石段があり、その門口に続いていて往来上下できるようになっている。突然洞天に入ってきた人でも、ここが洞天の内部だとは気づかず、外の道を歩いているように感じるはずである。日月の光も異なってはいない上に、草木や水沢も変わらず、鳥が飛び交い、風や雲のたたずまいも同じだから、疑いを抱く理由がないのである。洞天やそこの神殿は霊妙であり、あれこれあげつらったり、いい加減な議論をしたりすべきではない。
>
> 　　　　　　　　　　　　　　　　　　　　　　　　　　（同20-555）

　この段落は充分貴重な漢晋の資料であって、当時すでに洞天と福地が融合して一体化していたことを証明しているし、「三十六洞天」説もここに現れている。同時にまた、生き生きとした形象によって句曲洞天の自然環境と人文価値を描写しており、その記述には宗教聖地としての神聖な雰囲気が充満している。

　以上述べたことから、洞天福地説は漢晋の際に次第に形成されていたこと

がわかる。唐代に司馬承禎が『天地宮府図』を著し、はじめて全国各地に散在する洞天福地を体系的に紹介した。彼はこの聖地を十大洞天、三十六小洞天、七十二福地に分け、おのおのの洞天福地の名称、規模、所在地、統治者名を列挙している。その自序によれば、元来は図があったはずであるが、今は失われて本文しか残っていない。唐の李石の『続博物志』にも、「中国に洞天が36箇所あるが……みな仙人が居るところである」とある。それぞれの名山聖地が洞天福地に組み込まれてゆくにつれて、道教の地理学方面の経験と知識は日増しに豊富で完全なものになっていった。これは道教それ自体の発展にとって有益であっただけでなく、道教が科学技術の領域に深く参入して開拓してゆくことを促進した。

第三節　最古の等高線地図：
『五岳真形図』とその地理学上の価値

　大地上の万にも上る生物の、珍奇絶妙で生々潑剌とした姿は道教徒を吸引し、彼らの生活圏や視野の外の世界に強い興味を抱かせた。修錬に適している洞天福地を尋ねるために、彼らは四海を旅し山川を遍歴した。彼らは遊覧しつつも研究を忘れず、地域毎の土地柄の違いに気づいたし、とりわけ人跡希な険峻な場所の美しさと清冽さには深い印象を受けた。彼らは、必要と感じた時には自分の見聞を記録して人に伝え、「道を同じくする仲間の遊山記を手に入れてそれを繙(ひもと)」かせたのである（李沖昭『南岳小録』）。そういうわけで彼らは著述に勤(いそ)しみ、「九州の山川、百物の形状を写し、また五岳図を作成して世に伝え」た（『広黄帝本行記』、『道蔵』5-34）。つまり、大地を対象として文字と図象を使い、山丘、江湖、原野、窪地などの形状、その長短、高下、広狭、面積、そしてそこで息づく生き物とそれに関連する事物を描写した。こうした見聞は彼らに自覚的な地理意識というものをもたらし、地図という形式で山河大地を描くことを重視させた。彼らが描いた図には、山図、山脈位置図、地域図などがあるが、漢晋時代に即して云えば、道教における

第Ⅳ部 天文学と地理学 第三章 漢晋道教の地理学研究

最も著名な地図は『五岳真形図』である。

　道教の山岳信仰にあっては、あまたの仙人や真人が集う聖なる場所が五岳である。そこにはそれぞれ尊神が居て、自然と人間の養育と繁栄を管轄しているとされるのは、山岳崇拝と神霊信仰にもとづいている。道教は名山洞府に入って真と仙を求めるように唱道したが、しかし道士が山に入って修行するには種々の危険に直面せざるをえなかった。『抱朴子』登渉篇にこうある、「道を修めて薬を合成したり、難を避けるためには、山に入らねばならない。しかし山の掟を知らないで入山する者は、多くの場合禍害に遭遇する。だから諺に『太華山の麓に白骨が散らばる』というのだ。ことの一端しか分からず周到な準備をしない者は、長生を求める心があるのに逆に命を奪われることをいう。山はすべて神霊が居る。山が大きければ神も大きく、小さければ神は小さい。山に入るのに術の備えがなければ、必ず危害に遇う」(299頁)。

　そういうわけで、必ず吉を迎え凶を避ける術を知る必要がある。吉日吉時を選んで斎戒して身を清め、お祓いのやり方を学んで丹薬を服し、身にお札と法印を帯び、かくしてはじめて山川の百鬼や魑魅、虎狼や毒虫、疫病や寒

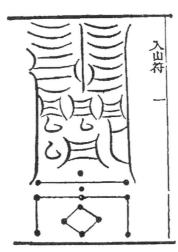

図-5　入山符の一例（『抱朴子』内篇・登渉）

気を避け、山岳に出入りして修行が成就する。図-5が入山符の一例である（『抱朴子』登渉篇）。

　しかしながら、各種の法術中、『五岳真形図』より重要なものはない。これは太上大道君が描き、西王母から漢の武帝に伝えられたという伝承がある。東方朔の序の付いた伝本があるが、仮託であろう。しかし、葛洪や多くの道典が早くから言及しているから、漢魏の古経だと思われる。葛洪は云う、「上級の士人が入山する際、『三皇内文』と『五岳真形図』を所持しておれば、至る所で山神を呼び出すことができる。また、鬼神の名簿を調べ、社の神、山の神、家の神を呼び出して彼らに尋ねたなら、木や石の怪、山川の精がやって来て人を試したりすることはない」（『抱朴子』登渉篇、300頁）。また云う、「道典のなかで、『三皇内文』と『五岳真形図』以上に重要なものはない。むかしは、仙官や真人はこの道経を尊重して秘匿し、仙人として名のある者でないと授けなかった。授けられてから、40年経ってやっと1人に伝え、その際、血を啜って盟約を交わし、礼物を納めて誓いとした。名山五岳にはすべてこの道経が蔵せられているが、洞窟の奥深いところに秘蔵されている。道を得ようとする者が、山に入って誠意を尽くして思念したなら、山神が自然に山を開いて見せてくれる」（遐覧篇、336頁）。

　葛洪はこの図を鄭隠から得、鄭隠は葛玄から得、葛玄は左元放から得た。『洞仙伝』にも、「鄭思遠（隠）は晩年、葛玄に師事して『五岳真形図』を手に入れた」とあり、『神仙伝』には、帛和（はくわ）が西城山の王方平に師事し、石壁を熟視していたら、3年後に『五岳真形図』が浮かび上がってきたと述べられ（巻7、帛和）、さらに、封衡が魯女生に遇い、還丹訣と『五岳真形図』を授けられて天下を周遊したと云う（巻10、封衡）。『漢武帝内伝』には、西王母が漢の元封2年7月7日に下界に降り、漢の武帝に『五岳真形図』を授け、また元封3年7月、東方朔にこの図を授けた、とある。『漢武帝外伝』は、三天太上侍官が『五岳真形図』を魯女生に授けたことを記して、「魯女生は初め、その図を蘇子訓に伝え、蘇子訓は封君達に伝え、君達はのちに玄丘山に入り、去るに際して左元放に伝えた」と述べ、左元放はさらに葛孝先

第Ⅳ部　天文学と地理学　第三章　漢晋道教の地理学研究

に伝えたと云う。同書にはまた、李少君、董仲舒はそれを手に入れたが、「董仲舒は去るに際して欒巴に伝えた」と記されている。

　古代の道士の心中においては、この2文献は入山し修行するに際して身に帯びるべき必須の符図であった。『道蔵』本『洞玄霊宝五岳古本真形図』には、『霊宝五岳古本真形図』と『洞元霊宝五岳真形図』という二種類の『五岳真形図』が収められている（図-6）。その両テクストともに、泰山、嵩山、華山、衡山、恒山の各真形図以外に、さらに潜山、霍山、青城山、廬山の真形図があり、後者の4山を「四輔」と呼んでいる。その両テクストは、一方（「洞元霊宝……」）には山形図中に文字の説明が入っており、一方（「霊宝五岳古本……」）には文字がなく山形だけという違いがあり、道典では、無文字の方を「上五岳真形」、文字のある方を「下五岳真形」と呼んでいる。

　道士には山を跋渉した長い経験があり、山の中腹を囲繞して別の峰に至ることができたので、歩いた道が山の形の輪郭のようであることに気が付き、同じような高度で互いに連なる峰を同じ色で一体のものとして描いた。ま

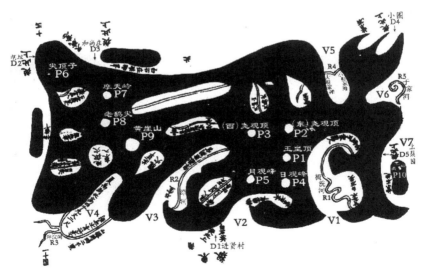

　図-6　東岳真形図（『洞玄霊宝五岳古本真形図』洞元霊宝五岳真形図より）
　注：V＝谷、R＝河川、P＝山峰、D＝登山口を示す。

451

た、その他の色を使って山谷、渓流、洞窟などを表示し、それぞれの山の様相を描出した。「真形図」が本来彩色画であったことは、『洞玄霊宝五岳古本真形図』に次のように述べる通りである。「黒は山形、赤は水源、白は洞口である。小さく描いているのは低い丘陵、大きく描いているのは壮大な山容を表している。葛洪は云う、高下は実際の形状を反映し、長短もその姿を写しており、神草や石室が描かれているところは、のちの仙人たちが図上に描き加えたものである、と」（『道蔵』6-740）。今に伝わるテキストはすべて黒と白で刻されている。屈曲した長方形として東西に延びている黒色は山体を表示しており、その山体中の曲がった2重線は水流を表し、白い空白の部分は道士たちが修行に励んだ洞窟や仙館であろう。文字もあしらわれ（たとえば図中の5箇所に「従此上」〈ここから上る〉という字がみえる）、そこから頂上に到るルートや山中の水流、泉水の場所、各種の仙薬神草の分布地、宮観洞府の所在地、さらに、山岳の高さや規模などを知ることができる（図-6、東岳真形図）。このような観点から見れば、こうした図にはかなりの実用的価値があり、それらが生み出されたのにはきっと、山形、地形、風物などの実践的な観察と関わりがあるはずである。上に挙げた『道蔵』本『洞玄霊宝五岳古本真形図』の成立年代と作者問題については、曹婉如や鄭錫煌らが「五岳真形図は道士の手に成り、描かれた時期は東晋以前であることに疑問の余地はない」と述べている（『自然科学史研究』6-1）。

　誰がこれらの図を作り、その目的はなんであったのだろうか。『漢武帝内伝』の西王母のことばや『洞玄霊宝五岳古本真形図』の東方朔の序などによれば、太上道君がこれらの図を制作したのは、修行者が霊仙の住まいや、薬を採取し丹を煉る名山に通暁し、邪を避け災を退けて神霊と通交するためであったという。

　この図の地理、地図学上の価値については、すでに多くの学者が肯定的な答えを出している。日本の小川琢治は論文「近世西洋交通以前の支那地図に就て」（『地学雑誌』22-258、明治43年）を発表し、そのなかで、京都の富岡鉄斎所蔵の古版本と称される一枚の『五岳真形図』（図-7）を公開した。小川

第Ⅳ部　天文学と地理学　第三章　漢晋道教の地理学研究

図-7　富岡鉄斎旧蔵の古版本中の東岳真形図

図-8　泰山の等高線地図

琢治の解説によれば、図中の墨色の筋道は山の尾根、朱色の筋道は渓谷、墨色中の円形の白地は山の頂上をそれぞれ示しているが、朱色の筋道と平行して走る細い墨色の線が何を示しているかについては未詳、としている。また小川はその論文において、東岳真形図と現代の等高線法で描かれた泰山の地形図（図-8）とを対比させ、山の外形の輪郭も山内の閉鎖曲線も互いに非常に似ていることを発見している。ジョセフ・ニーダムはこの見方に賛成して、「等高線地図作成の早期の試み」と賞讃し、「この図中に描かれた山形の処理の手際は、その側に置かれた現代の方式と比べて遜色はない」と指摘している（『中国の科学と文明』、ケンブリッジ版第3巻、「数学と天地の科学」p.546）。該図は科学史上重要な価値があり、地図学史上、等高線画法の最も早い試みだとされている。中国の学者・曹婉如と鄭錫煌も、それらは一種の平面山岳図であって極めて貴重なものであり、ここから地図学中の道教の一派が発展

していった、と述べている（前掲論文）。

　道教徒がこうした地図を作成したのは、もとはと云えば、山中で活動する道士たちの指南として、彼らが山の様相や道、それに物産を理解する上での助けとするためであった。しかし、漢晋の道教は地図の分野でこのような高度な成果を挙げたのに、その迷信的な一面によってその成果は窒息せざるを得なかった。等高線は道士が山川を歩行する際に有益な役割を果たしたのに、神霊の加護によって邪鬼精霊の害を免れると神秘化されることによって、その科学的成果が十全に発揮され促進されるには至らなかった。かくして『五岳真形図』は、山中で行動する人々にとっての真実の効能は失われ、わずかに山中での妖精の被害を避けうるという虚妄の霊験しか残されなかったのである。『洞玄霊宝五岳古本真形図』に云う、「君が東岳の真形図を持っておれば、精神は安らかになって寿命は延び、山川に踏み入ると百もの霊芝はひとりでに集まってくる。君が南岳の真形図を……」。事実上、「五岳真形図」には山の向き、峰と谷、ルート、洞窟、水流といった多くの情報が明確に表示され、豊かな地理学の成果が保存されていて、初期の道士が山中を探索した智恵の結晶なのである（訳者注：この第三節を訳出したあと、姜生氏から『歴史研究』2008年第6期所載の氏の論文「東岳真形図的地図学研究」を提示された。該論文は、特に『五岳真形図』中の『東岳（泰山）真形図』に焦点を当て、一方で馬王堆三号漢墓出土の『地形図』と比較して『東岳真形図』がその製図法を継承していることを論証し、一方で現代の泰山周辺の航空写真および泰安市の地形図とを重ね合わせて、等高線をはじめ水流、谷、山峰、登山路などの相対的な位置が基本的にそれらの現代地図と一致することを実証し、「道教地図学」の水準の高さを評価している。また、『道蔵』所収『五岳古本真形図』の両テクストの成立についても、単純に東晋以前とは云えず、魏晋南北朝以降の道士たちが絶えず実地調査を行ない増補していった集積だとする。基本的な立場は本節の記述と変わらないが、その後のより精緻な研究成果が盛り込まれているので、関心のある向きは該論文を参照されたい）。

第四節　漢晋の道教地学思想と学術の成果

　漢晋道教は地学の分野でも貢献している。特に、地球の構造の探究と地形・山川の変化の考察という方面で顕著なものがある。まず、道教は秦漢の方仙道の文化遺産を継承した。つまり、彼らの大地観を自己の大地観としたのである。『山海経』中山経に、「天地の東西は２万８千里、南北は２万６千里」とあって、大地は有限で測量しうるものと考えられている。人間の活動範囲の拡張に伴って大地の大きさも拡大されてゆき、４万里に満たない大地の４方の数字は破棄された。ただ、そこに含まれていた天と地は互いに等しく一体化したものという観念は保存され、後世の道教徒に受け入れられた。

　大地の形状とその宇宙における位置に関して、一部の『黄帝（書）』という名の古い道典では「天は地の外にあり、水は天の外にある」などと述べられている（『晋書』天文志上）。これは、地―天―水という３層構造の宇宙において大地はその核心に位置しているというのである。葛洪はこの説を根拠にして張衡の「渾天説」を吸収しつつこう述べる、「天は鶏卵のごとくであり、地は卵黄のごとくその天の内部にぽつんと位置している。天は大きく地は下にある」（同上）。さらにまた、「天が水中に出入りしているのは明らかなことである」と云う（同上）。葛洪の大地は宇宙内に存在するという説は『黄帝』と同じであり、さらに進んで、大地の形状は卵黄に似ているとするのは、大地は表面に高低の起伏のある一個の円球ということである。この説と、天地は平行しているとする伝統的な「蓋天説」とはまったく異なっていたので、しばしば論難された。梁の武帝は皇帝の権勢を利用し、学者たちを集めて長春殿で講義を行なった際、別途天の形態についても推し測って全面的に蓋天説を採用し、葛洪の説を否定した。唐初になると、李淳風は『晋書』天文志の葛洪の説を肯定した。『雲笈七籤』巻２では、天地を論じる古今の学者18家を挙げて渾天説を肯定したあと、葛洪の説として「渾天の様は鶏卵と卵黄に似て、地は天に乗って中央に位置し、天は気に乗って外を巡り、365度４分の１の半分は地上に出て、半分は地の下を巡っている。二十

八宿は半分は見え、半分は隠れて見えない」という文言を引用して、「この説は上清（道教のこと）の奥義に符合し、玄象の明験（天体の実体）と一致する」と評価し、葛洪の説を道教全体の宇宙観にまで推し進めている。

大地の構造のモデルとしては、真ん中に陸地があって周囲はすべて海、その海中に島があり、海の外の東西南北の各処にまた陸があってこれを「荒」と呼ぶ——これが『山海経』全体の大地観である。さらに『山海経』では、それらの海の内、海の上、海の外にある陸地には、山丘、湖水、原野があり、草木が生え玉石を産し、禽獣、人種が住む。海に囲まれた大陸は、その中心部が華夏族の住む地域で、数千もの峰があり、そこには「水を出す山が8千里、水流8千里、銅を出す山が467、鉄を出す山が3690」などと具体的に記述されている（中山経）。後世、これらの数字を信じる者は少なかったが、ここで構築された大地の構造モデルは疑われることがなかった。航海術の発達に伴って増進した海外の地理知識は、大地はたしかにこのようなものだと証明したからである。疑いもなく、道教の大地構造観はこのような『山海経』の影響を受けている。

漢代の道家及びのちの道教の大地構造観は、さらに鄒衍（すうえん）の学説の影響も受けている。『淮南子』地形訓は鄒衍の九州説を採用し、「天地の間に九州・八極がある」と述べている。「九州」とは海によって囲まれている大九州のことで、大地の形状は高低と起伏のある円面とする。明らかにこれは一種の科学的観点である。

『山海経』と『淮南子』の大地構造モデルは、道教徒がその先駆者のところから手に入れた遺産であるが、この基盤上に彼らは少し異なったモデルを提起した。『海内十洲記』では、中央の大陸の外の東海中に祖、瀛（えい）、生の三洲、北海中に玄、元の二洲、西海中に流、鳳麟（ほうりん）、聚窟（しゅうくつ）の三洲、そして南海中に炎、長の二洲がそれぞれあるとしている。その面積は、大きなものでは玄洲の「周囲は7200里」、小さなものでは祖洲の「周囲は500里」である。大陸との距離は、遠いものでは「西岸を去ること70万里」の瀛洲、近いものでは「西岸を去ること7万里」の祖洲。ほかにまた、扶桑、蓬莱、崑崙（こんろん）、鍾（しょう）

山などの地がある（441頁参照）。『神異経』は、東荒、東南荒、南荒、西南荒、西荒、西北荒、北荒、東北荒、中荒の9地域に分けている。その目次から判断すれば、あるいは『山海経』の海上諸島と海外大荒の補充かもしれない。

　大地の構造に対して、道教にも論述がある。『太平経』に云う、「泉は地の血、石は地の骨、良土は血の肉である」（合校本120頁）。道教徒にとって、大地は鉄の塊のような硬い土ではなく、生機と活力に溢れた生命体であり、地脈（生気の流れるルート）、地肺（地中の空洞）、地穴（地中の洞穴）、地道（地下道）といった彼ら独自の観念を持っていた。また、大地は地表上の万物、宇宙と密接に繋がっていて分離できない、と考えていた。天地は父母のようであり、万物を生長させ、生命に必要な一切のものを与える。「天は生を主宰し、父と称す。地は養を主宰し、母と称す。人は治める存在で、子と称す。子は命を天より受け、母から養を蒙る」（『太平経合校』113〜114頁）。しかし、人が私利私欲に駆られて地を損なうことを何とも思わず、大規模な土木工事を起こし、井戸を掘り鉱脈を開くのは、ダニが人のからだを損なうのと同じで、大地の血脈や筋骨は大損害を蒙る。それによって生じる悪しき結果として、人々は多病多災となり、自然災害は引きも切らず、社会の混乱は止むことがない。それゆえ、一家一国および天下の太平が永続することを願うならば、人々は人類と万物がともに生存する自然環境を大切にせねばならない。この問題について『太平経』はこう述べている。

> 地を掘れば水が得られる。水は地の血脈である。いま君のからだに穴を空けて血脈を得たなら、どうして病気にならないことがあろうか。いま計算すると1州に1億の井戸があることになるが、その広さはどれくらいになるだろうか。君は自分で精しく計測してみたらいいが、1州にそれくらいだと、天下には何億の井戸があることになるだろうか。ゆえに、人間が天地から怨恨を買っているのは明らかだ。君が自分のせいで母を病ませたなら、その苦しみは自分には耐えられないほどになるはず

だ。しかし（人間の大土木工事のために）地気が漏れた場合、それが原因で人が病むのはもっと深刻なのに、人はそういう場合には（傷められた大地という）病人を哀れまず、逆に天地への怨恨のことばを口にする。これはなんという不純さだろう。逆ではないのか。それなのに、人はただ井戸のことしか頭にない。

いま、天下に豪邸や丘陵に営まれた墓がある。また、山を穿って金石を採掘し、瓦を焼き柱を立て、むやみに溝を堀ったり、流れを塞ぎ止めたりしている。通じさせるべきなのにそうしないケースはどれほどあることだろう。泉水は流れるべきもの、通じさせるべきものなのに、それを塞いだり掘り返したりしているケースはどれほどあることだろう。泉水は通じさせるべきもので、導いてやればスムースに流れる。すなわち、天地の河川の流れに従って高きより低きへと流れさせればよい。ところが現状はそうではなく、むやみに地に穴を開けて大地を病ませ、水流を塞ぎ止めて、通じるべきなのに通じなくさせている。王の政治が調和を失うと、大地は大いに病むが、自分から病気になってとても苦しいとは云わない。しかし、大地の魂は通じないことを天に訴え、日々その訴えを止めない。かくして天・地ともに喜ばず、それゆえ太和の純気は招致しがたいのだ。　　　　　　　　　　　　　　　　　　（合校本119頁）

　これは後漢道教の大地に対する認識であって、道教がその開創当初、人間と自然環境および生態システムとの調和的関係をかなり重視していたことを充分示している。

　渾天説の理論的基礎の上に立って道教は、天地は一個の巨大な洞窟だと考えた。天空は卵の殻であり、卵黄のような大地を包んでいる。大地にはまた洞窟がたくさんあり、それは大地が呼吸するチャンネルのようなはたらきをし、また仙人が修行する福地でもあった。すなわち前述した洞天福地がそれである。各地の洞天福地の間には、道があって互いに繋がっているだけでなく、個々の洞窟内にも多くの秘められた道が通っている。これは道教の洞窟

第Ⅳ部　天文学と地理学　第三章　漢晋道教の地理学研究

観の重要な思想である。『真誥』に次のように描写されているように、句曲山は地底のチャンネルが輻輳する地下の広場であった。「句曲洞天は、東は林屋山洞天に通じ、北は岱宗（泰山）洞天に通じ、西は峨眉山洞天に通じ、南は羅浮山洞天に通じていて、それらの道はすべて大道である。その間にはほかにも小さく雑多な道が入り組んで通っており、それは1箇所に留まらない。漢の建安年間、左元放は江東にこの神山があると聞き、長江を渡って尋ねてきた。そして3ヶ月斎戒したあと山に登り、門を探して洞窟に入り、陰宮に至った。そこで三茅君から神芝3種を授けられた。元放は洞宮のなかで暮らすこと数年、宮殿の配置や結構は整然としていたという」（巻11、稽神枢第1、『道蔵』20-555）。同書にはまたこうある、「この山は洞庭の西門に当たり、太湖の苞山に通じている。それゆえ仙人がそのなかに棲んでいる」（同20-559）。また、四平山に洞室があることをこう記す、「そこは方台洞と名づけられおり、山の外から2つの洞口が見える。華陽洞天と通じていて、別宇仙館とも呼ばれており、道を得た者がここに居る」（同巻14、20-572）。方隅山については、「山の下にも洞室があり、方源館と呼ばれており、ここも2つの洞口が外から見える」（同上）。また鹿迹山があって、山には絶洞（孤立した洞）があるとして云う、「洞室の4面はすべて青白石でできており、自然の光明で照らされている」（同上）。また羅酆山については、「北方の癸地にあり、山の高さ2600里、周囲は3万里、その山の周囲1万5千里のなかに洞天がある。その上と下に鬼神の宮室があって、山上に6宮、洞中に6宮ある」と述べる（巻15、20-579）。総じて、道教から見れば、地表の下に縦横に交錯した地脈が走っており、おのおのの洞天は互いに地脈によって結ばれていて、同時にまたそれぞれが独立した地下王国なのであった。

　洞天研究のなかには、道教徒のカルスト地形に対する研究成果も含まれる。洞窟中の石鍾乳は道士たちが常用する薬剤だったので、その生成や特徴、それにその性質はかなり理解していたはずである。魏の呉普はその編集した『神農本草経』のなかで、「鍾乳は別名虚中……山谷の日当たりの悪いところに生じ、汁を垂らして乳汁のようなものを生成する。その色は黄白色

で、内部は中空になっている」と述べている（巻1、孫星衍輯本）。

　葛洪も比較的詳細に岩洞の地形やそこに産出される鍾乳石など記述している。「石芝は、芝（菌類）のような石が海際の名山に生じていたり、島の縁に石が積み重なったような形になっていたりする。その格好は肉に頭と尻尾と4足を付けたようで、生き物そっくりである。……玉脂芝は、玉を出す山に生じるが、常に断崖の危険な場所にあって、玉膏が流れ出て万年以上も経つと、凝結して芝になる。……七明・九光芝も石で、水に臨んだ高山の岩の断崖に生じる。その形は大皿のようで……7つの穴があるものを七明といい、9つの穴のあるものを九光というのは、星のように光るからである。百歩以内であれば、夜にはその光を感知でき、普通の光とは異なっていて、光が拡散するばかりで一筋に収斂しない。……石密芝は、少室山の石の戸のなかに生じる。石の戸には深い谷があって渡ることができず、石を谷に投げると、半日たってもその音が聞こえる。石の戸を離れること10余丈ばかりのところに石柱があり、その上に堰蓋石（えんがいせき）がある。その高さは1丈ほどで、遠くから望むと密芝が石戸の上から堰蓋に落ちるのが見える。しばらくすると、1滴ずつ雨後の部屋の雨漏りのように時々、落ちてくる。……石桂芝は名山の石穴中に生じ、桂樹に似ているが実は石である。高さは1尺ほどあるが、大きなものになると直径が1尺にもなる。光っていてその味は辛く、枝も出ている」。ほかにもまだ、石中黄子、石脳芝、石硫黄、石硫丹などがあって、「みな崖や岸辺を浸食するように生じていて，その湿潤なものは丸薬にできる、硬くなっているものは粉にして服用できる。このようなものが120ほどあるが、すべて石芝である」と述べられている（以上『抱朴子』仙薬篇、197～199頁）。道士はこれらを食して長生を求めたのであった。

　道教徒は地理現象を描くのと同時に、その変化の法則も追求した。大地の形状は以前からこのようであったのか、変化は生じなかったのか、生じたとしたらどういう変化であったのか。西周後期以来、中国の文人や学者は一般に大地変化説に傾斜していた。西周末期、漢中一帯は激烈な地震に襲われ、百川が沸騰し、山や墓が崩壊した。『詩経』小雅・十月之交に、「高い岸は谷

となり、深い谷は丘になった」とあり、『易経』謙卦・彖伝ではそれらを概括して、「地の道は、満ちたるものを変えて謙ったものに与える」としている。ほかに、『山海経』北山経には、精衛という鳥が木と石を銜えて海を埋めようとした神話が記載され、『列子』湯問篇には90歳の愚公が独力で山を移す話がみえる。ここから、地形の変化現象を認識したあと、人力または神力の助けを借りてそれを人間に有利なものに変えようとする企てを見て取ることができる。『荘子』胠篋篇に「川の水が尽き、谷が虚となり、丘は平たく淵はいっぱいになる」とあるのは、河川が谷となったことと、山が流水の浸食を受け、その山の土が低地に堆積して山が平地になってゆくプロセスを認識していたことを示している。焦延寿の『易林』巻1の屯卦に、山が崩れ谷がなくなったあと、「涇水と渭水が秩序を失う」とあって、河道が泥で塞がったことを述べる。また巻5の観卦に云う、「山は沈み丘が浮上し、陸は魚のすみかとなり、燕や雀は巣をなくし、人民は家を失う」。巻9の遯卦に云う、「海は老いて水が干上がり、魚や亀の類は一掃され、水気がなくなってただ砂と石だけが残る」。あとの2例は陸地が水域になり、蒼海が陸に転変しうることを云う。

　道教が創成されたあとも、地理の変化に対する考察は充分重視された。葛洪の『神仙伝』には、海底が上昇して陸地になる法則が明快に説かれている。「麻姑は云った、お会いしてから、東海が3度桑田になるのを見てきました。以前、蓬莱に行った時、水は前に会った時よりほぼ半分の浅さになっていました。また桑田の陸に戻るのでしょうか。方平が笑って云う、聖人はみな云っている、海中を行くと塵が舞い上がると」。これは、中国東部の沿海岸地区のある地域の海と陸とが互いに転化する事実が道教徒によって発見され、それに神話的要素が加味されたことを物語っている。唐の顔真卿はこの説を継承し、世人に納得してもらうために自分が発見した地質資料を加えてこう証言する、「東北に石城観があるが、高所の石に螺蚌の貝殻がまだ残っている。これは桑田の変化の跡かもしれない」(『顔魯公文集』巻13、撫州南城麻姑山仙壇記)。ここでは、蒼海が桑田に変化したあと、地層が継続的に

変化して山丘を形成した事実が認識されている。

　地理探索の実践中、道教徒は『山海経』の地理的価値に気づき、これに注釈を加えて宣揚した。『山海経』は古代の巫師が地理、歴史、伝説と神話、およびその他の知識を集成した結晶である。怪力乱神を描写すると同時に、各地の山川や物産を記述している。そのなかの「五蔵山経」のパートは、一層高度な地学的価値を具えている。人文思潮の発展につれて荒唐無稽の作品と見なされしばしば非難され、司馬遷や譙周（しょうしゅう）（三国時代の蜀の学者）などの著名な歴史家からも攻撃された。晋代の道教学者・郭璞（かくはく）は、『山海経』の偏りをつとめて糾（ただ）そうとした。彼は「その山川の名称と所在地に誤りが多く、今と異なっていて、師から弟子へと伝承されず、このままでは滅んでしまう」ことに感じるところがあり、この夏后氏の痕跡を伝える「奇言」を後世に伝達することにしたという（「注山海経序」）。彼の努力は『山海経』を読み易くし、散佚から免れさせただけでなく、その地理学上の地位を回復させることになった。『山海経』は班固の『漢書』芸文志では「術数略」に分類され、「形法書」と見なされているが、『隋書』経籍志になって、史部地理類に編入された。形法から地理に分類されたのには、疑いもなく郭璞の活躍と関係がある。これ以降、「小説」や巫書と見なされることもあったが、その地理学上の地位は終始揺らぐことはなかった。

　『山海経』の「五蔵三経」は、北は蒙古高原から始まり、南は南海に至り、東は海に沿い、西は新疆の東南に達する山河の大勢を描写している。そのなかには、26脈もの山岳の位置、高さ、山脈の方向、険阻の様子、形状、谷、面積、山と山との関係、そして海と黄河、淮水、長江などの水系を中心とする300もの河川と湖沼、そこに分布する動植物と鉱物などが含まれている。道教徒はこの基礎の上に立って、中国の大地を研究し描写し、論述を継続していった。彼らは山岳地帯を活動の場所としていたので、初期道教の地理学の著作の大部分は山岳を描いている。たとえば以下である。『金華山経』『荊山記』『五岳真形図』、呉の徐霊期『南岳記』、前秦の王嘉『名山記』、南朝宋の王韶之『神境記』、南斉の宗測『衡山記』『廬山記』、梁の陶弘景『尋山

記』。

　こうした山記は図経や地方誌へ発展していったが、山岳地帯は依然として道教徒の記述対象であり続けた。そうした唐宋以降の図経や地方誌として以下がある。唐の木玄虚撰、賀知章注『四明山図』、唐の徐霊府『天台山記』、李沖昭『南岳小録』、宋の鄒師正『羅浮指掌図記』、王胄『羅浮志』、倪守約『金華赤松山志』、李宗諤『龍端観禹穴陰陽洞天図経』、金の王処一『西学華山志』、元の鄧牧『洞宵図志』、張天雨『茅山志』（旧題：劉大彬）、曽堅と危素編『四明銅天丹山図絵咏集』、明の陳蓮『羅浮志』など。

　以上、本章で述べたことは、道教の漢晋時代の地理学・地学領域における成果であった。それらは、程度の差はあっても中国地理学に対して貢献した事実は認めなければならない。

第 V 部

物理学と技術

仙槎、牛宿を犯す

小序

　物理学は、物質の基本構造とその運動法則を研究する科学である。物理学の基本理論の形成と研究対象の確定とは、16世紀から19世紀にかけてのことであった。時間と空間の基本的性格、マクロな物体の機械運動、音の形成と伝播、熱の本質と伝導、電磁現象、そして光の認識などは、物理学研究の基本的な内容である。

　古代ギリシャのアリストテレスが著した『物理学』には、時間と空間と運動形式などの、現代から見れば物理学に属する内容のほかに、物理学とは見なされないものも含まれている。ここから、古代ギリシャ人が云う物理学は、その研究内容において現代物理学がカバーする領域よりも広く、万物の道理を探究する学問であったということができる。

　中国の旧時代の科学文化のなかには、学問分類からいって現代科学でいう物理学に相当する学問は存在しなかった。中国では古代から〈物理〉という語は使われていたが、それは万物の道理という意味であって、事物の基本的な性質、道理ないし法則を指していた。アリストテレスとほぼ同時期に生きていた荘子およびその学派は、『荘子』のなかで「万物の理」という概念を提起している。これが〈物理〉という語の源流である。

　『荘子』知北遊篇にこうある。「天地は大いなる美を持ちながらそれを吹聴せず、四季は明らかな法則を持ちながらそれについてあれこれ云わず、万物は完成された道理を持ちながらそれを口にしない。聖人は天地の美を尋ねて万物の理を把握する」。また、『荘子』天下篇でも、「内聖外王」に到達しようと思えば、「天地の美を判別し、万物の理を分析し、古人の全体を察識する」とあり、『荘子』秋水篇にも、「大義の方途を語り万物の理を論じる」と云う。これらは、戦国時代の人々はすでに、天地の運行、四季の交代、万物の盛衰には一定の道理があると認識していたことを示している。『荘子』則陽篇に「万物は理を異にしている」とあるのは、個々の事物が具えている道

理はそれぞれ違っていることを述べるものである。まさしく、万物はみな道理を具備し、そしてその道理は互いに異なっているがゆえに、事物を認識するためには「万物の理を把握」して「万物の理を分析」する必要があるのである。

このような基盤上に立って荀子は、「知るのは人間の本性であり、知ることができるのは物の理である」と述べた（『荀子』解弊篇）。つまり、人間は事物を認識する能力があり、事物はそれ自身、道理があることによって認識されるのである。事物を認識するというのは、そのなかにある〈物理〉を認識することにほかならない。そういうわけで、荘子を代表とする道家学派は、万物の理を取り上げ論述することで、中国古代の〈物理〉という概念の基礎を確立したのである。これ以後、中国古代科学文化で説かれる〈物理〉は万物の理を指し、また〈大物理〉とも呼ばれた。それは古代ギリシャの物理概念に似ていて、近代物理のそれとは異なっている。

さて、中国の旧時代には少なくとも〈物理〉の名の付いた著作が三部存在する。これらの内容から旧時代における〈物理〉の研究範囲を見出すことができる。

1つは晋代の楊泉の『物理論』で、『隋書』経籍志では16篇として著録するが、すでに散佚している。しかし唐代以来、しばしば引用され、清の孫星衍、黄奭、王仁俊に輯佚本（しゅういっぽん）（失なわれた文章を拾い集めて復元したテクスト）があるが、王仁俊のものが最も優れている。内容は天文、暦法、地理、気象、農学、医学、手工業、工芸に及ぶ。本書は、当時到達し得た理論の水準から自然界の各種の事物の本質、すなわち自然の理を解釈しようと努めており、自然哲学に相当し、大物理のカテゴリに属するはずである。

2つ目は明代の王宣（虚舟）が著した『物理所』である。「物理所」というのは、物理の道を意味する。惜しいことに本書もすでに失われてしまった。ただ、その学生であった方以智の『物理小識』に次のように引用されている。「虚舟子が云う、道は在と不在を超えたものである。天には日月や歳時があり、地には山川や草木があり、人には五官や八竅（きょう）（あな）がある。その

第Ⅴ部　物理学と技術　小序

至って虚なるものは同時に至って実なるものである。天地は一物であり、心は一物である。ただ、心は天地万物に通じ、その元を知ればその本性を尽くすことができる」（『物理小識』巻1）。ここから、王宣の『物理所』は〈物理〉の道を論じたものであり、やはり〈大物理〉のカテゴリに属していることが分かる。

　3つ目は方以智の『物理小識』である。本書は旧時代の〈物理〉をタイトルとする著作のなかでは最大のもので、全12巻、天文、律暦、風雨、雷電、地学、占候（天体・気象の観測）、人身、医学、薬学、飲食、衣服、金石、器用（道具）、草木、鳥獣、鬼神、方術、異事（不思議な現象）などの部門より成る。その〈物理〉は天地万物の理を意味するはずであり、自然科学と技術を包括し、基本観念上、哲学にも関係しているから、旧時代の小百科形式の自然科学と技術の著作と見なすことができるし、また、旧時代の物理知識を綜合し集大成した、典型的な大物理ないし広義の物理学の書とも云いうる。

　方以智の父・方孔炤（ほうこうしょう）は、旧時代の中国における科学と文化の研究対象とその分類を考究して、こう述べている。「聖人は天地を観察し、万物を俯瞰（ふかん）し、律暦を推算し、制度を定め、礼楽を起こす。そうすることで民の暮らしを向上させ、万物を満足させる。これはすべて〈物理〉なのだ」。彼はまたこうも云う、「道理、経世済民、文章、律暦、性命、物理——これらを論述するのはそれぞれ専門の学問であるが、なかでも〈物理〉はそれら一切に内在している。そして易（えき）は象数と幾（きざし）を知ることで物理を窮め至るから、性命・生死・鬼神も一大物理にほかならない」（『物理小識』巻首総論）。これは旧時代中国の〈大物理〉に対する定義と云いうる。要するに方孔炤は、専門の学問としての〈物理〉のほかに、いっそう範囲の広大な〈大物理〉があると云うのである。『荘子』に云う「万物の理」にほかならない。『荘子』は万物の理の論述において、中国の伝統科学文化中の〈物理〉概念の先駆となり、古代科学の認識活動に対して広範かつ持続的な影響を及ぼし、中国古代科学史と物理学史のなかに重要な位置を占めている。このことは、中国古代科学の認識に対する道家の貢献と云いうる。

たとえ昔の中国人の云う〈物理〉が万物の理を意味し、その内容は自然科学の各分野に及んでいるとはいえ、我々が旧時代の科学認識の成果を検討する際、やはり近現代の物理学という物差しでそれらを評価せねばならない。というのも、そのようにすると現代の科学分類と一致するだけでなく、西欧の関連する認識と比較するのに都合がよいからである。旧時代の中国物理学史の研究がそのように行なわれる以上、道家と道教が物理学の認識という領域で成し遂げた貢献もまたそのようにして評価されるべきなのである。

　漢魏両晋時代とそれ以前に物理学の領域で挙げられた認識の主要な成果は、『老子』『荘子』『淮南子(えなんじ)』『淮南万畢術(わいなんまんひつじゅつ)』『列子』などの道家経典、それに『墨子』『管子』『考工記』『呂氏春秋』『論衡』などの典籍中に記載されている。これらの道家経典中の豊富な科学技術の史料は、春秋末期の老子の時代から漢魏両晋時代に至る800年間に、道家と道教の徒が物理の認識の領域でひとまとまりの重要な貢献を成し遂げ、多くの開拓的な成果を挙げたことを示している。

第一章　時間と空間に対する認識

　時間と空間は一貫して物理学研究の基本的内容のひとつであった。時間とは何か。空間とは何か。それらはどういう性質を持っているのか。こういった問題は旧時代の人々の探究の対象であっただけでなく、現代物理学においても研究課題であり続けている。旧時代の中国において、時間と空間の初期の認識過程で、道家は果たすべき貢献をした。

第一節　時間と空間の定義

　万事万物はすべて時間と空間の運動変化のうちに存在しており、人々は毎時毎刻、時間が流れ去っていて、事物は運動のなかにあるのを感じている。古人からすれば、こうした経験から時間と空間の概念を抽出するのは容易なことではなかったはずである。しかし春秋戦国時代、管子とその学派は最も早く事物の空間的性質の探究を行なっている。『管子』宙合篇に云う、「天地は万物の橐（ふくろ）である。〈宙合〉には天地を橐に入れるという意味がある。天地は万物を包んでいる。ゆえに天地は万物の〈橐〉という。……〈宙合〉というのは、上は天の上まで通じ、下は地の下まで達し、外は四海の外まで出て、天地を包括してひと包みにすることである。これを広げて行けば無限に至り、山などと名付けることもできない。これを大きくすればそれ以上の外がなく、小さくすればそれ以下の内がない。ゆえに〈天地を橐に入れる〉と云うのである」。この一段では最初の空間概念である「宙合」が提起されている。これは天地万物の居場所というほどの意味で、一切を包括し、どこにでも存在する。現代の科学史学界では多くの場合、この「宙」を時間、「合」を空間と解釈し、これは中国で最も早い時空一体観だとしている。古代文化にあっては、「宙」は①棟（むね）と梁（はり）、②天空、③時間、という3義を含むが、『管子』宙合篇のこの「宙」は空間を指すとすべきで、そのように理

解することで道理は通じてその本義と合致する。

　『管子』はただ空間概念を論じて、時間は論じるには至っていない。実際、時間は空間に比べて抽象度が高く、認識しにくい。『荘子』庚桑楚篇では、時間と空間に対して明確な定義を与えている。「どこから出てきたのか、その出てきた根っこがない。どこに入って行くのか、入る隙間がない。実体はあっても場所がないのが〈宇〉、長さがあって始めと終わりがないのが〈宙〉だ」。実在しているが場所的な限定がなく、無限大であってどこにでも存在するのが〈宇〉——つまり空間である。無限に長久であって始めと終わりがなく、昔から今に至るのが〈宙〉——すなわち時間だというのである。

　中国古代に比較的広まったのが『尸子』の次の定義である。「上下四方を〈宇〉といい、往古来今を〈宙〉という」。ここでは明確に空間が3次元を具え、時間が1次元の1方向性を具えていることが指摘されている。このような定義は簡明であり、さらに人間の直感的認識に符合していたから、古人に広く受け入れられたのである。

　『尸子』は戦国時代の尸佼の作であるが、原書はつとに散佚し、いま見ることができるのは後人の輯佚本である。ただ、完全な輯佚ではなく、また竄入された説もある。であるから、上述の〈宇宙〉の定義も、尸佼の説か、後人のものなのか、今となっては追究しがたい。

　戦国後期の墨家の作品である『墨経』（『墨子』のこと）では、「久宇」という語で時間と空間が表現されている。『墨子』経上篇に「久とは別の時間も包括すること、宇とは別の場所も包括すること」とあるのに対して、『墨子』経説上篇は、「久とは古今旦暮、宇とは東西南北」と解説している。墨家の時空の定義は、時間と空間にはそれぞれ差異があることを明らかにした。

　このように先秦の思想家の時空の定義にはそれぞれ特徴がある。『荘子』は空間の普遍性と時間の無限性を強調して、時空の本質的な提示において他の定義より一段と深みがある。

第二節　時空の無限性

　時間と空間は有限か、無限か。

　老子は、「混沌としたモノが天地に先立って生じる。音もなく形もないそれは何物にも依存せず、自分のあり方を変えようとせず、あまねく働きわたって疲れを知らない。そのモノは、天地万物を産む母となりうる」とある（『老子』第25章）。これによれば、宇宙には端緒があり始まりがあり、時間論から云えば起点というものが存在することになる。この立場は『淮南子』に継承される。「道は虚霩(きょかく)に始まり、虚霩は宇宙を生む」（天文訓）。

　一方、荘子はそれとは逆に、時間には「長さがあって始めと終わりがない」と云う。論理的に云えば、時間に起点を認め、宇宙に始まりを設定すれば、矛盾が生じることになる。そこで荘子は「〈始〉ということがある……」と述べたのである（403頁）。というのも、宇宙に始まりを設定すれば、その始まりの前にも始まりの……と、始まり探しに際限がなくなってくるからである。そういうわけで、論理的には宇宙には始まりがないとせざる得ない。後漢の張衡も「宙（無限の時間）の端は窮まりがない」（『霊憲』）と云い、南宋の朱熹も「四方上下を宇といい、古今往来を宙という。宇より大きなものはないし、宙より長久なものはない」と述べたのであった（『朱子語類』巻94、中華書局版2370頁）。

　このように、道家には有限論者も無限論者もいたが、これまでの科学史・哲学史学界では無限論の方を高く評価する傾向があった。しかし、現代のアインシュタインの相対性理論を基礎とする宇宙論では、宇宙はビッグバンから始まったとする宇宙論が有力になっているものの、結局のところ、時間の始まりの有無についてはなお未解決の問題として残されている。

　空間に関して、大多数の古代中国の思想家は、巨視的にも微視的にも無限と考えていた。たとえば『管子』に、「大きく広げれば外部というものがなく、小さく縮小すれば内部というものがない」と述べられている。紀元前4世紀の恵施(けいし)はより明確に、「至大なるものには外がない。これを大一という。

至小なるものには内がない。これを小一という」と云った(『荘子』天下篇)。こういう空間無限論は古代ギリシャ人の観点とは異なっている。彼らは大なる空間は有限だと考えていたが、小なる空間については有限とも無限とも明確に論述していない。ギリシャの原子論者は、宇宙万物は原子と虚空から構成されており、一定の大きさをもつ原子は物質の基本単位であり、それ以上分割できない最小の物質的粒子と考えていたから、原子が占有する空間は最小の空間ということになる。こういう観点からすれば、西洋のある種の古代思想家は小なる空間もまた有限だと考えていたと云いうる。一方中国では、上引のように「至小なるものには内がない」というテーゼだけでなく、さらに「1尺のムチを毎日半分ずつ分割していっても、ムチは永遠になくならない」(『荘子』天下篇)というテーゼが提起された。つまり、古人は物質は無限に分割できて最小の物は存在しないと考えていただけでなく、物質が占めるそれ相応の空間も無限に分割できて極限がないと認識していたのである。現代の我々は、空間の無限性というとどうしても宇宙空間の無限性を考えてしまうが、中国古代では逆方向の小空間についても無限思想が存在したのであり、これは現代科学に対して啓発的な意味がある。

『列子』湯問篇には、対話方式による、時間と空間の無限性を巡る議論が掲載されている。宇宙の有限・無限について問う殷の湯王の問に対して、夏革はこのように答える。「無であれば極まりがなく、有であっても尽きることがない。何故かと云うに、極まりがないさらにその外に極まりがないということはあり得ないし、尽きることがないさらにその中に尽きることがないということはあり得ない。極まりがなければ、もはや極まりがないことはあり得ず、尽きることがなければ、もはや尽きることがないことはあり得ない。そういうわけで私は、極まりがなく尽きることはないことは分かっても、極まりがあり尽きることがあるのは分からない」。ここでいう「無極」や「無尽」というのは無限性を表している。夏革はその「無極」と「無尽」から推論していって、空間には際限がなく、事物には尽きることがないことを認識した。『列子』の時空無限論は論理的な分析を通して論証されたもの

であり、一定の説得力があり、作者の時空の無限に対する認識の深化が反映されている。

第三節　時間の流動性に対する認識

　事物は運動という形式で存在していて、その運動は時間・空間のなかでなされるから、時空は事物の運動の条件でありその計量の基準である——これが現代科学の考え方である。ここから、時間が客観的に存在すること、一方向へ流れてゆくこと、連続していて均質であること、といった基本的な時間論が出てくる。中国古代では、西洋古代の哲人とは異なった時間論が考えられており、特に道家は特有の時間論をもっていた。

　孔子は流れる川を見て、「逝くものはかくの如きか、昼夜を舎かず」と云ったが(『論語』子罕篇)、『荘子』にはさらに深い認識が表明されている。たとえば、「年は遡れず、時は止められない」(秋水篇)、「春夏が先に来て、秋冬がそれに遅れるのは四季の順序である」(天道篇)などがそれである。時間が流れてゆくというのは誰しも感じることであるが、『荘子』ではそれが理論的認識にまで高められている。

　『淮南子』原道訓には、時間の性質に関する重要な記述がある。「時間は常なく動き、そこにポーズを差し込む隙間もない。先に行くと早すぎるし、遅れると追いつけない。太陽は回転し月は巡り、時間は人と一緒に動いてくれない。だから聖人は1尺の宝玉を貴ばず、1寸の光陰を重んじるのだ。時間は得がたく失いやすい」。ここで「ポーズを差し込む隙間もない(間に息を容れず)」とあるのは時間の流れが連続していることを云う。例の孔子の「逝くものは……」にもこのような含意があったのかもしれない。「先に行くと……」は、時間は完全に自己固有の規則に従って流れて行き、こちらが早く行くと時間はまだ来ていないし、遅れて行くとすでに過ぎ去っているという、時間の流れる早さが均質なことを意味している。「太陽は回転し……」は、時間は客観的なもので、人間の意識の外に独立して運行することを説明

している。事物の変化には緩急の違いがあっても時間にはそれがない。まさにこうした時間の流れの均質性と客観性に依拠してこそ、人間は事物の運動変化の緩急を測定し、そこから事物の運動の非均質性を導き出しうるのである。

　このように時間の流れは均質で客観的であっても、人間の心理のありさまは不同であるから、同じ時間であってもその受け止め方にはしばしば緩急の違いが生まれる。これは現代の時間心理学と時間保健医学の研究対象になるが、この方面に関しては漢代の淮南学派に精彩ある記述が残されている。「牢獄に囚われている者には1日が長く感じられ、死刑を宣告されている者に逆に短く感じられる。日の長短には一定の度数があるのに、ある場合には短く、ある場合には長いのは、〈中〉が均等でないからだ」(『淮南子』説山訓)。ここでいう〈中〉は、人間の主観的感受性を代表する心を指している。『淮南子』のこの記述は、時間の客観的な流れと、人間の時間に対する主観的感覚の不確定性とを明確に区別しており、道家の時間概念に対する認識の深化がうかがわれる。

第四節　時間の計測法の改革

　旧時代の中国で時間を計測する際には漏刻（ろうこく）（水の流れを利用した古代の計時器）を使った。漢魏時代には道教の煉丹術が流行し、道士たちは内丹と外丹の修錬の過程において正確に時間を把握する必要があったので、正確な計時の方法の改革に関心が向かい、計時技術の発展に一定の貢献を果たした。

　漏刻は道士の修錬において重要な役割を担っていた。煉丹では火加減の時間的調節が重視される。外丹術について云えば、丹薬の煉成時間の比較的正確な把握が求められ、たとえば「刻漏は修真の要妙」などと云われるように、道士たちは漏刻の制作と使用を重視した（『還丹秘訣養赤子神方』、『道蔵』4-332）。

　中国ではほぼ殷代から一昼夜の時間は100刻で表示されたが、これが漏刻

による計時の特徴である。100刻の制定は計時の精度を向上させたが、秦漢時代になると1昼夜を12時辰に分割するようになった。ただ、100は12の整数倍ではないので、100刻制と12時辰制とをうまく組み合わせることができず、12時辰制と合うような漏刻制の改革が求められた。漢代、原始道経『天官暦包元太平経』の信奉者たちは、前漢の哀帝に改元して受命を更新するように勧めたが、その際の重要な内容として漏刻の設定を100刻制から120刻制に改革するということが含まれていた。これが中国漏刻史上、最初に提起された120刻制である。

これは、災異思想とそれに基づいて形成された初期道教との共同作業の結果であった。董仲舒の『春秋繁露』にこのように述べられている。「天地間の災異現象はすべて国政の誤りに起因する。その誤りがまだ萌芽段階であれば、天は災害を起こして譴告(けんこく)する。為政者がその譴告に気づかなければ、天は今度は怪異現象を起こして驚かせる。しかし、驚くだけで畏れを知らないと、恐ろしい災厄がやって来る。ここから、天意は仁であって、人間を陥れるものではないことが分かる」(必仁且智第30)。初期道教は、もし天帝の意志に沿うことができなければ、五行と四季に錯乱が生じ、地上の人民に禍が降りかかってくると考えていた。当時の道教徒たちは、これは上天の「垂象」(目に見える現象として垂示する)であるから、人間はそれに聴き従ってこそ災難は解除されると信じていたのである。

『太平経』では漏刻の重要性が認識されており、「天神地祇を祀る際、役人に漏刻を周知させる。もし時刻を誤てば、その罪はひとつに留まらない」と述べられている(合校本213頁)。この記述から、初期道教では漏刻にミスがあれば天地と交流するタイミングが失われると考えられていたことが分かる。ここには明らかに一種の宇宙論が含まれている。すなわち、宇宙間における人間の位次は宇宙の時間秩序によって決定されるというものである。この時間秩序は、計時装置の精度を向上させることによって正確に把握されねばならない。もしもそれが満足に行なわれなかった場合、道教の方術の助けを借りるしかなく、「天地の使者」の身分を具えた道士によって天地と人間

との交流がなされ、そこでようやくこの危機を回避し得るのである。

上のことから、計時制度改革の目的が、上天の意志に合致した方法を使って、常に天地の変化する規則を把握し、それに随従することにあったのが分かる。もしそれができなければ、人間の行動と天地の節気（いわゆる「天心」）とが乖離し、両者間の正常な交流が果たされなくなり、上天は地上の人間の心意を受け止められず、天心もまた地上の人間の受け止めるところとならず、天・人の交流が断絶し、その結果、上天は災異を降して地上の人間に警告するという事態を招くことになる。

漢の哀帝は、災異が頻発し盗賊が横行する漢王朝の国運を救い「天心」に応えるために、初期道教徒・夏賀良らの建議を受け入れ、「漏刻は120を度とする」と宣布した（『漢書』李尋伝）。しかしこの漏刻の改革は、保守派の猛反対に遭い、「経典と古（いにしえ）に背いて時宜に合わず……道に反して衆を惑わす」として撤廃され、建議した者は殺された（『漢書』哀帝紀）。

この120の漏刻制度はのちに王莽によって採納された。王莽は、漢王朝が直面する問題の根本は天地の厄会（災厄の巡り合わせ）に遭遇したところにあると考え、この厄会を解消するために初期道経『天官暦包元太平経』の思想とその信奉者の意見を受け入れた。居摂3年（西暦8）、11月甲子、王莽は太后への上奏文のなかで「居摂3年をもって初始元年とし、漏刻は120度をもって度として天命に応じられよ」と述べた（『漢書』王莽伝上）。かくして王莽は、初期道教徒の主張に従って120の漏刻制を実行したのであった。しかし、これは彼の統治期間中に限られ、新王朝が転覆するや、もとの100刻制にもどされた。

研究者は、「100は12の倍数ではないので百刻制は12辰とぴたりと合わず、120刻制の方が比較的すぐれた方法と云いうる」と指摘している（祝亜平『道教文化与科学』、49頁）。漢代の道教思想家は120刻制を提唱し、こちらの方がいっそう正確で合理的な計時法だと考えていたが、その目的は、時宜を失い天・人が断絶することによって生じる、災異や劫難（ごうなん）という天の懲罰を回避することにあった。つまり、初期道教徒が天文・暦数と時間を正確に把

握しようとした背後には救世論的な宗教的原動力が潜んでいたのである。

第二章　力学知識

　力学は、物体の運動の様態とそこに加えられる力（受力）との関係を研究するので、時間、空間、運動の形式、原因、本質、加えられる力の分析、静力平衡（下に向かう力と上に向かう力とが拮抗している状態）、浮力現象、テコの原理の応用等々、多方面にわたる。こうした事柄に関わることは道家の典籍に記載され反映されている。長期にわたる生活実践と科学認識の活動において、道家は自己の観察と思考、あるいは別人の認識を総括することで、ひとまとまりの力学知識を提起した。そのなかには、現代科学の認識活動に対しても一定の啓発的意義を持っているものもある。

第一節　物体の運動現象に対する認識

　運動は、物質の存在形式としては最も普遍的な自然現象である。中国の古人は長期にわたる生活実践と科学認識の活動を通して、価値ある観点を作り上げた。
　運動概念には広義と狭義の区別がある。前者は多くの場合、空間の位置の移動を指し、後者はそれだけでなく、事物の性質の変化、数量の増減、さらに生成と消滅といった変化発展の過程も含んでいる。中国の古人が説く運動はこの広義の運動概念であった。しかし、物理学の云うそれは物体の機械的な運動を指している。
　孔子は河水の奔流を見て「昼夜を舎かず」と過ぎ行く時間に感嘆し、老子は事物の生滅変化を見て万物は「根に帰り命に復る」と運動の法則を総括し（『老子』第16章）、戦国期の恵施は「日が南中した時はまさに傾いた時であり、物が生まれた時はまさに死去する時である」という、有名な命題によって万物が瞬時に万変することを論証し（『荘子』天下篇）、荘子は自然万物は「生まれるや、駆けるがごとく馳せるがごとく、動くたびに変化し、時間は

不断に過ぎて行く」ことを強調した。こうした記述は、物質の運動の絶対性に対する春秋戦国時代における初歩的な認識を反映している。

物質の運動は絶対的であるが、運動に対する観察と描写は相対的なものである。この問題に対して晋代の葛洪は、「西に流れる雲を見て、月は東に運行していると思う」という表現を通して、真象と仮象とを区別する必要があるとする（『抱朴子』塞難篇、140頁）。彼の運動現象に対する観察はかなり深いと云わねばならない。

晋代の天文学者・束晳（そくせき）は動く船と流れる雲の運動を記述して、「動く雲を通して月を見ると、日月は常に動いて雲は動かない。船に乗って川を渡ると、水は流れて船は動かない」と述べている（『隋書』天文志）。船が水上を行く時、実際には船は動いているのだが、船から事物を眺めると、船は止まって水が流れているという感覚に襲われる。この観察と描写は正しく、これに類した記述はほかにも少なくない。

ひとつの物体が機械的な運動をしている時、どのようにしてその運動の過程を分析するのか、それを実現するには深い弁証法的な認識が必要である。『荘子』天下篇には、「猛スピードで飛んでいる矢には、進みもせず、止まってもいない時間というものがある」という、機械的運動の本質を提示した命題が記されている。飛ぶ矢は毎刻、必ずある位置を占めていると同時に、次なる位置への過渡的な状態にあり、それは同一瞬間のことである。飛ぶ矢は同じ場所にあると同時に違った場所にあり、動でありまた不動である。この矛盾が連続して生じ、そして同時に解消される過程が飛ぶ矢の運動過程にほかならない。それゆえ、飛ぶ矢には「進みもせず、止まってもいない時間というものがある」と云われるのである。矢の飛行がこのようであるのであれば、あらゆる物体の機械的運動はそのようであらざるはない。機械的運動の本質を喝破した『荘子』のこの命題は、同時にまた、重要な科学的認識を具備している。古代ギリシャのアリストテレスはその著『物理学』のなかで、『荘子』のこの命題とよく似た結論を提出している。すなわち、「事物が運動している時にはいつでも、一方でまさにそこにあると同時に、また一方で変

化に向かう状態下にもある」。中国と西洋とは同じ時期に、運動の本質に対してほぼ同じ水準に到達していたのである。

『荘子』天下篇には恵施が提出した「歴物十事」が記載されているが、そのなかの1命題に、「今日、越(えつ)に行って昨日、到着する（今日適越而昔来）」というのがある（これは秋水篇にもみえる）。この常識とは背反する論題に対して、司馬彪(しばひょう)や成玄英などの注釈者は多くの場合、「あの日はこの日と同じ」とか「昔もなく今もない」といった相対主義の観点から解釈を加えているが、そのような論理では読者を納得させるのはむずかしい。また、近現代では多くの人が、原文の「適」（行く）と「来」（至る）の文字が誤っているとして、そこからこの論題は「今日越に着いたのは昨日出発したからだ」という意味だと解釈している。そういうことだと、この論題は日常レベルの常識になり弁論ではなくなってしまい、原文の本義とまったく背反してくる。また、地球の自転による異なった場所の時差という観点を導入して解釈し、「地球の自転の速度を超えて西に行けば、必ず、東を10時に発つと西には逆に9時に着く、という現象が生まれる」とする人もいる（莫紹揆「羅輯学的興起」『百科知識』1982-7）。また、現代物理学から出発して、「実は恵施の命題は、人間が時間を逆走して過去に向かい、時空図上では甲地から出発して逆時間世界線に沿って昔の越に到着することもあり得ることを意味している」と述べ、この1命題は恵施がすでに2千年前の昔に提起した時間遡行(そこう)の預言だとする解釈もある（劉遼「『今日適越而昔来』新解」『自然弁証法通訊』1975-5）。以上の解釈のほかに、現代相対物理学の観点から、恵施の命題は超高速運動下に置かれた物体の結果と符合するとする説もある。20世紀の60年代、アインシュタインの狭義の相対性理論の基礎上に築かれたタキオン理論（光速を超えた粒子を想定）によれば、物体の運動速度が真空中の光速を超えた時、「今日、越に行って昨日、到着する」ことが正常な現象になるという。

当然のことながら、これらの説はすべて「今を以て古を解く」ことであり、現代科学の認識水準によって2千年前の命題を解釈している。恵施の命題は上述した現代科学の内容を含有していると見なす理由はないとはいえ、

中国の古人が提起した思想や考えは、現代科学の認識活動が参考にする一定の価値を今なお持っていると云うことができる。

第二節　力と運動

　宇宙と万物はなにゆえに運動するのか。これは古人がずっと答えを求め続けた問題であった。荘子はこのように明確に提起している。「天は動いているのか。地はじっとしているのか。日月は場所の取り合いをしているのか。誰が宇宙を主宰し、誰がそれを繋ぎ止めているのか。自分は何もせずそれを推進しているのは誰か。あるいは何か仕掛けがあってやむなく動いているのか。あるいは、ひとりでに動いて自分では止めようがないのか」（『荘子』天運篇）。

　機械的運動現象については、古人は多くの場合、外からの力によってその運動の原因を説明した。『荘子』天下篇に云う、「（物は）推してから動き、引いてから行く」と。これはアリストテレスが力のはたらきによって物体の運動を説明するのと似ている。

　重い物を持ち上げるためには、物体に一定量の力を加える必要がある。一人の人間では力に限界があるので、大きく重い物を運ぶには数人が協力して同時に力を合わせねばならない。このことは古代の生産活動では普通に行なわれた現象であるが、しかし「合力」という概念は明代の茅元儀の『武備志』に至ってようやく現れるものである。それ以前は『淮南子』が「積力によって何でも持ち上げうる」と、「積力」という語を使って最も早く合力行為を説明している（主術訓）。これは多くの経験的事実から得られた理論的総括である。

　物体の重心の位置と平衡との関係もまた、生産活動中、常に遭遇する問題であった。物体の重心は、地面から離れて高くなればなるほど安定を欠き、転覆しやすくなる。『淮南子』の作者は、このような現象を分析してこう結論づける。「下が軽く上が重いと転覆しやすい」（説山訓）。これは力学の原

理と一致していて大変正しい。

　物体上に加えられた力が生み出す効果と、力を加える位置とは関係がある。同じ力が物体の異なった位置に作用すれば、発生する効果は違ったものになる。このことは漢代の淮南道家学派によって認識されていた。『淮南子』主術訓にこうある。「勢いのポイントを押さえると、とても小さなものでもとても大きなものを制御しうる。十抱えの巨木は千鈞の家屋を支えるが、しかし5寸の鍵でも門の開閉を支配しうる。材の大小ではなく、要所を押さえているかどうかの問題なのだ」。このような観点は、素朴なサイバネティックス思想を含んでいるだけでなく、力の作用点が不同だとその効果も異なってくるという初歩的な認識も含まれている。

　中国古代では、習慣的に〈勢〉という概念を使っていくつかの力学現象が説明された。『荀子』に云う、「国士無双の力があっても、自分のからだは持ち上げられない。力がないのではなく、勢いとして不可能なのだ」（王道篇）。『韓非子』にも同じように、「烏獲（秦の怪力の士）にとって千鈞は軽いが自分の身は重い。これは勢いとして不便だからだ」とある（観行篇）。これらの〈勢〉は結局何を意味するのか、これは難題ではあるが、現代物理学では内力（内側にはたらく力）は作用のしようがないとされる。自分を持ち上げられない現象を古人は「勢いとして不可能」と認識したのである。

　『淮南子』では、円形の物は転がりやすく中空の物は浮きやすいのは何故かを、〈勢〉の語を使ってそれは「自然の勢いだ」と述べている（原道訓）。つまり、形状の不同な物体は不同なる自然の属性を具えていると云うのである。これは事物それ自体からその運動の原因を探し出す立場である。斧で薪を割る場合、斧を高く挙げれば挙げるほど、それが落下する時に力が付いてくる。ただ斧を薪の上に置くだけでは、いくら大きく鋭い斧でも薪は割れない。『淮南子』は、後者では薪を割れない理由を「勢いがないから」と説明する（兵略訓）。明らかにこれは、現代物理学で云う「位置エネルギー」と類似している。

　同一物体に対して、持ち上げるのと動かすのと、どちらが大きな力を必要

とするか、これは力学の基本問題である。『淮南子』はこの問題に対しても非常に優れた答えを提出している。「重い鼎(かなえ)を挙げる場合、力がわずかだと勝利を収められない。しかし鼎を動かす場合には、強い力は必要でなくなる」(主術訓)。この記述は、古人がすでに物体の移動には持ち上げる時より力が小さくてすむのを知っていたことを示している。

第三節　浮力現象の認識

　浮力現象は日常生活の場でよく見られる現象のひとつである。中国古代で最も早くこれに初歩的な分析を加えたのは荘子であった。彼は云う、「水のかさが足りないと大きな舟を浮かばせることができない。コップの水を床の凹みにこぼした場合、小さなゴミは舟となって浮かぶが、コップなら底がついてしまう。水が浅くて舟が大きいからである。同じ理屈で、風に厚みがないと、大きな翼を浮揚させられない」(『荘子』逍遥遊篇)。水の浮力はその深さと関係がある。物体が受ける浮力の大小は、それが押し退ける水の体積と関係があるから、荘子の見解は正しいのである。このような認識の基礎上に墨家は次のように結論する。「荊(けい)の大、その沈むや浅し。説は具に在り」(『墨子』経説下篇)。ここで墨家が云わんとするところはこういうことであろう。「荊」(イバラ)はここでは形、すなわち物体を指す。形体の大きな物体でも水上に浮かび、かつ、その水中に沈んでいる部分は必ずしもそれほど多くはない。ただ浮力と重力との平衡が釣り合いさえすれば、このような状態を呈現しうる、のだと。

　『淮南子』にも浮力の応用に関する記述がある。その説山訓には、「(古人は)木が浮かぶのを見て舟の作り方を知った」とあり、原道訓では、「中空の物はよく浮かぶ」と述べて、浮かぶ物体はその形状の大小やある種の性質と関係があると指摘する。斉俗訓では一歩進め、事実を挙げて物体の浮かぶ理由を論証している。「竹はその性質として水に浮く。しかし割いて札にし、束ねて水に投げ込むと沈むのは、その本来の姿を失うからである」。一本の

竹は中が空になっていて、それが押し退ける水量が多いから浮かぶ。しかし「割いて札に」すると容積が減少して、押し退ける水量が減少するから沈むのである。

浮沈の理由を深く理解するにつれて、古人は浮力を増す方法を編み出した。『淮南子』説林訓には「ヒョウタンを抱いて河を渡る」記載がある。また、『淮南万畢術』に「鴻(おおとり)の毛で作った袋で河を渡れる」とあり、その注に「鴻の毛を絹布に詰めれば、河を渡っても溺れない」と云う。これは浮力原理の巧みな応用である。なお、ここでいう袋は普通のものではなく、原文の「縑嚢(けんのう)」は緻密な絹製の、水も漏らさない袋のことである。「鴻の毛」であるが、一般論から云って、動物の羽毛は軽いだけでなく、表面に光沢があって水を透さないものもある。我々が普段目にするように、カモやアヒルを飼っている池にはそれらの羽毛が浮かんでいる。淮南道家学派に属する学者たちは、こうした現象から啓発を受けて鴻毛の袋を発明したのであろう。

上述した道家の浮力現象に対する認識とその巧妙な応用は、当時の先進的な知識水準を代表しており、一定の科学的価値を具えている。

第四節　テコの原理の応用と大気中の湿度の測量

テコの装置は、人類が早期に発明した簡単な仕掛けのひとつであるが、中国と欧州ではその利用が比較的早かった。中国は古代において「桔槔(けっこう)」(はねつるべ)と呼ばれるテコの装置を発明している。伝承によれば、殷代に伊尹(いいん)が「初めて桔槔を作った」というが、現存する文献では『荘子』天地篇のなかに、その形態や使用効率に関する全面的な記述がみえる。孔子の弟子の子貢が旅の途中、井戸に入って甕(かめ)で水を汲み苦労して作物に水をやる老人を見て、便利なその仕掛けを教えてやるという設定である。『荘子』天運篇には、そのはねつるべの正確な操作手順が描写されている。

古人は、このはねつるべや秤など、その他のテコの装置を使っているうちに、次第にテコの平衡に関する経験的知識を蓄積していった。戦国後期、墨

家はこうした経験知識を使い、テコの平衡の理由を分析してこう指摘した。「天秤ばかりは、その棹の一端に量る物を載せると必ずそちらが下がる。分銅（おもり）と量る物の重さが釣り合うと、本（支点から物が下げられている端までの棹の長さ）は短く、標（支点から分銅が下げられている端までの棹の長さ）が長くなる。この時、両端に同じ重さのおもりを加えたなら、棹は必ず標の方に下がる」。墨家はテコの平衡の原理を説き、道家はテコの仕掛けのはたらきと効能を説いたわけであるが、両家を総合すれば、戦国時代の人々のテコの装置に対する認識を全面的に理解できよう。

大気の湿度と晴雨とはきわめて密接な関係にあり、農業生産と人々の生活に影響する重要な自然の要因である。そういうわけで中国では、早くから天気の晴雨と乾湿に対する観察が行なわれていた。甲骨文中にはすでに晴曇・雨霧などの天候の記載がある。前漢の『淮南子』説林訓には、「湿度が高いと雨になりやすい」と明確に指摘されている。古人は農業生産上の必要から、長期にわたる天象と生物物候に対する観察を経て、天気の晴雨を予知する経験的な方法を蓄積してきた。『淮南子』によると、漢代人は物理的方法を使って空気の乾湿を測定する方法を開発していたという。

大気中の湿度の変化は、物体の体積と形状の変化をもたらす。材質の異なった物体は同じ湿度下でもその変化の程度は同一とは限らない。そこで、ある種の物質の変化を利用して大気の乾湿程度を測ることが可能となる。しかし、一般的な物質の体積または形状は、大気の湿度の変化に従って決して明確に変化するわけではなく、大気の乾湿によって天気の予知をするのは難しい。前漢時代、人々は「銅は至って精なる物質であり、乾湿・寒温や霜露・風雨によって変化しない」ことを知っていた（『漢書』律暦志）。そこで、変化が明瞭かつ特徴的であり、容易に観察できる事物を大気湿度の判定基準としようとした。長期の観察と実践を経て、古人は琴の弦の音が空気の乾湿によって変化することを発見した。『淮南子』本経訓に、「風雨という気候の変化は音律で知りうる」とある。晴雨・乾湿は琴の弦の長さと張力に変化をもたらし、そこから音調の変化を引き起こす。後漢の王充も「琴の弦が弛む

と雨が降る」と云っている（『論衡』動物篇）。『淮南子』の記述は、少なくとも前漢時期には人々が意識的に琴弦の音調の変化から天気予知ができたことを物語っているが、しかし彼らは、その音調の変化が大気の湿度の変化によって生じる琴弦の長さの変化に由来することを知っていたかどうか、これはまだ断言できない。しかし後漢時代になると、琴弦と天気の変化との関係が知られていたことが王充の言説から見て取れる。これはひとつの進歩であって、この認識はすでに懸弦式湿度計の基本原理に合致している。このことから、琴・瑟(おおごと)のような弦楽器は漢代人によって使われた懸弦式湿度計とも云いうるのである。欧州では遅れて16世紀中葉、鳥獣の腸から作成された弦の長さの変化によって大気の湿度が計測された。

中国では前漢時代、ほかにテコの原理を応用した天秤式の験湿装置が使われている。『淮南子』泰族訓に云う、「湿気がやって来ると、形は見えないが炭が重くなる」と。当時の人々は、ある種の物質の重量は天気の乾湿変化に従って変化することを知っていたわけである。『淮南子』天文訓にも同様の指摘がある。天秤式の験湿装置は、吸湿能力の異なるふたつの物質を天秤の両端に載せたものである。『淮南子』説山訓に、「吊した羽と炭は乾湿の気を知っている」とある（説林訓にもあり）。これは中国における天秤式験湿装置の最も早い記述である。羽毛と木炭という汲湿度が異なる物質を両端に載せて平衡を保たせておくと、大気の湿度に変化が発生した場合、天秤は平衡を失うので空気の乾湿の程度が分かるのである。漢代人はこの羽毛と木炭以外に、土と炭、あるいは鉄と炭などの組み合わせでも天秤式験湿装置を作った。欧州ではようやく15世紀になって、一端に羽毛、もう一端に等量の石を吊して乾湿を測った（F.Cajori, *A History of Physics*, p.53）。中国より遅れること1600余年のことであった。

もとより、こうした測定方法の発明を道家に帰す充分な根拠はない。しかし『淮南子』は漢代の道家の重要な典籍として、こうした測湿法を描写し記載したのであり、このことは古代科学技術に対する道家の貢献と評価しうるのである。

第Ⅴ部　物理学と技術　第二章　力学知識

第五節　ロボットの構想

　現代科学技術の活動と社会生活において、ロボットの応用は日増しに広がっている。現代に使われているロボットは西洋の科学文明の産物であるが、しかし中国では非常に早期からロボットを制作する構想が生まれ、各種のロボットの開発が行なわれた。古典籍にはその記載は少なくないが、そのなかで晋代の道家によって書かれた『列子』のそれは時代も比較的早く、構想にも特色がある。その湯問篇にみえる話はこうである。周の穆王（ぼくおう）が西に巡幸した際、工人の偃師（えんし）なる者から人形を献上される。その人形は人間と同じ動きをし、筋肉や骨格だけでなく、内部には五臓を具え、ためしに心臓を取り除くと口がきけず、肝臓を除去すると目が見えなくなる、という精巧さ。そこで穆王は、「人間の巧みさも造物主と同じレベルに到達しうるものなのか」と感嘆するのだった。さまざまな角度から検証してみるに、『列子』のこの記述は本当のことではありえず、作者の大胆な想像でしかないだろう。

　戦国・秦漢時代にはよく知られた工匠（技術者）として公輸班（こうゆはん）と墨翟（ぼくてき）がいる。前者はよく城壁を攻める雲梯を造った人物として有名であり、後者は木で小鳥を造って空中を飛行させた奇巧の人と賞讃されている。『列子』の作者は、この両人を超えた偃師という人物を造型して、技術の創造というものには上には上があって終わりがないことを人々に教えようとしたのである。この偃師の話にはさらにまた、作者の超現実主義的な技術創造思想というものが反映されている。中国では古来から「造物主と同じレベルに到達する」という技術思想があり、この思想が古人を啓発して機能の簡単なロボットを造らせてきた。

　西晋時代の傅玄（ふげん）の『傅子』には、三国時代の発明家・馬鈞（ばきん）の造ったロボットの記述がある。それは水力を駆動力とする「水転百戯」と呼ばれるもので、そのなかの芸人のようなパフォーマンスをする「木人」はロボットということができる。また、晋の陸翽（りくかい）の『鄴中記』には、石虎が造った金仏と木道人の話が記されている。仏教好きの石虎は大きな荷車を造ってその上に金

仏を安置し、9頭の龍が水を吐いて灌仏するような仕掛けを施した。また何体もの「木道人」を造り、その車上の金仏のまわりを囲繞し、仏前に来ると礼拝したり、手でお香を摘んで炉中に投じることもできたという。ほかにも、晋の隠逸の修道の士・王嘉が編んだ『拾遺記』には、異国から献上された「玉人」という、ひとりでに動く人形が紹介されている。これらの記述には誇大のところがあるのは事実にしても、内容には信じうる部分もあって、技術史上、研究する価値がある。

　これら『列子』を代表とする道家のロボット思想とそこに反映されている技術観念は、中国古代における各種のロボットの開発と技術創造に対して一定の啓発作用を果たしたし、科学技術思想としての重要な価値も持っている。

第三章　熱学知識

　熱学は物質の熱伝導の本質と法則、およびその応用を研究する科学の一分野である。火の発明と使用、暖熱、煮炊き、陶器の制作、酒造、冶金、そして道教の煉丹といった営為は、中国の古人に熱現象を認識させ、物資の熱伝導の本質と法則に対して初歩的な理解を与え、この基礎上に経験的知識が形成されていった。熱学分野において道家は、独特の認識に到達しただけでなく、熱エネルギーの応用分野においても発明と創造を果たしている。

第一節　熱現象に対する認識

　熱現象の研究は物理学の基本的内容のひとつである。古人の熱現象に対する認識は、主として火の使用に関わる営みに由来している。火の使用は人類史上の偉大な発明であり、人類文明をどれだけ進歩させたか計り知れない。おそくとも旧石器時代晩期には、中国ではすでに原始的な人工の発火技術が発明されていた。

　長期の観察と思索を経て、漢代には火の基本的性質に関する認識がかなり深まっていた。当時のある種の字書の火に対する解説は、たとえば「火は燬（もやす）なり」（『説文』）、「火は化なり、物を消化（消滅）するなり」（『釈名』）などと、依然としてその機能に止まってはいる。しかし、探求精神に富む学者は火の本性を真剣に考え、重要な認識を生み出した。劉安をキャップとする淮南道家学派は、これに関して突出した貢献を果たしている。『淮南子』詮言訓には、人・物を観察し世に処してゆく方法が述べられ、不変によって万変に応じうる聖人の姿勢が提唱され、「聖人が物に接する場合、相手に応じて千変万化するのは、きっと自分は変化しないで相手の変化に対応できるものがあるからだ」と述べられ、この観点の合理性を論証するために、季節に従って変化しない火の本性についてこう語るのである。「寒と暖

は相反したものである。大寒の時には地は裂け水は氷る。しかし火は寒気のせいでその熱さが衰えることはない。大熱の時は石も熱く金属も溶ける。しかし火は熱気のせいでその烈しさを増すことはない。寒暑の変化でも変わらないのは、火がそういう不変の本質を持っているからだ」。南朝の劉勰はこれとよく似た議論をしており、火が寒暑の変化に影響されないことを「自然の質」ゆえだと述べている（『新論』六質篇）。これらの論述の認識レベルはかなり深く、以下の数点にまとめうる。(1) 火の熱度は外界の環境変化に左右されない。(2) それは火に不変の属性（古人はそれを〈質〉と呼んだ）があるためである。(3) 現代科学の観点から見れば、以上の2例には熱量保存思想が含まれているように思われる。古人には〈熱量〉という概念はなかったが、熱度（温度）の概念はあった。こうした認識は非常に素朴なものではあったが、科学的な内実を具えていて尊重に値する（胡化凱「中国古代対火的認識」『大自然探索』1995-4）。

　多種多様な燃焼現象はひとしく火のなせるわざであるが、そもそも火とは何なのか。漢代以前、人々はこの問題をあまり考えなかったようにみえる。『墨子』経説下篇に「火離、然（燃）」とあり、これは西洋の燃素説（燃焼はフロギストンという仮想の物資が逃げ出すことで起こるとする説）に類似するとする説もある。しかしここからは、燃焼は火が脱離して物にくっつく過程だと先秦の古人は考えていた、ということしか導き出せない。火とは何かという問題については、墨家はこれ以上の進んだ説明を与えていないのである。

　漢代の『淮南子』の作者は、陰陽の気化の観念から出発して火の本質を探究し、火は熱気とする考えを提起して次のように云う、「蓄積された陽の熱気は火を生じる。火気の精なるものが太陽である。蓄積された陰の寒気は水となる。水気の精なるものが月である」（天文訓）。この考え方は秦漢時代の典籍に類似のものを多く見出せる。たとえば『論衡』にも、「火と温気は同じで、水と寒気は同類」とか、「水に近づけば寒く、火に近づけば暖かく、遠ざかると薄れるのは何故か。気の加わり方が遠近によって差があるからだ」（寒暖篇）などとある。ここでは、熱気説によって熱の輻射現象が説明さ

れている。熱気説は、中国古代においては火の本質に関わる重要な理論であり、その形成にはすでに確固たる基盤ができ上がっていたし、豊富な実践的根拠もあった。引用した『論衡』の２例のうちの前者は、当時流行していた元気本体論思想に基づいており、後者は、古人の長期にわたる熱現象に対する観察と感覚的経験の蓄積といえる。古人は金属の冶金過程中、溶解した金属は異なった温度下では異なった色を呈する熱気を放出することに気づいていた。このような経験は、火は熱気体だという素朴な認識を古人に抱かせたのである。

　熱気説は形象や直観から理解しやすく、漢代に提起されたあと、後世ずっと各種の熱学現象を説明する際に使われた。火は熱気という認識には、直観的経験と理性的思弁が含まれており、元気自然観が中国古代熱学理論のなかで表現されたものであった。

　中国古代では多くの場合、陽燧（銅製の凹面鏡）を使って火を取った。古人は、その必要条件が日光の照射であり、その火は太陽から来たものであることに気づいていた。では、太陽の火はどうして招けばすぐ瞬時にやって来るのか。道家は「感応説」によって解釈した。日光と陽燧とは同類のものであり、同類の事物はたがいに感応するというのが彼らの考えであった。いわゆる「類はもとより招きあい、気が同じだと合う」（『呂氏春秋』応同篇）というのはこの思想を表している。『淮南子』天文訓は明確に感応生火説を提起してこう述べている。「物は同類だと動きあい、本と末は応じあう。ゆえに、陽燧は日を見ると燃えて火となり、方諸（月下で露を結ばせて水を取る器具）は月を見ると潤って水となる」。また、覽冥訓には、「燧が火を日から取り、磁石が鉄を引き、蟹が漆をだめにし、葵が太陽に向かう現象は、卓越した賢者でもそのわけを明らかにできない」とある。こうした記述は、古代では燧が火を取る道具であったことを説明している。

　後漢の煉丹家・魏伯陽は、この感応生火説を最も明晰に論述している。「陽燧で火を取る場合、日でないと火光は生まれないし、方諸は星や月でないと液体を得られない。地上と天上の２気は途方もなく離れているが、感応

して通じあうのだ」(『周易参同契』、『道蔵』20-85)。古人は、距離に関係なく同類の感応によって瞬時に至ると考えていた。この感応説は、戦国・秦漢時代に流行した一種の重要な認識論である。古人はこれを、火を取り水を生む自分たちの活動の解釈に使っただけでなく、これを用いて音声の共鳴や生物リズムといった各種の現象を説明した。道家が感応説によって「陽燧取火」を解釈するのは物理の実際から遊離してはいるが、一種の仮説として、ある認識段階においてはその当時の認識の需要を満足させるものであり、一定の歴史的意義がある。

第二節　水の沸騰と製氷

　『淮南子』と『淮南万畢術（わいなんまんひつじゅつ）』は、いずれも淮南王劉安がその食客を組織して編んだ書物であるが、そこには物理学の内容も少なくない。ただ、両書の内容には違いもある。前者には主に物理現象とそれに関わる探究が記載され、理論的知識が大部分を占めているのに対して、後者は物理の実験的内容、つまり、物理の応用技術が主になっている。ともあれ、漢代の物理学の成果はその大半がこの2書と王充の『論衡』に集中していると云うことができる。この2書は先秦の『墨経』と『考工記』を継承した、先人と当時の物理認識の成果の全面的な総括であり、前漢の物理認識の先進的なレベルを代表している。『淮南万畢術』には、アイデアに優れたいくつかの応用実験が含まれているが、「沸水製氷」もそのひとつである。

　唐代の『意林』に引用される『淮南万畢術』に、「熱湯を甕のなかに入れ、新しい縑（けん）（織り目の緻密な絹布）で密封し、井戸に3日沈めておくと氷ができる」とある。これは学界で「夏氷」と呼ばれるもので、人々の興味を引いて今に至るまで研究されている。

　この「夏氷」への最も早い言及は、「冬に鍋を煮て、夏に氷を造る」という『荘子』徐無鬼篇の記述である。唐代の道士・成玄英はこれに注を与えているが、それはまったく『淮南万畢術』を踏襲したものである。『淮南子』

第Ⅴ部　物理学と技術　第三章　熱学知識

覧冥訓にはさらに、「冬に膠を溶かし、夏に氷を造る」という記述がみえる。漢の劉向は、陰陽学説を使って氷や雹ができる理由を説明する際に、やはり次のような『淮南万畢術』に似た説明をしている。「盛んな陽は水を降らせ、温かくなって熱水になる。そこに陰気が迫って入ることができなければ、その熱水は雹に転じる。……沸騰した湯を器に閉じ込め、冷たい泉水に沈めると氷になる」(『漢書』五行志、中の下)。

　このあと、三国時代の孟康や唐の段成式たちも同じような議論をしている。五代の譚峭は『化書』のなかで「湯の入った甕を井戸に投じると雹に変わる」と簡単に述べ、明の方以智も『淮南万畢術』や陳眉公の説に言及しながら、「甕の水を沸騰させ、すぐに井戸の底に沈めると、夏6月でも氷ができる」と書いている(『物理小識』巻2、地類)。これらの記述から推すに、漢代以後、「夏に氷を造る」ことを述べる論者はみな、沸騰水で氷を造るとした『淮南万畢術』を根拠にしていることが分かる。

　このように前時代には沸騰水で氷を造る記載が多いけれども、では誰かが実験で成功したのだろうか。現代の物理学の原理からすれば、この実験には、気体から熱を絶つと膨張して温度が下がる過程があり、それは熱学のジュール・トムソン効果に合致し、明らかな降温効果が得られる。入口が小さく腹部が大きな甕に一定の水を入れ、加熱沸騰後、きめの細かい絹で口を縛って塞ぐ。このとき甕の内部には水蒸気が充満している。間をおかず直ちに井中に沈めると、甕中の蒸気の温度は井戸水によってを下げられ、温度の下降につれて水蒸気は次第に凝結してゆき、甕中の気圧もおおいに降下する。甕中の温度が井戸水のそれとが同温になる頃あいを見計らって井中から甕を取り出す。このとき甕中の気圧は大気圧よりかなり低いので、大気圧の作用によって空気が甕口の絹を透過して甕の内部に滲入してくる。これが「気体断熱減圧膨張過程」であり、吸熱のはたらきを帯びているので、甕中の温度がさらに下降する。もし実験操作がうまくゆけば、明確な降温効果が得られる。少なくとも甕中の水温は室温に比して大幅に下降し、場合によってはいくつかの氷片が産出される。近年、『淮南万畢術』に則って模擬実験

を行なった人がいて、結果的に結氷まではゆかなかったが、明確な降温効果が得られたという（李志超『天人古義』、322-325頁）。『淮南万畢術』の作者が氷を得たのかどうか、得たけれども盛夏の頃ではなかったのかどうか、今となっては知るよしもないが、しかし彼らは必ずこのような実験をし、明確な降温効果を得たに違いない。

　どのような実験法にもそれを導く思想ないし理論的根拠というものがあるが、『淮南子』にそれに関わる記述を見出すことができる。覧冥訓に云う、「極陰はヒューヒュー、極陽はカッカとしていて、両者の交接によって万物が生まれる。雄(オス)が多くても雌(メス)がいなければ、どうして造化のはたらきが成り立ち得ようか。……冬に膠を溶かし、夏に氷を造る」。ここでは、陰陽の対立の統一という思想によって「冬に膠(にかわ)を溶かし……」という現象を解釈している。氷の冷たさと夏の炎熱とは陰陽が対立する矛盾であるが、夏の井戸の冷水と密閉した沸騰水は、陰陽の対立の統一という局面を構成している。古人は、事物の陰陽の性質は相克し相生し、相制（相手を牽制）し相化（相手に同化）することで、事物の変化と発展を決定する、と考えたのである。

第三節　原始的「熱気球」の実験

　『淮南万畢術』には一種原始的な「熱気球」の実験が記載されている。すなわち、「ヨモギの火は鶏卵を飛ばす」というものである。ヨモギは旧時代、お灸の燃料として使われた。この一文に対するコメントには2種類あって、一説には「鶏卵の殻を取り去り、火をその中で燃やすと、疾風とともに空中に揚がる」とあり、いま一説は「鶏卵からその中身を取り去り、空卵中で火を燃やし、疾風時に高く放り投げると、飛ぶ」というものである。これは熱気球の対流の原理を利用して卵を空に飛ばす実験である。この2つのコメントでは鶏卵の処理が異なっている。前者は、卵の外の殻を取り去り、ただ内皮だけを残す。後者は外の殻を利用する。薄い内皮を使う前者は、外の殻を使う後者に比して軽い。現代人でこの記述に従って模擬実験をした人がいる

（趙宏君『淮南万畢術反映的物理学研究』、中国科学技術大学修士論文）。外殻の下端に小さな孔を空け、火をつけたヨモギを内部に入れると、内部の空気は熱を受けて膨張し、小孔から下に向かって気体を排出する。その結果、内部の気体の比重が減少するので上昇する浮力が得られる。しかし計算上、この浮力は極めて小さいので、外殻であれ内皮であれ、それを浮き上がらせることはできない。浮力の原理からして「ヨモギの火」は「鶏卵を飛ばす」ことができないのである。しかしながら『淮南万畢術』はこのような実験を明確に提起できたのであり、机上の空論ではなく一定の根拠に基づいたものであった。上記の実験者は、熱気体の対流原理に従って行なった模擬実験から、もしモグサが生み出す熱気流がより大きければ上昇への勢いがつき、それほど高くはないものの内皮をある程度まで揚げることができ、さらに「疾風」の動力で空中へ飛翔させることもできると述べている。『淮南万畢術』の記述は後人の探究を呼び起こし、宋代に至って実験研究をする人物が現れた。

　北宋の賛寧はその著『物類相感志』のなかで、『淮南万畢術』によく似た実験を記載している。「鶏卵に小さな孔を空け、卵黄と卵白を取り去り、露水を入れ、油紙でのり付けして孔を塞ぎ、ひなたで晒すと、自然に3、4尺ばかり地上から浮き揚がる」。ヨモギを燃やさないで「ひなたで晒す」と、同じように卵の殻のなかで熱気が生じ、その熱気の浮力で浮き揚るのである。

　ヨーロッパでは17世紀に卵の殻を使った遊びが行なわれていた。ニーダムはその『中国科学技術史』のなかでこう記している。「これは復活祭の時の遊びである。そのやり方は簡単なものであるが、ちょっとした秘訣がある。まず、小さな孔から卵黄と卵白を吸い取り、殻を炙って乾かす。そのあと、その孔から水を少し注入し、蠟で孔を塞ぐ。こうしてその卵殻を炎天下に置いておくと、やがて不安定な状態になり、次第に軽くなって浮き揚りはじめる。ただし、ごく短い時間のあと、落下する。水蒸気と殻の内部の気体が膨張し、空気が小さな孔から排出されることで浮上するのである。小さな孔は日に晒されることで蠟が溶け、排気口になる。ただし、内部の空気はご

く短時間だけしか殻を浮かせることができず、蒸気が排出されると再び空気が滲入し、殻は落下する」(Vol.4-2、P.597)。この遊びは「ヨモギの火は鶏卵を飛ばす」のと似ている。

　熱気を利用して物体を上昇させるのは「熱気球」の基本原理である。人類の最初の空中飛行は、熱気球の助けを借りて実現されたが、これは西洋人の功績である。しかし、初めて熱気球の試験飛行を成功させたのは中国であった。孔明灯がそれである。『淮南万畢術』の飛ぶ卵殻は後人を啓発して孔明灯を発明させた。孔明灯に関する文献は非常に少なく、それが生み出された確実な時期を考証するのはむずかしい。五代(907～960)の頃、辛七娘が夫の出征に従って福建に入った際、彼女は作戦中に孔明灯を軍事上の信号に使ったと云われる。この場合、竹と紙を使って四角い灯籠を造り、底の皿上で松脂を燃やした。すると、熱気が灯中に充満し、灯は上に揚がる。そういうわけで松脂灯とも呼ばれる。四川では孔明灯というのは、諸葛孔明を記念するためであって、彼が発明したわけではない。辛七娘の機知と勇敢さを記念するために、福建の西北地方の農村ではずっと松脂灯を空中に放つ伝統を守っていて、これを辛七娘灯と呼んでいる。旧時代では孔明灯の呼称は大変多く、ほかにも飛灯、天灯、雲灯、雲球などと云われている。「ヨモギの火は鶏卵を飛ばす」実験は、その実現は困難であったにせよ、その基本思想は誤っておらず、人類が熱気を利用して飛昇する思想の先駆けとなった。

第四章　光学知識

　光学は、光の本性、発射、伝播と受容、光と物質の相互作用およびその応用を研究する科学である。中国の古人は光の直進伝播、反射と屈折、鏡面の成像、プリズムなどによる分解現象などについて比較的全面的な認識を持ち、一定のレベルに達していた。漢晋時代の道家の典籍には、反射鏡と透射鏡（レンズ）を使って日光を集めて火を取る方法と、この2鏡の焦点距離に関する初歩的な認識、それに、鏡面の研磨技術と平面鏡を組み合わせて物を映す知識などが記載されている。これらに関しては道家独自の貢献が見出されるが、道家以外の人々による認識の成果も含まれている。

第一節　光の性質の観察と探究

　漢代の淮南道家学派は、その〈道〉の理論体系を構築する必要性から光に対しては特別の注意を払ってきた。ここから、光学の理論と実践の両面にわたって発明と創造を成し遂げ、当時の光学の最高水準を代表するものとなり、中国古代の光学研究に対して大きな貢献を果たした。

　淮南道家学派は元気学説から出発し、自然の陽光は一種の精気であり、それは熱くて火を生み出すことができ、「熱気は長く蓄積されると火を生じる。火の気の精なるものが太陽である」と考えた。「同じ気は互いに動かしあう」（覽冥訓）から「陽燧は太陽を見れば燃えて火を造る」（天文訓）のである。これは事実上、一種の「気光説」であり、陽燧というこの凹面鏡が太陽光から火を取り出しうるのは何故なのかという問題を非常に巧みに解釈している。とりわけ、物質的な気から光の本性を捉えるのは、光学の発展に対して疑いなく重要な指導的意義があり、後世、張衡や方以智といった著名な学者の採用するところとなった。

　淮南道家学派はさらに、太陽と月を明確に区別し、太陽は発光体であり月

は反射体であることを明らかにした。『淮南子』天文訓には、太陽は「火の気の精なるもの」で、外に「気を吐いて」発光しているのに対して、月は「水の気の精なるもの」で、内に向かって「気を含んで」反射していると述べられている。この区別には科学的意義があり、ニーダムも、「日は陽に属し火にも属し、月は陰に属し水にも属している。……このように日月を自然発光する天体と反射発光する天体として充分妥当な区別をつけている」と述べている（『中国科学技術史』科学出版社中訳本、第4巻第1分冊、134-135頁）。淮南道家学派の上記の解説は、思弁的であるにせよ合理的であり、彼らが光源の発光と光を受けた物体の反射光とを正しく区別していたこと自体、一種の進歩であると云える。

　ほかに淮南道家学派は、自然界のある種の生物の趨光（光に向かう）現象を観察し、日常生活でこの習性を利用する方法について書いている。たとえば説山訓には、夜、火で蝉を誘って捕獲することが記されている。このやり方は現代でも農村において、夜間害虫を駆除する際に使われている。ただ現代では、松明が蛍光灯に代わっただけである。ほかに『淮南万畢術』には、イモリの脂で灯を造り、それを水中に置けば、色んな物を見ることができるとか、苓（カンゾウか）の皮にミミズの脂を塗って水中に漬けておけば、魚が集まってくる、などといった珍しい記述がみえる。

第二節　陽燧の焦点距離に対する初歩的認識

　陽燧は中国古代常用の発火道具である。日光を1点に集中させて物を燃焼させるのがその基本原理であるが、この方法を編み出すためには一定の光学と熱学の知識が必要であって、人類の科学技術の水準が発展して、ある一定の段に達した時の産物である。中国古代に発明された集光発火道具には反射鏡とレンズの2種類があり、前者は金属製の凹面反射鏡を使い、後者は凸面のレンズで火を取る。古典籍に云う「陽燧」は、一般には金属製の凹面反射鏡を指す。充分な日光が得られる時、凹面を太陽に向け、ヨモギなどの可燃

性物をその焦点上に置くと、ほどなくして発火する。反射鏡であれレンズであれ、鏡とレンズに対する光学上の理解が必要であり、特に焦点距離に対する大体の認識が求められ、それなくしては火を取ることはむずかしい。

　焦点と焦点距離に対する認識は、鏡面の成像を研究する際のキーポイントである。先秦の墨家は、これに関して少なからざる有益な探究を行なっている。『墨経』の〈中〉という概念には凹面鏡の焦点距離に近い意味で使われている場合があり（経説下）、後期墨家が焦点に関して一定の理解があったことをうかがわせる。墨家は凹面鏡の成像現象の研究を通して、焦点に関する初歩的な知識を獲得したのである。

　漢代の淮南道家学派が幾何光学方面で挙げた成果にはかなり突出したものがある。たとえば平面鏡の成像条件と原理について、『淮南子』主術訓にこう云う、「井戸桁に寄りかかって井戸の底を覗いた場合、視力のよい人でも自分の眼は見ることはできない。しかし、鏡の光を借りて映すと、微細なものまで見ることができる」。ここでは、光・鏡・像の３者間の関係が明らかにされている。

　淮南道家学派の陽燧取火に対する実践経験の総括を見ると、相当正確に焦点と焦点距離を発見し認識していたことが分かる。説林訓には、「陽燧で火を取る場合、近づけすぎてもだめだし、遠ざけすぎても発火しない。近と遠との間が肝腎だ」とある。当時の人々は経験上、すでに焦点距離の概念がおぼろげながら分かっていたのである。淮南道家学派は『淮南万畢術』のなかで、氷レンズで火を取る際には引火物は氷レンズの「影」の上に置くべきことを明確に指摘しているが、この実験記録は中国の歴史上、焦点概念の最も早い記載である。「影」とは氷レンズの焦点を意味している。ある研究者は、「この一文の価値は非常に高く、のちに西晋の張華『博物志』に引用され、さらに後世、伝承されて研究を触発した」と述べている（王錦光『中国光学史』）。こうした認識の上に立って宋代の沈括は、『夢渓筆談』のなかでさらに一歩進めてこう述べている。「陽燧の窪んでいる面を日に向けて照らすと、光はみな内部に集ってくる。鏡から１、２寸離れた１点に光が集中し、その

大きさはコショウ粒くらいで、そこに物を置くと発火する」。

中国の陽燧の使用には長い歴史がある。『周礼』秋官には、司烜氏の職掌として陽燧を使って太陽から火を取ることが記されている。1995年4月、陝西省扶風県の周原（周の原野）の遺跡から1個の青銅製凹面鏡が出土した。考証の結果、これは約3千年前の人工の取火道具で、多くの古代の文献に記載されている陽燧であることが分かった。それは直径8.8センチ、厚さ1.9センチ、凹面の曲率半径は20.7センチ、焦点距離は10.2センチのもので、この尺寸と金属成分に基づいて模造品を作製し、それで強い日射しの下で試してみたところ、わずか数秒で焦点上に置いてあった可燃物が発火した。これによって、陽燧に火を取る機能があるという古人のことばが疑いない事実であることが立証された。

第三節　鏡面研磨技術の最早期の記載

銅鏡で物を映すにせよ火を取るにせよ、鏡面が一定程度滑らかできれいでないといけない。『淮南子』に「水面が静かだと平らかで、平らかだと清い。清ければ物の形が見える」とあり、また、「人が飛沫に自分を映さず、止水に映して見るのは、静かだからである。できたばかりの鉄では物の形を映せず、明鏡でしかそれができないのは、平らかだからである。平らかで静かでないと、物のすがたを再現できない」と述べられている。「止水」と「明鏡」が人を映せるのは、その表面が平らかで滑らかだからだと云うのである。光学原理から云えば、すぐれた反射効果を得るためには2つの条件が必要である。ひとつは鏡面の形状の問題であり、いまひとつは鏡面の反射率である。後者は、反射鏡の表面の材質と研磨技術で決まる。表面が光れば光るほど、反射率は高くなり、同じ条件下ではその成像と集光効果がそれだけよくなる。そういうわけで、鏡面の光具合は銅鏡を作製する場合の主要な指標になる。中国古代の銅鏡はほかの青銅器と同じく、銅、錫、鉛などを合金して鋳造する。ただ、銅鏡は表面が滑らかできれいでないといけないので、錫の含

有率を大きくしなければならない。『考工記』では錫の含有率を 50 パーセントとしている。錫は硬度と光沢を強化する。しかし、合金の成分比率を工夫するだけでは不十分であり、研磨を経てこそ良好な反射効果が生まれる。

　鋳造されたばかりの銅鏡は表面が粗いので、研磨処理をする必要がある。『淮南子』には中国で最初の研磨技術が記されている。その脩務訓に云う、「明鏡は型を取ったばかりの段階ではぼんやりとしか姿を映せない。玄錫で拭い、白㲲で擦ってはじめて、眉毛や鬢など顔の微細なところまで映せる」。ここでいう「玄錫」は小さな粒状の鉛と水銀の化合物で、「白㲲」は毛織物の一種である。この記述は漢代の銅鏡研磨技術を反映しており、当該技術に関する最も早い珍重すべき文献資料である。

第四節　氷鏡の取火：凸レンズの光学的特性の探究

　漢およびそれ以前の取火の道具（陽燧）は、上述したように金属製の凹面反射鏡であった。しかし、それ以外に少数例ながら天然の透明な物が使われたこともあった。『管子』侈靡篇に、「珠は陰中の陽なので火に勝る」とあり、唐の房玄齢はこれに対して、「珠は水から生まれて鏡のように光るから『陰中の陽』という。日に向けると火を発するので『火に勝る』という」と注している。『管子』の云う火を取る珠というのは、球状をしたある種の透明な物体であるが、真珠ではない。というのも、真珠の表面は反射効果があるけれども、その反射光は分散するので集光して火を取ることはできないからである。球状の物なら、日光を透過できてはじめて火を起こしうるが、真珠は光を通さない。『淮南子』天文訓にはさきに引いたように「陽燧は太陽を見れば燃えて火を造る」とある。後漢の高誘と許慎はこの一文に対して、一歩進めた具体的な方法を記している。すなわち、高誘は「縁のない金属製の杯を熱くなるまで擦り、太陽が南中する時に日に向けヨモギを置けば、燃えて火が得られる」と云う。また許慎は、「太陽の高さが 3、4 丈の時にそれを日に向け、1 寸あまりのところで乾いたヨモギで日光を受けると、しばら

くして焦げはじめ、息で吹くと火が得られる」と注している。後漢では、1寸は2.375センチに相当するから、当時の凹面鏡の焦点距離は一般に約2～3センチであったことがわかる。太陽の高さが3、4丈程度の早朝、光線はまだ強くないのに火を取ることができたわけで、その球面の反射性能と集光力はかなりすぐれており、当時の研磨技術の高さがうかがわれる。

　『淮南万畢術』には、金属反射鏡とは別の新しい取火の方法が記載されている。「氷を削って丸くして日に向け、ヨモギでその〈影〉を受け止めると発火する」というのがそれである。これは明らかに氷を加工した凸レンズであり、金属凹面鏡とは根本的に異なった物理学的、光学的特性をもっている。まず、両者の材料が違う。次に、構造が違う。前者は透明な凸透鏡（レンズ）であり、後者は不透明な凹面鏡である。第3に、両者の光学原理が同じではない。前者の焦点はレンズの後ろにあり、光線が屈折して後ろに焦点を結ぶのに対して、後者の焦点は鏡の前にあって、光線は反射してふたたび集まる。上引の『淮南万畢術』は、わずかな字数で材料、作り方、操作法を正確かつ明瞭に述べており、とりわけ、「影」1字で古人の焦点距離に対する経験的認識を表現しているのは注目に値する。氷は火に遭うと溶けるものであるが、古人は逆にそれで火を取ったのである。この方法は無論、その構想において創造的精神といいうるが、そこに反映されている認識のレベルも当時においては卓絶したものであった。

　『淮南万畢術』のあと、「氷鏡取火」の実験記述は歴代、ほとんど絶えることがなく、とりわけ有名な例は清代の安徽出身の物理学者・鄭復光が1819年に行なった実験の成功である。彼は「取火の理は凸レンズにある」として、厚く張った池の氷を削り取り、試行錯誤のすえ、錫製の壺底がわずかに凹んでいるのに目を付け、そこを温めて氷をあてがったら、「光明、鏡のごとき」面が得られて取火に成功する。その道理を彼は次のように記している。「火は太陽の熱によって生じるから、鏡の質には関係がないとはいえ、氷の寒気は日の熱を減少させるので、直径を大きくして凸面を浅くすると、寒気を遠ざけ氷鏡の力を発揮させることができる」（『費隠与知録』第69条）。

ここには大きく進歩した認識が見られる。指摘しておかねばならないが、この実験に関してヨーロッパは『淮南万畢術』より1800年あまり遅れている。英国の有名な科学者ロバート・フック（Robert Hooke）が王立協会で氷鏡取火の実験を実演したのはようやく17世紀になってからのことであった。

　この「氷鏡取火」の思想が不思議で卓越しているのは、「氷」と「火」という本質的に相克関係にある事物を相生へと転化させるところにあり、そのため、本当にあり得ることなのかと懐疑心を抱いた人も少なくなかった。現代の物理学史学界でも、氷は陽光を浴びると溶けてしまうから、そういうことは不可能だとする論文も出されている。そこで、杭州大学の王錦光は1986年にふたたび実験を行ない、漢代のこの実験記述の正しさを証明したのであった。

　魏晋時代に成立した道典『太清金液神丹経』には、「火珠」と呼ばれる天然の透明な結晶体で日光を集めて火を取る様子がかなり精しく記述されている。このような「火珠取火」に関しては、『管子』『博物志』および唐宋期の書物に見えるものの、この道典ほど詳細で具体的な記載は見当たらない（『道蔵』18-760）。

第五節　平面鏡の成像技術の応用

　鏡は、人間が自分の顔を認識するための日常道具である。人類は最初、池水に映る自分の姿を見て水を鏡とすることを覚えた。これが最初の段階である。古代以来、道家は水の性質を真摯に観察し、そこから自然と人間に対する深い認識を引き出した。老子は「上善は水のごとし。水は善く万物を利して争わず。衆人の悪むところに処る、ゆえに道に幾し」（『老子』第8章）と云った。また荘子は、「水の性は、雑えざれば清く、動くことなくんば平らかなり」（刻意篇）と述べた。水は清く静かで平滑であってこそ、すぐれた映す効果を発揮できる。それゆえ荘子は、「流水を鏡とせず、止水を鏡とせよ」（徳充符篇）、「水は静かなれば明るく、ヒゲや眉を映し、平らかなること水準

器にひとしい」（天道篇）と云ったのである。遠古の時代、人々は陶盤に水を張って鏡としたが、冶金技術の発達にともない水鏡をヒントにして銅鏡を発明した。その鏡面の凹なるものを陽燧として火を取り、平面のもので容貌を映した。古人は平面鏡の使用過程で、その成像の経験的知識を総括した。墨家は、平面鏡の成像に対して真剣に研究を続け、いくつかの重要な認識を手に入れた。

　平面鏡の成像に対する知識がかなり進んだ魏晋時代になると、人々はいくつかの平面鏡を組み合わせてより広い範囲内の事物を映そうとした。現存の資料に徴するかぎり、最初に平面鏡（水鏡）と銅鏡を組み合わせる方法で事物の観察を行なったのは淮南道家学派であった。『淮南万畢術』に、「大きな鏡を高く掛け、居ながらにして近隣四方を見る」という明確な記載がみえる。その注釈に従えば、大きな銅鏡を高々と吊し、その鏡の下に水を張った盤を置けば、その水盤を通して銅鏡に映った高い壁の外の様子を見ることができる、という。これは鏡面の2度の反射を巧みに利用して景像の方向を転変させるもので、現代の潜望鏡が応用しているのはこの原理である。それゆえ、これは世界で最も早い開管式潜望鏡であり、また、わが国古代の平面鏡による複数の像を映す実験に関する最初の確実な文献記載と云いうる。

　実験経験の総括を経て古人は、平面鏡を異なった角度に設置したり、違った数量の組み合わせを採用することで違った成像と観察の効果が得られることを次第に認識していった。実際、ある組み合わせで光の進む方向を変えることができ、また別の組み合わせでは珍奇な複数の成像や多重像効果が得られる。上引『淮南万畢術』の注に云う、銅鏡と水盤（水鏡）の組み合わせで得られる効果は前者に属している（図-9参照）。

　しかしながら『淮南万畢術』の原文はただ、「大きな鏡を高く掛け、居ながらにして近隣四方を見る」と述べるだけで、「その鏡の下に水を張った盤を置く」というのは注釈家が加えた原文にはない一文である。もしも単に壁外の景物を観察するだけなら、第2の鏡として水盤をその下に置く必要はなく、大鏡を一定の角度で高く掛け、その大鏡の下に立って鏡を覗けば外の景

第Ⅴ部　物理学と技術　第四章　光学知識

図-9　『淮南万畢術』の「大きな鏡を高く掛け、居ながらにして近隣四方を見る」装置光路図

物を内側から見ることができるわけである。このようにすれば観察も便利なだけでなく、視角も制約を受けることが少ない。むろん、これは単面鏡による成像である。

　道家の修行術中に「対鏡観照法」というのがある。前後左右、四面に鏡を対置し、その真ん中に修行者が坐る。そうすると、4箇所で自分の姿を見ることができ、道家はこれを「分身」の術と考えた。このような4つの鏡の組み合わせを「四規鏡」と呼ぶが、葛洪は次のように述べている。「師は、一を守り明鏡術を修めよと云われた。この鏡道に成功すると、自分を数十人に分身させることができ、しかも衣服や容貌はすべて一つである」（『抱朴子』地真篇、325〜326頁）。これは多面鏡を使うことで像と像とが映し合い、多重影像を生み出すものである。のちに譚峭は『化書』形影篇のなかでこう云っている。「一鏡で姿を映せば、ほかの鏡がそれを映す。こうして鏡と鏡が映し合うことで、姿同士が伝え合う」。これも多面鏡の組み合わせで幻覚効果が生じることを述べるものである。このような資料から、道家が平面鏡を多面的に組み合わせることで生じる成像効果に対して興味深い観察と研究を行なっており、そのような像ができるのは平面鏡相互間で光線が何度も往

復反射することに起因するのだと、初歩的な認識を持っていたことがわかる。唐初の陸徳明はこの道理に対して一歩進んだ見解を述べている。「1つの鏡が物を映すと、もう1つの鏡がその映された鏡像を映す。こうして2つの鏡が映し合い、像を無限に反復する」(『経典釈文』、『荘子』天下篇注)。1鏡の反射光が別の1鏡に出会うと入射光に変わり、さらにそれがまた反射され、こうして2鏡の間で往復し合うことで、鏡中に実物の像が存在するだけでなく、像の像が生まれて、同時に無数の像を見ることができる。まさしく所謂「前後の鏡で花を映すと、花と花とが輝き合う」ことにほかならない。

『淮南万畢術』の「大きな鏡を高く掛ける」という記述は後世に深遠な影響を及ぼした。北周の庾信の「咏鏡詩」に云う、「試みに淮南の竹を掛ければ、坐ながらにして四隣を見るに堪う」。また、宋代の『感応類従志』には、「大鏡を長い竿の上に掛け、下に向けて四隣を映す。その下には水盤を置き、いながらにして四隣の人の出入りを見る」とある。こうした記述は、一面では『淮南万畢術』の繰り返しであるが、別の一面として後人がこの線に沿って研究を続けたことを物語っている。このように道家は、中国古代の光学の認識を大きく促進させたのである。

第五章　音響学と磁気学の認識

　音響学は、音声の性質、発生、伝播、聴取と応用を研究する科学である。ことばの発生と発展、楽器の製作と応用、音楽活動の普及とレベルの向上は、中国古代の音響学知識が生まれるための条件を整えた。道家もまた、自己が果たすべき貢献をしている。老子の「音声相和す」（『老子』第2章）や「大音は希声」（同41章）、それに荘子の楽器の共鳴に対する記述、『淮南子』の基音と倍音の探究などは、古代音声学の重要な内容を成している。

　電気学と磁気学は、電磁運動の法則を研究する科学である。古代の生産実践と科学認識の活動において、中国人の静電気と静磁現象に対する認識は比較的早く、豊富な経験知識の蓄積があるが、とりわけ地磁学分野の認識と応用では、長く世界の指導的地位を占めていた。漢代の淮南道家学派は『淮南万畢術』のなかで磁気学の応用技術について記しているが、これは当時の科学水準と古人の聡明さを反映するものであり、古代の磁気学の発展に大いに寄与しており、この分野の歴史に対する道家の貢献を代表している。

第一節　音声の共振現象に対する認識

　共振は重要な物理現象の一種であり、ある物体から振動が発生した時、別の物体がそれに随伴して振動する現象のことで、しばしば「共鳴」と呼ばれている。この現象が起きるのは、両者固有の周波数が同じか、あるいは簡単な整数比の関係にある場合に限られている。中国で最初にこれを記録しているのは『荘子』徐無鬼篇で、そこにこう述べられている。「瑟（おおごと）を調弦する際、1台を1室に置き、別の1台を別室に置き、1瑟の宮音を弾くと別の1瑟の宮の弦が振動する。角音やほかの五音で試みても同じ音律が振動する。また、五音中にない音で調律した場合、25弦がみな動く」。「五音」というのは中国独特の音階のことで、宮、商、角、徴、羽の5種をいう。

『荘子』では、この共鳴現象の発生は両瑟の音律が同じだからと述べられているが、この解釈は正しい。この基礎の上に立って『呂氏春秋』は、同声相応じるゆえだと解釈している（応同篇）。漢の高誘は『呂氏春秋』のこの箇所の注釈のなかで、音の高さが８度隔たっている大音と小音（たとえば大宮と小宮、大角と小角）の間でも共振が起きると述べている。

　上引の徐無鬼篇には、基音と倍音の共振現象も記されている。すなわち、五音に属さない任意の１音を鳴らした時、その音に対応する25弦上の非常に多くの倍音が共振すると云うのである。この記載は特に珍重するに値する。こういう記述はほかの先秦の文献には見当たらないからである。これを踏まえて『淮南子』は、基音と倍音について更なる探究を進めている。そこに、「徴音には羽声が含まれ、羽音には徴声が含まれている。五音にはあらゆる声が含まれており、徴とか羽とか名づけるのは、それらがほかより優勢だからである」（詮言訓）とみえ、高誘は、「徴音のなかに羽声があるのに徴音と呼ぶのは、羽音が微弱で、はっきりした徴音に名が与えられているからである」と注している。このように『淮南子』の作者と高誘は、基音と倍音の強弱関係に注意を払っている。中国では早くも戦国秦漢時代に両音の存在が知られており、両者の共振現象に対して一定の認識があったことがわかる。これは世界の音声学史上、かなり先進的な認識と云いうる。

　２つの楽器が共鳴現象を起こす理由について道家は、「同類が相従い、同声が相求めるのはもとより天の道理である」（『荘子』漁父篇）と述べ、同類感応という観点から解釈している。そこに「もとより天の道理」というのは、事物の固有の属性ということである。『荘子』徐無鬼篇にも、「陽をもって陽を呼び、陰をもって陰を呼ぶ」とある。『淮南子』では、「陰陽の同気は相動く」（覧冥訓）とか、「物の類したものは相動き、本と標とは相応じる」などと云う。魏伯陽の『周易参同契』にも「類の同じものは相従う」と主張されている。

　こうした同類感応という観点は古人には普遍的に受け入れられており、声音の共鳴現象を解釈する基本理論になっていた。『呂氏春秋』『春秋繁露』

『史記』、および漢代以後の多くの典籍はみなこの立場に立っている（胡化凱「感応論―中国古代樸素的自然観」『自然弁証法通訊』1997-4）。大量の音声学的現象に対する観察と思考に基づいて、古人は次第に感覚上の経験を初歩的な理性認識へと高めていった。漢代の董仲舒は、音声の共振現象に対して次のように比較的合理的な総括をしている。「気が同類だと会通し、音が同質だと応じ合うのは、明白な事実である。ためしに琴瑟で調弦した場合、宮を鳴らすと別の宮が応じ、商を鳴らすと別の商が応じ、五音の同じものはおのずから鳴る。これは神が居るからではなく、その数がそうさせるのである」（『春秋繁露』同類相動篇）。ここで云う〈数〉とは法則ないし必然性を意味している。

「同声相和す」とする淮南道家学派の共鳴現象に対する認識は、かなり高いレベルに達しており、その正確さと科学性は現代のそれに比してほとんど遜色がない。それゆえ、調律者に対する技術的要求にも非常に高いものがあり、「耳で清濁の音の区別ができない者には調律させるべきではない」（『淮南子』汎論訓）などと云われた。このように淮南道家学派はつとに音声学の問題を取り上げており、千年後の宋代の楽工でさえそれが理解できなかったという（『夢渓筆談』巻6）。

『異苑』の記載によれば、晋代の博物家・張華は同声感応の原理に基づき、音声源の固有の周波数を変更することで銅盤と宮鐘との共鳴現象を除去したという。また、唐の韋絢が編んだ『劉賓客佳話録』には、ある僧坊で起きた、磬（への字形をした打楽器）がひとりでに鳴る現象を止めた話が載せられている。気味悪く思った僧が術士を招いてお祓いなどをしてもらったが効果がなく、知り合いの曹紹夔という人物を呼んで相談すると、彼は食事を告げる鐘との共鳴現象が原因だと判断し、やすりで磬を削った。すると磬は鳴らなくなり、僧侶のおびえが除去された。そのわけを訊かれた曹紹夔は、「この磬は鐘と音律が一致しており、鐘を打つと磬が鳴ったのさ」と答えている。

右の話では、民間の術士は同声相応の道理がわからず、あらゆる手段を講

じたが結局、磬の自鳴を止められなかった。一方、曹氏はその原因を知っていたので、やすやすとこの現象を解決したわけである。両者の対比がこの話のポイントになっている。古人には振動周波数の概念はなく、音声共振の物理的メカニズムも理解できていなかった。しかし、古代の音律学は、音調と発声体との間にどのような音の形状の定量関係があるのか、すでに算出できていて、律が同じだと音も同じになり、音が同じだと相応じることを認識していた。それによって音響学現象を解釈し、関連する実験を推進した。同声相応説は古代人の経験的推測であり、音響学の認識活動において重要なはたらきを発揮した。それは現代の音響学理論と同日に語ることはできないが、歴史的観点から見れば、一定の価値ある理論たるを失わない。

　ほかに「回音」の問題がある。これは音波が伝播してゆく時、障害物に遭遇した際にもとに戻ってくる現象である。淮南道家学派はこれを「響きが声に応じる」と表現している（主術訓）。また、音波の回帰には一定の方向性があるのであるが、彼らはその現象も発見して解説を加えている。原道訓に「響きは勝手に戻ってくるわけではなく、そこにはおのずからなる法則がある」と云う。音波は出て行くと発散し、一定の距離に達すると衰えたり消失したりするものであるが、この点についても彼らは観察して理解していて、「声が口から出ると、響いたあと散じてしまう」（原道訓）と云い、「耳は百歩外の音を聞き取れない」（主術訓）などとある。さらに、回音の遅速と発声された声波の効率の大小、および声波の周波数と音色との相関性についても以下のように論及している。「声や響の緩慢は音と応じ合う」（泰族訓）、「響は清音を濁らせたりしない」（兵略訓）、「響を濁らせるのは声である」（説林訓）。さらにまた、鐘と磬を例にして、「鐘と磬とは、近づけば鐘の音がよく聞こえ、遠ざかると磬の音がはっきり聞こえる。物には近くが遠くに及ばないものあれば、遠くが近くに及ばないものもある」（主術訓）などと述べている。この議論は事実上、声波の周波数と振幅の問題に関わっている。

第Ⅴ部　物理学と技術　第五章　音響学と磁気学の認識

第二節　声律学：中国の平均律の先駆

　楽律に対しても『淮南子』には多くの踏み込んだ研究がある。十二律（黄鍾から仲呂に至る12の音律、表2）の長度とその相生法に対する記述、旋宮（十二律がそれぞれ宮音となって調を形成する）の問題、十二律と二十四節気、楽律と度量衡の関係等、いずれを取っても中国楽律史上、重要な1頁を占めている。そのなかの五音十二律旋宮は、十二月、二十四節気を表わす六十甲子と関連づけられ、味わうに耐えるし、さらに研究を深めてゆく価値がある（表2参照）。

　『淮南子』の音律学は、一般的に三分損益律（十二律を定める法。黄鍾の律管の長さ9寸を規準とし、それに対して3分の1の損益を繰り返して仲呂に至る）に属すとされている。それは『管子』に初出し、また『呂氏春秋』にもみえているが、理論や方法の記載だけで具体的な計算数値はない。しかし『淮南子』天文訓は、最初に数で律を導き出し、各律間の関係を規定し、きっちりと各律の長度の数値をはじき出している。

　　　黄鍾（こうしょう）を宮とする。宮は音の君主である。ゆえ黄鍾は子に位置し、その数は81、11月を司り、下に林鍾を生じる。林鍾の数は54、6月を司り、上に太簇（たいそう）を生じる。太簇の数は72、正月を司り、下に南呂を生じる。南呂の数は48、8月を司り、上に姑洗（こせん）を生じる。姑洗の数は64、3月を司り、下に応鍾を生じる。応鍾の数は42、10月を司り、上に蕤賓（ずいひん）を生じる。蕤賓の数は57、5月を司り、上に大呂を生じる。大呂の数は76、12月を司り、下に夷則（いそく）を生じる。夷則の数は51、7月を司り、上に夾鍾（きょうしょう）を生じる。夾鍾の数は68、2月を司り、下に無射（ぶえき）を生じる。無射の数は45、9月を司り、上に仲呂（ちゅうりょ）を生じる。仲呂の数は60、4月を司り、極まって生じない。

　これらの数値は、『管子』中に記載されている三分損益法としてはじき出

表-2　五音十二律旋宮と六十甲子の配当表

應鐘	無射	南呂	夷則	林鐘	蕤賓	仲呂	姑洗	夾鐘	太簇	大呂	黃鐘	十二律呂／五音
姑洗之徵乙亥	夾鐘之徵甲戌	太簇之徵癸酉	大呂之徵壬申	黃鐘之徵辛未	應鐘之徵庚午	無射之徵己巳	南呂之徵戊辰	夷則之徵丁卯	林鐘之徵丙寅	蕤賓之徵乙丑	仲呂之徵甲子	徵
太簇之羽丁亥	大呂之羽丙戌	黃鐘之羽乙酉	應鐘之羽甲申	無射之羽癸未	南呂之羽壬午	夷則之羽辛巳	林鐘之羽庚辰	蕤賓之羽己卯	仲呂之羽戊寅	姑洗之羽丁丑	夾鐘之羽丙子	羽
應鐘之宮己亥	無射之宮戊戌	南呂之宮丁酉	夷則之宮丙申	林鐘之宮乙未	蕤賓之宮甲午	仲呂之宮癸巳	姑洗之宮壬辰	夾鐘之宮辛卯	太簇之宮庚寅	大呂之宮己丑	黃鐘之宮戊子	宮
南呂之商辛亥	夷則之商庚戌	林鐘之商己酉	蕤賓之商戊申	仲呂之商丁未	姑洗之商丙午	夾鐘之商乙巳	太簇之商甲辰	大呂之商癸卯	黃鐘之商壬寅	應鐘之商辛丑	無射之商庚子	商
林鐘之角癸亥	蕤賓之角壬戌	仲呂之角辛酉	姑洗之角庚申	夾鐘之角己未	太簇之角戊午	大呂之角丁巳	黃鐘之角丙辰	應鐘之角乙卯	無射之角甲寅	南呂之角癸丑	夷則之角壬子	角

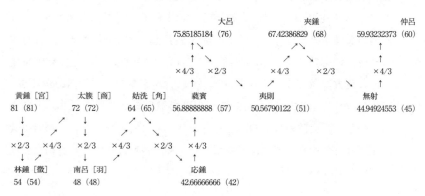

された理論的数値と完全に異なっている。表2に示したのは、三分損益法に従って計算した理論的数値である（括弧内の数字は『淮南子』の実際の数値）。

　つまり、応鍾、蕤賓、大呂、夷則、夾鍾、無射、仲呂の理論数値は『淮南子』中に提出されている数値といずれも微少な差異がある。真っ先にこの微少な差異に気づいたのは、明代の偉大な十二平均律の発明者・朱載堉であった。彼は詳細な検証を行ない、四捨五入の原則を考慮してただ整数を採用するのであれば、『淮南子』中の数値は理論数値と大多数は一致するものの、応鍾の数42と夾鍾の数68は四捨五入の原則と一致しない、と結論づけた。朱載堉はまず『宋書』に依拠して応鍾の数を43に修正した。こうするとあとは夾鍾の数68だけが残される。それゆえ彼は、『律呂精義』巻4、新旧法参校第6において、『史記』律書に依拠するのは三分損益法であり、『淮南子』の基準は三分損益法ではないから「律数が少し違う」と述べたのである。そこで彼は、一種の平均律体系に属する「約率」計算法を考案し、三分損益法の「損一」（2/3）、「益一」（4/3）をふさわしい調整法として適用した。すなわち、彼はまず2/3と4/3の両数値をその等価としての50/75と100/75、または500/750と1000/750に改めた。というのも、彼は「（最後の仲呂から再生される黄鍾は最初の黄鍾より少し高めの音になるので）三分損益法によって計算される十二律は実際には循環しない。その弊害は七五をもって法則とするところにある。規則が行き過ぎて実態が追いつかないのだ」と認識していたからである。相対的に云って分子がやや小さく、分母がやや大きいので「循環しない」ということになる。そこで彼は、等価の数によって改変した500/750と1000/750の分母から1を減じて500/749と1000/749とし、2/3と4/3に代替し、その結果、得られた整数値は『淮南子』の修正後の整数値と完全に一致することになった。朱載堉は500/750と1000/750を「約率」と呼んでいる。彼は考証を経て、古代律学史上、「三分損益」を継承した体系内に「新法とすこぶる同」じ計算法が存在していると認識するに至った。彼はこう述べている。「『史記』『漢書』記載の律はすべて三分損益であるが、『淮南子』『晋書』『宋書』記載のものだけ三分損益ではなく、新法と

すこぶる同じである」。それゆえ朱載堉は、平均律思想は「いにしえに無かったわけではなく、おそらく存在していたのに伝承を絶ったのであろう」と云うのである。朱載堉の見解が正しければ、『淮南子』中の楽律学はわが国の平均律思想の先駆けと見なすべきであろう。

しかしながら、なお一種の可能性があることに留意する必要がある。すなわち、三分損益に従い、毎回四捨五入により整数を取って推算する際の一律の基数とし、そのあとまた四捨五入によって整数値を取ると、結果は修正を経た『淮南子』中の律数と一致する。そうなると、『淮南子』中の律数は三分損益を使い、四捨五入後の整数を基数として順次推算していった可能性を完全に排除できないのである（表3）。

『淮南子』記載の律数、朱載堉が約率を用いた計算結果、三分損益法に従った計算結果、および、三分損益に従い、四捨五入により整数を取って推算する際の一律の基数として得られた律数、この4種の数値を掲げると表3のようになる（『淮南子』の欄の応鍾は42になっているが、朱載堉は『律呂精義』巻4で『宋書』に依拠して43に修正している）。

文献の不十分さによるとはいえ、『淮南子』の律数は結局のところどのような方法で得られたものであるか、我々には正確に判断するすべがない。しかしそれは、朱載堉が平均律体系に属する「約率」を使って計算して得られ

表-3 『淮南子』等4種の律数の比較

項目 律数	黄鍾	大呂	太簇	夾鍾	姑洗	仲呂	蕤賓	林鍾	夷則	南呂	無射	応鍾
『淮南子』が記載する律数	81	76	72	68	64	60	57	54	51	48	45	42
朱載堉が「約率」によって得た律数の整数	81	76	72	68	64	60	57	54	51	48	45	43
三分損益法により得られた律数の整数	81	76	72	67	64	60	57	54	51	48	45	43
三分損益法と四捨五入により得た整数を基数として得られた律数の整数	81	76	72	68	64	60	57	54	51	48	45	43

た律数と同じなのは客観的事実であり、少なくとも『淮南子』中の楽律数値は、実際には比較的平均律に接近したものであることを物語っている。

第三節　磁石の指向性と指南針の発明

　磁石が鉄を吸引するのは一種の自然現象である。その発見は天然磁石の経験的観察にまで遡る。中国古代では、たとえば『管子』など、非常に早期からこの方面の記載がみられる。磁石は鉄を吸引するが、その他の物質はどうなのか。漢代の道家はこの問題に対して実験研究を行なった。『淮南子』覧冥訓には瓦では難しいとあり、説山訓には銅ではだめだと記されている。漢代ではすでに、鉄以外は吸引しないと経験上知られており、これは科学認識上、明らかな進歩である。

　『淮南万畢術』には、天然磁石の方向指向性を利用した記述がある。「磁石を井戸に吊すと亡人がひとりでに帰ってくる」というのが本文で、その注に、「死者の衣帯を取り磁石をそこに包んで井戸のなかに吊すと、亡人がひとりでに帰ってくる」とある。「亡人」とは外出して方向に迷い、家に帰れなくなった人のことである。この資料は物理学史的な価値がある。

　指南針は中国古代の四大発明の一つであり、人類の科学技術と社会の発展に対して巨大な推進作用を及ぼした。ここ数年、学界では指南針の発明年代について論争が行なわれている。後漢の王充『論衡』是応篇に、「司南の杓、これを地に投ずれば、その柄は南を指す」とあり、以前はこれが漢代に磁性指向器（各種の磁性技術を利用して製作された指南針）が発明されたことの明確な記載だと考えられていた。「司南の杓」とは、中国で最も早期のひしゃく型の指南針のことである。ところが最近、王充は「司南の杓」がどういう材料で造られたものか説明していないという指摘が出された。それが天然磁石を細工して造られたものかどうか、明確な根拠を欠くというのである。もし磁石の表面が滑らかでなければ、底面とそれが置かれた平板との摩擦係数が過大になって、理想的な指向効果が出ないという。そこで、この史料が述べ

るのは磁性指向器のことではなく、北斗星が季節の変化に従って明示する指向性のことだとする見解も出されている（劉秉正「司南是磁勺嗎」『中国科技史論文集』）。ほかに、『鬼谷子』謀篇に「司南の車」、『韓非子』有度篇に「司南」の語が使われているが、これらを磁性指向器とするにも異議が出されている。

　王充の「司南の杓」が磁性指向器を指すとするには2つの傍証が必要である。1つは、天然の磁石に指南の性質があることを知っていること、いま1つは、天然の磁石の南北磁極を見極められることである。前者を知らないと、天然の磁石から指南器を加工することに思い至らないし、後者を知らないと、磁石の加工中に磁極の南北方向に沿って加工しにくいからである。漢代人にこの両項の知識があったことは、前引『淮南万畢術』の記述が証明している。そこでは、1個の天然の磁石を紐で井中に吊るして、その動きが止まった平衡状態でそれが指向を示すことが理解されているし、また、そこから南北方向の磁極性を判定しているからである。ただ、『淮南万畢術』の場合、その操作の目的はこの磁石の指向性を借りて迷った人を家へと導くところにあって、この意図は一種の迷信であり科学的ではない。しかし、前漢人は磁石の指向性と極向性を理解しており、それは磁性指向器を発明する前提条件となったはずである。そういうわけで、『論衡』の云う「司南の杓」は磁性指南器であったと推測できる。

第四節　磁性の吸引と反発現象の応用

　磁石は南北軸を具えていて、異なった極は互いに吸引しあうが、同じ極は反発しあう。中国と西洋の古代科学技術史には、大量の磁性吸引現象に関する記載がみられるが、反発の記載は非常に少ない。しかし『淮南万畢術』には、巧みな磁学の応用技術を通して磁性吸引現象が掲載されているだけでなく、磁性の反発現象も記されている。

　磁石の吸引現象については、早くも紀元前4世紀の『鬼谷子』に「慈

（磁）石の針を取るがごとし」とみえており、『呂氏春秋』季秋・精通篇ではいっそう明確に「慈（磁）石は鉄を呼び、あるいは引く」とあって、後漢の高誘は、「石は鉄の母である。慈（磁）性があるからその子を引く。石で慈のないものは引くことができない」と注釈している。当時の人々には磁という現象が理解しにくかったので、慈愛ある母の子供の引き寄せになぞらえて解釈したのである。磁石は磁鉄鉱石のことであるが、人々は磁石とその他の鉱石を「慈」と「不慈」と呼び分けて区別した。

　上述のように、早くも漢代以前から中国の古人は磁性吸引現象を発見していたが、ただそれは天然の磁石によって生み出されたものであった。『淮南万畢術』には人工の磁体を使った吸引実験が記載されている。磁性を利用して将棋の駒を互いに吸引させる「慈石提棋」の説である。原注によると、針鉄を磨いて鉄くずを作り、鶏血で鉄屑を調和し、それと磁石とを練り合わせて駒の頭に塗ると、駒同士が互いに引き合うという（『抱朴子』対俗篇、51頁にも類似の記載がある）。この方法は天然磁石と鉄屑を使って発明された最も早い人工磁体であり、重要な科学的意義がある。

　磁性反発現象については、同じ『淮南万畢術』に「慈石拒棋」の説が記載されている。

　これは上とほぼ同じような手順で作った駒を盤上に置くと「相拒んで休まず」、つまり互いに反発しあうという。これは明らかに磁性反発現象である。

　注釈に従うと、その作製と操作の順序はこうなっている。まず、針で鉄を磨き、ついで磨いた鉄屑を鶏血でひとかたまりにくっつけ、そのあと磁石で鉄屑を磁化する。または、磁石を細かく砕き、鶏血を使って鉄屑とひとかたまりに混ぜ合わせ、それを駒の頭に塗り、さらし終わると駒は磁極性を具えるようになる。このような多くの駒を盤上に置くと、はじめは無秩序な配置状態であるが、同性磁極で接近して置かれていたいくつかの駒は、「相拒」（反発）現象を起こし、異性磁極のいくつかの駒は、「相投」（吸引）現象を起こす。

　このような実験の手順に関しては、現在のところ科学史学界でまだはっき

りした研究は行なわれていない。しかし『淮南万畢術』で述べられている原始的な操作過程がどういうものであろうとも、物理学史上から見ると、そこには少なくとも2点の重要な価値がある。1点は、それが中国古代の人工磁体の初歩的実践であったこと、2点目は、それが中国古代における磁性反発現象についての最も早い記載だということである。これらの達成は疑いなく古代静磁学研究の重要な進展であり、淮南道家学派によるこの実験は世界科学技術史上、重要な学術的意義を持っている。

第六章　初期道教と建築

小序

　建築は、人類が生存するための物質的条件であるだけでなく、人類文化の記号的表現である。宗教建築は、特定の宗教信仰と宗教的激情が物として反映されたものである。カッシーラーはこう指摘している。「記号化の思惟と記号化の行為は、最もよく人間の生活を代表するものであり、かつ人類文化の全体的発展はこうした条件のお蔭である。……それゆえ、人間はもはや一個の単純な物理的宇宙のなかで生活せず、一個の記号的宇宙のなかで生活する。言葉、神話、芸術、そして宗教はこの記号的宇宙の構成部分を成し、それらは記号の網を織りなす異なった糸であり、人類の経験が織りなす網なのである。人類が思想と経験のなかで獲得した一切の進歩は、この記号の網をいっそう精巧かつ堅固なものにする」（カッシーラー『人論』漢訳版、33〜35頁）。宗教建築は世界の各大宗教のなかで十分重要な意義を有しており、それは特定の宗教文化の物質的媒体なのである。

　宗教建築という芸術が内包する哲学、神学、倫理、美学などの思想的内実は、我々がその外観から感知するものより遙かに深遠である。テーヌは、中世の西洋文化の衰退とキリスト教終末論の流行、それらとゴシック建築の風格が生み出す内在的関係に対して、深く微細な哲学的分析を行なってこう述べている。「厭世的心理、幻想的傾向、たえず襲ってくる絶望感、やさしさに対する飢餓――こうしたことが、世界は苦海、生活は試練、神に心酔することが無上の幸福であり、神に帰依することが最も大事な義務とする宗教を人々に自然に信じさせるようになった。窮まりなき恐怖と窮まりなき希望、紅蓮（ぐれん）の炎が燃え上がり永遠に抜け出せない地獄の描写、光明の天国と極楽世界の観念は、苦難にあえぎ恐れ戦（おのの）く心霊にとっては絶好の好餌であった。キリスト教はこのような基盤上に人心を支配し、芸術を啓発し、芸術家を利用

した」（H.A. テーヌ『芸術哲学』漢訳版、97頁）。かくして西暦1000年前後、フランスを中心にゴシック建築は西洋で流行し始める。当時ある人は、「世界はボロの旧衣を脱ぎ捨て、教会のために純白の上着を着た」という詩句を通して、人々が狂熱的な信仰心によって自己の霊魂を救済し神の国に入るために、営々として規模壮大なゴシック式教会を建造したことを表現している。このような風格のキリスト教教会は、中世ヨーロッパ人の苦難に満ちた心霊の表現であり避難所であり、かつまた、中世キリスト教の価値観、審美観、倫理観といった抽象的意識の直観化であり記号化であった。

　それゆえ、ゴシック教会建築には、ヨーロッパ中世の人々が苦難を嘗めつくしたあと、神霊の追求と憧憬に転じ、それによって現実からの解脱を求めたその心情が表現されている。教会に入った人々の心は痛ましいものであり、彼らがそこで求めたものも痛苦の思想にほかならなかった。「深刻な災難、果てしない地獄、止むことのない懲罰、キリストの十字架上の受難、殉教者の拷問——彼らはこのような宗教教育を受け、心中にあるのは恐怖であり、陽光の明るさや美しい風景には耐えられなかった。教会の内部には冷え冷えとした陰翳（いんえい）が籠もっているが、ただ、ステンドグラスを透過してくる光は真紅色や、レンゲソウやトパーズの色に変化して、神秘的な炎や珍奇な照明となって、まるで天国に開かれた窓のようである」（同上）。このようなゴシック建築は、キリスト教と当時の社会状況が一緒になって人々の心霊に作用した結果であり、繊細で過敏な想像力は普通の形式では絶対に満足させることはできなかった。

　テーヌは続けて云う、「まず、形式それ自体に対して興味を覚えない。必ず形式が一種の象徴、または荘厳で神秘的なものになっていなければならない。聖堂の身廊と翼廊との十文字形の交差がキリストが受難した十字架を代表し、バラの花窓はダイヤモンド形の花弁とともに永遠のバラを代表し、葉は一切の救済される霊魂を代表し、各パートの寸法は聖数に一致する。また一方で、形式の豊穣さ、怪異さ、大胆さ、精巧さ、巨大さ、ラテン十字式のバシリカ、空を凌ぐように造型された飛梁、高くそびえて雲に入る尖塔建築

の形式は、まさしく病的な幻想の所産である誇張された情緒と好奇心によく合っている。この種の精神は、強烈さ、複雑さ、怪異さ、過度、変化多端な刺激を求めた。そして、円柱、円い斗栱（ときょう）、平板な梁を排斥した。要するに、古代建築の安定した基礎、釣り合いの取れた比例、素朴な美を排斥したのである。すべての確実なもの、出生から生存に至るまで骨を折らずに、そのままでずっと美しいもの、本質的にすぐれていて補足したり飾り付ける必要のないもの——当時の人々はこういうものに対して好感を抱かなかった」（同上）。これは社会的にはびこる受難意識が、審美的心理上に延伸してきたものにほかならない。明らかにゴシック教会建築の風格は、当時の欧州人の価値観と審美観を表現しており、キリスト教の神学観念がそこに潜在している。

　テーヌの引用を続けよう。「あのような微妙で病的な詩趣の誇張のされ方、まさしく特異な情緒、乱れた幻想、強烈で実現し得ない渇望を反映している。……発展の普遍から見れば、ゴシック様式建築は疑いなくこの上もなく大きな精神の苦悶を表現し実証している」（同上）。それは、キリスト教の価値観を核心とするヨーロッパ中世文化の精神的象徴であった。その象徴的意義については、エルンスト・ブロッホもこう指摘している。「ゴシック様式の風格は、生存空間と地平線上で醸されてきた、あらゆるロゴス神話の総体に関わる問題に対する、嵐のような芸術的暗示である。……それは一艘の石で造られた船である。神のもとへ飛ぶ第2の方舟である」（E.Bloch, *"The Utopian Function of Art and Literature"*, 英訳版94頁）。中世のヨーロッパ人は、ゴシック様式の教会においてきわめて想像力に富む、幻想的で誇張的な表現を行なったのである。

　世界それぞれの大宗教文化の発展過程において、宗教建築は、特定の宗教の価値観、審美観、それに倫理観の支配下に創作されたものであり、かつまた、抽象を直観に寓した、象徴化された一個の巨大な美学的記号なのである。

　中国文化には、建築芸術を社会的な効用の面から重視する審美の伝統があ

る。史料によれば、前漢景帝の時、魯の恭王・劉餘が霊光殿を建造した際、その内壁に華麗で堂々たる画を描かせたが、壁画中の人物たちはあたかも生きているかのようであった。「天地を描き、万物を分類し、もろもろの事物や神怪、山の神、海の霊などはその姿を写し取り、これを絵画に表現している。……おおむかし、五龍は翼を並べ、人皇は九頭で、伏羲は身に鱗があり、女媧は体が蛇であった。……下って禹王・湯王・文王時代になると、淫妃乱主、忠臣孝子、烈士貞女が現れ、賢者は成功し愚者は失敗したが、それらすべてが描き取られている。悪は世の戒めとし、善は後の世に伝えるのである」（王延寿「魯霊光殿賦」『全後漢文』巻58）。このような建築は、深い倫理的内容と審美的教化の機能を具えていたことがわかる。

　道教建築は、中国建築の構成要素である。道教は歴代、宗教建築としての精神的価値を重視してきたので、宮観建築は道教の発展史上、重要な地位を占め、また道教文化の外的表現となってきた。そして、道教自身の特有の観念によって、道教建築は崇高な象徴的意義が与えられていた。すなわちそれは、神仙が棲む「瓊楼玉宇」（宝玉で出来た高殿）といった、種々の仙境を模擬したものであった。ある道典に云う、「墉城の金台、流精の闕（宮殿の門、532頁以下参照）、瓊華の室、紫翠の丹房──これらは崑崙山にあって、西王母がそこを治めている」（『無上秘要』巻22）。つまり、道教にあっては崑崙山の墉城の金台上に神闕があり、そこはもろもろの神仙たちがやって来ては留まる仙境の入り口なのである。

　現実的なレベルでは、道教建築は道教徒が修錬活動を行なうところであり、また同時に、教団内部もしくは外部の社会と交流し接触をする媒介的な場所であった。そのうちの一つである「靖室」（または浄室）は初期道教建築の一種で、道典は明確にこう指摘している。「道教の信徒の家では、靖室は誠を捧げるところである。外部とは隔絶され、ほかの棟とは繋がっていない。そのなかはすっきりと清楚で、余計なものは何もない。門戸は障碍なくスムーズに開閉し、掃除が行き届いていて常に神が居ますがごとくである。ただ香炉、香灯、机、それに書刀（竹簡や木簡に字を刻んだり削ったりするナイ

フ）の4つが置かれているだけである。必ず質素を旨として、百余銭あれば十分である。俗人の家と比較すると、ベッド上のしつらえや幡飾りなど、華美や繁多を避けて簡素一途である」（『陸先生道門科略』24-780〜781）。道教徒はさらに、修道の人が斎戒をする際に「幽暗な部屋で恭しく沈黙を守る」ことで「情性を制御」せねばならないと規定している（陸修静『洞玄霊宝斎説光燭戒罰灯祝原儀』、『道蔵』9-821）。

　ここから、この「靖室」という宗教建築が初期道教の宗教生活において重要な精神的機能を担っていたことがわかる。それと同時に、初期道教の「治」や「観」は、神に通じる機能を持つ、人—神の仲介と見なされており、人々は宮観を生命に関わるものだと考えていた。精神分析の角度からいえば、〈子宮コンプレックス〉の特徴を具備していたのである。この点は道教信仰の特徴と直接的な関係がある。人が道を修めることによって神仙になるのは、道教信仰の核心である。それゆえ、神仙を含意すると認識された各種の文化記号は、すべて現実の人間と彼らが追求する神仙世界間との媒介とされた。初期道教が正統道教に向かう過渡的過程において、相対的に安定して人々が集まる宗教的活動の場所が現れたことは、一つの重要なメルクマールになる。

　実際には、道教が形成されるよりもっと前に、中国古代神話ではすでに瓊楼玉宇や金台玉闕が神仙世界の象徴になっていたが、しかしそれらは人間が憧れるだけで至り得ないところであった。道教が生み出されて以後、人々に修錬して仙人になるための方法が提供された。これは、本来隔絶していた人—仙という両世界の関係を、その修仙法によって連結させるものであった。そしてこの修仙法は、必ず一種の重要な媒介の場所を通って初めて現実のものとなるものであり、かくして、初期道教における修錬とその伝授、および科儀（道教儀礼）などの活動の主要な基地としての宮観は急速に興隆することになった。しかしながら道教の宮観は、決して無から有が生まれたものではなく、古代以来の多様な建築様式を継承し、神仙の修錬をする人々と結合して次第に形成され、教団組織活動の中心になったものである。この形成過

程は、道教が初期形態から正統形態へと向かう過渡的過程と基本的に一致しており、具体的な歴史要因と道教の宮観と密接に関係する宗教思想とによって決定された。この過程において、長期間、民間に浮遊していた初期道教は、次第に固定的な宮観を基地として擁する相対的に安定した正統教団組織へと向かってゆき、かの本来の全国的で流動的で秘密教団としての、社会の秩序に影響を与えるような活動様式を改め、一歩一歩、現実社会の秩序に適応し、国家からも承認されるようになっていった。そいうわけで宮観は、道教思想と教団組織の発展のために必要な場所を提供し、有益な物質的条件を造り出したのである。

第一節　道教建築の思想的淵源

一　道教建築の哲学的基礎

1.「有無相い生ず」(『老子』第2章)：建築空間は相対関係のなかで構成される。

道家の建築と空間に対する独特の論述は、建築の理論と建築の思考のための哲学的基礎を定めた。建築が相対する空間については、道家に透徹した議論がある。

> 有と無は相手に依存しあって生まれ（有があるから無があり、無があるから有がある）、難と易も相手があってこそ成立し、長と短も相手があってこそ互いの形があり、高と低も相手があってこそそれらの概念があり、音と声も相手があってこそ調和が生まれ、前と後も相手があってこそ順序ができる。　　　　　　　　　　　　　　　　　（『老子』第2章）

> 戸や窓を穿って（くりぬいて）部屋を造る。その無（空虚）があるから部屋としてのはたらきが生まれる。故に有（形あるもの）が役に立つのは無（空虚）がはたらいているからだ。　　　　　　　　（『老子』第11章）

「戸や窓を穿って部屋を造る」ことから、老子は「有無相生じ」る道理を悟った。人々が孔を開けて戸や窓を穿ち出すということは、〈有〉から〈無〉を開き出すこと、換言すれば、人間の営為によって特定の〈有〉の存在形式と内部構造に変化を生み、その内部に部分的に元からあった要素を除去して内部の〈無〉の表象を造成するということである。この相対関係のなかに現れた空間は部屋としての機能を具えることになる。この部分の論述は、洞窟を掘って居室とした古い建築様式に対する観察から生み出されたものであろう。

2.「善く建てたるものは抜かれず」(『老子』第54章)：柔性によって建築の耐久性が獲得される。

単に部屋という建築空間があるだけでは、人々の基本的な需要を満足させることはできない。建築には安全性と信頼性が必要であり、これは人類が建築史上、長期間にわたって関心を払ってきた問題である。建築の信頼性は単に使用者の利益と生命の安全だけに関わるものではなく、設計家と建造者の関心のありどころでもあった。老子は云う、「ちゃんと建てられたものは引き抜かれない」(『老子』第54章)。それでは、どのような建築形式と構造が「善く建てたるもの」と云えるのか。

一般的な意味での建築の信頼性については、しばしば「強度」という語が使われる。現代建築では、部材は使用前に強度を測定し、それが特定の高強度の圧力と衝撃に耐えうることが証明されて初めて使われる。かくして、建築全体に一定の強度と耐久性がもたらされる。しかし、現代の材料と構造に基づく建築物は、耐震テストを施されると倒壊を免れがたい。これは現代の建築科学がいまだ解決し得ていない問題であり、まさしく、上引の老子のことば通りである。

　　突風はすぐ止むし、大雨も終日降り続くわけではない。そうさせているのは誰か。天地である。その天地でさえ永遠なものではない。まして人

間がそうでないのはなおさらのことだ。　　　　　（『老子』第23章）

　道家は、哲学的叡智を用いて人類の建築も含めた自然万物を仔細に観察し、「突風」や「大雨」式の一過性の猛烈なもの、あるいは強度を強調したものよって存在の保証を獲得しようと企てても、そういうものは長久ではあり得ないことを発見した。
　しかし人類は、常に自己の文明の成果ができるかぎり長久に存続してゆくことを求めており、各種建造物を設計し建造する際に、真っ先に考慮されるのは安全性、耐久性、そして信頼性である。どうすればこうした要求を満足させうるのか。老子は、建造物の依るべき哲学的根拠は〈柔〉だとした。

　微細なものまで見うること明と云い、柔弱さを守ってゆくのを強と云う。　　　　　　　　　　　　　　　　　　　　（『老子』第52章）
　柔弱は剛強に勝つ。　　　　　　　　　　　　　　　　（同・52章）
　天下で水より柔弱なものはない。堅強なものを攻める上で水以上にすぐれたものがないのは、水の代替ができるものが他にないからだ。
　　　　　　　　　　　　　　　　　　　　　　　　　　（同・78章）
　故に堅強なものは死の仲間、柔弱なものは生の仲間である。（同・76章）

　まさしく道家思想は、中国古代以来、建築美学から建築設計、用材と構造の伝統的風格を構築するための基盤となった。中国の伝統建築はたくみに木材を使って建材とし、豊富な大木の構造設計と建造経験を蓄積してきたが、その本質は道家の〈柔〉を重んじる建築哲学の応用であった。

3.「樸素(はくそ)にして天下能くこれと美を争うもの莫(な)し」(『荘子』天道篇)：建築の風格と信頼性との間の張力の解決。
　人々が追求する建築の風格のすばらしさと信頼性との間にはある種の張力が存在する。道家は一種の審美的な主張を通して、このような張力を解決す

る思考法、すなわち〈樸〉(はく)（加工前の原木、〈朴〉に通じる）を提起した。老子は云う、「むかしのよく道（帛書乙本）を修めた人は、微妙で玄妙なものにまで通じており、その深さは認識を超えている。認識できないので無理にでも形容するほかはない。……素樸篤実なさまは樸(あらき)のようだ」（『老子』第15章）。また老子は、「素を見(あら)わし樸を抱く」（同・第19章）、「樸に復帰す」（同・28章）、「原木を切り分け加工されると器になる。聖人はその器としての人材を使って官僚の長官にすえる。しかし大いなる智慧者は切り分けない」（同・第28章）などと力をこめて主張した。老子は全体的、唯美論的な審美思想は述べない。これらは一種簡約化されたものであり、ある種の相対的な環境下で味わう美のありかである。これらは充実した老子の哲学に基づいて発せられている。

> 世間の人々は美しいものを美しいと思っているが、じつはそれは醜いものなのだ。世間のいう善も不善にすぎない。有と無は相手に依存しあって生まれ……。　　　　　　　　　　　　　　　　　　　　（同・第2章）
> 手に入りにくい品物を尊重しなければ、民は盗みをしない。欲しいものを見せなければ、民の心は乱れない。　　　　　　　　　　　（同・第3章）
> 聖人はボロを着て心に玉を抱く。　　　　　　　　　　　（同・12章）

荘子もまた指摘している。

> ぼんやりとして欲望がない。これを素樸と云う。素樸であってこそ民の本性が実現される。　　　　　　　　　　　　　　　（『荘子』馬蹄篇）
> 原木を切り刻んで器を造るのは大工の罪だ。　　　　　　　　　（同上）
> 聖人と絶縁し智慧を棄てれば、大盗も現れない。玉を投げ捨て珠を砕けば、小盗も出てこない。手形を焼きハンコを壊せば、民は素樸なままであり、マスを割りハカリを折れば、民は争いごとをしない。
> 　　　　　　　　　　　　　　　　　　　　　　　　　　（同・胠篋篇）

総じて云えば、「素樸なままでおれば、彼と美を争える人は誰もいない」（『荘子』天道篇）ということになる。これは道家美学に特有の要素であって、中国の伝統的庭園中の山水や建築全体の環境設計なども、疑いなくこの審美観の影響を受けている。道家においては、いわゆる〈樸〉（朴）は事物の原初のありようを指していて、美はそこにこそある。道家は、修飾された華麗な外側の美を美とはせず、内に保たれた美を求めた。その本来的に完備している原初の美を破壊し、それを外化させることで讃美され羨望されたいと願うようなものにする必要はない、というのが道家の美学であった。

二　神仙伝説の仙境構想

　古代文献と伝説中の神仙はみな仙境の美しい高殿に棲んでいる。崑崙の神殿や海中の神山に居住しているのはすべて不老長生者のたぐいである。天に通じ得ると考えられていたある種の神山、たとえば崑崙山などは、仙薬が集まっているところとされ、人々から憧れられた。『山海経』では崑崙山は「帝の下都」とされ、「方百里、高さ万仞、地面に九井があり、その欄干は玉製である。九門があって開明獣が守り、そこは百神の居場所である」（海内西経）と記されている。緯書の『春秋明暦序』にはこうある。「天地が開闢すると、万物は混沌として、知もなく識もなく、頼るところはただ陰陽だけであった。このとき天の体は北極の野に始まり、地の形は崑崙の丘に起こった」。『淮南子』では、崑崙山は神の山とされ、そこに登ると不死になると云い、「崑崙の丘はそこから倍も登ると涼風山と呼ばれ、ここまで来ると不死になる。さらに倍登ると懸圃というところに到って霊力が具わるようになり、風雨を自在に操ることができる。さらに倍登るとそこは上天であり、ここまで来たものは神となる。ここが太帝の居所である」と述べられている（地形訓）。『史記』には戦国・秦漢時代の美妙な仙境伝説が記載されている。それらはすべて海中の蓬萊、方丈、瀛洲という三神山の上に建てられ、そこには「仙人」と「不死の薬」がある。しかしその三神山は遠望すると雲のようで、近づくと海中に没してしまって到り着くことができないという（封禅

書)。神仙を深く信じた秦の始皇帝が天下を統一すると、即位三年、封禅を行なったあと、東海に遊び、仙人羨門高(せんもんこう)の仲間たちを探し求めた。また、病没する前、南方を巡幸し、会稽山に登ったあと海に出て、三神山の不死の奇薬が手に入ることを希(こいねが)った(封禅書)。この時期、このように方仙道では、神山は人を不死にさせる法力があるだけでなく、山上に神薬があって、それを得れば不老不死になると明確に認識されていた。

先秦の神話伝説に基づいた神仙観念では、その方法の核心は〈求〉の一字にあった。原初の意義における神仙は、世人が辿り着くすべのない瓊洲(けいしゅう)の仙島で生活し、不死の薬を保有していて、一切の自然や社会の運命を超越し、永遠に続く快楽を享受する自在な存在であった。かくして世人は、神仙を探し出し、仙人になりうる「不死の薬」をもらいたいと渇仰した。このような神仙観念においては人間は受動的であって、自ら為すという立場にはいない。

ところが漢代以降、神仙家たちは次第に〈求〉仙から〈修〉仙へと変化してゆき、人間の能動性と主体性が上昇していった。漢代の許慎の『説文』では、〈仙〉字は長生仙去と解釈されている。その段玉裁の注では『釈名』を引きつつ、「老いて死なない者を仙という。仙(セン)は遷(セン)の意。遷とは山に入ること。ゆえにその字は人べんに山とする」とある。漢代の神仙観念の内実はすでに上古とは異なっていて、人間の自為性が加えられ、〈仙〉は〈人〉の一種の変化した形態となった。このことは、漢代人がすでに縹渺(ひょうびょう)たる仙界に助けを求めずとも人間は自力でも神仙になり得ること、神仙は主体的に自ら為した結果であり、〈俗〉人とあい対する生の一種の境地であると認識していたことを示している。この「自ら為す」は実質的に一種の自己制御であり、世俗の生活をみずから進んで放棄し、山中に遷(うつ)り入れば不老不死が得られるとするものである。漢代以降に形成された道教は「我が命は我に有りて天にあらず」という有名な命題を提起したが、それはこのような神仙観念から生まれて来たものであった。

漢から晋にかけて、煉丹のような自分で行なう初期道教の修仙モデルが次

第に形成され、自分で主体的に修錬して仙になるという思想が核心的な位置を占めていった。この時すでに、葛洪を代表とする道教の丹鼎派とその系統の丹道理論が現れており、道教の信仰者のために修身と煉丹の双方を含む詳細な神仙学説が提供されていた。しかしこの時期には、成仙過程において丹薬が主要な方法としてなお重視されていた。葛洪の『抱朴子』には、〈神丹〉を服用すると必ず神仙になると述べられている（金丹篇）。たとえ、徳の蓄積が足りないと成仙はまだ不充分という思想が提出されることはあったにせよ、成仙過程における金丹の決定的意義は明確であった。この時期には人間は自力で仙になり得るとする観念が興隆していて、虚無 渺茫(びょうぼう)の仙境の神山に仙薬を探しに行くという幻想に限定する必要はなくなっていた。つまり、修仙と採薬・煉丹の場所は地上の名山に転向され、地上の名山の神秘性と、そこに身を置いて修道すれば生み出される可能性のある生命転化の機能が発見されたのであった。これはある意味において地母崇拝の別種の表現形式であり、子宮崇拝の特徴を有していると云えるかもしれない。また、地上の名山は天地と通じており、有道の人が修錬して仙となる場所と考えられていたとも云いうるだろう。かくして、道士たちが土地を選択して居住し、宮観を建てて錬養と修仙活動を行なうことが可能になったのである。

三　宮闕台観の歴史的源流

多くの古代文献では「宮」と「闕(けつ)」とはしばしば並列されるが、これらは中国の建築形式としては最高のレベルのもので、常に帝王の居所を指し、その荘厳さと宏壮さにおいて常人の進入を拒む、はなはだ神秘的な建物であった。「闕」は本来、宮殿の門であり、『説文』には、「闕とは門観のこと。それで門がまえになっている」とある。段玉裁は、ここでいう闕は中央が闕(か)けている「両観」を指す、としている。また彼は、「観」と「台」はどちらも平地に建てられるが、四方を向いていて高いものが「台」、必ずしも四方に向いていないものが「闕」としている。

では、「観」とは何か。『説文』では「観とは諦(あき)らかに見ること。それで部

第Ⅴ部　物理学と技術　第六章　初期道教と建築

首に見を含む」とあり、ここから「観」の本義が仔細に観察し注視することであるのがわかる。のちにそれが指す内容に変化が生じ、「観察眺望」という元来の意味上に、「観察眺望する建築」という新義が加えられた。なお、段注は「観と闕は同義」とするが、実際、古代文献では「闕」と「観」とは不可分で相互に代替が可能であり、「闕」とあっても「観」を意味している場合もある。たとえば、「老子廟の前に２つの石闕があり……闕のそばにそれぞれ子闕がある」（『太平御覧』巻179所引『瀨郷記』）などという例を参照されたい。

「観」には２義があって、上位の者が民情や国俗を視察する「観」と、下位の者が上位の者の徳行を観察する「観」であるが、どちらもしっかり観察するという意味は共通している。そこから拡張されて、おごそかに民に手本を示し、人々に仰ぎ見て畏れさせるというのも「観」と呼ばれるようになった。『易経』に観卦があり、その彖伝に「天の神道を観て四時忒わず、聖人は神道をもって教えを設け、天下服す」などと云う。観卦は仰ぎ見ることを象徴し、大勢の人々が慕い寄ってくるという意味がある。老子は「君子は栄観（立派な建物）に居ても、くつろいで超然としている」と述べている（『老子』第26章）。『老子想爾注』では、「栄観は人の尊ぶところとはいえ、君子はつとめて清浄さを重んじて道の戒律を守り行なう」とパラフレーズされている。このように漢代人にとって「観」は、人々によって尊崇される一種の文化記号であった。陳国符は『釈名』を引きながら、「観は上から観望すること。……観とは観である。周では両観を設置して宮門の表示とした。その上に居ることもでき、そこから遠望もできるので観と云った」（『道蔵源流考』附録、『道蔵札記』道館考原）と述べている。また『道書援神契』には、「古代、王侯の居所はみな〈宮〉と云い、城門の両側は〈観〉と云った」とあり、宮観の何たるかを明言している。

古代建築において「観」は、本来眺望のために用いられた楼閣式の建物であった。もし「観」の間に道が通っておれば、その道と門構えを結合させて「闕」とも呼ばれた。『漢書』五行志に、「門闕は号令を出すところである」

とあり、また、「闕は法令を出すところである」などとみえるが、これは古代の世俗的な機能の角度からの解釈である。もしも道教という宗教観念から解釈すれば、修道者が星や気を観測して人と神とのコミュニケーションをはかり、「神道設教」(神の威力を借りて民を教化すること) をするための場所、ということになるだろう。

四 「仙人は楼居を好む」：慕仙時代の象徴的な建築

『列子』に、渤海の東に五神山があり、その山上の「台観」はみな金玉でできていて、そこに居る禽獣はみな純白、居住しているのはすべて「仙聖の神」で、毎夕、数え切れない神仙が空を飛んで往来している、などと述べられている (湯問篇)。これによれば、「観」は神界の「仙聖」が出入りするところのようである。前漢の斉国のひと少翁が鬼神に通じているとして漢の武帝にまみえた際、武帝は「少翁を拝して文成将軍とし、多くの品々を下賜して客礼をもって遇し」たが、そのとき文成は、神と通じようと思えば、宮殿から服装にいたるまで神に象らないと神物はやって来ないと上言し、また甘泉宮を造らせ、そこに天、地、太一の神々を描き、祭具を具えて天の神を招いた (『史記』封禅書)。武帝はまた、方士の公孫卿を遣わし、河南の緱氏城上で仙人が現れるのを待たせた。公孫卿は以前に「仙人は楼居を好む」として武帝に「観」の建立を進言したこともある (同上)。

こうした記述を見ると、漢代の神仙家たちは、神仙は美妙な宮、観、楼、闕といった建物に居住していると考えていたことがわかる。かくして、「観」や「闕」は人々の憧れる仙境の象徴になっていった。思想的内実から云えば漢代の「闕」や「観」は同義で、前述したように互いに代替可能な象徴的意味を担い、建築芸術という審美的形式を通じて理想の神仙世界を憧憬する内在的特質を表現していたわけである。多くの漢代の画像や考古資料の実物は、この点を充分に証明している。それゆえ、「闕」と「観」の思想的価値は建築芸術というその本来のあり方を超え、漢代人の神仙信仰中の天門の象徴的記号となった。すなわち、人と仙とが互いに交流する媒介である。古代

第V部　物理学と技術　第六章　初期道教と建築

において「地天の通を絶つ」（天と地の自由な交流往来が断絶）事態が発生して以来、地上の人間が天上の神仙世界に昇ろうと思えば、徳を修めるだけでは不十分で、天に昇る「天梯」が必要となってきた。かくして「闕」は、「天梯」に代わって人を昇天へと導く記号化された手段となったのである。

　漢代、とりわけ後漢の墓には、墓室内の磚石に刻まれた比較的小さな「闕」から、石棺上に刻まれたやや大きな「闕」、さらに墓外で磚石を使って積み上げられた「闕」に至るまで、その存在が連続しているところに意義のある、故人が「神道」と呼んでいるひとつの系統がある（図-10）。そのうえ、単闕の上や刻された双闕の間にしばしば考古学者から「門亭長」（漢代の考古資料に照らし合わせると実際には「魂門亭長」）と呼ばれる人物や、ある種の単闕上に朱雀の類いの神鳥が現れる。彼らの役割は死者を引導して天に昇らせるところにある。この一系列の「闕」は、死者を地下から天上へと引導する、完備された昇天の道筋の隠喩になっている。

図-10　鳳闕画像磚（『四川漢画像磚選集』文物出版社、1957年、81p、より）

「闕」や「観」によって神仙を招き降ろす方法は、方士たちが人力以外の、人を神仙に転化させ得る薬物手段を手に入れようと追求した結果、見出されたものであった。ここから、「観」や「闕」はともに昇天の機能を具えていると見なされていたことがわかる。人類学的見地からすれば、この「闕」は人・神の両界の間にあって隔絶と交通という２つの機能をひとつに集約した、一種の象徴的な神学記号であり、俗から聖へ、死から生へ、地下から天上仙界へと到る〈通過儀礼〉の象徴でもあった。緯書の『尚書帝験期』には次のように明瞭に述べられている。

　（西）王母の国は西荒にある。およそ道を得て書（仙人認定書）を受領する者は、みな崑崙の闕で王母に拝謁する。

漢代の方士は、皇帝から各自「祠（ほこら）」を興して神を祀ることが許されていた。『説文』に、「春祭を祠という。供物は少なく祝詞が多い。示を部首に持ち、司の発音。仲春の月は祠に犠牲を用いず、圭璧と皮幣を用いる」とある。また、『漢書』郊祀志に、「（漢の武帝の時）方士が興した祠にはそれぞれ主宰する者がいて、その人が死ぬとその祠はそれで終わって、祠官は関与しない。しかしほかの祠には変化はない」と記されている。支配者側が造った多くの祠には、皇帝がみずから「郊祠（こうし）」を行なったものや、朝廷の祠官が管理しているものもあった。この史料から、前漢には「方士が興した祠」が存在していただけでなく、それらは支配者側の祠とは異なっており、朝廷の政策としては方士が興した祠は彼らの自己責任に委ねていたことがわかる。この「方士が興した祠」は、実際には彼らの求仙活動が一歩進んで宗教化されたものであった。『説文』の「春祭を祠という」という一文から、方士が祀っていた神は生を司る東方青帝の神であろうと推測しうる。このような宗教への転身は、固定的な宗教活動の場所としての道教の宮観の形成を推進した。『漢書』地理志によれば、「（河南郡の）緱氏は劉聚周大夫劉子の邑、そこに延寿城仙人祠がある」と云う（第８上）。また同書には、「（琅邪郡の）不其

に太一、仙人祠9ヶ所と明堂がある」と記されている（第8上）。当時すでに「仙人祠」という一種の前道教建築が現れていたのである。

また、『史記』封禅書によれば、漢の武帝は寵愛する王夫人を喪った時、斉人の少翁が方術を使って帷（とばり）の向こうに死んだ夫人を現出させたので彼を文成将軍に取り立て、彼の進言に従って甘泉宮を建て、そのなかに「台室」なるものを造って鬼神を描かせ、祭具を具備して天神を招いた（既引）。この甘泉宮と台室は事実上、神と通じるはたらきのある建築であった。

王莽時代、初期道教の「方士」たちが活躍した。ある研究によれば、王莽が統治において初期道教の方術とその神仙を崇信する思想を採用したのは、そのなかに漢に取って代わるという利用すべき思想的要素が含まれていたからであったが、しかし同時に、王莽自身に初期道教に対する信仰心があったことに留意する必要があるという（姜生「原始道教之興起与両漢社会秩序」『中国社会科学』2000-6）。黄帝は華蓋（はながさ）を造って登仙したという話を聞いた王莽は、九重の豪華な華蓋を造らせた。その高さは8丈1尺、それを秘密の仕掛けを具えた4輪車に載せ、6頭の馬と黄色い服と帽子を着した300人の力士に引かせ、車上の人が太鼓を打つと、挽く者はみな「登仙！」と叫んだという（『漢書』王莽伝下）。これは一種の宗教的意味を内包した、象徴的な移動式建築と云える。方士の建議に従って王莽はさらに宮中に「八風台」を建立し、また「黄帝穀仙の術」を行なったほか、その統治期間中、「天地の六宗以下、もろもろの小さな鬼神に至るまでおよそ1700ヶ所において、三牲（牛、豚、羊）、鳥獣、および3000余種の供物を用い」て祀り、しばしば詔を下して自分を「仙に当て」たという（『漢書』郊祀志）。

こうした史料から、王莽の時代には神仙を唱道して活動する「方士」たちが居ただけでなく、求仙を目的とした宗教的な建築、「台」（うてな）もあったことがわかる。この「台」を中心にして方士たちの指導の下、宮中では仙薬の合成など各種の方術活動が行なわれていた。そのために朝廷では、方士が担当する専門職を設置し、神を祀り仙を求める一層大規模な活動が展開された。このような支配者側の行動は、初期道教の形成と道教建築の発展に対して疑い

もなく巨大な推進作用を果たすことになった。

　後漢時期、黄老道は道教へと変容する最終段階にあった。それより前、宮廷と上層社会の黄老道の実践、および民間に興起しつつあった初期道教と黄老道との相互的な影響関係とによって、何人かの皇帝は事実上、この変容に関与することになった。これは、民間叛乱者による皇帝の神権に対する絶えざる「僭越」行為が、後漢皇帝の正統的「天子」神権の地位に対するますます重大な攻撃と捉えられ、皇帝も民間のそれに対抗しうる宗教手段を採用せざるを得なくなってきたからである。後漢桓帝の延熹9年（166）、またしても現れた、皇帝の神権の略奪を特徴とする民間宗教運動を鎮圧したあと、秋7月、「黄、老を濯龍宮(たくりゅうきゅう)で祀」った。また、霊帝の中平5年（188）、「冬10月、青、徐の黄巾がまた興起して郡県を侵寇した。甲子、皇帝みずから〈無上将軍〉と称し、平楽観で軍隊のデモンストレーションを行なった」（『後漢書』霊帝紀）。この時の様子は『後漢書』何進伝に記録されている。霊帝は、何進の進言に従って平楽観に大きな壇を構築した。その上には高さ10丈の12重の5色の華蓋が建てられた。また、その大壇の東北に小壇を築き、その上に高さ9丈の9重の華蓋を建てた。歩兵、騎兵合わせて数万の兵を整列させたあと、天子じきじきに閲兵し、大華蓋から小華蓋の下へと歩を進めた。この儀式が終わると、帝は甲冑を身に着け馬にも武具を施し、「無上将軍」と称して軍陣を3周した。

　これは明らかに一種の宗教儀式であって、実際の軍事行動ではない。象徴的な建築と法術とが結合されているこの儀式の目的は通過儀礼である。民間道教の首領よりはいっそう高い神学的地位を皇帝に持たせ、それによって黄巾の叛乱勢力を「威厭(いよう)」（威武による呪敵行為）しようとしたのである。その際、採用したのが宗教的建築の記号（壇とその上の華蓋）と儀式（軍陣の整列、無上将軍の称、3周の閲兵など）とを結合させたやり方であり、それによって「四方を威厭」することが期待されたのである。とりわけ「無上将軍」と称することで民間道教の首領の上に立とうとしたことは、すでに古代の兵法を超えており、きわめて強い宗教的法術の性格を具えている。

両漢時代における皇帝のこのようなやり方は、疑いもなく初期道教の法術儀礼の発展にとって有利なことであった。そして、このような法術儀礼を行なう施設と象徴的表現およびその発展形態は、初期道教の建築形式のなかに存在したのである。

第二節　初期道教建築と建築思想

　初期道教の「治」（教区）と「観」の内実と機能は、明らかに両漢の災異論とその基礎の上に形成された道教思想の影響を受けている。初期道教は秦漢時代の日増しに強烈になってゆく災異論の思想的雰囲気のなかで生まれたので、歴史文献、道教経典、あるいは考古資料のいずれにおいても、そこに潜蔵されている初期道教の終末論とその対処法としての救世思想を見出すことができる。そして、「治」を「性命・魂神の所属するところ」とする思想から、「治」と「観」が救済手段として設けられたことが容易に見て取れる。

一　初期道教の環境倫理観の建築に対する影響

　中国建築の発展に関しては古来、「上古には人々は穴居して野外にいたが、後世の聖人は屋根と棟木のある宮室を造ってそれに代え、風雨をしのがせた」（『易経』繋辞下伝）という説がある。「穴居」は間違いなく中国の最も古い建築の源流のひとつであり、今日でも陝西、河南、山西などの各地に見られる窰洞建築はその継承である。同様に、山中の洞室もまた初期道教建築の典型的形式のひとつであり、彼らの人地倫理思想と一致している。初期道教では、『太平経』に「興功起土」（土木工事）に反対する思想がみえ、道教建築の芸術的、審美的形態にかなり深い影響を与えたはずである。歴史上、自然環境と環境に沿ってそれと渾然一体となったり、または天然の洞窟を利用した道教建築が非常に多い。今日に至っても、江西省廬山の仙人洞、四川省青城山の天師洞、朝陽洞などの多くの道観はその風格においてこうした古い道教建築の遺風を保っている。

古代以来、道教は人間と土地との間の倫理関係を充分重視し、こうした倫理関係に宗教的解釈を施してきた。『太平経』には、天、地、人の三者間の倫理が次のように明確に説明されている。

　　天は生命を主宰して父と呼ばれ、地は養育を主宰して母と呼ばれ、人は（その天地を）治めることを主宰して子と呼ばれる。父は教化を主宰するのに時節を使い、母は父のなすところに従って養育し、子は生まれて命を父から授かり、母に養われる。それゆえ、子としてはその父を敬って仕え、その母を愛すべきである。（巻45、起土出書訣第61、合校本113頁）

　また、同書には「地は人間の真の母」と述べられている（巻36、合校本53頁）。このような思想に基づいて『太平経』は、人々が深く地を掘り下げることに反対した。というのも、天地は人間の父母であり、傷を与えてはならないからである。それに背けば人間はその罪を負う。「天地は最も不孝不順を怨みとしてそれを許さない」から、土木工事を起こすと危害を招くことになる。同書にはこのような指摘もある。

　　天は汝の父であり、地は汝の母である。……天は人命を養い、地は人体を養っているのに、人は大愚で道理に暗く、その父母を尊重することを知らない。　　　　　　　　　　　　　　　　　　　　　　（合校本114頁）
　　天は人の父母である。それなのに、子が寄ってたかってその父母を損ない病ましめるのは小さな罪ではない。　　　　　　　　　　（同115頁）
　　今、人は地を母としてそこから衣食を得ているのに、みんなで地を大切に利用せず、一緒になって傷害を与えている。……人間ははなはだしい不届き者であり、一緒に地を掘り、大規模な土木工事を起こし、道理を顧みず、深いものは黄泉にまで達し、浅いものでも数丈まで掘り下げている。母は心中、子供たちが平気で大不孝を犯していることに苦しみ憤り悶々としているのに、誰もそのことばを理解できない。　（同114頁）

最終結果はこういうことなる。「数知れない災害や怪異現象が発生し、母は喜ばず、常に怒って人民や万物を養う気持ちを失う」(同114～115頁)。このような現象が起きるのは、地の命令を受けた神霊の所業だという(同116頁)。しかし、地の報復の仕方は一様ではない。『太平経』は土地に対して人間と同じような感情や性格を与える。たとえば「良善の土」の場合、工事による傷害を受けても、報復に至るまでしばらくはじっと我慢するという。しかし「悪しき土」は、ただちに報復の挙に出る。『太平経』がこのような大地観を提起するのは、人の加害に対抗しうる強大な力を土地に付与して世人を威嚇し、土地の乱用や「虐待」行為に制限を加えようとしてのことであろう。

『太平経』はまた、地について別の観点から次のように述べている。

> 地は陰の卑なるもの、水は陰の劇なるもので地に属している。陰は懐妊を主宰する。そもそも生物は懐妊して傷つけられると、必ず出血する。血は水の仲間である。懐妊して傷つけられると、必ず怒り、さらにその血で人を汚し損なう。水は地の血脈であり地の陰なるものである。
>
> (同371頁)

こうした考えに基づいて、『太平経』は厳格で具体的な土木工事の規定を提起している。

> 土を掘る場合、3尺を超えない。なぜ3尺を限度とするのか。1尺は日の照らす深さであり、その気は天に属している。2尺は物が生まれるところであり、その気は中和に属している。3尺は、その深さから地の身が始まり、その気は陰に属している。これより下を掘ると、地を傷つけて凶となるからである。
>
> (同120頁)

上古の人々が山谷に沿って暮らし、岩穴に住み、流水を飲んだのは、地母

を傷つけまいとしてのことであり、そうすることで地から受ける災禍を避け、罹病せずに長寿を得ようとした、というのが『太平経』の考えであった。

このような地母信仰に依拠し、修道の人は母体としての大地を損なうことを避けて山居したのであった。『太平経』はこうした奇特な人－地の宗教倫理に基づいて、「古代には穴居」（『易経』繋辞下伝）して地を掘らず、家宅を築かなかった理由を次のように解説している。

> 古代、穴居していたのは、地を損なうことを畏れてのことであった。多くの場合、人々は山谷に沿って暮らし、岩穴を住まいとし、地中を掘り下げて多くの柱を築いたりしなかった。穴中には柱が少なく、多くの場合流水に頼った。そういうわけで地を傷つけることが少なく、病人もあまり出なかった。だが、後世の人々は自分たちの過誤に気付かず、深く掘り地を損なっているから短命で死ぬ者が多い。それが病気を激化させる原因になっているからだ。
> 　　　　　　　　　　　　　　　　　　　　　　　　（同120頁）

このような思考は、初期道教においては歴史的に「岩穴の士」が多く、修道者が山中の洞室を偏愛した思想的な源流なのかもしれない。

『太平経』は、このように宗教的な人－地の倫理思想によって人々が土地を深く掘り下げて使う行為に制限を加えたが、もしこのような思想が初期道教の建築に対して影響を与えたとするならば、建築物の立地や建材の選択、基礎固め、規模、風格、様式などの多様な側面に掣肘を加えたはずであり、そうなると、仏教寺院のような長期の風雪に耐えうる大型で地盤工事のしっかりした建造物は建てられないことになってくる。

両漢の間に世に出た『太清金液神丹経』には、丹を煉る建造物に対して以下のような条件を付けている。すなわち、山林の岩室に丹を造る場所を設定する。もしそのような場所が見つからなければ、建物を建造してもよいが、ただ比較的簡単なしつらえにすること。水に近いということも丹を煉る場所

選びの重要な条件である——。このような特徴は初期道教の人 - 地倫理の基準に合致している。ただ、このような建築には耐久性がなく、長期間持ちこたえられないのではないかという疑問は残る。

二　山中の洞室の探求

　老子は簡潔な言葉づかいで、後世の修道者のために悟道のモデルを開陳している。

　　谷神は死なない。これを玄牝(げんぴん)という。玄牝の門は天地の根という。そのモノははっきりとは見えないが、綿綿(めんめん)として長く存在し続ける。そしてそれは、いくら使っても尽きることはない。　　　　（『老子』第6章）
　　天は長く地は久しい。天地が長久なのは、自分から作為的に生きようとしないからである。　　　　　　　　　　　　　　　　　　　　（同第7章）
　　人は地に法(のっと)り、地は天に法り、天は道に法り、道は自然に法る。
　　　　　　　　　　　　　　　　　　　　　　　　　　　　　　（同第25章）

　老子はこのように「人は地に法る」という思想的方法を提起したが、この「法」は動詞で、回帰を意味する。老子はまた、「道に従って行なう者は道と一体化し、徳から外れない者は徳と一体化し、失う者は失と一体化する。道に同化する者は道の方もまた楽しんでこれ受け入れ、徳に同化する者は徳の方もまた楽しんでこれを受け入れ、失に同化する者は失の方もまた楽しんでこれを受け入れる」（同23章）と述べている。老子が云おうとしているのは、修道者とその目標には隔たりがあり、修道とはその隔たりを埋めること、すなわち人は地に、地は天に、天は道に同化すべきであり、そして道は自然に同化する、ということにほかならない。人→地→天→道の間には一種の張力（外からの引っ張る力に対抗する、内からの収縮する力、106頁、118頁などを参照）がはたらいていて、人は最終的に道に回帰した自然状態に到達せねばならない。そのためにはとてつもなく長い過程を経る必要がある。修道者から云え

ば、この張力は長期にわたって解除しがたいものである。思想家はこの張力の解除のために思索と探究を重ねてきたが、『淮南子』は次のような明晰な思考を提起している。まず、天地未分の混沌とした状態を〈太一〉とした上で、「自分が生まれ出てきた、形のない根源に復帰できる人を真人という。真人は太一から分化していない存在である。老子は『反（復帰）は道の動き』と云った」（詮言訓）。ここから、洞穴に住むのは地母のふところに帰ること、つまり「自分が生まれ出てきた根源に復帰」することであり、そのようにして真人となりうるのだ、という思想を導き出すことができる。ここには容易に地母神信仰を見て取れよう。

漢晋時代の道家思想には、このような自然という母胎に復帰することによって真の道を成就しうるという思潮が普遍的に存在していた。『列子』天瑞篇には「壺子」という人物のことばを借りてこう述べられている。「この宇宙には、生滅しないものと生滅するものとがある。変化するものと変化しないものとがある。生滅しないものが万物を生み出すことができ、変化しないものが万物を変化させることができる。生滅するものは万物を生み出すことができず、変化するものは万物を変化させられない。こうして万物は常に生まれ常に変化する」。ここには、先述した「悟道のモデル」（543頁）のために系統的な宇宙論の基盤が提起されている。上には引かなかったが、天瑞篇には「一は形態の変化の始まり」という記述があり、これは老子の「道は一を生み、一は二を生み、二は三を生み、三は万物を生む」を踏襲しており、上引の淮南道家学派の「真人は太一から分化していない存在」と一致し、修道者のために回帰哲学を提唱している。なお、『列子』の引用中に登場する「壺子」は神秘的かつ象徴的な名前であり、彼の背後には同じく神秘的で象徴的な思想が存在している。「壺子」は『列子』中に天地万物を知る哲人として登場するが、道家と道教においては、〈壺〉は〈洞〉に通じる象徴的な意味がある（後述）。

漢晋時代の修道者が洞窟を重視したのは、洞窟には人を天地に通じさせ、「自分が生まれ出てきた根源に復帰」し、〈太一〉に回帰させるはたらきがあ

ると信じられていたからであるが、同時にまた、地母崇拝と霊魂不滅の成仙信仰と密接に関係している（このことは両漢を通じて流行した、岩壁を穿って埋葬する「延年石室」墓とも無関係ではない）。修道者が探し求めたのは「仙館」として利用できる天然の洞窟であり、彼らはそこで修錬し成仙を願ったのである。たとえば『抱朴子』道意篇には、呉の大帝時代、「穴居して食らわざ」る蜀の李阿という人物のことが記されている。彼は何世代にもわたって生き続けたので「八百歳公」と呼ばれたが、人々が相談しに行くと何も云わないので、その表情から答えを読み取ったという。初期道教の修錬や儀礼、経典の伝授などの多くの宗教活動は、しばしば山中の洞室で行なわれた（Nancy Shatzman Steinhardt, *Taoist Architecture, In Taoism and the Arts of China.* University of California Press, p.60）。これは初期道教の性質と修道モデルがもたらしたものである。神仙の理想と遁世を追求するために禁欲と苦行を行なうことは、多くの敬虔な初期道教徒が実践した生活のあり方であり、人里を離れて穴居し、山林に棲まうのは、遁世して修道に励む生活方式のなかのひとつの典型であった。

　修道者が山中の洞室を偏愛したのは、敬虔な修道者として道教の戒律を守って肉体の欲望を厳しく抑制せねばならなかったことのほかに、道教には天人感応論と地母信仰とが混融して形成された山の崇拝があったからである。古人から見れば、山は神秘的なものであり、そこには人間はたくさん居ないし、想像を超えた動植物や各種の珍しい物産が神仙家に豊富な丹石・薬物などを提供してくれ、あたかも万物の根源のようであった。『説文』には、「山とは宣（洩らす）なり。気を宣して万物を散生させる（あちこちに生み出す）。石があって高いもの。象形」とあるが、一方〈洞〉（中国語の発音：dong）には「通」（tong）の意味がある。『太平経』は、各地に「来善の宅」（555頁参照）を建立して文書を収集し、「多くの賢者をここに集めて〈洞極の経〉を編集する」ように帝王に建議している（合校本333頁）。ここに云う「洞極の経」とは、天地人が通じ合った、きわめて美好な状態に至らせる経典を意味する。『太平経』はまた〈洞〉の字について、「洞とは、その道徳善

悪が天地の陰陽を洞洽し(あまねく潤し)、六方の隅々に至るまで響応しないものはないこと」だとしている(同87頁)。

また、『抱朴子』論仙篇には、「洞視する者(きわめて目のいい人)でないとその形を認識できないし、徹聴する者(きわめて耳のいい人)でないとその声を聞けない」という一文があり(15頁)、仙薬篇には、多様な色の「石芝」を論じて「みな光明が洞徹(隅々まで光が浸透)して固い氷のよう」と述べている(197頁)。こうした〈洞〉は「通」の意味である。

道教には、山は崇高で霊なるものであり、山中には神が居るという思想がある。名山は神仙が居る「洞天」であり「福地」であって、そこを通して天神に通じることができる。だから「洞天」は、実際は「通天」という意味なのである。道典によると、神仙が居住する「仙境」のうち、名山の洞府(洞窟)にあるものは、十大洞天、三十六小洞天、七十二福地などと呼ばれた。『抱朴子』では道教の各種の秘典は名山中に封印されていると云う(187、229、336頁)。また、漢代にはすでに「西王母の石室」に関する記述が現れている(『漢書』地理志)。

『神仙伝』などの記載によれば、張道陵は龍虎山に隠れて修道したあと、嵩山を往還して『三皇内文』や『黄帝九鼎丹書』などを得たという。考古学の発掘史料によると、ある初期道教の信者による秘密集会や布教活動は常に山中の洞室内で行なわれたという。たとえば、江蘇省連雲港の孔望山で発見された摩崖の造像は、漢代の初期道教の崇拝活動の遺跡であるが、そこに刻されている像のなかには老君がある(『文物』1981-7)。蜀で発見された初期道教遺跡のうち、簡陽の東方1.5キロの逍遥山の断崖には「漢安元年(142)四月十八日会仙友(仙友と会す)」などの文字が刻まれている。また、かつて蜀の山中で発見された、後漢熹平2年(173)の石刻(洪適『隷続』巻3「米巫祭酒張普題字」)には「祭酒」や「天師道」の語もみえており、彼らが山中で神聖な宗教活動ができる場所を求めたことが判明する。

晋代の隠居道士・王嘉とその弟子たちは「崖を穿って穴居」する修道生活を送った。『晋書』王嘉伝にはこう記載されている。「王嘉は東陽谷に隠れて

第Ｖ部　物理学と技術　第六章　初期道教と建築

崖を穿って穴居したが、弟子や受業生数百人もみな穴居生活を送った。石季龍（後趙の武帝）の末年、王嘉は彼らを棄てて長安に行き、終南山に庵を結んで隠棲した」。また、『晋書』苻堅載記には、「苻堅は鴻臚の郝稚を遣わし処士・王嘉を召して獸山に来させ、毎日王嘉と道安を外殿に呼んで動静を諮問した」とある。また、『雲笈七籤』にはこうある。

> 王嘉、字は子年、隴西安陽の人。長年、東陽谷で弟子とともに断崖に登って穴居しながら、六気を御し、三一を守る練功を行なった。冬でも夏でも同じ服を着、顔色は日増しに若返っていった。　（巻110、洞仙伝）

こうした記載から、「崖穴」は修道生活を構成する重要な要素であり、修道者に対してある種の本質的な作用さえ果たしていたことがわかる。

　道教信徒のこのような山中洞室に対する偏愛は、東晋時代になっても衰えなかった。『晋書』許邁伝によれば、許邁（きよまい）は郭璞（かくはく）や鮑靖（ほうせい）の勧めもあって余杭の懸霤山（けんりゅうざん）に精舎を建て、俗務を放棄して茅山の洞室に通い、仙館を尋ねたという。

　道教の神学思想では、こうした神山とその洞窟は母胎の子宮に似ており、人間はそこから生命ないし再生のチャンスを賦与される可能性があると信じられていた。この問題については、N.J.ジラルドに以下のような分析がある。

> 「洞」は『淮南子』全体のなかで極めて重要な専門用語になっている。それはのちの道教において象徴的な意味を担う、神仙が居住する岩穴、洞室、そして天国という三重の世界と関連している。この語は宇宙発生上、または経験上、同体状態を意味する「通」や「同」、そして「玄通」、「玄同」なる存在とつながっている。……バウアーやシュタイン、それにスワミエたちが指摘するように「洞」や「洞天」の思想は、ある特定の道教における天国の意味を担うことになる。いっそう普遍的に云

えば、「洞」というこのタームは喜びに満ちた状態を想起させ、また、「枚挙に暇がないほど、道典も含めた道教の各種の概念中に使われる」（W.Bauer: *China and the Search for Happiness*, p.192）のである。この場合、「渾沌」とつながる語彙グループに属する「洞」の語源学的研究がその重要性を説明する助けになるであろうが、ここには同時に、隠された象徴的または神話的テーマが暗示されている。……そういうわけで、「洞」なる語は「洞窟、すなわち閉ざされた岩洞または地洞の一つの出口を想起させるだけでなく、しばし身を寄せて棲まうところとも見なすことができ」、なおかつまた、「一種の〈通道〉であり一種の〈転変〉であって、洞中の闇が人を引きつけるのではなく、まさしく白日に太陽がその後部に輝いているような一個の新天地を明示している」（前掲バウアー書）のである。

ジラルドは続けてバウアーを引用して云う。

バウアーはまた、これらのことは、道教の原初への復帰の衝動を含意し、あるいは「一種の非仏教的意味における再生の主要な標識」だと指摘している。そして彼は、道教徒はこのような一種の意識によって個人の救済の問題を理解しようとしたと、以下のように結論づける。「こうした意識は仏教の観点とすべてにおいて背反している。これは徹頭徹尾、彼岸ではなく此岸における生命の自由の獲得である。この現世の天国に入るには〈超人〉が地球を光り輝く翼の上に置く必要はなく、〈新人〉が地母に通じる子宮という復帰の路を掘ることによって達成される。そして、そうすることによって実際に古い、原初の状態である道教の云う〈真人〉に回帰するのである」。

（Norman J.Girardot: *Myth and Meaning in Early Taoism*, P.147-148）

実際、道教の宇宙論によれば、天地の間は一個の卵として描かれ、全体と

第Ⅴ部　物理学と技術　第六章　初期道教と建築

して一個の〈洞〉なのである（本書の天文学・地理学篇を参照されよ）。もしひとりの人間が地上にある洞室の助けを借りることができれば、彼は老子の云うように「樸に復帰」し、または『淮南子』詮言訓の冒頭に提起されている「天地に洞同し（天地と一体化して）、渾沌として樸となる」状態に入り、「その生まれしところに反（かえ）り、未だ形あらざるがごと」き、かの「未だ始めより太一に分かたれざる」真人となる可能性もある。風水で云う「宝地」というのも事実上、同じような性格のものとして考えられていたはずである。

「洞同天地」と同じく、「壺中（洞）天」は多くの道教徒を魅惑してきた。〈壺〉とは、道家の渾沌論に基づいた（というより「表現した」と云うべきかもしれない）宇宙思想モデルであり、〈洞〉に類似した重要な道教概念である。ためしに、『列子』湯問篇の「方壺」という仙山の記述を見てみよう。

> 渤海の東、何億万里とも知られぬところに底なしの大きな谷があり、その無底の谷を帰墟（ききょ）という。天下の水と天上の川の水がすべてそこに注ぎ込むが、帰墟の水は増えもせず減りもしない。そこに、岱輿（たいよ）、員嶠（いんきょう）、方壺、瀛洲（えいしゅう）、蓬萊という5つの山があり、高さと周囲を合わせて3万里、頂上の平らな場所は9千里もあり、山と山とは7万里離れて隣りあっている。頂上の楼閣はみな金玉で造られ、そこに遊ぶ禽獣たちはみな純白であり、宝玉の成る樹は林のごとく、その果実はみな美味であって、それを食べると不老不死になる。だからそこに居る人々はみな神仙であり、無数の人々が毎日毎夕、空を飛んでたがいに往来している。

また、同書には終北国にある「壺領（こりょう）」という仙山のことも描かれている。終北は、禹が治水で全国を奔走していた時、道を見失って迷い込んだ国、という設定になっている。そこは風雨や霜露もなく、鳥獣、虫魚、草木も生じない。壺領は国の中心にある山で、甕のような形をしていて頂上に円状の口が開いている。そこから神瀵（しんふん）という水が湧き出て国中を潤している。匂いは蘭よりも香り高く、味は醸した酒よりうまい。土地は温暖で国にいざこざは

549

なく、人々は柔和で君臣関係もなく、毎日歌をうたって楽しんでいる。耕作や機織りをする必要はなく、腹が空けば神瀵の水を飲めばよく、百年の命が保証され、その間、老病の苦しみはない。

　ここに描かれている仙山はうるわしの天国であり、生命が得た絶対的自由の世界であって、漢晋の修道者が追い求めた究極の理想であった。この『列子』にみえる仙山名勝は、以下に述べる費長房の神仙伝説と〈壺〉というモチーフを共有している。心理学の本質からして、そこには先述の「洞窟」崇拝と同じく子宮という深層意識が見え隠れしていよう。〈洞〉とともに〈壺〉もまた、道教神仙境の別の一個の象徴記号であった。〈壺〉の構造は上述した〈洞〉のそれとよく似ていて、口は小さく腹部が大きいその形状は子宮と同じである。実際、いっそう人々を引きつけるのは、それらがいずれも道教によって極めて豊富な思想内容を賦与された事実である。

　道教神仙家が描く壺中の世界は仙界の霧が立ち込め、そこは別種の洞天になっている。道教神仙伝説中の〈壺〉は、凡人が経験する世界とはまったく時空を異にする世界であり、神仙の意志によって随時伸縮変化の可能な絶妙の天国なのである。『神仙伝』の壺公の条や『後漢書』方術伝では、店先に吊してある〈壺〉のなかに自在に跳び込む壺公の姿が描かれている。壺公に案内されてそこへ一緒に入った費長房は、小さな壺中に壮麗な建物と御馳走が溢れる光景に驚くのである。

　〈壺〉の内部空間はこのように奥深く弾力性に富んでおり、別の一個の洞天世界を象徴していて、もし修道者がそこに入れたら、それは生命が永続する神仙世界に入ったということを意味している。これこそ、漢晋の道教徒が山中の洞室探しに没頭し、そこを修道の「仙館」としようとした根本的な動機なのであった。

　ほかにも『抱朴子』微旨篇には、太元山と長谷山という、修仙の者が知っておくべき不思議な２神山のことが記されている（128頁）。前者は、天でもなく地でもない、人跡を絶したところに聳えていて、和気に満ち、霊芝と仙樹がふんだんに生え、そこに湧き出る泉水を飲むと王子喬や赤松子と同じよ

第Ｖ部　物理学と技術　第六章　初期道教と建築

うな長寿が得られるという。後者もはるか彼方に巍々として聳え、玉液が流れ出ており、奥まったところに「金池と紫房」がある。愚人が行くと生きて帰って来れないが、有道の士がそこに登り、「黄精」を採取して服用すると、天空を飛ぶことができる――。

　この２山は、その後文に「真人の身を守り体を錬る術」と「（房中）陰陽の術」という記述が続くことからして、人体のある部位の隠喩であろう。特に後者は、女性の特定の身体部位に対する、修道の過程でもたらされる効能の神秘的な描写であり、初期道教の房中理論で重視される合気（交媾）術と構造上は同じ膣と子宮という、洞穴崇拝の根源としての生殖器官を指し示している。老子のことばを再度引用しておく。「谷神は死なない。これを玄牝（げんぴん）という。玄牝の門は天地の根という。そのモノははっきりとは見えないが、綿綿（めんめん）として長く存在し続ける。そしてそれは、いくら使っても尽きることはない」（『老子』第６章）。この一文に対する初期道教による解読も、まさしく上述のような思考回路に基づいているのである。

　『老子想爾注』は、初期道教の多様な方術に対して否定的な態度を取ると同時に、「男女合気の術」を行なう際に、「宝精」（精液の珍重）を主張したが、このことは上引『老子』第６章に対する注釈文中に最も明確に表明されている。該注は「この道（宝精）を用いることができれば、仙人の寿命を得ることができるので、男女のことは励んではいけない」と述べて、以下のような注釈を与えている。

> 「谷」とは欲することである。精が凝結したのが神（しん）であり、神を死なさないように欲するのであれば、精を凝結させて守らねばならない。……男が精を凝結させようと欲するのであれば、地のように女性のように心がけ、なにごとも積極的にしないようにすべきである。
> 「牝」とは地であり、女性がそれを体現している。陰孔（膣）が「門」であり、死生を司る器官である。最も重要なので「根」という。男性器官もまた「根」という。

陰陽の道は、精を凝結させることで生命が維持される。年齢が知命（50歳）に至れば、その名の通り男女の交合をやめる。若い時に陰陽交合の機会があっても、節制を旨とすべきである。「綿綿」というのは微かということである。精の放出を微少に留めておけば、若いままに長生できる。
　　　　　　　　　　　　　　　　　　　　　　　　（『老子想爾注校証』9頁）

　初期道教が理性化された正統道教への変容過程で形成された上清派は、全国の名山を調べ上げ、山中の洞室を非常に重視して神聖なるものの存在場所と見なした。このことに関してロビネは、桃花源風の考察を行なっている。

　洞室は、道教では重要なはたらきをした。特に上清派形成の初期においては、洞室は初めて詳細な目録に加えられて描写された。隠者たちは山中の洞窟に身を委ね、そこに住まいを建て、福地を配置し、盆状の場所には迷宮をめぐらせた。こうした洞窟には大切な生命と秘密の経典、そして守護の力を具える道教のお札を隠した。洞室同士は緊密につながっていて、地下の道を通って洞天から別の洞天へと移動できた。それらはそれぞれ一個の小世界で、その狭小で秘匿された出入口を探して通り抜けるには非常な困難を伴った。
　　　　　　　　（Isabelle Robinet, *Taoism: Growth of a Religion,* 英訳版, p.132）

　上清派の重要な経典『真誥』の記述によれば、洞窟は人間の生命に対して変容と再生のはたらきを持っていた。晋の武帝時代の尚書令・王衍(おうえん)の娘は愍(びん)懐(かい)太子の妃に選ばれたが、洛陽の乱が勃発して賊軍に略奪され妻となるよう強要された時、賊将を罵って侍女ともども黄河に身を投じて自害した。嵩高山の女真・韓西華はそれを憐れみ、2人の死者を甦らせ、嵩高山に棲まわせたが、「今は華陽洞天内にある易遷館に居る」と記されている（稽神枢第3、『道蔵』20-567）。2人は神仙に救われ仙界に入り、易遷館で再生したわけである。ここに、洞府は生命転換のはたらきを有していると道教徒が信じていた

ことが見て取れる。また、爛柯の故事（ある木こりが山中で童子たちの興じる囲碁に見とれているうちに自分の斧の柯が爛っていたという話）や陶淵明の「桃花源記」に示されているように、山中の洞窟という特別の空間では時間も改変を受けることにも留意する必要がある。

初期道教の信者たちが崇敬して追い求めた山中の洞室は、初期の道教建築を代表する一例であり、道教の洞天福地信仰の形成に対して重要な影響を与えた。洞天福地信仰は、明らかに初期道教における山中の洞室の機能に対する認識と利用とに関わりがある。

バウアーが、洞天福地の山峰は天と地をつなぐ橋のようなものだと指摘しているように（"China and Search for Happiness"）、「洞天」は「通天」であって、神秘に包まれた山中の洞窟は天に通じるはたらきがあり、そこに居るということは、天地という父母と一体になった状態に回帰することを意味すると考えられていた。先に引いたように、晋の許邁が「俗務を放棄して茅山の洞室に通」ったのは「仙館を尋ね」るためであった（『晋書』許邁伝）。このような話が事実だとすれば、当時の道教の信者が山中の洞室を偏愛したのは、天と地が通じる洞室としての天然の「仙館」を探し求め、そこで神仙になる修錬をするためであった。ここからまた、東晋の道教信者の修道行為にとって宮観建築が必要とされていたことが見て取れよう。のちに道教が社会生活へと接近し、信徒が増加する——とりわけ社会的、政治的地位の比較的高い信徒が日ましに増えるにともなって、山中の洞室は人々の修道と各種の宗教活動の需要を満足させられなくなり、洞室に代わる宮観建築が現れることになった。この天地の父母と通交し大道の母胎に回帰するというその原初の意義が、独自の規定となってのちの道教建築に継承されることになる。

三　『太平経』の「太平来善の家」という妙案

『太平経』は初期道教の社会的な理想に依拠しつつ、「大徳の治」を求め、天の喜び、民の愛を得るために、帝王たるものは全国各地に「来善の家」という名の特別な建物を造営すべきだと説く。その建物は、民衆の思想や建議

などの情報を皇帝の身辺にフィードバックさせるのに便利なように設計されている。人々は都市の繁華な一角に建てられたその「太平来善の家」に自由に自分の意見を投じることができ、すぐれた献策には褒賞をもって報いられる。かくして隠者も都市に現れ、風雨は時節を守り、日月星の三光はいっそう輝きを増す——これは天が大いに喜悦している証拠である、と結ばれる（合校本、332-333 頁）。

　このような方法を奨励すると、興奮した大勢の人々がやってきて「来善の家」に投げ込む建議が非常に多くなりはしないかという懸念が生まれよう。そういう事態を予測して『太平経』は、多くの投書を賢明な役人が整理し重複を避け、すぐれたものを選別し、「洞極の経」として編集し帝王に呈上すればいいと述べている（同上 332-333 頁）。

　このようなハウスの建物としての役割について『太平経』は、天上の上帝の視点から「私は天上に居て、地上の四通する道路にこの〈皇平の宅〉が実際に設けられているのを見る」とか、「いま天の心意を承け、太平道徳君のために〈来善〉の家を造り、上皇の良平の気を四通する道路上の宅に招き寄せようとしている。四方の民に徳君のこの教令を周知させ、四方遠近から途切れることなく翕然(きゅうぜん)と良き献策が集まって上聞に達するように」などと述べられている（同上 334-335 頁）。『太平経』は、「帝王は百重の壁に囲まれた内裏(だいり)に居て、民とは万万里も隔てられている。両者の交流がうまくゆけば、天地の心を失わずその身を安泰にしうる」（同上 336 頁）などと云い、この特殊な建物を皇帝の目や耳となる社会的な手段にしようとしている。経典はそこからさらに一歩進んで、この建物は天師が「太平徳君」のために造った「大楽の宅」であり、現実的な機能と宗教的なそれとの側面を具備しているとする。たとえば、

　　天・地・人の語らいを通じさせる。……
　　天・地は語り合うことができる。……
　　天地と人とは、万物の霊長として通じあうことができる。ゆえに大楽な

のだ。……　　　　　　　　　　　　　　　　　　　（同上 336-337 頁）

　古代の道典は、賦与された特別な意味をもつ数字を使って自然や社会現象、そして自己の思想を論じるがことが多いが、『太平経』も「来善の宅」の建築形式を述べる時にこの特徴を示している。そこで云う「高さは三丈で、その内部の広さも三×三……」（同上 332 頁）の「三」にはどういう意味があるのか。『太平経』の解釈によれば、「一は数の始まり、天数は十で終わり、地数も人数も同じく十で終わる。ゆえに三丈にする。天・地・人を喜悦して合一させようとしてのことである」（同上 335 頁）。では、天・地・人の三者の数が各々十になるのは何故か。『太平経』は云う、「天に五行があり、そこにはおのずから陰陽がある。地には五行があり、そこにもまた陰陽がある。人に五行があり、そこにもまた陰陽がある。ゆえに天地人の数は十になる」（同上 336 頁）。

四　初期道教の具体的な建築形式

　後漢末期、東部と中原地区、それに漢中と巴蜀地域には別々に初期の太平道と天師道が活動していた。天師道は西南に割拠し、長期にわたりその管轄内において特有の政治と社会の管理方式を実行し、かなり大きな歴史的影響を生み出していた。その社会管理システムには、建築と関わる「天倉」、「義舎」、「浄室」などがあり、その後の一時期、天師道教団に継承された。しかし、初期天師道のこうした建築には史料が少なく、考察の手掛かりがない。太平道やその他の道派の宗教建築についても同様である。ただ、いくつかの史料から側面的にごくわずかな痕跡が透けて見えることはある。太平道はかつて神壇を建立し、神仙の祭祀と宗教活動を行なった。呉の孫権も道観を建て、道士に修道の場所を提供したことがある。

（一）「治」と「靖室」（浄室）

　初期天師道は、一種の政治と宗教とが一体化した社会組織であり、このよ

うな大規模な宗教社会に対する政治的管理と宗教的活動の必要性から、天師道は漢中（陝西省南西部）と巴蜀（四川省）に系統的な教団組織を造り上げた。すなわち、各地の教団が道教建築である「治」を中心にした教区として組織され、最初は二十四治、のちに四治が増設され、天上の二十八宿に対応するとされた。

「治」にはネットワーク、管理、信者の集会、教団を発展させる力、といったはたらきがあった。道教では「治は性命・魂神が帰属するところ」と考えられていた（『三洞珠嚢』巻7「二十四治品」所引「玄都律」）。初期道教の『太真科』には「天師治」の建立に関して以下のような建築基準が記されている。

> 敷地は周囲81歩の広さ。このように99の数に則るのは、升陽の気を尊んでのことである。治は中央を重視し、そこを崇虚堂と名づける。そこは7架、6間、12丈の規模で、その中央2間のところにまた堂を組み上げ、それを崇玄台と呼ぶ。その中心に高さ5尺の大きな香炉を置き、常に香火を絶やさない。東、西、南の3方向に戸を開き、戸のそばに窓を作る。2頭の馬が通れる道路を通し、ひさしの南の戸口の下、飛格の上で天師の子孫に向かって礼拝する。二十四治のうちの上級の八治は、山居のため清貧に甘んじねばならない。世を救う道士は台に登って礼拝し、その他の職務につく者、祭酒（治の統治責任者）はみな大堂に居て下から礼拝する。崇玄台の北5丈のところに崇仙堂を建てる。規模は7間、14丈、7架、東を陽仙房、西を陰仙房とする。崇玄台の南12丈の南門に近いところに、5間、3架の門室を建てる。その東の部屋を南部宣威祭酒の宿舎とし、西の部屋を典司察気祭酒の宿舎とする。その他の小さな宿舎はいちいち記さない。二十四治は各々はこのような結構である。
> 　　　　　　　　　　　　　　　　　　　　　　　（『要修科儀戒律鈔』巻10）

また、『張天師二十四治図』に、「太上は漢安2年正月7日の正午、二十四

第Ⅴ部　物理学と技術　第六章　初期道教と建築

治の上八、中八、下八治が天の二十四気と二十八宿に対応するとして、これを天師張道陵に与えた」(『三洞珠嚢』巻7、二十四治品所引)とあるように、「治」は天に通じる機能を具えていた。留意する必要があるのは、上引の「敷地は周囲81歩の広さ。このように99の数に則るのは、升陽の気を尊んでのことである」という記述である。ここには道教建築が内包するある種の規範性が表明されている。

　「治」は集団的宗教活動の中心であった。初期道教の社会的主張と道徳的規範は、各「治」内において特有の方式を通して実行に移された。それぞれの「治」は、実際には一個の支部的な教権の実施空間であり、初期道教の活動が奥深い山林の洞室から世間へと進出してくる過程、または巨大な政治的影響を生み出す過程における途中の一段階であった。この過程において、次第に「靖室」という一種の修行場所が形成されてゆく。「靖室」(「浄室」または「静廬(せいろ)」ともいう)は、漢代の五斗米道と太平道のいずれにおいても普遍的に設立されていた。張陵は蜀にあって、「二十四治、十九静廬を開設して正一盟威の道を授け、邪悪なものを誅伐し、天下の万神と符を分かち合って誓いをなし、正一の道を継承し」たという(上引『張天師二十四治図』)。また、『典略』には、「後漢の熹平年間(172〜178)、妖賊が盛んに叛乱を起こしたが、そのなかに漢中の張修がいた。……彼のやり方は張角とほぼ同じで、信者に浄室を与え、病人にはそこで〈思過〉(罪の懺悔)をさせるというものだった」とある。また、三国時代に有道の李寛と自称する者がいて、呉にやってきて蜀の言葉をしゃべったが、呉が疫病の大流行に見舞われ自分も罹病した際、自分の奉じる「廬」という道室に籠もって斎戒したが、結局そのなかで息を引き取った。しかし信者は、死んだのではなく尸解仙(しかいせん)になったのだと云ったという(『抱朴子』道意篇、174頁)。宗教建築が具える強烈な象徴的意味を、これらの事例から見て取ることができよう。

　道教の宮観の形成とその機能は、宗教活動に従事するという意味において初期道教が設立した「靖室」と密接に関わっている。上述したように「靖室」はすでに初期道教の段階で発生しており、道教の信者の修道生活のなか

で重要な意義を担っていた。それは一種の宗教建築として媒介の場所であり、そこを通して信者は神界と交流したから、初期道教にあっては明らかに崇高化と神聖化という宗教的機能を具えていた。

両晋時期、士族階層の天師道信者は日増しに増加していた。有名な王羲之の一家は天師道を信奉し、会稽内史であった次男の王　凝之（おうぎょうし）は非常に篤信家であった。史書は次のように記している。

> 王氏は代々、張氏の五斗米道を信奉していたが、凝之はとりわけ敬虔な信徒であった。孫恩が会稽に攻め入った時、同僚はその備えをするように勧めたが、凝之は耳を貸さなかった。靖室での祈禱を終えて出てきた彼は武将たちに、「自分はすでに大道に請願し、鬼兵が救援しに来てくれることになっている。賊軍は自然に破れるだろう」と云って何の備えもしなかった。そして結局、孫恩に殺害された。　　　（『晋書』王凝之伝）

このような記述から、当時の人々が「靖室」という宗教建築を通して宗教儀礼を行ない、「大道」の神通力とコミュニケイトしようとしていたことがわかる。杜子恭は東晋の有名な天師道の布教師であったが、関連する史料によると、静室（靖室）を建て、報酬を求めず救護に奔走し、めざましい効験を挙げたという（『学道記』）。当時の道教徒の宗教生活にとって、「靖室」というものがいかに重要な役割を果たしていたかがよく理解できる。

(二)「茅屋」

『太平経』によれば、初期道教に「茅屋」（ぼうおく）と呼ばれる建物があり、「神士」の斎戒と鍛錬のために供されていた。それは機能的には靖室に近い宗教建築であるが、修錬者に対する要求にはいっそう高いものがあり、入室の審査もより厳しく、「茅屋」に入った修道者は通常の食物を絶ち「食気」（有形の食べ物の代わりに気を食す）を守らねばならなかった。それだけに、経文で天の吏とも呼ばれる「神士」という、神に通じる強い資質が形成され、成仙への

道が容易に開かれると信じられていた（合校本90、411、412頁）。

(三)「天倉」

『太平経』には、上天は善人に対する褒賞として、天災に遭ったり凶作になったりした時、「天倉」や「司農」から尊卑の位序に応じて食べ物や衣服が下されるが、功なき者は受け取ることができないという（合校本579頁）。「天倉」については、次のようなより具体的、現実的な記述が『太真科』にみえる。「10月1日、天師治に集合し、天倉と五十里亭に米を預けて、凶年に飢民の往来に備える。治に到る人は糧食を携帯する必要がない」（前引『要修科儀戒律鈔』巻10所引）。ここから、初期天師道に特有の建築としてさらに「天倉」や「亭」といった備蓄用の建物が設けられており、この宗教の社会保障の役割を担っていたことがわかる。ただ、史料が少なく、その具体的な建築様式や構造を知る手掛かりがない。

(四)「義舎」

初期天師道では、その教区内の民衆が飢餓のために路上で死なないように一種特殊な社会保障制度が構築されていた。『典略』には、張魯の天師道について以下のように記されている。

> 張魯は漢中に居た時から、その信徒の信仰と修行のために義舎を造らせ、米と肉をそこに置いて行人を泊らせた。

また、『後漢書』劉焉伝に云う。

> 各祭酒はそれぞれ路に義舎を建てた。駅亭と同じく、米と肉を置いて行旅の人に供給した。食べる者はお腹と相談して必要な分だけ取り、取り過ぎた者は鬼神が罰として病気にならせた。

このように「義舎」は行旅の人を助けるために設けられたが、提供した食べ物の消耗を防ぐために天師道では規律を作っていた。ここでの「義舎」は、張魯政権が実施した典型的な道治（信者集会用の建物）モデルとして使われた宗教建築であり、初期道教の重要な構成要素であって、核心的教団組織の社会的影響とその支配地域を延伸させ、教団と社会との接触面を拡大させた。この「義舎」は、思想的には彼らが道祖として仰いだ『老子』の次の一文まで遡る。「大象を執らば天下は往かん。往きて害なわざれば、安平太なり。楽と餌には過客も止まる（道が行なわれて人々を損なわなければ、安寧で太平なので天下の人々がやって来る。そこに音楽と食餌があれば旅人も足を止める）」（第35章）。

　西晋の武帝時代、巴蜀地域には陳瑞を指導者とする天師道教団が現れ、なにがしかの宗教的な建物をもっていた。陳瑞は長期にわたって天師道を信奉し、その教団は「清潔さを尊び、死喪産乳者（死者を出した家や産後の婦人）の百日未満の者は道治には入れなかった」と云われるように（『華陽国志』大同志）、特有の規律をもっていた。「道治」というのは信徒の集会用の建物で、神と交流する機能を具えており、そこで各種の宗教儀礼や宗教活動を行ない、「死喪産乳者」は百日経過しないと入ることを許されない神聖な場所であった。当時、益州知事の王濬は陳瑞の教団が拡大しているのに気付き、「不孝」の罪を口実に陳瑞と祭酒の袁旌を殺害し、その「伝舎」を焼いた。「伝舎」とは、張魯政権の教区内で使用された例の「義舎」のことである。

（五）「神壇」

　初期道教の修錬者は、神―人の仲介としての「壇」を造って祭祀を行ない、仙になることを追求した。このような修道法については、魏伯陽が以下のように批判している。

　　幾重にも囲いをめぐらせて壇を建て、朝夕うやうやしく神を祀っている。鬼神が見えたり夢のなかで交感すると、喜悦して延命まちがいなし

と思っても、実際には若死にしてその腐敗した屍をさらすだけだ。行動に過ちがあると、肝腎かなめのポイントと背反してしまう。……そういう誤った術は千も万もたくさんある。　　　　（『周易参同契』、『道蔵』20-75）

　実際上、両漢時代の初期道教はまだ統合されておらず、異なった教派の間には異なった主張がなされており、その宗教建築も当然かなり大きな違いがあった。『周易参同契』の批判はそうした問題点を衝いたひとつである。
　先述したように、東部と中原地区には太平道以外になおまだいくつかの道派があり、その信徒は民間と上層社会との双方に散らばっていた。曹操はほかならぬ初期道教の信者であった。黄巾を鎮圧したことを責める張角の曹操宛ての手紙から、曹氏が初期道教の信者であったことが透けて見えてくる。「あなたはむかし済南で神壇を破壊しました。あなたが信仰する道は中黄太乙と同じことは承知しておられるはずなのに、なぜ破壊されたのか、当方は困惑するばかりです。漢朝の命運はすでに尽きており、黄家が当に立つべき時です。天の大運はあなたのような才力の持ち主でないと引き受けることができません」（『三国志』魏志・武帝紀注所引『魏書』）。曹操が信仰していたのは「中黄太乙」と近い初期の道教神であったが、その所属する道派は同じではない。ともあれここから、後漢末期の東部と中原地区の初期道教には「神壇」と呼ばれる建物が存在し、神仙を祀るなどの宗教儀式を行なっていたことがわかる。
　初期道教のこうした「神壇」活動は、当時山東の済南がもっとも活発で、祠屋は600あまりにも上り、その祭祀は日ごとに奢侈になって人民の生活を圧迫した。ところが、曹操が当地に乗り込んで来るとそれらをすべて破壊し、彼が政権を握ると、世の「淫祠」は廃絶されたという（前掲『三国志』注所引『魏書』）。これらの神壇は当地の上層社会と密接につながっていたので、その破壊行為によって曹操は該地の豪族の怨みを買うことになった（同上『三国志』注所引『魏武故事』）。
　上に引いた済南の祭祀活動の発端は、漢に功があったことで建てられた城

陽景王劉章の祠であった。人々はこの祠で初期道教の祭祀祈禱活動を派手に行ない、神佑を願ったのである（『風俗通義』巻9、怪神）。山東の琅邪青州6郡から渤海の集落に至るまで、相前後して600もの「祠屋」（神壇）が建立されたが、この宗教儀礼活動には官吏から人民に及ぶ広範な社会的基盤があった。おそらくこの「祠屋」は、大勢の人々を収容できるかなり大規模なもので、彼らはそこで連日、神を楽しませる飲めや歌えの祈禱儀礼を行なっただけでなく、商人が出資して二千石の高官から車馬や服飾を借用し、また芸人を招いて歌舞に興じたのも娯神儀礼の一環であろう（前掲注引『魏書』）。豹や熊に仮装して歌い踊る娯神儀礼については、張衡の「西京の賦」に記述がある。

　後漢の中期から後期にかけて、多くの皇帝が黄老道教を信奉した。たとえば桓帝は、黄老祠を北濯龍宮中に建立した（『東観漢紀』巻3）。この間の事情について、楊寛は次のように考察している。「曹騰（曹操の祖父）は桓帝に信頼された宦官であったので、この建立には参与し、〈黄老道〉を信奉していたに相違ない。霊帝もまた黄老道を信奉していた可能性がある。曹操が早期から〈黄老道〉を信奉していたのは、このような家学に由来したはずである。彼はその死に至るまで、こうした〈道〉の信仰から完全に脱却していない。彼が晩年に住んだ洛陽の宮殿にも、もっぱら黄老を祀る〈濯龍祠〉があった」（「論黄巾起義与曹操起家」『曹操論集』所収）。当時、初期道教内の異なった道派の信奉者は、各自異なった宗教建築を建て、そこで祭祀をして求仙活動を行なっていた。神壇（祠屋）もそのうちのひとつであった。

(六)「道観」

　三国時代、道教とその建築の東部地域での発展状況については、呉の史料中からその一斑を見ることができる。

　　その当時、琅邪の于吉という道士が、居住していた東方から呉会（呉郡会稽）にやって来て精舎を建て、焼香しつつ道書を読み、符水を作って

第Ⅴ部　物理学と技術　第六章　初期道教と建築

人々の病気を治してやったので、呉会の人々は多く彼に仕えた。

(『三国志』呉書、孫破虜討逆伝注引『江表伝』)

この史料から、当時すでに修道用の建物が出現していたことがわかる。

現存する史料によれば、孫権にも崇道の記録があり、その信奉の程度は曹操に劣らない。

仙人の介象は字(あざな)を符則といい、会稽の人で、いろんな方術に通じていた。呉主の孫権はそれを聞き、彼を武昌に呼び寄せて鄭重にもてなし、介君と呼んで、家を建て、君主用のとばりを与え、前後千金を賜わり、彼に就いて蔽形(姿を隠す)の術を学んだ。

(『三国志』呉書、呉范等伝注引葛洪『神仙伝』)

また、呂蒙が病気に掛かって病勢が進んだ時、孫権がみずから見舞い、道士に命じて星辰の下で命乞いをさせたという(同上、周瑜魯粛呂蒙伝)。孫権が道教の上章請命(天に上奏して助命を請う)術を信奉していただけでなく、崇信する道士のために家宅を建ててやったこともここから知られる。

杜光庭の『歴代崇道記』によれば、孫権は天台山に桐柏観を建てて葛玄を住まわせ、さらに富春に崇福観を建て、建業に興国観を営造し、茅山に景陽観を建てるなど、こうした道観を39箇所建立し、済度して800名の道士を誕生させ、葛玄に管理させた。そして葛玄は天台山で『霊宝経』を孫権に授けた。東呉の赤烏2年(239)、孫権はわざわざ方山(南京の西南にある山)に洞玄観を建造し、金丹仙経に基づいて葛玄に丹薬を煉成させた。葛玄は葛洪の従叔で、その煉丹書を葛洪に伝授している。

『神仙伝』と『歴代崇道記』は、いずれも三国時代以降の道士の手に成るものであるが、それらから孫権が道教を信奉しており、道士のために道観を建立したことが見て取れる。しかし結局のところ、こうした「道観」はどういう点において後世の道観の形態を具えているか、これは解明しがたい問題

563

である。しかし、孫権が道観を造営したのが事実であれば、彼が済度した道士の数からして、こうした道観はすでに後世のいわゆる道観の基本形態を具備していたはずである。

結語　道教建築の自己規定性

　何をもって道教建築とするのか。ある研究者は云う、「道教は自己独自の建築風格というものを持たなかった。というのも道教建築は事実上、仏教から借用してきたものだからである」(*Taoist Architecture, In Encyclopedia of Religion and Ethics,* P.695)。また、ある研究者は云う、「道教建築は得道成仙の場所とか、仙薬を煉る場所とか云うことはできない」(N.S.Steinhardt, *Taoist Architecture, In Taoism and the Arts of China,* p.73)。こうした説は上述した研究が掲げる結論と一致しない。初期道教建築はそれ自身の規定性を持っており、中国古代の建築様式から安易に借用したものではなく、そこから道教特有の宗教建築として発展してきたものなのである。初期道教の修道者たちが探し出した山中の洞室は、遠古の穴居の遺風を継承しているように見えるが、しかし事実上、形式の継承にすぎず、その文化的内実においてそれは、道教が追求した天地と一体の〈道〉の信仰を完全に体現したものなのである。それは、老子の「反は道の動」思想と、「嬰児に復帰す」「樸に復帰す」「無極に復帰す」という思想の実践なのであった。

　老子の哲学によれば、『老子』第42章に「道は一を生じ、一は二を生じ、二は三を生じ、三は万物を生ず」とあるように、〈道〉は天地万物がそれに依拠して生まれ出てくる本体であった。だから修道者の目標は〈道〉と一体の状態に到達することであり、彼らは老子の思想に依拠しつつ、〈道〉という本体に回帰しようと企図したのであった。その場合、一筋の路が必要になってくる。漢代の道教の勃興過程に生きた思想家・河上公は上の「道は一を生じ、一は二を生じ……」という宇宙生成論に対して、次のような注釈を与えている（[　]が原文、その右が河上公の注）。

第Ⅴ部　物理学と技術　第六章　初期道教と建築

［道は一を生ず］　　道が始めに生むものが一である。
［一は二を生ず］　　一は陰と陽を生む。
［二は三を生ず］　　陰陽は和気・清・濁の三気を生み、分かれて天・地・人となる。
［三は万物を生ず］　天・地・人は共に万物を生む。天は施し、地は化し、人はこれを育てる。

　ここで人間は、宇宙の本原である〈道〉が変化して発生してきた三つのうちの一つと見なされている。老子はさらに、道と一体の状態に回帰してこそ、人間は長久にわたって「身を没するまで殆からざる」境地に到達しうるのだと説く（第16章）。しかし、現実的にどうすればそのような状態に到達しうるのか。まず、天地と一体にならねばならない。そこでは、両漢時代の「天人感応論」が思想上のつなぎになる。そのために初期道教の修錬者は、地上の名山において天地父母に復帰しそれと一体になり得る方法を探し求めた。その際、山中の洞室は生きている人間が母の懐に回帰する経由地だと認識されていた。

　洞室の空間的な有限性と山中にあるという地域的な局限性とは、人工の道教建築の建造と発展を促した外的原因であったが、修道者自身の修錬要望が増大した結果、それに対する内在的な適応性を道教に具えさせることになった。かくして道教は、風水術を利用して「地穴」を探し求め、人工建築を建立して天地鬼神と交流することで、いっそう多くの大衆の修道活動に対する要求や、ひいては建築空間に対する要求を満足させようとした。その結果道教建築は、神秘的で鬼神と交流するという機能を賦与されることになった。それは一種の宗教建築であり、特定の宗教的機能を具えていた。道教によって神仙の理想に到達する、あるいは到達するのを助けると認識され、それと対応する宗教信仰の支配下にある社会の理想的建築――それが道教建築であった。

　歴史上、道教が中国古代のいくつかの建築様式と風格を吸収したのは客観的な事実である。上に述べたように、道教の「観」は古代の「観」、すなわ

565

ち「闕(けつ)」という建築様式から発展してきたものであった。しかしそれは、前後あい連続しながら順序だって漸進する発展過程を辿ってきた。この過程において、その建築様式は文化の内実に従って絶えず豊富で完全なものへと展開し、人・仙両界の橋渡しをする機能を具えた、道教特有の文化記号となり、修道者の生活方式の構成要素となったのである。

〔附録1〕「道法自然」：都江堰の水利工事と道家哲学

　成都平原の西部、岷江(びんこう)上流に位置する都江堰(とこうえん)は、上古の水運と水利の中枢をなし、以来2500年、今なお現役で活躍中の、世界で唯一現存する古代の水利施設である。現代の堤防のように短命ではなく、長期にわたって機能を発揮し続けてきたのは、人々の絶えざるメンテナンスがあったにせよ、その設計において「道法自然」(道は自然に法る)を核心とする科学的道家思想を遵守したことが最も重要な理由である。都江堰の水利工事の要(かなめ)は、堤防のない河流のコントロールシステムを採用したことである。つまり、水の天性に順応し、その強さを避けてその勢いを利用したので、雨期には大水を分散でき、また灌漑も獲得できた。水にはその流れのままにさせ、人にはその利益を得させたわけである。そのことによって都江堰の信頼性と耐久性が決定されたのは、まさに『老子』の云う「善く建てたるものは抜かれず」(第54章)である。

　「道法自然」というのは、事物の動きを自然にして然らしむること——すなわち、事物自身がその特性に従ってみずからその功を成すこと、換言すれば、その道によって治めること、道に従順して使うことである。自然との関係において人間は、自然の勢いに従って「これを用う」ことを習得すべきであり、それは消極的に「これを制す」ることではない。明達の士は、剛なる力は長く持続し得ないことを水から習い、それを活用すべきだと語るのである。

　我々が暮らすこの地球は70パーセント以上が水であり、我々の体もまた

第Ⅴ部 物理学と技術 第六章 初期道教と建築

都江堰全景

　同じ成分比率になっていて、水の存在はあまりにも日常化しているが、老子の慧眼は水の観察を通して驚嘆すべき結論を導き出した。「上善は水の如し。水はよく万物を利して争わず、（下位という）衆人の悪むところに処る。故に道に幾（ちか）し。……」（第8章）という一節がそれである。老子によれば、〈道〉は宇宙万物の存在と発展変化の根本的な規則であり、人間の生存法則であった。水はその〈道〉に近いと云うのである。

　上の一節では、柔を尊び低きに就く水のあり方が賞讃されており、ここにこそ水の動力学の特徴が存在する。大河や海が「百谷の王」となり得るのは、それらが「善く下る」（第66章）からである。へり下って流れを集め、「百谷の王」となる過程において、水が獲得し貯蔵した位置エネルギーと運動エネルギーは絶えず循環転化し、それが解き放つエネルギーは計量できないほどの厖大さになる。この元来は柔弱なエネルギーが行く手を阻む障害物を打ち破る。それゆえ老子は云う、「天下の柔弱は水より過ぐるはなし。堅強を攻むる者、能くこれに勝（まさ）るはなく、そのもってこれに易（か）うるはなし（水以上に、堅強なものを陥落させられるものは他にない）。弱の強に勝ち、柔の剛に勝つは天下知らざるものなきも、能く行なうものなし（柔弱の強さはみな知っているが、誰もそれを実践しない）」（第78章）。水害を治める場合、水の力学と真っ向から直接に対立するのを避け（水と「争わない」）、水の特性を知ってそれを利用するのが正しいやり方なのである。これが〈道〉に依拠した治水にほかならない。

567

後世の人は都江堰の水利思想を、「遇弯截角、逢正抽心（湾曲した河流が当たる岸の鋭角部分は水の勢いを殺ぐために削り、河流が直進しているところでは中心部を深く掘り下げて主流をスムースに流れさせる）」の8字の格言として総括したが、ここには、水と争わず、水の力との直接的な対立を避ける道家思想が体現されている。また、後人は都江堰の水利の核心を、「深淘灘、低作堰（淵は深く浚い、堤は低く造る）」の治水6字訣と「因勢利導（勢いに逆らわないで流れを導く）」としても総括したが、ここにも、水の自然の特性に順応して利用するという道家哲学の真骨頂が表現されている。

　現代では、「堤を高く築き、流れを強制的に断つ」という、自然の力と「争う」方式が採用されているが、これはある限られた時間内では問題の解決になっても、久しからずして水の柔性のパワーによって破壊されるのは必定である。それゆえ老子は、「天の道は争わずして善く勝つ」（第73章）と云ったのである。かくして最終的には、「無為にして為さざるはなし（無為自然は万能）」（48章）というシステム制御の目標に到達する。

〔附録2〕道教の地母崇拝と「生地」観念：　〈子宮コンプレックス〉

　『老子』は、初期道教徒の修錬目標を「嬰児に復帰す」「樸に復帰す」「無極に復帰す」る（第28章）ことに置いた。つまり、渾沌として未分の生命の原初状態——「真母」と一体になった「無極」状態に回帰してこそ、生命の永遠性が得られるというのである。かかる思想の前提になっているのは、大地こそ人間の真正の母という認識である。すでに〈洞〉に関する考察のなかで述べたが、地上の洞窟に熱中してそれを探究した道教のなかに、ある種の〈子宮コンプレックス〉を認めることができる。このような土地環境の探索と思考の過程で、道教は古代の風水信仰を吸収して発展させていった。

　風水は一種超経験的な迷信であって科学ではないが、道教建築史上重要な影響を及ぼしたので、道教建築の理解を助けるためにその精神レベルの問題

に対して検討を加えておく必要がある。

　風水思想はすでに先秦の文化のなかに存在していて、道教が生み出したわけではないが、しかし道教はそれを継承し運用して、発展させていった。道教の修行者は修仙のために最初山中の洞窟を探し求めたが、のちに広大な土地上にそれと近似の役割を果たす場所を探してそれを「宝地」と呼び、そこに修道のための宮観建築を建立した。

　価値的には、古来風水術が追求した「宝地」というのは、すべて「生地」または利を生む土地、もしくは利を維持し続け得る地が上位にランクされていたが、これは農業文明が追求した土地の生産力による環境判断法を継承したものであった。しかし、その判断操作法はますます煩瑣複雑で、神秘的色彩が濃厚となり、その原初の合理的要素は隠蔽されてしまった。道教経典のなかで『太平経』は最初に「地を鑑定し授けてそこに居らせる」という独特の見解を提起し、道教の「陽宅」（陰宅＝墓に対する生者の住まい）風水信仰を作り上げてゆき、次のような主張を行なっている。「天は道という褒美を人に与え、地は徳を養うという褒美を人に与え、人（君主）は禄食という褒美を人に与える。……地は善地を養うことを主とし、人を富ませる。故に徳に富むという褒美を人に与える。……人が道を好んで怠らなければ、天から褒美を得る。人が徳を好んで地を愛し、地を相する（土地の鑑定）こと知れば、地は人に授けてそこに居らしめる。かくして、凶を去り吉を得、地から褒美を得ることになる」（合校本707-708頁）。

　風水思想は中国の伝統的な審美構造に深々と根ざし、社会生活の隅々にまで浸透して、伝統文化、とりわけ伝統建築とその設計に深い影響を与えた。その理論は多く道家に負うており、風水で重視されてきた「宝地」のモデルを考察した場合、そこに低きに就く構造（いわゆる「谷」）や蓄積するはたらき（「善くこれに下る」）が具わっているのを容易に見出すことができる。わけても、人為が関与しない自然にして然ることを本意とする「道法自然」は、風水思想のいわば祖型ということができる。

　「宝地」モデルの場所選択とその配置は、多くの場合、「坐北朝南」（北に

坐して南に向かう)の方位を採用し、背後(北)は山に拠り、前方(南)には水流があり、左右(東西)には「青龍」(左)と「白虎」(右)と呼ばれる砂山(丘)が守る、というものである。このように3方を山に囲まれておれば、人間の健康と生産活動の妨げになる寒い秋冬の風に直接さらされなくてすみ、比較的広く開けた南方から、健康と作物の生産にとって有利な暖かく湿った夏の風が吹き込んでくる。また、1方面に水流が巡っているのは、北半球に住む人間の生産と生活にとって有益なことである。これは、嬰児を育む器官としての子宮の環境モデルと極めてよく似ている。その心理構造と精神的傾向を分析すれば、このような「宝地」の環境モデルの追求に執着した背後には、母胎と子宮に回帰し、生命の永生を願望する深いコンプレックスが隠されている。

『太平経』にはすでに「生地」に関する記述がみえ、土地崇拝思想がそこに反映されている。死者を生産力のある土地(生地)に葬ればその子孫に福をもたらすが、そうでない土地(逆地、消地)だと害をもたらすと記され、農業の自然論理に依拠する一方、非合理的な類比的思惟も見られる(葬宅訣第76、合校本182-183)。そのことは道教の神秘主義思想に属しているにせよ、しかし古代の道教徒が地を選択したりそれと関わる営為を行なう際にはある特定のきまりを遵守したことを示している。そのきまりというのは、本来の意味においては「生地」を求め、その価値を強調するものであった。『抱朴子』微旨篇にそのような観点を見出すことができる。

> 常に執日(日選び術上のターム)に六癸(特定の方位)上の土を取って百薬薫草と混ぜ、それを門戸の1尺四方の広さに塗れば、盗賊は入って来ない。また、市場の南門の土と歳破(特定の方位)の土、それに月建(同)の土を取ってきて、それらを練り合わせて人形を作り、朱雀の地(南)に置けば、また盗人を防ぐ。難儀なことがある場合、生地(死地の対)に入って止まれば害から免れる。天下に生地というものがある。1州、1郡、1県、1郷、1里、1宅、1部屋、それらに生地はある。1部屋に

生地というのは狭すぎないかという人がいるが、経典に「危急の際には車軾（車の前方にある横木）に隠れる」とあって、1車のなかにあるなら、1部屋にだってあるはずだ。　　　　　　　　　　　　　　　（128頁）

　しかし、こうした「生地」をどのように測定するのか、抱朴子は何も答えていない。
　道教の「生地」概念は、安全で快適ですべてが保証された、かの子宮回帰モデルに還元できるかもしれない。子宮は人類を含む哺乳動物の母胎内の生殖器官であるが、生命の根源と見なすことができる。本章で論じた初期道教の神山に対する高度な崇拝、神山に登ることは神仙になることを意味していたこと、初期道教の史料が反映していた道教修仙者に対する山中の洞室の重要性——これらのことは、〈子宮コンプレックス〉という思考回路から分析したなら、あるいはその深層心理学上の根源を発見できるかもしれない。もしそうであるなら、古人が理想とした風水モデルは、同じように最も安全で快適な母胎子宮への回帰意識の象徴であるはずである。修道者が尊崇した老子の「反は道の動」思想は、まさしくこのような精神形態を再考察し分析する思考方法を提供してくれるはずである。
　「生地」のほかに、風水モデルのなかにはたとえば亀形の土地に対する崇敬があるが、ここにも同じように生の追求に対する根本的なものが隠されている。というのも、古人は亀を長寿のものと考えていて、それが次第に転化して長生の記号になったからである。それゆえ、およそ建築はこの種の長生のものに類似した土地に対しては、自然に「生」や長生不死または神仙的性質を具有するものと認識し、それらと同化させていったのである。これは古代シャーマニズムにおける物の観念を継承したものであるが、同時にまた、農業文明において人々が生産条件と生産能力との関係に関する法則を認識し、類比（アナロジー）と応用を行なった結果であった。
　『管子』度地篇にすでに土地選択の問題が議論されている。管仲は桓公から「地の形を度って国を治める」要諦を訊かれて、肥沃な平地を前提に山や

水流のよき環境について意見を奉っており、そこに古代の択地観念が表現されている。

　風水の術として現れた初期道教の土地崇拝には、種々問題はあるにせよ、古人の自然環境とその法則の豊富な探究に裏付けられており、それと関連する建築思想を同時期の西欧世界のそれに比していっそう深く、いっそう人文精神に富むものに作り上げたのである。

第七章　初期道教の飛行構想

　人間の想像力は、それぞれの大いなる宗教において極限まで発揮されたが、それは多くの場合、神の存在の証明に奉仕するに過ぎないものであった。かくして、想像力が羽ばたけば羽ばたくほど、理性精神はいよいよ住処を失っていった。ところが道教の場合、このような想像力は純粋な神学的思惟の手足とはならず、多くの貴重な科学的夢想を生み出した。

　宗教は、人間がそれを借りて、人間の可能性の外側にある理想と現実との緊張的対立状態を発見し、そしてそれを解除する文化装置である。道教という宗教体系において諸々の科学的発明と科学的夢想が生み出されたのは、現実の生命の有限性と不死成仙という宗教的理想との間に横たわる張力（本書106、118、543頁などを参照）がその主たる理由であり、それが転化して自然と生命を探究する人間の原初的駆動力となったのである。この探究の過程において、ある種の無邪気な夢想が形成された。葛洪は、道を得た者は、「上は雲間にその身を持ち上げ、下は川海に潜水して泳ぐことができる」と述べている（『抱朴子』対俗篇、49頁）。歴代の道教徒は成仙の証明として、手を替え品を替えてさまざまな飛翔の方法を追究したが、それは今なお人々を夢中にさせずにはおかない。

　ニーダムは『中国科学技術史』第4巻第27章（台湾版第9冊）「機械工学」において、「航空工学前史」の一節を設け（日本語版『中国の科学と文明』第9巻、753頁以下）、中国古代文化の航空工学説が果たした貢献について奥深い探究を行なっている。そこで幾度となく取り上げられているのが葛洪であるが、しかし道教がこの分野で挙げた成果はもとより葛洪だけに止まるものではない。従来の東西双方でなされた人類の飛行史研究は、しばしば道教の豊富な成果を等閑視してきた。

第一節　道教飛行観念の起源

一　古代神話伝説中にみえる飛行の夢想

　飛行は人類共有の自由への理想である。この悠久なる夢は中国文明が最初に実現したものではないが、しかし中国文化はかなり見るべき技術的思考を具えた飛行器の夢想を生み出した。つとに殷代、出土文物が示しているように、人々はもう鳥と同じく翼を生やして自由に飛翔することを夢見ていた。

　楚の文化の鬼神崇拝はかなり発達しており、関連する出土文物には飛行する人物の形象が少なくない。『離騒』にはすでに、飛鳥の助けを借りて天に昇る情景が描かれている。

　「月の御者を先駆けとし、風の神をうしろに従わせ、鸞鳳に護衛させるが、雷神は従者がまだ足りないと忠告してくれる。私はまず鳳を飛昇させ、夜を日に継いで天へと昇って行く」。また『九章』でも、飛行という形で神仙世界に遊ぶ様子が幻想されている。「青い虯（龍の一種）と白い螭（龍の一種）が引く車を御して飛昇し、舜と一緒に瑤の園に遊び、崑崙山に昇って玉英を食べ、天地と寿命を等しくし、日月と共に光り輝く」。このような夢想はのちの道教のために思想的な資料を提供し、道教が追究する神仙世界を形成していった。『山海経』海外南経には非常に変わった「羽民国」のことが描写されている。「その国の人は頭が長く、体に羽が生えている」。郭璞の注では、「飛べるが遠くまでは飛べない。卵生である。その画を見ると仙人に似ている」。郭璞の時代（晋）にはまだその画が残っていたのである。また、張華の『博物志』には、「羽民国の民は翼が生えているが、遠くまでは飛べない。そこには鸞鳥が多く、民はその卵を食べている。九嶷を去ること４万３千里」とある。これらはみな、古代人が体に羽が生え飛翔することを幻想していた証拠である。

　また、『山海経』海外西経には「一臂三目」の人が暮らす「奇肱の国」のことが出てくる。郭璞の注には、「その国の人は器械細工が得意で、百羽の鳥を捕まえて飛ぶ車を作ることができ、風に乗って遠くまで行く。湯王の時

代にそれを豫州(よしゅう)の境域で捕獲して壊し、人には見せなかった。10年後、西風が吹いてきた時、また作り直して返送した」とある。『博物志』にも類似の伝説が収められていて、そこでは「百羽の鳥を殺して飛ぶ車を作ることができ、湯王の時代に西風に乗って豫州まで飛んで行ったが、湯王はそれを捕獲し壊して民に見せなかった。10年後、東風が吹いてきた時、また作り直して送り返した」と記されている。数万里を航行する「飛ぶ車」の威力がわかるだろう。

ただ、上の2つの文献史料で留意すべきは「奇肱の国」の位置の相違である。『山海経』の郭璞の注では東方に存在することになっているが、『博物志』では西方になっていて、こちらのほうが理にかなってる。

郭璞と張華は晋代（3～4世紀）に生きた人であるが、実は同時代の西洋に類似の伝説がある。ギリシャ人サモサタ（ローマ帝国領）のルシアンがほぼ西暦160年頃に完成させた『真正の歴史』（*Vera Historia*）のなかに、大風が船を天まで吹き上げ、船客は月まで送られた、という記述がみえる（F.H.Winter: *Rockets into Space*, p.2）。こうした中・西の神話伝説から、当時、比較的明確な技術を含んだ飛行の夢想が次第に形成されつつあったことが読み取れる。つとに『荘子』には、「列子は風を御して飛び……15日経って帰来した」という記述があるが（逍遥遊篇）、技術的観点から云えば、ルシアンが描いた船が月に吹き寄せられた話と奇肱の民の「飛ぶ車」のそれとは、船と車という現実の運搬手段を使っている点で想像がいっそう具体的になっている。中国とギリシャのこの類似の飛行伝説間に伝播関係があったのかどうかについては、さらなる検討が必要である。

二　両漢時代の飛行夢想と王充の理性的批判

漢代の楽府「長歌行」にこのように歌われている。「仙人　白鹿に騎(の)る、髪は短く耳の何ぞ長き。我を導き太華に上り、芝を攬(と)り赤幢を獲。来り到る主人の門、薬を奉る一玉箱。主人　この薬を服し、身体　日に康強。髪の白きも復た黒に更(か)り、年を延(の)ばし寿命長し」。『論衡』には、「仙人を描く場合、

翼を付ける」（雷虚篇）とみえており、両漢時代を通じて身に翼を生やす形式で神仙の姿が表現されていたらしい。漢・晋墓出土の絵や器物には、身に羽を生やした多くの「羽人」の姿が確認される。墓葬における羽人の姿は、墓主人が死後、神仙となって天国に昇ることを象徴しており、この種の出土資料は枚挙に暇がないほど豊富である。比較的典型的なのが、四川出土の日神と月神の羽人画像磚である。

しかしながら、人間が鳥と同じように天上を飛翔しうるのか、という問題に関しては、古代の思想家の間でも意見はさまざまであった。後漢時代、初期道教の信奉者が身に羽が生え昇仙を幻想した同じ時期に、懐疑論の思想家・王充は一連の論難を提起した。

道書の記載によれば、初期道教にはいくつかの経典があり、神格化された古代の名工に仮託した書物が作られた。『墨子枕中五行記五巻』もそのうちの一書である（『抱朴子』遐覧篇、333頁）。王充は、このような魯班と墨子を神格化した社会現象を批判してこう述べている。「儒書には、魯班や墨子の巧みな腕前を称讃して、彼らが木を細工して造ったトンビはどこにも止まらず３日間飛び続けると云うが、木でトンビを造って飛ばせた、と云うのならわかるが、３日間止まらない、というのは潤色だ」（『論衡』儒増篇）。

前漢の淮南王は、天下の道を好む人士を集めて『淮南子』を編纂したが、のちに謀反の罪に問われて命を落とした。その後、彼は神格化され、道を得て昇天したとされて、「ひとりが道を得れば鶏犬も昇天する」という説が生まれた。王充はこれに対しても、大意以下のような批判を加える（『論衡』道虚篇）。人は物であり、物はすべて死ぬのに人間だけがどうして昇仙できるのか。また羽も生えていないのに飛翔できるわけがない。仮に羽が生えたとしても、徐々に生えるもの。神仙を学ぶ人にまず数寸の羽が生え、はじめ高殿に飛んだあと、羽が生えそろってようやく昇天する、というのならまだ分かるが、そういう話も聞かない。それに、天に昇るには天への階梯のある西北の崑崙山に行かねばならない。東南に居た淮南王が一家を挙げて崑崙に行ったという話は聞いたことがない──。また、当時の神仙信仰の徒が、神

仙は黄帝のように龍に乗って昇天すると称していたのに対しても、仙人は体が軽くなって昇天できるのであれば、そもそも龍という乗り物など不要ではないか、と反駁している（『論衡』龍虚篇）。

　ただ、王充が批判した飛行幻想のなかには、服薬によって成仙しうると信じていた人々の、服薬後の幻想体験も含まれている。『抱朴子』遐覧篇が引く早期の道典『墨子枕中五行記』には、「その方法は薬とおふだを使って、人に上下に飛行させたり、限りなく降下させたりするものである」と記されている（337頁）。ここから、東晋以前の道教には疑いなく薬物を使って飛行の感覚を得させる方法もあったことがわかる。実際、漢代にはすでに方士が製薬活動を行なっていたことは、それを「仁義の正道」に背く「左道」として批判した谷永の上奏文から知ることができる（『漢書』郊祀志下）。また王莽も、方士の言葉を信じて「黄帝穀仙の術」と称する薬物を作っていた（同上）。当時、薬物を使って飛行に類似した宗教体験をしうる条件は整っていたのである。

　後漢社会に広がっていた宗教的思潮のなかで、それに関わる現象や観念を批判した王充の行為には前向きの歴史的意義があったと評価しうる。しかし実際には、あの時代の宗教化という大きなうねりのなかでは無力であった。非常に多くの漢代の銅鏡銘には、人々が神仙を信じ、死後には仙境に昇りたいと願う記述に溢れている。そこには〈天道〉に対する考察も見られ、もはや方士たちが単純に方術レベルでうるさく騒ぐものではなくなっていたのである。

第二節　道家と神仙家の探究

一　道家の「待つ所なし」の境地の追求

　古代以来、人間が理想とする〈自由〉の境地に対する描写は数多く残されているが、結局のところ何をもって自由とするのか。道教では太空を逍遥することをその表徴としてきたが、道教のそれは飛鳥の自由よりはるかに大き

なものであった。というのも、鳥の飛行は風（すなわち空気）に頼らざるを得ないものだからである。つとに戦国時代の道家の著作『荘子』には、こうした「待つ所ある」（頼るべき条件のある）局限的な〈自由〉を超えたレベルが提起されている。これに対して道教は、長期にわたり、絶えずレベルアップされた追求——幻想と現実が交錯しつつ多くの場合は幻想に流れるものであったが——を行なってきた。これもまた、農業文明の基本的な特徴によって規定されている。

　事物の存在と運動変化には条件というものがある。荘子の言葉に従えば「待つ所」である。彼はこう述べている。「認識には頼るべき条件があってはじめて確たるものになる。しかし、その条件なるものがそもそも確定していない。私の云う、天は人ではないのか、人は天ではないのか、ということが分からないのだ」（大宗師篇）。

　人間はすでに多くの知識と能力を所有しているが、しかしそれらには大きな限界がある、というのが道家の立場であった。9万里を飛行する大鵬や、15日間も風を制御して空を飛び続ける列禦寇（れつぎょこう）にも「なお待つ所あり」と荘子は述べている（逍遙遊篇）。そこから導き出された結論はこうである。「このようである以上、知恵にも行き詰まるところがあり、神妙なはたらきにも届かないものがあるのだ。……小知を去ってこそ大知が発揮され、善を去ってこそおのずから真の善が現れる」（外物篇）。この限界性の根本的な原因は、「待つ所ある」理性認識それ自体に含まれている欠陥にある。人間の理性や知識には必ず頼るものがあり、それがあるからこそ対象の妥当性が認定される。しかしこの頼るもの自体が実は不安定なものなのである。ではどうすれば、あれらの自然に基づく事物は人為の結果ではないと知ることができるのか。また、いわゆる人為の事物は自然から出たものではないとどのようにして証明するのか。これが上に引いた大宗師篇の「天（自然）は人（人為）ではないのか、人は天ではないのか、ということが分からない」の意味である。

　人間の本性とその存在の本来的な限界性、およびそれによって生じる人間

第Ⅴ部　物理学と技術　第七章　初期道教の飛行構想

以外の天上世界に対する想像と渇望はある種の張力と原動力を形成し、地上を離れて天空に昇る手段の追求へと人々を駆り立てる。『列子』周穆王篇には、水火にも自在に入り、金石をも貫通し、空を飛んで落ちない「化人」に案内され、日月のはるか上方を飛んだり、天帝の居処に遊んだり、崑崙山に行って西王母と酒を酌み交わしたりといった「神遊」を楽しむさまが描写されている。

　飛行の前提になるのが空気力学の原理に対する認識であるが、これはすでに道家思想のなかに出現している。すなわち『荘子』逍遥遊篇のよく知られた、大鵬が南を目指して飛翔しようとする一節である。「風に厚みがないと、大きな翼を乗せきれない。だから９万里もの上空に到ってようやく翼の下に充分な風が集まる。かくて大鵬は風に乗り晴天を背負い、なにものにも遮られず、今や南を目指して飛び立つ」。ここでは、空気の浮力が認識されているだけでなく、双翼の観察を通して、この浮力を利用するさまが見極められている。しかし荘子に云わせれば、このような外部条件に依存する飛行は理想的なものではない。

　かくして荘子は、藐姑射山の神人の自由を描く。「皮膚は氷雪のように白く透明で、あたかも処女のよう。五穀を食らわず、風を吸い露を飲み、雲気に乗じ飛龍を御し、四海の外に遊ぶ」（逍遥遊篇）。これが神人の境涯であるが、荘子はさらに高い要求を提出する。「天地の正しいあり方に乗じ、自然の変化に従い、無窮に遊ぶ者はいったい何に頼ったりするだろうか」（同上）。この一節を飛行という観点から捉えると、ここで提起されているのは、人間自身に依存して外部の道具を使わないで飛行するという思想である。

　このような思想は、いかにすれば人間は飛行能力を体得し、仙界に飛昇しうるのかを人々に考えさせた。『山海経』の「身に羽が生える」という発想はその理論的な結論と云える。両漢の文物中には大量の飛行する図像が残されている。体に翼が生え、自由に飛行する姿は神仙の象徴として描かれたものである。道家思想と古代の飛行夢想とは結合点を探し当て、のちに飛行の思想は次第に初期道教の一部分を形成していった。

二　昇仙飛行の手段

　上述した「待つ所なき」自由の境地の追求のほかに、人々が飛行能力を求めたのは、永遠の生命をもたらす特殊な物質の追求と関わりがある。その物質とは飲食物であり、『山海経』など上古の神話伝説中には豊富な記述がみえる。しかしそれらはみな、飛行の手段を借りなければ手の届かない場所にあった。『列子』湯問篇には、すでに述べたように「壺領(こりょう)」という名の仙山から湧き出る「神瀵(しんふん)」という名の万能の水のことが記されている（549頁参照）。また、同じ篇に、「帰墟(ききょ)」にある五峰の神山には珠玕(しゅかん)の樹が群がって生えていて、その実はおいしく不老不死の功能があるという。

　こうした特殊な飲食物を具備した神仙世界は、高くて登攀を拒む神山やはるか彼方の天空にあるだけでなく、しばしば天外の宇宙空間にも設定されていた。そのため、人々は神仙世界に入る手段を探し求めたが、そこで思い付いたのが鳥のように飛行するという方式であった。

　漢代の思想界では本体論が流行して、〈気〉が生命の本質と見なされ、〈気〉の本体論に基づく宗教思想が形成された。漢・晋時代の多くの墓室壁画では、神仙と雲気が混融していて、神仙が雲気のなかで生活したり活動したりする様子がうかがわれる。漢代以後、〈気〉の本体論の表現としての「雲気」は、次第に初期道教における神仙信仰の構成要素になっていった。『論衡』道虚篇に描かれている次のような後漢の学仙者の姿は、当時の人々の神仙生活に対する憧れを表している。「項曼都(こうまんと)は道を好み仙を学んで、家を棄てて3年後にようやく帰ってきた。家人がどうしていたのと問うと、こう答えた。『家を出る時のことは自分でもよくわからない。突然（自分の）寝姿のようなものが見えたあと、数人の仙人がわしを連れて天に昇り、数里上がったところで止まった。月が上から下までぼんやりとして暗く、暗いので西も東もわからない。月のそばに居るととても寒く、飢えてきて食べ物が欲しくなってきた。すると仙人がわしに流霞(りゅうか)（仙人の飲み物）1杯を飲ませてくれたが、1杯だけで数カ月間飢えを感じなかった。いつ行ったのか、どう過

ごしたのかよくわからず、突然寝姿になって、またわが家に帰ってきたのさ』」(『抱朴子』袪惑篇350頁にも同じような記述がある)。

『淮南子』原道訓には、淡然として無慮の人が、天を屋根とし地を乗り物とし、四季を馬とし陰陽を御者とし、雲に乗り天空に飛昇し、造化者とともに遊ぶさまが描かれている。

『列仙伝』中の得道者の昇仙飛行手段を総覧してみるに、龍、風雨、煙気、神鳥、体に生毛などがあり(ほかに「琴高が弟子と約束して……赤鯉に乗ってやって来た」というのもある)、いずれも人工の物ではなく、また、これらの手段の獲得にはしばしば修行者に大いなる修錬の蓄積や特異な術などが求められ、一般の修行者の想像を超えていた(表-4)。

敦煌の仏爺廟湾の西晋墓室壁画に、長い耳を持ち羽化した仙人図が描かれている。この形象は道典で描写されている神仙と軌を一にしており、さらに注目すべきは突出した大きな羽翼である。墓葬という観点から考えると、これは墓主が羽化して神仙になろうとしてるさまを象徴しており、当時の初期道教の神仙思想が墓葬風俗に影響を及ぼした表現だと云うことができよう(『敦煌仏爺廟湾西晋画像磚墓』、図-11)。

『抱朴子』対俗篇には「道を得た蕭史偕(しょうしかい)は鳳に乗って太空に昇った」などとあるが、『神仙伝』では昇仙手段として具体的な経験のある交通道具、たとえば「車」などがみえている。人民を救済した沈羲(しんぎ)は昇仙のための服薬などを知らなかったが、その善行によって天神を感動させ、白鹿車、青龍車、白虎車などが天界から遣わされ、仙官とともに天に昇ったという(『神仙伝』巻3)。しかし、のちの道教の飛仙手段のなかで各種の「車」は中心的な位置を占めておらず、ひとつの手立てにすぎなかった。

三 「身に羽翼が生え、飛んで相い往来す」

神仙とは、自然と社会的運命を超越し、存在の自由を獲得した超人のことである。『列子』湯問篇には「帰墟」にある五座の神山のことが登場し、そこに棲まう仙人たちが「1日1夕、飛んで相い往来す」るさまが描かれてい

表-4 『列仙伝』に描かれた成仙者の飛昇方法

神仙	飛昇方法
赤松子	風雨に従って上昇したり下降したりできる。
赤将子輿	同上
馬丹	疾風が屋根を吹き飛ばした時、その旋風に乗って去った。
寧封子	煙に従って上昇と下降ができる。
嘯父	数十本の炬火を並べて西の空に昇天した。
馬師皇	鍼灸で龍を治療してやっていたが、ある日龍に背負われて去った。
黄帝	首山の銅を採り、荊山のふもとで鼎を鋳、それが完成すると、龍のヒゲにつかまって昇天した。
偓佺	体に数寸の毛が生え、両目とも四角、飛行したり走る馬を追いかけたりできた。
王子喬	時が来ると、白い鶴に乗って山頂に留まった。
蕭史夫婦	ある日、ふたりして鳳凰に乗って飛び去った。
主柱	丹砂を服用して5年後に飛んできた。
谿父	仙人から瓜の種などの練り方を教えられ、20数年後、空中を飛行し、山に上り、水中に入ったりできるようになった。
陶安公	安公は鋳物師であったが、ある時、炉の火が紫色になって天に昇ったあと、赤い龍が迎えに来て、数万人に見送られて昇天した。
呼子先	仙人からもらった茅製の犬に跨ったら、それは龍であった。

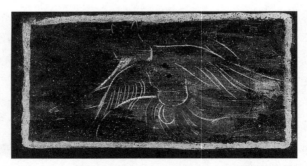

図-11　長い耳を持ち羽化している仙人の図（『敦煌仏爺廟湾西晋画像磚墓』、文物出版社、1998年）

第Ⅴ部　物理学と技術　第七章　初期道教の飛行構想

る。弓の名人・羿が得た不死の薬を、その妻・姮娥が盗んで月に飛んで逃げた話はあまりにも有名である（『淮南子』覽冥訓）。飛行能力は、現実の種々の苦しみを超越することを意味し、また、生命が自然と社会の限界を超越することも意味している。

　王莽が神仙の術を信じ、方士の勧めで九重の華蓋を登載した「秘機四輪車」を造らせ、登天成仙を期したことについてはすでに紹介した（537頁）。「秘機」というのは仕掛けを外から見えないようにしてあるからそう呼ばれ、高さ8丈もある九重の華蓋は、それを担ぐ者はみな膝を屈伸させて上下に動かせたという（『漢書』王莽伝下、および顔師古注）。

　王莽の時代には別の技術史料がある。明らかに初期道教の方士に属する人物が飛行活動を行なっていたというのである。王莽が、匈奴を攻撃する特異な技術を募ったところ、1日千里を飛んで匈奴を偵察しうるという者が現れた。大鳥の羽を取って両翼とし、頭にもからだにもみな鳥の羽毛をつけている。試したところ、数百里を飛んで落ちてしまった（『漢書』王莽伝下）。この史料に対してニーダムは、この発明人は間違いなく道士だと述べているが（『中国の科学と文明』台湾版第9冊459頁、日本語版第9巻778頁）、妥当な見解である。同時に彼は、「これは中国で最初に行なわれた羽ばたき方法による飛行実験である」と述べ、引き続いてこう書いている。「ダイダロスの寓話からC.F.メールヴァイン（18世紀ドイツの技術者）、またはリリエンタール（19世紀ドイツの発明家、グライダーを開発）の実験に至る長い過程において、この中国での試みは早期の発展の一環節であった。羽ばたいて〈飛び降りる人〉（現代の航空史学者はこの語を使うことを願っている）と、若干の成功を収めた滑空する人とはきわめて区別をつけにくい。というのも、若干の飛び降りる人（常に僥倖に恵まれている）は若干の距離を滑空して始めて着地しているからである。従って、最初の真正の滑空飛行は1852年および53年、ジョージ・ケリー製作のグライダーの乗員によるものではあるが、しかし滑空それ自体は上古の時代から創始されている。鳥は翼の動きを止めている時は下降し、羽ばたいている時は上昇する。故に我々は、王莽時代の創始人と北斉の

文宣帝（多くの死刑囚を残酷な飛行実験に使った）の幕後の専門家とを冒険的な鳥人の列に加えたい」（同上）。

　漢・晋の精神世界は、初期道教の神仙思想の影響を濃厚に受けていた。魏の文帝（曹丕）の「折楊柳行」と題された詩にこう詠われている。

　　上に両仙童あり　飲まずまた食らわず
　　我に一丸の薬を与う　光耀して五色あり
　　服薬すること四、五月　身体に羽翼を生じ
　　軽挙して浮雲に乗り　倐忽（しゅつこつ）として（たちまちに）万億を行く

　陶侃（とうかん）は、夢のなかで身に羽翼が生じ、上昇して九天まで到ったが、門番に杖で打たれ地に堕ちて左翼が折れ、醒めてもなお左脇が痛んだ。のちに８州を管轄し、強兵も掌握して天下を取ろうかとうかがったが、翼を折った夢を思い出して自制した（『漢晋春秋』）。ここから当時の社会心理の一斑が読み取れよう。

第三節　初期道教の飛行構想

一　翼なくして飛ぶ

　上述したように『列仙伝』と『神仙伝』には成仙飛昇（翔）の話がたいへん多い。なかんずく、劉安の「抜宅飛昇」の故事では、神秘的な丹薬が重要な役割を果たしていたことに留意する必要がある。初期道教では、このような薬と符はすでに具わっていただけでなく、その神仙方術の重要な構成要素であった。同時にまた、経験世界のある種の交通手段も改造され、天上にまで到るものとして、神仙世界の機能と特徴を賦与されていた。『周易参同契』には、修道者は一旦、金丹大薬を手に入れたら、「白鶴を御し、龍鱗に駕し、太虚に遊び、仙君に謁し、天図に録され（仙人としての名前登録）、真人と号す」と記されている。『後漢書』方術伝には、竹の杖に乗って千里の外へ自

在に飛ぶ費長房のさまが描かれている。彼は壺公から与えられたこの神力を具備した竹杖によって、仙界と俗界という異なった時空を自在に出入りできたのである。神仙信仰に特有なこの思考は、のちの道教のなかでさらに発展して運用された。

道典によれば、天上の神仙世界にも「行政」システムがあって、「雲気車」に乗ったり、「飛龍に駕乗」することで往来の交通手段としていた（『太平経』巻188、574頁）。

人間世界に居て成仙を願うものは、修錬と還丹以外に飛昇の手立てはなかった。とりわけ仙丹は、初期道教の長生術の核心的要素であり、飛昇の重要な手段であった。『抱朴子』金丹篇には「九丹」のことが述べられているが、一丹を得るだけで昇仙が可能であった。九丹を服用した者は、天に昇ろうと思えば行けたし、俗界に留まろうと思えばそれも意のままであり、鬼神の害を受けることもなかった（76頁）。「金丹」は人に超自然の神力を与え、翼がなくとも人を飛行させることができた。このように丹薬を服用することで飛昇能力を獲得し得たというのは、先述したように薬物がもたらすある種の「宗教体験」に属するものであった。『列仙伝』によれば、道教の神仙・赤松子は「水玉」という仙薬を服用して「煙に乗って上下する」飛行能力を獲得した。『抱朴子』仙薬篇でも赤松子は、「玄虫の血を玉に漬けて水溶液としたものを服用して煙に乗って上下した」と書かれている（204頁）。また、同書にみえる中山衛叔卿の雲母服用による飛行の霊験も同じような「宗教体験」に基づいているはずである（203頁）。

葛洪は『黄帝九鼎神丹経』を引用して、上引のように「一丹を得るだけで昇仙が可能」と述べたが、道教が金丹に絶大な力を賦与したことがここからもわかる。金丹は疾病を防ぎ、不老不死をもたらし、三尸九虫を除去し、鬼神を使役し、人間に翼なくし飛ぶような超能力を与え、俗世を超越させたが、これらはすべて人に幻覚を見させる丹薬の薬力の所産なのであった。『抱朴子』至理篇には一種内丹的な宗教体験が語られている。世事を杜絶し、神仙修錬に集中していると、やがて「風雲に鞭をくれて虚空に上昇する」よ

うな飛行感覚が生じるというのである（111頁）。

　二　天空を疾走
　「乗蹻(じょうきょう)」は、空を疾走する一種神秘的な道教の術である。「蹻」は、足を挙げて高所を行く意（『説文解字』）。曹植の「苦寒行」に「乗蹻して術士を追い、遠く蓬莱山に在り」と詠われている。交通手段が未発達の古代社会において、自然の束縛を超越して自由の獲得を願うというこの考え方それ自体、人々を吸引する大きな力があった。
　『抱朴子』雑応篇に、どんな高所でも登攀し、どんな遠方でも行ける方法を訊かれて抱朴子は、「乗蹻すれば、山河に関係なく天下をあまねく飛び回ることができる」と答えている（275頁）。彼によれば、もし千里の距離を行こうと願えば、1時間思いを凝らせばよい。昼夜12時間思いを凝らせば、1日1夜で1万2千里を行くことができる。ただ、「乗蹻」の準備段階として、長期の斎戒をして血食・葷菜(くんさい)（ニラ、ニンニク）を口にしないことが大切である。それを守らないと、途中で墜落する、という（275頁）。「乗蹻」には、「龍蹻」、「虎蹻」、「鹿盧蹻(ろくろきょう)」の三種があり、当時は『龍蹻経』と『鹿盧蹻経』というテクストがあったというが（『抱朴子』遐覧篇、333頁）、いま『道蔵』に収められているのは『上清太上開天龍蹻経』というテクストだけである。このような飛行願望は古代科学の限界性から生まれたものであって、想像空間にのみ存在してもとより現実化は不可能であった。ただ、この葛洪の云う「乗蹻」法においては、「蹻」の部分がすでに敷衍されて疾走する飛行器物という意味が生まれていた。このことについては後文で論じたい。

第四節　道教と最速の飛行器構想

　一　プロペラ式飛行器
　前引の、どんな高所でも登攀し、どんな遠方でも行ける方法を訊かれた抱朴子の答えのなかに、「トンビは飛んでいよいよ上昇すると、両翼をまっす

第Ⅴ部　物理学と技術　第七章　初期道教の飛行構想

ぐに伸ばして、羽をばたつかせない」という記述がある（雑応篇、275頁）。これなどはトンビの飛行を仔細に観察していたことをうかがわせる。それ以上に現代人を興奮させるのは、プロペラの空気力学に対するある種の認識があった

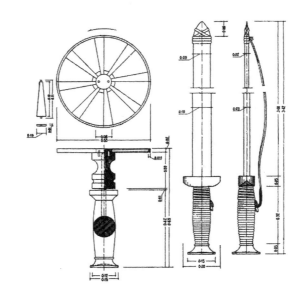

「飛車」復元図

ことが彼の文章から読み取れる事実である。たとえば「牛革で輪を結び、剣でその器械を引く」（同275頁）というアイデアなどは、「わが国で最も早い飛行機のプロペラの原理を洩らしたものであり……超自然の力を追究する道教学徒の精緻な観察のなかに、古代科学の成果が含まれていることがわかる」（胡孚琛『魏晋神仙道教』、182～182頁、またニーダム V.4, Part Ⅱ）。

　現代の中国古代工芸史家・王振鐸も『抱朴子』のこの一文について、「プロペラやヘリコプターが発明される以前に、中国には空気の反作用力を利用して重い物を揚げる記述があったのであり、これはその最も早い歴史的な記載である」と指摘している（『中国歴史博物館館刊』1984-6）。そして王振鐸は『抱朴子』のこの、「ナツメの心木を使って飛車を造り、牛革で輪を結び、剣でその器械を引く」アイデアに基づいて飛車の復元図を作成し、さらに一定の飛行能力を具えた模型の飛車を造って、葛洪のこの記述には間違いなく科学性があることを証明した（同上）。

二　宇宙航行

　前節でその一部を引用した『抱朴子』雑応篇には、さらに驚かされる記述がある。「（その飛行器は）上昇すること40里、そこを太清と名づける。太清のなかはその気はきわめて剛である。トンビは飛んでいよいよ上昇すると、両翼をまっすぐに伸ばして、羽をばたつかせない。これはようやく剛炁（＝気）に乗ってきたからである。この龍蹻も40里上昇すると、あとはひとりでに進んでゆく」（275頁）。宇宙の「太清」層の「剛炁」は飛行物体の重量を支えることができるから、飛行物体は推力を必要とせず、慣性に従って自然に飛び続ける。これは近現代の宇宙航行科学の法則にかなり接近している。現代の宇宙航行科学の原理によれば、地球の引力圏内から脱け出し、無重力状態に進入すると、いかなる推進力も不要で、自由に大気圏外の軌道を通って地球の周りをぐるぐる飛行できる。これは人工衛星の発射と運行の原理である（前掲、胡孚琛『魏晋神仙道教』182頁では、葛洪のこの乗蹻が人工衛星理論に近似していることを高く評価している）。

　葛洪は、〈気〉が天体の運動とその天体間の相対的距離を維持させるはたらきを強調したが、五代の学者・邱光庭はそれを継承しつつさらに前進させてこう云っている。「抱朴子は『地上から4千里（40里の誤りであろう。以下も同じ）の外ではその気は剛勁で、そこにある物は落ちない』と云ったが、ここから推し量るに、地上だけでなく天の周りの気はすべて剛であろう。ここから、日月星辰がどれもみなそのままの位置に居て落ちてこないのは、剛気に乗っているからだとわかる」。この剛気説は、天体運行に関する体系的な理論構築に対して重要な貢献をし、また、天体運動の動力メカニズムの探究にとっても重大な啓発的意義を有している。

　三　「仙槎」：最古の宇宙飛行器

　紀元4世紀、晋代の隠逸道士・王嘉は『拾遺記』を著し、そこで次のように述べている。「堯が即位して30年、大きな筏を西の海に浮かべた。筏から

第 V 部　物理学と技術　第七章　初期道教の飛行構想

光が発し、夜は明るく昼は消えていた。船乗りたちは、大きくなったり小さくなったりするその光を遠くから眺めて、まるで星や月のようだと思った。筏は四海を巡り、12 年間で天を 1 周し、それを繰り返した。……舜の時代を経て禹の末年になると、その記録は消えた」。

　科学が未発達の時代に、ひとりの道士がかくのごとき奇想天外な科学的夢想を繰り広げ得たのは、宇宙飛行の時代に生きる我々にとっても驚嘆せざるを得ない事柄である。20 世紀 60 年代、ソ連の有人宇宙飛行船が奇跡的に発射と帰還を成功させ、宇宙飛行時代を拓いたその当時、鄧拓(とうたく)は、「人類は結局のところ、いつから宇宙飛行を想像し始めたのか」と問いかけたあと、この王嘉の筏を取り上げ、「これは宇宙飛行の最古の伝説」だと述べた（鄧拓『燕山夜話』、55 頁）。

　成立年代が『拾遺記』よりは後れる『博物志』に次のような記載がある。「旧説によると、天の川と海とは通じているという。近き世に海辺に住んでいる人がいて、その人の話によれば、毎年 8 月になると空を浮遊する筏が来ては去り、その時期を誤ることはなかったという。ある冒険ずきの人がいて、筏の上に高殿を建て、食料をたくさん積み込んで出立した。10 日余りの間はまだ日月星辰が見えていたが、そのあとは昼夜もわからない茫漠とした空間を行くばかりだった。それから 10 日経って、突然ある場所に辿り着いた。城郭のようなものがあり、建物が整然と立ち並び、遠望すると、宮中には多くの織女が機を織っている。ひとりの男が水を飲ませるために牛を引いて渚まで来て、筏を見咎め、『どうしてここまでやって来たのか』と訊いた。筏乗りは詳しく説明して、ここはどこかと尋ねると、『帰ったら蜀に行って、厳君平を訪ねたらわかるさ』という答え。結局上陸せず、予定通りに帰還し、蜀に行って君平に訊くと、君平は云った、『何年何月何日、客星が牽牛宿を侵した』。年月を計算してみると、まさしくその人が天の川に到着した時間だった」。この「冒険ずきの人」は「仙槎」（仙人の筏）に乗り、長期にわたる宇宙飛行のあと、牽牛宿という遙かな星座に到着したのである。

では、「仙槎」はどのようにして地球を離脱し、大気圏外へ飛び出したのか。バウアーは、このような思想は「銀河」が地球と通じているという中国古代の観念と関係があると指摘している。つまり、まず『淮南子』に登場する神山のような、「迷霧のなかに鎖された洞天福地の山峰が天界のはたらきを担」い、そこから「天・地を往来できる一種の橋が形成された」と指摘する。しかし、「その後まもなく、銀河が大海から延伸して天に向かう連続体と見なされたので、銀河がその代わりを果たす紐帯となった」というのである（バウアー、548頁前掲書99頁）。いずれにせよ、このような壮大な想像力は人を讃嘆させずにはおかない。

　後人の『洞天集』にはこうある。「厳遵(げんじゅん)（君平）の仙槎は、唐ではこれを麟徳殿に安置した。長さ50余尺、叩くと銅鉄の響きがし、堅牢で虫に食われなかった。李徳裕は細い枝を切ってそこに道像（道教神像）を刻した。それはしばしば飛んでいってはまた帰ってきたが、唐の広明年間（880〜881）以降、どこかへ飛び去った」。この記事に対して鄧拓は、この「仙槎」はまったく宇宙船と変わらず、「叩くと銅鉄の響きがし、堅牢で虫に食われなかった」という記述からして、まるでステンレスや特殊な合金よりもっと高度な物質が使われていたかのような印象を与えると述べている（鄧拓前掲書）。まことにその通りであるが、同時にまた、この「仙槎」に関するすべてのことは、長期にわたって中世の幻想のレベルに留まっていたことに留意する必要がある。後期の道典に至ってもなおこの美しく妙なる幻想が繰り返された。たとえば『天仙金丹心法』飛昇篇には、「つま立ちして清らかな仙界の都に憧れるが路は遙か。仙槎は霊なる潮に浮かぶ日を今か今かと待っているが、しかし鼎内で3年煉った丹薬の力を借りたら、雲間万里の彼方の橋は不要」と詠われている。ただ、ここでも「仙槎」幻想は生きてはいるものの、ここで期待されているのは、閉ざされた体内で生み出される内丹としての「鼎内(ていない)（体内）三年の薬」であり、外部の「雲間万里の橋」ではない。ここにおいては、道教の宇宙はすでに「吾が心」に統合され、内面の心や性といった境地に転化され、宋明理学（朱子学・陽明学）の形成と発展と軌を一つ

にしている。外部世界はすでに内面世界に取って代わられ、価値のないものとしてうち捨てられた。その結果、人々はもはやあのような外在する力強い物理的手段を借りて飛昇しようとは夢想しなくなったのである。

〔附録1〕水中を潜航行する「淪波の舟」

『抱朴子』対俗篇に、「道を得た者は上は雲霄に身を持ち上げ、下は川海を潜行する」と云うが（49頁）、このことはすでに『荘子』大宗師篇に生き生きと描写されている。「古の真人は……高所に登っても恐れず、水に入っても濡れず、火に入っても熱いと感じない」。神仙は赤い鯉に乗って深淵に遊ぶというが、赤い鯉は神仙世界を代表する一種の記号なのである。

『拾遺記』にこうある。「秦の始皇帝は神仙のことを好んだが、ある時、宛渠の民が螺舟に乗ってやって来た。海底を潜行しても水が入って来ないので、〈淪波の舟〉とも呼ばれた。その国の人は背丈が10丈もあり、鳥獣の毛を編んだものでからだを被っていた」。たしかにこの記述は人を興奮させるところがあり、その基本性能において現代の潜水艦を彷彿させると云う人もいる（斉治平校注『拾遺記』前言）。

初期道教の伝説中には、水上を歩行したり、水中に長時間潜り続ける道士の話がある。葛洪は、道教のある種の方術を使えばそうした能力を獲得できると信じていて、いくつか紹介している。たとえば、「真通天犀角の3寸以上のものを入手して魚型に切り、それを口に銜えて水に入ると、水はその人のために3尺四方の空間を開けくれるので、そこで息ができる云々」（『抱朴子』登渉篇、312頁）。このなかで反復鍛錬すればできそうなのが、「鄭君」の方法である。息を千息止めることを繰り返して訓練すれば、しばらくして終日、水中に居れるようになるというのである。これ以外はすべて幻想と云うほかはない。

〔附録2〕飛行と捜索目的の「曳影の剣」

　これも顓頊(せんぎょく)（黄帝の孫）の時代の話として『拾遺記』に見えるものである。「〈曳影の剣〉というのがあり、空に上がると開展し、四方の敵兵を察知すると、この剣はその方向に飛んでいって征伐する。使わない時は筐(はこ)の中にあり、常に龍虎のような唸りを発している」。これは現代のミサイルを容易に連想せしめる（前掲『拾遺記』前言）。

　斉治平は、幻想のもつ積極的意義は否定できないとして、こう述べている。「幻想は芸術創作の基盤のひとつであるだけでなく、科学活動にとっても必要なものである。人々は科学における仮説というもののはたらきを知ってはいるが、実はいかなる仮説も非常に多くの科学的幻想の要素を含んでいる。幻想は疑いなく技術の分野においてきわめて啓発的なはたらきをするものであって、多くの卓越した技術の発明は、それが現れるはるか前に幻想小説家によって預言されていたり、あらましが描写されていたりするものである。〈仙槎〉から宇宙飛行船まで、〈淪波の舟〉から核潜水艦まで、〈機姸(きけん)〉（器械仕掛けで動く人形、『拾遺記』に見える）からロボットまで、この事実を雄弁に物語ってはいないだろうか。『拾遺記』は〈科学幻想小説〉の水準には達していないけれども、その豊富な想像力は十分有益な叡智なのである」（前掲『拾遺記』前言）。

　しかしながら、古代道士のこうしたアイデアはすべて幻想の段階で停滞してしまった事実は指摘しておかねばならない。それどころか、薬物の服用によって出現した心理世界の幻覚の可能性もある。こうしたアイデアはすべて、神仙の理想という千年の巨夢のなかで生み出されたものであり、そこには理性の獲得という意義もなく、宗教的夢想にすっぽり覆われた信仰内容として、現実の科学的意義のある探究活動へ転化することはありえなかったのである。

訳者あとがき

　自分の来(こ)し方を振り返ってみて、だいたい筆者はパッシブな生き方をしてきたような気がしている。陰陽論で云えば、陽より陰の要素が強かったように思う。20代の終わり頃だったか、大先輩のT兄と一緒につり革を持ちながら電車に乗っていて、「おめえ、いったい何をやりたいんだい」と、勉強のテーマを訊かれ（というか詰問され）、いきなり横面を張られたような筆者はうろたえながら「あの、その……」と返答に窮した記憶がある。筆者の友人のなかにはすでにその頃から生涯の研究テーマを決めていて、50数年後の今日、仰ぎ見るような業績を構築した人間もいる。へんてこな書き出しになったが、本書の翻訳もそのパッシブの系譜に連なるものだということが云いたいのである。

　忘れもしない2012年9月22日、筆者は日中関係が最悪の時期に成都入りをした。本書を編集した姜生さんから、四川大学に招聘されたのである。20歳の頃から本田 済(わたる)先生のもとで中国学に志しながら、諸般の事情で留学もできなかった自分が、晩年になって本場で勉強できるとは何という僥倖かと思い、深刻な政治的問題も障碍にはならなかった。年に数ヶ月成都に滞在して何回かたどたどしい中国語で講義するほか、主たる仕事は勉強と本書の翻訳という恵まれた条件が与えられた。余談になるが、講義の最初の頃、自分のしゃべっていることが学生に通じているのかどうか心配になって、「你们听得懂吗？（聴いてわかるかい？）」と訊いたら、「听得懂！（わかります！）」という温かい返事がみんなから返ってきて嬉しかった。本書の翻訳も、当初姜生さんは複数の専門家に分担して翻訳してもらい、三浦(サンプ) 先(シェンション)生はそれを統括するだけでよいと云って下さったが、現実問題として今の日本の研究者は多忙を極め、特に、不安定で苛酷な非常勤職に甘んじて勉強を続けている若い人たちにこの仕事を丸投げする勇気は筆者にはなかった。

　そういうわけで、筆者の個人訳として作業を進めていった。しかし案の

定、翻訳にはかなり難渋して、1日中机の前に座ってやっと1頁進捗、というような日も少なくなかった。もとより筆者の学力不足に由ることではあったが、原書は自然科学のほぼ全域を扱っており、当方はそちらの世界はほとんど無知、そのうえ引用されている道教経典や古典は原文（いわゆる漢文）のまま放り出されていることなどが時間を取られる要因になった（わが国の慣行では論文でも原文引用の際には現代語訳または訓読を要求される）。さらに云うと、当然のことではあるが、新翻訳語と云うべきか、普通の中国語辞典には出てこないような最新の語彙が頻出して何度も当惑させられたし（そういう時には同僚の馮渝杰君(フォンユイジェ)に助けてもらった）、中国語表記によるテクニカル・タームの日本語比定には最後まで苦しめられた。引用文には出処が明示してあるので大体は原典に戻って確認したが、これも一苦労であった（ただし、すべての引用文を遺漏なく確認したわけではない）。

しかしながら、ここが重要なところであるが、筆者自身、ある種の高揚感に満たされながら翻訳していった事実は記しておかねばならない。簡単に云えば、内容が面白いのである。なぜ面白いのかと云うと、自分の知らなかった道教の別の一面がここに生き生きと情熱をもって再現されていたからである。これは事実上自分の不勉強と無知の告白になるのであるが、これまで道教の勉強をしてきて、道教がここまでいわゆる科学技術と密接に関わっていたとは何だか虚を衝かれたような思いもある。そのような目で見ればそのようにも見える、といったレベルのことではなく、不老不死を追求する〈宗教〉としての道教は本質的にそういう構造を内蔵していた、というのが本書の基本的な立場なのである。義務感だけで仕事をせずにすんだこの数年間は、「老年の光華」と呟きたくなるような、ありがたい贈り物であった。

本書は当初、ある出版社から出していただくことになっていたが、経営不振のためにそれが不可能になったと、翻訳の進行中に編集者から辛い告知を受けねばならなかった。しかし、筆者自身は日本で出版の価値ありと信じていたし、姜生さんとの約束もあるので出版を断念するわけにゆかず、思いあぐねて旧知の金田公博さん（東方書店）を通して東方書店の編集部に打診し

ていただいたら、責任者の川崎道雄さんから出版を前向きに考えてもよいという好消息を頂戴したのであった。

　なお、翻訳に際して、上記の馮渝杰君のほか、薬物学や天文学については女婿の世良佳彦君、音律については榧木亨君から教示を得たところがある。また、内校（内部校正）を担当された川崎道雄氏からは、読者の立場に立ったきめ細かい有益な助言を数多く頂戴した。

　以上、翻訳と出版に至った経緯を記して「あとがき」とする。

2017年5月9日
四川成都望江路、四川大学青年教師公寓にて
三浦國雄謹識

参考文献

【中文文献】
〈書籍〉
愛克曼（德）輯録、朱光潜訳『歌徳談話録』北京、人民文学出版社、1978年
安居香山（日）『緯書与中国神秘思想』石家荘、河北人民出版社、1991年
安居香山、中村璋八（日）輯『緯書集成』石家荘、河北人民出版社、1994年
巴伯、伊安・G（美）著、阮煒等訳『科学与宗教』成都、四川人民出版社、1993年
貝爾納（英）著、伍況甫訳『歴史上的化学』北京、科学出版社、1959年
薄樹人編『中国天文学史』台北、文津出版社、1996年
布留爾、維列著、丁由訳『原始思維』北京、商務印書館、1981年
布羅代爾『資本主義的動力』北京、三聯書店、1997年
蔡達峰『歴史上的風水術』上海、上海科技教育出版社、1994年
長春中医学院編注『串雅内編選注』北京、人民衛生出版社、1980年
曹元宇『中国化学史話』南京、江蘇科学技術出版社、1979年
陳国符『道蔵源流考』北京、中華書局、1963年
陳国符『道蔵源流続考』台北、明文書局股份有限公司、1983年
陳国符『中国外丹黄白法考』上海、上海古籍出版社、1997年
陳可冀主編『活血化瘀研究与臨床』北京、北京医科大学中国協和医科大学聯合出版社、1993年
陳槃『古讖緯研討及其書録解題』台北、国立編訳局、1991年
陳奇『中薬薬理研究方法学』北京、人民衛生出版社、1993年
陳勝昆『中国伝統医学史』台北、時報出版社、1989年
陳耀庭『道教在海外』福州、福建人民出版社、2000年
陳寅格『金明館叢稿初編』北京、三聯書店、2000年
春山茂雄（日）著、鄭民欽訳『脳内革命1，2』北京、中国対外翻訳出版公司、1997年
『重慶市博物館蔵四川漢画像磚選集』北京、文物出版社、1957年
戴春陽主編『敦煌仏爺廟湾西晋画像磚墓』北京、文物出版社、1998年
戴済『顔料与塗料』《万有文庫》（総684冊）、上海、商務印書館、1931年
道森・克里斯托弗『宗教与西方文化的興起』成都、四川人民出版社、1989年
丹波康頼（日）『医心方（影印）』北京、人民衛生出版社、1956年
丹納（法）『芸術哲学』合肥、安徽文芸出版社、1991年
丹皮爾・W・C（英）著、李珩訳『科学史及其与哲学和宗教的関係』北京、商務印書館、1975年
鄧拓『燕山夜話』北京、中国社会科学出版社、1997年
鄧啓耀『中国神話的思維結構』重慶、重慶出版社、1992年
鄧子琴『中国風俗史』成都、巴蜀書社、1988年
杜石然、范楚玉等編著『中国科学技術史稿』北京、科学出版社、1982年

杜維明（美）著、段徳智訳『論儒学的宗教性』武漢、武漢大学出版社、1999 年
杜恂誠『中国伝統倫理与近代資本主義——兼論韋伯《中国的宗教》』上海、上海社会科学院出版社、1993 年
杜正勝『編戸斉民』台北、聯経出版事業公司、1990 年
范行準『中国病史新義』北京、中医古籍出版社、1989 年
方立天『中国仏教与伝統文化』上海、上海人民出版社、1988 年
馮家昇『火薬的発明与西伝』上海、上海人民出版社、1954 年
馮友蘭『中国哲学簡史』北京、北京大学出版社、1985 年
福井康順、山崎宏、木村英一、酒井忠夫（日）監修『道教』第 1 巻、上海、上海古籍出版社、1990 年
福井康順、山崎宏、木村英一、酒井忠夫（日）監修『道教』第 3 巻、上海、上海古籍出版社、1992 年
弗雷沢（James Frazer）（英）著、徐育新等訳『金枝』北京、大衆文芸出版社、1998 年
傅維康主編『中薬学史』成都、巴蜀書社、1993 年
蓋建民『道教医学導論』台湾、中華道統出版社、1999 年
高大倫『張家山漢簡《引書》研究。』成都、巴蜀書社、1995 年
高文『四川漢代画像磚』上海、上海人民美術出版社、1987 年
高文、高成剛『四川歴代碑刻』成都、四川大学出版社、1990 年
高翔『近代的初曙：18 世紀中国観念変遷与社会発展』北京、社会科学文献出版社、2000 年
葛兆光「七世紀前中国的知識、思想与信仰世界」『中国思想史』（第一巻）上海、復旦大学出版社、1998 年
葛兆光『道教与中国文化』上海、上海人民出版社、1987 年
耿洪江『西方認識論史稿』貴陽、貴州人民出版社、1992 年
龔鵬程『道教新論』台北、南華管理学院、1998 年
溝口雄三（日）撰、索介然、龔穎（訳）『中国前近代思想的演変』北京、中華書局、1997 年
顧頡剛『五徳終始説下的政治和歴史』香港、龍門書店、1970 年
顧頡剛『漢代学術史』北京、東方出版社、1996 年
顧頡剛『秦漢的方士与儒生』上海、上海古籍出版社、1998 年
関増建『中国古代物理思想探索』長沙、湖南教育出版社、1991 年
郭沫若『奴隷制時代』北京、人民出版社、1973 年
郭沫若、翦伯賛等著『曹操論集』香港、三聯書店、1979 年
韓済生『針刺鎮痛原理』上海、科技教育出版社、1999 年
亳県博物館『安徽亳県発現一批漢代字磚和石刻「文物資料叢刊 2」』北京、文物出版社、1978 年
河北省文物局文物工作隊『望都二号漢墓』北京、文物出版社、1959 年
河北省博物館等『槁城台西商代遺址』北京、文物出版社、1977 年

何丙郁『海納百川：科技発源与交流史』台湾、聯経出版事業公司、1994 年
胡孚琛『魏晋神仙道教——抱朴子内篇研究』北京、人民出版社、1989 年
胡孚琛主編『中華道教大辞典』北京、中国社会科学出版社、1997 年
胡孚琛、呂錫琛『道教通論』北京、社会科学文献出版社、1999 年
湖南医学院『長沙馬王堆一号漢墓・古屍研究』北京、文物出版社、1980 年
胡適『先秦名学史』上海、学林出版社、1983 年
胡新生『中国古代巫術』済南、山東人民出版社、1998 年
華同旭『中国漏刻』合肥、安徽科技出版社、1991 年
黄心川『印度哲学史』北京、商務印書館、1989 年
吉元昭治（日）著、楊宇訳『道教与不老長寿医学』成都、成都出版社、1992 年
賈得道『中国医学史略』太原、山西人民出版社、1979 年
賈蘭坡『山頂洞人』北京、龍門聯合書局、1951 年
姜生『漢魏両晋南北朝道教倫理論稿』成都、四川大学出版社、1995 年
姜生『宗教与人類自我控制』成都、巴蜀書社、1996 年
姜生、郭武『明清道教倫理及其歴史流変』成都、四川人民出版社、1999 年
江蘇新医学院『中薬大辞典』上海、上海人民出版社、1977 年
江暁原『星占学与伝統文化』上海、上海古籍出版社、1992 年
姜忠奎『緯史論微』北京、北京図書館出版社、1996 年
金春峰『漢代思想史』北京、中国社会科学出版社、1997 年
金正耀『道教与科学』北京、中国社会科学出版社、1990 年
金正耀『道教与煉丹術論』北京、宗教文化出版社、2001 年
荊門市博物館『郭店楚墓竹簡』北京、文物出版社、1998 年
卡普拉・F著、朱潤生訳『物理学之"道"近代物理学与東方神秘主義』北京、北京出版社、1999 年
卡西爾・恩斯特（徳）著、甘陽訳『人論』上海、上海訳文出版社、1985 年
康殷『古文字形発微』北京、北京出版社、1990 年
科恩（美）著、魯旭東等訳『科学中的革命』北京、商務印書館、1998 年
科学出版社名詞室合編『物理学詞典』北京、科学出版社、1988 年
拉茲洛・E（美）著、閔家胤訳『進化——広義総合理論』北京、社会科学文献出版社、1988 年
莱斯・威廉（加）著、岳長嶺、李建花訳『自然的控制』重慶、重慶出版社、1993 年
雷立柏（奥地利）『張衡：科学与宗教』北京、社会科学文献出版社、2000 年
李大経、李鴻超等『中国鉱物薬』北京、地質出版社、1988 年
李大釗『李大釗文集』北京、人民出版社、1984 年
李豊楙『探究不死』台北、久大文化股份有限公司、1987 年
李鴻超『中国鉱物薬』北京、地質出版社、1988 年
李良松、郭洪濤編著『中国伝統文化与医学』厦門、厦門大学出版社、1990 年
李零『中国方術続考』北京、東方出版社、2000 年
李零『中国方術考（修訂本）』北京、東方出版社、2001 年

李申『中国古代哲学和自然科学』北京、中国社会科学出版社、1993年
李養正『仏道交渉史論要』香港、青松観香港道教学院、1999年
李約瑟（英）著、陳立夫主訳『中国之科学与文明』台北、台湾商務印書館、1977年
李約瑟（英）著、潘吉星主編『李約瑟文集』瀋陽、遼寧科学技術出版社、1986年
李約瑟（英）著、李彦訳『中国古代科学』香港、香港中文大学、1999年
李約瑟（英）著『四海之内――東方与西方的対話』北京、三聯書店、1987年
李志超『天人古義――中国科学史論綱』鄭州、大象出版社、1998年
李志超『水運儀象志――中国古代天文鐘的歴史』合肥、中国科学技術大学出版社、1997年
梁思成『中国建築史』天津、百花文芸出版社、1998年
林徳宏、蕭玲等著『科学認識思想史』南京、江蘇教育出版社、1995年
林語堂『中国人（中訳本）』上海、学林出版社、1994年
柳存仁『道家与道術――和風堂文集続編』上海、上海古籍出版社、1999年
劉茂才『中介論与相似論』成都、四川人民出版社、1996年
劉笑敢『荘子哲学及其演変』北京、中国社会科学出版社、1993年
盧国龍『中国重玄学』、人民中国出版社、1993年
陸心源（清）輯『千甓亭古磚図釈』北京、中国書店、1991年
羅福頤主編『秦漢南北朝官印徴存』北京、文物出版社、1987年
羅素『中国問題（中訳本）』上海、学林出版社、1996年
洛陽博物館『洛陽漢代彩画』鄭州、河南美術出版社、1956年
洛陽区考古発掘隊撰『洛陽焼溝漢墓』北京、科学出版社、1959年
盧格・詹姆斯・O（美）著、陳徳民等訳『人生発展心理学』上海、学林出版社、1995年
呂林『四川漢代画像芸術選』成都、四川美術出版社、1988年
馬伯英『中国医学文化史』上海、上海人民出版社、1994年
馬爾庫塞・赫伯特（美）著、黄勇、薛民訳『愛欲与文明』上海、上海訳文出版社、1987年
馬継興『馬王堆古医書考釈』長沙、湖南科学技術出版社、1992年
馬継興『敦煌古医籍考釈』南昌、江西科学技術出版社、1998年
馬林諾夫斯基（Bronislaw Malinowski）著、李安宅訳『巫術科学宗教与神話』上海、商務印書館、1936年
馬王堆漢墓帛書整理小組『五十二病方』北京、文物出版社、1979年
麦克格拉思・A・E著、王毅訳『科学与宗教引論』上海、上海人物出版社、2000年
孟乃昌『道教与中国煉丹術』北京、燕山出版社、1993年
孟乃昌『《周易参同契》考弁』上海、上海古籍出版社、1993年
蒙文通『古学甄微』成都、巴蜀書社、1987年
弥爾頓（英）『失楽園（中訳本）』上海、上海訳文出版社、1984年
牟鍾鑑『呂氏春秋与淮南子思想研究』済南、済魯書社、1987年
牟鍾鑑、張践『中国宗教通史』北京、社会科学文献出版社、2000年

潘鼐『中国恒星観測史』上海、学林出版社、1989年
潘啓明『周易参同契通析』上海、上海翻訳出版公司、1990年
皮亜傑『発生認識論原理』北京、商務印書館、1996年
普羅査・B、魯班、普丁格・W等著『実用心身医学』北京、科学出版社、1998年
銭宝琮『中国数学史』北京、科学出版社、1981年
卿希泰主編『中国道教史，第1巻』成都、四川人民出版社、1988年
卿希泰主編『道教与中国伝統文化』福州、福建人民出版社、1990年
饒宗頤『老子想爾注校証』上海、上海古籍出版社、1991年
任継愈主編『中国道教史』上海、上海人民出版社、1990年
任継愈選編『仏教経籍選編』北京、中国社会科学出版社、1985年
任継愈主編、鍾肇鵬副主編『道蔵提要』北京、中国社会科学出版社、1991年
任渭長絵編『列仙酒碑』北京、文物出版社、1995年
容志毅『中国煉丹術考略』上海、三聯書店、1998年
塞徳爾・安娜著、蔣見元、劉凌訳『西方道教研究史』上海、上海古籍出版社、2000年
三石善吉（日）『中国的千年王国』上海、三聯書店、1997年
沈映君主編『中薬薬理学』上海、上海科学技術出版社、1997年
斯拉巴文斯基著、王勤和等訳『元素的物理科学性質』北京、冶金工業出版社、1959年
斯特労斯・列維著、李幼蒸訳『野性的思維』北京、商務印書館、1987年
史蒂文森・莱斯利（英）著、袁栄生、張葉生訳『人性七論』北京、商務印書館、1994年
『四川漢画像磚選集』北京、文物出版社、1957年
石玄柱『唤醒：万病有効尿療法』成都、成都出版社、1992年
石云里『中国古代科学技術史綱・天文巻』瀋陽、遼寧教育出版社、1996年
蘇栄誉、華覚明『中国上古金属技術』済南、山東科学技術出版社、1995年
唐長寿『楽山崖墓和彭山崖墓』成都、電子科技大学出版社、1994年
田長滸『中国金属技術史』成都、四川科学技術出版社、1988年
托卡列夫・謝・亜（蘇）、魏慶征訳『世界各民族歴史上的宗教』北京、中国社会科学出版社、1986年
王本祥主編『現代中薬薬理学』天津、天津科学技術出版社、1997年
王純五『天師道二十四治考』成都、四川大学出版社、1996年
王家葵、張瑞賢《神農本草経》研究』北京、科学技術出版社、2001年
王錦光『中国光学史』長沙、湖南教育出版社、1986年
王筠黙等輯『神農本草経校証』長春、吉林科学技術出版社、1988年
王明『道家和道教思想研究』北京、中国社会科学出版社、1984年
王明『道教与伝統文化研究』北京、中国社会科学出版社、1995年
王濮等『系統鉱物学』北京、地質出版社、1987年
王孝廉『中国的神話世界』北京、作家出版社、1991年

王瑤『中古文学史論』北京、北京大学出版社、1998年
王宜峨『道教美術史話』北京、北京燕山出版社、1994年
王浴生等主編『中薬薬理与応用』北京、人民衛生出版社、1998年
王祖訴主編『臨床精神薬理学』北京、北京医科大学中国協和医科大学聯合出版社、1990年
衛礼賢、栄格『金華養生秘旨与分析心理学（中訳本）』北京、東方出版社、1993年
魏啓鵬、胡翔華『馬王堆漢墓医書校釈』成都、成都出版社、1992年
韋伯・馬克斯（徳）著、于暁、陳維綱等訳『新教倫理与資本主義精神』北京、三聯書店、1987年
韋伯・馬克斯（徳）著『儒教与道教』南京、江蘇人民出版社、1993年
魏啓鵬『馬王堆漢墓医書校釈』成都、成都出版社、1992年
温少峰、袁庭棟『殷墟卜辞研究——科学技術編』成都、四川省社会科学院出版社、1983年
文物編輯委員会『文物考古工作三十年』北京、文物出版社、1979年
希克・約翰（英）著、王志成訳『宗教之解釈——人類対超越者的響応』成都、四川人民出版社、1998年
夏甄陶『中国認識論思想史稿』北京、中国人民大学出版社、1996年
夏湘蓉『中国古代鉱業開発史』北京、地質出版社、1980年
謝和耐（法）著、黄建華、黄迅余訳『中国社会文化史』長沙、湖南教育出版社、1994年
蕭登福『周秦両漢早期道教』台湾、文津出版社有限公司、1998年
小野沢精一、福永光司、山井湧（日）編著、李慶訳『気的思想』上海、上海人民出版社、1987年
中国基督教三自愛国運動委員会『旧約全書．新約全書』、中国基督教協会、1987年
徐儀明等《抱朴子》与中国文化』鄭州、河南大学出版社、1998年
薛文燦、劉松根『河南新鄭漢代画像磚』上海、上海書画出版社、1993年
徐兆仁『道教与超越』北京、中国華僑出版公司、1991年
楊寛『戦国史』上海、上海人民出版社、1998年
楊医亜主編『中国医学史』石家荘、河北科学技術出版社、1996年
葉舒憲『中国神話哲学』北京、中国社会科学出版社、1992年
余国佩（清）『医心論』北京、中医古籍出版社、1987年
余嘉錫『余嘉錫論学雑著』北京、中華書局、1963年
余嘉錫『四庫提要弁証』北京、中華書局、1980年
余英時『士与中国文化』上海、上海人民出版社、1987年
袁翰青『中国古代化学史論文集』北京、三聯書店、1965年
曽敬民『中国古代科学家伝記（上）』北京、科学出版社、1992年
張秉倫等編著『安徽科学技術史稿』合肥、安徽科学技術出版社、1990年
張覚人『中国煉丹術与丹薬』成都、四川科学技術出版社、1985年
張舜徽『周秦道論発微』北京、中華書局、1982年

張子高『中国化学史稿——古代之部』北京、科学出版社、1964年
趙匡華『中国煉丹術』香港、中華書局(香港)有限公司、1989年
趙匡華『化学通史』北京、高等教育出版社、1990年
趙匡華、周嘉華『中国科学技術史(化学巻)』北京、科学出版社、1998年
章鴻釗『石鉱録』北京、地質出版社、1954年
中国科学院自然科学史研究所地理史組主編『中国古代地理学史』北京、科学出版社、1984年
中国科学院自然科学史研究室編『中国古代科学(修訂本)』北京、科学出版社、1959年
中国天文学史整理研究小組『中国天文学史』北京、科学出版社、1981年
『中華古文明大図集(第八部)』北京、人民日報出版社、1992年
鍾肇鵬『讖緯論略』瀋陽、遼寧教育出版社、1992年
朱伯昆『易学哲学史』北京、華夏出版社、1995年
祝亜平『道家文化与科学』合肥、中国科学技術大学出版社、1995年
朱越利『道経総論』瀋陽、遼寧教育出版社、1991年
朱越利『道教分類解題』北京、華夏出版社、1996年
朱哲『先秦道家哲学研究』上海、上海人民出版社、2000年

〈論文〉
柏夷「天師道婚姻儀式"合気"在上清、霊宝学派的演変」『道家文化研究』16、1999年
曹婉如、鄭錫煌「試論道教的五岳真形図」『自然科学史研究』6-1、1987年
曹元宇「中国古代金丹家的設備和方法」『科学』11-1、1933年
曹元宇「葛洪以前之金丹史略」『学芸』14-2、3、1935年
陳国符「道蔵経中外丹黄白法経訣出世朝代考　」『中国科学技術史探索』、1982年、上海、上海古籍出版社
陳美東「月令、陰陽家与天文暦法」『中国文化』12、1995年
陳松長「馬王堆漢墓帛書的道家傾向」『道家文化研究』3、1993年
陳寅格「三国志曹沖華佗伝与仏教故事」『寒柳堂集』、1980年、上海、上海古籍出版社
丁貽荘「試論葛洪的医学成就及其医学思想」『四川大学学報叢刊』25、1985年
杜石然「江陵張家山竹簡《算数書》初探」載山田慶児、田中淡編『中国科学史国際会議：1987年京都シンポジウム報告書』、1992年、京都大学人文研究所
方詩銘「釈"張角李弘毒流漢季"、"李家道"与漢晋南北朝的"李弘"起義」『歴史研究』2、1995年
胡化凱「中国古代対火的認識」『大自然探索』4、1995年
胡化凱「試論五行説的科学思想価値」『中国哲学史』3、1996年
胡化凱「感応論——中国古代樸素的自然観」『自然弁証法通訊』4、1997年
胡化凱「簡論五行説的演変与発展」『中国文化月刊』5、1997年、台湾

胡孚琛「周易参同契秘伝仙術的来龍去脈」『世界宗教研究』2、1994年
胡孚琛「中国科技史上的周易参同契」『文史哲』6、1983年
胡開祥「王暉石棺朝向帰宿考釈」『四川文物』4、1996年
黄興宗「対中世紀中国薬物"秋石"特性的試験」『中国図書文史論集』、1991年、台北、正中書局
姜生「論秦漢時期的信仰――倫理危機」『徐州師範学院学報』2、1996年
姜生「論道教的成因」『四川大学学報』3、1993年
姜生「道教尚黄考」『中国哲学史』1-2、1996年
姜生「原始道教三題」『西南民族学院学報』6、1997年
姜生「漢闕考」『中山大学学報』1、1997年
姜生「従修身致知到修身成仙――伝統認識論的歴史演編」『中国文化月刊（台湾）』総第212期、1997年
姜生「原始道教之興起与両漢社会秩序」『中国社会科学』6、2000年
江暁原「《周髀算経》――中国古代唯一的公理化嘗試」『自然弁証法通訊』16、1996年
克里斯科・W「冶金術的起源」『金属雑誌』（澳）、7月号、1980年
李俊甫「論中国古代煉丹書参同契」『新郷師範学院学報』1、1963年
李鵬挙「《淮南子・天文訓》"太昭"新解」『自然科学史研究』2、1996年
李亜東「秦俑彩絵顔料的研究」『考古学匯編』3、1983年、北京、中国社会科学出版社
李養正「《太平経》与陰陽五行説、道家及讖緯之関係」『道家文化研究』16、1999年、北京、三聯書店
李也貞等「有関西周絲織和刺綉的重要発現」『文物』4、1976年
李約瑟（英）等著　王奎克訳「《三十六水法》――中国古代関于水溶液的一種早期文献」『科学史集刊』5、1963年
李約瑟「中国古代金丹術的医薬化学特徴及其方術的西伝」『中華文史論叢』3、1979年
林梅村「麻沸散与漢代方術之外来因素」『学術集林』10、1997年、上海、遠東出版社
林玉萍「両漢時期漢医与方士医的比較研究」『道教学探索』9、1995年
劉秉正「司南是磁勺嗎」『中国科技史論文集』、1995年、台湾、聯経出版事業公司
劉広定「中国用硫史研究：古代純化硫磺法初探」『漢学研究』、1995年
劉国昌「中国汞鉱生成及分類」『地質評論』12-5、1947年
劉遼「"今日適越而昔来"新解」『自然弁証法通訊』5、1995年
柳存仁「陸西星和他的参同契注」『清華学報』7-1、1963年
劉林学「考古学与化学」『化学通報』3、1989年
盧本珊、王根元「中国古代金鉱物的鑑定技術」『自然科学史研究』1、1987年
莫紹揆「邏輯学的興起」『百科知識』7、1982年
孟乃昌「道蔵煉丹原著評述（続）」『宗教学研究』総第17期、1987年
孟乃昌等「中国煉丹術"金液丹"的模擬実験研究」『自然化学史研究』1、1985年

孟乃昌「関于中国煉丹術中硝酸的応用」『科学史集刊』9、1966 年
孟乃昌「《周易参同契》及其中的化学成就」『化学通報』7、1958 年
孟乃昌「《周易参同契》的実験和理論」『太原工学院学報』3、1983 年
孟乃昌「秋石試議」『自然科学史研究』4、1982 年
南京市文物保管委員会「南京象山東晋王丹虎墓和二、四号発掘演示文稿」『文物』10、1965 年
銭宝琮「"蓋天説"源流考」『李儼銭宝琮科学史全集』9、1998 年、瀋陽、遼寧教育出版社
銭穆「釈道家精神義」『新亜学報』第二巻第一期、1957 年
曲継皋「道蔵考略」『載《道蔵要籍選刊》第十冊』、1989 年、上海、上海古籍出版社
饒宗顧「歴史家対薩満主義応重新作反思与検討——巫的新認識」『載胡暁明、傅傑主編《釈中国》』、1998 年、上海、上海文芸出版社
容鎔「周代玻璃是中国自創的」『中国科技史料』3、1981 年
譚其驤「山経河水下游及其支流考」『中華文史論叢』7、1978 年
田樹仁「両漢改制与心属火的演変」『中国医薬学報』3、1989 年
童恩正「中国古代的巫」『中国社会科学』5、1995 年
万立新　楊華「内江東漢崖墓調査与探討」『四川文物』2、1997 年
王炳華「蘇貝希古家」『人民画報』3、1993 年
王家葵「神農本草経郡県考」『中医薬学報』5、1989 年
王家葵「神農本草経成書年代新証」『中華医史雑誌』1、1991 年
王家葵「論神農本草経成書的文化背景」『中国医薬学報』3、1994 年
王家葵「十八反質疑」『中国中薬雑誌』3、1998 年
王卡「《黄書》考原」『世界宗教研究』2、1997 年
王奎克「中国煉丹術中的"金液"和"華池"」『科学史集刊』7、1964 年
王奎克等「砷的歴史在中国」『自然科学史研究』2、1982 年
王明「周易参同契考証」『見《道家和道教思想研究》』、1984 年、北京、中国社会科学出版社
汪寧生「我国古代取火方法的研究」『考古与文物』4、1980 年
王育成「東漢天帝使者類道人与道教起源」『道家文化研究』第 16 輯、1999 年、北京、三聯書店
王振鐸「葛洪抱朴子中"飛車"的復原」『中国歴史博物館刊』6、1984 年
王振鐸「司南指南針与羅盤経——中国古代有関静磁学知識之発現与発明（上）」『中国考古学報』3、1948 年
王祖陶「周易参同契外丹著作考」『自然科学史研究』2、1993 年
衛聚賢「二郎」『説文月刊』3-9、1943 年
魏啓鵬「太平経与東漢医学」『世界宗教研究』1、1981 年
魏啓鵬「馬王堆古佚書的道家与医家」『道家文化研究』3、1993 年、上海、上海古籍出版社
温公翊「古易蠡測」『中国哲学史研究』3、1986 年

席沢宗「馬王堆帛書中的《五星占》」、中国社会科学院考古研究所編『中国古代天文文物論集』、1989年、北京、文物出版社

席沢宗「李約瑟論《周易》対科学的影響」『自然科学史研究』19-4、2000年

許倬雲「秦漢知識分子」『載胡暁明等主編《釈中国》』、1998年、上海、上海文芸出版社

楊紀元「李大釗談陽燧和陰燧」『文博』2、1997年

袁翰青「周易参同契——世界煉丹史上最古的著書」『化学通報』8、1954年

張愛永「従淮南子到科学城：張秉倫先生就安徽科技史研究答本刊記者向」『東南文化』2、1991年

張秉倫　胡化凱「中国古代"物理"——詞的由来与演変」『自然科学史研究』1、1998年

張暁紅　張偉然「太白山信仰与関中気候——感応与行為地理学的考察」『自然科学史研究』3、2000年

張運明「中国利用硫鉄鉱制硫史初歩考証」『化学通報』2、1965年

張子高「煉丹術的発生与発展」『清華大学学報』7-2、1960年

趙宏君「《淮南万畢術》反映的物理学研究（碩士論文）」（中国科技大学自然科学史研究室）、1993年

趙匡華「中国古代"抽砂煉汞"的演進及其化学成就」『自然科学史研究』3-1、1984年

趙匡華「関于中国古代取得単質砷的進一歩確証和実験研究」『自然科学史研究』3-2、1984年

趙匡華「中国古代化学中的礬」『自然科学史研究』4-2、1985年

趙匡華「漢代瘍科"五毒方"的源流与実験研究」『自然科学史研究』3、1985年

趙匡華「中国古代煉丹術中諸薬金、薬銀的模擬試験研究」『自然科学史研究』2、1987年

「偃師県南蔡荘郷漢肥致墓発掘簡報」『文物』9、1992年

趙匡華等「中国古代煉丹術及医薬学中的氧化汞」『自然科学史研究』4、1988年

趙匡華　呉瑯宇「関于中国煉丹術和医薬化学中的制軽粉、粉霜諸方的実験研究」『自然科学史研究』3、1983年

趙匡華「中国煉丹術中的"黄芽"考釈」『自然科学史研究』4、1989年

趙匡華「中国古代的鉛化学」『自然科学史研究』3、1990年

趙匡華「中国古代試弁硝石与芒硝的歴史」『自然科学史研究』4、1994年

鄭同等「単質砷煉制史的実験研究」『自然科学史研究』2、1982年

中国科学院考古研究所二里頭工作隊「河南偃師二里頭遺址三、八区発掘演示文稿」、1975年

中医研究院医史文献研究所「武威漢代医薬簡牘在医学史上的重要意義」『文物』12、1973年

朱晟「中国人民用水銀的歴史」『化学通報』4、1957年

朱晟「中国古代関于鉛的化学知識」『化学通報』4、1983年

朱晟「中国玻璃考」『中国科技史料』1、1983年

【日文文献】

安居香山、中村璋八（日）『重修緯書集成』、1973 年、東京、明徳出版社
坂出祥伸（日）『中国思想研究（医薬養生・科学思想編）』、1999 年、大阪、関西大学出版部
坂出祥伸（日）編『中国古代養生思想の総合的研究』、1988 年、東京、平河出版社
朝比奈泰彦（日）『正倉院薬物』、1955 年、大阪、植物文献刊行会
川勝義雄（日）『中国人の歴史認識』、1993 年、東京、平凡社
大渕忍爾（日）「初期の道教」『道教史の研究 (1)』、1991 年、東京、創文社
福井康順（日）『道教の基礎性研究』、1965 年、東京、書籍文物流通会
吉岡義豊（日）「六朝道教の種民思想」『道教と仏教，第三輯』、1996 年、東京、国書刊行会
吉田光邦（日）『中国科学技術史論集』、東京、日本放送出版協会、1972 年
姜生「漢代道教経典の終末論について（上）」『東方宗教 (92)』、1998 年、東京、日本道教学会
姜生「漢代道教経典の終末論について（下）」『東方宗教 (93)』、1999 年、東京、日本道教学会
菊地章太（日）「甲申大水考――東晋末期の図讖的道経とその系譜」『東方宗教 (87)』、1996 年、東京、日本道教学会
菊地章太（日）「李弘と弥勒――天師道の改革と中国仏教における救世主信仰の成立」『道教の歴史と文化』、1998 年、東京、雄山閣
河合隼雄（日）『岩波講座 宗教と科学 (2) 歴史のなかの宗教と科学』、1993 年、東京、岩波書店
清水藤太郎『日本薬学史』、東京、南山堂、昭和 24（1949）年
小林正美（日）『六朝道教史研究』、1990 年、東京、創文社
中瀬古六郎（日）『世界化学史』第二版、大正 13（1924）年、京都、カニヤ書房
下中弥三郎（日）編『書道全集（第三巻）』、昭和 6（1931）年、東京、平凡社
東亜考古学会『営城子―前牧城駅附近の漢代壁画甎墓』、1934 年、東京、東亜考古学会

【英文文献】

Ames, Roger T. *The Art of Rulership: A Study in Ancient Chinese Political Thought*. Honolulu: University of Hawaii Press, 1983.
Barbour, Ian G. *Issues in Science and Religion*. New Jersey: Prentice Hall, Inc., 1966.
Barrow, John D. *Between Inner Space and Outer Space: Essays on Science, Art, and Philosophy*. New York: Oxford University Press, 1999.
Bauer, Wolfgang. *China and the Search for Happiness*. New York: Seabury Press, Inc., 1976.
Bloch, Ernst. Translated by Jack Zipes and Frank Mecklenburg. *The Utopian Function of Art and Literature*. Cambridge: The MIT Press, 1988.
Buleter, A.R.; Gliwell, C.; Needham, J. *The Solubilization of Cinnabar-Explanation of*

a Sixth Century Chinese Alchemical Recipe. Chem.Res, 47, 817-832:, 1980.

Bodde, Derk. *Chinese Thought, Society, and Science: The Intellectual and Social Background of Science and Technology in Pre-Modern China*. Honolulu: University of Hawaii Press, 1991.

Cahill, E. Suzanne. *Transcendence and Divine Passion: The Queen Mother of the West in Medieval China*. California: Stanford University Press, 1993.

Callicott, J. Baird; Ames, Roger T. ed. *Nature in Asian Traditions of Thought: Essays in Environmental Philosophy*. New York: State University of New York Press, 1989.

Capra, Fritjof. *The Tao of Physics: An Exploration of the Parallels between Modern Physics and Eastern Mysticism*. Berkeley: Shambhala Publications, Inc., 1975.

Clarke, J.J. *The Tao of the West: Western Transformations of Taoist Thought*. London: Routledge, 2000.

Crombie, A. C. *Medieval and Early Modern Science*. New York: Doubleday, 1959.

De Bary, William Theodore. *East Asian Civilizations: A Dialogue in Five Stages*. Cambridge: Harvard University Press, 1988.

Dunbar, Robin. *The Trouble with Science*. Cambridge: Harvard University Press, 1995.

Eliade, Mircea. *Rites and Symbols of Initiation: The Mysteries of Birth and Rebirth*. New York: Harper & Row Publishers, 1958.

Eliade, Mircea ed. *The Encyclopedia of Religion*. New York: MacMillan, 1987.

Eskildsen, Stephen. *Asceticism in Early Taoist Religion*. New York: State University of New York Press, 1998.

Fraser, J.T. Lawrence; N. Haber, F.C. *Time, Science, and Society in China and the West: The Study of Time V*. Amherst: University of Massachusetts Press, 1986.

Girardot, N. J. *Myth and Meaning in Early Taoism: The Theme of Chaos (hun-tun)*. Berkeley: University of California Press, 1983.

Hastings, James ed. *Taoist Architecture: In Encyclopedia of Religion and Ethics*. volume I , Edinburg: T. & T. Clark, 1908.

Harris, Marvin. *Cannibals and Kings: The Origins of Cultures*. New York: Random House, 1977.

Ho Ping Yoke, Needham, J., Tsao Tien Chin. "An Early Mediaeval Chinese Alchemical Text on Aqueous Solutions." *Ambix*,7,122-158, 1959.

Mahdihassan, S. "Alchemy and its Connection with Astrology, Pharmacy, Magic and Metallurgy." *Janus*, pp.187-195, 1957.

Maslow, Abraham H., translated by Marjorie Latzke. *On Aggression*. London: Methuen, 1966.

Maspero, Henri. *Taoism and Chinese Religion*. Amherst: University of Massachusetts Press, 1981.

Midgley, Mary. *Evolution as a Religion: Strange Hopes and Stranger Fears.* London: Methuen & Co., Ltd., 1985.

Moore, Clifford Herschel. *Ancient Beliefs in the Immortality of the Soul: With Some Account of Their Influence on Later Views.* New York: Longmans, Green and Co, 1931.

Nakayama, Shigeru; Sivin, Nathan. *Chinese science; Explorations of an Ancient Tradition.* Cambridge: The MIT Press, 1973.

Needham, Joseph. *Science and Civilisation in China. Volume. 2, History of Scientific Thought,* Cambridge: Cambridge University Press, 1956.

Needham, Joseph. *Science and Civilisation in China. Volume. 3, Mathematics and the Sciences of the Heavens and Earth,* Cambridge: Cambridge University Press, 1959.

Needham, Joseph. *Science and Civilisation in China. Volume 4, Physics and Physical Technology, Part 2, Mechanical Engineering,* Cambridge: Cambridge University Press, 1965.

Needham, Joseph. *Science and Civilisation in China. Volume 6, Biology and Biological Technology; Part 6, Medicine,* Cambridge: Cambridge University Press, 2000.

Needham, Joseph. *The Grand Titration: Science and Society in East and West.* Toronto: University of Toronto Press, 1969.

Newton, Roger G. *The Truth of Science: Physical Theories and Reality.* Cambridge: Harvard University Press, 1997.

Overmyer, Daniel L. *Religions of China: The World as a Living System.* SanFrancisco: HarperCollins Publishers Inc., 1986.

Overmyer, Daniel L. Keightley, David N. Shaughnessy, Edward L. Cook, Constance A. Harper, Donald. "Chinese Religions: The State of the Field: Part I: Early Religious Traditions: The Neolithic Period through the. Han Dynasty." *Journal of Asian studies,* Volume 54, Issue 1 (Feb)124-160, 1995.

Rachlin, Howard. *The Science of Self-Control.* Cambridge: Harvard University Press, 2000.

Rachels, James. *Created from Animals: The Moral Implications of Darwinism.* New York: Oxford University Press, 1990.

Restivo, Sal. *Science, Society, and Values: Toward a Sociology of Objectivity.* Bethlehem: Lehigh University Press, 1994.

Reti, L. "Parting of Gold and Silver with Nitric Acid in a Page of the Codex Atlanticus of Leonardo da Vinci." *Isis,*(56) pp.307-321, 1965.

Robinet, Isabelle. *Taoism: Growth of a Religion.* translated by Phyllis. Brooks, California: Stanford University Press, 1997.

Roth, Harold David. *The Textual History of the Huai-Nan Tzu.* Michigan:

Association for Asian Studies, 1992.

Schipper, Kristofer. *The Taoist Body*. Berkeley: University of California Press, 1993.

Schwartz, Benjamin I. *The World of Thought in Ancient China*. Cambridge: The Belknap Press of Harvard University Press, 1985.

Searle, John R. *Minds, Brains and Science*. Cambridge: Harvard University Press, 1984.

Sivin, Nathan. *Chinese Alchemy: Preliminary Studies*. Cambridge: Harvard University Press, 1968.

Sivin, Nathan, ed. *Science and Technology in East Asia*. New York: Science History Publications, 1977.

Steinhardt, Nancy Shatzman. *Taoist Architecture: In Taoism and the Arts of China*. Chicago: The Art Institute of Chicago in association with the University of California Press, 2000.

Thomas, Keith. *Religion and the Decline of Magic*. New York: Penguin Books, 1971.

Tomasello, Michael. *The Cultural Origins of Human Cognition*. Cambridge: Harvard University Press, 1999.

Tu Wei-Ming. *Humanity and Self-Cultivation: Essays in Confucian Thought*. Berkeley: Asian Humanities Press, 1979.

Vercammen, Dan, ed. *Taoism and Health*. Belgium: Taoist Studies Center, 1998.

Volkov, Alexei. "Science and Daoism: An Introduction". *Taiwanese Journal for Philosophy and History of Science*, Volume5, Number1, 1996.

Weber, Max. Sociological Writings. New York: The Continuum Publishing Company, 1999.

Welch, Holmes. *Taoism: The Parting of the Way*. revised edition, Boston: Beacon Press, 1957.

Welch, Holmes; Seidel, Anna ed. *Facets of Taoism: Essays in Chinese Religion*. New Haven and London: Yale University Press, 1979.

Whitehouse, W. A. *Creation, Science, and Theology: Essays in Response to Karl Barth*. Michigan: William B. Eerdmans Publishing Company, 1981.

Willetts, William. *Foundations of Chinese Art*. London: Thames and Hudson Ltd., 1965.

Wilson, Edward O. *On Human Nature*. Cambridge: Harvard University Press, 1978.

Wilson, Edward O. *In Search of Nature*. Washington, D.C.: Island Press, 1996.

Wilson, Edward O. *Sociobiology: The New Synthesis*. Cambridge: The Belknap Press of Harvard University Press, 2000.

Wohl, Robert. *A Passion for Wings: Aviation and the Western Imagination, 1908-1918*. New Haven: Yale University Press, 1994.

Zhu, Dongrun ect.ed. *Explorations in the History of Science and Technology in China*. Shanghai: Shanghai Chinese Classics Publishing House, 1982.

索　引

索引は事項・人名・書名に分かれています。最初の一文字が同じものは同じグループに配列しています。そのグループ内の配列は第二文字の音によります。第一文字が同音である場合は画数順にならべています。外国語などの「カタカナ」表記は各音の最後にまとめました。読みは慣用に従っています。

事項索引

あ
亜鉛の精錬　129
頭の神　335
安息　438
按摩　146, 248, 368, 394
按摩導引　293

い
已病　308
井戸　446, 457
位置エネルギー　122, 484, 567
医学　35, 242
医学と道教　243
医師　145, 269
医術　143
医・道同源　239, 243
医徳　252, 355
医と巫　145
医の字　262
医は意なり　273
医薬学　35
医薬と養生　342
醫と毉　262
硫黄　148, 209, 436

緯書の作者　421
石　457
泉　457
一　vi, 24, 67, 82, 96, 345, 404, 544, 565
犬の膀胱　297
印　276
因循　169
因縁仮合説　78
殷人の疾病観　263
殷人の病名　262
殷代　134
陰症　147
陰萎　292
陰気　148
陰暉夜光　447
陰中の陽　503
陰道　293
陰平陽秘　146
陰魔を煉る　89
陰薬　147
陰陽　77, 311, 317, 330, 409, 428
陰陽刑徳理論　329
陰陽交合　552
陰陽五行　131, 146, 163, 198, 213, 240, 315, 328, 307, 331
陰陽思想　206

陰陽中和論　329
陰陽の術　551
陰陽の対立の統一　496
陰陽の変化　427
陰陽の道　344
陰陽平衡理論　317
陰陽偏勝　317
陰陽偏衰　318
陰陽和平　317
淫祠　561
飲食哀楽　145
隠逸　62
隠者　554
インド医学　282

う
宇　472
宇宙　403
宇宙進化モデル　405
宇宙船　590
羽化　581
羽人　576
羽民国　574
禹歩　270
禹余糧　371
内と外　63
熨貼　146
台　537　→「だい」も見よ。
雲気　580
雲気車　585
雲母　148, 248, 371, 585
運動エネルギー　567
運動現象　480
運動の過程　481

え
永遠の生　51
永昌路　437
曳影の剣　592

英雄　110
英雄時代　108
営気　309
営目　270
衛気　309
嬰児　18, 24, 77
嬰児に復帰　68
易　15, 411
易学　206
易卦象数　163
易遷館　552
疫学分野　257
疫病　166, 276, 327
疫癘　373
疫癘の気　375
益一　515
延年石室墓　545
鉛戈　224
鉛汞　213, 223
鉛汞術　223
鉛汞派　206, 236
鉛膏薬　226
鉛霜　225
鉛丹　223-225, 235, 236, 370
鉛粉　224, 225
塩化第一水銀　214
塩化第二水銀　214, 215
塩井　434
塩泉　434, 435
燕・斉の方士　150, 155

お
王相の吉日　278
凹面鏡　501
黄花蒿　38, 380
黄芩　297
黄金　43, 131, 142, 149, 152, 193, 199, 200, 232-234, 236, 248, 371
黄金と丹砂　143

611

黄精 372, 551
黄疸 378
黄丹 223, 226
横隔膜 257
瘧 38, 301, 379
音 512
音響学 509
瘟疫 373
瘟病 374
オケラ 183

か
下戸 278
下品の薬物 147
火 27, 28, 130, 136, 139, 491, 492
火気 492
火候 26, 163, 212
火珠 505
火珠取火 505
火法煉丹 151
火薬 24, 60
化学 129
化作の金 218, 234
化作の丹 218
化人 579
仮説 592
河車 76, 235
価値取向 v, x, 6, 110, 124
科学 iii, iv, v, vii, xiv, 6, 12, 14, 23, 65, 112, 118, 121, 164
科学概念 8
科学気質 7, 42
科学技術 41, 42, 53, 117
科学精神 56
科学的実験 257
科学と宗教 119, 120
科学の知識 13
科学の普遍性 6
科技信仰 x

科儀 525
華蓋 537, 538
華池 365
華陽洞天 459, 552
峨眉山洞天 459
蝦蟇と兎 298
鷲鳥愛好 180
回音 512
解除術 264
解注瓶 264
解剖 84, 257
解剖図 73
外丹 52, 57, 65, 70, 73, 76, 129, 130, 338
外丹から内丹へ 52, 56, 70, 71, 74
外丹黄白術 257
外物 69, 149, 233
外薬 72
艾 352
崖穴 547
蓋天家 422
蓋天説 29, 401, 416, 417, 419, 420, 455
蚕 257
鏡 276
格物 95, 100
格物窮理 34
格物致知 98, 99
隔物灸法 352
霍乱 375
鶴鳴山 432, 435
攫取 56, 62, 114, 123
攫能 xiv, 116, 125
攫能過程 102
攫能効率 iv, 6, 7, 103, 113, 118, 120
攫能システム 112, 115
攫能性 44, 69, 98, 100, 111, 124
楽律 513
影 501, 504
活血 358
脚気 379

滑空　583
神　→「しん」を見よ。
神の創造　400, 406
神の力　58
亀の呼吸　142
甘汞　214
甘藷　39
甘泉宮　537
肝金　320
肝＝少陽　331
肝臓の神　335
肝胆　335
肝木　319
肝葉　37, 257
坎・離　29, 72
官医　269
官僚制度　ix
寒食散　357, 370
感応　45, 198, 428, 493, 494
感応生火説　493
感情の調和　312
感変　28
漢晋道教　430, 455
漢代　xviii
漢代の画像石　173
漢中　556, 557, 559
還丹　31, 33, 60, 64, 202, 206, 208, 210, 211, 216, 295
観　525, 532, 534, 539, 565
観卦　533
丸薬　219
岩穴の士　542
カマドの神　155
カマドの祀り　151
ガラス　227
ガラス珠　228

き
生水銀　204

気　5, 97, 309, 310, 360, 404, 420, 425, 580, 588
気一元論　360, 361
気、形、質　410
気血　360, 362
気功　292
気光説　499
気体断熱減圧膨張過程　495
杞憂　412
祈禱　xiv, 259
炁　76
鬼　167, 375
鬼気　259
鬼邪　374
鬼神　45, 241, 258, 343
鬼注　301, 374, 375
鬼道　242, 328, 350
鬼毒　373
鬼神病因論　266
帰墟　549, 580, 581
帰経　275
帰蔵　15, 16
記号化　521, 522
基音と倍音　510
亀形の土地　571
寄生虫　38, 335
幾　469
喜怒哀楽　310
貴生　252, 384
機　35, 122
機械論的・分離的科学観　20
機妍　592
技術　112, 117
義舎　559, 560
疑似科学　20
儀式性　61
儀礼　64, 110, 111
儀礼と宗教　117
魏晋士人　183

613

魏晋思潮　165
魏晋の玄学　168
魏晋の道教体系　244
魏晋の名士　185
客忤　368
瘧疾　370
九竅　313, 318
九州　456
九重　425, 429
九針　268
九節石菖蒲　371
九丹　83, 585
九鼎神丹　212
九転　94, 148, 163, 209
久宇　472
灸　268, 339, 352, 373, 379
求知　123
宮　532, 533
宮観　430, 525, 526, 553
救世　328, 539
球体　419
球面天文学　420
巨勝　248, 295
巨陽　374
虚霩　409
共振現象　509, 510
共鳴　509, 510
狂犬病　231, 373
羌活　285
強　528
強精剤　294
教授方式　287
境と智　82
響　512
玉　228, 232, 233
玉英　574
玉京　78
玉膏　228, 232
玉脂芝　460

玉人　490
玉門　293
近代化学　194
近代科学　viii, 4, 6, 53
近代資本主義　8
金　132, 135, 149, 234
金池　551
金闕　78
金元四大家　101
金石　177, 248, 371
金屑酒　177
金台玉闕　525
金丹　43, 65, 92, 142, 143, 148, 295, 369, 371, 532, 585
金丹と黄金　144
金メッキ技術　201
金縷・銀縷玉衣　232
琴瑟　511
禁忌　278
禁咒　264, 270
禁法　271
禁方　287
禁欲　89, 100
銀　131
銀河　590
キリスト教　10, 20, 21, 120
キリスト教終末論　521
キリスト教神学　123
キリスト教徒　8
キリストの禁欲　49

く

苦行　89, 91
苦参　285
枸杞　371
駆疫法　276
空間　471, 473
空間無限論　474
空気力学　579

君主の官　313
君臣佐使　148

け
外科　296
外科手術　283, 355
解毒　380
形　49, 50, 78, 361
形、気、神　391
形気神論　391
形神兼重　310
形神併重説　361
形解銷化　290
計時器　32
計時制度　478
桂屑　368
経脈と導引　292
経絡　291, 392
軽粉　214, 215
磬　511
鶏卵　496, 497
瓊楼玉宇　524, 525
撃穿　118, 119, 122
穴居　539, 542, 546, 547
決定論　48
桔橰　486
結核　373
結氷　496
闕　524, 532, 533, 535, 536, 566
月蝕　424
建築　521
研磨技術　503, 504
兼忘重玄の道　76, 81
兼脈　296
乾・坤　29
牽牛宿　589
堅固　144
堅信　144
権法　64

幻覚剤　266
幻身　90
幻想　592
元気　328, 329, 408, 414, 421
元気学説　499
元気本体論　493
元気論思想　298
元神　72
元精　340
元精・元気・元神　393
玄　80, 94, 160
玄学　166
玄言　354
玄錫　503
玄白　225
玄牝　24, 411, 551
言　62, 63
原罪　121, 123
原子論者　474
原始キリスト教思想　91
原始宗教　117
原始宗教と巫術　279
原始道教　→「初期道教」を見よ。
現実知　123

こ
呼吸　458
胡粉　222, 369
壺　25, 544, 549, 550
壺中天　549
壺領　549, 580
蠱毒　301
蠱注鬼気　354
五運六気理論　323
五音　509, 510
五音十二律旋宮　513
五行　423
五行学説　147, 200, 240, 318
五行・五臓モデル　319

五行自然の理　365
五行相剋　132,147
五行相生説　319
五行の始源　421
五行の性　199
五行の配当　163
五玉　371
五禽戯　282, 285, 365
五尸　273, 368
五屍　374
五芝　371
五星　30
五石　140, 228
五石更散　190
五石散　178, 179, 181, 184, 186, 189, 191, 192, 231, 356, 357, 370
五石散方　353
五臓　147, 313, 318, 320, 323, 346
五臓・五行の配当　319
五臓神　37
五臓六腑　331
五毒　198, 221, 231
五斗米道　xⅲ, 180, 242, 304, 328, 557, 558
五徳終始説　319
五毒丹　220
五内　318
五味　148, 318, 365
五雷治病咒　276
五霊丹　157
五労七傷　186, 231
呉会　562
呉又可　374
娯神儀礼　562
悟道のモデル　543
孔明灯　498
甲骨文　487
句曲山　445, 459
句曲洞天　459

汞　163, 195, 202
汞斉合金　221
合　471
合薬　254
合力　483
光学知識　499
行気　148, 186, 246, 394
行炁　36
行気導引房中の事　250
行気派　247
交阯　255
后土　326
攻撃性　116
郊祠　536
庚申の日　278
荒　456
紅脚艾　351
紅昇丹　257
紅生丹　370
皇帝の神権　538
皇天　326
香炉　139
航空工学　573
黄芽　76, 213, 216, 235
黄巾　166, 538
黄鍾　513
黄神越章印　276
黄赤の道　395
黄帝穀仙の術　577
黄白　156, 253, 369
黄老　16, 158, 159, 240, 252, 307, 310, 315, 322−324, 538, 562
黄老祠　562
黄老書　308
黄老道家　20, 46, 239, 318, 321, 429
黄老道教　562
黄老の術　355
黄籙斎　277
惚恍　68

窖洞　539
湏　132, 200, 202
膏摩法　368
興国広嗣の術　250
氷　495
劫難　478
剛炁　588
剛気　425
剛気説　588
剛強　528
剛・柔　414
剛風　425
声　→「せい」を見よ。
黒鉛金　235
骨折の治療　380
琴の弦　487
坤卦　15
根　→「ね」を見よ。
混気の法　395
崑崙山　439, 524, 530, 574, 576
渾鋳　135
渾天象　30
渾天説　29, 34, 401, 414, 419, 420, 422, 455, 458
渾天の天球　421
渾天モデル　422
渾沌　18, 24, 548, 549
渾沌寓話　407
渾淪　411
魂　51, 77
魂門亭長　535
ゴシック教会建築　523
ゴシック建築　521, 522

さ

沙蝨　373
砂鉱床　199
鎖陽　274
坐北朝南　569

災異思想　326, 477, 539
再生　548
采薬　32
斎戒　286
採鉱技術　138
祭祀儀礼　264
祭祀方術　157
祭酒　546, 556, 559
雑にして多端　9, 16
三　555
三一　547
三黄　234
三気　329
三気共一論　330
三教合一　89, 102
三元宮　352
三合　331, 328
三酸化砒素　190
三尸　38, 76, 277, 279, 301
三尸九虫　585
三十六洞天　447
三神山　440
三清聖境　442
三大法門　241
三虫　277, 286, 301
三分損益法　513, 515
三論宗　83
山記　463
山神　443, 450
山中の洞窟（室）　552, 545, 546, 553, 564, 565
山頂洞人　153, 196, 261
山林の洞室　557
散発　182
酸化水銀　201, 206, 210
算命術　66
サイバネティックス思想　484

し
尸 375
尸解 57, 175, 192, 193, 557
尸疰 273
尸蹶 366, 368
尸蹙 297
尸注 374, 375
子宮 25, 547, 548, 550, 551, 570
子宮回帰 571
子宮コンプレックス 525, 568, 571
子宮崇拝 532
子午流注学説 340
止水 502
司南 518
司南の杓 517, 518
司農 559
司母戊 135
史 107
四季 311, 312, 323, 324, 332
四規鏡 507
四気五味 148
四肢 335, 429
四診 296
芝 371
芝草 248
死者 38
死生一如観 168
死生観 167
死体 38
至人 241, 311
思過 557
思神 394
指南針 517
祠屋 562
資本主義 3
紫石英 371
紫房 551
雌黄 229-231, 234, 235
自我 58

自我意識 104
自然 17, 18, 44, 97, 104, 108, 105, 111, 118, 122, 143, 169, 170, 194, 240, 544, 566
自然環境 432
自然法 ix
自然放任 170
自得 97
時間 472, 475, 476
時間心理学 476
時間遡行 482
時間と空間 471
時気 373
時空一体観 471
時空の無限性 473
時行 373
時令 323, 428
痔瘻 297
慈石 369
慈石拒棋 519
慈石提棋 519
磁気学 509
磁石 517
磁性指向器 517
磁性反発現象 519
磁鉄鉱石 519
塩 434
軸の時代 110
七竅 24
七衡 416
七傷 293
七真 89
七政 426
七歩の禹迹図 302
失楽園神話 107
失蠟法 135
疾医 145, 269
疾病の発生 310
湿式煉銅 129

湿度計　488
湿度の測量　486
湿度の変化　487
湿熱　378
湿法　214
瑟　509
漆葉青黏散　282, 285, 301
実学思想　98
実無　72
社会環境　432
車　581
邪気　314, 378
錫焊　135
弱　7
手印　270
手術　146
主治　147
守一　23, 67, 345, 346, 388, 394
守庚申　277
朱子学の心性論　70
朱砂　195, 261, 436
朱砂霜　214
朱丹　436
取類比象　273, 275
咒　271
咒禁符　271
咒禁工　270
咒禁師　270
咒禁生　270
咒（祝）禁博士　270
咒禁療方　340
呪術　259
呪詛　264
儒家　15, 16, 21, 44, 45, 111, 160
儒教　vii, 100, 94
儒教儀礼システム　279
儒生　162, 421
周易　15, 16
宗教　iii, vii, viii, xv, 21, 23, 34, 35, 109, 112, 113, 116, 118 - 120, 573
宗教改革　124
宗教儀礼　303
宗教禁欲主義　91
宗教建築　521, 523
宗教信仰と科学実践　52
宗教神秘主義　60
宗教聖地　447
宗教的病因論　335
宗教と科学　xⅲ, 114, 118 - 120, 122
宗教と科学技術　129
宗教の胞衣　55
宗教の出世間性　63
宗教養生学　336
秋石　39, 40
修身成仙論　96
修仙モデル　531
終末論　326, 539
衆術合修　389
十道九医　245
十二関節　429
十二律　513, 515
十八反　274
十生の休咎　289
戎塩　369
重玄　75, 80 - 82
重差術　419
柔　528
柔弱　528
獣医　145, 269
祝語　341
祝水治病　275
祝由　264
祝由科　259
祝由咒禁科　270
宿命論　48
熟水銀　204
朮　372
術　161, 280

619

術数　244, 289
術数書　254
術数略　462
淳酒　368
順天思想　323
初期天師道　555, 559
初期道教　xii, 20, 26, 39, 46, 50, 57, 70,
　　114, 129, 138, 142, 159, 240, 243, 275,
　　298, 302, 304, 326, 327, 340, 342, 346,
　　394, 395, 432, 462, 477, 525, 526, 531,
　　537－539, 542, 543, 545, 546, 551
　　－553, 555, 557, 560－562, 565, 568,
　　571, 572, 576, 579, 583, 584, 585
初期道教教団　354
初期道教経典　47
初期道教建築　524, 539, 564
初期道教徒　328
初期道経　478
初潮　273
小一　474
小周天　393
小乗　76
小乗法門　81
小知　61, 578
小便　272
少陰　317
少陰病　374
少陽　317
正倉院　226
生薬学　371
松実　371
昇汞　214
承負　326, 333, 334
消渇　273
消石　371
消、托、補　358
秤漏　30
菖蒲　368
掌決　270

焦点　501
焦点距離　501, 504
象　63, 67, 78, 404, 427
象数　469
傷寒　300, 373
障害要素　53, 54
鍾乳石　460
上古の真人　241
上尸　277
上章請命　563
上清派　37, 348, 430, 552
上帝　554
上天　427, 478
上品の神薬　149
上品の薬物　147, 194
浄室　524, 557
乗蹻　586
乗・侮　240
食医　145, 269
食気　558
食肉　115
触器　294
蜀漆　301
織女　589
稷下　316
稷下学派　240
心　86, 313, 314, 331, 335, 469
心火　319
心虚遺精　154
心神　78
心・身関係　70
心性　95
心臓　288
心臓の神　335
心臓を交換　289
心即理　99
心性論　57, 78, 84
心＝太陽　331
心天脾地　331

620

心理療法 268
身 78
身は仮 90
身外の真身 90
身体 36
神 49, 50, 92, 314, 361, 410
神気 312
神学的解釈 61
神士 558
神室 76, 210
神・人の関係 109
神仙 41, 48, 94, 384, 532, 581
神仙学説 129, 532
神仙宗教思想 177
神仙信仰 46
神仙伝説 440
神仙道教理論 347
神仙ブーム 157
神仙方士 246
神丹 217, 532
神壇 561, 562
神道 535
神漢 549, 580
神鼎 210, 211
神方 338
神明 405
神薬 199, 338
神遊 579
神話伝説 119
神話のテクスト 110
真 159
真気 309
真功 95, 96
真汞 204
真虎 213
真身 90, 92
真人 10, 19, 44, 62, 311, 544, 548
真性 90
真知 10, 62

真母 568
真龍 213
真霊 92
辰砂 195, 198
振動周波数 512
秦漢医学 250, 334
秦漢の神仙方士 239
秦漢の生命科学 245
秦漢方士 245, 246, 251, 255
秦の始皇帝陵 203
新天師道 161
鍼灸 146, 248, 303, 304, 339
針（鍼）灸艾焫 282
鍼法 372
讖緯家 240
讖緯思想 165, 298
讖緯方士 279
人 540
人工の丹砂 220
人神根 302
人‐神秩序 110
人精中和神薬 338
人体経脈漆彫 297
人‐地の宗教倫理 542
人‐地倫理 543
人の気 324
人尿 40
人文環境 432
人文資源 446
人欲 96
人倫 185
腎水 320
腎臓の神 335
腎＝太陰 331
腎の精 312
塵埃 409
システム制御 568
シャーマニズム 243, 261
シャーマニズム医学 242, 260, 261

シャーマン　107, 110, 260, 262

す

水　318, 405, 420, 421, 457, 505, 528, 541, 566, 567
水の力学　567
水気　492
水鏡　506
水銀　76, 149, 195, 196, 200, 203, 213, 221, 235, 369
水銀池　197
水銀化合物　206
水銀煉製法　205
水転百戯　489
水法煉丹　150
水利思想　568
吹耳　146
吹鼻法　368
推拿　248, 394
睡眠　89
数　34, 413, 511
数学　65, 66, 68
数学的仮説　ix , 6
趨光現象　500
錫　503
沙蝨（スナシラミ）　376
沙蝨病　375
寸口脈法　296
寸・関・尺　296

せ

生　381
生・克　240
生死　166
生祠　356
生殖器官　551
生存環境　440
生地　569, 570
生鉄　137

生命　8, 115
生命科学　35, 56, 239
生命観　245
生命体　141
生命転換　552
正気の保養　364, 366
正始の玄風　160
正統教団組織　526
正統中国医学　298
正統道教　70, 525, 552
正神　443
西方の科学技術　55
西洋天文学　34
西洋文明　3
成仙　386, 584
性　79, 91, 92, 116, 391
性を得る　78
性機能　186
性治療学　292
性治療学　292
性は真　90
性味　148, 275
性命　390
性命双修　91, 92, 259
性命の内　63
性命の真　91
性命の外　63
性命論　391
声　512
声律学　54, 513
青龍　570
青銅　134, 135, 136
青銅器　224
青銅工具　138
青銅時代　223
青銅製凹面鏡　502
青銅と鉄の技術　140
青蒿　38, 379
青蒿素　380

青城山の天師洞　539
星辰　175, 409
星辰崇拝　195
星暦　404
政令　428
清・濁　414
清談　166
済南　561
旌陽　355
靖室　524, 525, 557, 558
勢　484
聖人　96, 110, 111, 241, 311, 315
聖堂　522
精　404
精、気、神　390, 391, 393, 394, 395
精液　272, 551
精気　309, 409, 499
精気論　308
精神と肉体　50
精神と物質　51
精神の不死　51
精神療法　279
精神　246, 342
精と神　194
静室　558
静室道過　275
静力平衡　480
静廬　557
誓約　286
製氷　494
石飴　371
石硫黄　371, 372
石英　371
石灰　172
石桂　371
石芝　460
石鍾乳　371
石中黄子　371
石脳　371

石綿　172
石薬　178
赤石脂　369
赤鉄鉱　261
赤銅鑲嵌　135
積力　483
切脈　296
節気の交代　427
摂生　245
仙　90, 122, 139, 208, 431, 531
仙館　545, 547, 550, 553
仙貴有形　77
仙境　440, 530
仙槎　588, 589, 590
仙丹　152
仙童　584
仙人祠　537
仙人、仙境、仙薬　440
仙は学んで致すべし　48
仙・仏　93
仙薬　39, 198, 371, 537
仙友　546
仙友　546
占候　469
占星術　165
疝気　297
泉水　458
宣夜説　29
旋宮　513
筌　62
銑鉄冶鋳技術　137
潜水艦　591
潜望鏡　506
全生　245
全神　310
全真　91
全真教　14, 31, 32, 64, 70, 88, 89
全然　18
全体論　20

善 529
禅学の悟り 93
禅宗 99

そ
素樸 529, 530
楚の文化 574
壮陽方 293
宋代理学 93
宋明理学 57, 88, 102, 590
走骨尸 92
皂角 40
皂莢 368
皂寧 40
宗気 309
相化 496
相拒 519
相互浸透 273
相似三角形原理 416
相制 496
相投 519
草木 142, 337
草木派 248
草木薬 148, 295, 371
奏理 247
造化の功 43
造物主 489
桑田の変化 461
曾青 369, 371
曾青金 235
創造的本能 116
䐃液 421
䐃理 296
霜雪 214
叢林制度 89
臓腑理論 392
即身成仙 70
外から内へ 87
損一 515

存思 30, 37, 270, 394
存神 394
存想 394

た
多面鏡 507
唾液 290
儺の儀礼 276
太医院 259
太一 156, 405, 544
太一の神 534
太乙禹糧 371
太乙禹余糧 370, 356
太乙金液 148
太乙余糧 371
太陰 317, 329
太易 410
太元山 550
太始 410
太初 410
太初暦 401, 420, 427
太昭 409
太清 588
太素 410, 414
太素脈法 290
太平 329
太平道 160, 250, 304, 328, 430, 555, 557, 561
太平道の治病法 270
太平徳君 554
太平の世 445
太平来善の家 554
太陽 196, 317, 329, 409, 416, 418, 424, 499
太陽錯覚説 423
太陽と月 499
対因治療 265
対鏡観照法 507
対立の統一 146

対症療法　265
体　iv
胎　77
胎食　290
胎息　76, 394
胎息法　290
岱宗洞天　459
泰山　439
大医精誠　256
大一　473
大周天功法　393
大乗　76
大乗法門　81
大秦　437, 438
大知　61, 65, 578
大地　418, 458, 568
大地観　541
大地の構造　456, 457
大地の外　419
大地変化説　460
大道　558
大徳の治　553
大物理　468, 469
大鵬　578, 579
台　532
台観　534
台室　537
橐　471
択地観念　572
濯龍祠　562
脱構築　110
脱魂　268
達生　245
谷　551, 569
丹　26, 27, 31, 45, 133, 194, 206, 207, 340, 438, 542
丹砂　131, 132, 142, 149, 150, 153, 154, 178, 194-196, 199, 206, 213, 216, 217, 220, 230, 233, 248, 369, 371

丹砂水銀　132
丹砂と黄金　154, 200
丹砂と丹　207
丹砂と汞　201
丹砂の採掘　197
丹砂煉汞　201
丹鼎派　161, 188, 248, 532
丹毒　373
丹符　341
丹薬　43, 358
丹陽の偽金　229
単闕　535
単脈象　296
胆嚢　257
男女合気の術　551
男性器官　551
壇　560
タオイスト　12
タオイズム　12
タキオン理論　482
タブー　261

ち
地　420, 425, 457, 540, 541, 569
地黄　285, 371
地下王国　459
地下の道　552
地気　458
地穴　457, 565
地数　332
地精方　337
地神枝　302
地仙　442, 443
地天の通　106, 107, 535
地統　344
地道　457
地の外　415
地肺　444, 445, 457
地母　26, 532, 542, 545, 548

625

地母神信仰　544
地脈　457, 459
地理環境　430
地理博物書　436
地菱　40
血　363, 541
血と気　309
知　62, 66, 123
知行合一　99
知識　121
知識と道具　59, 62
治　525, 539, 556, 557
治寒病呪　276
治国思想　313
治国戦略　315
治水　567
治百病符　276
治病と治国　314
致良知　95, 96
力と運動　483
膣　551
中　476, 501
中医薬学　239
中医理論　308
中黄太乙　561
中国医薬学　71
中国医薬史　260
中国科学　16
中国楽律史　513
中国天文学　34
中国の科学文化　58
中国文化　54
中尸　278
中・西科学　66
中・西文化　65
中胎　210
中道正観　80
中毒死事件　70
中品の薬物　147

中風　367
中和　329
中和の気　411
中を守る　82
注　375
宙　471, 472, 473
宙合　471
抽砂煉汞法　204
長久　122
長谷山　550
長沙馬王堆　196
長生久視　19, 245, 347
長生成仙　64, 120
長生の道　144
長生不死　42, 52, 90, 143, 245
挑鍼　372
張力　67, 70, 83, 91, 105, 118, 122, 123, 125, 528, 543, 544, 573, 579
張力関係　106
朝陽洞　539
調播　395

つ
通過儀礼　26 − 28, 72, 536, 538
月　409, 500
土　541
ツツガムシ病　375
ツボ　352

て
亭　559
庭園　530
帝王の服丹　176
鼎　211
鼎器　210
鼎内　590
鼎の密閉　163
鼎炉　130
蹄　62

鉄　137
鉄器工具　138
鉄器時代　138
鉄脚　90
天　170, 321, 323, 328, 399, 415, 419, 423, 425, 426
天医　303, 341
天下の母　403
天花病　376
天機　122
天球　415, 420, 423, 425
天元　414
天譴論　429
天子　428
天市の壇石　438, 446
天師　303
天師道　160, 180, 304, 354, 355, 430, 432, 546, 555, 559, 560
天師道教団　560
天師道信者　558
天上の神薬　337
天・人　171, 336
天人相合　321
天人感応　32, 163, 169, 171, 400, 426 －428, 433, 565
天・人関係　109, 320
天人合一　307, 400
天人相応　330, 336
天人相関　332
天人相通　429
天人相類　428, 429
天・人の交流　478
天・人の分　321
天心　478
天神太一君　278
天神方　337
天神木　302
天数　332
天倉　559

天尊地卑　419
天台山　563
天台宗　80, 83
天地　317, 416, 458, 469
天地構造学説　420
天地終末　412
天、地、人　540, 565
天地の起源　414
天地の構造　416
天地の構造学説　419
天地の使者　477
天地の統　345
天地の厄会　478
天地平行説　423
天地崩壊　412
天帝の意志　477
天梯　106, 535
天統　344
天道　426
天道自然　168, 169, 170, 171
天道無為思想　429
天徳　303
天然痘　376, 377
天の高度　417, 418
天の神符　340
天の内外　420
天の北極　416, 422
天の道　427
天秤式験湿装置　488
天文学　30, 399
天門　534
天門冬　372
天理　96
伝尸　273
伝舎　560
恬淡無為　241, 310, 311
恬淡無欲　364
癲狂病　366, 367
テコの原理　486

627

と
都江堰　566
塗杖法　202
土　457
土地崇拝思想　570
土木工事　541
吐故納新　363
吐納導引派　149
度　427
度世延年　347
度量衡　513
刀解の術　351
当帰　285
東岳の真形図　454
東方伝統科学　7
東方リケッツ病原体　376
桐柏観　175, 563
唐末・五代　124
湯液　146
等高線地図　453
同声感応　511
同声相応　510-512
同類合体　163
同類感応　510
同類相感　273
洞　442, 545, 547, 548, 549, 550
洞極の経　545, 554
洞窟　458, 527, 539, 546, 548, 552, 553
洞室　542, 552, 565
洞台仙府　438
洞庭　442, 444
洞天　443, 444, 546, 547, 550, 552
洞天福地　347, 432, 435, 439, 442, 447, 458, 553, 530, 590
洞同　549
洞同天地　549
洞府　443
洞房　442
道　→「みち」を見よ。

道医　252, 357
道家　17
道家思想　7, 10, 58, 163, 170, 568
道家精神　15
道家と医家　306
道家と道教　xi, 7, 18, 19, 62, 66
道観　562, 563, 564
道教　v, xiii, 3, 7, 12, 16, 17, 34, 47, 51, 52, 68, 70, 92, 94, 120, 122, 159, 161, 254, 257, 279, 356, 383, 430, 524, 538, 548, 573
道教医学　239, 258, 260, 275, 301, 347
道教、医学、シャーマニズム　242
道教医学理論体系　259
道教医薬学　342
道教概念　9
道教科学技術　70, 123
道教建築　524, 564, 565
道教思想　5
道教地図学　454
道教徒　8
道教という宗教　44
道教と科学　3, 8, 11
道教と養生　381
道教養生学　381, 385, 387
道教内丹学　14, 52, 73
道教の宇宙論　548
道教の科学思想　45
道教の科技観念　100
道教の活動範囲　431
道教の起源　129
道教の基本教義　347
道教の形神関係論　50
道教の形成　20
道教の宗教思想　41
道教の心性化　89
道教の地理学　430
道教の哲学　xi
道教の歴史　71

道教文化 10, 22, 58
道教方士 340
道教煉丹術 80, 129, 140, 162, 164
道経 252
道書 252
道士 244
道禁 270
道具 59-61, 64, 67, 68
道具観 61
道性 78, 79, 83, 430
道性論 75, 83
道治 560
道徳 334, 347
道徳的修行 23
道法自然 566, 569
道流 435
銅 487
銅焊 135
銅鏡 502, 506
銅鉱井戸 138
銅青 369
導引 146, 247, 248, 291, 392, 394
導引按摩 268
得道成仙 64, 80, 90
徳の蓄積 532
独活 285
毒薬 268
突破 v, 6, 118, 125
敦煌莫高窟の壁画 225
トンネル効果 119
トンビ 576, 586

な

内外兼修 72
内外二薬 72
内観 394, 444
内景 37
内景の隧道 38
内在化 70
内在性 124
内視 37, 38, 394
内邪 268
内丹 xv, 56, 57, 65, 70, 76, 129, 130, 395
内丹信仰 70
内丹的養生 390
内面化 125
内薬 72
内力 484
夏氷 494
鉛 45, 131, 133, 163, 213, 222, 223, 235
　→「えん」も見よ
鉛ガラス 227
鉛と水銀 152, 212
鉛と錫 224
鉛の化合物 222
南宗 91, 92
南北磁極 518
ナツメ 290, 587

に

二十四節気 433, 513
二十四治 430, 432, 433, 556
二十八宿 556, 433
二神 410
二里頭 196
肉蓯蓉 274
肉身 84
肉体 49, 51
日月 163
日者 298
日蝕 424
日精の根 447
日本 221, 226
日本の学者 376
人気 298
人形 489
人数 332

ね

根　24, 45, 86, 411, 420, 447, 480, 543, 551, 569
熱熨療法　368
熱学　491
熱気　492
熱気球　496, 498
熱伝導　491
熱病　374
熱量　492
熱量保存思想　492

の

脳　197
納甲火候　163
納甲星占　333
農業文明　58
呪い　xiv
ノーモン　416, 417

は

巴砂　194, 195
巴蜀　176, 430, 432, 556, 560
肺火　320
肺結核　374
肺＝少陰　331
肺臓の神　335
肺葉　37, 257
倍音　510
墓　458
白銀　371
白石英　371
白胹　503
白面　185
白隆丹　370
博学　62
博物学　165, 171
魄　51, 77
樸　18, 24, 61, 529, 549

樸に復帰　68
麦門冬　371
藐姑射山の神人　439, 579
始まりの有無　473
八毒赤丸　353, 354
八極　409
拔宅飛昇　584
鍼　273　→「しん」も見よ。
鍼治療　303
万物の理　467－469
万物の母　69
万物は変化　130
反　7, 10, 66, 544
反の論理　25
反は道の動　68
反射鏡　500
反射光　500
反射率　502
半夏　368
礬石　179, 369

ひ

火の使用　491　→「か」も見よ。
比附　141, 143
皮膚疾患　358
美学　530
美容　185
飛行　574, 580
飛行願望　586
飛行能力　579, 583
砒石　229, 230
砒素　179, 185, 190, 228, 229
砒霜　215, 230, 370
砒素化合物　370
砒素合金　229, 234
砒素中毒　191
秘機四輪車　583
脾　331
脾気　320

脾臓の神　335
脾＝中和　331
脾土　319
脾木　320
媚薬　231
人　→「じん」を見よ。
百薬　144
百家争鳴　110
100刻制　477, 478
120刻制　477
120の漏刻制度　478
白虎　570
氷鏡　503
氷鏡取火　504, 505
標　315
標本　315
苗民　106
病因学　342
病因可知論　362
病機　379
牝　551
牝牡の合　331
岷江　432

ふ
不死観念　197
不死の樹　439
不死の薬　156, 241, 248, 439, 531, 583
不死の国　241
不死の郷　241
不死の信仰　196
不死の追求　44
不傷不損　364
不宜　33
不善　529
不老不死　241
扶南　437
巫　262
巫の地位　267

巫医　145, 260, 263, 265, 266, 270, 273, 275, 279
巫鬼　272, 348
巫覡　260, 280
巫史　260
巫祝　145, 188, 269, 300
巫術　110, 144, 272
巫術と医術　145, 187
巫術と宗教　109, 112
巫術の没落　117
巫薬　272
巫蠱の獄　270
浮・中・沈　296
浮力現象　485
符　341
符の用法　272
符呪　356
符呪と煉丹　187
符呪派　150
符呪療方　341
符書　341
符水　562
符水呪説　275, 328
符水と呪語　242
符水療法　348
符籙　160, 259
符籙派　161
婦女の疾患　294
賦型　7, 42
風水　549, 565
風水思想　569
風水モデル　571
風府　374
涪陵　204
伏火法　219
伏煉技術　71
服散　186
服餌の秘方　295
服食　173, 183, 394

631

服食求仙 295
服食派 149, 150, 153, 247, 255
服薬 144
茯苓 150, 171, 371
副腎 257
復 10
復帰 24, 61, 568
腹腔大網膜 257
福地 443, 444, 546
複文 340
沸水製氷 494
沸騰水 495
仏教 49, 63, 64, 83, 89, 298, 548, 564
仏教と道教 13
仏教の影響 57
仏教の思想方法 125
仏教の出世思想 100
仏教の心性論 93
仏教文化 74
仏教倫理 88
仏性論 83
仏・道衰退 88
仏・道論争 75
物 404 →「もの」も見よ。
物候 323, 427, 428
物質の運動 481
物質の変化 194
物理 467–470
物理学 470
粉霜 215
粉錫 224
糞 273
糞便 272
文化 109, 110, 117
文化生物学 112
文化的宿命 42
文化の攫能性 iv
文化の低落期 54
文芸復興 124

分身の術 507
分鋳 135
分鋳法 134
フロギストン 492
プロテスタントの倫理 3
プロペラの原理 587

へ
平均律 513
平均律思想 54, 516
兵馬俑 225
辟穀 281, 343, 372, 394
紅色 153
返還 73
返還復帰 213
返観 38, 291
返観内視 291
変化 45, 130, 133
変化の観念 143
変化の術 133
変化の哲学 131
砭石 268
ペニス 293

ほ
母牛 25
母胎 25, 26, 570
補導の術 174
方技 148, 250
方技家 388
方技術数 159, 244
方技門4家 249
方技類 252
方壺 549
方士 149, 150, 151, 244, 250, 280, 306, 340, 537
方士医家 267, 280, 281, 306
方士医学 290, 296, 298, 301, 304, 305
方士集団 176

方士と術士　244
方術　56, 244, 261, 280, 300
方術家　280
方術（技）伝　299
方術と医学　251
方諸　45, 493
方仙道　149, 158, 159, 369, 388, 440, 455
包絡　314
防微杜漸　315
法　63
法家思想　111
法術　xiv, 241
法術儀礼　539
苞山　459
放血　373
放水　373
宝精　246, 551
宝地　26, 549, 569
庖丁　382
鳳凰山墓　196
褒賞と刑罰　428
龐鴻　414
茅屋　558
茅山　176, 444
茅山の洞窟（室）　180, 547, 553
房中　186, 247, 250, 344, 345
房中家（派）　149, 247, 249
房中の著作　292
望色診断技術　296
望診　320
北斗真君　278
北斗星　30
北斗の柄　30
卜辞　262, 263
墨家　150, 485, 486, 492, 501, 506
墨家思想　111
祠　536
本　315
本然　18

本草　255
本能　116
ポテンシャル障壁　118, 125

ま
馬王堆簡帛　308
馬王堆漢墓の医書　293, 308
馬王堆の漢墓　152
麻沸散　282, 287
松脂　150
松脂灯　498
待つ所　578
マラリア　379

み
水　→「すい」を見よ。
未病　308, 363
未病を治す　314, 366
道　vi, 5, 7, 10, 18, 19, 25 – 27, 43 – 46, 61 – 64, 66, 67, 69, 73, 75, 78, 79, 83, 84, 91, 95, 154, 159 – 161, 169, 399, 403, 404, 409, 410, 414, 430, 468, 499, 543, 562, 564, 565, 567　→「どう」も見よ。
道と術　158
道との一体化　311
道に同化する　24
道への復帰　xiv
密陀僧　223, 225, 226, 236
脈学　296
脈象　323
脈診　296
妙本　83
明礬　205
民間宗教運動　538
民間道教　161, 165, 187, 188, 538
民間秘密結社　287

633

む

無 361, 527
無の用 59
無用 62
無為 7, 169, 170, 568
無為恬淡 311
無極 18, 24, 61, 474, 568
無極に復帰 68
無執 125
無尽 474
無上将軍 538
無状の状 68
無病の病 315
無物の象 68
ムカデ 33

め

名教 170
名山 532
名山大川 431
命 91, 391
明珠 371
明心見性 79
明鏡 502
明鏡術 507
溟滓 414
瞑眩 145

も

妄執 80
木巨勝 371
木人 489
木道人 490
物 63, 64, 67, 70 →「ぶつ」も見よ。
物と我 63, 82
物の用 62
桃の枝 272
門 551
門闕 533

門亭長 535

や

冶金 134
冶金技術 27
冶金技術思考 143
冶金のプロセス 139
冶金マイスター 140
冶鉄 137, 138
夜気 96
約 293
約率計算法 515
薬金 43, 44, 232−234, 236
薬銀 236
薬物学 35, 36
薬物療法 337
薬方 253
山 546
山の崇拝 545
病膏肓に入る 266
仰韶文化 261

ゆ

輸尿管 257
有 59, 361, 527
有と無 407, 408, 526, 529
有機体論 20
雄黄 190, 229, −231, 235, 368−372
雄黄金 234
遊魂 300

よ

礜石 179, 190, 214, 229−232
用 iv
容成御婦人の術 40, 250
容成流の房中術 290
陽 77
陽気 148
陽症 147

634

陽燧　45, 493, 499, 500, 502, 503, 506
陽燧取火　501
陽生陰殺　329
陽善陰悪　329
陽尊陰卑　329
陽宅　569
陽平治　432, 433, 435
陽明　374
陽明心学　88
陽薬　147
養形　246
養神　246, 310
養性　383
養生　83, 245, 246, 298, 312, 324, 381－383
養生医学　290
養生家　310
養生概念　381
養生学　35, 342
養生術　308
養生哲学　311
養生法　386
養生理論　343
養生論　310
瘍医　145, 231, 269
癰瘍　268
ヨモギ　496
ヨモギの火　497, 498
ヨーロッパ中世　8, 522
ヨーロッパ中世文化　523

ら

螺舟　591
羅浮山洞天　459
羅鄷山　459
来善の家　545, 553, 554
卵黄　420
爛柯の故事　553
ラチェット効果　68, 112

り

利他主義　116, 117
理　ix, 34, 63, 64, 97
理学　88, 93, 97, 100, 101
犂軒　438
力学知識　480
六一泥　211
六淫　267
六気　291
六気呼吸養生法　291
六気致病説　145
六斉　135, 224
六朝期以前の道教　52
律　512
律数　516
略奪的本能　116
流霞　580
硫化水銀　178, 205, 208, 216
硫酸水銀　220
龍虎　163
龍虎大還丹　212
龍脳　197
龍場の大悟　99
龍門派　95
鎏金器　153
鎏金技術　202
虜瘡　377, 378
廬　557
良医　315
良知　94, 95, 97
林屋山洞天　459
林邑　437
吝嗇　312
吝嗇養生　310
淪波の舟　591
輪廻　50
臨床医学　268, 295

635

る

坩堝煉炉　138
類　493
類感呪術　275

れ

戻気説　374
霊　414
霊光殿　524
霊魂不滅の観念　196
霊芝　173
霊砂法　212
霊宝派　348, 430
癘気　327, 373
歴物十事　482
暦法　171, 401, 427
暦法と天道　428
煉金　153
煉丹　26, 28
煉丹家　138, 189
煉丹活動　64
煉丹集団　161
煉丹術　23, 24, 27, 45, 129, 130, 132, 134, 140, 143, 144, 147, 148, 150, 152, 155, 158－160
煉丹術と医学　188
煉丹術と現代化学　66
煉丹術と道教　158
煉丹術の開始　156
煉丹術の儀礼性　65
煉丹術の発展　144
煉丹の過程　75
煉丹服食　71
レンズ　500

ろ

炉　211
炉火純青　137
廬山の仙人洞　539
老君明照法　276
老人　77
老荘学説　311
老荘哲学　240
莨菪　265
漏刻　476, 477
漏刻の計時技術　31
ロボット　489

わ

我が命は我にあり　48, 56, 58
和合　338
和順自然　310
淮南道家学派　484, 491, 499－506, 509, 511, 512, 520

人名索引

あ
安期生 151, 155, 156, 247
晏嬰 145
アキレスの腱 69
アダムとイブ 104
アリストテレス 481, 483
アンセルムス 123

い
医緩和 251
医和 145, 267
殷浩 354
殷仲堪 354, 355
陰長生 286, 351
イアンブリコス 27

う
于（干）吉 175, 562
ウィルソン 115, 117
ウェーバー、マックス 3, 65, 117
ヴェブレン 116
ヴォルコフ、アレクセイ 13

え
袁翰青 216
偃師 489
煙蘿子 73
エリアーデ 25

お
王衍の娘 552
王嘉 546, 547
王家葵 275
王羲之 19, 161, 180, 190, 217, 351, 355, 558
王喬 247
王凝之 558

王錦光 505
王奎克 190
王玄覽 80
王粲 167
王子喬 247, 550
王充 167, 188, 249, 422, 423, 429, 576
王叔和 185
王濬 560
王処一 90
王仁俊 468
王振鐸 587
王宣 468
王丹虎 217–219
王丹虎の墓 177
王重陽 89, 90, 92, 95, 254
王弼 160, 169
王冰 259, 260
王符 188, 269
王明 xviii, 240, 326, 350
王莽 537, 577, 583
王瑶 168, 182, 185
王遙 284
王陽明 93, 94, 96
王陽明の四句教 103
応劭 421
小川琢治 452

か
何晏 161, 178, 185, 186, 357
河上公 564
夏賀良 326
華陀 251, 281, 287, 297, 299, 300
華陀の伝記 301
介象 175, 563
郭玉 188, 251, 273, 285, 340
郭象 160, 170
郭璞 436, 462, 547, 574, 575
郭武 91, 103
葛玄 175, 176, 563

637

葛洪 xiii, 10, 19, 29, 35, 43, 48, 53, 60,
　62, 67, 84, 132, 134, 142, 144, 148, 149,
　168, 186, 188, 189, 194, 195, 199, 212,
　215, 222, 226, 233, 247, 250, 254, 255,
　257-259, 275, 347, 348, 351, 352, 359
　-361, 378, 385, 401, 420, 423, 435
　-438, 450, 455, 460, 481, 532, 573, 588
葛兆光 243
干（于）吉 327
干宝 172
甘始 174, 250, 290
甘忠可 298
桓譚 45, 269
漢の武帝 248, 270, 440
管子 471
管輅 185
韓吉紹 xv
韓康 284, 285
韓西華 552
顔真卿 461
鑑真 226
カッシーラー 111, 113, 521
ガーバー 216
カプラ 16
ガリレオ 32

き

岐伯 250
羲和 107
魏華存 349
魏啓鵬 322, 346
魏伯陽 194, 199, 212, 213, 233, 257, 493,
　560
魏夫人 350
邱光庭 425, 588
邱処機 89, 90
許詢 355
許慎 503
許遜 355

許謐 349
許邁 161, 180, 547, 553
許楊 285
姜生 iii xi, xii, xiv, xv, xvii, 91, 103,
　113, 326, 454, 537
堯舜の世界 96
曲継皐 12
金正耀 12, 330
琴高 581
靳邵 353

く

虞喜 422
虞翻 28
クーン 164

け

羿 272, 583
嵆康 170, 179
恵施 473, 482
郤愔 355
郤（郗）倹 174, 281
玄俗 284, 285
阮元 33
阮黄丘 285
阮籍 170, 184
厳君平 589
厳遵 590
ケリー、ジョージ 583

こ

夸父 108
狐剛子 205, 221, 226, 235
胡厚宣 262
胡孚琛 xii, 159
壺公 284-286, 550
壺子 544
顧頡剛 244
呉王闔廬 197

呉筠　48, 76, 77, 80
呉普　282, 459
呉猛　356
公孫卿　534
公輸班　489
孔子　110, 475
広成子　246
后羿　107
侯公　248
姮娥　583
寇謙之　xiii, 161
高大倫　292
高誘　503
黄潤玉　426
黄宗羲　97
黄帝　11, 537, 577
黄帝穀仙の術　537
黄帝族　108
黄帝の治　427
黄父鬼　358
皇甫謐　187, 191, 300, 357
項曼都　580
谷永　157

さ
左元放　459
左慈　174
崔文子　283, 285
蔡謨　354
三茅君　459
山図　285
賛寧　497
サートン、ジョージ　227

し
尸佼　472
子産　145
司馬承禎　37, 80, 448
蚩尤　106

謝霊運　443
朱熹　28, 93, 425, 473
朱熹の思想　98
朱璜　285
朱載堉　54, 515, 516
朱晟　228
祝亜平　9, 11, 257
淳于意　251, 299, 320
荀子　321, 468
諸葛孔明　498
女媧　140, 524
徐位業　225
徐嗣伯　181
徐大椿　287
徐福　440
徐市　248
少翁　155, 156, 534, 537
尚志鈞　359
章太炎　299
蕭史偕　581
蕭史煉丹　214
嫦娥　108
鄭玄　221
饒宗頤　329
辛七娘　498
沈括　501
沈羲　581
秦越人　251
秦和　250
秦の始皇帝　440
甄鸞　13
任継愈　83, 85, 239
任光　248
シッペール　23, 140
シビン　66
シャタック　123
シュウオルツ　21
ジュール・トムソン効果　495
ジラルド　407

す

随侯の珠　228
鄒衍　240, 319, 456
鄒衍の九州説　456
鄒訢　93

せ

正伯陽　440
西王母　439, 441, 524, 536
西王母の石室　546
成玄英　78, 80, 82
斉治平　592
精衛　461
赤松　247
赤松子　247, 248, 550, 585
席沢宗　xvi
顓頊　592
羨門高　156, 241, 247, 290, 440
セビン　8, 13

そ

蘇耽　285
蘇東坡　186, 187, 274
蘇武　299
宋母忌　241
宋无忌　440
荘子　61-63, 68, 121, 131, 140, 399, 467, 468, 473, 485, 578, 579
荘子の死生観批判　168
倉公　250, 287, 289, 297
倉公のカルテ　289, 294
曽侯乙墓　135
曹婉如　452, 453
曹元宇　216
曹植　174
曹操　167, 173, 281, 561, 562
曹操の頭風　297
曹丕　174, 584
束晳　481

孫恩　558
孫権　175, 555, 563
孫策　175
孫思邈　10, 149, 211, 252, 256, 258, 260, 349, 389
孫武　437

た

太上道君　452
太上老君　345
譚峭　76, 507
ダーウィン　121
ダイダロスの寓話　583

ち

仲長統　188
長桑君　286, 287, 288
張華　511, 575
張角　242, 328, 557, 561
張衡　402, 414, 420, 421, 423, 473, 499
張子高　216
張修　328, 557
張俊　197
張仲景　270, 296, 298-300, 305, 327
張仲景の医方　189
張天師　435
張道陵（張陵）　xii, 159, 250, 430
張伯端　73, 390
張辯　433
張良　247
張魯　328, 559
張魯政権　560
趙匡華　204, 209, 216, 220, 221
趙友欽　14, 31, 65
陳寅恪　180, 282, 283, 306
陳希夷　254
陳国符　71, 148, 206, 235, 253, 533
陳少微　195
陳瑞　560

て
丁貽荘　362
丁義の神方　356
程高　285, 340
鄭隠　275
鄭隠の蔵書　253
鄭玄　→じょうげん
鄭錫煌　452, 453
鄭復光　504
テーヌ　521-523
デ・ホロート　4
テルツリアヌス　123

と
杜光庭　78
杜子恭　558
杜子恭道　351
東郭延年　250, 290
東方朔　285
唐都　401
陶安公　27, 141
陶侃　584
陶弘景　xiii, 10, 28, 30, 36, 75, 139, 149, 222, 255, 256, 258-260, 278, 342, 359, 389
湯偉俠　xi, xvii
湯用彤　326
鄧拓　589, 590
董仲舒　240, 298, 329, 427, 428, 511
董奉　251, 285
富岡鉄斎　452
トマセロ　68, 112

に
ニーダム、ジョセフ　vii, x, 4, 12, 13, 40, 42, 53, 55, 58, 138, 150, 162, 191, 192, 198, 227, 241, 453, 497, 500, 573, 583
ニーダムの命題　viii
ニーダム・パラドックス　viii

ニーチェ　114

ね
寧先生　247
甯武子　27
甯封子　141

は
馬鈺　89
馬鈞　489
馬継興　298
馬伯英　242, 244, 299, 305
馬鳴生　286
馬融　183
裴秀　181, 357
白玉蟾　356
帛和　327
范行準　377
范蠡　285
潘雨廷　311
潘師正　79
バウアー　553, 590
ハリス　115

ひ
費長房　286, 550, 585
ピアジェ　113
ピタゴラスの定理　416
ヒポクラテスの誓い　251

ふ
巫咸　242
負局先生　284, 285
涪翁　285, 297, 340
封君達　250, 290
封子　27
馮友蘭　vii, 17, 18
伏羲　524
伏羲の世界　96

641

文摯 251, 268, 288, 299, 304
フック、ロバート 505
フラカストーロ、ジローラモ 258
プリニウス 222
ブリユル、レヴィ 273
フレイザー 109, 279
フロイト 114,294
プロクルステスのベッド 114
ブロッホ、エルンスト 523

へ
扁鵲 146, 250, 266 – 268, 286 – 289, 296, 297, 299, 304, 314

ほ
方以智 468, 469, 499
方回 248
方孔炤 469
逢蒙 108
鮑姑 349, 351
鮑姑祠 352
鮑靖 547
鮑靚 180, 351
房伯玉 181
彭祖 247, 290
墨子 576
墨翟 269, 489
ホームズ 20
ホワイト 297
ホワイトヘッド 4

ま
麻姑 461
マグヌス、アルベルトゥス 228
マスペロ、アンリ 50
マリノウスキー 261
マルクス 114

め
メールヴァイン 583

も
孟安排 83
孟乃昌 216
蒙文通 246
モート 215

や
ヤスパース 110

ゆ
兪跗（拊） 250,283
庾信 508

よ
余嘉錫 189
余国佩 101
姚信 422
容成 247
揚雄 269
陽慶 287
楊寛 281, 562
楊羲 349
楊上善 325
楊泉 167, 468
吉田光邦 229

ら
雒賓 108
欒大 156
ラッセル 4
ランベルト 31

り
李阿 350
李亜東 225
李栄 80

642

李家道 176
李寛 557
李時珍 38, 291
李淳風 455
李子豫 353
李少君 151, 152, 155, 202, 290
李脱 350
李八百 176, 328, 350, 351
李豊楙 20
李明徹 33
李蘭 30
李零 294
陸修静 xiii, 253
陸象山 99
陸徳明 508
劉安 156, 157, 400
劉一明 102
劉完素 260
劉向 157, 495
劉歆 249, 250, 251
劉孝友 91
劉章の祠 562
梁の武帝 255, 455
陵陽子明 302

林語堂 13
リリエンタール 583

る
ルシアン 575

れ
列禦寇 401, 578

ろ
魯桂珍 40
魯迅 172, 181, 189
魯班 576
盧氏 267
盧生 248
老子 18, 43, 59, 62, 66, 68, 96, 111, 308, 473, 544, 564, 567
楼護 285
鹿皮公 285
ロビネ 552

わ
淮南王 576

書名索引

あ
安天論　422

い
医史　299
医心方　271
異苑　511
意林　494
引書　267, 291, 292
陰符経　25, 35
陰陽十一脈灸経　146, 297
陰陽十一脈灸経乙本　292

う
雨陽気候親機　33
雲笈七籤　庚申部　277
雲笈七籤　方薬部　254

え
淮南子　xii, 54, 131, 218, 229, 231, 319, 322, 400, 406, 407, 414–417, 419, 428, 485, 492, 494, 502, 510, 513, 515, 516, 530, 544, 590
淮南子　原道訓　475, 581
淮南子　主術訓　484
淮南子　説山訓　315
淮南子　説林訓　230, 486, 487
淮南子　詮言訓　491
淮南子　泰族訓　267, 488
淮南子　地形訓　132, 320, 343, 456
淮南子　天文訓　25, 429, 488
淮南子　人間訓　223
淮南子　本経訓　487
咏鏡詩　508
詠懐詩　184
易緯乾鑿度　411
易経　423
易林　461
淵源洞真道妙継篇　257
煙蘿子体殻歌　38
煙蘿子体殻図　73
圜天図説　33
圜天図説続編　34

お
温疫論　374

か
化書　495, 507
何顒別伝　299
河図紀命符　277
夏小正　131
華陽国志　171
蝦蟇経 → 「黄帝蝦蟇経」を見よ。
海内十洲記　441, 456
開宝本草　256
解寒食散方　357
解寒食散論　357
解五石毒論　179
解寒食散方　189
革象新書　31
鶡冠子　世賢篇　314
寒食散考　189
寒食散対療　357
寒食散論　178, 189, 192, 357
感応類従志　508
漢書　芸文志　243, 249–252, 307, 462
漢書　郊祀志　536
漢書　地理志　437, 536
漢武故事　172
漢武帝外伝　202, 450
漢武帝内伝　450
管子　246, 309, 319, 472, 473, 513, 517
管子　侈靡篇　503
管子　心術上篇　313
管子　心術篇　313

管子　水地篇　318
管子　地数篇　131
管子　宙合篇　471
管子　度地篇　571
管子　内業、心術、白心　309
管子　六親五法篇　314
還丹秘訣養赤子神方　32
韓詩外伝　264
韓非子　484

き

奇経八脈考　38, 291
鬼谷子　518
幾何篇　34
亀甲文　47
魏略　西戎伝　437
却穀食気篇　247, 291, 292, 308, 343
九章　574
九章算術　280, 419
汲冢周書　197
鄴中記　489
玉函　360
玉牒記　47
玉房秘訣　294
玉隆集　356
金華山経　462
金華赤松山志　463
金匱要略　189, 379
金笥玄玄　39
金石霊砂論　236
金丹大要　38
昕天論　422
禽経　171

け

外台秘要　271
計倪子　223
荊山記　462
桂海虞衡志　204

経（帛書）　421
経法（帛書）　308, 421
元炁体象図　38
元和郡県図志　434

こ

古詩十九首　71
五岳真形図　60, 430, 449, 450, 452, 462
五金粉図訣　132, 205, 234, 235
五十二病方　146, 194, 198, 217, 231, 264, 265, 272, 296, 297, 308
五石丹方　195
五蔵三経　462
五霊丹上経　157
呉普本草　282, 301
呉時外国伝　437, 438
後漢書　五行志　326
後漢書　方術伝　148, 276, 282, 290, 340, 550, 584
悟玄篇　63
悟真篇　390
広雅　釈詁篇　262
行気玉佩銘　247
合陰陽　249, 292
孝経援神契　228, 233
考工記　135, 494, 503
庚辛玉冊　71
高僧伝　神異門　271
黄帝蝦墓経　303, 304
黄帝九鼎神丹経　160, 194, 209, 236, 249, 295, 585
黄帝九鼎神丹経訣　204, 207, 208
黄帝九鼎丹書　546
黄帝四経　308
黄帝四経　十六経篇　323
黄帝四経　称篇　316, 317
黄帝書　420, 421, 422, 423
黄帝鍼灸蝦墓忌　297
黄帝鍼灸甲乙経　300

黄帝内経　146, 240, 241, 244, 258, 259,
　　286, 290, 296, 306, 309 – 312, 314
　　– 316, 318, 319, 321, 323, 324, 330,
　　331, 335, 374, 379
黄帝内経の病因論　363
黄帝内経　四気調神大論　308
黄帝内経素問　306
黄帝内経素問　異法方宜論篇　268
黄帝内経素問　七篇大論　323
黄帝内経素問　熱論篇　374
黄帝内経素問　宝命全形論　331
黄帝内経素問　宝命全形論篇　322
黄帝内経素問　霊蘭秘典論篇　313
黄帝内経素問霊枢　307
黄帝内経素問霊枢　玉版篇　321
黄帝内経素問霊枢　禁服篇　287
黄帝内経素問霊枢　邪客篇　322, 361
黄帝内経素問霊枢　賊風篇　264
黄帝内経素問霊枢　通天篇　317
黄帝内経素問霊枢　癰疽篇　358
黄帝扁鵲の脈書　307
黄庭経　37, 180, 350
黄庭遁甲縁身経　257
衡山記　462
金剛経　63
金碧古文龍虎上経　31
渾天儀　420, 423

さ
雑禁方　264, 292
雑療方　292, 293
三皇内文　450, 546
三国志　方術伝　282
三尸中経　277
三十六水法　157, 160
三洞経書目録　253
三洞珠嚢　433

し
尸子　472
史記　封禅書　440
史記　扁鵲倉公列伝　268, 320
史記　律書　515
四庫全書総目　252
四庫全書総目　医家類　250
四明山図　463
四明銅天丹山図絵咏集　463
詩経　145
詩経　毛伝　232
紫陽真人内伝　435, 442
種の起源　121
授時暦要法　31
周易　308
周易参同契　28, 40, 132, 148, 158, 160,
　　216, 222 – 224, 233, 235, 295, 369, 510,
　　584
周易参同契　同類合体章　142
周易参同契考異　28, 93
周髀算経　401, 416, 417
周礼　145, 269
周礼　考工記　229
周礼　職方氏　439
周礼　天官　296, 336
周礼　天官冢宰篇　197
拾遺記　490, 588, 591, 592
十洲三島記　441
十問　249, 268, 292
十六経　308
出金鉱図録　226
春秋緯元命苞　421
春秋繁露　427, 477
春秋明暦序　530
荀子　484
諸尸候　279
諸病源候論　178, 192, 279
正統道蔵　254
尚書　金縢　264

尚書　説命　145
尚書帝験期　536
称（帛書）　308, 421
傷寒雑病論　189, 299, 300, 327
証類本草　254, 272
上清後聖道君列紀　326
食療本草　256
神異経　39, 457
神境記　462
神仙可学論　48
神仙伝　71, 174, 175, 257, 288, 341, 435, 450, 461, 546, 550, 563
神仙養生秘術　215, 219
神農本草経　147, 154, 194, 201, 202, 207, 222, 224, 225, 241, 249, 258, 265, 272, 277, 290, 301, 338, 370－372, 459
神農本草百種録　274
真気還元銘　47
真誥　30, 36, 39, 343, 349, 438, 459, 552
晋書　天文志　29
新修本草　256
新論　236
尋山記　462
鍼灸甲乙経　348
尽数　309

す
水経　171
隋書　経籍志　354, 357, 462, 468

せ
世補斎医書　299
世本　242
西学華山志　463
西昇経　47
性命圭旨　内外二薬説　72
旌陽許真君伝　356
説苑　辨物篇　264
説文（解字）　262

千金方　252
千金要方　189, 256, 349
千金翼方　256
千金翼方　禁経　271
山海経　145, 150, 230, 262, 265, 436, 439, 456, 462, 530, 579
山海経　海外西経　574
山海経　海外南経　574
山海経　海内西経　248
山海経　大荒西経　144
山海経　北山経　461
山海経注　171
全真挫鉢捷法　32

そ
素問　→「黄帝内経素問」を見よ。
楚辞　遠遊篇　247
荘子　245, 311, 381, 469, 472, 475
荘子　外物篇　63
荘子　胠篋篇　461, 539
荘子　逍遥遊篇　343, 439
荘子　徐無鬼篇　510
荘子　大宗師篇　591
荘子　天下篇　482
荘子　天道篇　528
荘子　馬蹄篇　529
荘子注　160, 170
捜神記　172
足臂十一脈灸経　146, 297
続博物志　448

た
太一生水篇　400, 405, 421
太玄真一本際妙経　76, 81
太上衛霊神化九転丹砂法　205
太上玄霊宝素霊真符　276
太上洞淵神呪経　276
太上霊宝浄明天尊御瘟経　277
太真科　556, 559

647

太清金液神丹経　195, 214, 436, 438, 443, 505, 542
太清石壁記　215, 216
太清丹経　209
太清丹経要訣　211, 215, 229, 235
太清導引養生経　247
太素丹景経　39
太平経　xviii, 35, 67, 258, 302, 303, 326, 328 – 334, 336, 337, 341 – 343, 345, 346, 384, 387, 388, 428, 429, 442, 457, 477, 539, 540, 542, 545, 553 – 555, 569, 570
太平経合校　xviii, 326
太平経抄　326
太平経鈔　辛部　344
太平経復文　328
太平御覧　350
太平広記　350
太平青籙書　175
太平清領書　175, 240
胎産書　292, 308
胎息経　48
達欝　309
丹房鏡源　230
丹陽真人語録　89
壇経　99

ち

竹譜　171
中国医学文化史　299, 305
中国科学技術史　573
中国道教史　83, 239
中国の科学と文明　vii, ix
沖虚至徳真経　401
肘後救卒方　255, 272, 275, 348, 352
肘後備急方　38, 226, 359, 362, 367, 369, 379
肘後備急方　治卒発黄疸諸黄病方篇　378

著園植物学　274
長歌行　575
張真人金石霊沙論　142
張仲景行状　299
張天師二十四治図　556
重陽立教十五論　254
枕中鴻宝苑秘書　156

て

帝代年暦　30
天下至道談　249, 292
天官暦包元太平経　298, 477, 478
天師治儀　433
天人三策　298
天仙金丹心法　590
天台山記　463
天地宮府図　448
天問略　33
典略　269, 270, 557, 559
伝習録　93

と

桃花源記　553
洞玄霊宝五岳古本真形図　60, 451, 452, 454
洞元霊宝五岳真形図　451
洞宵図志　463
洞仙伝　450
洞天集　590
洞天福地嶽瀆名山記　433
洞冥記　172
道学伝　354
道家養生法　278
道教義枢　79
道経秘集　254
道教霊験記　434
道原（帛書）　308, 421
道蔵　xiv
道書援神契　533

導引図　291, 292, 308
読『太平経』書所見　326

な
南岳記　462
南岳小録　463
南華真経義海纂微　63
南方草木状　171
難経　296

に
日華子諸家本草　256

は
博物志　171, 204, 436, 501, 574, 575, 589
博物誌　281
駁五行異義　320
八公黄白経　157
范子計然　218

ふ
扶南異物志　437, 438
扶南伝　437, 438
傅子　489
武備志　483
風俗通義　272, 421
服食論　353
物理学　481
物理所　468, 469
物理小識　468, 469
物理論　468
物類相感志　497
文子　404, 405, 427
文心雕龍　書記篇　280

ほ
補闕肘後百一方　359
抱一函三秘訣　32
抱朴子　xviii, 172, 176, 198, 207, 229, 269, 270, 299, 369, 388, 436, 587
抱朴子　金丹篇　443
抱朴子　仙薬篇　372
抱朴子　対俗篇　591
抱朴子　登渉篇　449
抱朴子　微旨篇　570
抱朴子　明本篇　431
抱朴子神仙金汋経　202, 208
抱朴子内篇校釈（増訂本）　xviii
茅山志　463
墨経　494
墨子　269
墨子　経上篇　472
墨子　経説下篇　492
墨子枕中五行記　576, 577
穆天子伝　197
本草音義　256
本草経集注　36, 37, 194, 256, 353
本草綱目　274
本草拾遺　273
本草神農経　255
本草図経　278

み
脈経　348
脈法　297
脈書　292, 297

む
無上玄元三天玉堂大法　257
無上秘要　433
夢渓筆談　501

め
名医別録　195, 204
名医録　299
名山記　462

や
薬録 282

ゆ
幽明録 224

よ
要修科儀戒律鈔 434
養生方 292, 308
養生論 179
養性（生）延命録 47, 389
癰疽方 358

ら
羅浮山の賦 443
羅浮志 463
羅浮指掌図記 463
礼記　月令篇 320, 428
雷公炮炙論 256

り
離騒 574
六韜　王翼篇 280
律呂精義 515, 516
劉涓子鬼遺方 356, 358
劉涓子治癰疽神仙遺論 356
劉賓客佳話録 511
龍虎元旨 199
龍端観禹穴陰陽洞天図経 463
呂氏春秋 242, 246, 268, 309, 310, 510
呂氏春秋　季秋・精通篇 519
呂氏春秋　至忠篇 268, 288
呂氏春秋　十二月紀篇 428
呂氏春秋　十二紀篇 319
呂氏春秋　尽数篇 383
呂氏春秋　先己篇 309
呂氏春秋　仲夏紀・大楽篇 405

呂氏春秋　重己篇 318

れ
霊枢　→「黄帝内経素問霊枢」を見よ。
霊書紫文 326
霊宝経 175, 563
霊宝玉鑑 277
霊宝衆真丹経 39
嶺外代答 204
歴世真仙体道通鑑 301, 356
歴代崇道記 563
列子 401, 410, 412, 489
列子　周穆王篇 579
列子　仲尼篇 268, 288
列子　天瑞篇 143, 411, 420, 544
列子　湯問篇 440, 461, 474, 549, 581
列仙伝 141, 150, 202, 248, 249, 288, 295, 435

ろ
廬山記 462
老子 xii, 245, 308, 404, 526−529, 543, 560, 568
老子　甲本、乙本 308
老子想爾注 20, 36, 250, 345, 533, 551
老子注 160
録異記 434
論語 262
論語　述而篇 264
論衡 494
論衡　是応篇 517
論衡　説日篇 422
論衡　率性篇 227

わ
淮南万畢術 494, 496, 497, 500, 504, 506, 509, 517−519, 520

650

【著者紹介】
姜生（きょう せい）…1964年、河北省昌黎生まれ。山東大学・歴史学学士（1987年）、復旦大学・歴史学修士（1990年）、四川大学・宗教研究所哲学博士（1995年）。2002年、山東大学・宗教、科学と社会問題研究所所長、同博士生指導教授、2013年、新設された四川大学・文化科技協同創新研発センター所長、同・歴史文化学院・長江学者特聘教授を兼任して現在に至る。専門は考古学、歴史学、道教学、宗教学、宗教と科学との交差研究、図像学等々、多方面にわる。主な著作として『漢帝国的遺産：漢鬼考』（単著、科学出版社、2016年）、『中国道教科学技術史　南北朝隋唐五代巻』（主編、科学出版社、2010年）などがある。

【訳者紹介】
三浦國雄（みうら くにお）…1941年、大阪市に生まる。大阪市立大学文学部中国学科卒業後、京都大学文学研究科博士課程（中国哲学史専攻）退学。京都大学人文科学研究所、東北大学、大阪市立大学、大東文化大学を経て、現在、四川大学教授。研究分野は、中国の伝統文化と思想および宗教、東アジア文化比較研究等。著書に、『易経：鑑賞中国の古典1』（角川書店、1988年）、『中国人のトポス：洞窟・風水・壺中天』（平凡社、1988年）、『不老不死という欲望：中国人の夢と実践』（人文書院、2000年）、『朱子伝』（平凡社、2010年）、『風水・暦・陰陽師：中国文化の辺縁としての沖縄』（榕樹書林、2005年）、『不老不死的欲求：三浦国雄道教論集』（四川人民出版社、2016年）などがある。

道教と科学技術
2017年 7 月31日　初版第 1 刷発行

著　　者●姜生
訳　　者●三浦國雄
発行者●山田真史
発行所●株式会社東方書店
　　　　東京都千代田区神田神保町1-3　〒101-0051
　　　　電話 03-3294-1001　営業電話 03-3937-0300
装　　幀●鈴木一誌
印刷・製本●株式会社シナノ パブリッシングプレス

定価はカバーに表示してあります。

Ⓒ 2017 三浦國雄　Printed in Japan　ISBN 978-4-497-21711-0 C1014
乱丁・落丁本はお取り替えいたします。恐れ入りますが直接小社までお送りください。
Ⓡ 本書を無断で複写複製（コピー）することは著作権法上での例外を除き禁じられています。本書をコピーされる場合は、事前に日本複製権センター（JRRC）の許諾を受けてください。
JRRC（http://www.jrrc.or.jp　Eメール：info@jrrc.or.jp　電話：03-3401-2382）
小社ホームページ〈中国・本の情報館〉で小社出版物のご案内をしております。
http://www.toho-shoten.co.jp/

東方書店出版案内

唐代社会と道教
遊佐昇著／敦煌文書を読み解き、仏教都市と目される唐代の敦煌における道教の民間での普及状況を考察。また、地方志を用いて、四川における民間信仰「厳君平信仰」の発生と消長を論じる。
A5判五〇四頁◎本体五〇〇〇円+税 978-4-497-21501-7

道教の聖地と地方神
土屋昌明・ヴァンサン・ゴーサール編著／山岳における民間信仰と道教の関係性を現地調査にもとづき考察。「聖地における道教と地方神」「聖地としての洞天とその史的変容」「道教聖地の研究と文献」の3部構成、12編収録。
A5判三二〇頁◎本体四六〇〇円+税 978-4-497-21601-4

道教と中国文化【オンデマンド版】
葛兆光著／坂出祥伸監訳／大形徹・戸崎哲彦・山本敏雄訳／中国文化の土壌から、どのようにして道教の教理・神譜・儀礼・方術が形成され、道教が成熟し、定型化していったのか。道教研究者必携の書。
A5判四八〇頁◎本体五二〇〇円+税 978-4-497-21010-4

道教と東南アジア華人社会 その信仰と親族的結合
坂出祥伸著／第1部は、「宗族」と「道教」について、斯界の第一人者である著者が概説。第2部は、今も暮らしに溶け込んでいる東南アジア各地の道教施設（道観宮廟）や宗族に関係する施設（会館・宗堂）の見聞録。
四六判二三四頁◎本体一七〇〇円+税 978-4-497-21207-8

東方書店ホームページ〈中国・本の情報館〉http://www.toho-shoten.co.jp/